C. W. M. Grein

Dichtungen der Angelsachsen

C. W. M. Grein

Dichtungen der Angelsachsen

ISBN/EAN: 9783742890269

Hergestellt in Europa, USA, Kanada, Australien, Japan

Cover: Foto ©Thomas Meinert / pixelio.de

Manufactured and distributed by brebook publishing software
(www.brebook.com)

C. W. M. Grein

Dichtungen der Angelsachsen

A n   hil.,

Zweite Ausgabe.

Cassel und Göttingen.

Georg H. Wigand.

1863.

Vorrede.

Die Sammlung von metrischen Uebersetzungen angelsächsischer Dichtungen, deren erster Band hiermit der Oeffentlichkeit übergeben wird, soll einen doppelten Zweck erfüllen. Einerseits betrachte ich dieselben als eine wesentliche Ergänzung, gleichsam als fortlaufenden Commentar zu meiner gleichzeitig in demselben Verlag erscheinenden Textausgabe der angelsächsischen Dichter, indem sie meine Interpretation der Originaltexte, worin ich oft von meinen Vorgängern abweiche, einfach vor Augen legen. Andrerseits aber bezweckte ich dadurch die Bekanntschaft mit den in vieler Beziehung so herlichen dichterischen Erzeugnissen des uns engverwandten englischen Volkes aus der Zeit vor dem gewaltsamen Eindringen des romanischen Elements durch die normannische Eroberung auch in weiteren Kreißen anzubahnen, was sie sowol nach ihrem Inhalte als auch nach der poetischen Behandlung des Stoffes gewis in hohem Grade verdienen. Daher war ich eifrigst bemüht, die Uebersetzung dem Original in möglichster Treue nach Inhalt, Ausdruck und Form eng anzuschließen: namentlich suchte ich, soweit es immer bei dem heutigen Stande unserer Sprache thunlich war, auch den Rythmus des Originals nachzubilden, wobei es vor allem auf die Beibehaltung der eigentümlichen Stellung der Stabreime ankam, ein Punkt, der bei der Uebertragung alter Alliterationspoesien nur zu oft vernachläßigt wird; letzteres gilt besonders von K. Simrocks Uebersetzungen der Edda und des Heliand, welche abgesehen von ihren sonstigen Mängeln nichts weniger als ein treues Bild der alten Alliterationsform darbieten. Wie weit es mir gelungen ist, die angestrebte doppelte Treue zu erreichen, stelle ich dem nachsichtigen Urteil Sachverständiger anheim: ich selbst bin mir wenigstens des redlichsten Strebens in dieser Beziehung bewust.

Ueber den Bau und die Natur dieser Art Verse habe ich mich in der Vorrede zu meiner Heliandübersetzung (Rinteln 1854) weitläufig ausgesprochen und ich wiederhole daher hier nur das Wesentlichste, soviel für das richtige Lesen der Verse von Nöten ist:

Jeder Vers zerfällt durch einen Einschnitt in der Mitte in zwei Hälften, welche durch den Stabreim (Anreim, Alliteration) dergestalt gebunden sind, daß die hauptbetonten Silben dreier Wörter (die Alliterationsstäbe) entweder alle mit irgend einem Vocal oder mit ein und demselben Consonanten anlauten; von diesen 3 Stäben kommen 2 auf die erste und 1 auf die zweite Vershälfte, und sie tragen sowol den Sinn als den Rythmus; häufig aber enthält der Vers nur zwei Stäbe, welche dann auf beide Vershälften vertheilt sind: z. B.

O du Wonne aller Weiber | durch die weiten Himmel!
du anmutigste der Frauen | über alle Erdengründe,
soweit je sagen hörten | die Sund = Anwohner!
Enthüll uns das Geheimnis, | das dir vom Himmel kam,
u. s. w.

O du wonnige | und du würdevolle
hohe und himmlische | heilige Dreieinigkeit,
weit gepriesen | über alle Weltengründe!

Weil die Beachtung der Stabreime für das richtigbetonende Lesen der Verse von der größten Wichtigkeit ist, so hätte ich dieselben gern wie in meinem Heliand durchweg durch fettere Lettern für ihre Anlaute hervorgehoben: allein da dies bei den sogenannten deutschen Lettern, zu deren Wahl leider äußere Umstände nötigten, das Auge allzusehr beleidigen würde, so muß ich es dem Leser überlaßen, sich an das leichte Erkennen der Stäbe zu gewöhnen, was übrigens bei einiger Uebung in den meisten Fällen nicht schwer fällt.

Die Uebersetzung des Gedichtes vom Vogel Phönix ward bereits im Jahr 1854 als Beilage zum Rinteler Gymnasialprogramm gedruckt, ohne daß sie in den Buchhandel übergieng: hier erscheint dieselbe in verbeßerter Gestalt.

Somit übergebe ich denn den Anfang auch dieser jahrelang mit großer Vorliebe gepflegten Arbeit der Oeffentlichkeit mit der Bitte um liebevolle und nachsichtige Aufnahme, wenn es mir auch nicht gelungen sein sollte, alle in der metrischen Form liegende Schwierigkeiten völlig zu überwinden. Der zweite Band soll im Laufe des nächsten Jahres nachfolgen.

Bückeburg, am 27. Juni 1857.

Grein.

I.

Kädmons Genesis.

***

I.

Uns ist es Pflicht gar sehr, daß wir den Fürst der Himmel
der Weltvölker Glorienkönig mit Worten preisen
und im Gemüte lieben: er ist die Machtfülle,
das Haupt von allen Hochgeschöpfen,
5. Obherr voll Allmacht. Es ist ein Ursprung nie
ein Anfang ihm geworden noch wird nun ein Ende kommen
dem ewiglichen König: er ist immer mächtig
über die Himmelsthrone mit hoher Stärke.
Er hielt wahrfest und hochkräftig die Himmelsbusen,
10. die da waren gesetzet weit und breit
den Kindern der Glorie durch Gottes Allmacht,
den Geisterwärtern. Es hatten Jubel und laute Freude
vor ihres Urhebers Angesicht der Engel Schaaren
und gar hehre Wonne: ihr Heil war groß.
15. Die glorreichen Diener priesen Gott den Herren,
sagten Lob mit Lust dem Lebensfürsten,
verherrlichten seine Herschaft, waren in hoher Würde
seliglich gar sehr. Sünde konnten sie
und Frevel nicht vollführen; in Friede lebten sie vielmehr
20. mit ihrem Obherrn ewig, begannen anders nichts im Himmel
ins Werk zu setzen außer Wahrheit und Recht,
bevor der oberste der Engel aus Übermut
in Wahnsinn fiel: sie wollten da nicht länger
üben ihr eignes Beste, sondern ab fielen sie

1

25. von Gottes Freundliebe. Sie hatten großes Prahlen,
daß sie von Gott dem Herrn die glorienfeste Wohnung
mit starkem Heer erstreiten möchten,
die weite himmelsklare. Ihnen fiel da harmvoll aus
Eifersucht und Übermut und die Anmaßung des Engels,

30. der den Unrat zuerst begann
zu weben und zu wecken, da er mit Worten sprach
nach Neidkampf dürstend, daß er im Nordtheile
Heimat und Hochsitz des Himmelreiches
zu eigen wollte haben. Da ward Gott Ingrimms voll

35. und feind dem Volke, das er vorher würdigte
des Glanzes und der Glorie: den treulosen Geistern schuf er
wehvolle Wohnung ihrem Werk zum Lohne,
der Hölle Heulen und harte Qualen;
es hieß der Herr das Haus der Strafen

40. die freudlose Tiefe auf die Verfluchten warten,
auf die Führer der Geister, als er es fertig wuste
begabt mit ewiger Nacht und ausgebaut mit Qualen,
erfüllt mit Feuer und mit furchtbarer Kälte,
mit Rauch und roter Lohe: er hieß da in dem ratlosen Hofe

45. Schreckenstrafe wachsen. Sie hatten Schuldenlast
grimme wider Gott gehäuft: des ward ihnen grimmer Lohn!
Sie sagten, daß das Reich sie mit rüdem Mute
zu eigen wollten haben und könntens ausführen leicht:
doch dieser Wahn belog sie, da der Waltende

50. der Himmel Hochkönig seine Hand erhub
die höchste wider die Heerschaar. Da mochten nicht die Hart-
verblendeten
die meinvollen wider den Schöpfer Machtwerk üben,
sondern ihren hohen Muth zerschlug der Hehre da
und beugte ihren Stolz, da er erbittert ward,

55. beschlug die Sündenschädiger des Siegs und der Gewalt,
der Herlichkeit und Kraft und nahm den Himmelsjubel
seinem Feinde, Frieden und die Freuden alle,
den Glanz der Glorie, und an den Gegnern rächte er
gar sehr seinen Zorn mit selbsteigner Macht

60. mit strengem Sturze. Er hatte starken Mut
in Grimm ergramet, griff an die Gegner
mit feindlichen Händen und in seiner Umfaßung brach er

wütend im Gemüte seine Widersacher
beraubt der Heimat, des Reichs der Glorie.

65. Es schaffte da und schied der Schöpfer unser
die übermütige Schaar der Engel aus den Himmeln:
es trieb der Waltende die treulose Menge
das leidige Heer an langen Weg,
die armseligen Geister; ihre Anmaßung war dahin,
70. verborsten war ihr Prahlen und gebeugt die Stärke,
geschändet ihre Schönheit: sie lagen in der schwarzen Wohnung
gebunden seitdem in Verbannung lebend.
Sie durften nicht mehr hoch aufjubeln, sondern in der Hölle
Qualen
wohnten sie nun elend, lernten Wehe kennen,
75. Schmerz und Sorge, litten schwere Pein
bedeckt von Düster, drückenden Nachlohn
dafür daß sie begannen wider Gott zu streiten.

II.

Da war fest wie vorher Freundschaft in den Himmeln,
Friedesitten lieblich, der Fürst allen lieb,
80. der Herr seinen Dienern: die Herlichkeit der Schaaren
der Wonnehabenden wuchs bei dem Herren.
Es waren da in Eintracht, die den Erbsitz der Glorie
das Himmelreich bewohnen: Haß war geschwunden,
Angst bei den Engeln und unseliger Streit,
85. seitdem die Heerführer den Himmel verließen
des Lichts beraubt. Es stunden leer hinter ihnen
an Glorienfülle reich die großen Sitze
von Gaben grünend in dem Gottesreiche
wonnereich und glänzend der Bewohner bar,
90. seitdem gebeugt in Elend zur Verbannungsstätte
die Geister untern Harmverschluß gegangen waren.
Es erwägte drauf der Walter unser
in seines Herzens Sinnen, wie er die hehre Schöpfung
die Erbsitzgründe abermals besetzte
95. die sonnenhellen Sitze mit seligerem Volke,
welche die anmaßenden Geister hatten aufgegeben
hoch in den Himmeln. Drum wollte der heilige Gott

hier unterm Raum des Aethers durch seine reiche Macht,
daß ihm die Erde unten, oben der Himmel
100. und die weiten Waßer, die Weltgeschöpfe,
gesetzt würden zum Ersatz der Feinde,
da er die Abtrünnigen sandte von oben aus den Himmeln.
Außer Hüllschatten war da hier noch nichts
geworden irgend: dieser weite Grund
105. stund finster noch und tief und fremd dem Herren,
eitel und unnütz; mit seinen Augen schaute
an den der starkmutige König und die Stätte überblickte er
die freudenleere: finsteres Gewölke
sah er schweben unterm Himmel schwarz in Allnacht
110. wüst und dunkel, bis diese Weltschöpfung drauf
ward durch das Wort des Walters der Glorie.
Zuerst schuf hier der ewigliche König
der Helm aller Wesen den Himmel und die Erde;
es errichtete den Aether und dies geraume Land
115. grünbete standfest da mit strenger Kraft
der Fürst voll Allmacht. Die Gefilde waren noch
das Gras ungrün: der Ocean deckte
alles weit und breit, die Wogen die dunkeln,
schwarz in Allnacht. Da ward strahlend in Glorie
120. hin übern Holm getragen in hoher Segensfülle
des Himmelswartes Geist. Es hieß der Herr der Engel
des Lebens Spender Licht vorkommen
über diese breiten Gründe; alsbald ward erfüllet
des Hochköniges Geheiß: ihm ward ein heilig Licht
125. über diese wüste Schöpfung, wie der Würker es gebot.
Drauf sonderte der Siegruhmswalter
über den liegenden Fluten das Licht vom Düster,
die Schatten von dem Scheinglanz. Es schuf da den beiden
der Lebenspender Namen: der Lichter erstes
130. ward geheißen Tag durch unsres Herren Wort,
die wonnigglanze Schöpfung. Wohl gefiel
dem Fürst zuvörderst die Hervorbringungszeit:
es sah der Tage erster die tiefen Schatten
schwarz hinwegschwinden über den weiten Gründen.
135. Da schritt die Zeit dann über das Gezimmer fort
des Mittelkreißes: es schob der Mächtige hinterher

dem schimmernden Scheinglanz, der Schöpfer unser,
der Abende erften und ein brach dann
das düftere Dunkel, dem allda der Herr
140. schuf Nacht zum Namen. Unser Notretter
sonderte sie und seitdem immer
vollführten und befolgten sie des Fürsten Willen
ewiglich auf Erden. Drauf kam der andere Tag
licht nach dem Düfter. Da hieß des Lebens Wart
145. mitten werden in des Meeres Fluten
ein herlich Hochgezimmer; die Holme theilte
der Walter unser und würkte da
des Himmels Befte: die erhub der Mächtige
auf von der Erde durch sein eigen Wort,
150. der Fürft voll Allmacht. Die Flut war abgetheilet
unterm hohen Aether mit heiliger Macht,
die Waßer von den Waßern, die da weilen noch
hier unter der Befte des Völkerdaches.
Darauf kam eilig über die Erde schreitend
155. hell der Morgen dritter. Noch waren da dem Herren nicht
weites Land und Wege nutzbar, sondern bewunden ftund die Erde
feft mit Fluten. Der Fürft der Engel
hieß durch sein Wort zusammen die Waßer kommen,
die ihren Lauf nun unter den Lüften halten
160. geftabt an ihre Stätte. Da ftund alsbald
der Holm unter dem Himmel, wie der Heilige es gebot,
beifammen breit, sobald gesondert war
vom Land die Meerflut. Da sah des Lebens Wart
der ftarke König die Stätte trocken
165. weithin sichtbar, die der Wart der Glorie
Erde nannte. Er setzte den Oceanswogen
den geraumen Fluten ihren rechten Lauf
und feßelte — — — — — — — —

*   *   *

Da däuchte es nicht wolgethan dem Wart des Himmels,
170. daß Adam länger einsam wäre,
des glanzvollen Gartens und der jungen Creaturen
Hirte und Halter. Drum schuf der Hochkönig
eine Gehilfin ihm, der Herr voll Allmacht:

eine Frau erweckte und als Gefährtin gab sie
175. des Lebens Lichtfürst dem lieben Manne.
Als löste er dazu dem Adam den Stoff
von seinem Körper los und kunstvoll zog er
ihm eine Rippe aus der Seite: der war in Ruhe fest
und sanft entschlummert, fühlte Schmerzen nicht
180. noch etwas von Beunruhigung; nicht ein Tropfen kam
von Blut aus der Wunde, sondern der Gebieter der Engel
löste ihm vom Leib eine Rippe, eine lebensfähige,
ohne den Mann zu verwunden. Davon machte Gott
ein lieblich Weib und gab ihr Leben ein,
185. eine ewigliche Seele: sie waren Engeln gleich.
Da war die Braut des Adam, die Gott Eva nannte,
begabt mit Geist. In Jugend waren beide
wonnigglänzend in die Welt erzeuget
durch die Macht des Schöpfers. Meinwerk konnten sie
190. nicht üben noch vollbringen, sondern zu dem Obherrn war
in ihrer Brust den beiden brennende Liebe.
Da gab den Segen sein der sanftherzige König
der Schöpfer aller Wesen vom Geschlecht der Menschen
den frühesten zweien, dem Vater und der Mutter,
195. dem Weib und dem Bewaffneten. Er sprach mit Worten da:
„Seid fruchtbar und wachset, füllt mit Nachwuchs
„die allgrüne Erde, mit euerem Geschlechte,
„mit Söhnen und mit Töchtern! euch soll das Salzwasser
„wohnen in Gewalt und alle Weltgeschöpfe.
200. „Gebrauchet Lusttage und die Last der Brandung
„und die Himmelsvögel! es ist das heilige Vieh
„und auch das Wildgethier euch in Gewalt gegeben
„und alles Lebende was das Land betritt;
„alles was Odem hat, was des Oceans Fluten wecken
205. „in der Heimat der Walle, das gehört euch beiden.“
Da schauete der Schöpfer unser
seiner Werke Wolgestalt und der Gewächse Fülle,
der jungen Creaturen. Der Garten stund
gut und gastlich mit Gaben erfüllt,
210. mit fortwährenden Gütern. Freudig leckten
das Land das linde laufende Fluten,
wallende Brunnen. Die Wolken brachten

über ben geraumen Grund noch keine Regen ba
mit Winden dunkel: doch mit Gewächsen stund
215. das Feld geschmückt. Fortlauf hielten
allba vier edele Auenströme
aus dem neuen Garten, dem Glückgefilde:
die hatte getheilt der Herr mit Macht
alle aus einem, als er die Erde schuf,
220. aus einem wonnigglanzen Wasser und in die Welt gesendet.
Den einen heißen Phison die Volkmänner,
die Erdbewohner, der ein Erdenland
umgürtet breit mit glänzender Strömung,
Hevilath von außen: in dem Erbsitzboden
225. finden die Völker von fern und nahe
Gold und Gemmen, der Gaumänner Kinder,
die besten von allen, wie uns die Bücher melden.
Dann ist ein andrer Strom, der um der Äthiopier
Land und Leutewohnung liegt von außen,
230. um das große Reich: Gihon ist sein Name.
Dann folgt der Tigris, der die Völkerschaft
der Assyrier flutend umsäumt von außen:
so ists auch mit dem vierten, den in der Völker manchem
die Wehrmänner Euphrat weithin nennen.

* * *

235. „Genießet all das andere, laßt nur den einen Baum!
„vor dem Gewächse wahret euch! dann wirds euch nicht an
Wonne mangeln.“
Dem Himmelskönig neigten sie mit ihrem Haupte da
sich gern entgegen, dankten Gott für alles,
für die Lehren und die Gaben: er hieß sie in dem Lande wohnen.
240. Da fuhr der heiligliche Herr zum Himmel wieder,
der starkmutige König. Es stund sein Handgewerk
beisammen an dem Sande. Sie kannten Sorgen keine
zu beweinen: sie erwägten nur, wie sie den Willen Gottes
am längsten möchten leisten. Sie waren lieb dem Herrn,
245. solang sie seine heiligen Worte halten wollten.

III.

Der Allwalter hatte der Engelgeschlechter
der heilige Herr durch seiner Hände Kraft
zehne sich geschaffen: die hatten sein Zutrauen wol,
daß sie begehen wollten seine Jüngerschaft
250. und würken seinen Willen; drum gab Weisheit ihnen
und schuf mit seinen Händen sie der heiligliche König.
Er hatte sie so seliglich gesetzet: einen hatte er so sehr stark
geschaffen,
so mächtig in seinen Mutgedanken, ließ ihn so machtvoll walten
am höchsten nach ihm in dem Himmelreiche. Er hatte ihn
so hellweiß geschaffen;
255. so wonnig war sein Wachstum in den Himmeln, das ihm
kam vom Weltvölkerherrn:
er war leuchtend gleich den lichten Sternen. Das Lob sollte
er des Herrn würken,
verherlichen den Himmelsjubel und seinem Herren danken
für das Lehen, das er ihm am Lichte gab, solange ers ihn
ließe walten.
Doch er wandte sich zum Schlimmern, begann Wutkampf zu
erheben
260. widern höchsten Himmelswalter, der da sitzet auf dem heiligen
Stuhle.
Unserem Herrn war er theuer: nicht mochte dem verholen bleiben,
daß sein Engel anfieng übermütig da zu sein,
erhub sich wider seinen Herren, suchte haßvolle Sprache,
entgegen großes Prahlen, wollte Gott nicht dienen,
265. sprach daß sein Leib ihm wäre licht und glänzend,
hellweiß und prächtig. Er mochte nicht in seinem Herzen finden,
daß er im Jüngertume Gott wollte
dienen, seinem Herrn: es däuchte ihm selber,
daß er Macht und Stärke mehr noch habe
270. denn der heilige Herrgott haben möchte
über Volksgenoßen. Es sprach viele Worte
der Engel da voll Übermut: er dachte durch sein Eines Kraft,
wie er einen strenglicheren Stuhl sich würkte
einen höheren im Himmel, sprach daß sein Herz ihn treibe,
275. daß zu würken er begönne im Westen und im Norden,

ein fest Gezimmer sich zu gründen, sprach daß ihm Zweifel
däuchte,
daß er Gott sollte als Jünger dienen:
„Was soll ich arbeiten? (sprach er) Mir ist durchaus nicht not
„einen Herrn zu haben! mit meinen Händen mag ich
280. „würken so viel Wunder: ich hab Gewalt gar groß,
„daß einen beßeren Stuhl ich mir erbauen mag
„einen höheren im Himmel! was brauche ich um seine Huld
zu dienen,
„zu begehen solches Jüngertum? ich mag werden Gott wie er!
„Es stehn mir strenge Genoßen bei, die mich im Streite
nicht verlaßen,
285. „hartmutige Helden; sie haben mich zum Herrn erkoren,
„die berühmten Recken: mit solchen mag man Rat erdenken,
„faßen mit solchen Volksgenoßen! meine Freunde sind sie gerne,
„mir hold in ihrem Herzen: ich mag ihr Herr wol sein
„und dieses Reich beherrschen! Drum dünkt mir recht das nicht,
290. „daß ich in irgend etwas brauche abzuschmeicheln
„Gott der Güter eines: ich will länger nicht sein Jünger
bleiben!"
Als da der Allwalter all das hörte,
daß solchen Übermut sein Engel da begann
zu erheben wider seinen Herren und sprach hochfahrende Worte
295. tolle wider seinen Fürsten, da sollte er die That entgelten,
Wehe für den Wutkampf haben und gar wehvolle Strafe,
aller Mordqualen meiste: so geht es auch der Menschen jedem,
der wider seinen Walter Wutkampf beginnet
mit Meinwerk wider den Herrn! Da ward der Mächtige
ergrimmt,
300. der höchste Himmelswalter, und warf ihn von dem hohen Stuhle.
Er hatte Haß bei seinem Herrn gewonnen, hatte seine Huld
verloren;
gram ward ihm der Gute im Gemüte: drum sollte er den
Grund auffuchen
der harten Höllenstrafe, weil er kämpfte widern Himmelswalter.
Der sprach von seiner Huld ihn ab und warf ihn zu der
Hölle nieder
305. in die tiefen Thäler, wo er zum Teufel ward.
Der Feind und seine Gefährten alle fielen aus den Himmeln

durch so lange wie drei Nächte und Tage,
die Engel von oben in Hölle, und sie alle schuf der Herr
allda zu Teufeln um. Weil sie nicht seine Thaten wollten
310. und sein Wort nicht wert halten, drum warf sie an das
schlimmere Licht
unter die Erde nieder der allmachtvolle Gott
und schob die Siegelosen in die schwarze Hölle.
Allda hat am Abend unmeßbar lange
aller Feinde jeder Feuer immer neu
315. und mit Anbruch des Tages kommt Ostwind stets
und Frost furchtbar kalt, immer Feuer oder Frost:
haben sollten sie manch hart Geschwing;
man würkte ihnen es zur Weheftrafe: ihre Welt war gewendet
und zum erstenmale war da angefüllt die Hölle
320. mit den Widersachern. Es behielten weiter noch die Engel
des Himmelreiches Höhen, die ihrem Gott eh Huld geleistet.
Die Feinde lagen in dem Feuer, die so viel vorher hatten
Wutkampfs wider ihren Walter: die dulden Wehequalen,
heißwallende Gluten in der Hölle mitten,
325. Brand und breite Lohe und auch bitteren Rauch,
Dampf und Düster, da sie den Dienst Gottes
verachtet hatten: ihr Eigensinn betrog sie
und der Übermut des Engels: sie wollten des Allwalters
Wort nicht wert halten. Sie hatten große Weheftrafe,
330. waren da gefallen in des Feuers Busen
zur heißen Hölle nieder ob ihrer heillosen Verblendung
und ob ihres Übermutes, suchten ein andres Land:
das war leer des Lichtes und der Lohe voll,
furchtbaren Feuers. Die Feinde merkten,
335. daß sie eine Unzahl Qualen hatten eingewechselt
. durch ihren großen Übermut und durch die Allmacht Gottes
und durch ihre Anmaßung, die allerstärkste.

IV.

Da sprach der übermütige König, zuvor der Engel schönster,
der hellweißeste im Himmel und seinem Herren lieb,
340. theuer seinem Fürsten, bis sie zu toll wurden,
so daß für ihre Frechheit ihnen der Vater selber ward

der mächtige im Gemüte zornig und warf ihn in die Mör=
        bergrube
nieder an das Todbett und schuf ihm einen Namen drauf,
sprach daß der höchste Teufel heißen sollte
345. Satan seitdem, hieß ihn dann der schwarzen Hölle
Grund bewachen und wider Gott nicht kämpfen.
Satan redete; sorgend sprach er,
der die Hölle fortan halten sollte
und den Grund bewachen: er war einst Gottes Engel
350. hellweiß in dem Himmel, bis ihn sein Herz verlockte
und sein Uebermut, der allerstärkste,
daß er nicht wollte länger des Weltvölkerkönigs
Wort mehr wert halten. Es wallete ihm von innen
um sein Herz der Sinn: heiß war ihm von außen
355. gar wehvolle Marter. Er sprach mit Worten da:
„Sehr ungleich ist doch diese enge Stätte
„der andern Stätte, die wir ehe kannten
„hoch in dem Himmelreich, die mir mein Herr verlieh,
„wiewol wir sie nicht vor dem Allwalter durften zu eigen uns
        behalten
360. „und unser Reich besitzen! Doch er hat nicht recht gethan,
„daß er uns gefällt hat in des Feuers Busen
„in diese heiße Hölle und uns des Himmelreichs benommen!
„Er hat beschloßen nun mit dem Geschlecht der Menschen
„es zu besetzen wieder. Das ist mir der Sorgen größte,
365. „daß Adam solle, der aus Erde ward geschaffen,
„meinen strenglichen Stuhl erhalten,
„wohnen da in Wonne, und wir sollen dieses Wehe dulten,
„den Harm in dieser Hölle. Ach! hätte ich doch meiner Hände
        Gewalt
„und dürfte eine Stunde nur außen sein,
370. „nur eine Winterstunde, dann wollte ich mit dieser Schaar —!
„Doch um mich liegen Eisenbande,
„mich reibt das Band der Kette: bar bin ich der Macht;
„es haben mich so harte Höllenklammern
„gar fest befangen! hier ist Feuer groß
375. „von oben und von unten: ich sah noch irgend nimmer
„leidvollere Landschaft! die Lohe schwindet nie
„die heiße in der Hölle. Mich hat ein hartes Ringgespenge

„ein wehvoll hartes Seil an meinem Weg behindert,
„entfernt mir meinen Fußgang: meine Füße sind gebunden,
380. „gehaftet meine Hände; dieser Höllenthore
„Wege sind verwürkt. Auf keine Weise kann ich fort
„aus diesen Leibesbanden! es liegen um mich außen
„aus hartem Eisen heiß geschlagen
„gar große Riegel, mit denen Gott mich hat
385. „gehaftet bei dem Halse. Ich weiß daß er mein Herz wol kannte
„und das wuste auch recht wol der Weltvölker Herr,
„daß es mir und Adam sollte übel werden
„um das Himmelreich, so ich hätte meiner Hände Gewalt!
„Doch wir dulden hier nun Drangsal in der Hölle: das ist
Düster und Hitze
390. „gar grimm und grundlos! Gott hat uns selber
„verscheucht in diese schwarzen Nebel. Wiewol er keiner Schuld
uns zeihen kann,
„daß wir im Lande haben Leids gethan, so hat er uns des
Lichtes doch beraubt
„und uns geworfen in der Wehen größtes. Nun mögen wir
des würken Rache
„und lohnen ihm mit etwas leidem, daß er uns des Lichts
beraubte!
395. „Er hat nun einen Mittelkreiß geschaffen und hat Menschen
da gewürkt
„nach seinem eignen Ebenbild, mit denen er will abermals
besetzen
„des Himmels Reich, mit reinen Seelen. Laßt uns des
eifrig Rat ersinnen,
„wie wir an Adam, so wir irgend mögen,
„und auch an seinen Abkömmlingen den Aerger büßen,
400. „wenden seinen Willen, so wir's in was erdenken mögen!
„Ich hoffe mir das Licht nicht fürder, des er gedenket lange
zu genießen,
„des ewigen Heils mit seiner Engel Schaar: nicht mögen wir
das Alters je gewinnen,
„daß wir des Mächtigen Gemüt erweichen. Laßt uns den
Menschen nun entwenden
„das Himmelreich, da wirs nicht haben dürfen, machen daß
sie seine Huld verlieren,

405. „daß sie wenden, was sein Wort gebot! Dann wird er ihnen
           wütend im Gemüte

     „und treibt von seiner Huld sie fort; dann müßen sie die
           Hölle suchen,

     „diese grimmen Gründe: dann dürfen wir sie uns zu Jün=
           gern haben,

     „die Volkeskinder, in diesen festen Banden. Beginnt nun um
           Fahrt zu denken!

     „Wenn ich Königs Kleinode einem Kempen einst

410. „gegeben in vergangenen Zeiten, solang wir in dem guten
           Reiche

     „seliglich noch saßen und hatten unsrer Sitze noch Gewalt,

     „dann möchte er mit Lohn mir zu keiner lieberen Zeit

     „vergelten meine Gabe, als wenn jetzt dafür

     „meiner Diener einer dazu sich verstünde,

415. „daß er auf von hinnen hinaus möchte

     „kommen aus diesem Kerker und hätte Kraft mit sich,

     „daß er im Federkleide dahin fliegen könnte

     „und sich winden in einer Wolke, wo gewürket stehen

     „Adam und Eva am Erdreiche

420. „mit Wol bewunden und wir sind geworfen hierher

     „in diese tiefen Thäler! Sie sind weit theurer nun

     „und werter ihrem Waltenden; sie dürfen nun das Wol besitzen,

     „das wir im Himmelreiche haben sollten,

     „das Reich nach Recht: nun ist der Rat beschert

425. „dem Menschenvolke! Das thut mir im Gemüt so wehe;

     „betrübt mich hart in meinem Herzen, daß sie das Himmel=
           reich nun sollen

     „ewiglich zu eigen haben! Wenn von euch das möchte

     „einer wenden irgend, daß sie das Wort Gottes

     „verließen, seine Lehre, dann sind sie ihm verleidet bald.

430. „Wenn sie brechen sein Gebot, dann wird er ihnen bös im
           Herzen:

     „gewendet ist ihr Wohl alsdann und ihnen wird dann Weh
           bereitet,

     „manch hartes Harmtheil. Beherziget das Alle,

     „wie ihr sie überlisten möget! dann mag ich liegen sanft

     „und ruhn in diesen Ketten, wenn sie das Reich verlieren.

435. „Wer mir das leisten wird, dem ist als Lohn bereit

„darauf für alle Zeiten, was wir hier innen mögen
„fortan in diesem Feuer Vorteils je gewinnen.
„Sitzen laß ich bei mir selber den, wer mir zu sagen kommt
„in diese heiße Hölle, daß sie des Himmelskönigs Wort
440. „unwürdiglich mit Worten und mit Thaten
„verließen, seine Lehre, und ihm verleidet wurden.“

V.

Es begann sich drauf zu gürten ein Gottes Widersacher
fortbeeilt im Schmucke, hatte falschen Sinn,
setzte sich den Hehlhelm auf das Haupt gar hart ihn bindend
445. und spengte ihn mit Spangen (er wuste Sprache viel
verdrehter Worte), schwang sich von dannen auf,
erhub sich durch die Höllenthore, hatte Herzens Strenge,
flog in den Lüften feindlichen Gemütes,
schwang das Feuer auseinander mit Feindes Kräften,
450. wollte heimtückisch unsres Herren Jünger
die Menschen da verführen mit Meinthaten,
sie verlocken und verlehren, daß sie Gott verleidet würden.
Er fuhr dahin mit Feindes Kräften,
bis daß er Adam fand am Erdreiche
455. Gottes Handgeschöpf im Garten stehen
weislich gewürket und sein Weib zugleich,
der Frauen lieblichste, wie sie Vieles konnten
begehn des Guten, da sie sich Gott zu Jüngern
der Menschenschöpfer machte selber,
460. und bei ihnen stunden da der Bäume zween,
die waren außen mit Obst beladen
mit Gewächs geschmückt, wie sie der waltende Gott
der hohe Himmelskönig mit seinen Händen setzte,
daß die Kinder der Menschen daran erkiesen durften
465. Gutes oder Uebeles, jeder der Menschen
Wol oder Wehe. Nicht waren die Gewächse gleich:
das eine war so wohlgestaltet, so wonniglich und schön,
lind und lobsam: das war des Lebens Baum;
der durfte ewiglich drauf immer leben
470. und weilen in der Welt, wer des Gewächses kostete,
sowie ihm auch darnach kein Alter schadete

noch schweres Siechthum: er durfte sein für immer
lange hier in Lust und Leben haben
und die Huld des Himmelskönigs hier in dieser Welt;
475. gegeben war ihm dann die Glorienwürde
in dem hohen Himmelreiche, wenn er von hinnen eilte.
Dann über und über war der andere schwarz,
dunkel und düster: das war des Todes
Baum, der trug des Bitteren viel; es sollte beides wißen
480. jeder der Menschen, Gutes und Uebeles,
sollte in der Welt erniedrigt in Wehqualen immer
in Schweiß und Sorgen seitdem leben,
wer das biß und kostete, was an dem Baume wuchs:
dem sollte Greisenalter Großthaten nehmen,
485. Herschaft und Hochjubel, und ihm sollte Hinfall beschert sein;
eine kurze Frist nur sollte er erfreuen sich des Lebens
und suchen dann der Länder schwärzestes im Feuer,
sollte den Feinden dienen, wo die allerfurchtbarsten Qualen
den Leuten sind auf lange Zeiten. Das wuste da der Leibige
gar wol,
490. der tückevolle Teufelsbote, der kämpfte widern theueren Herrn.
Er warf sich in eines Wurmes Leib und wand sich dann von
außen
um des Todes Baum mit Teufels Kräften,
nahm von dem Obst zur Hand und wandte sich dann wieder
ab von dannen
dahin wo er das Handgewerk des Himmelskönigs wuste.
495. Es begann den Adam da zu fragen mit seinem ersten Worte
der Leibige mit Lügen: „Verlangt dich etwa,
„Adam, auf zu Gott? in seinem Auftrag bin ich
„von fern hierher gefahren. Nicht vorlängst war es,
„daß ich saß bei ihm selber: da hieß er mich an diese Send=
fahrt gehen,
500. „hieß daß du äßest dieses Obstes, sprach daß deine Ausdauer
und Kraft
„und daß dein Mutsinn dir viel mächt'ger würde
„und dein Leib auch noch viel leuchtender,
„viel schöner dein Geschick, sprach daß keines Schatzes Mangel,
„dir würde in der Welt, da du so willig hast
505. „gegen den Himmelskönig Huld gewürket,

„haſt zu Dank gedienet deinem Herrn
„und haſt ihm theuer dich gemacht: ich hörte ihn dein Thun
und deine Worte
„an ſeinem Lichte loben und auch von deinem Leben ſprechen.
„So ſollſt du leiſten, was an dies Land hierher

510. „dir bringen ſeine Boten: gar breit ſind in der Welt
„die grünen Gärten und Gott ſchauet
„in dem höchſten Himmelreiche
„von oben, der Allwalter, will die Arbeit ſelbſt
„nicht weiter haben, daß er an dieſe Wege fahre,

515. „der Menſchen König; ſondern ſeine Mannen ſendet er
„mit dir ſich zu beſprechen. Durch Sprüche hieß er
„dich Liſten lehren. Leiſte du nun gerne
„ſeine Auftragbotſchaft: nimm dies Obſt zur Hand
„und beiß und koſte es! dir wird in deiner Bruſt dann weit

520. „und auch dein Wachsthum um ſo wonniger: es ſandte dir der
waltende Gott
„dein Herr dieſe Hilfe aus dem Himmelreiche!"
Darauf ſprach Adam, wo er auf Erden ſtund,
der Mann der Selbſtſchöpfung: „Als ich den Siegherrn hörte
„den mächtigen Gott mit ſeinem Munde reden

525. „mit ſtrenger Stimme und er mich allhier ſtehen hieß
„und ſeine Gebote halten und als er dieſe Braut mir gab,
„das wonnigſchöne Weib, und er mich wahren hieß,
„daß ich nicht betrogen würde an den Todesbaum
„zur Schuld zu ſehr verführt, da ſprach er daß die ſchwarze
Hölle

530, „der halten ſollte, wer in ſein Herze etwas
„Leidiges je leite. Doch ich weiß nicht, ob mit Lügen du
hier führeſt
„heimtückevollen Herzens oder ob du aus den Himmeln biſt
„ein Bote meines Herren: deine Botſchaft mag ich,
„deine Worte und die Weiſe warlich nicht erkennen,

535. „was du da ſagſt von deiner Sendfahrt! Ich weiß was er mir
ſelbſt gebot,
„unſer Lebensherr, da ich zuletzt ihn ſah:
„wert ſollt' ich ſeine Worte halten und ſie wol befolgen,
„leiſten ſeine Lehre. An deinem Leibe gleichſt du
„nicht einem ſeiner Engel, die ich ehe ſah,

540. „noch zeigst du mir der Zeichen eines,
„die mir aus Treue manchmal sandte
„mein Herr aus Huld. Gehorchen mag ich dir drum nicht,
„sondern fort magst du fahren! ich habe festen Glauben
„auf zum allmachtvollen Gott, der mich mit seinen Armen
würkte

545. „hier mit seinen Händen: er mag von seinem hohen Reiche
„mich begaben mit der Güter jedem, wenn er auch keine Jünger sendet!"
Da wandte sich der Wütende dahin, wo er das Weib sah
am Erdreiche Eva stehen
die schön geschaffene, sprach daß der Schaden größter

550. ihren Abkömmlingen allen seitdem
würde in der Welt: „Ich weiß, daß euch der Waltende
„erbost wird sein, so diese Botschaft ich
„ihm sage selber, wenn ich von dieser Sendfahrt komme
„über lange Wege, daß ihr nicht leistet wol

555. „die Aufträge alle, die er von Osten hierher
„an diese Sendfahrt sendet. Nun muß er selber fahren
„um euch hier anzureden; seine Aufträge mag
„kein Bote euch entbieten: drum weiß ich daß erbost euch wird
„der Machtreiche im Gemüte. Willst du meinem Rate

560. „meinen Worten williglich, o Weib, nun hören,
„so magst du reichlich alsdann Rat ersinnen!
„in deiner Brust bedenke, daß du euch beiden magst
„die Wehestrafe wehren, wie ich dich weisen will!
„iß dieses Obstes! dann werden deine Augen dir so licht,

565. „daß du so weithin über diese Welt alle
„magst sehen seitdem wie auch sein selbes Thron,
„des Herren dein, und haben seine Huld fortan.
„Du magst den Adam auch wol umlenken dann,
„so du den Willen dazu hast und so er deinen Worten trauet,

570. „wenn du ihm sicher sagest, was du selber hast
„für eine Botschaft in der Brust, damit du das Gebot Gottes
„leistest, seine Lehre: er wird den leidigen Streit
„die üble Antwort aufgeben dann
„in seiner Brustgrube, wenn beide wir zusammen

575. „ihm zum Wole sprechen. Berede ihn mit Worten eifrig,
„daß er leiste deine Lehre, damit ihr nicht verleidet fürder

2

„eurem waltenden Gotte werden dürfet!

„Vollführest du dein Vorhaben, du der Frauen beste,

„dann verhehl ich eurem Herren, daß mir Harm so viel

580. „Adam sprach mit argen Worten,

„zeiht mich der Untreue, spricht ich sei zu Unbill bereit,

„des Gramgeistes Dienstmann und nicht Gottes Engel.

„Die Art der Engel kenn ich doch all genau

„und die Wohnung der Hochhimmel.   Es war die Weile so
                                                          gar lange,

585. „daß ich gerne habe Gott gedienet

„holden Herzens, meinem Herrn und Fürsten

„dem theueren selber: nicht bin ich einem Teufel gleich!"

So leitete er mit Lügen und verlockte listvoll

die Eva zu dem Unrecht, bis ihr im Inneren begann

590. zu wallen des Wurms Gedanke (ihr hatte weicheren Sinn

der Mächtige gegeben), so daß sie ihr Gemüt begann

zu lenken nach den Lehren: von dem Leidigen empfieng sie

drum gegen das Gebot der Herrn vom Baum des Todes

das unheilvolle Obst.   Nicht ward übelere That

595. den Menschen je bereitet! das ist ein mächtig Wunder,

daß Gott der ewigliche König irgend jemals

das wollte dulden, daß seiner Diener mancher

von dem durch Lügen ward verleitet, der um dieser Lehren
                                                          willen kam!

Sie aß da des Obstes, brach des Allwalters

600. Wort und Willen: da konnte sie gar weithin sehen

durch des Feindes Gabe, der mit Falschheit sie berückte

und sie tückevoll betrog; drum kam durch seine That ihr da,

daß ihr weit heller däuchte der Himmel und die Erde

und all diese Welt viel wonniglicher und die Werke Gottes

605. gar mächtig und gar groß, obwol durch Menschensinn

sie es nicht schauete: der Schadenbringer täuschte

absichtlich ihre Seele, der das Gesicht ihr gab,

daß sie so sehr weit da sehen konnte

hin übers Himmelreich.   Aus Haß und Feindschaft

610. sprach der Verfluchte da (kein Frommen lehrte er):

„Selbst magst du nun sehen, wie ich dirs nicht zu sagen brauche,

„Eva du gute, daß dir viel anders ist

„Wolgestalt und Wachstum, seitdem du meinen Worten trautest

„und meine Lehre leistetest. Nun scheinet Licht vor dir

615. „glanzvoll dir entgegen, das ich von Gott dir brachte
„hell von dem Himmel: du kannst es nun mit! Händen greifen.
„Sage es dem Adam, welch Gesicht du hast
„und welche Kräfte durch mein Kommen! Wenn er in keu-
                                              scher Sitte
„nun noch leistet meine Lehre, dann geb' ich ihm des Lichts
                                              genug,

620. „das ich so gut dir jetzt gegeben habe:
„dann straf ich seinen Wortfrevel nicht, obwol er des nicht
                                              würdig ist,
„daß ich ihm erlaße, was er mir Leids gesprochen.
„So sollen auch nachher seine Abkömmlinge leben:
„wenn sie Leibes thaten, sollen sie Liebe würken,

625. „ihres Herren Harmrede wenden und haben seine Huld fortan."
Da gieng zu Adam hin die anmutigste der Frauen,
die wonnigste der Weiber, die in die Welt je kamen:
sie war ja das Handgewerk des Himmelskönigs,
obgleich sie so tückevoll verthan wurde

630. verlockt durch die Lügen, daß sie verleidet Gott
da werden sollten durch des Wutfeinds Gedanken
und verlieren sollten durch die List des Teufels
die Huld ihres Herren und das Himmelreich:
gar manche Weile ist's dem Menschen wehe,

635. der sich nicht wol bewahrt, solang er des Gewalt besitzt!
Theils trug sie in den Händen da, theils lag am Herzen ihr
der unselige Apfel, den ihr ehedem verbot
der Herr der Herren, des Hinfallbaumes Obst,
als das Wort sprach der Wart der Glorie,

640. daß nicht dulden dürften dann die Menschen
den furchtbaren Tod, sondern aller Völker jedem
gab der heilige Herr des Himmelreiches
weitbreites Wol, wenn das Gewächs allein
sie laßen wollten, das der Leidensbaum

645. bitter gefüllt an seinen Bogen trug:
das war der Baum des Todes, den ihnen verbot der Herr!
Da verführte mit Lügen, der ein Feind Gottes war
und in dem Haß des Himmelskönigs, sowie das Herz der Eva,
des Weibes weicher Sinn, daß sie seinem Wort begann zu trauen,

2*

650. zu befolgen seine Lehren und faßte Glauben,
daß er gebracht habe die Botschaft von dem Herrn,
die er so warlich ihr mit Worten sagte
und zeigte hehre Zeichen, verhieß ihr Treue
und seinen holden Sinn. Zu ihrem Herren sprach sie:
655. "Adam, mein Fürst! es ist dies Obst so süße,
"in der Brust gar lieblich, und dieser Bote schön
"ist Gottes guter Engel: an seiner Gürtung sehe ich,
"daß er ein Herold ist des Herren unser,
"des Himmelskönigs. Seine Huld ist uns
660. "zu gewinnen beßer als sein Widermut!
"Hast du heute ihm auch Harm gesprochen,
"er vergiebt dir gleichwol, so wir nur gerne Jüngertum
"ihm leisten wollen. Was soll dir das so leidige Streiten
"wider deines Herren Boten? seine Huld ist uns not!
665. "er kann unsere Anliegen vor den Allwalter bringen,
"vor den Himmelskönig. Ich kann von hier aus sehen,
"wo er selber sitzt (das ist im Südosten)
"bewunden mit Reichtum, der die Welt geschaffen;
"seine Engel sehe ich da um ihn wandeln
670. "in ihren Federkleidern, aller Volkschaaren größte,
"die wonnesamste Menge. Wer mochte mir solch Wißen geben,
"wenn nicht Gott selbst es uns gesendet hätte,
"der Herr des Himmelreiches? Hören kann ich nun
"und über diese weite Welt so weithin sehen,
675. "schauen über diese Schöpfung all; ich kann den Schall des
    Jubels
"hören in den Himmeln. Mir ward im Herzen es so licht
"von außen und von innen, seit ich des Obstes kostete.
"Hier hab' ich in der Hand davon, mein Herr du guter!
"ich gebe dir es gerne! ich glaube, daß von Gott es kommt
680. "gebracht auf sein Gebot, wie dieser Bote sagte
"mit wahrhaften Worten: dem gleicht warlich nichts
"anderes auf Erden, sondern es ist wie dieser Engel sagt,
"daß er ist ganz gewiß von Gott gekommen!"
Sie sprach ihm dicke zu und zu der düsteren That
685. trieb sie den ganzen Tag ihn, daß sie Gottes ihres Herren
Willen brachen. Es stund der wutgesinnte Bote,
entflammte listvoll sie verlockend Lust in ihnen

und setzte furchtbar ihnen zu: es war der Feind ganz nahe,
der an die Fahrt die furchtbare gefahren war

690. über lange Wege und der die Leute dachte
die Menschen zu verwerfen an das Mordwerk das große,
sie zu verlocken und verleiten, daß sie das Lehen Gottes
des Allmachtvollen Gnade auf möchten geben,
des Himmelreichs Gewalt. Ja, der Höllenschädiger

695. wußte gar wol das, daß sie dann Gottes Zorn
und auch der Hölle Qualen haben sollten
und die drückenden Martern der Drangsal finden,
wenn sie gebrochen hätten die Gebote Gottes,
als er verlockte da mit Lügenworten

700. zu dem Unrat die anmutigste der Frauen,
die wonnigste der Weiber, daß sie nach seinem Willen sprach
und war zur Hilfe ihm, das Handgewerk Gottes
zu verlocken und verlehren an den leibigen Frevel.
Sie sprach da zu Adam, die anmutigste der Frauen,

705. gar oft und dicke, bis daß dem Adam sich begann
sein Herz zu wenden, daß der Verheißung er vertraute,
die ihm das Weib allda mit Worten sagte!
sie that es doch aus holdem Sinn und wußte nicht daß Harm
so viel
und furchtbar Elend daraus folgen sollte

710. für das Menschenvolk, da ins Gemüt sie's nahm,
daß sie des leibigen Boten Lehren hörte,
sondern hoffte sich die Huld des Himmelskönigs
zu erwürken mit den Worten, dieweil sie ihrem Manne
zeigte solche Zeichen und Zusagen ihm verhieß,

715. bis daß dem Adam endlich innen in der Brust
ward umgestimmt sein Sinn, so daß er anfieng sein Herz
zu wenden an ihren Willen. Von dem Weib empfieng er
Höll und Hinfahrt, obwol's so nicht geheißen wurde,
sondern Obstes Namen eignen sollte!

720. doch wars des Todes Schlaf, des Teufels Verlockung,
Höll und Hinfahrt und der Helden Untergang,
Mord der Menschen, daß sie zur Mundkost nahmen
das unsaubere Obst. Sowie's da in ihn kam,
daß es sein Herz berührte, da lachte hochfrohlockend

725. der bittergesinnte Bote und sagte für beide Dank

dem Herren sein: „Die Huld, die du versprachst,
„hab' ich erwürkt nunmehr und deinen Willen all geleistet!
„Für manche Tage sind die Menschen nun verleitet,
„Adam und Eva: ihnen ist die Unhuld nun
730. „des Waltenden beschert, da seine Wortrede sie
„verließen, seine Lehre! drum mögen sie nun länger nicht
„das Himmelreich behalten, sondern sollen zu der Hölle nieder
„an den schwarzen Weg. So brauchst du keine schwere Sorgen,
„wo du gebunden liegst, in deiner Brust zu tragen,
735. „zu murren im Gemüte, daß die Menschen hier bewohnen
„das Himmelreich das hohe, während Harm wir beide
„und Drangsal müßen dulden und eine düstere Heimat
„und um deines Uebermutes willen aufgegeben haben
„des Himmelreiches Hochgezimmer,
740. „die guten Wohnungssitze! Uns ward Gott ergrimmt,
„die wir vor ihm nicht wollten oben in dem Himmelreiche
„vor dem heiligen Herren mit dem Haupt uns neigen
„als seine holden Jünger; uns behagte nicht,
„daß wir in Jüngerschaft ihm gerne dienten.
745. „Drum ward der Waltende uns wütend im Gemüte,
„hart in seinem Herzen, trieb uns zur Hölle nieder
„fällte in das Feuer uns, der Volkschaaren gröste,
„und erhub dann mit den Händen wieder in dem Himmelreiche
„seine leuchtenden Stühle und verlieh das Reich
750. „dem Menschenvolke. Dein Gemüt mag nun
„dir in der Brust frohlocken, daß hier beides ist geschehen,
„daß das Himmelreich der Helden Kinder sollen
„die Leute nun verlieren und in die Lohe zu dir nieder
„in die heiße Hölle wandern und daß auch Harm ist Gott
755. „gemacht und Mutsorge! Was an Mörderlohn wir dulden,
„das ist dem Adam alles nun vergolten
„mit dem Haße seines Herren und der Helden Untergang,
„den Menschen mit Mordes Qualen. Drum ist mein Mut
geheilt,
„der Sinn ums Herz mir weit: all ist unser Harm gerächt,
760. „das Leid das wir schon lange tragen! Nun will ich in die
Lohe nieder
„und da den Satan suchen, der in der schwarzen Hölle
„gehaftet ist mit harten Ringen.“ Da flog von hinnen wieder

aller Boten bitterster zur breiten Lohe
zur Behausung der Hölle, wo sein Herre lag
765. geseilt mit Stricken. — Nun sorgten beide,
Adam und Eva, und oft unter ihnen
giengen Jammerworte, da sie Gottes fürchteten
ihres Herren Haß und vor des Himmelskönigs Zorn
sich sehr entsetzten: sie selbst verstunden,
770. sein Wort sei nun gewendet. Das Weib wehklagte
und heulte reuevoll (sie hatte die Huld Gottes
verlaßen, seine Lehre), als sie das Licht nun sah
anderswohin eilen, das ihr durch Untreue
der Feind vorher zeigte, der ihr den Frevel riet,
775. daß sie der Hölle Qualen nunmehr haben sollten
und Höhnung da in Unzahl: drum ihnen Herzens Sorgen
brannten in der Brust. Zum Gebete fielen
zusammen oft die Gatten und den Siegesherrn
den guten grüßten sie und riefen Gott an,
780. den Himmelswalter; ihren Herren baten sie,
daß sie ihr Harmtheil nunmehr haben möchten:
sie wolltens gern begehen, da sie Gottes Weisung
und sein Gebot gebrochen. Sie sahen bar von Kleidern
ihre Leiber nackend. Noch hatten sie im Land bisher
785. beseßen keine Saalhäuser, hatten von Sorgen nichts
und nichts von Weh gewußt: sie konnten wol vielmehr
leben in dem Lande, wenn sie die Lehre Gottes
nur stets befolgen wollten. Gar viel sprachen da
zusammen Sorgenworte die gesellten Gatten.
790. Adam redete, zu Eva sprach er:
„Ach! du Eva hast gar übel uns bereitet
„unser selber Schicksal! siehst du nun die schwarze Hölle
„die gierig gefräßige? grimmen magst du sie
„von hier aus hören: nicht ist das Himmelreich
795. „der Lohe zu vergleichen! Das ist vielmehr der Lande bestes,
„das wir durch unseres Herren Gnade haben sollten,
„wofern du dem nicht hörtest, der diesen Harm uns riet,
„daß wir das Wort des Waltenden verbrachen,
„des Himmelsköniges! Nun mögen wir in herber Reue
800. „sorgen vor seinem Kommen, da er uns selbst gebot,
„daß vor dem Wehe wir uns wahren sollten,

„vor der Harme größten. Nun schneidet Hunger mich und Durst
„gar bitter in der Brust, des wir eh beides waren
„ohne Sorgen immer für alle Zeiten!

805. „Wie sollen wir nun leben und in dem Lande bleiben
„wenn Wind hier kommt von Westen oder Osten,
„von Süden oder Norden, und schwarz Gewölk fährt auf
„und Hagelschauer kommen von dem Himmel nieder
„und es fähret Frost mit her, der furchtbar kalt ist,

810. „und von dem Himmel scheinet heiß dann wieder
„blendend diese Sonne, und wir stehen barleib hier
„mit Gewändern nicht bewahrt? wir haben zur Wehre vor uns
„gegen Schauerschatten nichts, noch auch des Schatzes etwas
„für Mundkost uns bereit. Uns ist der machtreiche Gott

815. „nun wutgesinnt, der Waltende! zu was sollen wir nun
werden?
„Nun mag es hart mich reuen, daß ich des Himmels Gott
gebeten
„den Waltenden den guten, daß er dich würkte hier zu mir
„aus meines Leibes Gliedern, da du mich verleitet hast
„an meines Herren Haß: so mag es nun mich hart gereuen

820. „Alters fortan immer, daß ich mit meinen Augen dich gesehen!"
Da sprach Eva drauf, die anmutigste der Frauen,
die wonnigste der Weiber (sie war das Werk Gottes,
obwol sie durch des Teufels Kraft betrogen wurde):
„Wol magst du mirs verweißen mit den Worten dein,

825. „du mein Geselle Adam! doch nicht schlimmer mag es
„im Gemüt dich reuen, als es mir im Herzen thut!"
Zur Antwort gab ihr Adam drauf:
„Wüst' ich nur den Willen meines Waltenden,
„was ich zum Harmtheil nun erhalten soll,

830. „nichts sähest du dann schleuniger, wenn mich auch in die See
hieß waten
„des Himmelreiches Herr von hier nun da,
„fahren in die Flut: nicht wäre mir so furchtbar tief
„des Meeres Strom so mächtig, daß mein Gemüt je zweifelte:
„ich gienge zu dem Grund vielmehr, so ich damit nur Gottes
meines Herren

835. „Willen möchte würken! Nun steht mir in der Welt mein
Sinn

„auf Heldenschaft nicht weiter, da ich des Herren Gunst
„und seine Huld verwürkte, daß ich sie nicht mehr haben darf!
„Doch so darleib können wir beide nicht zusammen
„länger weilen nun und wohnen: drum laß in diesen Wald
                    uns gehen,
840. „in dieses Holzes Schatten!" Drauf wandten sich dahin die
                         beiden
und giengen jammernd in den grünen Wald,
saßen da gesondert, ihr Schicksal zu erwarten
von dem Himmelskönig, da sie das nicht haben konnten,
das ihnen eh verlieh der Allmachtvolle.
845. Ihren Leib bedeckten sie mit Laub darauf,
mit Waldes Blättern: Gewänder hatten sie noch nicht.
Aber zum Gebete fielen beide drauf zusammen
und jeden Morgen baten sie den machtreichen Herren,
daß sie Gott der allmachtvolle nicht vergeßen wolle,
850. daß ihnen weisen möchte der Waltende der gute,
wie sie nun leben sollten an dem Lichte fürder.

VI.

Gefahren kam darauf der Fürst voll Allmacht
Nachmittags, der Notretter unser,
der Vater der gerechte in den Freudegarten,
855. der hehre König, da sein Herz ihn trieb,
daß er erkunden wollte, was seine Kinder machten:
er wuste schuldbeladen, denen er erst Schönheit gab.
Sie wandten sich zu gehen im Geiste jammernd
unter den Baumschatten hin, verbargen sich im Dunkel
860. des Heils beraubt, da sie die heiligen Worte
des Herren hörten und sich hart entsetzten.
Sofort begann der Fürst des Himmels
den Wart zu rufen der Weltgeschöpfe
und hurtig hieß der Herr voll Macht
865. seinen Sohn zu sich kommen. Doch selbst sprach dieser
und klagte kummervoll: „Da ich Bekleidung brauche,
„bewinde ich mich hier den gewänderlosen,
„mein Lebensfürst! mit Laub bedecke
„ich schuldvoll meine Scham: geschadet ist mir schmerzlich

870. „furchtbar in dem Herzen! ich wage nicht hervor zu gehen
„vor deine Augen, Herr! ich bin all nackend."
Da gab ihm eiligst Gott zur Antwort:
„Sage mir, mein Sohn, was suchst du denn
„die Schatten schamerfüllt? du hast ja doch Beschämung nicht

875. „von mir zuvor empfangen, vielmehr der Freuden jede!
„Warum weist du nun von Wehe und bewindest dir die Scham,
„und siehest Sorge und bedeckst dir selbst nunmehr
„den Leib mit Laub und sagst in Lebenskummer
„im Herzen hart betrübt, daß du Umhüllung brauchest,

880. „wofern du nicht den einen Apfel hast gekostet
„von jenem Waldesbaum, den ich mit Worten dir verbot?"
Zur Antwort gab ihm Adam drauf:
„Es bot die Frucht mir diese Braut zur Hand,
„die Frau die liebliche, Fürst Herre mein!

885. „die empfieng ich frevelnd wider dich; des führe ich ein Zeichen
„nun sichtlich an mir selber: ich weiß von Sorgen um so mehr!"
Da fragte Eva drauf der allmachtvolle Gott:
„Was verscherztest du, o Tochter, doch den Segensreichtum,
„die jungen Creaturen des Glückgefildes,

890. „die grünende Gabenfülle, da du so gierig hast
„hier an den Baum gegriffen und von des Baumes Zweigen
„die Frucht hast abgenommen und da du frevelnd wider mich
„die unheilvolle aßest und gabst dem Adam auch davon,
„da sie euch beiden doch verboten war

895. „so fest mit meinen Worten?" Da gab die Frau die liebliche
voll Angst und Scham zur Antwort drauf:
„Es betrog die Natter mich und mich hat nötigend
„verführt zum Frevel und zur frechen Schuld
„der schändliche Wurm durch seine Schmeichelworte,

900. „bis frevelnd ich vollführte die feindliche That
„und beraubte da, wie es nicht recht war,
„den Obstbaum in dem Haine und aß die Frucht."
Der Natter schuf darauf der Notretter unser
der Fürst voll Allmacht dem falschen Wurme

905. weite Wege und sprach mit Worten also:
„Verflucht sollst du treten auf ferne Zeiten
„mit deiner Brust den Busen dieser breiten Erde
„und fußlos sollst du fahren, so lange fürder dir die Seele

„ber Geist bir innewohnt! Grieß sollst bu eßen
910. „all beine Lebenstage, ba bu so leibig hier
„hast Frevel angestiftet. Drum soll befeinben bich bas Weib,
„bich haßen unterm Himmel unb bir bein Haupt zertreten
„feinb mit ihren Füßen; bu sollst auf ihre Fersen lauern
„in neuem Kampfe: euren Nachkommen sei gemein
915. „Haß unb Kampfwut, so lange hier besteht
„bie Welt unter ben Wolken! Nun weist unb kennst bu,
„leibiger Leuteverberber, wie bu leben sollst."
Ingrimmig brauf zu Eva sprach er:
„Wenbe bich nun von ber Wonne! in bes Bewaffneten
920. „Macht sollst bu stehen, burch bes Mannes Schrecken
„hart bebrängt unb harmvoll sollst bu tragen
„bie Tollheit beiner That unb sollst bes Tobes harren,
„unter Weh unb Weinen an bie Weit gebären
„Söhne unb Töchter in Schmerzenfülle!"
925. Auch entbot bem Abam ber ewigliche König
bes Lebens Lichtfürst leibvolle Botschaft:
„Du sollst bir einen anberen Aufenthalt nun suchen,
„eine wonnelosere Wohnung unb wanbern in Verbannung
„als entblößter Bettler bar ber Güter,
930. „vertrieben aus bem Parabies! es ist Trennung bir beschert
„bes Leibes von ber Seele, ba bu so leibig hast
„bas Unrecht angestiftet: bu sollst fortan bafür
„nun beinen Unterhalt auf Erben künftig
„bir schaffen selbst im Schweiß bes Angesichtes
935. „unb bein Brob so eßen, so lang bu bleibst auf Erben,
„bis baß bir hart zum Herzen greifet
„unsanfte Krankheit, bie mit bem Apfel bu zuvor
„hast selbst verschlungen, brum sollst bu sterben!"
Traun, wir hörten, wo bie Harmgeschicke
940. wehvoll uns erwachten unb Weltarmut!
Drauf gürtete mit Gewänbern sie ber Wart ber Glorie,
ber Schöpfer unser, hieß sie bie Scham bebecken
mit bem frühesten ber Kleiber unb hieß sie fort wanbern
aus bem Parabiese in brückenberes Leben.
945. Hinter ihren Fersen schloß ber Freuben unb ber Wonne
hofnungsvolle Heimat ein heiliger Engel
auf bes Fürsten Geheiß mit einem Flammenschwerte;

nicht mag da fahren hin ein frevelschuldiger
meinvoller Mensch: es hat Macht und Strenge
950. der heiligliche Wächter, der das hehre Leben
dem Schöpfer hütet, das segensreiche.
Doch wollte Gott der mächtige nicht ganz entziehen
Adam und Eva alle Gnade
im Anfang, der Vater, obgleich sie von ihm abfielen,
955. sondern ließ ihnen fort bestehen zu Freud und Trost
des Himmels Dach voll heiliger Sterne
und gab ihnen großen Grundreichtum,
hieß für die gesellten Gatten die Seen und die Erde
mit der Nachwüchse jedem der Nachkommen ziehenden
960. Gewächse nähren zur Weltbenutzung.
Sie besaßen nach der Sünde ein sorgenvoller Land,
Aufenthalt und Erbsitz unfruchtbarer
an Fülle der Güter, als der frühere Stuhl war,
aus dem nach ihrer That sie da vertrieben wurden.

VII.

965.   Darauf begannen sie nach Gottes Geheiß
Kinder zu erzeugen, wie der König es gebot,
Adam und Eva. Ihre Abkömmlinge waren
als die ersten Kinder zwei edle Söhne,
Cain und Abel. Es künden uns die Bücher,
970. wie die thatenreichen trauten Brüder
Wonnegüter sich erwarben, Wolstand und Nahrung;
der eine übte an der Erde seine Kraft,
der war der erstgeborne; es hielt der andere die Heerden
seinem Vater zur Hilfe, bis daß fürder schritt
975. eine Menge Tage und dem Mächtigen ein Opfer
beide einstmals brachten. Es blickte da der Engel Fürst
auf Abels Opfergabe mit den Augen sein,
während Cains Opfer der König aller Wesen
nicht anschauen wollte. Des war Ingrimm dem Manne
980. heftig in dem Herzen: es zog Herzwallen auf
in der Brust dem Helden bleichender Neid.
Ingrimmsvoll aus Abgunst begann er Unrat da
mit seinen Fäusten zu vollführen und den freien Verwandten

den Bruder zu erschlagen, vergoß das Blut zur Erde,

985. Cain das des Abel. Das Qualtodblut
schlang dieser Mittelkreiß, des Mannes Herzblut.
Nach dem Todschlage war nun Trübsal erhoben,
der Schmerzqualen Fülle: seitdem entsproßten
leibvoll von dem Zweige je länger um so stärker

990. gar rübe Gewächse; es reichten weithin
durch die Völker dieser Erde des Frevels Zweige:
es rührten Harmzweige hart und schmerzlich
die Erdbewohner, (sie thun noch immer so!)
von denen breite Blätter aller Bosheitthaten

995. zu keimen begannen. Diese Kunde mögen wir
trauervoll beklagen, das todgrimme Ereignis,
und nicht umsonst: gar sehr hat uns geschadet
die anmutigste der Frauen durch die erste Sünde,
die wider den machtreichen Gott Menschen je vollführten,

1000. Erdbewohner, seit Adam ward
aus Gottes Mund mit Geist erfüllet!
Mit Worten fragte da der Wart der Glorie
den Cain, wo Abel auf Erden wäre.
Der tugendlose Todschlagswürker

1005. gab ihm zur Antwort eiligst drauf:
„Nicht Abels Eingang noch Ausgang kenn ich,
„meines Verwandten Schicksal! ich war der Wächter nicht
„des Bruder mein!" Der Gebieter der Engel
der gutreiche Geist sprach ihm entgegen drauf:

1010. „Warum fälltest du mit deinen Fäusten denn
„wütend an das Todbett den wahrfesten Mann,
„den Bruder dein, daß nun sein Blut zu mir
„so klagt und schreit? Für diesen Qualtod sollst du
„Wehestrafe tragen und wandern in Verbannung

1015. „verflucht auf ferne Zeiten: nicht gibt Früchte dir die Erde
„liebliche zur Weltbenutzung, da sie das Lebensblut schlang
„das heilige von deinen Händen; drum entzieht die Hilfe dir
„die Glanzes grüne Erde. Gehn sollst du nun jammernd
„aus deinem Erbsitz ohne Mitleid, wie du Abeln bist

1020. „zum Lebensmörder worden. Verleidet deinen Freunden

---

989) d. i. des Todesbaumes im Paradies.

„sollst du als Flüchtling darum fernhin wandern!"
Da gab ihm Cain zur Antwort, des Qualtods Würker:
„Nun darf ich irgend einige Gnade
„im Weltreich nicht erwarten, sondern verwürkt habe ich,
1025. „der Himmel Hochkönig, deine Huld und Gnade,
„Lieb und Frieden. Drum muß ich laufen nun
„gar weite Wege in Wehgeschicks Erwartung,
„wann mich frevelschuldigen finde einer,
„der mich fern oder nah in Feindschaft mahne
1030. „an meines Bruders Tod: sein Blut vergoß ich
„triefend zu der Erde. An diesem Tage heute
„verfluchst du mich und treibst mich fort von hinnen
„aus meinem Landessitze: mir wird zum Lebenstödter
„der Feinde einer werden; verfluchet soll ich
1035. „Herr, aus deinen Augen nun von hinnen wandern!"
Da sprach selbst zu ihm des Siegruhms König:
„Noch brauchst du nicht zu fürchten das bittere Sterben,
„des Todes Schrecken, ob du vertrieben gleich
„fern von deinen Freunden als Feind sollst wandern.
1040. „Wenn der Helden einer mit den Händen sein
„des Alters dich beraubet, dann soll an ihn kommen
„für solche Sünde siebenfache Rache
„und Wehe nach dem Werke!" Der Waltende setzte
ein Merkzeichen an ihn, der machruhmfeste Schöpfer
1045. der Fürst ein Friedezeichen, daß der Feinde keiner
mit Schwertes Schärfe ihm zu schaden wagte
in der Ferne oder Nähe. Drauf hieß er fort wandern
von Mutter und von Maagen den Meinschuldigen,
aus dem Kreiße seiner Freunde. Da machte Cain sich auf
1050. zu gehen jammermütig Gott aus dem Gesichte
als Verbannter ohne Freunde und einen Bau erkor er
sich in den Ostlanden, eine Aufenthaltstätte
fern von seines Vaters Wohnung, wo eine freie Magd
als Ehfrau ihm nach Abel Abkömmlinge gebar.

VIII.

1055. Enos ward geheißen der erstgeborne
von den Söhnen Cains; der begann seitdem zuerst

mit seinen Freundmaagen eine Festung sich zu zimmern:
das war unter den Wolken der Wallvesten
erste von all denen, welche Edelinge
1060. schwerttragende setzen hießen.
Abkömlinge erwachten ihm zuerst von da
von seiner Braut geboren in der Burgstätte:
es war der älteste von ihnen Irad geheißen,
der Sohn des Enos. Seitdem erwachten,
1065. die da die Kinderzahl von Cains Geschlecht
die Maagschaft mehrten. Malalehel
war drauf nach Irad des Erbes Hirte
an seines Vaters Statt, bis er sich fort machte.
Mit seinen Maagen theilte Mathusal darauf
1070. nach dem Gebornen der Geborne, mit den Brüdern sein
der Edelinge Schätze, bis er Alterstrennung
im vorgerückten Alter vollführen sollte
und laßen von dem Leben. Lamech empfieng
nach des Vaters Tod die Flurgebäude
1075. und des Baues Schätze, dem der Bräute zwei
als Ehfrauen in dem Erbsitz Abkömlinge gebaren,
Ada und Sella: deren einer hieß
Jabal mit Namen, der begabten Sinnes,
mit der Harfe zuerst unter den Hierwohnenden
1080. mit seinen Händen Hall entlockte,
klingenden Klang, das Kind des Lamech.
Auch war in dieser Maagschaft damals ein Mann geheißen
Tubal Cain, ein Kind des Lamech,
der durch Scharfsinns Klugheit war ein Schmiedekünstler
1085. und durch Gemütes Sinnen unter den Menschenkindern
als der erste auf Erden Ackergerät
verfertigt hat: die Volkeskinder
wusten Erz seitdem und Eisen auch
zu brauchen weit, die Burgbewohner. —
1090. Mit Worten sprach zu seinen Weibern beiden,
den lieben Bettgenoßen, Lamech selber
zu Ada und Sella die unehrsame Kunde:
„Durch Mord erschlug ich einen meiner Freunde,
„der holben Maagen; meine Hände befleckte ich
1095. „mit des Cain qualvollem Tode,

"fällte mit den Fäusten den Vater des Enos,
"den Abelsmörder: der Erbe übergab ich
"des Verwandten Todblut. Ich weiß nun sicher,
"daß diesem meinvollen Morde mächtig folgen
1100. "gewislich wird des wahren Königs
"siebenfältige Rache: weit schlimmer wird
"mit grimmem Graus vergolten werden
"mein Fällen und mein Mord, wenn ich einst fort eile."

IX.

Dem Adam ward an Abels Statt
1105. ein anderer Abkömling im Erbsitz geboren,
ein sehr frommer Sohn, dem war Seth der Name:
der war selig, gedieh seinen Eltern
dem Vater und der Mutter zu Freud und Trost,
dem Adam und der Eva, war Abels Ersatz
1110. in diesem Weltreiche. Das Wort sprach da
der erste der Menschen; "Mir hat der Ewige gegeben
"selbst diesen Sohn, der Siegruhmswalter,
"des Lebens Lichtfürst an des Lieben Stelle,
"den Cain erschlug, und meine Kummersorge hat
1115. "mit diesen Mannkind mir aus dem Gemüt getrieben
"unser lieber Herre: ihm sei Lob und Dank!"
Es hatte Adam, da er sich abermals begann
zur Erbsitzstütze diesen andern Sohn zu zeugen,
das Kind mit seiner Braut, der kraftberühmte,
1120. dieses Lebens dreihundert,
Winter in der Welt. Es weisen uns die Schriften
daß er acht hundert hier noch seitdem
seine Maagschaft mehrte mit Mägden und mit Söhnen.
Auf Erden hatte Adam in Allem hier
1125. der Helden Vater neunhundert Winter
und auch dreißig, als er diese Welt
durch Lebenstrennung verlaßen sollte.
Das Volk beschützte drauf, ihm folgend, Seth,
der Abkömling nach den Eltern, hielt den Erbsitzstuhl
1130. und nahm ein Weib zur Gattin: der Winter hatte er
fünf und hundert, als er zuvörderst anfieng

zu vermehren feiner Maagfchaft Männerzahl
mit Söhnen und mit Töchtern. Von Sethes Kindern
war Enos geheißen der erftgeborne:

1135. der verkündete Gott von den Kindern der Menfchen
als der erfte von Allen, feit Adam gieng
ins grüne Gras mit Geift gewürdigt.
Seth war felig; feitdem zeugte er
Söhne und Töchter noch fieben Winter

1140. und achthundert auch: in Allem hatte er
zwölf und neunhundert, als die Zeit herankam,
wo er Friedenstrennung vollführen follte.
Nach ihm waltete, feit er die Welt verließ,
Enos des Erbes, feit die Erde fchlang

1145. des faattragenden Sethes Leichnam
Er war lieb dem Herrn und lebte hier
der Winter neunzig, eh er beim Weib begann
durch Bettgenoßenfchaft Geborene zu zeugen:
ihm ward Cainan zuerft als Kind geboren,

1150. als Abkömling im Erbfitz. Dann achthundert
und fünfzehn Winter im Frieden Gottes
zeugte Kinder noch der kluge Held,
Söhne und Töchter: er verfchied, da er hatte
der alte vorzeiterfahrene fünf und neunhundert.

1155. Der Sippfchaft war dann feitdem Cainan
Oberrichter nach des Enos Tode,
Wart und Weifer: der Winter hatte er
gerade fiebenzig, eh ihm ein Sohn erwachte.
Da ward ein Abkömling im Erbfitz geboren,

1160. ein Mannkind Cainans, Mahalalehel geheißen.
Drauf mehrte er der Edelinge Zahl noch achthundert
und vierzig Jahre mit vielen Kindern:
in Allem hatte des Enos Sohn
der Winter neunhundert, als er die Welt verließ,

1165. und zehne, da die Zahl feiner Zeittage
unter dem Raum des Himmels verronnen war.
Nach feinem Leben hielt drauf Land und Erbe
der Semefter viele Mahalalehel:
diefer Fürft hatte fünf und fechzig

1170. Winter in der Welt, eh er beim Weib begann

3

Geborene zu zeugen; es brachte die Braut ihm einen Sohn
die Magd zu den Menschen: dies Mannkind ward
in seiner Maagschaft meines Erfahrens
in seiner Jugend Jared geheißen.

1175. Es lebte drauf noch lange Lust genießend
und der Männer Jubel Mahalaleßel,
sich der Weltschätze freuend: der Winter hatte er
fünf und neunzig, da er sich fort machte,
und achthundert auch. Seinem Abkömlinge ließ er
1180. Land und Leuteherrschaft. Lange seitdem
theilte Gold den Männern Jared aus:
der gottfürchtige Held war gut und edel
und der Fürst war allen seinen Freunden lieb.
Er hatte hier des Lebens hundert und fünf
1185. Winter gewartet in dem Weltreiche
und sechzig auch, als ihm der Segen kam,
daß ihm an diese Welt einen Sohn sein Weib gebar:
Enoch ward geheißen dieser Abkömling,
das erstgeborene Freikind. Sein Vater mehrte hier
1190. noch seiner Maagschaft Mannzahl fürder
mit Abkömlingen achthundert Winter, bis er in Allem hatte
fünf und sechzig, da er sich fort machte,
und neunhundert Jahre nach der Nächtezählung,
so manchen Winter alt, als er die Welt verließ:
1195. Jared hinterließ da dem begabten Sohne
Land und Leuteherrschaft, dem geliebten Manne.
Darauf erhub dann Enoch Herrschaft
und Friedens Fülle, der Volkesweiser:
Herrschaft und Ansehn ließ der Held nicht fallen,
1200. solang er Hirte war der Hauptverwandten.
Er genoß der Segenstage, Söhne zeugend,
drei hundert Winter: ihm war hold der Waltende,
der Herr des Himmelreichs. Von hinnen suchte
in seinem Leib der Held die Lust und die Gemeinschaft
1205. des theueren Herrn; er starb den Tod nicht
dieses Mittelkreißes, wie die•Menschen thun
junge und alte, wenn Gott denselben
Eigentum und Unterhalt und ihre Erdenschätze
abnimmt alle und ihr Alter mit:

1210. aus diesem Leben dem geliehenen fuhr er lebend auf
in seinem Körper mit dem Könige der Engel
ganz in dem Gewande, das sein Geist empfieng,
bevor ihn seine Mutter zu den Menschen brachte.
Er hinterließ dem erstgebornen seiner Abkömlinge
1215. das Volk, dem ältesten: fünf und sechzig
Winter hatte er, als er die Welt verließ,
und dreihundert. Drauf eine Weile
hielt Mathusal der Maagen Erbe,
der in seinem Leibe hier am längsten sich
1220. des Weltjubels freute. Er zeugte in gewaltiger Menge
vor dem Tage seines Todes Töchter und Söhne.
Der hochbejahrte hatte, da er von hinnen sollte
von den Helden wandern, neun hundert Winter
und siebenzig dazu. Sein Sohn hielt nach ihm,
1225. Lamech, die Leutewohnung, lange seitdem
die Welt verwaltend: der Winter hatte er
zwei und hundert, als die Zeit herankam,
daß er zum ersten anfieng edele zu zeugen
Söhne und Töchter. Seitdem lebte
1230. fünf und neunzig der Fürst gar manchen
Winter unter den Wolken, der Wart des Volkes,
und auch fünf hundert, hielt das Volk gar wol
und zeugte viele Kinder. Frauen und Männer
erwachten ihm als Abkömlinge, deren ältesten er
1235. Noah nannte, der nach ihm bei den Menschen,
seit Lamech gieng, des Landes waltete.

X.

Es hatte der Edelinge Oberführer
fünf hundert Winter, da er zuvörderst anfieng
Geborene zu zeugen, wie uns die Bücher melden.
1240. Sem war geheißen von den Söhnen Noahs
der erstgeborne, der andere Ham,
der folgende Japhet. Die Völker mehrten sich
gar weithin unter den Wolken: es wuchs in Unzahl
der Männer Maagschaft über den Mittelkreiß
1245. durch Söhne und durch Töchter. Da waren Sethes Nachkommen

des lieben Leutefürsten noch in Liebe sehr
dem Herren theuer und gar hochmächtig,
bis daß begannen Gottes Kinder
sich zu erkiesen Bräute aus dem Cainsgeschlechte,
1250. dem verfluchten Volk, und sich zu Frauen wählten
gegen des Machtreichen Willen der Menschen Kinder,
der Schuldvollen Töchter schön und lieblich.
Da erhub das Wort der Himmelswalter
und Gott sprach also ergrimmt den Menschen:
1255. „Es sind mir nicht die Menschen aus dem Sinn gekommen,
„die Söhne Cains, sondern diese Sippschaft hat
„mich sehr erzürnt! und Sethes Kinder
„erneun den Zorn nun, da sie zu sich nehmen
„Mägde als Gemahlinnen aus meinen Feinden,
1260. „da die Schönheit der Weiber schändlich einnahm
„und das Ansehen der Frauen und der ewige Feind
„die Volkschaar der Männer, die erst in Friede lebten.“
Drauf der Zahl nach waren zwanzig und hundert
Winter in der Welt gewandert in Verbannung
1265. die verfluchten Völker: der Fürst wollte da
Wehestrafe setzen an die Wahrbundbrecher
und zu Tode schlagen die thatschuldigen
Gigantenkinder, die Gott unlieb waren,
große Meinschädiger dem Mächtigen verhaßt,
1270. da selber sah der Siegruhmswalter,
was für Meinwerke bei den Menschen waren
und daß die Völker waren frevelbreiste
unrechtvolle. Unlieblich rächen
wollte das der Waltende an den Weltvölkern,
1275. es vergreifen den Menschen grimm und schmerzlich
mit harter Macht: gar heftig reut' es ihn,
daß er der Völkerschaaren Vater einst erweckte,
den ersten aller Edelinge, da er den Adam schuf.
Er sagte daß er wollte für die Sünden der Menschen
1280. alles nun veröden, was auf Erden war,
vernichten der Leiber jeden, der des Lebens Geist
mit seinem Busen deckte: das wollte der Gebieter all
da in der zukünftigen Zeit ertödten,
welche bevorstund den Volkeskindern.

1285. Noah war gut, dem Notretter lieb
und seliglich gar sehr, der Sohn des Lamech,
ehrbar und gerecht: der Ewige wuſte,
daß Mut und Macht des Mannes taugte
in seinen Bruſtgedanken. Drum ſagte der Gebieter ihm,
1290. der heilige enthüllend, der Helm aller Weſen,
was er an dem Volke feindliches vollführen wollte:
er ſah all die Erde Unrechtes voll,
die weiten Segensfluren mit Sünden überladen,
beſchmutzt mit Schandwerk. Drum ſprach der Schöpfer da,
1295. der Notretter unſer, zu Noah alſo:
„Ich will mit Fluten nun die Völker tödten
„und alle die Geſchlechter, die auf Erden leben,
„die da Luft und Flut leitet und füttert,
„Vieh und Vögel! doch du ſollſt Friede haben,
1300. „Schutz mit deinen Söhnen, wenn die ſchwarzen Waßer
„die finſteren Todesfluten alle Völker ſchlingen,
„die ſchuldvollen Schädiger! Beginn dir nun ein Schiff zu
bauen,
„ein mächtig großes Meerhaus, darin du manchem ſollſt
„Ruhe räumen, und errichte eine Wohnung,
1305. „nächſt deinen eigenen, allen Erdenſproßen!
„Verſchläge ſchaffe in des Schiffes Buſen!
„das Fahrzeug mache fünfzig weit,
„dreißig hoch, dreihundert lang
„der Ellenmaaße und wider den Andrang der Wogen
1310. „mach es feſt in den Fugen! Drinn ſollen Faſelthiere
„lebend ſein von allen lebenden Geſchlechtern,
„in die Holzfeſte hingeleitet,
„Anwuchs aller Erdenſproßen: drum ſei die Arche um ſo größer!“
Da that Noah alles, wie ihn der Notretter hieß,
1315. gehorchte dem heiligen Himmelskönig,
begann ſchleunigſt ſich das Schiff zu bauen,
die mächtig große Meerkiſte; ſeinen Maagen ſagte er,
es ſtänden bevor den Völkern furchtbare Dinge,
grauenvolle Strafen: doch achteten ſie des gar nicht.
1320. Drauf nach der Winter vielen ſah der wahrfeſte Schöpfer

1310) d. i. Zuchtthiere.

der Fluthäuser gröstes fertig ragen
innen und außen mit Erdenleim
wider die Flut gefestigt, das Fahrzeug Noahs,
mit dem allerbesten; der ist einzig seiner Art:

1325. er wird härter und härter, je heftiger die Waßer
die schwarzen Seeströme ihn schlagen und stoßen.

Da sprach der Notretter unser zu Noah also:
„Ich verleihe dir, o liebster der Männer,
„meinen Schutz dafür, daß du den Seeweg nimst

1330. „mit jenen Faselthieren, die du führen sollst
„nun über tiefe Waßer durch der Tagzahl Menge
„in deines Fahrzeugs Busen. Führe, wie ich dich heiße,
„ein deine Abkömlinge unter den Archebord,
„die Fürsten drei, und euer Viere Weiber,

1335. „und je sieben nimm ins Sundhaus ein
„gezählt der Zahl nach zur Zucht von Allem,
„was zur Mundkost für die Menschen lebt,
„und immer je zwei der andern Thiere!
„Auch von allen Erdengewächsen

1340. „geleite untern Wogenbord den Leuten Nahrung,
„die mit dir sollen das Meer befahren!
„Freigebig füttere die Faselthiere,
„bis ich räume denen, die entrinnen sollen
„dem Wogentreiben, Bewirtung unterm Himmel!

1345. „Geh mit deinen Hausgenoßen nun in das Haus hinein
„und mit der Gäste Schaaren! Ich kenn' als Guten dich,
„als einen festbeherzten: du bist Friede wert,
„Erbarmung samt deinen Geborenen. Auf der breiten Erde
„Antlitz will ich von oben Todesregen

1350. „nun über sieben Nächte sinken laßen:
„an vierzig Tage will ich Fehde stellen
„gegen die Weltvölker und mit der Wogen Tosen
„Eigentum und Eigner all vernichten,
„die da außerhalb der Arche sind,

1355. „wenn zu steigen anfängt die Stromüberflutung.“
Da gieng Noah nun, wie ihn der Notretter hieß,
unter den Bord der Arche seine Geborenen zu leiten,

1322) Asphalt, Erdharz. —

unter die Wogendielen, und ihre Weiber mit;
und alles was zu Faselthieren der Fürst voll Allmacht
1360. da haben wollte, fuhr hin unter Dach
ein zu dem Speisegeber, wie es der Allmachtvolle
der Weltvölker König durch sein Wort geboten.
Ihm auf den Hacken schloß des Himmelreiches Wart
des Meerhauses Mündung mit machtreicher Hand,
1365. des Siegruhms Walter, und es segnete allda
die Arche innen mit eigener Fülle
der Notretter Gott. Noah hatte,
der Sohn der Lamech, sechshundert Winter,
als unter den Bord mit seinen Gebornen einstieg
1370. der Begabte mit der Jugend auf Gottes Geheiß,
mit den theueren Gefährten. Der Fürst sandte nun
Regen von den Himmeln, ließ geraume Zeit durch
wallende Brunnen in die Welt eindringen
aus allen Adern, ließ des Oceans Ströme
1375. die schwarzen rauschen: die Schaumfluten stiegen
über der Gestade Wälle. Streng war und grimmig,
der da der Waßer waltete, bewand und deckte
der Meinfehde Kinder des Mittelkreißes
mit dunkeln Meereswogen und der der Männer Erbsitzland
1380. die Höfe all verheerte: es rächte Herzens Bosheit
der Machtreiche an den Menschen. Das Meer griff hart
an die verfluchten Völker: vierzig Tage
und ebensoviel Nächte war das Angstwerk den Menschen
gar grimm zum Tode; des Glorienkönigs
1385. Seewogen trieben die Seelen der Ehrlosen
aus dem Fleischkleide fort. Die Flut bedeckte
hochgehend unterm Himmel all die Hochgebirge
über den weiten Grund und auf die Wogen hub sie
mit den edelen Insaßen die Arche von der Erde,
1390. welche selbst der Herr gesegnet hatte,
als das Schiff verschloß der Schöpfer unser.
Weithin ritt da unter den Wolken hin
der Häuser bestes über Holmes Tosen,
fahrend mit der Fracht. Das Fahrzeug durften
1395. die Waßerschrecken den Wogendurchseglern
nicht heftig stoßen, sondern der heilige König

befriedete und führte sie.   Fünfzehn stund
tief über Dünen die Tränkflut des Sees
Ellen eines Mannes.   Das ist ein merkwürdig Ereignis:
1400. am nächsten war dem Fahrzeug nichts zum Schaden,
außer daß es hoch ward erhoben in die hohen Lüfte,
als das Oceansheer der Erde Sproßen
all ertödtete, nur daß den Archebord
erhielt der Himmel Fürst, als es der heiligliche Gott
1405. der ewige von neuem aufwärts ließ
in Strömen steigen, der starkmutige König.
Da schützte der machtreiche Gott die Meerbefahrer,
der Siegruhmswalter den Sohn des Lamech
und all die Faselthiere, die vor der Flut verschloß
1410. des Lebens Lichtfürst in des Leithauses Busen:
die Helden führte der Herr der Völker
durch sein Wort über weite Laude.   Drauf begann die wallende Flut
wieder abzunehmen: es ebbete die See
die schwarze unterm Himmel: der wahre Schöpfer hatte
1415. gewendet wieder den Wogenstrom
und der Strahlende hatte gestillt den Regen.
Es fuhr das Fahrzeug schaumig fünfzig und hundert
Nächte unterm Himmel, seit den genagelten Bord
der Fahrzeuge bestes die Flut aufhub,   ⌒
1420. bis daß die Zahl der Tage jener Zeit der rauhen
war dahingegangen.   Auf jenen Höhen saß
hoch mit seiner Ladung der Holmhäuser bestes,
die Arche Noahs, welche Armenia heißen.
Dort harrete nun der heilige Mann ⌒
1425. der Sohn des Lamech der sicheren Verheißung
lange, wann ihn ließe des Lebens Walter
von der furchtbaren Fahrt, der. Fürst voll Allmacht,
ruhen von der Reise, die er so geraume Zeit vollführte,
da ihn auf den Waßerfluten über weite Gründe
1430. die dunkelen Wogen weithin trugen.
Der Holm war am Hinweg; die Helden verlangte,
die Wogenfahrer und ihre Weiber mit,

1404) das Oceansheer. —

wann über genagelten Borb sie aus der Notbehausung
über des Stromes Gestade stapfen dürften
1435. und ihre Eigengüter aus der Enge führen.
Erforschen wollte da der Fortwart des Schiffes,
ob sinkend noch die Seeflut nicht
wäre unter den Wolken: nach der Wochen vielen,
seit die hohen Gehänge den Hort empfiengen
1440. und den Abel auch der Erdensprößlinge,
ließ der Sohn des Lamech einen schwarzen Raben
über die Hochflut hin vom Hause fliegen.
Es glaubte Noah, daß der begierig wieder,
wenn kein Land er an der Luftfahrt fände, .
1445. ihn über die weiten Waßer würde suchen
in den Hochflutbielen: doch diese Hoffnung täuschte;
jener setzte freudig sich auf eine flutende Leiche
und nicht forschen wollte der gefiederdunkle.
Drauf nach sieben Nächten ließ er dem schwarzen Raben
1450. hinterher fliegen über hohe Waßer
vom Borb der Arche eine bunte Taube,
daß sie erforschen sollte, ob die Flut die schäumende
tief noch immer doch einen Theil bereits
der grünen Erde vergeben habe.
1455. Weithin flog sie ihren Willen suchend
gar geraume Zeit: doch keinen Rastort fand sie,
so daß sie vor den Fluten nicht mit ihren Füßen konnte
das Land betreten noch auf das Laub eines Baumes
sich vor den Strömen setzen, sondern all die steilen Höhen
1460. waren mit Waßer noch bedeckt. Es flog der wilde Vogel
zur Arche hin am Abend wieder
über die Seeflut die schwarze und sank ermattet
hungrig auf die Hand dem heiligen Manne.
Zum andernmale ward da ausgesendet
1465. nach einer Woche eine wilde Taube: weithin flog sie,
bis daß sie reichentzückt eine Ruhestätte
eine freudenreiche fand, und mit den Füßen trat
auf einen Baum die liebliche, in ihrer Brust frohlockend,
daß sie so sehr müde sich setzen konnte
1470. auf eines Baumes Zweigen, einem blinkenden Maste:
sie schüttelte die Federn und flog dann wieder

fort mit ihren Fittichen, brachte fliegend mit
der Oelbaumzweige einen da zu Handen,
einen grünen Fruchtzweig. Da begriff nun hurtig
1475. der Floßmänner Fürst, daß war Erfreuung kommen,
Entfatz von der Not. Drauf ließ der felige Mann
wieder nach der Wochen dritter eine wilde Taube
hinwegfliegen, die nicht wieder kam
zum Schiff geflogen; denn fie erfchauete Land
1480. und grüne Bäume: die beglückte wollte
nicht unter den geharzten Bord, die hocherfreute,
in die Dielenfefte, da fie's bedurfte nicht.
Da fprach zu Noah drauf der Notretter unfer
des Himmelreiches Wart mit heiliger Stimme:
1485. »Dir ift ein Erbfitzftuhl nun abermals geräumt
»zur Luft am Lande, von der langen Seefahrt
»freudenvolle Raft. Geh du in Frieden nun
„aus von-der Arche und führe an der Erde Bufen
»aus dem hohen Haufe deine Hausgenoßen
1490. »und die Gefchöpfe alle, die ich im Schrecken der Wogen
»freundlich rettete, folang die Flut mit Macht
»bedecket hielt die dritte Heimat!«
Er vollführte das, dem Fürft gehorchend,
ftieg über den Stromwall, wie die Stimme ihm gebot,
1495. von Luft erfüllet und geleitete zugleich
der Waßer Nachlaß aus den Wogendielen.

XI.

Da begann Noah ratfeft dem Notretter Gott
ein Opfer anzuordnen und eiligft nahm er
etwas von allem feinem Eigentume,
1500. das zum Frommen ihm der Fürft gegeben,
einfichtsvoll zur Opfergabe und dem ewigen Gotte
weihete das Opfer der weisgefinnte,
dem Könige der Engel. Kund that allda
der Notretter unfer, als den Noah er
1505. felbft fegnete und feine Söhne mit,

1492) die Erbe im Gegenfatz zu Himmel und Hölle. —

daß er ein angenehmes Opfer ihm gebracht
und in seiner Jugend auch mit guten Thaten
sich einst das verdiente, daß ihm mit allen Gaben
Gott der allmachtreiche gnädig wurde,
1510. der hochmächtige Herr. Der Himmelskönig
der Wart der Glorie sprach das Wort zu Noah:
„Seid fruchtbar und mehret euch, genießet fröhlich Ruhmes
„und mit Freuden Friede! Füllung der Erde
„sollt ihr all nun mehren! Euch ist ein Erbsitzstuhl
1515. „und des Holmes Inhalt nebst den Himmelsvögeln
„und den wilden Thieren in Gewalt gegeben,
„die allgrüne Erde und edele Güter.
„Ihr sollt mit Blut gebrauchen niemals
„unehrlich etwas zu eurer Speise
1520. „durch Sünde besudelt mit Seelenblute!
„Sich selbst am ersten schadet jeder
„an des Geistes Gütern, wer mit Geeres Spitze nimmt
„das Leben einem andern: der darf des Lohnes sich nicht
freuen
„in seinen Mutgedanken, sondern des Mannes Leben
1525. „will ich weit schlimmer noch am Schläger rächen,
„am Brudermörder, dafür daß Blutvergießen
„Erschlagung eines Mannes mit dem Schwerte glückte,
„Mord mit den Händen. Der Mensch war ja
„nach Gottes Ebenbild zuerst geschaffen:
1530. „es haben alle die Gestalt der Engel und des Schöpfers,
„die da halten wollen meine heiligen Gebote.
„Wachset und gedeihet! Wonne und Gnade
„genießt auf Erden hier! mit Edelen füllet
„mit eueren Abkömlingen der Erde Länder,
1535. „mit Söhnen und mit Töchtern! Setzen will ich euch
„zum Pfande meine Treue, daß ich an diesen Mittelkreiß
„die Oceansheere nie abermals will senden,
„die Waßer über weite Lande: an den Wolken mögt ihr des
„oft und häufig ein Anmerkzeichen
1540. „schauen fürder, wenn ich den Schauerbogen,
„den meinigen, euch zeige, daß ich den Menschen diesen Bund
„will gewislich halten, solang die Welt besteht.“
Da war der sinneskluge Sohn des Lamech

hinter den Fluten her aus seinem Fahrzeug kommen

1545. mit seinen drei Abkömmlingen, des Erbes Hirte;
und ihre vier Weiber waren Fercoba geheißen,
Olla, Olliwa, Olliwani,
die der Fürst voll Allmacht aus der Flut gerettet,
der wahrfeste Schöpfer, als der Waßer Nachlaß;

1550. die Helden hießen, die herztüchtigen
Söhne Noahs, Sem und Ham,
Japhet der dritte: von jenen Männern
entsproßten viele Völker und gefüllet ward
all dieser Mittelkreiß mit Menschenkindern.

1555. Noah begann darauf von Neuem wieder
mit seinen Hausgenoßen eine Heimat sich zu grünben
und Unterhalt sich aus der Erde zu erzielen.
Er würkte und schaffte, einen Weinberg pflanzend,
säete der Saaten viele und suchte eifrig,

1560. daß ihm wonnigschöne Gewächse brächte
als jahrglänzende Gabe die grüne Erde.
Da geschah es einstmals, daß der selige Mann
in seiner Wohnung wurde Weines trunken,
schlief vom Gelage müde und von dem Leibe selber

1565. schob er sein Gewand, wie es nicht schicklich war,
und lag da gliedernackend: gar nicht merkte er,
daß es im Saale ihm so schimpflich da ergieng,
da dem Helden in der Brust des Hauptes Schwindel
in des Heiligen Hof das Herz erfaßte.

1570. Ihm war gar sehr im Schlaf der Sinn gefeßelt,
daß er nicht mochte am Gemüt geschlagen
mit seinen Händen sich verhüllen selber
und sich die Scham bedecken, wie es beschieden war
den Weibern und den Männern, seit der Wächter Gottes

1575. unserm Vater und der Mutter mit dem Flammenschwert
die Heimat des Lebens auf den Hacken zuschloß.
Zuerst kam Ham hineingegangen,
der Abkömmling des Noah, wo sein Alter lag
Gefühls bestohlen: freundlich wollte er

1580. durchaus keine Ehre an dem eignen Vater
schauen da noch auch die Schande wenigstens
verhehlen seinen Brüdern, sondern hell auflachend

meldete er's ben Maagen, wie der Mann allda
im Haufe raftete. Die giengen hurtig drauf,
1585. eingehüllt ihr Angeficht
mit ihren Mänteln forgfam, baß fie dem Mann dem lieben
brächten Hilfe: die beiden waren gut,
Sem und Japhet. Vom Schlaf erwachte
der Geborne Lamechs und alsbald erkannte er,
1590. baß ihm, dem abelguten, Ham durchaus nicht wollte,
da ihm doch Ehre not war, auch nur etwas fünden
von Huld und Treue; das fchmerzt' den heiligen Mann
gar fehr in dem Gemüte und feinen Sohn begann er
mit Worten zu verfluchen, fprach baß werden folle
1595. gedemütiget auf Erben ein Dienftmann feiner Maagen
Ham unterm Himmel: gar hart hat feitdem
auf ihm diefer Fluch und feinen Abkömlingen gelaftet!
Noch benutzte Noah feitdem
mit feinen Geborenen das breite Reich
1600. dreihundert Winter diefes Lebens
nach der Flut und fünfzig auch, bis er fich fort machte.

XII.

Seine Abkömlinge walteten des Erbes drauf:
fie zeugten Kinder viele und koftbar war ihr Wolftand.
Da warb dem Japhet Jugend geboren,
1605. ein hoffnungsvolles Heervolk von Hauptverwandten,
Söhne und Töchter. Er felbft war fromm,
hielt immer das Reich und Erbfitzjubel
mit feinen Geborenen, bis feiner Bruft Hort
der Geift wegeilend gehen follte
1610. zu der Glorie Gottes. Geomor theilte
des Vaters Flurbefitz mit feinen Freunden drauf,
mit den Sippen und Vertrauten, der Sohn des Japhet:
mit feinen Abkömlingen warb angefüllt
ein unkleiner Theil der Erbenfchöpfung. —
1615. Auch dem Ham erwachten Heldenföhne,
Abkömlinge im Erbfitz, deren ältefte
Chus und Canaan, die Kinder, hießen,
gar edele Männer, die Erftgebornen Hams.

Chus war ben Edelen Hauptweiser,
1620. spendete Wonnegüter und Weltreichtümer
und des Baues Schätze an die Brüder sein
an seines Vaters Stelle, seit sich fort machte
Ham aus seinem Leibe, als ihm der Hinfall kam.
Als Männerführer sprach er seiner Maagschaft fürber
1625. Richtersprüche, bis daß zerronnen war die Zahl
von seinen Lebenstagen: dann verließ der Held
die erdentsprungenen Güter und suchte ein ander Leben,
den väterlichen Schooß. Fortan waltete
des Erbestuhles nun der Erstgeborne des Chus,
1630. der weitberühmte Mann. So wiesen uns die Schriften,
daß er am meisten von ben Menschen hatte
in jenen Maaltagen Macht und Strenge;
er war Gebieter über das Babylonreich
und als der erste von ben Edelingen erhub er Erbsitzruhm,
1635. gar mächtig ihn erweiternd: noch gemeinsam war da
allen Erbbewohnern eine Sprache.
So auch wuchsen von ben Söhnen Canaans
gar viele Stämme, von benen Volk in Menge
eine breite Maagschaft geboren wurde. —
1640. Da warb bem Sem von Söhnen und von Töchtern
geboren in dem Weltreich eine breite Menge,
viel freie Kinder, ehe fort erkor
nach Wintern Todesruhe der Wart des Volkes.
In dieser Maagschaft waren Männer fromm,
1645. von benen einer Eber war geheißen,
ein Abkömling des Sem: von diesem Edeling erwachte
eine Unzahl Leute, welche die Edelinge nun,
alle Erbbewohner, Ebräer heißen.
Sie machten sich da auf von Osten ihr Eigenthum zu führen,
1650. Vieh und Nahrung: das Volk war einmütig.
Es suchten die berühmten Recken ein geraumer Land,
bis baß in Haufen groß dahin gelangte
das Volk das fahrende, wo sich drauf feste Sitze
der Edelinge Kinder zum Aufenthalt erkoren:
1655. es besetzten die weiten Sineargefilde

1629) Simson. —

die Leuteführer mit den lieben Mannen:
in ihren Jahrtagen waren grün die lieblichen
Fluren der Gefilde ihnen fortwährend
in der Frift jener Tage, der Volkesmenge,
1660. und aller Wunschgüter wachsende Fülle.

XIII.

Da sprach dort mancher Held zu seinem Maagfreunde
und einander baten einmütig die Edelinge,
daß sie zum Ruhme sich errichten möchten,
eh auseinander führen über der Erde Busen
1665. der Leute Schaaren zum Länderfuchen,
eine Burg und sich zum Zeichen erbauten einen Thurm
und den gar hoch erhüben zu des Himmels Sternen,
daß sie gesucht hatten die Sineargefilde,
wo die vormächtigen Volksführer
1670. die ältesten immer oft und häufig
in Lust lebten. Die Leute rieten,
wie sie das Frevelwerk vollführen möchten,
bis sie aus Unsinn und aus Uebermut
kündeten ihre Kunst und sich ein Kastell bauten,
1675. erhöhten zu dem Himmel hohe Leitern
und stellten strenglich einen Steinwall auf
über menschliches Maaß, nach Machtruhm gierig,
die Helden mit ihren Händen. Da kam der heilige Gott,
um dort des Männervolkes Machwerk zu schauen,
1680. die Burg der Helden und das erbaute Zeichen,
das zum Himmel auf da zu erhöhn begannen
die Adamskinder, und dem Unrate
steuerte alsbald der starkgesinnte König,
da er den Menschen machte im Gemüt ergrimmet
1685. ungleich die Rede, den Erdbewohnern,
daß sie nicht mehr hatten den Nutzen ihrer Sprache.
Es trafen da beim Thurme an
die machtreiche Menge in mächtiger Verwirrung
des Werkes Weiser, die weiten Schaaren;
1690. nicht einer wußte, was der andere sprach.
Nicht werden mocht' es ihnen, daß sie den Wall von Stein

ba auf fortzimmerten, fonbern ärmlich fehr
zerftoben fie in Haufen, ben Stimmen nach getheilt:
es war eine ba ber anbern worben
1695. von ben Maagfchaften frembe, ba ber Mächtige verwirrte
durch feiner Macht Fülle ber Menfchen Sprache.
Es zerfuhren brauf nach vier Wegen
unvereiniget ber Ebelinge Kinber
zum Länberfuchen unb ließen beibes,
1700. ben ftarken Steinthurm unb bie fteile Burg,
zufammen halbvollenbet in Sinear bort ftehen.

XIV.

Da wuchs unter ben Wolken weithin gebeihenb
bie Maagfchaft Sems, bis baß ein Mann erwachte
in biefer Kniemaagfchaft Kinberzahl,
1705. ein finneskluger Helb auf Sitten haltenb.
Dem Ebelinge wurben als Abkömlinge
in Babylonia geboren brauf
zwei freie Kinber: bie Fürften waren
bie herztüchtigen Helben geheißen beibe
1710. Abraham unb Aran. Diefen Ebelingen
war Freunb unb Führer ber Fürft ber Engel.
Da warb bem Aran ein Abkömling geboren
lieblich in bem Leben: bem war Loth ber Name.
Die Helben waren bem Herren wert,
1715. Abraham unb Loth unverwerflich
wie ber Abel ihnen von ben Eltern kam
in biefem Weltreich, weshalb fie weithin nun
gar hoch verherlichen ber Helben Kinber.
Da war ber Zeitpunkt nun herzugekommen,
1720. baß Abraham fich eine Ehfrau brachte
ein Weib zur Heimat, wo er Wohnung hatte,
freigeboren unb lieblich: bie Frau war geheißen
Sarah mit Namen', fo fagen uns bie Bücher.
Sie walteten ber Welt ber Winter viele
1725. ben Schatz zufammen in Sippe haltenb
burch ber Jahre Menge: boch gegeben warb
bem Abraham noch nicht, baß einen Erbewart

das wonnigschöne Weib an diese Welt ihm brachte,
die Sarah dem Abraham, weder Sohn noch Tochter.
1730. Uebers Volk der Chaldäer gieng mit der Freundschaft drauf
zu fahren mit der Habe der Vater Abrahams,
da der sinneskluge mit der Sippschaft suchen wollte
der Cananäer Landschaft. Die Erkornen Gottes
seine nächsten Maagfreunde, folgten nach dorthin
1735. von ihres Erbsitzes Boden, Abraham und Loth.
Doch in Haran wählten Heimat sich
die abelguten Edelingskinder
und ihre Weiber mit. An diesem Wohnungsitz
gab auf sein Leben des Abraham Vater:
1740. der Winter hatte da der wahrfeste Held
gezählt der Zahl nach zweihundert
und fünfe auch, da er sich fort machte
zu suchen das Geschick, der sehr bejahrte.

XV.

Da sprach des Himmelreiches heiliger Wart
1745. zu Abraham, der ewigliche König:
„Mach auf die Fahrt dich nun mit deiner fahrenden Habe
„und beinen Heerden allen! Haran gib auf,
„des Vaters Erbsitzstuhl! Fahr, wie ich dich heiße,
„du der Männer liebster, und meinen Worten
1750. „meinen Lehren höre und das Land suche,
„das ich dir allgrün anzeigen werde
„zu deinem Gebrauche, die breiten Fluren!
„Du sollst in meinem Schutz gesegnet leben:
„wenn dich irgend einer der Erbbewohner
1755. „feindlich je befehdet, will ich den Fluch an ihn
„den meinen setzen und Gemütes Haß,
„langdauernden Zorn, und ich verleihe Gnade
„Wunschgüter und Wohlstand allen, die dich wert halten.
„Durch dich einen sollen alle Erbbewohner
1760. „Fried und Freundschaft, die Volkeskinder,
„und meinen Segen haben und mein selbes Gnade
„in diesem Weltreiche. Wachsend soll
„die Mannzahl deiner Maagschaft werden

4

„sehr unter dieser Sonne an Söhnen und an Töchtern,
1765. „bis daß die Erde hier mit deinen Abkömlingen
„der Volkländer, manches gefüllet werde."
Da gieng Abraham sein Eigenthum zu leiten
aus der Assyrier Erbsitzmarken,
gut in Männerwürde, an Gold und Silber
1770. sehr reich und selig, wie ihm des Siegruhms Wart
der Walter unser durch sein Wort gebot,
aus Haran seine Heerden hin zu der Canaäer
Land und Leutewohnung. Der Geliebte Gottes
führte seine Ehefrau zu jenem Erbsitzboden,
1775. die Bettgenoßin die traute, und auch seines Brudersohnes
Weib an Willen. Der Winter hatte er
fünf und siebzig, da er fahren sollte
und Haran verlaßen, und seine holden Maagen.
Zu fahren gieng er da, des Vaters des allmächtigen
1780. Lehren eingedenk, das Land zu schauen
über die Volkschaft hin auf seines Fürsten Geheiß,
bis kam nach Sichem der kraftberühmte,
auf seiner Wanderung des Wegs gefördert,
zum Cananäervolke. Der König der Engel
1785. erschien dem Abraham vor Augen selber
hochmächtig über die Völker und der Herr sprach also:
„Dies ist das Erdenland das allgrüne
„edelglänzende, das ich deinen Abkömlingen
„in ihre Gewalt will geben, an Gewächsen reich,
1790. „das Reich das geraume!" Da errichtete dem Herrn
Abraham einen Altar und ein Opfer weihete er
dem Lichtfürst des Lebens, dem Lenker der Völker,
dem Geisterhelme. Drauf gieng noch weiter
Abraham von Osten mit den Augen zu erschauen
1795. der Gauländer Krone, an die Gnade denkend,
an des Himmelwarts Verheißung, die durch sein heilig Wort
des Siegruhms König selbst ihm kündete,
bis daß mit dem Gefolge die Volksmänner kamen
dahin wo der Burgbesitz ist Bethlehem geheißen:
1800. der brustfrohe Held und seines Bruders Sohn
fuhren fürder über völkerkunde Lande
mit ihrem Eigentum von Osten, die Edelinge fromm,

über wallsteile Höhen und erkoren Wohnung sich allda,
wo ihnen freudeglänzend die Gefilde däuchten.

1805. Da baute Abraham zum andernmale
einen Altar dem Herrn, rief auf zu Gott
mit hehren Worten und heiligte das Opfer
seinem Lebensfürsten: ihm gab Lohn dafür
ansehnlich nicht unfreigebig
1810. an der Glutstätte Gott durch seine Hand.

XVI.

Es hielt allda der Heerkampfführer
die Wohnung eine Weile in Wonne lebend,
der Held mit seiner Gattin, bis daß Grauenschrecken
das Volk der Cananäer furchtbar drängte,
1815. der Hunger der harte, den Heimsitzenden
dem Wehrvolk gar todgrimm. Da gieng der weisgesinnte
Abraham der gute in der Egyptier Land,
der Auserwälte Gottes, um sich Unterhalt zu suchen:
das Wehe floh der wahrfeste, die Wehqual war zu streng.
1820. Abraham redete, sah der Egyptier
hellweißen Hornsaal in der hohen Burg
gar blinkend leuchten, und seine Braut begann
der weisgesinnte Mann mit Worten zu belehren:
„Wenn die Egyptier mit ihren Augen werden,
1825. „elfschöne Frau, dein Antlitz schauen
„und die verwegnen Männer wähnen dann
„die übermütigen, daß meine Ehefrau du seist,
„meine hehre Bettgenoßin, und es will der Helden mancher
„dich ihm zu eigen haben, dann mag in Angst ich sein,
1830. „daß fern der Freundliebe dann der Feinde einer
„mit Schwertes Schärfe mich erschlagen werde.
„Drum, Sarah, sage du, du seiest meine Schwester,
„meine leibliche Verwandte, wenn dich die Leutemänner
„die fremden werden fragen, was die Freundliebe
1835. „unter uns beiden Ausländern sei,
„die wir so fernher kommen: hehle fest vor ihnen
„dann die wahre Rede! so wirst du mich erretten
„aus der Feinde Händen, wenn mir Friede gönnet

4*

„unfer Waltender in diesem Weltreiche

1840. „der allmachtvolle, wie er ehe that,
„und längeres Leben, der uns diese Landfahrt schuf,
„daß wir Erbarmung uns erbitten sollten
„beim Volke der Egypter und uns Vorteil suchen.“

Drauf kam der Held der kraftberühmte

1845. nach Egyptenland mit seinem Eigentume,
wo ihm die Volkmänner fremde waren,
unkunde Freunde. Uebermütig sprachen·
um des Weibes Schönheit mit Worten manche
der Kraftstolzen: königlich von Antlitz

1850. däuchte Manche da der Mutigen die Frau,
die Königsdiener.· Kund thaten sie's
dem Wart des Volkes; wenig gedachten sie
vor· dem Leutefürsten lieblicherer Frauen,
sondern sie erhuben noch weit höher der Sarah

1855. wonnsame Schönheit mit Worten vor dem König
bis er geleiten hieß das liebliche Weib
zu seinem Saale hin. Der Schätzespender
der Edelinge Helm ließ Abraham
mit Gütern drauf begaben. Doch gleichwol ward der Herr

1860. der Fürst dem Pharao feind und zornig.
für seine Weibesliebe: gar wehvoll entgalt
das hart mit seinen Hausgenoßen der Helten Wonne.
Doch im Herzen merkte der Herr der Männer,
was mit den Weheschlägen der Waltende bestrafte:

1865. den Abraham hieß rufen den angsterfüllten
der Gebieter der Egypter, gab die Braut ihm wieder
die Frau in seine Gewalt und hieß ihm Freunde suchen
anderswo Edelinge eines anderen Volkes.
Der Fürst befahl dann dem Gefolge drauf,

1870. den Amtleuten sein, daß sie ihn unverletzt
und ehrbar sollten hinaus bringen
fort von der Volkschaft, daß er in Friede wäre.

XVII. ·

Da brachte Abraham wieder ·sein Eigentum von bannen
aus der Egyptier· Erbsitzmarken:

1875. es führten die kraftberühmten ihre Frauen beide,

die Bräute und die Ringe, bis sie nach Bethlem wieder
in die Heimat die kunde ihre Heerden brachten,
die Eigengüter zum andernmale,
die Weiber an Willen und ihre Weltschätze.
1880. Da begannen sie zu bauen und ihre Burg zu erhöhen,
ein Saalhaus zu setzen und die Säle zu erneuern.
Die Edelinge bauten einen Altar auf dem Felde
nahe dem, den Abraham ehedem errichtet
seinem Waltenden hatte, als er nach Westen kam:
1885. da verherlichte nun abermals des ewiglichen Königs
Namen der Selige von Neuem wieder
und es weihete ein Opfer der wolgesinnte
dem Herrn der Engel, von Herzen dankend
dem Lichtfürst des Lebens für Lieb und Gnade.
1890. Nun wohnten in den Weilern und hatten Wunschgenüge
Abraham und Loth, ihr Erbgut verwaltend,
bis sie im Land zusammen dort nicht länger konnten
gebrauchen der Fülle und ihrer beider Habe
ihre Eigengüter hatten, sondern die Edelinge
1895. die ehrfesten Recken sollten geraumer suchen
anderswo eine Erbsitzwohnung. Denn oft war Zanken
unter den Gefolgsleuten der frommen Männer,
Harmstreit unter den Harten. Da begann der heilige Mann
Abraham zu sprechen, der Ehre gedenkend,
1900. freundlich zu Loth: „Ich bin dein Vatersbruder
„der sippen Geburt nach und du mein Brudersohn;
„nicht soll zwischen uns zweien Zank bestehn
„noch Wutstreit wachsen: das wolle Gott nicht!
„Wir sind ja Maagfreunde: uns gemein soll sein
1905. „durchaus nichts anderes denn all aufs beste
„langbauernde Liebe. Nun, Loth, bedenke,
„daß hier mutvolle Männer uns um die Marken sitzen,
„kraftvolle Völker mit Kempen und Gesellen,
„das Volk der Cananäer und der Pheresiter
1910. „mit berühmten Recken: nicht will uns geraumer werden
„ihres Landes Antheil. Drum laß uns nun den Zank
„von diesem Ort entfernen und andere Gefilde
„geraumere uns suchen! Rat spreche ich
„und unser beider Bestes, Geborner Arans,

1915. „fage ich dir ficher: dir felbft die Wahl
 „erlaube ich, o Lieber! nun lerne felber
 „und bedenke das in deinem Gemüte,
 „nach welcher Seite hin du wandern willft,
 „dich wenden mit den Heerden, da ich die Wahl dir bot!“
1920. Da gieng Loth hinaus das Land zu fchauen
 beim Jordanfluß, die grünen Fluren:
 die waren wohl bewäßert, von Gewächfen voll,
 glänzend von Strömen, dem Gottes Paradies
 dem hehren gleich, bis daß der Heiland Gott
1925. für die Frevel der Männer dem Feuer übergab
 Sodom und Gomorrha, der fchwarzen Lohe.
 Da erkor fich Aufenthalt und einen Erbfitzftuhl
 der Sohn des Aran in der Sodomburg
 und führte all dahin fein Eigentum,
1930. die Bauge von Bethlem und des Baues Schätze,
 Wonnegüter und gewunden Gold.) Er wohnte feitdem
 beim Jordanfluß der Jahre manche:
 da waren liebliche Leuteftätten,
 aber ehrlofe Menfchen, dem Ewigen verhaßt.
1935. Die Sodomsleute waren fündenbreift
 und fchandvoll in Thaten: fie fchufen fich damit
 ewiglichen Unrat. Doch durchaus wollte
 Loth nicht annehmen der Leute Sitten,
 fondern mied der Mannfchaft Mannweife immer,
1940. wiewol er in dem Land mit ihnen leben follte,
 mied Falfchheit und Frevel, hielt fich fleckenlos
 fromm und geduldig in der Völkerfchaft
 ganz gleich fo, der Lehre Gottes eingedenk,
 als ob er wüfte nicht, was die Bewohner thaten.
1945. Abraham wohnte in den Erbfitzmarken
 der Cananäer fort. Der König der Engel
 der Schöpfer der Menfchen befchirmte ihn,
 gab ihm der Wunfchgüter Fülle und Weltreichtum,
 lauter Lieb und Gnade: drum fagen Lob ihm noch
1950. weit unter den Wolken die Weltvölker alle,
 die Kinder des Taufbades. Dem Könige der Engel
 gehorchte er willig in dem Wohnfitz, folange er die Wohnung
     brauchte,

heilig und sinnesklug. Nie wird der Hut verlustig
in etwas werden irgend jemals

1955. der Leute einer, der lebentragenden,
noch vor dem Schöpfer furchtsam, wer um Schutz ihn immer
durch Gedankenfülle mit Denken und mit Thaten
mit Worten und Bewußtsein weisen Sinnes
bis zum Ende seines Lebens anflehen will!

XVIII.

1960. Da erfuhr ich wie der Obherr der Elamiter
der fromme Volkesherzog eine Fahrt gebot,
Or Lahomor, welchem Amraphel
fuhr zur Hilfe von den Gefilden Sinears
mit breiter Volksmenge. Viere giengen

1965. Volkskönige mit der Gefolge gröftem
zu suchen südwärts Sodom und Gomorrha.
Da waren bei dem Jordanfluß mit großen Heeren
die Wohnsitzlande weithin belagert,
mit Feinden die Gefilde. Es sollte furchtsam manche

1970. bleichwangige Braut bebend gehen
in die Umfaßung eines Fremden: es fielen die Beschützer
der Bräute und der Ringe an Blutwunden sich.
Jenen giengen da entgegen mit großer Kampfmacht
fünf Helden, Volkeskönige,

1975. von Süden her mit ihren Schaaren, um von Sodomburg
die Wütenden zu wehren, welche der Winter zwölfe
den Nordmännern vorher notgedrungen
Zahlung muſten leiſten und Zins entrichten,
bis daß die Leute nicht mehr länger wollten

1980. der Elamiter Obhern bereichern
mit des Volkes Schätzen, sondern fielen von ihm ab.
Da waren laut die Lanzen: es liefen zusammen
die Schlachtheere wütend; der schwarze Rabe
der federbehaute Vogel sang unter Pfeilgeschoßen

1985. auf Heerleichen hoffend. Die Helden eilten
die mutstarken in mächtig großen Schaaren,
bis daß die Völkermaßen gefahren waren
zusammen breit von Süden und von Norden,

die helmbedeckten. Da war hartes Kampfspiel,
1990. Wechsel der Todesgeere, gewaltig Kriegsgeschrei,
hallenblautes Heerkampftosen. Mit den Händen schwangen
die Recken aus den Scheiden die ringbunten Schwerter,
die eckentüchtigen. Da war dem Edelinge Beute
zu finden leicht, der vordem nicht war
1995. Reitspiels genügsam! Die Nordmänner brachten
den Südvölkern Unheil; die Sodombürger wurden
und die von Gomorrha auch, die Goldaustheiler,
im Lindenschildgedränge der Lieben beraubt,
der Fahrtgenoßen. Sie fuhren um ihr Leben
2000. von der Volkstätte durch die Flucht zu retten
der Helden beschlagen: hinter ihnen sanken
durch die Ecken der Schwerter der Edelinge Kinder,
die Willgefährten. Den Waffensieg
behielt der Anführer der Elamiter
2005. und waltete der Walstatt. Was die Waffen schonten,
das floh zu der Feste. Die Feinde raubten Gold
mit ihrem Heere plündernd die Hortburg der Männer,
Sodom und Gomorrha: das Segensheil verließ
die Mannburgen die hehren; die Mägde giengen
2010. die Frauen und die Witwen der Freunde beschlagen
von ihrem Heimatstuhle fort. Die Haßenden führten
auch mit seinem Eigentum des Abraham Vetter
aus der Sodomburg. Doch sicher mögen
wir das sagen fürder, wie da seitdem ward
2015. nach hartem Kampf der Heerwölfe Schicksal,
die den Loth entführten und der Leute Güter,
der Südmänner Schatz, und sich des Sieges rühmten!
Hurtig machte sich ein Held da auf
dem Schwert entronnen, der in der Schlacht genas,
2020. den Abraham zu suchen, daß er dem Ebräermanne
das Kampfeswerk verkünden möchte,
das so sehr verschlagene Sodomervolk,
der Leute Schaaren und Lothes Schicksal.
Da sagte Abraham die Unglückskunde
2025. seinen Freunden drauf und es erflehte Hilfe
der wahrfeste Mann von seinen Willgenoßen,
von Aner und von Mamre, von Eskol dem dritten,

sprach daß ihm wäre weh im Gemüte
die allerbitterste der Sorgen, daß seines Bruders Sohn

2030. solch Drangsal sollte dulden: zu erdenken bat er
die berühmten Recken Rat dafür,
daß sein Freund und Vetter möchte befreiet werden,
mit seiner Braut der Held. Die Brüder drei
die kraftberühmten Kampfeshelden

2035. heilten seine Herzensorge mit harten Worten
in dieser Unterredung mit rascher Eile
und gaben ihm die Treuverheißung, daß sie seine Trübsal mit
ihm rächen
wollten an den Widersachern oder auf der Walstatt fallen.

Drauf hieß der Heilige seine Heerdgenoßen

2040. Waffenrüstung nehmen; er fand der Waffenkempen
achtzehne da, der erschentragenden,
hold ihrem Herren, und dreihundert auch:
von denen wuste er, daß wol ein jeder
auf den Feldzug mochte tragen die falben Linden.

2045. Da machte Abraham sich auf und die drei Edelinge,
die zuvor sich ihm verpflichteten, mit ihrem Volk dem starken,
die mutberühmten Männer: seinen Maagfreund wollte er
den Loth erlösen aus der Leibbedrängnis.
Berühmt waren diese Recken: die Rande trugen sie

2050. frommlich fürbaß an dem Feldwege.
Zu dem Heerlager waren die Heerkampfwölfe
gefahren nahe: zu seinen Vorkämpfern
sprach mit Worten der weißgesinnte Mann
der Sohn des Tharah (gar sehr wars ihm not),

2055. sie möchten zeigen rühmlich nach zwei Seiten
grimmen Geerkampf der Gäste Schaaren
und hartes Handspiel, sprach daß ihm der heilige Gott
der ewigliche König guten Ausgang leicht
im Speerkampfe spenden möchte.

2060. Da vernahm ich wie nun kühn im Nachtesdunkel
die Helden zu dem Heerkampf eilten: Hall ward im Lager
von Schilden und von Schäften, der Schießenden Fall,
der Geere Zermalmung; es griffen unlieblich

2014) Lindenschilde. —

unter den Schooß den Männern scharfe Geere
2065. an der Feinde Leben und es fielen dicke,
wo sie hochfrohlockend die Heerkampfbeute führten,
die Wehrmänner und Gesellen. Es wandte sich der Siegruhm
wieder von der Nordmänner neidvollem Angriff,
der Eschenruhm der Helden. Abraham gab
2070. Waffenkampf allda und nicht gewunden Gold
als Pfand für seinen Vetter, fällete und schlug
all das Heer der Feinde: ihm zur Hilfe griff ·
der Herr des Himmelreichs. Die Heeresmaßen
der Viere wurden flüchtig, der Volkeskönige,
2075. der Führer der Leute; es verfolgten sie
hoffnungsvolle Heerdgenoßen und die Helden lagen,
saßen an dem Wege, die da Sodom hatten
und Gomorrha auch des Golds beraubt
und der Bewohner mit: das vergalt wehvoll ihnen
2080. der Vetter Lothes! Fliehend waren
der Elamiter Edelschaaren
ihrer Macht beraubt, bis von Damaskus sie
unfern waren. Da gieng Abraham alsbald,
um an dem Heeresweg die Hinkehr zu schauen
2085. der leidigen Feinde. Loth war errettet,
der Edeling mit seinem Eigentum: es eilten die Frauen
die Weiber in Wonne. Weithin sah man
die Vögel da zerfleischen der Freien Mörder
auf der Schwerterwalstatt. Den Schatz der Südmänner
2090. brachte Abraham und ihre Bräute wieder
der Edelinge Kinder ihrem Erbsitz näher,
die Mägde ihren Maagfreunden. Kein Mann fuhr je
von allen Lebenden mit so ungroßem Heere
würdiglicheren Waffenkampfzug,
2095. die wider solche Uebermacht sind ausgezogen!
Da gieng südwärts von bannen das Sodomvolk,
daß sie die Kunde brächten, wie in dem Kampfe waren
geflohn die Feinde. Es gieng der Fürst der Leute
seiner Edelen beraubt dem Abraham entgegen
2100. freund= und freudebar; es fuhr auch zugleich
Salems Schatzeshirte gesellt mit ihm:
das war Melchisedek der hehre, des Mannvolks Bischof.

Der kam mit Gaben gegangen da herbei,
den Fürst der Fahrtmänner freundlich zu begrüßen,
2105. ehrenvoll den Abraham, und an ihn setzte er
den Segen Gottes und sagte also:
„Hoch warst du gewürdigt in der Helden Menge
„vor den Augen dessen, der der Eschenspeere Ruhm
„dir gab in dem Geerkampf! das ist Gott selbst,
2110. „der hier der Haßenden Heerschaaren alle
„mit Gewalt zerbrach und dich mit Waffen ließ
„ruhmvolle Straße geräumig würken,
„die Heerbeute retten und die Helden fällen!
„Die saßen an dem Wege; nicht siegen konnten
2115. „die Schaaren in dem Schwertkampf: es schlug sie Gott,
„der in dem Gefechte mit den Vorkämpfern.
„dich wider die angsterweckende Uebermacht
„mit seinen Händen schirmte für die heilige Treue,
„die du wider den Wart des Himmels wol stets hältst!"
2120. Lohn für diese Segnung gab ihm der Leutefürst
mit seinen Händen drauf und von der Heeresbeute
gab all den Zehnten Abraham dem Bischof
des höchsten Gottes. Da sprach der Heerkampfsfürst
der Seinen beraubt, der Sodomkönig,
2125. alsbald zu Abraham (ihm war Erbarmung not):
„Gib mir die Mägde meiner Leute,
„die du mit Heereskräften hast errettet
„aus der Widersacher Banden! behalte das gewunne Gold,
„das ehmals unsrem Volke eigen hörte,
2130. „nebst Vieh und Kleinoden! Laß mich frei nur leiten
„zu dem Erbsitz wieder der Edelinge Kinder
„in die wüste Wohnung, die Weiber und die Knaben,
„die armen Witwen: die Abkömlinge sind todt
„außer einer kleinen Anzahl, die Kampfgenoßen,
2135. „welche die Marken sollten mit mir halten!"
Zur Antwort gab ihm Abraham
drauf vor der Krieger Schaar, durch Kraft verherlicht
durch Ansehn und durch Siegruhm, und sprach edelmütig:
„Ich verheiße dir, der Helden Walter,
2140. „vor dem Heiligen, der des Himmels ist
„und auch dieser Erde eignender Herr,

"mit meinen Worten hier, daß ich kein Weltgut will
"nicht Schatz noch Schilling, des was ich von den Schießenden
"dir hab erlöst des Deinen, o erlauchter Herr,
2145. "du Helm der Edelinge, daß du nicht hinterher dann sagst,
"ich sei an Wonnegütern wolbereichert
"auf Erden hier geworden durch die alten Schätze
"des Sodomreiches; sondern selbst magst du von hinnen
"die Siegesbeute führen, die in der Schlacht ich dir erkämpfte,
2150. "außer nur dem Antheil dieser Edelmänner,
"Aners und Mamres und Eskols auch:
"ich will die Recken nicht des Rechts berauben,
"die mit mir ausgeharrt im Eschenkampfe
"und fochten dir zu Freud und Trost. Führen magst du nun
2155. "heim das hehre Gold und auch die Halsmägde,
"deiner Leute Frauen! Der leidigen Feinde
"Wutkampf brauchst du eine Weile nicht zu fürchten,
"den Angriff der Nordmänner; sondern die Aasvögel
"sitzen blutig unter Berggehängen
2160. "gefüllet dicke mit der Volksheere Leichen!"
Da wandte sich der Haltende heim zu gehen
mit der Heeresbeute, die ihm der heilige gegeben
der Ehre eingedenk, der Ebräer Fürst.

XIX.

Dem Abraham erschien darauf vor Augen wieder
2165. der Himmel Hochkönig, der mit heiliger Stimme
den wolgesinnten tröstete und sprach das Wort zu ihm:
"Gar, mächtig ist dein Lohn! laß dein Gemüt dir nicht er=
        schlaffen
"das fromme in Erfüllung meines Willens! Zu fürchten
        brauchst du nichts,
"so lang du leistest meine Lehre; ich will dich lebend hier
2170. "beschilden und beschirmen vor der Schaden jedem
"mit meinen Vaterhänden: du brauchst nicht furchtsam zu sein!"
Zur Antwort gab drauf Abraham

2155) d. i. die Jungfrauen, die durch Umhalsung geliebkost wurden.

der thatberühmte seinem Herrn (er war an Tagen alt):
„Was gibst du mir, der Geister Walter,
2175. „zum Troft an Freimännern, da ich so freudlos bin?
„Den Erbstuhl darf ich keinem Abkömlinge bauen,
„meiner Söhne einem: es sollen nach mir
„einst der Wonnegüter walten meine Weltverwandten!
„Du haft mir keinen Sohn gegeben: drum drücken Sorgen mich
2180. „gar sehr in meinem Sinne; ich selbst mag Rat
„im Herzen nicht erdenken! Es geht der Hausvogt mein
„der Freigebornen froh und rechnet fest in Gedanken,
„daß einst seine Söhne meine Erbwarte seien:
„sie sehn daß keine Gebornen mir von meiner Braut erwachsen!"
2185. Da gab ihm eiligst Gott zur Antwort:
„Erhalten sollen nimmer deine Hausverwalter
„der Abkömlinge Erbe: es soll dein eigen Kind
„die Freudenschätze halten, wenn dein Fleisch einst liegt.
„Schau den Himmel an! zähle die herlichen Zierden,
2190. „des Himmels Sterne, die da hell leuchtend
„weithin senden ihren wunderbaren Glanz
„und über die breite Brandung blinkend scheinen!
„so wird deiner Maagschaft Menge werden
„an Volkskindern reich. Laß du nicht fürder dein Gemüt
2195. „geseilt von Sorgen sein! es wird ein Sohn dir noch
„ein Geborner durch Geburt von deiner Braut erwachsen,
„der einst nach deinem Abgang wird des Erbes Hirte
„an Gütern reich. Jammere du nicht!
„ich bin der Waltende, der vor der Winter vielen
2200. „dich aus der Chaldäer Kastell leitete
„mit wenigen Begleitern und einen Wohnsitz dir verhieß
„weithin zur Gewalt: ich gebe warlich dir,
„Mann der Ebräer, mein Versprechen,
„daß mit deinem Samen sollen besetzet werden
2205. „in dieser Welt umher manch weite Reiche,
„der Erbe Länder bis zum Euphrat hin
„und von der Egyptier Erbsitzmarken
„dort bei dem Volke, wo der Fluß Nil scheidet
„und dann das Meer begrenzt ein mächtig weites Reich:
2210. „all das sollen deine Abkömlinge zu eigen haben,
„der Volklande jedes, soweit wie diese Fluten schaumig

„steile Steinburgen mit ihren Strömen umwinden,
„diese Waßer die drei den Wohnsitz der Völker."

XX.

Da schmerzt' es Sarah sehr in dem Gemüte,
2215. daß ihr und Abraham nicht einer wurde
ein Geborener gemein durch Bettgenoßenschaft,
ein Freikind zur Freude; da fieng mit ihren Worten
die mutbetrübte an zu ihrem Mann zu sprechen:
„Verweigert hat mir das der Wart des Himmels,
2220. „daß ich deiner Maagschaft Männerzahl
„dürfte mehren unterm Dach des Himmels
„mit deinen Abkömlingen. Nun bin ich ohne Hoffnung,
„das uns die Erbsitzstütze irgend werde
„jemals noch gegeben: ich bin ja jammeralt!
2225. „Mein theurer Herr, thu wie ich dich bitte!
„ein Weib ist hier, eine wonnigliche Magd
„eine Egyptische in unserer Gewalt:
„die heiß alsbald nun in dein Bette steigen
„und versuche, ob dir selbst der Herr
2230. „der Erbewarte einen wolle
„durch das Weib laßen an die Welt kommen!"
Der reiche Mann that nach dem Rate seiner Frau,
gab ihrem Drängen nach und hieß die Dienstmagd zu sich
nach Brautweise in sein Bette gehen.
2235. Ihr stieg der Mut, als sie mit einem Mannkinde
durch den Samen Abrahams war schwanger worden,
begann mit Abgedanken ihre Eigenherrin
halsfest zu verhönen, trug Herzens Stolz
und ward gehäßig, wollte keinen Herrendienst
2240. als Dienstmagd willig dulden, sondern dreist begann sie
mit Sarah sich gar sehr zu zanken.
Da erfuhr ich wie das Weib mit ihren Worten kündete
ihrem Mannherren des Gemütes Sorge,
sprach sinnbekümmert und sagte heftig:
2245. „Du handelst ungeziemend und unrecht wider mich!
„du duldest noch, daß mich die Dienstmagd plaget,
„seit Agar dir an deiner Ehfrau Stelle

„zur Bettruhe stieg, so wie ich bittend war,
„und daß sie mich mit Thaten und mit Worten täglich ärgert:
2250. „das soll sie unbarmherzig all entgelten,
„wenn ich meiner Magd vor dir noch mag gebieten,
„lieber Abraham! des sei der Allmachtvolle
„zwischen uns beiden Richter, der ewigliche König!"
Zur Antwort gab ihr eiligst drauf
2255. mit seinen Worten der weisgesinnte Mann:
„Ich laß dich nicht, solang wir leben beide,
„ehrlos behandeln! aber deine Eigene magst du
„deine Magd dir ziehen, wie dein Gemüt es liebt."
Unfreundlich ward da Abrahams Gemahlin
2260. ihrer Werkdienerin wütend im Gemüte,
hart und heftig, sprach herzbetrübend
feindlich zu der Frau. Zu fliehen gieng die
Dienst und Drangsal, die sie nicht dulden wollte
Uebel und Vergeltung für das was ehe sie gethan
2265. der Frau und Herrin, sondern fort von dannen
gieng sie zu der Wüste. Doch der Glorie Bote
ein Gottes Engel begegnete allda
der geistbetrübten; der begann zu fragen:
„Wohin treibt es dich, betrübte Frau?
2270. „wohin willst du wandern? du gehörst der Sarah!"
Eiligst gab sie ihm zur Antwort drauf:
„Dem Weh bin ich entwichen aller Wonne bar
„dem Haß meiner Herrin gehönt aus dem Hause,
„dem Zank und Streit. Mit Zähren muß ich nun
2275. mein Wehgeschick erwarten in diesem wüsten Lande,
„wann mir aus dem Herzen Hunger oder Wolf
„die Seele und die Sorge zusammen nehme!"
Ihr gab zur Antwort drauf der Engel Gottes:
„Besorge du nicht fern von hier durch Flucht zu theilen
2280. „euer Zusammenleben! suche du sie wieder
„und verdiene dir Erbarmung, demutsvoll beginne
„Gehorsam zu üben, sei dem Herren hold!
„Du sollst dem Abraham, o Agar, einen Sohn
„an diese Welt gebären: mit Worten sag ich dir
2285. „mit meinen jetzt, daß dieses Mannkind
„Ismael soll heißen bei den Erdbewohnern.

„Er wird wild und gewaltig, ein Widersacher
„den Völkerstämmen, fehdegierig
„und seinen Maagen feind: gar manche werden
2290. „wutvoll ihn bekämpfen mit Waffenstürmen.
„Von diesem Fürsten werden Völker stammen
„in großer Unzahl. So geh nun wieder hin
„zu deinem Waltenden und bei denen weile, die dich eignen!"
Da gieng sie eiligst drauf, wie sie der Engel lehrte,
2295. zu ihrem Brodherrn wieder, wie geboten hatte
der heilige Kundbote Gottes mit kluger Sprache.
Da ward Ismael dem Abraham geboren,
grad als er in der Welt der Winter hatte
sechs und achtzig. Der Sohn wuchs und gedieh,
2300. so wie der Engel das zuvor mit seinem eignen Worte
der freundliche Friedediener zu der Frau gesprochen.

XXI.

Drauf sprach der Herr nach dreizehn Jahren
zu Abraham, der ewigliche König:
„Lieber! wie ich dich lehre, so leiste du wol
2305. „unseren Treubund! ich will zu allen Zeiten
„dich wol begaben. Sei mit deinen Werken eifrig
„zu vollbringen meinen Willen! meinen Bund will ich fürder.
„dir sicher halten, den ich dir setzte einst
„zum Trost als Pfand, da du so traurig warst.
2310. „Du sollst heiligen deine Hausgenoßen:
„setze du ein sicheres Siegeszeichen
„an jeden des bewaffneten Geschlechtes, wenn du willst an mir
„einen Herren haben oder holden Freund
„für die Abkömlinge dereinst. Ich will immer deines Volkes
2315. „Hirte sein und Halter, wenn sie mir hören wollen
„mit ihren Brustgedanken und die Gebote wollen
„die meinigen vollführen. Es soll der Männer jeder,
„der bewaffneten Geschlechts an diese Welt geboren
„kommt aus deinem Volk, in seiner Kindheit mir
2320. „nach sieben Nächten durch das Siegeszeichen
„geeignet werden oder von der Erde soll er
„in Feindschaft werden fern geschieden,

"vertrieben von den Freunden. Thut wie ich euch heiße!
"ich will euch Treue halten, so ihr tragt das Zeichen.
2325. "Glaube sicher, einen Sohn wirst du haben
"von deiner Braut geboren, den die Burgbewohner sollen
"alle Isaac heißen. Nicht brauchst du dich des Abkömlings
      zu schämen:
"ich will dem Mannkind geben meine Gnade,
"göttliche Gaben, und will mit Geistes Macht ihm schaffen
2330. "an Freunden Fülle. Empfahen soll er
"Segen von mir selber und Seligkeit,
"Lieb und Gnade. Von dem Leutefürsten
"kommen breite Völker und Gebieter sollen
"berühmte ihm entstammen, Reiches Hirten,
2335. "Weltkönige weithin gepriesen."
Da legte eiligst Abraham
sein Antlitz auf die Erde, bewand die Offenbarung
mit Hohn und Spott im Herzen sein,
in seinen innersten Gedanken, da das Ereignis er
2340. gar nicht hoffte, daß die greisgelockte Braut
die Sarah nun noch einen Sohn ihm möchte
an die Welt gebären, denn er wuste sicher,
daß das Weib gerad der Winter hatte
gezählt der Zahl nach zehenzig.
2345. Zu Gott sprach da der gar bejahrte:
"Es möge Ismael so leben, o ewiglicher König,
"nach deinen Lehren und zu Dank dir tragen
"hartmutigen Sinn und Herzens Strenge,
"bei Tag und Nacht zu thun und würken
2350. "mit Worten und mit Thaten den Willen dein!"
Freundlich gab der Fürst voll Allmacht
ihm zur Antwort drauf, der ewigliche König:
"Obgleich an Wintern alt, soll an die Welt dir bringen
"Sarah einen Sohn und sicher soll erfüllet
2355. "werden das gewis nach dieser Wortbestimmung.
"Ich will nun den Ismael deinen Erstgebornen
"segnen mit Gnade, den Sohn der Agar,
"wie du flehend bist, daß er gar viele Tage
"zu erwarten habe in dem Weltreiche
2360. "mit wachsender Familie: gewährt sei dir das!

„Dem Isaac aber deinem Abkömling
„dem jungen Kinde, das jetzt noch nicht
„an diese Welt gekommen, will ich Wunsches Fülle
„verleihen noch weit mehr in seinen Lebenstagen
2365. „und ihn noch weit mehr ehren: meinen wahren Bund
„will ich bei ihm immer bleiben laßen,
„heilige Herzens Treue, und hold will ich ihm sein."
Abraham vollführte, was ihm der Ewige gebot,
setzte das Friedezeichen nach dem Befehle Gottes
2370. an sein selbes Sohn und hieß das Siegeszeichen auch
das hohe tragen seiner Hausgenoßen jeden
bewaffneten Geschlechts, des wahren Bundes
in seinem Geist gedenkend, da ihm Gott gegeben
die sichere Zusage, und auch selbst empfieng er
2375. das hehre Zeichen. Seinen Hochruhm immer
mehrte ihm der Schöpfer, der machtfeste König,
im Weltreich gewaltig: er würkte ihm das zu,
da er zuvörderst mochte in Gefahren immer
den Willen leisten seines Waltenden.

XXII.
* * *

2380. Das Weib lachte da des Weltvölkerherrn,
nicht hold und freundlich, sondern die Hochbetagte
belegte mit Hohn in ihrem Herzen die Verheißung Gottes
gar sehr in ihrem Sinne, da sie nicht sicher glaubte,
daß Erfüllung dem Versprechen folgen würde.
2385. Als das hörte da der Himmelswalter,
daß in dem Bau erhub die Braut des Abraham
ein hoffnungslos Gelächter, da sprach der heilige Gott:
„Sarah will nicht sicher glauben
„meiner Wortverheißung: es wird jedoch das Schicksal
2390. „fürder sich erfüllen, wie ich es vormals dir verhieß.
„Das sage ich dir sicher, in dieser selben Zeit
„wird dir von deiner Ehefrau ein Abkömling erwachen:
„wenn ich zum andernmale eben diese
„Wohnungen besuche, dann ist mein Wort erfüllt,
2395. „das vielen Samen dir verheißt, und sehen wirst du,
„lieber Abraham, dann an dein eigen Kind!"

XXIII.

Drauf wandten ſich dann weiter eilend
nach der Beſprechung ſich ſputend an die Fahrt
die heiligen Geiſter, von der Verheißung Stätte
2400. lenkend ihre Schritte: des Lichtes Maage
war ſelbſt in der Geſellſchaft, bis ſie der Sodomiter
wallſteile Burg gewahren konnten
und ſahen über Schätzen Säle ragen,
Häuſer über rotem Gold. Da begann der Himmelswalter
2405. zu Abraham zu reden unkleine Kunde:
„Groß Gebraus vernehme ich in dieſer Burg allhier,
„gar ſehr laut der Sünder Lärmen,
„der Biergeilen Jauchzen: es führt böſe Reden
„das Wehrvolk hinter den Wällen; denn es ſind der Wahrbundbrecher
2410. „des Volkes Frevel ſchwer. Erforſchen will ich nun,
„Mann der Ebräer, was die Männer treiben,
„ob ſie ebenſo ſehr auch Sündenthat vollführen
„mit Sitten und Gedanken, wie ſie geſetzlos reden,
„Falſchheit und Frevel: das ſoll ſofort dann rächen
2415. „Schwefel und ſchwarze Lohe ſchmerzlich und grimm
„heiß und heftig an dem Heidenvolke!„
Des Strafgerichtes warteten die Stadtbewohner,
des Wehes hinter den Wällen, und ihre Weiber mit:
dem Ewigen vergalten die Uebermütigen
2420. das Gut mit Aergernis, bis daß der Geiſter Helm
des Lebens Lichtfürſt nicht mehr länger wollte
ſeinen Zorn verhalten, ſondern zu ihnen ſandte
der ſtarkmutige König zwei ſtrenge Boten,
ſeine Abgeſandten, die da zur Abendzeit
2425. ſuchten als Wanderer die Sodomburg.
Sie trafen allda vor dem Thor der Stadt
ſelber ſitzen den Sohn des Aran,
daß dem geiſtklugen Helden jung däuchten
die Männer vor ſeinen Augen. Des Machtreichen Diener
2430. erhub den Geiſtern ſich entgegen, da er begrüßen wollte

---

2400) Abraham. —
2430) den Gäſten? —

die Angekomnen freundlich, des Anstands gedenkend
Recht und Schicklichkeit: den Recken bot er
Nachtbewirtung. Des Notretters Boten
die edelen Abgesandten gaben ihm zur Antwort drauf:

2435. „Für die Ehre habe Dank, die du uns geboten!
„still wollen wir bei dieser Straße beide
„sitzend harren, bis die Sonne wieder läßt
„der Machtreiche auf am Morgen gehen."
Da fiel den Gästen zu Füßen Loth

2440. und neigte sich vor ihnen, bot ihnen nötigend
Bewirtung und Ruhe und seines Wohnhauses Obdach
sowie Bedienung auch. Sie nahmen dankbar an
die Gunst des Mannes und giengen eilig,
wie der Ebräische Edeling sie wies,

2445. ein in die Behausung. Da gab der Edle ihnen
der geisteskluge Gastbewirtung
freundlich in der Flur, bis daß sich fort wandte
der Abendschimmer und ein brach die Nacht
nach des Tages Hingang, die tiefen Fluten,

2450. bedeckend mit dem Düster dieses Lebens,
die Seen und die weiten Lande. Da kamen Sodombürger
junge und alte Gott unlieb
in großen Haufen, daß sie die Gäste heischten,
den Loth umlagernd mit der Leute Menge

2455. und die Fremden mit: führen hießen sie
da aus dem hohen Haus die heiligen Boten
in ihre Gewalt, die Männer, mit Worten sprechend,
daß sie heimen mit den Helden wollten
unschämelich um Ehre unbekümmert.

2460. Da erhub sich hurtig, der oft Heil erdachte,
Loth in seinem Hause, lief hinaus
und sprach da über all die Edelingeschaar
der Klugheit eingedenk, das Kind des Aran:
„Hier innen sind noch ungeschändet

2465. „meine Töchter beide: thut wie ich euch bitte
„(beide kennen sie durch Bettgenoßenschaft
„eines Helden Nähe bisher noch nicht)
„und laßet von der Sünde! ich überlaß euch beide,
„eh ihr die Schande wider das Geschick vollbringet,

2470. „das unverzeihlichere Uebel an die Angekomnen.
„Empfangt die Frauen hier und Friede laßet
„meine Gäste haben, die ich bei Gott gedenke
„kräftiglich zu schützen, wenn ich kann, vor euch!"
Drauf gab die Menge durch gemeines Wort
2475. zur Antwort ihm, die ehrlose Schaar:
„Geraten dünkts und recht gar sehr,
„daß du fort aus dieser Volkschaft fahren solltest,
„der du als Verbannter diese Bürgerschaft
„freund= und freudebar von ferne suchtest
2480. „darbend an Speise! willst du etwa, so du magst.
„über uns hier sein als unser Oberrichter
„ein Lehrer unfren Leuten?" An Loth (so erfuhr ich)
griffen mit den Händen drauf die Heidenmänner,
mit feindlichen Fäusten: doch halfen ihm die Fremden wol
2485. die Gäste sein aus seiner Gramfeinde Händen,
die ehrfesten Ankömlinge, hinein ihn ziehend
in des Hauses Flur und hurtiglich
allen und jedem der Umstehenden
des Volks der Sodomer fest das Gesicht
2490. des Haupts verschließend: all das Heer ward da
der Burgbewohner blind, so daß sie nicht erbrechen konnten
die Thür des Hauses tobenden Mutes,
wie sie es wollten doch. Es waren kraftvoll
Gottes Kundboten, die Gäste hatten Macht
2495. und starke Strenge: sie straften hart
das Wehrvolk mit Wehe. Mit Worten sprachen drauf
die lieben Friedediener freundlich zu Loth:
„Hast du einen Sohn hier oder sonst Verwandte
„oder in dem Volke einen Freund irgend
2500. „nächst diesen edelen Frauen, die wir hier anschauen,
„so geleite du aus dieser Leuteburg, die lieb dir sind,
„in aller Eile und rette dein eignes Leben,
„damit du nicht verwerbest mit diesen Wahrbundbrechern!
„Uns hieß der Waltende für dieses Wehrvolks Sünden
2505. „Sodom und Gomorrha der schwarzen Lohe
„dem Feuer übergeben und dies Volk hier schlagen
„die Kempen in den Burgen mit Qualtodschrecken,
„seinen Zorn zu rächen: die Zeit ist nahe

„nun hereingedrungen. Geh eiligst du dein Leben
2510.   „auf dem Feldweg zu retten! es ist der Fürst dir milde.“

                    *   *   *

    Da gab zur Antwort ihnen eiligst Loth:
„Ich mag mit diesen lieben Frauen meines Lebens Rettung
„nicht so fern von hinnen zu Fuße wandernd
„suchen auf der Reise! ihr möget Sippenliebe
2515.   „und Freundschaft mir nun freundlich künden
„und mir Huld und Treue hier erweisen!
„Ich weiß der Hochburgen hier eine nahe,
„einen kleinen Flecken: vergönnt mir dorten
„Rast und Erbarmung, daß wir Rettung unsres Lebens
2520.   „in Sägor oben suchen dürfen!
„so ihr die Feste vor dem Feuer wollt
„die steile schützen, so mögen an der Stätte wir
„gesund verweilen und dort sicher bleiben
„und unser Leben retten.“   Liebreich gaben ihm
2525.   die ehrfesten Engel zur Antwort drauf:
„Du sollst der Bitte, da von der Burg du sprichst,
„theilhaftig werden: geh hurtiglich
„fort zu jener Feste! in Friede wollen wir
„dich halten und behüten.   Wir dürfen hier nicht eher
2530.   „an den Gottlosen rächen Gottes Zorn
„noch diese Sünder tödten, bevor nach Sägor du
„bringst deine Gebornen und die Braut zugleich.“
    Drauf eilte nun des Abraham Verwandter
fort zu jener Feste; den Fußgang sparte nicht
2535.   der Edle mit den Frauen, sondern eiligst zurück
legte er den Lauf, bis er geleitet hatte
die Braut und die Gebornen in den Burgverschluß
nach Sägor hin.   Als nun die Sonne aufgieng
der Völker Friedensleuchte früh am Morgen,
2540.   da erfuhr ich wie der Fürst vom Himmel
schickte Schwefelglut und schwarze Lohe
dem Wehrvolk zur Wehestrafe, wallend Feuer,
da sie den Herrn erzürnten in bisherigen Tagen
durch gar lange Zeiten: des gab ihnen Lohn allda
2545.   der Geister Walter.   Grauenschrecken

ergriff das Heidenvolk und Hall ward in der Burg
beim Einbruch des Todes, der Ehrlosen Lärm,
des leibigen Leutevolkes, und die Lohe fraß da,
was sie Grünes drinnen in den Goldburgen fand.
2550. Auch außen ward umher ein unkleiner Theil
der weiten Fluren überworfen all
mit Brand und Graus: die Bäume wurden
zu Asche und zu Kolen, die Erdgewächse,
grab so weithin wie das Wehespiel
2555. das rauhe reichte über das geraume Land.
Das verheerende Feuer hoch und breit
verschlang zusammen sausend alles,
was die Sodombürger besaßen hatten
und die von Gomorrha: all das Gut vertilgte
2560. der Fürst mit samt dem Volke. Als nun des Feuers Tosen
und der Leute Lebenstrennung Loths Frau vernahm
die Braut in den Burgen, da blickte rücklings
sie nach der Verwüstung hin. Es weisen uns die Schriften,
daß sie ohne Säumen zu eines Salzsteines
2565. Ebenbildnis ward und immer seitdem
muste dieses Menschenbild (das ist gar manchem kund)
stille allda stehen, wo sie so streng ereilte
die wehvolle Strafe, da sie dem Wort der Engel
nicht gehorchen wollte: hart soll sie nunmehr
2570. und steil an jener Stätte der Bestimmung harren,
des Gerichtes Gottes, bis zerrinnt der Tage Zahl
und diese Welt vergeht. Das ist der Wunder eines
die der Wart der Glorie hat gewürkt auf Erden!
Einsam gieng da Abraham
2575. bei Anbruch des Tages, bis er abermals dort stund,
wo Worte vorher wechselte mit dem Waltenden
der greise Fürst: grimmen Todesrauch
sah er fliegen weithin von den Fluren aufwärts.
Es trieb Verwegenheit die Leute und Weines Trinken,
2580. daß sie zu frech in Frevelthaten wurden
und gar zu sündenbreist, vergaßen die Wahrheit
und Gottes Gebote und wer das Glück ihnen
in ihren Wohnsitzen gab: drum ihnen der Wart der Engel
zur Wehestrafe sandte wallendheiße Lohe.

2585. Unſer Waltenber gebachte wahrfeſt da
des Abraham in Gnaden, wie er oft gethan,
des lieben Mannes, hatte Loth errettet,
den Vetter Abrahams, als das Volk verward!
Nicht getraute ſich der thatberühmte Held
2590. aus Furcht vor dem Herrn in jener Feſte dort
noch länger zu verweilen: es machte Loth ſich auf
um aus der Burg zu gehn mit ſeinen beiden Töchtern
und fern von der Tobesſtätte ſich eine Freiſtatt zu erſchauen,
bis daß ſie am Gehänge einer hohen Düne
2595. eine Schlucht entdeckten, wo nun der ſelige Loth
wahrfeſt wohnte ſeinem Walter lieb
mit ſeinen Töchtern beiden durch der Tage viele.

* * *

Sie thaten alſo dem betrunkenen Manne:
zuvor gieng die ältere an ihres Vaters Ruhbett
2600. und gar nicht wuſt das der greisgelockte,
als ihm die Frauen zu in ſeine Umfaßung giengen
und da in Brautweiſe bei ihm waren,
in ſeinem Herzen hart umnebelt
an Gemüt und Bewuſtſein, daß er der Mägde Treiben
2605. nicht wißen konnte Weines trunken.
Die Mägde wurden ſchwanger und Mannkinder
gebaren an die Welt darauf die Willgeſchwiſter
ihrem alten Vater. Den einen Knaben
nannte Moab da die Mutter ſein,
2610. Lothes Tochter, die an Leben war
an Wintern älter. Es weiſen uns die Schriften,
die göttlichen Bücher, daß die jüngere Magd
ihr eigenes Mannkind Ammon nannte.
Gewaltig und zahllos erwachten ſeitdem
2615. von dieſen Fürſten beiden der Völker zwei:
Moabiter heißen dieſer Maagſchaften
die eine alle Erdbewohner,
das weitkunde Volk, und in der Welt nennen
die andere Ammoniter der Edelinge Kinder.

XXIV.

2620. Mit seiner Braut gieng drauf der Bruder Arans
zu Abimelech sein Eigentum zu leiten
mit seinen Hausgenoßen. Den Helden sagte,
daß Sarah seine Schwester wäre,
Abraham mit Worten, barg sein-Alter so:
2625. er wuste das gar wol, daß er nur wenig hatte
in jener Völkerschaft der Freundverwandten.
Seine Amtleute sandte Abimelech,
hieß bringen zu ihm selbst die Braut des Abraham.
Da warb im Ausland zum andernmale
2630. die Gemahlin Abrahams von ihrem Mann hinweg
geführt in eines Fremden Arme. Doch der Fürst half wieder
der ewigliche König, wie er öfters that:
unser Notretter selbst kam Nachts dahin,
allwo der Walter lag vom Weine trunken,
2635. und mit Worten rief der wahre König
zum Edeling im Traume ingrimmsvoll:
„Du hast dem Abraham die Chefrau genommen,
„die Braut dem braven; aus deiner Brust soll dir
„für diese That nunmehr der Tod entreißen
2640. „die Seele dein!" Ohne Säumen sprach
im Schlaf der Trunkene, der Schuldwürkende:
„Wie? du wolltest je, o Wart der Engel,
„in deinem Ingrimm den des Alters laßen,
„Erhabener, behauen werden, welcher hier stets lebt
2645. „in rechten Sitten, ist im Rate fest
„in seinen Mutgedanken und deine Milde sich
„sucht bei dir selber? · Mir sagte vorher
„das wonnigliche Weib mit ihren Worten selber
„ungefragt, daß sie des Abraham
2650. „Schwester wäre. Ich habe keine Schuld wider sie
„noch Frevel irgend vollführt bisher!"
Zu ihm sprach eiligst da im Traum der ewigliche König
der wahrfeste Schöpfer mit seinen Worten also:
„Gib du dem Abraham die Ehfrau wieder,
2655. „das Weib in seine Gewalt, wenn in der Welt du länger,
„der Leute Helm, zu leben wünscheft!

„er ist gut und geistesklug und mag mit Gott selbst reden,
„sehn den Himmelskönig. Du sollst nun sterben
„mit Vieh und Habe, wenn du dem Fürsten länger
2660. „die Braut verweigerst: erbitten mag er,
„wenn er eiligst mir dein Anliegen
„bieder und geduldig entbieten will,
„daß ich dich lebend laße Lust genießen,
„daß du noch fürder deiner Freunde dich erfreuen dürfest
2665. „und gesund deiner Schätze." Vom Schlaf sprang da auf
voll Furcht der Völkerwart; vor sich hieß er
kommen seine Räte und kund that ihnen
eiligst Abimelech angsterfüllt
das Wort des Waltenden. Die Weisen fürchteten
2670. von der Hand des Herren für die harte That
Schläge nach dem Traume. Schleunigst hieß
Abimelech den Abraham rufen
und es redete also der reiche König:
„Mann der Ebräer! das wolltest mir du nun
2675. „mit deinen Worten sagen: womit erwürkt' ich das,
„seitdem du unter uns, o Abraham,
„dein Eigentum geführt an diesen Erbsitzboden,
„daß solche Arglist du mir angethan?
„Du Ausländer hast uns hier gewollt
2680. „in dieser Völkerschaft mit Falschheit berücken,
„mit Sünden uns beflecken: du sagtest uns mit Worten,
„daß Sarah deine Schwester wäre,
„deine leibliche Verwandte; leibig wolltest du
„durch das Weib über mich Wehestrafe bringen,
2685. „unmäßig Uebel! Wir haben dich in Ehren doch
„empfangen und bewirtet und freundlich haben wir
„dir eine Wohnung überwiesen in diesem Wehrvolke hier
„und Land zur Lust: du lohnst uns nun,
„nicht freundlich uns der Freundschaft dankend!"
2690. Da gab zur Antwort Abraham:
„Das that ich nicht aus Falschheit noch aus Feindschaft dir
„noch weil ich irgend Weh dir gönnte!
„Ich suchte, König der Männer, Kampfbordschläge
„durch die List zu meiden, meinen Leutemaagen fern.
2695. „Seit mich Gott der heilige vom Grund und Boden

„des Fürsten, meines Vaters, führte einstmals,

„besuchte ich der Völker viele seitdem

„unkunde Freunde und meine Ehfrau mit

„freund= und freudebar: die Gefahr immer

2700. „erwartend saß ich, wann der Wutfeinde einer

„mich Ausländer meines Alters behiebe,

„der meine Ehfrau dann zu eigen wollte haben.

„Drum sagte ich den Kampffchmieden mit klugen Worten,

„daß die Sarah meine Schwester wäre,

2705. „überall auf Erden, wo wir Erbsitzes los

„uns unter Ausländern aufhalten sollten.

„Eben dieses that ich auch in diesem Erbsitzlande,

„als ich mit meinen Leuten suchte, o erlauchter Herr,

„deinen machtreichen Schutz: es war mir im Gemüt nicht kund,

2710. „ob die Furcht des Herrn in diesem Volke wäre,

„des Allmachtvollen, als ich zuerst hierher kam;

„darum hehlte ich den Dienern dein

„sowie dir selber auch, so sehr ich konnte,

„die wahre Rede, daß dies Weib Sarah

2715. „als Braut mit mir zur Bettrast stieg.“

Den Abraham begann drauf Abimelech

mit Weltgut zu bereichern und gab das Weib zurück:

er bot ihm zur Buße, da er ihm die Braut genommen,

gehendes Vieh und glänzend Silber

2720. und Werkdiener auch. Mit Worten sprach

zu Abraham darauf der Edelinge Helm:

„Wohne du bei uns und wähle dir allhier

„in dieser Landschaft, wo es dir am liebsten dünket,

„eine Erbsitzstätte! ich will dich haben:

2725. „sei uns ein lieber Freund! wir verleihn dir Schätze.“

Eiligst sprach mit anderm Worte

zu Sarah drauf der Schätzespender:

„Nicht braucht dein Fürst und Herr dir vorzuwerfen,

„dein Abraham, elfschöne Frau,

2730. „daß du meine Flurpfade mit deinen Füßen tratest:

„ich habe wol gebüßt mit weißem Silber

„seinen Sinnesärger. Sorgt ihr beide nicht

„von diesem Erbsitzlande anderswo zu suchen

„unkunde Freunde, sondern bei uns hier wohnet!“

2735. Abraham that, wie ihn sein Oberherr hieß,
empfieng da Freundschaft, wie der Fürst geboten,
Lieb' und Freundlichkeit. Er war lieb seinem Gotte:
in Frieden lebte er drum freudenreich
unter dem Schirm und Schatten seines Schöpfers fahrend
2740. bedeckt mit Hüters Fittichen hier solang er lebte.
Da war noch ingrimmig Gott dem Abimelech
ob der Sündenschuld, die wider Sarah er
und wider Abraham eh vollführte,
als er trennte die theueren zwei,
2745. das Weib und den Bewaffneten. Des ward ihm Weh zu
Theil,
furchtbare Strafe, daß nicht Freie und nicht Dienerin
ihre Gebieter konnten mit Geborenen beschenken,
die Mägde mit Mannkindern, da es der Mächtige verhinderte,
bis daß der Heilige begann den Herrn um Gnade
2750. Abraham den ewiglichen König
anzuflehen. Der Engel Helm
erfüllte ihm sein Flehn, erschloß die Fruchtbarkeit
der Freien und der Dienerinnen dem Volkskönige,
der Weiber und der Männer; wieder wachsen ließ
2755. der König des Himmels ihre Kinderzahl
sowie auch Eigentum und Erbe: der Allmachtvolle
ward milde im Gemüte, des Menschenvolkes Wart,
dem Abimelech, wie Abraham ihn bat.

XXV.

Da kam gefahren der Fürst voll Allmacht
2760. zu Sarah wieder, wie er selbst versprach:
unser Walter hatte seine Wortverheißung
den Lieben nun geleistet, der Lebensfürst,
seinem Abkömling und der Ehefrau. Dem Abraham ward
von seiner Braut geboren, den der Gebieter der Engel
2765. Isaac nannte, eh von dem Edelinge
mit dem Mannkind ward die Mutter schwanger.
An ihn setzte Abraham mit eigener Hand
das hehre Zeichen, wie ihm der Herr geboten,
eine Woche später, seit an die Welt das Kind

2770. hier zu den Menschen seine Mutter brachte.
Isaac wuchs und gedieh; sowie ihm angeboren
der Adel von den Eltern war. Abraham hatte
der Winter hundert, als ihm das Weib den Sohn
zu Dank da gebar: er harrte des schon lange,
2775. seit ihm zum erstenmale durch sein eigen Wort
den Freudentag der Fürst verhieß.
Nun ward es einstmals, daß das Weib erschaute
vor Abraham spielend den Ismael,
wo auf der Bank beim Mal sie beide saßen
2780. heiligen Herzens und seine Hausgenoßen alle
tranken und jubelten. Da sprach die theuere Frau
die Braut zu ihrem Manne: "Ich bitte dich, trauter Herr,
"Wart der Ringe, daß du wandern heißest
"die Agar andershin und auch den Ismael
2785. "geleiten mit sich; nicht sind wir länger nun beisammen
"mit dem Willen mein. Wenn ich des walten mag,
"soll niemals Ismael mit Isaac
"meinem eignen Kind das Erbe theilen
"nach deines Lebens Ende; wenn vom Leibe du
2790. "dein Alter einst entsendest!" Das ward dem Abraham
gar wehe im Gemüt, daß er hinweg sollte treiben
seinen eigenen Gebornen; da kam eiligst ihm zu Hilfe
der wahrhafte Schöpfer: er wuste des Mannes Herz
in Kummer gar beklommen. Der König der Engel
2795. sprach zu Abraham, der ewigliche Herr:
"Laß dir entschliefen aus der Brust die Schmerzensorge,
"deines Herzens Kummer, und gehorche deiner Frau,
"wie deine Braut dich bittet! heiß beide weg
"die Agar fahren und den Ismael
2800. "den Knaben aus der Heimat! an Kindern will ich
"machen deine Maagschaft mächtiglich und breit
"und wolbegittert, wie ich mit Worten dir verhieß."
Der Heilige gehorchte seines Herrn Gebot,
trieb aus der Wohnung traurig beide
2805. Agar aus dem Erbsitz und sein eigen Kind.

* * *

* * *

Da sagte Abimelech: „Sichtlich ist's und offenkundig,
„daß dir der Fürst des Himmels ein Gefährte ist,
„welcher Siegruhm dir bescheert durch sinnscharfe Macht,
„o Mann der Ebräer, und dein Gemüt dir stärkt
2810. „mit göttlichen Gaben! drum glückte dir bisher,
„was wider Freund oder Feind du je vollführen wolltest
„mit Worten oder Thaten. Der waltende Gott
„förbert an Fortwege, der Fürst, mit seinen Händen
„deinen Willen dir: das ist weithin kund
2815. „den Burgbewohnern. Ich bitte dich nunmehr
„Wart der Ebräer mit den Worten mein,
„daß du ein Unterpfand mir edelmütig gebest
„zum sicheren Bunde, daß du mir sein wollest
„ein lieber Freund zum Lohn des Guten,
2820. „das ich zum Troste dir. gethan habe,
„seitdem du freudebar von fernher kamest
„als Verbannter her zu diesem Bürgervolke.
„Vergilt mir nun mit Huld, daß ich nicht geizig wider dich
„mit Land und Liebe war! sei diesen Leuten nun
2825. „ehrfest immer, meinen Anverwandten,
„wenn das der Allwalter, unser Herr,
„der die Geschicke' hält, bescheeren will,
„daß du mit Schildkempen dürfest Schätze theilen
„in dieser Volkschaft mit den Freunden hier,
2830. „der. Mutigen Kleinode, und Marken setzen."
Da gab Abraham dem Abimelech,
wie er es forderte, ein Pfand der Treue.
Seitdem war der selige Sohn des Tharah
bei der Philistäer Volke seßhaft,
2835. der Ebräer Leutefürst gar lange Weile
freudlos unter Fremden. Der Fürst der Engel
zeigte ihm ein Land allba, das bei den Leuten heißet
bei den Burgbewohnern Versaba,
allwo ein hochragend Haus der heilige Mann
2840. eine Burg sich zimmerte und einen Baumhain pflanzte,
einen Weihaltar würkte und seinem Waltenden

an der Glutstätte Gaben weihete,
ein großes Opfer dem der ihm gegeben hatte
ein seigliches Leben unter dieser Sonne Laufbahn.

XXVII.

2845.   Da begann den Recken der reiche Gott
der König zu prüfen, die Kraft versuchend,
die dem Edelinge inne wohnte,
mit starken Worten, sprach ihm mit seiner Stimme zu:
„Geh du nun eiligst Abraham,
2850.   „zu lenken deine Schritte und geleite du mit dir
„dein eigen Kind! du sollst den Isaac
„deinen Sohn mir weihen selbst zum Opfer.
„Sobald wie du erstiegen hast die steile Höhe,
„den Ring des Hochlandes, das ich von hier dir zeige,
2855.   „mit deinen eignen Füßen, dann sollst dort oben du
„mir einen Scheiterhaufen setzen, sollst schlachten deinen Sohn
„mit Schwertes Schärfe und dann mit schwarzer Lohe
„des Lieben Leib verbrennen und mir verleihn zum Opfer."
Nicht versaß er da die Reise, sondern ohne Säumen war er
2860.   zu der Fahrt bereit: ihm war des Fürsten der Engel
Wort gefürchtet und sein Walter lieb.
Auf gab der selige Abraham
seine Nachtruhe eiligst, seines Notretters
Geheiß nicht widerstrebend: der heilige Mann
2865.   gürtete sich mit grauem Schwerte, zeigte daß des Geisterwartes
Furcht ihm inne wohnte. Seine Esel begann zu zäumen
der greise Goldes Spender und zwei junge Männer
hieß er mit sich wandern: sein eigen Mannkind war der dritte
und er der vierte selbst. Er gieng fahrtbeeilt
2870.   von seinem eigenen Hof den Isaac zu leiten,
den unerwachsenen, wie ihm der Ewige gebot,
beeiferte sich gar sehr und eilte hurtigst
fort auf dem Flurwege, so wie der Fürst ihm zeigte
die Wege durch die Wüste, bis daß wonnigglänzend
2875.   an der Tage drittem über tiefe Waßer
die Sonne aufstieg. Da sah der selige Mann
die Höhe ragen hoch empor,

wie ihm der Fürst des Himmels vorher sagte.
Da sprach Abraham zu seinen Amtleuten:
2880. „Ihr meine Recken möget rasten hier
„und bleiben an diesem Orte! wir kommen beide wieder
„sobald wir, was uns beiden geboten ist,
„dem Geistkönige gegeben haben.“
Da gieng der Edeling mit seinem eigenen Sohne
2885. hin zu jener Stätte, die ihm der Herr bezeichnet,
wandernd über Wälder; Waldholz trug der Sohn,
der Vater Feuer und Schwert. Zu fragen begann
der winterjunge Mann mit Worten den Abraham:
„Mein Fürst! wir führen Feuer hier und Schwert!
2890. „wo ist das Opferthier, das du edelglänzend
„zum Brandopfer Gott zu bringen denkest?“
Abraham redete (er war eins mit sich,
daß er vollführte all wie ihm der Fürst geboten):
„Das wird der sicherwahre König selbst schon finden,
2895. „des Menschenvolkes Wart, wie ihm gemäß dünket!“
Starkmutig stieg er drauf die steile Höhe
hinan mit seinem Sohne, wie der Ewige gebot,
bis daß er auf der Höhe jenes hohen Landes
stund an der Stätte, die ihm der strenge vorher
2900. der wahrfeste Schöpfer durch sein Wort bezeichnet.
Er begann den Holzstoß zu schichten und Hellglut zu erwecken
und band mit Feßeln dann die Füße und die Hände
seinem eigenen Sohn und auf den Altar hub er
den Isaac den jungen und eiligst griff er
2905. das Schwert bei der Hilze: er wollte schlachten seinen Sohn
mit beiden Händen und die Brandglut dämpfen
mit des Sohnes Blute. Doch ein Sendbote Gottes
von oben, der Engel einer, rief den Abraham
mit lauter Stimme. Still erwartete
2910. Abraham des Engels Rede und gab Antwort drauf.
Von oben aus der Höhe sprach ihm eiligst zu
Gottes glorreicher Geist mit Worten:
„Abraham, mein Lieber! schlag nicht dein eigen Kind,
„sondern hebe deinen Sohn vom Holzstoß lebend!
2915. „der Gott der Glorie gönnt es ihm.
„Fürst der Ebräer! finden sollst du

"durch die Hand des heiligen Himmelskönigs
"sicheren Siegeslohn und selbst empfahen
"großfeste Gaben: dir will der Geisterwart
2920. "liebevoll vergelten, daß dir lieber war
„sein Friede, seine Huld, als wie dein selbes Kind!"
Die Opferglut stund angezündet. Dem Abraham hatte
dem Vetter des Loth der Fürst der Menschen
seine Brust erfreut, da er seinen Gebornen lebend
2925. den Isaac ihm schenkte. Ueber Achsel schaute da
der selige Mann und sah einen Widder
unfern von dannen einsam stehen
in Brombeersträuchern fest. Der Bruder Arans
Abraham nahm den und auf den Altar hub er ihn
2930. in aller Eile für sein eigen Kind,
schwang alsdann sein Schwert und schmückete das Opfer
den rauchenden Weihaltar mit Widderblute,
weihte Gott die Gabe, sagte für die Gnade Dank
sowie für all das Heil, das eher oder später
2935. ihm der Gaben Herr gegeben hatte.

II.

Kädmons Exodus.

I.

Traun erfahren haben wir, wie fern und nahe
über den Mittelkreiß Moses die Gebote,
wunderbares Wortrecht den Weltvölkern,
allen Auserwählten oben in den Himmeln
5. nach dem bösen Wege Buße ihres Lebens
und laugdauernden Rat der Lebenden jedem
den Helden sagte (gehorche wer da will),
den in der Wüste einst der Weltvölker Herr
der sicherwahre Konig durch sein selbes Macht

6

10. gewürdigt hat und dem der Wunder viele
der ewige allwaltende in seine Eigenmacht gegeben.
Er war lieb dem Herrn, der Leute Führer,
der kluge und verständige Kriegsvolkweiser,
der fromme Volkesherzog. Pharaos Geschlecht

15. die Gottes Widersacher band Gertenstrafe,
da ihm selber gab der Siegruhmswalter
dem mutreichen Männerführer seiner Maagen Leben
und Aufenthalt im Erbsitz den Abrahams Söhnen,
Hoch war der Handlohn und der holde Fürst

20. gab ihm Gewalt der Waffen gegen der Wutfeinde Graus:
mit Gefecht überkam er der Völkerschaften manche,
der Feinde Volksgebiete. — Da zuvörderst wars,
daß ihn der Weltvölker Gott mit Worten anrief,
als er ihm sagte viel der sicheren Wunder,

25. wie diese Welt einst würkte der weise König
und wie er den Umkreiß dieser Erde und den Obenhimmel
setzte siegesmächtig, wie auch sein selbes Namen,
den zuvor nicht kannten die Volkeskinder,
der Väter alt Geschlecht, die doch gar Vieles wusten.

30. Er hatte sehr da gestärkt mit sicheren Kräften
den Wart des Wehrvolks und gewürdiget
den Feind des Pharao an Fortwege,
da einst vor Zeiten durch alte Straßen
erschlagen ward der Schaaren größte:

35. durch der Hortwarte Hinfall ward Geheul erneut,
es schlief der Saaljubelsang des Schatzes beraubt;
er hatte um Mitternacht die Meinschädiger
furchtbar gefället, viele der Erstgebornen,
die Burgwarte gebrochen: es schritt der Blutmörder weithin,

40. der leidige Leutehasser. Das Land qualmte
von der Getödteten Leichen: todt war die Jugend
und Wehklagen weithin, Weltjubel wenig!
geschloßen waren die Hände den Schmieden des Gelächters.
Erlaubt war den Leuten die Lauffahrt zu beginnen,

45. dem Volk den fahrenden: der Feind war entrückt,
die Heere in der Hölle. -Himmelsdienst kam, -

---

39) der Würgengel. —

die Teufelsgötzen sanken: der Tag war berühmt
über den Mittelkreiß, an dem die Menge auszog.
Auch lagen in dem Flutenkerker durch gar viele Jahre
50. da die alt=elenden Egyptervölker,
dafür daß sie auf weite Zeit zu wehren dachten
den Freunden Mosis, wenn es der Vater zuließ,
die verlangende Lust zur lieben Reise.
Es war fortbeeilt das Fahrtheer und der Führer rüstig,
55. der ihre Maagschaft mutvoll leitete.
Er überfuhr mit dem Volke der Besten Unzahl,
Land und Leutewart leidiger Männer,
zog enge Einpfade, unkunde Wege,
bis sie zu schwarzen Kriegern schlachtgerüstet kamen:
60. deren Lande waren mit einem Lufthelm bedeckt,
die Markhöfe moorhalbig. Moses führte
mit vielen Gefahren das Fahrtheer über diese
und hieß die zierreiche Veste drauf nach zwei Nächten,
seitdem den Feinden sie entfahren waren,
65. die Helden da umlagern mit des Heeres Toben,
mit der Ausländer Ueberfall die Ethamburgen,
mit aller Mengen größter in den Marklanden.

II.

Mit Nachdruck eilten sie an Nordwege,
wusten sich im Süden der Sonnenbürger Land,
70. verbrannte Burggehänge und gebräunte Leute
durch heiße Himmelskohlen. Der heilige Gott
schirmte wider den Fährlingsbrand das Volk allda
überbreitend mit Gebälk den brennenden Himmel,
die heißglühende Luft mit heiligem Netze.
75. Eine Wetterwolke hatte weitumfaßend
die Erde abgetheilt vom Obenhimmel
und geleitete das Leutevolk: das Lohfeuer ertrank
das heiße himmelsklare. Die Helden staunten,
der Schaaren fröhlichste. Der Schirm des Tagschiffes
80. wand sich über die Wolken; es hatte der weise Gott

---

79) des Sonnenschiffs oder Sonnenwagens. —

der Sonne Laufbahn mit einem Segel überzeltet,
obwol die Menschen nicht die Maststricke kannten
noch auch die Segelstangen sehen mochten
die Erdbewohner mit allen Kräften,
85. wie gefestigt war der Feldhäuser gröstes.
Seitdem sie Gott hatte mit Glorie gewürdigt,
die dem Herren holden, war da der Heerlager drittes
dem Volk zur Freude: all das Fahrtheer sah
wie die heiligen Segel hoch ragten,
90. das lichte Luftwunder; die Leute merkten,
das Heer der Juden, daß der Herr da kam
der Herr der Leutevölker, die Lagerstatt zu meßen.
Vor ihnen fuhren Feuer und Wolke
im hellen Aether, der Hochsäulen zwei:
95. die theilten eine um die andere ebengleich
im Hochdienst des heiligen Geistes
der Theuermutigen Reise nach Tagen und nach Nächten.
Da erfuhr ich wie am Morgen die Mutberühmten
erhuben ihre Heerposaunen mit hallendem Ton,
100. mit hehrem Hochklang. All das Heer brach auf,
der Mutreichen Menge, wie Moses gebot
der hehre Männerführer dem Mannvolk Gottes,
das fortbeeilte Fahrtheer; denn fürder sahen sie
den Leiter des Lebens den Luftweg durchmeßen.
105. das Segel lenkte ihre Fahrt: die Seemänner fuhren
auf dem Flutwege nach, das Volk war in Lust
und hallend war des Heeres Lärm. Ein Himmelszeichen
stieg auf an jedem Abend, ein ander Wunder,
das seltsam nach der Sonne Sitzgang ständig
110. in Loh erglänzte über den·Leuteschaaren,
eine brennende Säule. Blinkend strahlte
über dem Volk der Schützen funkelnder Leuchtglanz;
der Schildschmuck schien, die Schatten schwanden:
die niederen Nachtschatten konnten genugsam nicht
115. das Hülldunkel hüten; die Himmelsleuchte brannte:
der neue Nachtwart sollte notgedrungen
weilen über dem Wehrvolk, daß nicht durch Wüstengraus
die graue Heide irgend durch holmige Wetter
mit Fährlingsnot das Volk erschreckte.

120. Der Vorgänger hatte Feuerlocken,
blinkende Strahlen, mit Brandes Schrecken
dem Heerzug drohend, mit heißer Lohe,
daß in der Wüste er das Wehrvolk verbrennte,
wenn sie nicht mutscharf dem Moses hörten.
125. Schimmernd schien das Heer, die Schilde glänzten;
die Randkempen sahen der rechten Straße
Anzeichen über den Schaaren beeilt an den Fortweg,
bis an des Landes Ende sich der Leuteschaar entgegen
die Flutenveste stellte. Ein Fahrtlager erhub sich;
130. müde warfen sie sich hin und Mundkost reichten
den Mutigen die Maalviener, ihre Mannkraft zu stärken.
Es schlugen an den Bergen bei dem Schall der Posaune
die Floßmänner ihre Feldhäuser auf. Da war das vierte
Lager,
der Randkämpfer Rast beim roten See.

III.

135. Da ereilte sie auf ihrem Zuge Ueberfallskunde,
inländische Furcht: Angstschrecken kam,
des Wehrvolks Todesgraus. Es erwartete der Flüchtling
den feindlichen Verfolger, der ihnen vorher lange
Angstnot den Erbsitzlosen auferlegte,
140. bittere Wehqualen, da er den Bund nicht achtete,
den doch der ältere König einst gewährte,
als er Erbe ward der eingebornen Völker
der Männer für seine Schätze, daß er so mächtiglich gedieh.
Des all vergaßen sie, seit gram geworden
145. um einen Faustkampf das Volk der Egypter,
da sie Unheil schufen seinen Angehörigen,
bereiteten ihnen Drangsal und zerrißen das Bündnis.
Heißes Wallen war dem Herzen nahe,
Machtmut der Männer mit Meintreue:
150. böslich wollten sie jetzt Blutrache nehmen,
dafür daß er mit Blut die Frohnarbeit bezahlte,
an dem Mannvolk des Moses, wofern der machtreiche Gott
auf der Fahrt der Vernichtung ihnen Erfolg verliehe.
Da ward der Mut der Männer misvertrauend,

155. seitdem sie sahen von den Südwegen
das Fahrtheer Pharaos vorwärts herannahen,
die Schilde schwingen, die Schaaren glänzen,
die Fahnen flattern, das Volk die Mark treten:
die Kampfgeere flogen, der Krieg war im Zuge,
160. die Vordranke blinkten, es bliefen die Posaunen.
Rings im Kreiße riefen die Kriegsheervögel,
die heerkampfgierigen: heiser sang der Rabe
der federbethaute über Volkesleichen,
der schwarze Walstattkiefer. Die Wölfe sangen
165. ihr übel Abendblieb in Aaßes Hoffnung,
die kummerlosen Thiere, zu künden todtberühmt
dort auf der Feinde Spur der Volksmenge Hinfall,
riefen als Markwarte um Mitternacht:
es entfloh mancher Geist, das Volk war angegriffen.
170. Die Meilpfade maaßen aus dem Mannvolk bisweilen
stattliche Kempen mit der Streitrosse Bugen.
Es ritt der Siegkönig vor dem Siegesbanner
der Männer Führer mit den Marklandschaaren;
den Kampfhelm spengte der Kriegswart der Helden,
175. der König seine Kinnberge (die Kampfzeichen blitzten)
in des Treffens Hoffnung, sprengte mit Todesmute,
hieß seine Heerschaaren halten eifrig
feste Fahrtcolonnen. Die Feinde sahen
mit leibigen Augen der Landesmänner Ankunft.
180. Um den Fürsten ritten furchtlose Krieger:
die grauen Kampfwölfe begrüßten die Schlacht
nach Heerkampf dürstend, hold ihrem König.
Er hatte aus der Leute Schaar erlesen zu dem Kampfe
zweitausend ruhmvolle thatenreiche Männer:
185. das waren Könige und Kniemaagen
nach dem Abstammungsrechte adeltheure;
denn ausführte jeder einzelne
jedweden Kempen bewaffneten Geschlechts,
soviel sie in der Frist da finden konnten.

---

169) umzingelt? gefällt? —
170) der Egypter.
181) die Krieger in ihrer grauen Eisenrüstung.

190. Die jungen Unterthanen waren all beisammen
in des Königes Gefolge. Das bekannte gebot
das Horn in dem Haufen, wohin die Helden sollten,
der Recken Kampfschaar, gerüstet ziehen.
So führte Schaar über Schaar das braune Schlachtheer
vorwärts,
195. Feinde über Feinde viele tausend,
des Mannvolkes Menge: die eilten mutig fürder;
sie hatten es gemünzt darauf, daß sie in Machthaufen
bei Anbruch des Tages Israels Geschlecht
zur Blutrache mit den Schwertern für ihre Brüder fällten.
200. Drum ward da in dem Lager Weheruf erhoben,
übel Abendlied. Doch Angstgraus erschien,
der fernhielt das Todnetz; als die Furchterscheinung kam,
flog furchtbare Kunde. Die Feinde waren trotzig,
die kampfblinkenden Krieger, bis daß die Kampfstolzen scheuchte,
205. ein machtreicher Engel; der die Menge schützte,
sobaß die feindlichen Heere nicht mehr fürder konnten
schauen an einander: das Geschick war getheilt.

IV.

Der Notfahrer hatte nun die nachtlange Frist,
obgleich ihm Haßer allenthalben lagen,
210. Machtheer oder Meeres Strom: sie hatten keinen Marschweg
weiter,
gaben auf die Hoffnung auf das Erbsitzrecht,
in blanker Rüstung längs den Bergen sitzend
in Wehgeschicks Erwartung. Wachend harrte
all die Sippenschaar zusammen da der größeren
215. Macht des Feindes, bis daß Moses hieß
bei Anbruch des Tages mit ehernen Posaunen
das Kriegsvolk versammeln, hieß die Kühnen sich erheben,
ihren Kampfstolz halten und auf Kraftwerk denken,
tragen blanke Rüstung, hieß durch Blasen rufen
220. die Schaar zum Sand hin: schnell gedachten
des Kampfliebs die Wächter. Das Kriegsvolk war beeilt:
es schlugen an die Bergen bei dem Schall der Posaune
die Floßmänner ihre Feldhäuser ab. Das Fahrtheer war in Eile,

nachdem sie abgezählet wider den Angriffshaß
225. zwölf Fußvolkschaaren in dem Fortheere,
mutberühmte Männer; die Menge war im Aufbruch:
aus jeder einzelnen waren edelen Geschlechtes
erlesen unter Lindenschilden aus der Leute Maagschaft
nach Volkes Zählung fünfzig Rotten
230. und dieser Kempenrotten jede hielt des kunden Volkes
kriegspeertragender Kampfes Würker
zehn hundert gezählte hochruhmreiche:
das war ein schlachtlich Heervolk! Schwache riefen nicht
in diese Heldenzahl des Heeres Führer,
235. die noch ob ihrer Jugend nicht vermochten
unter dem Vordschirm das Brustnetz der Männer
wider falsche Feinde mit der Faust zu schützen
noch auch der Wunde Uebel schon erwartet hatten
über Lindenschilde, der Leibwunde Schmerz,
240. des Geeres Stolzspiel. Es konnten zwar die Greise wenig
die haargrauen Helden in dem Heerkampf leisten,
wenn den an Mut noch munteren die Mannkraft abnahm:
doch Kampf erkoren sie sich ihrer Kraft gemäß,
wie ihnen leisten wollte in dem Leutevolk
245. der Mut mit Ehren und wie ihre Macht und Kraft
den Andrang des Geerschaftes aushalten möchte.
Da war der Handberühmten Heer beisammen
fahrtbeeilt zum Fortwege. Noch stund die Fahne aufrecht,
die blinkendste der Säulen: es blieben alle harrend,
250. wann der Wegbote würde in des Wogenstromes Nähe
licht über Lindenschilden durch die Luftbehausung brechen.

V.

Vor die Helden sprang der Heerkampfführer,
der kühne Verheißungbringer, hub den Schild empor
und hieß des Volkes Führer das Fahrtheer schweigen,
255. solang des Mutreichen Worte Manche hörten:
reden wollte des Reiches Hirte

---

248 ff.) die Wolkensäule, die durch ihr Fortrücken das Zeichen zum Aufbruch gab.

über die Heerschaaren hin mit heiliger Stimme;
es sprach des Wehrvolkes Weiser würdevoll:
„Seid drum nicht furchtsamer, ob Pharao gleich brachte
260. „der Waffenkempen weite Heere,
„eine Unzahl Helden! ihnen allen will
„der machtreiche Herr durch meine Hand
„an diesem Tage Thatenlohn nun geben,
„daß sie nicht länger dürfen
265. „ängstigen mit Elend Israels Geschlecht.
„Tragt nicht Furcht vor todten Schaaren
„in eurer Brust voll Kleinmut! es ist vorbei die Frist
„von ihrem Leben dem geliehenen. Euch ist die Lehre Gottes
„aus eurer Brust gewichen: zum Beßeren rat ich euch,
270. „daß ihr verherrlichet den Herrn der Glorie
„und erfleht euch Gnade von dem Fürst des Lebens,
„das Heil des Siegruhms, wo ihr hin ziehet!
„Dies ist der ewigliche Abrahams Gott,
„der Herr der Schöpfung, der diese Heerfahrt schirmet
275. „mutig und machtberühmt durch seine mächtige Hand."
Da erhub seine Stimme vor den Heerschaaren
laut der Lebenden Gebieter und zu den Leuten sprach er:
„Ja! ihr sehet an mit euren Augen hier
„ein unerwartet Wunder, der Wehrvölker liebstes,
280. „wie mit grüner Rute ich und diese rechte Hand
„schlug hier selbst der Schaumflut Tiefe!
„auf fährt die Woge, eiligst würkt sie
„das Waßer zu einer Wallfeste: es sind die Wege trocken,
„die grauen Heerstraßen, der Holm ist geräumt,
285. „des Oceans alter Grund, von dem ich eh nicht hörte
„übern Mittelkreiß, daß Menschen den befuhren,
„die Felder die beschäumten, die da fort und fort
„durch weite Zeiten Wogen deckten,
„die gefeilten Seegründe: es nahm der Südwind fort
290. „des Badweges Blasen, die Brandung ist zerrißen,
„den Sand spie die Seewende aus. Sicher weiß ich das,
„daß euch der machtreiche Gott Milde hat verkündet,
„ihr Edelinge, vor Sonnenuntergang. Eile ist heilsamlichst,

--- --- ---

294) d. i. den Sand legte des Meeres Rücktritt bloß.

„daß ihr den Griffen eurer Feinde entgehen möget,
295. „nun da der Eigner aufgerichtet hat
„die roten Ströme zu einem Randberge:
„herlich sind die Vormauern hoch aufgethürmt,
„eine wunderbare Wogendurchfahrt, bis zu der Wolken Dache."
All das ,Wehrvolk brach nach diesen Worten auf,
300. der Mutreichen Menge: das Meer blieb stille.
Die Heerschaaren huben ihre hellweißen Linden
und die Siegeszeichen an dem Sande. Der Seewall stieg
　　　　　　　　　　　　empor
und aufgerichtet stund er für die Israeliten
eines Tages Frist. Der Edelinge Schaaren
305. waren wackeren Mutes; der Wall der Oceanswogen
hielt fest umfassend Friedeschutz;
sie höhnten nicht im Herzen des Heiligen Befehl,
sobald des Lieben Lied der Leistung näher
schwieg, der Ruf und des Gesanges Mischung.
310. Vorwärts gieng zuerst der vierte Stamm;
der Waffenkempen Haufe schritt in den Wogenstrom
über den Grund den grünen: Juda's Rotte
die eine eroberte die unkunde Straße
vor ihren Maagfreunden, wie ihnen der machtreiche Gott
315. den tiefen Lohn des Tagewerkes gab,
seit ihnen ward der Siegwerke Ruhm,
daß sie haben sollten Herscheransehn
über edele Reiche und der Anverwandten Fülle.
Sie hatten sich zum Heeresbanner, als in den Holm sie stiegen,
320. ein blinkend Zeichen überm Bordschirm errichtet
in dem Geerhaufen, einen gülbnen Leu,
der Kriegsvölker gröstes das kühnste aller Thiere.
Sie wollten keine Höhnung bei dem Heeresführer,
solang er lebte, lange bulden,
325. wenn sie zu grimmem Kampf das Geerholz schwangen,
von der Erbenvölker einem. Anbrang war im Vortrab,
hartes Handspiel hochgemute Recken
zur Schlacht der Waffen, unerschrockene Kempen,
blutige Kampfbeilspuren und der Kriegsmacht Sturm,
330. der Schreckenshelme Zermalmung, wo diese Schaar hinzog.
Nach diesem Fahrtzuge kamen Floßmänner mutig,

Rubens Söhne: ihre Rande trugen
die Seewikinge über salziges Marschfeld,
eine meinvolle Menge: das mächtige Geschwader
335. eilte ohne Furcht. Er hatte sein Obherrentum
durch Sündenschuld vernichtet, sobaß er säumiger da fuhr
erst auf des Lieben Spur: ihm hatte in der Leute Volkschaft
sein Freibruder entrißen das Vorrecht der Erstgeburt,
Gut und Adel; doch war er gleichwol rüstig.
340. Drauf folgten ihnen fürder mit Volkes Menge
die Söhne Simeons in Schaaren kommend,
der Volkstämme dritter; es flatterten die Banner
über dem Kampfspeerzuge; die Kriegschaar drang heran
bethaut an den Schäften. Das Tagesrauschen kam
345. über den Begang des Meeres, der Gotteszeichen eines,
der helle Morgen glänzend. Es zog das Machtheer fürder,
eine Volksmenge fuhr nach der andern:
einer führte an die Eisenheere
am gewaltigsten an Macht, woburch er weit berühmt warb.
350. An Fortwege folgte das Volk der Wolke,
ein Volkstamm nach dem andern. Im Fahrtheer kannte jeder
der Maagschaften Recht, sowie es Moses ihnen bot,
den Adel der Männer. Sie hatten einen Vater:
der liebe Leutefürst empfieng Landbesitz
355. erfahren in dem Geiste, seinen Freimaagen lieb,
erzeugte Kniemaagschaft kühner Männer,
der Hochväter einer ein heiliges Geschlecht,
die Volkschaft Israels, fest im Guten,
wie das einsichtsvoll die Alten sagen,
360. welche die Maagschaften am meisten erforschten,
die Vorfahren der Leute, den Vaterabel aller.

VI.

Noah überfuhr die neuen Fluten,
der durchlauchtige Herr mit seinen drei Söhnen,
die tiefste aller Ertränkungsfluten
365. derer die je wurden in dem Weltreiche.

348) Moses.

Er hatte in dem Herzen heiligliche Treue;
drum führte er da über Flutenströme
meines Erfahrens den meisten aller Schätze:
geborgen hatte er zur Bergung des Lebens
370. allem Erdengeschlecht, daß sie dem Angstgraus entgiengen,
als Vorfahren eines jeden Vater und Mutter,
der Zuchtziehenden gezählt der Zahl nach
von mannigfacherer Größe, als die Menschen kennen,
der sinnkluge Seefahrer; dazu der Saaten jede
375. brachten auch die Recken in dem Raum des Schiffes,
die unter dem Himmel irgend Helden hier besitzen.
So sagen das mit Worten weise Männer,
daß von Noah an der neunte wäre
in der Volkeszählung der Vater Abrahams:
380. das ist der Abraham, dem einst der Engel König
einen neuen Namen schuf, dazu auch nah und ferne
heiligliche Haufen in die Hut befahl,·
der Völker Obmacht: in der Fremde lebte er.
Einst geleitete er den liebsten aller Lebenden
385. auf des Heiligen Geheiß: das Hochland erstiegen
die zwei Sippemaagen, den Sionsberg,
wo sie Gottes Bündnis fanden und die Glorie erblickten,
heiligliche Hochtreue, wie die Helden das erfuhren:
dort hat der sinnreiche Sohn des David
390. auf das Gebot des Propheten erbauet nachmals
der glorreiche König einen Gottestempel,
einen Weihort heilig, von allen Weltkönigen
der weiseste in dem Weltreiche
den höchsten und heiligsten, der den Helden am kundesten,
395. den größten und gefeiertsten, welchen Völker je auf Erden
der Helden Kinder mit den Händen würkten.
Zu dieser Maalstätte führte da sein Mannkind selbst
Abraham, den Isaac: angezündet war der Brand.
zum Tod war nicht betrübter der Todschläger erster!
400. überantworten wollte seinen Erbewart
in des Brandes Gluten der beste aller Helden
zu einem Siegesopfer seinen Sohn den trauten,
der sein einziger Erbewart auf Erden war,
der Trost seines Lebens: doch trug er fürder

405. den Leuten zur Lehre langdauernde Hoffnung,
Kund gab er das, als er den Knaben nahm
und fest mit seinen Händen das volkskunde ·
alte Erbschwert zog, so daß das Eisen klang,
daß er nichts von lieberen Lebenstagen wußte
410. als zu gehorchen nur dem Himmelskönig. ʹ
Auf richtete sich der Edeling, wollte seinen unerwachsenen
Sohn da erschlagen, mit dem Schwerte röten
das Mannkind mit dem Messer, wenn es der Mächtige zuließ:
doch wollte ihm der leuchtende Vater nicht den lieben Sohn
415. nehmen zum heiliglichen Opfer, sondern mit der Hand er's
wehrte.·
Da kam, um ihm zu steuern, eine Stimme von den Himmeln,
der Hochklang der Glorie, und erhub das Wort:
„Erschlag du, Abraham, dein eigen Kind nicht,
„den Sohn mit dem Schwerte! sichtlich ist die Wahrheit,
420. „da dich erkundet hat der König aller Wesen,
„daß du wider den Waltenden hieltest wol deinen Bund
„und feste Treue: die soll ein Friede dir
„in deinen Lebenstagen aufs längste nunmehr werden
„Alters fortan immer unschwindend!
425. „Wie bedarf eines Mannes Sohn mehr der Zusage?
„Nicht behüllen mag der Himmel und die Erde·
„die Worte seiner Glorie, die weiter sind und breiter, ·
„als daß die Fluren dieser Erde sie umfaßen möchten,
„der Erde Umkreiß und der Obenhimmel,
430. „der Seeflut Weite und diese seufzende Luft!
„Einen Eid schwört dir der Engel König,
„der Walter der Geschicke und der Weltvölker Gott,
„der wahre Siegeskönig bei sein selbes Leben,
„daß deines Geschlechtes und deiner Stammesmaagen
435. „der Randkämpfenden Reih und Zahl
„die Erdbewohner mit aller Kraft
„nicht werden sagen können mit sicheren Worten,
„außer wer so sehr verständig in dem Sinne würde,
„daß er allein vermöchte all zu zählen
440. „die Steine auf der Erde, die Sterne an den Himmeln,
„der Seeberge Sand und die gesalzten Wogen!
„Besitzen sollen zwischen den Seen beiden

„bis zu Egyptenlandes eingebornen Völkern
„das Land der Cananäer die Leute dein,
445. „des Vaters Freikinder, der Völker bestes!“

* * *

VII.

* * *

. Das Volk war überfallen, Flutangst überkam
die tiefbetrübten Geister, mit Tod drohete das Meer.
Die Berggehänge waren mit Blut überspritzt,
der Holm spie Blutgischt, Geheul war in den Wogen,
450. die Waßer waffenangefüllt; es wogte Todesnebel.
Der Egypter Heer war wieder umgewendet
und floh furchterfüllt, da sie die Gefahr erkannten,
und wollten heerblöde ihre Heimat suchen:
zu Jammer ward ihr Großthun. . Entgegen sank ihnen
455. der Wogen furchtbares Gewälze; nicht wieder kehrte
nach Haus des Heeres einer, sondern von hinten beschloß sie
das Wehgeschick mit Wogen: wo vorher Wege lagen,
da war das Meer nun mutig: das Machtheer war ertränkt;
denn Ströme kamen. Sturm stieg empor
460. hoch zu den Himmeln, der Heergeheule gröstes;
die Leibigen lärmten, die Luft ward verdüstert:
von den sterbenden Helden durchströmte Blut die Flut.
Die Randburgen waren zerrißen; den Raum des Aethers
geiselte der Meeres = Tode gröster, die Mutreichen starben
465. in der Schaar des Königs und es schwand die Rückkehr
zu der Holmflut Ende. Die Heerschilde glänzten.
Hoch über den Helden stieg der Holmwall empor,
der Meerstrom mutig: das Machtheer war
fest im Tode gefeßelt und des Fortgangs Eile
470. war gar sehr gefeilt. Der Sand harrte
an der bestimmten Furt, wann ehr der Strom der Wogen
die See die kalte mit ihren Salzfluten
gewohnt an Abwege zu den ewigen Gründen

---

464) d. i. das Geschrei der Ertrinkenden schlug zum Himmel auf.

als nackter Notbote wieder nahen würde,
475. der feindliche Fußganggeist, der über die Feinde herfiel.
Es war die blaue Luft mit Blutgischt untermengt,
die Brandung drohte berstend mit Blutschrecken,
der Weg der Schiffer, bis der wahre Schöpfer
durch des Moses Hand die mutige entfeßelte:
480. fernhin' jagte sie und fegte mit Todumfaßung;
die Tränkflut schäumte, die Todgeweihten sanken,
das Oceanland zerfiel, in Aufruhr war die Luft,
die Wallvesten wichen, die Wogenmauern barsten,
die Meerthürme schmolzen, da der Machtreiche schlug
485. mit seiner heiligen Hand, des Himmelreiches Wart,
die Wehrbäume, das verwegene Volk.
Sie konnten nicht bewältigen der Walroffe Pfad,
den Mut der Meeresströme: manche verderbte er
mit gellendem Graus. Es grimmete das Meer,
490. auf zogs, an schlugs und Angstgraus erhub sich;
es fluteten die Todwunden; es zerfiel die Zauberstraße
hoch von den Himmeln, das Handgewerk Gottes.
Der Schaumbusige schlug die Schutzwehr der Fluten'
mit altem Schwerte, die schirmlose Mauer,
495. sodaß die Schaaren schliefen durch den Schlag des Todes,
die Sündermenge, und die Seelen verlor
gar fest befahren das flutbleiche Heer,
seit sie in die Aufthürmung die braune waren eingegangen,
in der Mutwogen mächtigste; all das Machtheer sank,
500. da er die Menge der Egypter in dem Meer ertränkte,
den Pharao mit seinen Völkern: der empfand da hurtig,
der Gegner Gottes, seit er den Grund betreten,
daß ein machtvollerer Meerflutenwart,
mit herber Umfaßung den Heerkampf wollte scheiden
505. ergrimmt und grauenvoll. Den Egyptern ward
zu Theil des Tagewerkes tiefer Lohn:
denn von der Heeresmenge kam nach Haus nicht wieder
von all der unergründlichen ein einziger als Ueberrest,
daß er ihr Schicksal sagen dürfte,
510. entbieten in den Burgen die böseste der Kunden,
der Hochwarte Hinfall den Heldenfrauen,
sondern die Machtschaaren verschlang der Meertod alle;

die Kundboten tödtete, der da Kraftfülle hatte,
vergoß ihr großes Prahlen: sie hatten wider Gott gekämpft!

VIII.

515. Drauf sagte den Israeliten ewigliche Ratschläge
an der Meereswende Moses dort,
der hochwürdige Held mit heiliger Sprache,
gar tiefe Botschaft: das Tagwerk lehren sie.
So finden in den Büchern der Gebote jedes
520. die Weltvölker noch, die ihm der Waltende
mit wahrhaften Worten auf der Wegreise gab.
Wenn der Ausleger des Lebens aufschließen will
in der Brust der strahlende des Beinhauses Hüter
·der großfeste Gott mit Geistes Schlüßeln,
525. dann ist enthüllet das Geheimnis und hoher Rat erfolgt.
Er hat weisliche Worte in Bereitschaft:
mächtig will er den Gemütern zeigen,
daß wir nicht ganz verlustig sind der Gottes Gemeinschaft,
der Milde unseres Schöpfers. Noch mehr verleiht er uns,
530. dieweil uns Beßeres die Bücherkenner lehren,
langbauerndere Lustgabe. Leicht flieht dieser Jubel
entstellt durch böse Werke, den Verbannten erlaubt,
der Anhalt der Elenden: die erbsitzlosen
haben jammernd inne diese Gastbehausung
535. in ihrem Herzen trauernd; sie wißen ein Haus des Verderbens
fest unter der Erde, wo Feuer ist Wurm
und offen aller Uebel ewigliche Höhle.
Wie auch gegenwärtig finden die gewaltigen Diebe
Alter oder Ebertod, so kommt einst doch hinterher
540. der Machtglorien meiste über diesen Mittelkreiß,
der Tag in Thaten feind und es ertheilt der Herr selbst
Manchem dann sein Urteil an der Maalstätte.
Führen wird er dann der Frommen Seelen
die auserwählten Geister zu dem Obenhimmel:
545. da ist Licht und Leben wie auch lauter Gnade,
wo die Heerschaaren in hohem Jubel den Herren preisen

---

524) den Geist.

den glorreichen Weltvölkerkönig durch weite Zeiten!
So redete altba Rats gedenkend
der Männer mildester der machtgestärkte
550. mit erhobener Stimme (das Heer harrte stille
auf den Willen des Gesetzes, das Wunder vernahmen sie,
das Mundheil des Mutigen) und zu Manchem sprach er:
„Mächtiggroß ist diese Menge und der Machtführer stark,
„der Hilfen größte, der diese Heerfahrt leitet!
555. „verliehen hat er uns im Lande Canaan
„Burg und Bauge, breite Herschaft:
„er will nun leisten, was er lang verhieß,
„der Engel König, mit Eides Schwüren
„in alten Zeiten unseren Bätern,
560. „so ihr halten wollet seine heiligliche Lehre,
„daß ihr dann der Feinde jeden fort überwindet
„und besitzet siegreich zwischen den Seen beiden
„der Helden Biersäle: euer Heil wird groß sein."
Nach diesen Worten war das Wehrvolk in Lust,
565. die Siegposaunen sangen, die Schlachtzeichen stunden
an lieblichen Laut. Am Lande war das Volk:
die glorreiche Wolkensäule hatte das Wehrvolk geleitet
die heiligen Haufen in die Huld Gottes;
sie freuten sich des Lebens, da sie's entleitet hatten
570. aus ihrer Feinde Macht, obgleich es furchtbar wagten
die Wehrmänner unter Wagers Dächer. Sie sahn die Wälle
stehen:
blutig däuchte ihnen all die Brandung, durch die sie ihre
Brünnen trugen.
Sie freuten sich des Heerkampfrufes, seit sie dem Heer entgiengen.
Es erhuben laute Stimmen der Leute Schaaren,
575. priesen für das Tagewerk den theueren Herrn,
die Weiber und die Männer im Wechselsange,
der Volkschaaren größte Fahrtlied singend
mit ängstlichen Stimmen ob der Allwunder viel.
Da war vor Augen sichtbar manche Afrische Maid
580. geschmückt mit Gold am Schaumflutgestade;
sie erhuben ihre Hände zur Heilswürdigung,
waren sehr erfreut, da sie Ersatz erblickten

7

und hüteten des Heerraubs: die Haft war entseilt.
Sie fischten mit den Netzen der Fluten Nachlaß
585. an dem Ufersand, die alten Kleinode,
bie Roben und die Schilde; mit Recht fiel ihnen zu
Gold und Gottgewebe, Josephs Schätze,
der theuere Heldenbesitz: an der Todesstätte
lagen die Verfolger, der Volkschaaren größte.

III.

Kädmons Daniel.

I.

Ich erfuhr wie in Jerusalem die Judenleute
glückselig lebten, Goldhort theilten,
hatten immer Königtum, wie ihnen angestammet war,
seit durch die Macht des Schöpfers in des Moses Hand
5. Kampf ward gegeben der Kempen Menge,
und wie sie auszogen aus Egyptialand
mit großem Machtheere: das war ein mutig Volk,
solange sie die Herschaft haben durften
und walteten der Burgen. Es war ihr Wolstand glänzend,
10. solang des Vaters Bund das Volk unter sich
nur halten wollte: ihnen war ein Hirte gut
der heiligliche Herr, des Himmelreiches Wart,
der Walter der Glorie, der dem Wehrvolke gab
Mut und Macht, der Machtschöpfer aller Wesen,
15. daß sie am Leben oft der Leutevölker manchem
mit Heeres Helmen schabeten, das ihnen hold nicht war,
bis daß bei Weingelagen Verwegenheit sie ankam
durch des Teufels Thaten, trunkene Gedanken:
sie kehrten sich ab von der Kunde des Gesetzes
20. und von der Macht des Schöpfers, wie ein Mann nie sollte
seines Geistes Liebe von seinem Gotte scheiden!

Da fah ich wie in Frevelirrtum nun die Volkſchaft lebte,
wie die Iſraeliten Unrecht thaten
und Schandwerk übten: das war dem Schöpfer wehe.

25. Zur Belehrung ſandte da den Leuten oftmals
des Himmelreiches Hüter heilige Geiſter,
die dem Wehrvolke Weisheit boten.
Doch der Weisheit Wahrheit glaubten ſie
nur eine kleine Weile, bis ſie die Gier betrog

30. nach dieſer Erde Jubel um das ewigliche Heil,
daß ſie zuletzt noch ganz verließen die Gebote
des theueren Herrn und wählten ſich des Teufels Kraft.
Da ward der Herr des Reiches hart ergrimmt,
für die ein unholder Herr, denen er die Eigenmacht gegeben:

35. er zeigte zuerſt gegen die, die anfangs vordem waren
dem Herrn am theuerſten von allen Heldenvölkern,
aller Schaaren fröhlichſte dem Schöpfer am liebſten,
zur hohen Burg den Heerespfad
ausländiſchen Helden in das Erbſitzland,

40. wo Salem ſtund gar ſehr befeſtigt,
mit Mauern gewürdigt. Dahin fuhren Magier nun
der Chaldäer Volk zu jenem Kaſtell fort,
allwo der Iſraeliten Eigengüter waren
bewehrt mit Werken: zu denen fuhr das Wehrvolk da,

45. die Machtſchaar die berühmte, Meinübels gern.
Es erweckte den Todkampf der Wehrmänner Fürſt
Babylons Gebieter in ſeiner Burgſtätte
Nabochodonoſſor von Neidhaß getrieben,
daß er zu ſuchen anfieng in des Sinns Gedanken,

50. wie er den Iſraeliten wol am erſten möchte
durch der Gramfeinde Gang das Gauvolk entreißen.
Er ſammelte von Süden und von Norden
ein ſchlacht=rauhes Volk, daß ſie gen Weſten führen,
das Heer der Heidenkönige, zur hohen Burg:

55. der Iſraeliten Erbſitzwarte
liebten Lebensgüter, ſolang ſie ließ der Schöpfer.
Da erfuhr ich wie veröbete der Altfeinde Heer
die Goldburg der Männer; es glaubten nicht die Krieger,

---

58) d. i. ſie waren Heiden.

beraubten das ruhmvollste der Häuser seines roten Goldes,

60. des Schatzes und des Silbers den Salomonstempel,
stahlen all die Schätze unter Steinfelsen
und alles was die Edelinge zu eigen hatten,
bis sie gebrochen hatten aller Burgen jede,
die da zu Fried und Schutz dem Volke stunden.

65. Sie beluden sich zur Heerbeute mit der Hortwarte Schätzen,
mit Bliesen und mit Freudegut, soviel des da gefunden ward,
und giengen wieder mit den Gütern heim;
auch leiteten zugleich auf lange Wege
der Israeliten Edelvolk an Ostwege

70. nach Babylonia hin, gar breite Schaaren,
die Helden da zur Hand dem Heidenfürsten.
Nabochodonossor nahm sich zu Sclaven
die Israelkinder unbarmherzig,
zu Werkdienern der Waffen Nachlaß.

75. Er entsandte alsdann seine Mannen,
des Wehrvolks Menge, daß sie nach Westen fuhren
und dort der Leute Land beherschten
den öden Erbsitz nach dem Ebräervolke.
Suchen hieß er seine Diener

80. in der Israeliten armen Resten,
wer von den Knaben am klügsten wäre
im Gebot der Bücher, die dahin gebracht waren.
Er wollte daß die Knaben Kunst erlernten,
daß im Sinne Scharfsinn ihnen sagen möchte,

85. doch nicht als ob er das beginnen oder des gedenken wollte,
daß er Gott dem Herrn für seine Gaben dankte,
die ihm zu Heil und Glück der Herr bescheerte.
Dazu fanden sie da fromme Jünglinge,
gar einsichtsvolle edele Knaben,

90. junge und gute in Gotteswachstum:
es war der eine Ananias, der andere Azarias,
Misahel der dritte, dem Machtschöpfer erkoren.
Hervor kamen diese drei zum Fürsten hin
hart und sinnbedächtig, wo der Heide saß

95. der König Kraftgefolge liebend in der Chaldäer Burg:
dem Uebermütigen sollten die Ebräermänner
Weisheit da mit Worten künden,

hohe Sinneskraft durch heiligen Mut.
Da befahl der Held, der Fürst von Babylon,
100. seinen Mannen der mutstarke König,
daß die Leutefürsten das bei Lebensstrafe thäten,
daß den drei Männern den jungen kein Mangel wäre
in ihrem Weltleben an Gewand und Speise.

II.

Gewaltig war der Wart von Babylon
105. mutig und mannkund über den Mittelkreiß
schreckenvoll den Völkern, da er das Gesetz nicht hielt,
sondern übermütig immer lebte.
Da erschien dem Fürst im Schlaf dem ersten,
sobald zur Ruhe gieng der reiche König,
110. in seinem Sinne ein Gesicht des Traumes,
wie diese Welt wäre wunderlich bestellt
ungleich für die Völker bis zur Umschaffung.
Es ward im Schlafe sicher ihm verkündet,
daß es der Reiche jedem rübe sollt' ergehen
115. und daß dem Erdenjubel ein Ende sollte werden.
Der Wolfherzige erwachte, der eh weintrunken schlief,
der Fürst von Babylon: nicht froh war ihm der Sinn;
es stieg ihm Sorge auf von dem Gesicht des Traumes:
er besann sich nicht, was er gesehen hatte.
120. Er hieß zusammen kommen, die von seinen Leuten
Magierkunst am meisten trugen,
und fragte da die Menge, was ihm sei vorgekommen,
solang die Redetragenden in Ruhe weilten.
Erschüttert war er von der Schreckerscheinung,
125. da er nicht wußte Wort noch Anfang
vom Gesichte seines Traumes, hieß es ihm sagen dennoch.
Zur Antwort gaben ihm da unfroh drauf
die Teufelsweißagen, da sie den Traum dem König
zu melden nicht vermögend waren:
130. „Wie mögen so Verborgenes, o du Gebieter, wir
„in deinen Sinn wol denken, was du gesehn im Traume
„oder wie das Walten des Geschickes Weisheit dir geboten,
„wenn du zuerst nicht kannst den Anfang uns erzählen?"

Unfanft gab zur Antwort brauf

135. da feinen Weißagen der wolfherzige König:
„Ihr waret nicht fo mächtig über die Männer alle
„in euren Mutgebanken, wie ihr mir doch fagtet
„und das behauptet, daß meines Dafeins Gefchick
„ihr alles wüftet, was mir irgend wurde
140. „ober was ich fürder finden follte,
„da ihr nicht zu treffen wißt mein Traumgeficht,
„das mir vor dem Wehrvolke Weisheit bringet!
„Ihr follt des Todes fterben, wenn ich mein Traumgeficht
„nicht ficher werd' erfahren, auf das mein Sinnen geht!"
145. Nicht vermochte da die Menge an der Maalftätte
durch Weißagentum was zu erbenken
noch das Geheimnis zu erfinnen, da es verhindert war,
daß fie da fagen könnten das Geficht dem König,
das Schickfalsgeheimnis, bis daß fcharffinnvoll und fromm
150. ein heiliger Prophet dem Herrn erkoren
kam zur Verfammlung in den Saal gegangen:
das war der Oberfte der armen Refte,
die da dem Heidenkönige gehorchen follten.
Dem hatte Gott die Gabe gegeben aus den Himmeln
155. durch das Enthüllungswort des heiligen Geiftes,
daß ihm ein Engel Gottes alles fagte,
was feinem König war verkündet in dem Traume.
Da gieng Daniel, zu deuten feinem König,
als der Tag anleuchtete, das Traumgeficht,
160. fagte weislich ihm der Weltvölker Gefchick,
fobaß der ftarkgemute König ward auf der Stelle innen
Anfang und Ende deffen, was ihm ehe träumte.
Da hatte Daniel hohes Anfehn
in Babylonia bei den Buchgelehrten,
165. feit er da fagte das Geficht dem König,
das zuvor ob feiner Frevel nicht erfaßen konnte
Babylons Gebieter in feinem Bruftverfchluß.

III.

Doch Daniel vermochte das nicht zu bewürken,
daß er glauben wollte an Gottes Allmacht,

170. fonbern begann zu würfen einen Gößen auf bem Felbe,
das die Hochgemuten heißen Diran:
das war in jenem Reiche, das so rühmlich war geheißen
die starfe Babylon. Deren Burgwart richtete
ein Menschenbild ben Männern auf,
175. aus Gold einen Gößen gegen Gottes Willen,
da nicht weise war der Wart des Reiches,
sondern ratlos und rübe und nicht des Rechtes achtete.

* * *

Da warb der Helben Lauschen, als der Hochflang kam,
das Blasen der Posaunen über die Burgbewohner.
180. Die Kempen saßen auf den Knien vor bem Bilbe
und neigten das Haupt vor dem Gößen, die Heidenvölfer,
beteten zum Bilbe; sie wusten feinen beßeren Rat,
sondern übten Unrecht, wie ihr Obherr that.
mit Meinschuld gemengt und im Gemüt verhärtet;
185. die Volkschaar vollführte, wie ihr Fürst zuerst
den Unrat angestiftet; gar übel kam ihm brauf
bafür die Endvergeltung: Unrecht that er.
Da waren in des Königs Burg der Knaben brei
edele aus Israel, die da immer nicht
190. befolgen wollten ben Befehl ihres Königs,
baß sie Gebete zu bem Bild erhüben,
obgleich da sangen die Posaunen in der Burg:
die waren Abrahams Kinder ihrem Abel nach,
wahrfest und fromm; sie wusten den Herren
195. ben ewigen dort oben, ben allmachtvollen.
Die ebelguten Knaben thaten kund allba,
baß sie das Gold sich nicht zum Gotte wollten
haben noch halten, sondern den hohen König
ben Geisterhirten, der ihnen Gaben schenkte.
200. Oft sprachen kühn sie auf der Kempen Drohung,
baß sie bes Gößenbildes gar nicht achteten
und baß sie zum Gebet nicht bringen könnte
der Heiden Heeresführer, daß sie dahin sich wendeten
zum gülbnen Gößenbilbe, das er zum Gott bestimmte.
205. Da sagten das die Diener ihrem Herren: "Es gebenken nicht
"die Häftlinge zu gehorchen in dieser hohen Burg,

„baß biefen Heibengötzen fie verherlichen wollten
„noch biefes Weihbild ehren, bas bu zu Wundern fetzteft!"
Da warb Babylons Gebieter erboft in feinem Mute

210. unb Antwort gab er ingrimmsvoll, fuhr an bie Knaben
gar grimm bie jungen, unb grimmig fprach er,
baß fie ohne Sträuben opfern follten
ober baß fie bulben follten Drangfalsnot,
furchtbares Feuerswallen, wenn fie nicht Friede wollten

215. bei bem übelften fich fuchen, bie Ebräermänner,
bei bem gülbnen Bilb, bas er zum Gott beftimmte.
Doch nicht hören wollten folchen Heibenlehren
in ihrem Sinn bie Knaben, fobern fannen eifrig,
baß fie vollbrächten alle bie Gebote Gottes

220. unb nicht weichen möchten von bem Weltvölkerherrn,
baß nicht ber Hebräer armer Haufe fich zum Heibentume wenbe:
fie wollten bei bem Falfchen fich nicht Friede fuchen,
obgleich ihnen ber bittere Tob geboten wurbe.
Da warb hart ergrimmt ber hartnäckige König,

225. hieß gar übermäßig einen Ofen heizen
zum Qualtob ben Knaben, bie feiner Kraft wiberftrebten.
Als ber geglühet war, wie er am grimmften mochte,
mit furchtbarer Feuerslohe, ba rief bas Volk zufammen
Babylons Gebieter unb binden hieß er

230. grimm unb graufam Gottes Kunbboten,
hieß bann feine Knechte, baß fie bie Knaben ftießen
bie jungen Helben in bas Glutgebläfe.
Doch zur Hanb war, ber ba Hilfe brachte; obgleich er fie fo
hart nötigte
in ber Lohglut Bufen, fo barg ihr Leben boch

235. bes Schöpfers machtreicher Schutz, wie Manche bas erfuhren,
gab ihnen heigliche Hilfe. Aus bem hohen Aether
fanbte Gott allba ben Geift ben heiligen;
es kam ein Engel in ben Ofen, wo fie bas Elenb trugen,
beckte bie eblen Jünglinge unter bem glühenben Dache.

240. Es mochte ihre Wolgeftalt nicht fchänben noch ihnen Weh anheften
ber Waberlohe Wallen, ba fie ber Waltenbe errettete!
Hartmutig war ber Heibenkönig, hieß fie hurtig brennen:
ber Branb war ungefcheit groß; ber Ofen war geheizt,

das Eisen all durchglüht: der Unfreien manche
245. warfen Waldholz hinein, wie ihnen mit Worten war geboten,
trugen Bränbe in die Brunst des blinkenden Feuers.
Es wollte der wolfherzige König · den Wall durchglühen
den eisernen um die Frommen, bis baß aufwärts stieg
die Lohe über die Lieben und lustig auffchlug
250. bei weitem mächtiger als es gemäß wäre:
die Lohe wanbte sich da an die leidigen Männer
an die Heiden von den Heiligen. Die holden Knaben
waren brusterfreut, es brannten die Knechte
außen um den Ofen: heraus schlug die Flamme
255. zur Züchtigung den Freblern, wo da zuschauete
Babylons Gebieter. Brustfroh waren
die Ebräerjünglinge; eiligst priesen sie
den Herrn in hohem Jubel, wie ihr Herz es wuste,
innen in dem Ofen unversehrt am Leben.
260. Die Jünglinge priesen Gott mit Freuden,
unter dessen Schutz und Schirm verscheuchet war
die furchtbare Feuershitze. Die Freikinder wurden
des Lohegangs erlaßen, daß er kein Leib ihnen schuf:
ihnen war zur Sorge da das Rauschen nicht mehr denn der
Sonnenschein;
265. nicht bedrängte sie der Brand, solang sie in der Drangsal
waren,
sondern es entfernte sich das Feuer zu denen die den Frevel
würkten:
die heidnischen Häftlinge flohen von den heiligen Knaben;
es schwand die Wolgestalt der Elenden, die sich des Werks
erst freuten.
Da sah der starkmutige König, da er seinem Sinne traute,
270. wie ein Wunder an der Wehqual ergieng; ihm däuchte das
gar wunderlich:
heil wanderten die Knaben in dem heißen Ofen
die frommen alle dreie unverbrennet.
Auch war ihm noch einer da vor Augen sichtbar,
ein Engel des Allmachtvollen: ihnen schadete durchaus nichts,
275. sondern da innen wars ganz ebenso,
als wenn zur Sommerszeit die Sonne scheint
und dann der Thauzauber am Tage wird

im Wind umher verwehet. Das war der Wart der Glorie,
der wider den Neidhaß sie der Not entrißen!

280. Inbrünstiglich erhub da Azarias
heilig Hochgesänge durch die heiße Lohe
thateneifrig, pries den theueren Herrn,
der makellose Mann, und mit dem Munde sprach er:
„Aller Wesen Schöpfer! ja du bist gewaltiglich an Macht

285. „der Not uns zu entnehmen! es ist dein Name herlich
„über die Weltvölker alle wonnig und glorienfest!
„deine Ertheilungen sind an der Tage jedem
„sicherwahr und kräftig und gesiegfestet,
„wie du auch selber bist des Siegruhms Walter,

290. „und dein Wille ist in Weltmachtfülle
„recht und weithinreichend, o du Wart der Himmel!
„steh uns nun gerne bei, o Geisterschöpfer,
„und hilf durch deine Huld uns, heiliglicher König,
„da wir dich vor Drangsal und vor Dienstnöten

295. „und in aller Demut anflehn um Erbarmen
„von Loh umlodert! wir haben lebend das
„uns in der Welt erwürkt: auch thaten Werke der Schande
„unsere Eltern einst aus Uebermut
„und brachen die Gebote, die Burgsitzenden,

300. „den Stand des heiligen Lebens im Herz verachtend.
„Wir sind zerworfen über die weite Erde
„und in Haufen sind wir huldlos zerstreut:
„es ist nun unser Leben durch der Lande viele
„verächtlich und berüchtigt der Erdenvölker manchem,

305. „die uns auch brachten in des bösesten
„von allen Erdenkönigen Eigengewalt;
„in die Haft des Schwertgrimmen; der Heidenmänner
„Dienstnot dulden wir: dir sei Dank dafür,
„der Weltvölker Glorienkönig, daß du uns diese Wehverban-
                                        nung schufest!

310. „Verlaß uns nun nicht, du einer ewiglicher König
„um deiner Milde willen, um welche dich die Menschen anflehn,
„und um des Treubundes willen, den du thatenruhmfest,
„o Heiland der Menschen, hast geschloßen
„mit Abraham und auch mit Isaac

315. „sowie mit Jacob auch, o Geisterschöpfer!

„du verhießest ihnen durch Enthüllungsrede,
„daß du in früheren Tagen fördern wolltest
„ihre Nachkommenschaft, daß sie nach ihnen sollte
„in Bürgerschaften geboren werden

320. „und daß der Recken Menge berühmt sollte werden
„Verheißung zu haben, wie die Himmelssterne begehn
„die breite Wanderung bis zu den Brandungsfluten
„und wie der Sand der Seewogen durch die Salzflut hin
„sich in dem Ocean wälzt, daß ihre Unzahl immer

325. „also werden sollte durch der Winter Menge.
„Mache du nun wahr die alte Rede, obgleich ihrer wenige
                                        nur leben!
„verherliche dein gegeben Wort und deine Glorie an uns!
„künde Kraft und Macht, daß das die Chaldäer
„und viele Völker erfahren haben,

330. „die unter den Himmeln jetzt als Heiden leben
„und daß du allein nur bist der ewigliche Herr
„der Weltvölker Walter und der Weltgeschöpfe,
„des Siegruhms Setzer und der sicherwahre Schöpfer!"
So verherlichte allda der heilige Mann

335. die Milde des Schöpfers, seiner Macht Fülle
mit seinem Wort erzählend. Da war von den Himmeln
ein allglänzender Engel von obenher entsendet,
ein glänzendschöner Mann im Gloriengewande,
der ihnen zur Erleichterung und zur Lebensrettung kam

340. aus Lieb und Freundlichkeit, der da die Loh zerschob
heilig und himmelsglänzend, das heiße Feuer:
er zerstiebte und zerstörte durch seine strenge Macht
den Lichtglanz der Lohe, daß ihren Leib allda
durchaus nichts bedrängte, sondern zum Untergange schlug

345. das Feuer an die Feinde für ihre Frevelthaten.
Da war es in dem Ofen, als der Engel kam,
windig und wonnsam, ganz dem Wetter gleich,
wenn es in Sommers Zeit gesendet wird
als der Tropfen Träufeln in den Tagesstunden,

350. als warmlicher Wolkenschauer: sowie der Wetter bestes ist,
so wars da in dem Feuer durch des Fürsten Allmacht
den Heiligen zur Hilfe. Es ward die heiße Lohe
zertrieben und erstickt, allwo die Thatscharfen

durch den Ofen giengen und der Engel mit,
355. der Befrieder ihres Lebens, der da der vierte war.
      Ananias und Azarias
      und Misahel die mutscharfen priesen
      da in Gedanken alle drei den Herrn
      und baten auch daß segneten die Gebornen Israels
360. und alle Landgeschöpfe den Lenker der Völker,
      den ewiglichen Herrn. Also sprachen da die drei
      die mutweisen durch gemeinsam Wort:
      „Dich möge segnen, milder Vater,
      „der Weltkräfte Schönheit und der Werke jedes,
365. „der Himmel und die Engel und das hell lautere Waßer!
      „Die in dem Reich des Himmels in der rechten Schöpfung
      „wohnen in der Glorie, die würdigen dich,
      „und dich sollen, Allmachtvoller, alle Creaturen,
      „die himmelklaren Gestirne, die da halten ihren Lauf,
370. „die Sonne und der Mond, für sich besonders jedes,
      „verherlichen nach ihrer Art! und die Himmelssterne
      „und der Thau sollen dich erhöhen und der theuere Regen!
      „dich, Gott voll Allmacht, sollen die Geister loben!
      „das heißbrennende Feuer und der helle Sommer
375. „preisen den Notretter, Nacht zumal und Tag!
      „dich soll der Lande jedes, Licht und Düster
      „verherlichen in seiner Art, zugleich auch Heiß und Kalt!
      „und dich sollen, Fürst voll Allmacht, die Fröste und die
                                                          Schneefälle,
      „winterbitter Wetter und der Wolken Flug
380. „loben in den Lüften! und die leuchtenden Blitze
      „die plötzlich zuckenden, die sollen preisen dich!
      „all der Erden Grund, o ewiglicher Herr,
      „die Hügel und die Ebenen und die Hochgebirge,
      „die salzigen Seewogen, sicherwahrer Schöpfer,
385. „die Aufstromfluten und das Aufsprudeln
      „der Waßersprung der Quellen, die würdigen dich!
      „dich verherlichen die Walfische und die Himmelsvögel
      „die luftdurchfliegenden, und die welche die laufenden Ströme
      „die Waßerschaft bewegen, und die wilden Thiere
390. „wie auch der Nutzthiere jedes, die sollen deinen Namen segnen!
      „Im Gemüte minnen dich der Menschen Kinder

„und die Israeliten, o du der Eigengüter Schöpfer,
„verherlichen im Chor als ihren Herren dich!
„und auch der Heiligen Herzenskräfte,
395. „der Guten und der Frommen Geister und Seelen
„loben dich, den Lebensfürsten, der du Lohn bescherest
„allen Frommen, o ewiglicher Fürst!
„Dich preisen Ananias und Azarias
„und Misahel auch, o Machtschöpfer,
400. „mit den Gedanken ihrer Brust! dich verherlichen wir,
„Fürst aller Völker, Vater voll Allmacht,
„wahrer Sohn des Vaters, Seelenretter,
„Heiland der Helden, und dich heiliger Geist
„würdigen wir in Glorie, weiser König!
405. „Dich heiliger Herr verherlichen wir,
„dich mit Gebeten rühmend! du bist gesegnet,
„gewürdiget durch weites Leben über der Welt Bedachung,
„Hochkönig des Himmels, mit heiliger Macht,
„des Lebens Lichtfürst, über der Lande jedes!“
410. Da besprach sofort das des Volkes König
Nabochodonossor zu den nächststehenden
seiner Volksgesellen: „Euer viele sahen
„das doch, meine Völker, daß wir dreie sandten
„geboten zu dem Brande in des brennendheißen
415. „Feuers Lichtglanz! aber vier Männer
„seh ich da nun sicher: es lügt mein Sinn mir nicht!“
Zur Antwort gab der Oberste des Königs
wortklug und weise: „Das ist der Wunder eines,
„das wir mit den Augen hier anlugen!
420. „gedenke nun, o Herr, an dein Bestes,
„begreif du gerne, wer die Gnade schenkte
„der jungen Mannschaft! Sie preisen Gott den Herrn
„den einen ewiglichen und für alles sagen sie
„nachdrücklich ihm bei aller Namen jedem
425. „Dank für die Stärkung mit dreisten Worten,
„sagen daß er der eine sei, der allmachtvolle Gott,
„der weise Glorienkönig der Welt und des Himmels.
„Entbanne du die Helden, Gebieter der Chaldäer,
„heraus aus dem Ofen! es ist durchaus nicht gut,
430. „daß sie in diesem Leibe seien länger denn du darfst!“

Da hieß der König zu sich die Knaben gehen:
die harten Helden gehorchten dem Befehl;
die edelguten kehrten, wie ihnen angekündigt war;
die jungen Helden giengen zu dem Heiben vor:

435. verbrannt waren die Bande, die an ihren Beinen lagen,
des Leutekönigs Leibfeßeln, und ihr Leib war geborgen;
nicht war geschändet ihre Schönheit noch war ein Schaden an
                                dem Kleide
noch auch ihr Haar versengt, sondern in des Herren Frieden
eilten aus dem grimmen Graus in Gottes Huld

440. die Knaben fröhlich, klug im Geiste.
Da flog der Engel auf zum ewiglichen Jubel
zum hohen Dach des Himmelreiches,
der Hochdiener hold dem heiligen Schöpfer:
er hatte die gewürbigt in dem Wunder, die gute Werke hatten

445. Die Jünglinge verherlichten den Herren vor dem Heidenvolke,
belehrten sie mit wahrhaften Worten und wiesen ihnen viel
der sicheren Zeichen, bis daß er selber glaubte,
daß der der wahre Machtwalter sei, der aus der Mordqual
                                sie errettet.
Babylons Gebieter gebot da, der mächtige,

450. seinen Leuten starkgemut, der sei des Lebens schuldig,
wer dawider spräche, daß das der wahre sei
der hehre Machtwalter, der aus der Mordqual sie erlöste.
Er gab ihnen seiner Leute Reste, die dorthin geleitet waren,
und bewilligte seinen Altfeinden, daß sie Ehre hatten:

455. ihr Ansehn war in Babylon, seit sie den Brand erprobten;
Hochmacht ward den Heldenknaben drauf gekündet, seit sie dem
                                Herrn gehorchten;
gewaltig waren ihre Ratschläge, seit sie der Wart des Aethers
der heilige Himmelskönig vor dem Harm beschirmte.
Da forschte er nun, so erfuhr ich, mit festen Worten,

460. seit das Wunder da im Ofen werden sah
Babylons Gebieter durch die Brunst des Feuers,
wie die drei Heldenknaben in dem heißen Ofen
den Gefahrgraus des Feuers überfahren hatten
und durch das Glutwallen schritten, daß gar nichts schadete

---

453) d. i. Gottes.

465. der Glutneid der grimme den Gottes Kundboten,
     das furchtbare Feuer, sondern daß der Friede Gottes
     wider den Angstgraus ihnen das Alter schirmte.
     Da berief der König eine Ratverfamlung,
     hieß zusammen kommen seine Leute
470. und entbot an der Maalstätte über all die Menge hin
     das gewordene Ereignis und das Wunder Gottes,
     das an den Knaben da gekündet war:
     „Beherzigt nun die heiligliche Macht,
     „das weise Wunder Gottes! wir haben das gesehen,
475. „daß er vor dem Qualtod barg die Knaben in dem Ofen,
     „vor der lobernden Lohe, die da sein Lob erhuben;
     „denn er ist der eine und der ewige allmachtvolle
     „Herr der Heerschaaren, der denen Hochmacht gab
     „und wachsendes Glück, die sein Wort verkünden:
480. „drum weißaget er durch der Wunder manches
     „den heiligen Geistern, die seine Huld erkoren.
     „Kund ist daß mir Daniel des dunkelen Traumbilds
     „sicher alles sagte, das erst so sehr entgieng
     „in dem Gemüte manchem meiner Leute,
485. „weil der Herr voll Allmacht hochweisen Geist
     „in seinen Sinn ihm sandte, Scharffinns Kräfte.“

IV.

     So sprach mit Worten des Wehrvolks Lenker
     der König Babylons, seit er erkannt das Zeichen,
     das sichtliche Wunder Gottes: doch nicht woler that er drum,
490. sondern Uebermut befiel den Edeling;
     es ward höher ihm der Sinn und in dem Herzen faßte er
     mehreren Mutsinn, als es gemäß wäre,
     bis daß durch Notgeschick ihn wieder nieder setzte
     der machtreiche Schöpfer, wie er manchen thut,
495. die sich im Uebermute auf erheben.
     Da erschien ein Traumgesicht im Schlafe wieder
     dem Nabochodonossor, das ihm gar nahe gieng:
     ihm däuchte daß erfreulich auf dem Felde stünde
     ein wonniglicher Waldbaum, der war gar wurzelfest
500. im Blütenschmucke blinkend: doch keinem Baume glich er,

sondern ragte hoch empor bis zu des Himmels Sternen
und überfaßte auch die Fluren dieser Erde,
all den Mittelkreiß bis an des Meeres Ströme
mit Zweigen und mit Aesten, wo er da zusah:
505. ihm däuchte daß der Waldbaum schirmte wilde Thiere
und daß er der eine böte allen Speise,
daß auch die Vögel von der Frucht des Baumes
nähmen ihres Lebens Nahrung dort;
ihm däuchte wie ein Engel von oben aus den Himmeln
510. gestiegen käme und mit hehrer Stimme da
gebot mit seiner Rede, hieß den Baumstamm spalten
und hieß hinweg fliehn die wilden Thiere
wie auch die Vögel, wenn sein Fall käme,
hieß dann abschneiden all seine Blüten, .
515. die Zweige und die Aeste, und doch ein Zeichen bleiben,
hieß weilen den Wurzelstock des Waldbaumes
fest in der Erde, bis abermals ihm kämen.
wenn Gott es gäbe, grünende Blüten;
binden hieß er drauf den Baum den großen
520. mit ehernen Banden und mit eisernen
und den so geseilten dann in Schmerzqual thun,
daß sein Gemüt es wiße, daß ein machtvollerer
der Wehstrafen waltete, als daß er etwas wider den vermöchte.
Die Erscheinung war zu Ende und vom Schlaf erwachte
525. der irdische Edeling: Angstgraus kam ihm,
Grauen von dem Geiste, den ihm Gott entsandte.
Er hieß zusammen kommen seine Leute,
des Volkes Führer, und es fragte über alle
der sinnstarke König, was das Gesicht bedeute,
530. nicht als ob er wähnte, daß sie es wißen könnten,
sondern er versuchte, was sie sagen würden.
Gerufen ward da auch zum Rate Daniel,
Gottes Kundbote: dem war der Geist beschert
der heilige vom Himmel, der das Herz ihm stärkte;
535. an diesem wuste der Wart des Volkes,
tiefe Sinngedanken und des Scharfsinns Kraft,
weisliche Wortrede: er trug der Wunder manches
von der Macht des Schöpfers vor die Menschenkinder.
Da begann zu sagen des Gesichtes Schrecken

540. der hochbeherzte Heide, des Heervolks Weiser,
all den Angstgraus, der ihm vor Augen kam,
und bat ihn zu enthüllen, was das Geheimnis böte,
daß er erhübe heilige Worte und im Herzen fände
zu sagen all mit sicheren Worten,

545. was jener Baum bedeute, den er blinken sah,
und daß er weißagte, was nun werden solle.
Er schwieg darauf: doch sicher merkte
an der Erscheinung Daniel, daß schuldig wider Gott
sein Mannherr war, der Menschen König;

550. der Weise scheute sich; doch sprach mit Worten drauf
der ehrenkundige Bote zu dem Ereling:
"Wart des Wehrvolks! ein unklein Wunder ist es,
"daß du sahest im Gesicht des Traumes
"einen himmelhohen Baum, vernahmst die heiligen Worte

555. "die angstlichen ingrimmsvollen, die der Engel sprach,
"daß der Baum allda entblöst von seinen Zweigen
"vorwärts sollte fallen, der doch fest vorher stund,
"und sollte bei den wilden Thieren wonnelos dann sein,
"in einer Wüste weilen, und daß sein Wurzelstock

560. "sollte fest in der Erde eine Frist durch bleiben
"stille an der Stätte, wie die Stimme sprach,
"und nach der Winter sieben wieder Wachstum empfahen:
"so ist es auch mit deinem Glück! Gleichwie dort der Baum
"wuchs hoch bis zu den Himmeln, so bist den Helden du

565. "du einer allen Erdbewohnern
"Wart und Weiser: dir widerstrebet
"kein Mann auf Erden außer dem Machtschöpfer nur.
"Der kappet dich von deinem Königtume
"und sendet freundlos in die Fremde dich

570. "und wendet dir dahin das Herze dein,
"daß du im Gemüt nicht denkst an Männerjubel
"und im Bewußtsein nichts weißt als nur der Wildthiere Brauch,
"sondern lebend sollst du lange Zeit
"im Holze wohnen mit der Hirsche Sprüngen:

575. "keine Mundkost wirst du außer Moorwaldes Gras
"noch Rast da finden, sondern Regenschauer
"durchweichen und plagen dich gleichwie die wilden Thiere,
"bis du nach sieben Wintern sicher glaubest,

„daß nur ein Schöpfer sei für alle Menschen
580. „herschend und hochmächtig in dem Himmelreiche.
„Doch gar wol freut mich, daß der Wurzelstock
„blieb stille an der Stätte, wie die Stimme sprach,
„und nach der Winter sieben wieder Wachstum empfieng:
„so wird dein Reich auch rastend bleiben
585. „in Hochzier vor den Helden, bis du heim kehrest.
„Mein Fürst! bedenke festiglichen Rat,
„theile Almosen aus und sei der Armen Stütze,
„versöhne dich mit Gott, bevor die Stunde komme,
„daß er dich verwerfe von dem Weltreiche!
590. „Oft erließ der Machtschöpfer manchen Völkern
„Weh und Schmerz, wenn sie nur wollten büßen
„mit Fasten ihre Frevel, eh der Furchtgraus Gottes
„durch angstlichen Grauenschrecken ihrem Alter schadete.“
Doch so viel sprach Daniel zu seinem Fürsten nicht
595. der wahren Worte durch der Weisheit Kraft,
daß sich der König je dran kehren wollte,
des Mittelkreißes Mannherr; sein Mut stieg vielmehr
hoch aus dem Herzen: gar hart entgalt er das!
Da begann zu sprechen mit großem Prahlen
600. der Chaldäer König, da er des Kastells Mauern,
die Burg von Babylon, die breiten Sineargefilde
weithin umwinden in seinem Wolstande sah
und hoch ragen, die der Heeresfürst
zu einem gewaltigen Wunder mit dem Wehrvolk erbaute
605. (er ward da einsinnig über alle Menschen
im Sinne starkgemut ob dieser Sondergabe,
daß der Herr ihm gab der Helden Reiche
die Welt in seine Gewalt in der Wehrmänner Leben):
„Du bist die geräumige und meine berühmte Burg
610. „die ich mir gründete zu Glanz und Ehre,
„das geraume Reich! ich will Rast in dir
„Aufenthalt und Erbsitz mir zu eigen haben!“
Für sein Mundgeprahle ward der Männer König
verfangen drauf, daß er zur Flucht sich wandte,
615. einzig in Uebermut über alle Menschen.
So gieng unter den Menschen allen in Mühetagen
den grimmsten aller Wege in Gottes Strafe,

welcher jemals lebende Leute hat betroffen,
Nabochodonossor, seitdem der Neid Gottes
620. hart vom Himmel, der Haß ihn stürzte.
Er litt zusammen sieben Winter schwere Strafe
in der Wildthiere Wüste, der Wonneburgen König.
Auf schaute dann der Elendmann
der Wildthiere Gefährte durch der Wolken Dach
625. und gedachte im Gemüte, daß der Machtschöpfer wäre
der Himmel Hochkönig den Heldenkindern
der eine ewigliche Geist. Wieder um wandte er sich da
von der Wut seines Geistes, die weit vorher trug
des Heeresfürsten Sinn dem Herzen drückend:
630. da wandte sich sein Geist wieder in Gottes Andenken,
sein Herz zu den Helden, seit er den Herrn erkannte.
Da machte sich der Elende auf, um umzukehren,
der nackte Notgänger, der Neidhaßkleider,
ein wunderlicher Verbannter gewänderlos,
635. mäßiger in seinen Mutgedanken zu dem Menschenvolke,
denn zuvor der Edelinge Wart in seinem Uebermute war.
Es stund der Mittelkreiß auf seinen Mannherrn wartend,
Aufenthalt und Erbsitz auf den Edeling
zusammen sieben Winter: geschwächt ward nicht
640. die Herschaft unterm Himmel, bis der Herscher kam.
Da war abermals gesetzet in sein Obherrntum
Babylons Gebieter, hatte beßere Sitten,
und lichteren Glauben an den Lebensfürsten,
daß Gott den Menschen gäbe allen
645. Wol und Wehe, wie er wollte selber.
Da schob der Leute Fürst nicht lang hinaus
der Weißagen Wortrede, sondern weithin entbot er
die Macht des Schöpfers, wie er Meldung hatte,
und sagte da sein Schicksal seinen Leuten,
650. die Wanderung die weite, die er mit den Wildthieren zog,
bis durch die Gnade Gottes in seinen Geist ihm kam
heilsamer Sinn, als er gen Himmel schaute.
Geworden war das Schicksal, das Wunder war gekündet,
das Traumgesicht bewährt; getragen war die Strafe,
655. erfüllt war das Gericht, wie Daniel vorher sprach,
daß der Fürst des Volkes finden sollte

Elendwege für seinen Uebermut,
wie er gar eifrig Gott verkündete
durch die Macht des Schöpfers vor dem Menschenvolke.
660. In Babylon verkündete den Burgbewohnern
den Leuten zur Belehrung seitdem lange Weile
Daniel die Gebote. Seitdem nun kam
von seiner Wandrung der Genoß der wilden Thiere
Nabochodonossor aus seiner Notverbannung,
665. seitdem waltete er des weiten Reiches,
hielt der Helden Schätze und die hohe Burg,
der erfahrene vormächtige Volkbeherscher,
der Chaldäer König, bis ihm kam sein Tod,
wie auf Erden ihm kein einziger Mann
670. als Gegner auftrat, bis daß Gott ihm wollte
das hohe Reich durch seinen Hinfall nehmen.

V.

Seine Abkömlinge hielten das Erbe drauf,
Wolgut und gewunden Gold in jener weiten Burg,
der Edelinge Pallast unerschütterlich,
675. die hohe Hortmacht, da ihr Herscher todt lag.
Als drauf nach ihm erwachte das dritte der Geschlechter,
da war Balbazar der Burgen Obherr
des Wehrvolkreiches waltend, bis Verwegenheit ihn ankam,
gar arger Uebermut: da war der Endetag davon,
680. daß die Chaldäer sollten Königtum besitzen,
da der einige Schöpfer gab unkleine Weile
den Medern und den Persern Macht und Herschaft
und ließ das Glück schwinden der großen Babylon,
das da die Helden halten sollten;
685. er wuste daß die Albermänner in Unrecht lebten,
die da des Reiches raten sollten.
Da gedachte das im Herzen der heimsitzende
der Meder Fürst, was eh kein Mann begonnen,
daß er Babylon erbrechen wollte,
690. die heilige Stätte, wo das Heldenvolk
hinter der Wehr der Wälle waltete der Güter:
das war von allen Vesten die völkerkundeste;

die hehrſte und die gröſte aller heldenbewohnten
Burgen war Babylon, bis Balbazar.

695. gram durch Großthun Gott verſuchte.
Sie ſaßen bei dem Wein vom Wall umſchloßen
und trugen keine Angſt vor dem Angriff der Krieger,
obgleich das Volk der Feinde doch gefahren kam
zur Hochburg hin mit Heergeräten,

700. auf daß ſie Babylon erbrechen möchten.
Bei dem Gelage ſaß an ſeinem letzten Tage
der Chalbäer König mit ſeinen Kniemaagen:
da ward methgeil des Mannvolks Weiſer,
hieß der Israeliten Kleinode zum Eigenbrauche tragen

705. zur Hand den Helden, die heiligen Gefäße,
welche die Chalbäer einſt mit Kriegesmacht
die Recken raubten, die reinen in der Burg,
das Gold in Jeruſalem, wo ſie der Juden Wolſtand
zerbrachen all mit Beiles Schärfe

710. und mit Lärm die lieblichen den Leuten nahmen
die glänzenden Kleinode, als ſie Gottes Tempel plünderten,
den Bau des Salomo, gar ſehr prahlend.
Da ward frohgemut der Fürſt der Burgen
und prahlte gramlich Gott zum Aerger,

715. ſprach daß ſeine Heidengötzen höher wären
und weit mächtiger, die Menſchen zu beſchützen,
denn der Israeliten ewiglicher Herr.
Des ward ein Zeichen ihm, wo er da zuſtarrte,
ängſtlich vor den Edelingen innen in der Halle,

720. daß er vor den Leuten Lügenworte ſpräche,
als zu Angſt und Graus ein Engel Gottes
ſeine Hand ließ in den Hochſaal kommen
und ſchrieb da an die Wand ein Wortgeheimnis,
bunte Buchſtaben für den Burgbeſitzer.

725. Da ward des Volkes Führer furchtſam im Gemüte
geängſtet vor dem Angſtgraus: er ſah des Engels Hand
in dem Saale ſchreiben der Sinearer Strafe.
Hin und wider ſprach darüber des Wehrvolks Menge
die Helden in der Halle, was die Hand wol ſchriebe

730. zum Botſchaftszeichen für die Burgbewohner,
kamen in Schaaren herbei zu ſchaun das Wunder:

sie suchten sehr in ihres Sinns Gedanken,
was des heiligen Geistes Hand wol schriebe.
Doch nicht erraten konnten die Runenkundigen
735. des Engels Inschrift, der Edelinge Schaaren,
bis daß der heilige Daniel dem Herrn erkoren
sinnesklug und fromm zum Saale kam gegangen:
groß war dem im Geiste Gottes Kraft.
Von ihm wollte gerne, so erfuhr ich, mit Gaben erkaufen
740. der Burg Gebieter, daß er die Buchstaben möchte
errathen und enträtseln, was die Runen böten.
Doch ohne Säumen sprach da der Gesetzeskundige,
der Kundbote Gottes klug in Gedanken:
"Nicht thu ich Gottes Urtheil für Geldes Schätze
745. "vor dem Volke kund, noch weiß ich Frommen dir!
"aber unentgeltlich sage ich dir Unglückskunde,
"das Wortgeheimnis, das du nicht wenden kannst:
"aus Uebermut trugst du zum Eigenbrauche
"zur Hand den Helden die heiligen Gefäße,
750. "aus denen ihr Teufel hier zu trinken wagtet,
"welche einst die Israeliten hatten bei der Arche Gottes
"zum heiligen Gebrauch, bis Hoffart sie betrog,
"weintrunkener Sinn: dir soll es werden also!
"Nicht wollte das dein Ahnherr irgend jemals,
755. "daß er die Goldgefäße Gottes zum Großthun trüge
"noch rühmte er sich höher drum, obgleich das Heer ihm brachte
"der Israeliten Kleinode in seine Eigengewalt,
"sondern öfter sagte das der Obherr der Völker
"mit wahrhaften Worten über sein weites Heervolk,
760. "seit der Wart der Glorie ihm das Wunder kund that,
"daß der allein wäre aller Creaturen
"Herr und Hüter, der ihm die Hochmacht gab,
"untadelige Wolfahrt des Erdenreiches
"und du läugnest nun, daß lebend sei,
765. "der über der Hölle Teufeln durch Hochkraft waltet!

*   *   *

IV.

Judith.

---

* * *

Sie war nicht an des Glorienkönigs Gaben zweifelnd
in diesem geraumen Grunde, daß sie bereit da fände
Machtschutz bei dem hehren König, da ihr am meisten not war
die Huld des höchsten Richters, daß er sie wider den höchsten
Schrecken
5. gefriedete, der Fürst der Schöpfung: des machte sie der Vater
in den Himmeln
der strahlende theilhaftig. Sie hatte starken Glauben
immer zu dem Allmachtvollen. Ich erfuhr wie Olofernus da
hieß eifrig Weingastung würken und mit allen Wundern herlich
den Leuten ein Gelage richten: dazu lud der Leutefürst
10. alle seine ältesten Degen. In Eile groß
verrichteten das die Randkempen: es kamen zu dem reichen König
gefahren des Volkes Häupter; das war am vierten Tage,
seit Judith ihn, die geisteskluge
elfschöne Frau, zuerst besuchte.

X.

15. Sie giengen da zu sitzen zu dem Saufgelage,
die Verwegnen zu dem Weingetrinke, all seine Wehgefährten,
die brustkühnen Brünnekempen. Da wurden Bauchkrüge hoch
gebracht zu den Bänken sowie Becher auch und Kelche
volle zu den Flursitzenden: das empfiengen dem Tob geweiht
20. die berühmten Randkempen, obwohl der Reiche das nicht wähnte,
der grausliche Heldenkönig. Da ward Holofernus
der Goldfreund der Männer in Gußfreude;
er lachte und lärmte, schrie laut und tobte,
daß des Volkes Kinder fernhin mochten hören,
25. wie da der starkgemute stürmte und jubelte
mutig und methgeil: er mahnete genugsam
die Banksitzenden, sich zu gebaren wol.

So tränkte da mit Wein der Tückevolle
all den ganzen Tag die Gäste sein,
30. der stargemute Schatzes Walter, bis sie im Schwimmel lagen,
übertränkte seine Treuen, als wären sie zu Tod geschlagen,
beraubt aller Güter: so hieß der Recken Obherr
die Hallesitzenden bedienen, bis den Heldenkindern
nahete die Nacht die düstere. Da hieß der Neidsinnerfüllte
35. ohne Säumen nun die selige Magd
zu seiner Bettruhe bringen, die mit Baugen beladene,
die ringgeschmückte. Rüstig vollzogen das
die Aufwartdiener, wie ihnen ihr Obherr gebot,
der Brünnekempen Gebieter: blitzschnell eilten sie
40. zum Gastsaal hin, wo sie die Jungfrau fanden
die geisteskluge. Es begannen hurtig
die Lindenschildkempen zu geleiten drauf
die zierreiche Magd zum Zelt dem hohen,
wo sich der Reiche ruhte immer
45. des Nachts innen, dem Notretter feind,
Olofernus. Es war allgülden
ein Fliegennetz herlich um des Volkesfürsten
Bett da gehangen, daß der Bosheitvolle
hindurch konnte schauen, der Degen Gebieter,
50. auf alle und jede, die da eintraten
von den Kindern der Helden, und keiner doch auf ihn
von dem Männervolke, außer wenn der Mutige einen
von den Neidspielberühmten zu sich näher hieß
zum Geflüster treten. Sie führten da zum Ruhbett
55. ohne Säumen die sinnkluge Frau. Die Sinnstarken giengen
ihrem Herrn zu melden, daß die heilige Jungfrau
gebracht sei zu dem Bauzelte: da war der Burgherr froh
der gewaltige im Gemütte; er dachte die wonnigschöne Frau
mit Schande zu beschmeißen: doch ließ die Schmach nicht zu
60. der Glorienhirte; dem Beginnen steuerte
der Tugendschaaren Walter. Da gieng der Teufelssprößling
der geilgesinnte König mit großer Gefolgschaar
der bosheitvolle in sein Bett, wo er alsbald sein Glück verlieren
sollte all binnen einer Nacht: er hatte da sein Ende zu erwarten,
5. ein unliebliches auf Erden, wie er eh verdiente,
der hartgesinnte Herr der Männer, solang er hier in dieser Welt

wohnte unterm Wolkendache. Da fiel vom Wein so trunken
der Reiche auf sein Ruhbett mitten, als wüßt' er keinen Rat mehr
in seinem Witzverschluß. Die Waffenkempen liefen
70. in aller Eile aus von dem Gemache,
die weinsatten Männer, die den Wahrbundläugner
den leidigen Leutehaßer da zum letzten male
zu der Nachtruhe führten. Es war des Notretters
hehre Dienstmagd da bedacht gar eifrig,
75. wie sie am leichtesten das Leben möchte
dem Uebelen benehmen, bevor der Unsaubere
der schandvolle erwachte. Da nahm die schöngelockte
ein scharfes Schwert, des Schöpfers Magd,
ein schauerhartes, riß aus der Scheide es
80. mit ihrer rechten Hand und rief zum Himmelswart;
bei Namen nannte sie den Notretter
aller Weltbewohner und sprach das Wort allda:
"Gott Schöpfer! Geist des Trostes!
"Geborner des Allwaltenden! dich bitten will ich
85. "um deine Milde jetzt für mich bedrängte,
"o du, der Dreieinigkeit Glorie! in Bedrängnis bin ich hier;
"mein Herz ist erhitzt, in herbem Kummer
"mein Sinn von Sorgen trübe. Beschere mir, o Himmelsfürst,
"Siegruhm und sicheren Glauben, daß ich mit diesem Schwerte
möge
90. "diesen Mordeswalter hauen! gönne mir jetzt Rettung,
"festmutiger Fürst der Menschen! zuvor war mir niemals
"deiner Milde mehr Bedürfnis: räche du nun, machtreicher Herr,
"hellgemuter Hochruhmspender, daß heftiger Kummer
"so heiß in meinem Herzen ist!" Da stärkte sie der höchste
Richter
95. mit Thatkraft auf der Stelle, wie er thut einem jeden
von den hier wohnenden, der Hilfe bei ihm sucht,
mit Rat und rechtem Glauben. Da ward es ihr geraum im
Mute;
der Heiligen Hoffnung ward erneut. Sie nahm den Heidenmann
bei seinen Haaren fest und mit den Händen zog sie ihn
100. gar schimpflich zu sich hin: den Schandwerkvollen
legte sie da listig so, den leidigen Mann,
wie sie den unguten am ersten könnte

wol bewältigen. Drauf schlug dann die gewundenlockige
mit funkelnder Waffe den Feindschädiger,

105. den haßgesinnten, daß sie ihm halb den Nacken
durchschnitt mit dem Schwerte, daß er im Schwimmel lag
trunken und todwund: doch todt war er noch nicht,
noch nicht entseelt durchaus. Da schlug die kraftberühmte
mit aller Kraft zum andernmale

110. den heidnischen Hund, daß ihm das Haupt entrollte
fort in die Flur: es lag der faule Rumpf
geistlos dahinten; der Geist floh andershin
zum niederen Abgrund, wo er geniedert war
geseilt mit Schmerzqual seitdem immer,

115. von Würmern umwunden, mit Wehqual gebunden
hart gehaftet in der Hölle Brandglut
nach seinem Hingang von hier. Nun darf er hoffen nimmer
in Düster gehüllt, daß er von bannen wieder
aus dem Wurmsaal dürfe: wohnen soll er da

120. immerdar und ewig ohne Ende fort
in der hüllumdunkelten Heimat, der Hoffnungswonne bar!

XI.

Es hatte da erfochten hochberühmtes Glück
Judith in dem Kampfe, wie es Gott ihr gönnte,
der Schirmherr des Himmels, der ihr Siegruhm gab.

125. Schleunigst brachte drauf die scharfgesinnte Magd
des Heerführers Haupt so blutig
in den Vorratsack, in welchem ihre Vorgeherin,
die blankwangige Frau, ihrer beider Nahrung
dahin gebracht, die hehr gesittete,

130. und das so schwertblutige gab der sinnbedächtigen
in ihre Hand allda, um es mit heim zu tragen,
Judith ihrer Jüngerin. Drauf giengen bannen
die beiden thatkraftdreisten theueren Frauen,
bis daß sie kamen, die kühngesinnten

135. demüttigen Frauen, von da aus dem Heere,
daß sie sichtlich vor sich sehen konnten
die Wälle blinken von der wonnigschönen
Burg Bethulia. Die Baugeschmückten

eilten fürder auf dem Fußwege,
140. bis daß sie gar erfreut gegangen waren
zu den Wallthoren hin. Die Waffenkempen saßen
die Wehrmänner auf der Warte Wache haltend
in der festen Burg, wie es dem Volk zuvor
dem jammermütigen Judith geboten,
145. die kluggesinnte Magd, die kraftberühmte,
als sie hinweg eilte. Nun war sie wieder kommen
die liebe zu den Leuten und laufen hieß
das kluggesinnte Weib der Kempen einen,
entgegen ihr zu gehen aus der großen Burg
150. und sie in aller Eile einzulaßen
durch des Walles Pforte, und dies Wort sprach sie
zum Siegesvolke: „Euch sagen kann ich
„denkwürdige Dinge, daß ihr nicht dürfet länger
„murren im Gemüte! milde ist euch Gott,
155. „der Könige Glorie: das ward kund gegeben
„über diese Welt die weite, daß euch ist Wonneglorie
„herrlich beschieden und Hochruhm verliehen
„für all die Leiden, die ihr lange truget!"
Brustfroh wurden die Burgbewohner,
160. als sie da hörten, wie die Heilige sprach
über den hohen Wall. Das Heer war in Lust;
es eilte fort das Volk zum Festungsthore,
die Männer samt den Weibern in Meng und Haufen,
in Schaaren und Gedränge stürmten und rannten
165. der theueren Gottesmagd zu tausenden entgegen
alte und junge: ihnen Allen wurde
den Männern in der Methburg das Gemüt erfreut,
als sie erkannten, daß gekommen war
zu ihrer Heimat Judith. Sie ließen hurtig sie
170. in aller Demut ein in die Burg.
Drauf hieß die geisteskluge goldgeschmückte
ihre Dienerin, die gedankensinnige,
des Heerführers Haupt enthüllen vor dem Volke
und das so blutige den Burgbewohnern zeigen
175. zum Wahrzeichen, wie ihr der Waffenkampf gelang.
Zu all dem Volke sprach die edele da:
„Ihr mögt nun sichtlich, siegberühmte Helden,

„ihr Leuteführer, an des leibigsten
„heidnischen Heerkampfmannes Haupt hier starren,

180. „des unlebenden Olofernus,
„der uns den meisten Mord der Männer würkte,
„viel schmerzliche Sorgen, und sie weit schlimmer noch
„uns mehren wollte: doch gönnte ihm der machtreiche Gott
„nicht längeres Leben, daß er mit Leib uns dürfte

185. „länger noch beläftigen. Ich hab das Leben ihm entrißen
„durch die Hilfe Gottes. Ich will der Helden jeden
„nunmehr bitten, diese Burgbewohner,
„die Heerschildkempen, daß ihr euch hurtig rüstet
„fertig zum Gefechte: sobald der Fürst der Schöpfung

190. „der ehrfeste König von Osten sandte
„den lichten Leuchtglanz, tragt eure Lindenschilde vorwärts,
„den Vorbrand vor der Brust, die Brünnekleidung
„und die funkelnden Helme in der Feinde Mitte,
„daß ihr die Volksführer fällt mit funkelndem Schwert,

195. „die todgeweihten Fürsten: dem Tode sind verfallen
„euere Feinde all und finden sollt ihr nun
„Kriegsruhm in dem Kampfe, wie es der König euch bezeichnet
„der machtreiche Herr durch meine Hand.“
Schleunigst ward der Schnellen Schaar gerüstet

200. der Kühnen zu dem Kampfe. Die Kempen eilten,
die Gesellen die berühmten, trugen Siegesbanner:
zum Gefechte fuhren fort in der Richte
die Helden unter Helmen aus der heiligen Burg
mit Tages Anbruch. Es tönten die Schilde

205. stark erklingend. Der stolze freute sich
der Wolf in dem Walde und auch der walgierige Vogel
der schwarze Rabe: sicher wusten beide,
daß die theueren Helden an den todgeweihten dachten
Niederlage zu erzielen; ihnen nach flog der Adler

210. nach Futter gierig, der federbethaute
schmutzfarbbekleidete: es sang das Schlachtenlied
der horngeschnäbelte. Die Heerkampfmänner eilten
beschirmt mit Schilden zu dem Schlachtgetümmel
mit gewölbten Linden, die eine Weile hatten

215. der Fremden Schimpf zuvor erbuldet,
den Hohn der Heidenmänner. Gar hart wurde das

im Eschenspeerkampfe Allen da vergolten
des Assyrervolkes, seitdem die Ebräermänner
gekommen waren unter Krieges Fahnen
220. zu dem Heerkampflager. Die ließen herzhaft da
fort entfliegen ihrer Pfeile Schauer,
die Heerkampfnattern von den Hornbogen,
die stätteharten Strahle. Es stürmten laut
die gramen Schlachtkühnen, ihre Geere sendend
225. in der Harten Heergetümmel. Die Helden waren
die Bewohner des Landes wutgesinnt den Feinden;
die strengmutigen stapften, die starkgesinnten,
bedrängten unsanft ihre Altfeinde,
die schlaftrunkenen von Meth: aus den Scheiden zogen
230. die Helden mit den Händen ihre hellbemalten Schwerter,
die eckenerprobten; ernstlich schlugen sie
des Assyrervolkes Schlachtkempen,
die neidgesinnten, Niemanden verschonend
von dem Heeresvolke, weder hoch noch niedrig,
235. der lebenden Männer, die sie erlaufen konnten.

XII.

So bedrängten da die Mannbegen in der Morgenstunde
die Auslandsschaaren all die Weile,
bis daß begriffen, die da gram waren,
des Heervolkes Hauptwärter,
240. daß Schwertgeschwinge scharf ihnen zeigten
die Helden der Ebräer: hin giengen sie,
um es den vornehmsten Fürstendienern
mit Worten zu verkünden, weckten die Helmzeichenkempen,
die ängstliche Ueberfallskunde
245. den methmüden meldend, den Morgentumult,
den schlimmen Schwertkampf. Schleunigst hört ich,
wie aus dem Schlaf erwachten die dem Schlagtod geweihten
und wie da zu des Bosheitvollen Bauzelte
die herzbekümmerten in Haufen drangen.
250. Sie dachten da auf alle Fälle dem Olofernus
den Heerkampf zu melden, ihrem Herrn und König,
bevor der Angstgraus auf ihm säße,

das Machtheer der Ebräer: es meinten Alle,
der Herr der Helden und die hehre Magd

255. wären da beisammen in dem wonniglichen Zelte,
Judith die edle und der geilgesinnte
der furchtbare wilde. Doch fand sich keiner,
der zu wecken wagte den Waffenhelden
oder zu erforschen, wie es dem Fahnenkämpfer

260. mit des Herren Jungfrau, der heiligen Magd,
da drinnen sei ergangen. Es drang da näher
das Volk der Ebräer: sie fochten mutig
mit harten Heereswaffen, mit Haft vergeltend
ihren früheren Streit, mit funkelnden Schwertern

265. den alten Verdruß; den Assyriern ward
schmerzlich an dem Tage ihr Schlachtruhm gemindert,
ihr Hochmut gebeugt. Die Helden stunden
um ihres Herren Zelt gar hart entmutigt
und sinnumdüstert: da zusammen alle

270. begannen sie zu lärmen und gar laut zu toben
und vor Grimm zu knirschen, von Gott verlaßen,
den Zorn mit den Zähnen duldend; denn um war die Zeit
                                        ihres Glückes,
des Kampfruhms und der Kraftthaten. Die Kempen dachten
so zu wecken ihren Wonneherrn: doch wenig glückt' es.

275. Da fand endlich spät dazu einer sich entschloßen
von den Heerkampfhelden, daß er in des Herren Bauzelt
neidhart sich wagte, wie die Not ihn trieb:
auf dem Bette fand er bleich dort liegen
seinen Goldgeber des Geistes verlustig,

280. bar des Lebens. Alsbald fiel er erstarrt
dahin zu Boden, begann sein Haar zu raufen
und sein Gewand zugleich, voll Weh im Herzen,
und diese Worte rief er zu den Waffenkempen,
welche unfroh da außen waren:

285. "Hier ist offenkundig unser Untergang
"bezeichnet als zukünftig, daß die Zeit bei den Menschen
"nunmehr ist ganz nah gedrungen,
"daß wir unser Leben allzumal verlieren sollen
"und in der Schlacht verderben: hier liegt vom Schwert gehauen

290. "enthauptet unser Halter!" Herzbekümmert

warfen sie da ihre Waffen nieder und wandten sich in Trauer
auf die Flucht zu eilen: es focht hinter ihnen
ein machtstarkes Volk, bis daß der meiste Theil
des Kriegsheeres lag im Kampf erschlagen

295. auf dem Siegesfeld vom Schwert gehauen
den Wölfen zur Wonne und auch den walgierigen
Vögeln zur Freude. Es flohen, die·da lebten
von den feindlichen Schildkempen, und es folgte ihnen
die Schaar der Ebräer des Siegs gewürdigt,

300. mit Hochruhm getheuert: es griff der Herr Gott ihnen
erfreulich zur Hilfe, der Fürst voll Allmacht.
Es würkten fromlich mit funkelnden Schwertern
die hochberühmten Helden einen Heerespfad
durch der Leibigen Getümmel, hieben die Lindenschilde,

305. die Schildburg sprengend: schießend waren
ergramt im Kampf die Judenmänner
die Helden zu der Zeit gar heftig dürstend
nach dem Geereskampfe. Auf den Grieß hin fiel
der höchste Theil der Häupteranzahl,

310. des Volkes der Assyrer, des feindlichen Geschlechtes:
von der Königsmannschaft kamen da nur wenige
zu ihrer Heimat lebend; die hochberühmten
wandten in die Todzerschellung die Waffenkempen auf der Flucht
als rauchende Leichen. Raum war zu nehmen

315. für die Landbewohner an den leibigsten
von ihren Altfeinden, den unlebenden,
blutigen Heeresraub, blinkende Rüstung,
Vorbrande und breite Schwerter, braune Helme,
kostbare Kleinode. Es hatten kräftiglich

320. da auf dem Feld des Todes ihre Feinde überwunden
die Erbsitzwarte und ihre Althaßenden
erschlagen mit den Schwertern: auf dem Schlachtfeld ruhten,
die im Leben ihnen die leibigsten waren·
von den lebenden Geschlechtern. All das Leutevolk trug da,

325. der Maagschaften berühmteste, durch eines Mondes Frist
Heerbeute heim; die stolzen Hauptumlockten
brachten zu der blinkenden Burg Bethulia
Helme und Hüftschwerter, hellgraue Brünnen,
der Geermänner Rüstung mit Gold verziert,

320. mit koftbareren Kleinoden, als es kann erzählen
     der Helden einer, der hochweifen:
     all das gewannen da mit Macht die Wehrvolkshelden
     kühn unter Helmzeichen in der Kampfesfchlacht,
     wie es Judith riet die geifteskluge
335. die mutreiche Magd. Die Männer brachten
     ihr felber da zum Lohne von dem Schlachtwege,
     die efchenberühmten Helden, des Olofernus
     Schwert und fchweißigen Helm und auch die Schlachtbrünne,
     geziert mit rotem Golde, und all was der Recken Führer
340. der Sinnftarke Schatzes hatte oder Sondererbes
     an Baugen und an blinkenden Kleinoden: das brachten fie
                                                    zum Lohne
     der weifen antlitzfchönen. Des alles fagte fie da Preis
     dem Weltvölkerherrn, der ihr die Würde gab,
     Hochruhm hier auf Erden wie in dem Himmel auch Vergeltung,
345. Siegslohn in der Glorie, da fie fo ficheren Glauben
     zum Allmachtvollen hatte und an dem Ende auch nicht zweifelte
     an dem Lohne, den fie lang erftrebte. Des fei dem lieben
                                                    Herren
     auf weite Zeiten Ruhm! er fchuf Wind und Luft,
     den Aether, den geraumen Grund und auch die rüden Ströme
350. durch feine eigene Milde, und des Aethers Jubel!

V.

Chrift und Satan.

(Das fog. zweite Buch Kädmons.)

I.

Das ward den Erdbewohnern unverborgen,
daß der Weltfchöpfer hatte Gewalt und Strenge,
da er befeftigte die Fluren diefer Erde.
Er felber hat gefetzt die Sonne und den Mond,
5. die Steine und die Erde, den Strom außen im See,

bie Waßer unb die Wolken burch feiner Wunber Macht.
Die tiefe Flutenmaffe umfaßet herlich
in feiner Macht ber Schöpfer unb all ben Mittelkreiß:
er felber mag bie See burchfchauen

10. bie Gründe in bem Ocean, Gottes eigen Kinb,
unb recht mag er zählen von bes Regens Schauer
ber Tropfen jeglichen. Der Tage Enbezahl
hat felber er gefetzt burch feine ficherwahre Macht,
fowie auch burch ben Geift feiner Glorie Gott ber Würker

15. fetzte unb orbnete in fechs Tagen,
er oben in ben Himmeln, bie Erbe brunten
unb ben Holm ben hohen. Wer ift hier, ber ba kenne
fo hohes Kunftgefchick, als nur ber Herr ber ewige?
Er fchenkte hehren Jubel, Hochkraft unb Segen

20. zuerft bem Abam ftatt bes ebelen Gefchlechts
ber oberften ber Engel, bas brauf untergieng:
im Geifte meinten bie, baß bas fo gehen möchte,
baß fie felbft bes Himmels Befitzer wären
als bie Walter ber Glorie. Das fchlug ihnen wehvoll aus,

25. bas fie in bie Hölle ihre Heimat gründeten
einer nach bem anbern, in bie unheilvolle Höhle,
wo fie in bes Feuers Wallen finben follten
angftvolle Sorge unb nicht bes Aethers Licht
haben in ben Himmeln, bas hochgezimmerte,

30. fonbern in bie tiefe Lohglut tauchen follten ·
nieber unter Klippen in ben nieberen Grunb,
bie gierigen unb geizenben: Gott nur weiß,
wie er bie fchulbvolle Schaar verfchrieben hatte!

II.

Da ruft bann ber Alte aus von ber Hölle,

35. ftößt Wortreben aus mit wehvoller Sprache,
mit angftlicher Stimme: „Wohin kam boch ber Engel Glorie,
„bie wir im Himmel broben haben follten?
„Diefe Heimat bie büftre ift gar hart gebunben
„mit feften Feuerklammern: bie Flur ift in Wallung

40. „angebrannt mit Eitergift! Nun ift bas Enbe fern,
„baß wir all zufammen Elenb follen bulben,

9

„Fluch und Wehqual, und nicht die Fülle der Glorie
„haben in den Himmeln, der Hochsäle Wonne!
„Ja! wir hatten vor dem Herrn einst hohen Jubel,

45. „Sang in dem Himmel in seligeren Zeiten,
„wo nunmehr edele den Ewigen umstehen,
„Helden um den Hochsitz, die den Herren preisen
„mit Worten und mit Werken: und ich soll in Wehqual nun
„bleiben hier in Banden und mir die beßere Heimat

50. „ob meines Uebermuts nie irgend wieder hoffen!"
Da gaben ihm zur Antwort die übelen Geister
die schwarzen schuldbeladenen, mit Schmerzqual bewachsen:
„Du lehrtest uns durch deine Lügenreden,
„daß wir dem Heiland nicht gehorchen sollten!

55. „Dir Einem däuchte, daß du eignetest über Alles Gewalt,
„über den Himmel und die Erde, wärst der heilige Gott
„der Schöpfer selber: ein armer Schächer bist du nun
„in Feuerbanden fest gebunden!
„Du wähntest das ob deiner Glorie, daß du die Welt besäßest,

60. „Obmacht über alles, und wir Engel mit dir:
„nun ist dein Anblick scheuslich und wir sind alle so
„ob deines Lugs und Truges lüderlich gefahren!
„Du sagtest uns für sicher, daß dein Sohn wäre
„des Mannvolks Schöpfer: du hast nun Martern um so
                                                   größer!"

65. Also verunglimpften ihren Obersten allda
die frevelbeladenen mit falschheitvollen Worten
in kummervollen Klagen: Christ hatte sie vertrieben
und von der Lust geschieden; das Licht des Herrn
dort oben hatten sie ob ihres Uebermuts verlaßen

70. und hatten sich zur Hoffnung nun der Hölle Flure,
schmerzlich brennend Uebel. Schwarz wanderten
die verschaffenen Gespenster, die Schächer, nun umher
die elenden Unholde in der unheilvollen Höhle
für die Anmaßung, die sie eh begiengen.

75. Abermals drauf redete zum andernmale
der Feinde oberster; er war furchtsam da von neuem,
seit er der Marterqualen Menge fühlte.
Er sprühete um sich, wenn er zu sprechen anfieng,
mit Feuer und mit Eiter: so ist kein Freudenjubel,

80. wie wenn er diese Worte ausstieß in den Wehequalen:
„Ich war einst in den Himmeln ein heiliglicher Engel
„und meinem Herren theuer, hatte hohen Jubel
„vor dem Schöpfer droben und diese Schaaren mit!
„Doch begann ich da in meinem Geist zu denken,

85. „daß ich zerwerfen wollte den Wonneglanz der Glorie,
„den Geborenen des Heilands, und der Burgen Gewalt
„mir all zu eigen haben und diese armen Haufen,
„die ich habe zu der Hölle, heim geleitet:
„gedenkt des Zeichens und des Drangsalfluches,

90. „als ich gesendet wurde aus dem Sitz des Himmels
„nieder unter Klippen in diesen niederen Grund!
„Nun hab ich euch zur Haftnot heim geleitet
„zusammen aus dem Sitze: hier ist nicht der Seligen Ruhmglanz,
„der Wackeren Freundsaal noch auch der Welt Jubel

95. „noch der Engel Schaar, noch dürfen wir den Obenhimmel
„als Eigentum besitzen; diese unheilvolle Heimat
„ist mit Feuerglut entzündet: ich bin feind wider Gott!
„Es wohnen ewig Drachen an dem Eingang der Hölle,
„heiß im Busen, die uns nicht helfen mögen.

100. „Diese wehevolle Wohnung ist mit Wehqual erfüllt:
„wir haben keine Hüllestätte, daß wir uns behüten möchten
„in dieses Nebelqualmes Tiefen! hier ist der Nattern Zischen,
„hier sind gewohnte Würmer; dieser Wehqualen Bande
„sind gar fest gebunden, es sind die Feinde rübe,

105. „schwarz und düster: vor des Schattens Dunkelschimmer
„leuchtet hier kein Tag, kein Licht des Schöpfers!
„Einst hatte ich Gewalt über all die Glorie,
„eh ich in dieser heillosen Heimat harren muste,
„was mir Gott der Herr nun geben wolle,

110. „dem Feinde in dem Flure, da ich gefahren kam
„mit der Schaar der Teufel zu dieser schwarzen Heimat.
„Auf der Flucht soll ich im Flug nunmehr
„den Aufenthalt erkunden und Euer mehr,
„die wir den Anfang angestellt des Uebermutes.

115. „Das dürfen wir im Geist nicht hoffen, daß der Glorienkönig
„uns je irgend wieder den Aufenthalt erlaube

---

110) dem **Befleckten**? —

ben Erbſitz zu eigen, wie er ehe that,

„und ewigliche Macht: über Alles hat Gewalt

„über Wehqual und Glorie des Waltenden Sohn.

120. „Drum ſoll ich nun gebeugt und elend in Verbannung wandern

„und gehen um ſo weiter aller Glorie benommen,

„aller Kraft beraubt, ſoll keinen Jubel

„oben mit den Engeln haben, weil ich einſtmals ſprach,

„ich wäre ſelbſt der Wart des Himmels,

125. „der Walter aller Weſen: das ſchlug mir wehvoll aus!“

So klagte da mit Worten der qualgeplagte Geiſt

ſein Elend und ſein Unglück all zuſammen

befleckt in Freveln (Feuerglanz ſtrahlte

durch die unheilvolle Höhle mit Eitergift durchmengt):

130. „Ich bin an Wachstum ſchlaff, ſo daß ich mich nicht weg

kann bergen

„von Sünden wund in dieſem Saal dem weiten!

„Bald mengt hier ſich beides, Heiß und Kalt,

„bald höre ich der Hölle Knechte

„die jammervolle Schaar den Grund beklagen

135. „hienieden unter Klippen, bald um nackte Männer

„winden ſich hier Würmer: dieſer windreiche Saal

„iſt all innenwärts mit Angſtgraus erfüllt!

„Nicht darf ich hoffnungsvollere Heimat brauchen,

„nicht Bau noch Burgen, und an die blinkende Schöpfung

140. „darf ich nie irgend wieder mit den Augen ſchauen.

„Nun iſt mirs leidvoller, daß ich das Licht der Glorie

„je oben mit den Engeln irgend kannte

„und Sang in den Himmeln, wo den Sohn des Schöpfers

„den ſeligen die Kinder ſelber haben

145. „all mit Sang umfangen! Ich darf der Seelen keiner

„der auserwählten irgend ſchaden,

„außer nur den einen, die er nicht eignen will:

„die darf zu Häftlingen ich heim geleiten,

„bringen zu dem Bau in dieſen bitteren Grund.

150. „Wir alle ſind dem ungleich nun geworden,

„wie wir einſt hatten in den Himmeln droben

„Edelgeſtalt und Anſehn: wir brachten da gar oft als die

Kinder

zu des Heilands Buſen den Hochgeſang der Glorie,

„wo wir außen um ihn all erhuben
155. „um den Lieben als die Glieder der Lobgesänge Worte,
„sie dem Fürsten sagend. Ich bin nun befleckt durch Thaten,
„wund durch Schandwerk, soll diese Wehqualbande
„an meinem Buckel nunmehr brennend tragen
„heiß in dieser Hölle ohne Hoffnungsfreuden!"
160. Da rief der frevelvolle noch viel mit Worten
der scheusliche Unhold aus von der Hölle
in Wehqualen elend; sein Wort flog mit Funken
dem Eitergifte gleich, wenn er dies aus stieß:
„O du Helm der Heerschaaren! o des Herren Glorie!
165. „o du Macht des Schöpfers! o du Mittelkreiß!
„o du Glanzes lichter Tag! o du Gottes Jubel!
„o ihr Engelschaaren! o du Obenhimmel!
„o daß ich all bin lebig des ewiglichen Jubels!
„daß ich nicht mit den Händen mag zum Himmel reichen
170. „noch auch mit meinen Augen aufwärts schauen
„noch auch mit meinen Ohren irgend hören
„den hellen Hochklang der himlischen Posaunen,
„weil ich den Sohn des Schöpfers von dem Sitze wollte
„den Herrn vertreiben und haben mir des Hochjubels Gewalt,
175. „der Glorie und der Wonne! Da ergieng mirs wehvoller,
„denn ich zur Hoffnung vorher haben durfte!
„Ich bin geschieden von der Schaar der glänzenden,
„entleitet von dem Licht in diese leidvolle Heimat.
„Des mag ich nicht gedenken, wie in den Dunst ich kam,
180. „in dieses niedere Genebel, befleckt mit Neidsünden,
„geworfen aus der Glorie! ich weiß das nun da,
„daß der ist alles bar des ewiglichen Jubels,
„der nicht dem Himmelskönig zu gehorchen denkt,
„zu gefallen seinem Schöpfer! Für das Frevelwerk
185. „soll ich nun bittere Wehqual und Verbannung tragen,
„befleckt durch frühere Thaten, der Freudegüter bar,
„da ich vom Thron den Herrn zu treiben dachte,
„den Wart der Weltvölker: wandern soll ich nun im Elend
„eine weite Fahrt in Weh und Kummer."
190. Gedemütiget gieng drauf zur Hölle
der Gegner Gottes; auch thaten seine Jünger so,
die gierigen und geizenden, da sie Gott vertrieben hatte

in ben Hof ben heißen, welchem Hölle ift fein Name.
Drum foll beherzigen ber Helben jeber
195. baß er nicht erbofe ben Geborenen bes Waltenben!
ihm biene bas zum Beifpiel, wie bie büfteren Feinbe
giengen all zu Grunb ob ihres Uebermutes!
laßt uns zur Wonne brum erwählen ben Weltvölkerherr,
oben bie ewigliche Freube unb ben Engelwalter!
200. Er hat bas kunb gegeben, baß er Kraft befaß
unb Macht in Fülle, als er bie Menge fort trieb
᾿bie Häftlinge aus bem hohen Siß. Gebenken wir bes heiligen Königs,
bes ewigen in Glorie! bei aller Gefchöpfe
Urheber laßt uns erkiefen Erbfiß in ber Glorie
205. bei aller Könige König, ber ift Chrift genannt!
Wir wollen milbe Gebanken᾿ im Gemüte tragen,
Weisheit unb Freunbfchaft, gebenken Wáhrheit unb Recht,
wenn wir uns zu bes Herren Hochfiß wollen neigen
unb ben Allwalter anflehn um Erbarmen!
210. bas bebarf ber einft, wer hier auf Erben wohnet
in ben Wonnen biefer Welt, baß ihm in Wonneglanz erfcheine,
wenn er auffucht᾿ wieber bas anbere Leben,
ein weit angenehmer Lanb als biefe Erbe fei.
Da ift es wonnfam unb ᾿lieblich: Gewächfe leuchten
215. blinkenb über Burgen; ba ift ein breites Lanb,
Heimat ber Hocherfreuten in bem Himmelreiche,
bie bem Herrn gefallen. Wir wollen bahin uns wenben,
wo er felber fißt, ber Siegruhmswalter,
ber Herr unb Heilanb in ber Heimat ber theuren,
220. unb wo um feinen Hochfiß hellweiß ftehen
ber Engel Schaaren unb ber Auserwählten!
Die heiligen Himmelfchaaren preifen ben Herren bort
mit Worten unb mit Werfen: burch bie Welt ber Welten
wirb ihr Glanz erglänzen bei bem Glorienkönig!

III.

225. Ich erfuhr wie fürber noch ber Feinbe Kinber
ba ihm Unrecht beichteten; ihnen war all gar ftrenge
Wehqual unb Elenb: fie waren ja bem Wart ber Glorie

in ihrem Uebermute abgefallen.

Sie sprachen eiligst abermals mit andern Worten:

230. „Nun ist es sichtlich, daß wir sündigten
„oben in dem Erbsitz, sollen immer nun dafür
„machtlos Mühsal dulden durch die Macht des Herren!
„Ja! wir hätten wohnen dürfen in dem Wonneglanz der
Glorie
„so wir den heiligen Gott nur hören wollten, -

235. „und hätten Sang um seinen Sitz ihm sagen dürfen
„als seine treuen Diener zu Tausenden!
„Als wir in Lust da lebten und das Lied der Glorie
„hörten, den Hochklang der Posaunen, da erhub mit hehren
Worten
„sich der Engel Urheber und vor dem Edelen verneigten

240. „sich hold die Heiligen. Es erhub sich siegesglänzend
„der ewigliche Herr, stund über uns,
„reichlich segnend den gerechten Haufen
„an aller Tage jedem, und sein theurer Sohn,
„der Geister Schöpfer. Gott selber war

245. „Allen ein Empfänger, die hin aufwärts kamen
„und an ihn auf Erden ehmals glaubten.
„Da war mirs überdrüßig, das der Obherr war
„streng und starkgemut: ich begann zu stapfen fort
„ich einer zu den Engeln und sprach zu Allen da:

250. „„Ich kann euch lehren langdauernden Rat,
„„wenn ihr an meine Macht wollt glauben!
„„laßt uns den Herrn verachten, den Helm den großen,
„„der Weltvölker Walter, und das Wonnelicht der Glorie
„„uns all zu eigen haben! das ist eitel Prahlen,

255. „„was wir hier ehedem begiengen all die Weile!““
„Da kams uns an, daß wir den Obherrn so
„vertreiben wollten aus der theueren Heimat,
„den König aus der Burg. Kund ists weithin,
„daß wir nun wehvolle Wege wandern müßen

260. „durch grimme Gründe, und Gott selber hält das Reich:
„er ist der einige König, der uns ingrimmig ward, der ewigliche Herr,
„der machtstarke Schöpfer. Diese Menge soll nunmehr
„liegen hier in Lastern, mancher durch die Luft hin fahren,

„fliegen über Fluren: Feuer ist um jeden,
265. „immerdar von außen, wenn er gleich oben sei!
„Die Seelen darf ich, die da selig streben
„aufwärts von der Erde, irgend nie berühren:
„aber bei den Händen darf ich der Heiden Menge
„greifen zu dem Grunde, Gottes Widersacher.
270. „Manche sollen hin wandern durch der Helden Länder
„und dort Unfriede oftmals stiften
„in der Menschen Maagschaften über den Mittelkreiß:
„duldend muß ich darben dieser Dinge aller,
„in des Brandes Uebel bitter um das jammern
275. „siech und sorgenvoll, was ich einst selbst besaß,
„solang ich in den Himmeln Heimat gründete,
„ob uns der Ewigliche irgend jemals wieder
„in dem Himmelreich die Heimat will erlauben,
„den Erbsitz zu eigen, wie er ehmals that.“
280. So wehklagten da die Widersacher Gottes
heiß in der Hölle: ihnen war der Heiland Gott
für ihre Frevelreden feind geworden.
Drum mag das der beherzigen, dessen Herze tauget,
daß er von sich entferne, frevelnde Gedanken,
285. leidige Lasterthaten, aller Lebenden jeder!
Laßt im Gemüt uns stets gedenken an die Macht des Schöpfers
und entgegen uns bereiten eine grüne Straße
aufwärts zu den Engeln: da ist der allmachtreiche Gott
und uns umfahen will allda das Freikind Gottes,
290. wenn wir auf Erden eher das bedenken
und bei dem Heiligen für uns Hilfe glauben:
dann verläßet er uns nimmer, sondern Leben gibt er uns
im Himmel bei Engeln, hochseligen Jubel.
Uns zeigt der Glanzesvolle eine grundfeste Heimat,
295. blinkende Burgwälle: blinkend leuchten
die seligen Seelen da von Sorgen frei,
allwo sie immer dürfen ewiglich bewohnen
Königstuhl und Burg. Verkünden laßt uns das
und es den eher lebenden auf Erden preisen,
300. erschließen klüglich den Verschluß des Waltenden
und geistlich ihn begreifen! Entgegen kommen uns
alsdann der Engel tausend, wenn wir aufwärts dürfen fahren

und auf Erben das hier eher uns erwürken.
Drum ist der glücklich, welcher gern stets will
305. das Meinwerk verachten, dem Mächtigen gefallen
und die Sünden löschen, wie er das selbst gebot!
Dann leuchten lieblich gleich dem Licht der Sonne
im Freudenschmuck in ihres Baters Reiche
in der Schildburg die Gerechten, wo der Schöpfer selbst
310. der Bater aller Bölker sie umfahen wird
und holdlich sie erheben zu des Himmels Licht,
wo sie dann mit dem Wart der Glorie wohnen dürfen
immerfort und ewig und unaufhörlich haben
aller Jubelfreuden Jubel bei Gott dem Herren
315. immerdar und ewig, immer ohne Ende!

IV.

O warlich! der Berfluchte faßte feindliche Gedanken,
daß er dem Himmelskönig nicht gehorchen wollte,
dem Bater dem tröstenden! Der Flur wallete von Gift
heiß unter den Häftlingen; es heulten die Teufel
320. weit durch den Windsaal wehvoll beklagend
Mein und Mordwerk. Der Menge war es dort
übermäßig angezündet: das war all gar strenge!
Dann war ihr Oberster, der zuerst dorthin kam
fort auf den Fußweg, fest gebunden
325. mit Feuer und mit Lohe: das waren feste Bande!
Auch seine Diener sollten da den Dunst bewohnen
der unheilvollen Heimat und nicht auf von dannen
hören in den Himmeln den heiliglichen Jubel
wo sie oft Gefolgschaftsdienst erfreulich hatten
330. oben bei den Engeln: sie waren alles des
der Güter da verlustig; nichts als den Grund der Hölle
sollten sie bewohnen und den wehvollen Saal.
Geheul und Elend wird gehört dort weithin,
knirschendes Beißen und Klaggeschrei der Teufel!
335. Nichts haben sie hoffen, nur Frost und Lohe,
Weh und Marter und der Würmer Schaaren,
Drachen und Nattern und die düstere Heimat:
drum mochte hören da, wer in der Hölle war,

auf zwölf Meilen faſt, baß ba ber Zähne Gehau
340. wehvoll erſchallte! Die Widerſacher Gottes
giengen hin burch bie Hölle heiß entzünbet
von oben und von außen: ihnen war überall ba weh!
bes Jubels bar, ber Glorie verluſtig
burch Wehqual ermattet beweinten ſie ben tiefen Plan,
345. baß ſie, als in ben Himmeln ſie noch Heimat grünbeten,
ben Heiland Chriſt bes Himmelreiches wollten
berauben und benehmen: boch mit Recht behielt er
bes Himmels Hausgenoßen und bie heilige Wohnung.
Niemand iſt im Sinn ſo ſcharf noch auch ſo ſehr verſtändig
350. noch ſo begabt und weiſe außer Gott ſelber,
baß er ben Leuten könnte ſagen ben Lichtglanz bes Himmels,
wie gleißend ba bie Sonne glänzt rings außen
über bas Geſchlecht bas hehre burch bes Schöpfers Macht!
Da haben bie Engel hochſeligen Jubel,
355. es ſingen ba bie Heiligen: bas iſt ſelbſt vor Gott.
Dann ſind bie Auserwählten, bie von ber Erbe konmen,
bie bringen Duft herzu von Blütengeruch,
wonnſame Würze: bas ſind bie Worte Gottes.
Der Vater aller Völker umfängt ſie bann
360. und ſegnet ſie mit ſeiner Rechten
und leitet ſie zum Lichte, wo ſie Leben haben
immerbar und ewig, bie obenliche Heimat;
bie glanzvolle Burgſtätte. Glück wird jebem,
ber bem Heiland hier zu hören benkt,
365. und bem iſts wol, ber bas kann!

V.

Der Engelſtamm war eh geheißen
Lucifer mit Namen, Lichtes Träger,
in vergangenen Tagen in bem Gottesreiche,
Da begann er Unrecht in ber Glorie anzuſtiften,
370. baß er Hochmutgebanken haben wollte:
Satan faßte ſchwarze Pläne,
baß er in ben Himmeln wollte einen Hochſitz bauen
oben bei bem Ewigen: bas war ihr Oberſter
bes Böſen Urheber. Doch balb gereut' es ihn,

375. da er sich hin sollte neigen zu der Hölle nieder
und seine Hausgenoßen mit, daß sie hin sollten gleiten
in des Notretters Haß, und nie wards ihnen wieder,
daß sie den Ewigen an dürften schauen
immer ohne Ende. — Ihnen kam Angstgraus da,

380. Getöse vor dem Richter, als er das Thor an der Hölle
zerbrach und beugte: aber Brustfreude ward den Menschen,
als sie des Heilandes Haupt erblickten.
Da war den Unholden, die wir oben nannten,
der Frevlerschaar ihr Geist von Furcht erschüttert;

385. die waren vor dem Angstgraus all erbanget
und klagten weithin durch den Windsaal mit Worten also:
„Dies ist gar strenglich nun, da dieser Sturm hereinkam,
„der Held mit Gefolge, der Herr der Engel!
„Es scheint vor ihm ein schönerer Lichtglanz,

390. „denn wir irgend vorher mit den Augen sahen,
„außer da wir oben mit den Engeln waren!
„Unsre Qualen will er durch die Kraft seiner Glorie
„all nun zerwerfen, da dieser Angstgraus kam,
„dies Getöse vor dem Herrn: dieser traurige Haufe

395. „soll unvorbereitet nunmehr Uebel dulden!
„Er ist es selbst, der Sohn des Waltenden,
„der Engel König: er will auf von hinnen
„die Seelen nun geleiten und wir sollen seitdem immer
„des Ingrimmwerkes Elend dulden!"

400. Zur Hölle kam den Heldenkindern da
durch seine Macht der Schöpfer, um der Menschen Unzahl
viele Tausend fort zu geleiten
auf zu dem Erbsitz. Da kam der Engel Schall,
Getöse vor des Tages Anbruch: es hatte der theure Herr
selbst

405. die Feinde überfochten; da war die Fehde noch
offen an dem Morgen, als der Angstgraus kam.
Er ließ die auserwählten Seelen aufwärts fahren,
das Adamsgeschlecht. Noch konnte Eva nicht schauen
in den Wonneglanz, eh sie mit Worten sprach:

410. „Ich habe einmal dich erzürnt, o ewiglicher König,

---

392) die Qualen, mit denen wir die Frommen plagen.

„da ich mit Adam einst den Apfel hin nahm
„durch den Neid der Natter, wie wir doch nimmer sollten!
„Der Unhold lehrte uns, der hier nun immerfort
„in Feßeln brennt, wir sollten Freudenglück erlangen,
415. „die heiligliche Heimat, den Himmel zur Gewalt.

„Da glaubten wir den Worten des verworfnen Geistes
„und nahmen mit den Händen von dem heiligen Baume
„die blinkendschöne Frucht: das ward bitter uns vergolten,
„da wir in diese heiße Hölle hin sollten wandern
420. „und sie bewohnen seitdem durch der Winter Unzahl,
„durch viele tausend, furchtbar brennend!

„Nun flehe ich zu dir, du Fürst des Himmels,
„bei der heiligen Familie, die du her geleitet,
„bei diesen Engelschaaren, daß ich auf von hinnen
425. „mit meiner Maagschaft möge fahren!

„Vor drei Nächten kam ein Dienstmann des Heilands
„heim zu der Hölle: er ist in Haft nun fest
„in Wehqualen elend, da ihm der Wart der Glorie
„ingrimmig ward für seinen Uebermut.
430. „Der sagte uns versichernd, daß Gott selber wollte
„den Höllenbürgern die Heimat erleuchten:
„es erhuben sich da Alle, auf den Arm sich stützend,
„sich auf die Hände lehnend; obwol der Höllengraus
„gar angstlich däuchte, waren alle doch
435. „erfreut in den Qualen, daß der Fürst der Menschen
„ihnen zur Hilfe wollte die Hölle nun besuchen."

Sie reichte mit den Händen zu dem Himmelskönig
und fleht' um Milde zu dem Schöpfer bei der Maria Stand:
„Du bist, o theurer Herr, von meiner Tochter ja erwacht
440. „den Menschen zur Hilfe an den Mittelkreiß!
„nun ist es sichtlich, daß du selbst bist Gott,
„der ewige Urheber aller Creaturen!"

Da ließ der ewige König aufwärts fahren
die Schaar zur Glorie: er hatte Schmerzqualbande
445. gefestet an die Feinde und fürder schob er sie
in das niedere Genebel notlich gebeuget,
wo nun der schwarze Satan scheuslich dinget

---

426) Judas.

der elende Unhold und die Uebelen mit ihm
von Leidqualen müde, die nie das Licht der Glorie
450. wieder haben dürfen, sondern in der Hölle den Abgrund:
nicht dürfen Umkehr sie je irgend hoffen,
seitdem der Heerschaaren Fürst der Herrgott ihnen
wütend ist geworden, gab ihnen Wehqualbande
übele zu eigen und angstlichen Graus,
455. den tiefdüsteren Todesschatten,
den heißen Höllengrund und Hinfahrtgraus!
Das war gar schön und lieblich, als die Schaaren kamen
auf zu dem Erbsitz und der Ewige mit ihnen,
des Heldenvolkes Schöpfer zu der hehren Burg:
460. es huben mit den Händen heilige Propheten
auf zu dem Erbsitz Adams Geschlecht.
Es hatte der theuere Herr den Tod selbst überwunden
und den Feind geflüchtet, wie das in früheren Tagen
sagten die Propheten, daß er so wollte.
465. Dies war alles an dem Morgen also da geworden
vor des Tages Anbruch, als das Getöse laut
vom hohen Himmel kam, da er der Hölle Thüren
zerschlug und zerschellte; zu Schemen wurden die Schächer,
da sie so lichtvollen Leuchtglanz erschauten.

VI.

470. Da saß mit all dem Zug der erstgeborne Gottsohn
und sprach mit wahrhaften Worten: „Weise Geister!
„ich habe euch durch meine Macht erschaffen,
„zuerst den Adam und das edele Weib.
„Da wurden ihnen nach dem Willen Gottes
475. „vierzig Geborene, daß fürder dann von diesen
„eine Menge Volkes übern Mittelkreis erwachte
„und daß der Winter viele wohnen durften
„die Edelinge in dem Erbsitz, bis sichs ereignete,
„daß da entfernte des Freiherrn Gnade
480. „der Feind in Freveln: nun ist Befleckung überall.
„Ich hatte dort gesetzt im Paradiese einen neuen

---

480) d. i. Adam.

„Obstbaum mit Aesten, sobaß Aepfel trugen

„des Obstbaums Zweige: und ihr aßt da beide

„die blinkendschöne Frucht, wie euch der bosheitvolle hieß,

485 „der Hölle Handdiener, hattet drum den heißen Grund,

„da ihr überhörtet eures Heilandes Wort

„und aßt den Angstgraus: es stund der Unhold vor euch,

„der die bösen Gedanken euch da beiden eingab.

„Da that mirs wehe, daß das Werk meiner Hände

490. „des Kerkerhauses Klammern duldete.

„Da war nicht menschliches Vermögen noch die Macht der
                                                Engel,

„nicht der Weißagen Wort nach Weisheit eines Mannes,

„was euch da helfen konnte, nur der Heiland Gott,

„der erst die strenge Qual zur Strafe setzte.

495, „Ich fuhr zur Erde durch der Frauen Stand

„von oben aus dem Erbsitz und auf Erden fand ich

„Marterqualen viel und maßlose Schmach:

„mich umlungerten der Leute manche

„bei Tag und Nacht, wie mir des Todes Qualen

500, „des Reiches Fürsten wol bereiten möchten.

„Verfloßen war die Frist die festbestimmte,

„daß in der Welt vergangen nach der Winter Zählung

„drei und dreißig Jahre, eh ich dulden wollte.

„Da gedacht' ich dieser Menge, wie die Meinigen verlange

505. „daß ich aus der Haft sie möchte heim geleiten

„auf zu dem Erbsitz, daß sie eignen dürften

„des Herrn Gebote und die Herlichkeit der Engel,

„wohnen in Glück und Freude und die Glorienfülle

„eignen da zu Tausenden. Das war zu eurem Besten,

510. „als mich an Kreuzes Stamm die Krieger stachen

„mit Geeren an dem Galgen und mich der Jüngling hieb

„und ich kam aufwärts da zum ewiglichen Jubel

„zum heiligen Herren in das Himmelreich.“

So sprach da mit Worten der Wart der Glorie

515. am Morgen früh, des Mannvolks Schöpfer,

als Gott der Herr vom Grab erstanden.

512—13) d. i. mein Geist, da ich starb.

VII.

So ſtark war nicht der Stein gefeſtigt,
ob er mit Eiſen auch war all umfangen,
daß er der Macht der großen mochte widerſtehen:
520. ſondern aus gieng da der Engel König
aus dem feſten Grabe und der Fürſt hieß künden
allglänzende Engel ſeinen elf Jüngern
und hieß beſonders ſagen Simon Petro,
daß er in Galilea Gott dürfte ſchauen
525. den ewigen und ſtarken, wie er ehe that.
Drauf giengen, ſo erfuhr ich, ſeine Jünger alle
nach Galilea hin: ſie hatten Geiſtes Fülle.
Sogleich erkannten ſie den Gottſohn den heiligen,
ſobald ſie ſahen, wo der Sohn des Schöpfers
530. oben auf ſtund, der ewigliche König,
Gott in Galilea: die Jünger rannten
alle da dorthin, allwo der Ewige war,
und fielen vorwärts auf die Erde, ihm zu Füßen ſich ver-
neigend,
und dankten ihrem Herrn, daß das ſo glückte,
535. daß ſie den Schöpfer der Engel wieder ſchauen durften.
Ohne Säumen ſprach drauf Simon Petrus:
„Biſt du's, o Herr, mit Herrlichkeit geziert?
„vor einer Weile haben wir dich doch geſehen,
„wie da legten an dich leidvolle Bande
540. „die Heiden mit ihren Händen: das mag ſie hart gereuen,
„wenn ſie das Ende werden einſtmals ſchauen!“
Manche mochten das nicht im Gemüt erkennen:
das war der theure, der Thomas war geheißen,
bevor er an den Heiland ſelbſt mit ſeinen Händen rührte,
545. an des Fürſten Seite, von wo er fallen ließ
ſein Blut zur Erde, das Bad der Taufe.
Lieblich war's Beginnen, daß der liebe Freiherr
unſer König ſelber Qualen duldete,
als er am Baume aufſtieg und als ſein Blut vergoß
550. Gott an dem Galgen durch ſeines Geiſtes Kraft!
Drum ſollen wir auch dafür Dank ſtets ſagen
dem theueren Herrn mit Thaten und mit Worten,

daß er uns hat aus der Haftnot heim geleitet
auf zu dem Erbfitz, wo wir eignen sollen
555. des Herrn Gebote und die Herlichkeit der Engel
und leben da in Lust! das Licht der Glorie
ist glänzend uns erschloßen, wenn wir nur gut denken.

VIII.

Drauf war auf Erden noch der ewigliche Herr
gefolgt von Volkes Menge vierzig Tage
560. dem Heldenvolk gekündet, bevor zur hehren Schöpfung
der Burgleute Gebieter bringen wollte
den heiligen Geist zum Himmelreiche
und auf gen Himmel stieg, der Engel Schöpfer,
der Weltvölker Walter: da kam Wonneklang der Glorie
565. heilig von den Himmeln; mit war die Hand Gottes,
die empfieng den Freiherrn, fort geleitend
zu der heiligen Heimat den Himmelsfürsten,
und um ihn flogen Engelschaaren
zu vielen Tausenden. — Da traf sichs also,
570. da noch hienieden war der Notretter Christ,
daß er eine Nacht zuvor die zwölf Abgesandten
mit seines Geistes Gabe, seine Jünger, stärkte:
es hatte da gesetzt der Seelen Unzahl
Gott der lebende: doch Judas fehlte,
575. der zuvor den Glanzes vollen für Geld dahingab,
den Herrn und Heiland; das gedieh zum Heil ihm nicht,
daß er verkaufte so das Kind des Waltenden
für Schatz des Silbers: das vergalt gar scheuslich ihm
der elende Unhold innen in der Hölle!
580. Es sitzt zur Rechten nun der Sohn dem Vater
und an der Tage jedem ertheilt der Völkerherr
Hilf und Heil den Heldenkiudern
hier über den Mittelkreiß: das ist gar manchem kund,
daß er nur allein ist aller Geschöpfe
585. Würker und Walter durch die Gewalt seiner Glorie.
In den Himmeln sitzt der heiligliche Engel,
der Waltende mit den Weißagen: der Wonneglorie Sohn
hat seinen eignen Sitz im Himmel, den ätherumhüllten,

und ladet uns dahin zum Lichte durch sein Arzttum,
590. wo wir selber dürfen sitzen bei dem Herrn
oben mit den Engeln, haben auch dasselbe Licht,
wo seine Hausgenoßen nunmehr heilig sitzen
und in Freuden wohnen: die Fülle der Glorie
ist glanzvoll da erschloßen. Laßt uns drum gut denken,
595. daß wir dem Heiland Gott gehorchen gerne
und dem Christ gefallen! das ist ein kunder Leben,
als wir auf Erden mögen irgend uns erwerben!

IX.

Verheißen hat zu uns der hehre König
Gott der allmachtvolle abermals zu kommen
600. am Tage des Gerichts: der theuere Herr selbst
heißt dann seine Hochengel mit hallender Stimme
blasen die Posaunen über Burgensitze
nach allen vier Enden dieser Erde.
Von der Erde werden dann die Menschen auferwachen,
605. sich erheben aus dem Staube durch des Herren Macht.
Das ist der Tage längster, und der Getöse lautestes
wird hier dann gehöret, wenn der Heiland kommt
und in die Welt der Waltende mit Wolken einfährt.
Auf zwei Seiten will er dann gesondert stellen
610. die Unreinen und die Schönen, die Uebeln und die Guten.
Die Frommen werden bei dem Fürst der Himmel
an die rechte Hand zur Ruhe steigen:
dann sind brusterfreut, die in die Burg hinein
gehen dürfen in das Gottesreich;
615. es segnet sie mit seiner Rechten
der Obherr aller Wesen und über Alle ruft er:
„Ihr seid willkommen! wallet in der Glorie Licht
„hin zu dem Himmelreiche! da habt ihr nun
„immer ohne Ende ewigliche Ruhe.“
620. Dann stehn die Lastervollen an der linken Hand,
die immer frevelten, solange sie auf Erden lebten:
die sind dann bebend, wann der Geborne Gottes
durch seiner Thaten Macht ihr Urteil da ertheilen wolle:
sie hoffen, daß sie hin dürften zu der hehren Burg
625. aufwärts zu den Engeln, wie die andern thaten.

Doch mit Worten spricht der Wart des Himmels
der ewigliche König über Alle da:
„Steigt nun ihr Verfluchten, in das Strafenhaus
„in aller Eile, da ich euch nicht kenne!"

630. Die elenden Geister fahren sogleich nach diesen Worten
als der Hölle Häftlinge in Haufen nieder
zu vielen Tausenden: getrieben werden sie
hin in der Schädiger Höle, geschoben zu dem Grunde
in der Neidhaft Enge, und nie wirds ihnen wieder,

635. daß sie aufwärts von dannen irgend dürften,
sondern dulden sollen sie da drangsalvolle Strafen,
Klammern und Kerker, und den kalten Grund
den tiefen da ertragen und des Teufels Reden,
wie sie zur Schmähung ihnen schwarze Geister

640. nicht selten allda setzen, wenn Satan aufstellt
Fehde an die Frevelvollen, dafür daß sie den Freiherrn
den ewigen allwaltenden so oft vergaßen,
den sie zur Hoffnung sich doch haben sollten!
Drum laßt uns das bedenken hier in dieser Welt,

645. daß wir dem Heiland Christ zu hören beginnen
gern durch Gottes Gnade, gedenken Geistes Heil,
wie dann da oben sitzen die Auserwählten
selbst mit dem himmelsklaren Sohn des Heilands!
Da ist ein golden Thor mit Gemmen geziert

650. und lieblich bewunden, denen die zum Licht der Glorie
gehen dürfen in das Gottesreich,
und wonnsam leuchten um die Wälle da
der Engel Geister und die auserwählten Seelen,
die von hinnen fahren zu dem Himmelreiche.

655. Die Märtyrer dienen dem Machtschöpfer dort
und die Hochväter preisen mit heiligen Stimmen
den Obherrn in der Burg und rufen alle so:
„Du bist der Helden Helm und Himmelsrichter,
„der Engel Urheber! du hast der Erden Söhne

660. „zu dieser seligen Heimath selbst geleitet!"
Mit ihren Worten preisen so den Wart der Glorie
die Jünger um den Herrn. Da ist große Pracht
und Sang in dem Saale: es ist selbst der König
der Obherr über Alle in der ewiglichen Schöpfung.

X.

665. Das ist der theuere Herre, der die Todesqualen
für uns geduldet hat, der Engel König,
wie er auch fastete durch vierzig Tage,
des Mannvolks Schöpfer, durch seiner Milde Fülle.
Da fiels dem Unhold ein, der einst geworfen
670. aus den Himmeln ward, daß er zur Hölle tauchte,
daß er den Wart aller Wesen wollte da versuchen,
brachte ihm zum Busen breite Steine
und hieß ihn Brode draus für seinen Hunger würken:
„wenn du hast in Wahrheit solche hohe Macht!"
675. Da gab zur Antwort ihm der ewigliche König:
„Schien dir's denn, Verfluchter, daß nicht geschrieben wäre
„ * * * * außer mir allein:
„es hat gesetzt vielmehr des Siegruhms Eigner
„Licht den Lebenden, Lohn ohne Ende
680. „im Himmel heiliglichen Jubel." Mit den Händen nahm ihn
drauf
der Unhold zur Verhöhnung: auf die Achsel hub ihn
der Bosheitgeist, stieg einen Berg hinan
und setzte hin auf die Höhe den Herrn und Heiland:
„Luge nun gar weithin über Landbewohner!
685. „ich will dir setzen in dein selbes Macht
„Volk und Erde! empfang von mir
„die Burg und den breiten Bau zu eigen
„des Reichs der Himmel, daß du mit Recht seist König
„der Engel und der Menschen, wie du ehe strebtest!"
690. Da gab zur Antwort ihm der ewigliche König:
„Geh hin, Verfluchter, in das Haus der Strafen,
„du Satan selber! es sind dir Schmerzqualen
„entgegen da bereitet und nicht Gottes Reich.
„Aber ich heiße dich nun bei der höchsten Macht,
695. „daß du den Höllenbürgern keine Hoffnung meldest:
„sagen magst du ihnen aller Sorgen größte,
„daß du den Urheber aller Wesen hier hast angetroffen,
„den König der Menschen. Kehre du nun rücklings

---

677) mich?

„und wiße auch, Verworfner, wie weit und breit

700.   „die Hölle sei, die traurige! mit den Händen miß

„und greif bis zu dem Grunde und geh dann also,

„bis daß du all den Umkreiß kennest!

„Zuerst miß aus von oben bis zum Grunde,

„wie breit der schwarze Schwüllqualm sei!

705.   „Du begreifft dann um so beßer, daß wider Gott du kämpftest,

„wenn du mit den Händen hast gemeßen,

„wie hoch und tief die Hölle innen sei,

„das grimme Grabhaus. Geh hurtig zu,

„bevor der Zeitstunden zwei sind vergangen,

710.   „daß das gemarkte Haus du dann gemeßen habest!"

Dem Unhold ward da Elend nahe:

Satan rannte selbst und fiel in Schmerzqualen nieder,

der elende Unhold hin ein in die Hölle,

der Feind zur Feuergrube. Bald maß er mit den Fäusten aus

715.   die Drangsal und das Wehe, bald schlug düstere Lohe

wider den Leidigen empor; bald sah er liegen wieder

die Häftlinge in der Hölle; bald stieg Geheul empor,

wenn an den Unhold sie mit Augen schauten:

es hatten Graus gewonnen Gottes Widersacher,

720.   sobald der Unhold ihnen gegenüber stund,

der schwarze Bosheitgeist. Als der am Boden stund,

da däuchte ihm, daß es von da aus wäre

bis zu der Hölle Thoren hundert tausend

Meilen Maaßes: wie ihm der Mächtige gebot,

725.   daß er durch Sündenkraft die Schmerzqualen mäße,

des gedachte er im Geiste, als er am Grunde stund

und es lugte da der lose Geist durch die leidvolle Höhle,

der Unhold mit den Augen, bis daß Angstgraus da

der Teufel Menge tief erfaßte:

730.   dann stieg auf allda der Elenden Geheul

mit Worten in den Wehqualen; die verworfenen Geister

begannen zu reden und zu rufen zu ihres Reiches Fürsten:

„Da! nun sei im Uebel du! du wolltest eh nicht gut!"

VI.

Kynewulfs Chrift.

I.

— — — — — — — dem Könige.
Du bift der Wallftein, den die Werfleute einft
verwarfen zu dem Werfe! wol geziemt es dir,
daß du das Haupt der hehren Halle feieft,
5. daß du verbindeft zu breiten Wällen
in feftem Gefüge den Flinz den harten,
daß auf Erden alle Augen mögen
fich wundern in der Welt, o Wart der Glorie!
Mach nun offenbar durch Kunft dein eigen Werf
10. im Siegesglanze! laß ohne Säumen fteigen
nun Wall wider Wall! Es ift dem Werfe not,
daß nun der Künftler komme und der König felber,
daß er es beßere dann, da fo gebrechlich ift
der Saal unterm Dache. Er felber fchuf
15. aus Leem des Leibes Gliedern: nun foll der Lebensfürft
den troftlofen Haufen von den Teufeln retten,
die Armen aus dem Angftgraus, wie er oft gethan.
O du Berater und du rechter König,
der die Schlüßel hält, erfchließt das Leben,
20. mit dem Siege uns beglückt, dem Andern verweigert
das wonnigliche Wolergehen, wenn fein Werf nichts taugt!
Ja wir fprechen vor Drangfalsnöten diefe Worte,
befchwören mutbekümmert den, der den Menfchen fchuf,
daß er nicht eile mit Haß das Urteil zu fprechen
25. der Kummervollen, die wir im Kerfer hier
fitzen voller Sorgen während der Sonne Luftfahrt,
wann uns der Lebensfürft das Licht erfchließe
und zum Geber des Schutzes unferem Geifte werde
und den zaghaften Sinn mit Zierglanz uns bewinde
30. und uns des würdig mache, die er erwählte zur Glorie,

---

6) d. i. den Feuerftein, Quarz.

da wir wehvoll erniedrigt uns wenden sollten
des Erbsitzes bar zu diesem engen Lande.
Drum mag mit Worten sagen, der die Wahrheit redet,
daß er Erlösung brachte, da verloren waren
35. die Volkeskinder! Es war die Frau die junge
eine meinlose Magd, die er zur Mutter sich erkor:
Das war geworden ohne Weltmanns Liebe,
daß die Braut ward schwanger zur Geburt des Kindes;
dem ward ebengleich nicht ehedem noch später
40. in der Welt jemals eines Weibs Empfängnis:
das war ein gar verborgenes Gottgeheimnis!
Alle geistliche Gabe durchdrang den ganzen Erdkreiß,
wo der Weisungen manche ward beleuchtet, .
manch langdauernde Lehre durch des Lebens Urheber,
45. die zuvor in hüllendem Dunkel verholen lagen,
der Weißagen Wortgesänge, als der Waltende kam,
der sämtlicher Reden Sinn erhöhet
Aller die den Namen des Schöpfers genugsam wollen
durch hochweisen Stand verherlichen.

II.

50. O du Gesicht des Friedens! sancta Jerusalem!
du Krone aller Königsstühle, Christi Burgland,
der Engel Erbsitz und derer, die allein in dir
immer selig ruhen, die Seelen der Gerechten
erfreut in Glorie! Befleckung wird man
55. nun gewahren nimmer in der Wohnungsstätte:
alle Frevel wenden sich nun fern von dir,
Fluch und Streit! voll bist du glorreich
heiliger Hoffnungsfreuden, wie du geheißen bist!
Nimm du nun wahr, wie diese weite Schöpfung
60. und das Dach des Himmels in dir umher
allenthalben schauen, wie der Himmelskönig
dich besucht auf seiner Fahrt und selber kommet
und Wohnung in dir wählet, ganz wie weiland das
weisfeste Wahrsager mit Worten sprachen,
65. die dir des Christ Geburt verkündeten zum Troste,
du beste aller Burgen! Nun ist der Geborne kommen

erweckt zum Wandel den Werken der Ebräer,
bringt Freuden dir und löſt die Feſſelbande
geknüpft für die Menſchen; er kennt die Nöte:
70. nun ſoll Erbarmung der Gebeugten finden!

III.

„O du Wonne aller Weiber durch die weiten Himmel!
„du anmutigſte der Frauen über alle Erdengründe,
„ſoweit je ſagen hörten die Sund-Anwohner!
„enthüll uns das Geheimnis, das dir vom Himmel kam,
75. „wie du empfangen haſt die Frucht des Leibes
„zur Geburt des Kindes und die Bettgemeinſchaft
„das Zuſammenſein nicht kannteſt nach der Sitte des Ehmanns!
„Solches hörten wir ſicherlich
„ſich ereignen nimmer in älteren Zeiten,
80. „was du in Sondergabe ſo empfiengeſt,
„noch dürfen wir auch irgend wieder ſolch ein Ereignis hoffen
„zukünftig in der Zeit! ohne Zweifel hat in dir
„gewohnet würdigliche Treue, da du den Wart der Glorie
„geboren haſt und nicht gebrochen ward
85. „das Magdtum das große! Wie alle Menſchenkinder
„in Sorgen ſäen, ſo auch reift es:
„ſie zeugen zum Tode.“ Sprach die ſelige Magd
immer Siegruhmes voll, ſancta Maria:
„Was ſoll dies Wundern, daß ihr ſo erſtaunet
90. „und ſo kummervolle Klagen führet,
„ihr Söhne Solyma’s ſammt den Töchtern?
„ihr fragt aus Fürwitz, wie ich fleckenlos
„mein Magdtum bewahrte und doch Mutter ward
„des machtreichen Gottſohnes: denn den Menſchen iſt
95. „nicht kund das Geheimnis; aber Chriſt hat es enthüllet
„nun an der theueren Tochter Davids,
„daß Evas Schuld iſt all gehoben,
„der Fluch zerworfen, und geführt zur Glorie
„iſt der Gebeugten Stand. Gebracht iſt Hoffnung,
100. „daß Segnung nunmehr ſoll für immer
„gemeinſam beiden, den Männern und den Weibern,
„ewiglich dort oben in der Engel Jubel
„währen ſtändig bei dem wahren Vater.“

IV.

O du Edelglanz, der Engel leuchtendſter,
105. über den Mittelkreiß dem Menſchenvolk geſendet!
und du ſicher wahrer Sonnenglanz
leuchtend über Sterne! du erleuchteſt von dir ſelber
immerdar und ewig alle Zeiten.
Wie du Gott von Gott in der Glorie des Himmels
110. als Sohn des wahren Vaters gewis erzeuget
ohne Anbeginn immer wareſt,
ſo fleht vor Dranſalen nun dein eigen Werk
zu dir mit ganzer Kraft, daß du die Glanzes volle
Sonne uns nun ſendeſt, daß du ſelber kommſt
115. und uns erleuchteſt, die wir lange vorher
bedeckt vom Dunkel und im Düſter hier
ſaßen in ewiger Nacht in Sündenſchuld begraben
und die finſteren Todes = Schatten tragen muſten!
Wir glauben hoffend an das Heil nunmehr
120. gebracht den Weltvölkern durch das Wort Gottes,
das im Anfang war dem allmachtreichen Vater
mit Gott gleichewig und nun gleichwol ward
Fleiſch, doch ohne Frevel, das die Frau gebar
den Jammernden zur Hilfe. Gott ward unter uns
125. geſehen ohne Sünde: beiſammen wohnten
das machtreiche Gottkind und des Menſchen Sohn
einträchtig hier auf Erden. Wir mögen immer Dank
dem Siegherrn ſagen für ſolche Gnade,
daß er ihn ſelbſt hierher uns ſenden wollte!

V.

130. O du der Geiſter Gott! wie du ſo gar weislich
mit Namen recht genennet wurdeſt
Emmanuel, wie das auf Ebräiſch ſprach
zuerſt der Engel! das iſt nun ausgelegt
klar nach dem Geheimnis, nun da der König des Himmels
135. Gott ſelbſt iſt bei uns, wie in vergangenen Zeiten
den König aller Könige als zukünftig ſagten
mit Worten alte Weißagen und den wahren Hoheprieſter,

wie einst den Menschenkindern Melchisedek der hehre
geistesklug enthüllte Gottes Herrlichkeit

140. des ewigen allwaltenden: der führte ein das Gesetz
und brachte Lehren denen, die hier lange Zeit
hofften seine Herkunft, wie ihnen verheißen war,
daß der Sohn des Herren selber wollte˙
ehren und veredeln die Erdenvölker

145. sowie die Gründe auch durch Geistes Kraft
selbst besuchen: sie harrten sanft nunmehr
in ihren Banden des, wann der Geborne Gottes
zu den Sorgenvollen käme. Drum sagten also
die in Qualen geplagten: „Nun komm du selbst,

150. „des Himmels Hochkönig! bring uns des Heiles Leben,
„deinen armen Dienern, die wir in Elend sind verkommen
„durch bittere Brandzähren! Beßerung ist bereit
„all bei dir Einem den übermäßig Darbenden!
„Die herzbetrübten Häftlinge hast du hier besucht:

155. „nun laß nicht hinter dir, wenn du von hinnen kehrest,
„solche Menge Volkes! deine Milde thu
„kund an uns, Christ Erretter,
„Fürst der Herrlichkeit! laß die Verfluchten nicht
„über uns Obmacht haben! verleih uns ewige Freude

160. „deiner Glorie, daß wir dich verherrlichen,
„der Weltvölker Glorienkönig, die du gewürket hast
„mit deinen Händen einst! in Hoheit wohnest du
„beim waltenden Vater auf weite Zeiten!"

VI.

[Maria]: „O du Joseph mein, Jacobs Sohn

165. „aus dem Hause Davids des hehren Königs!
„du willst unsre Freundschaft nun die feste lösen,
„verlaßen meine Liebe?" — [Joseph]: „„Leidvoll bin ich
„„betrübt zum Tode, tief erniedrigt,
„„da ich ich Schmachworte viel und schmerzende Reden,

170. „„drückende Sorgen um deinetwillen

---

145) die Hölle.
146) d. i. die Frommen des alten Bundes in der Hölle.

„„und Harm muſte hören! es ſprechen Hohn mir nun
„„ber Zornworte viele: Zähren muß ich
„„vergießen jammermütig! Gott mag wol
„„heilen meines Herzens herbe Sorge,
175. „„mich Freudloſen tröſten, ach Frau du junge,
„„Magd Maria,““ — [Maria]: „Was murrſt du ſo
„und klagſt ſo kummervoll, da ich doch keine Schuld
„und keine Frevelthaten jemals fand an dir,
„kein Werk der Schande, und ſprichſt Worte doch
180. „als ob du ſelber aller Sünden wäreſt
„voll, aller Frevel?“ — [Joſeph]: „„Ich hab zu viele Kränkung
„„um die Empfängnis erfahren müßen!
„„Wie mag ich mich erledigen der leidvollen Reden
„„ober einige Antwort finden
185. „„zu erwidern meinen Widerſachern? Es iſt das weithin kund
„„daß aus dem glanzvollen Gottestempel
„„ich eine fleckenloſe Magd empfangen habe,
„„eine edele reine: das iſt geändert nun
„„durch Trug ich weiß nicht weſſen! Mir tauget beides nicht,
190. „„ich ſag es oder ſchweige: ſage ich die Wahrheit,
„„dann muß die Tochter Davids des Todes ſterben
„geſteiniget mit Steinen; doch noch ſtrenger iſts,
„„wenn ich die Meinſchuld hehle: ich ſoll als Meineidſchwörer
„„verleidet allen Leuten leben dann fortan,
195. „„im Volk verhaßt!““ — Die Frau enthüllte
drauf recht das Geheimnis und redete alſo:
„Das ſag ich ſicher bei dem Sohn des Herren,
„bei der Geiſter Heiland, daß ich noch ganz und gar nicht
„in Meinſchuld eines Mannes Gemeinſchaft kenne
200. „irgendwo auf Erden! es ward die Ehre mir zu Theil
„der jungen in dem Gadem, daß mir Gabriel
„des Himmels Hochengel Heil entbot
„und heilig mich verſicherte, daß mich der heilige Geiſt
„mit Lichtglanz ſollt umleuchten: ich ſoll des Lebens Kraft
gebären,
205. „einen glanzvollen Sohn, Gottes mächtig Kind,
„des glanzreichen Glorienkönigs. Gott hat mich gemacht
„zu ſeinem Tempel ohne Trug: in mir hat des Troſtes Geiſt
„Wohnung ſich erwählet. Laß du nun weichen drum

„fchmerzlichen Sorgenkummer und fage Dank fortan
210. „dem machtreichen Gottfohn, daß ich feine Mutter ward,
„wiewol noch fürder Magd, und du fein Vater heißeft
„fein weltlicher nach Wahne! Die Weißagung follte
„ficher werden an ihm felbft erfüllet!"

VII.

O Fürft du wahrer und du friedefamer
215. aller Könige König, Chrift voll Allmacht!
wie warft du eher denn Alle von Anfang an
vor aller Welten Schaaren geworden bei dem Vater
als fein Kind erzeugt durch feine Kraft und Macht!
Es ift auf Erden nun kein einziger Mann
220. fo Sinnes klug, fo fehr verftändig,
der das den Sundbewohnern fagen könnte
und es mit Wahrheit weifen, wie dich der Wart des Himmels
im Anfang nahm zum edlen Sohne!
Das war das erfte von allen Dingen,
225. die wir erfuhren untern Völkern, das vor allen andern
ward unter den Wolken, daß der weife Gott
des Lebens Urheber Licht und Düfter
theilte herlichlich: bei ihm ftund der That Gewalt
und die Weife entbot der Weltvölker Herr:
230. „Zuerft fei nun geworden auf weite Zeiten
„Licht, leuchtende Freude der Lebenden jedem,
„die je in Bürgerfchaften geboren werden!"
Und es ward fofort, da es fo werden follte:
der Lichtglanz leuchtete den Leutevölkern drauf
235. lichtvoll mit den Sternen durch den Lauf der Zeiten.
Er fetzte felber feft, daß du fein Sohn wäreft
gleich Heimat haltend mit deinem Herrn dem lieben,
noch ehe irgend etwas von all dem wurde!
Du bift die Weisheit felbft, der diefe weite Schöpfung
240. du mit dem Waltenden würkteft alle.
Drum ift fo klug wol Keiner noch fo kräftigen Sinnes,
der deine Ahnen möchte den Erbenvölkern
ficher nennen. Komm nun, Sieges Wart,
der Menfchen Schöpfer! zeige deine Milde gnädig

245. uns hier offenbar! uns alle treibt es,
    daß dein Muttergeschlecht wir möchten kennen,
    recht das Geheimnis, da wir enträtseln
    nicht ferner mögen dein Vatergeschlecht!
    Mild erfreue diesen Mittelkreiß
250. durch deine Herkunft, Heiland Christ!
    und die goldnen Thore, die in vergangenen Tagen
    so geraume Zeit verriegelt stunden,
    der Himmel Hochfürst, heiß erschließen
    und besuche uns dann durch dein selbes Gang
255. abwärts zu der Erde! Not ist uns allen deine Gnade!
    Es hat der verworfene Wolf zerstreut
    das Thier der Finsternis, Fürst, deine Heerde
    und sie weithin zerworfen, die du Waltender zuvor
    hast durch dein Blut erkaufet: die wird vom Bosheitvollen
260. nun hart gehöhnet und in Haft genommen
    gegen unserer Herzen Lust. Drum wir, o Heiland, dich
    nun bitten dringend mit unserer Brust Gedanken,
    daß du uns hurtig Hilfe schaffest,
    den armen Verbannten, daß der Bosheitvolle
265. möge hinsinken in der Hölle Grund,
    daß deiner Hände Werk, o Heldenschöpfer,
    errettet werde und nach Recht gelange
    zu dem edelen Reich dort oben in den Himmeln,
    von wo durch Frevellust zuvor der finsterschwarze Geist
270. uns fortzog und verführte, daß wir des Freudeglanzes bar
    immer ohne Ende sollen Elend dulden,
    wenn du nicht eiligst uns, o ewiglicher König,
    wider den Leuteschädiger, lebender Gott,
    Helm aller Geister helfen willst!

VIII.

275.   O du Maria! des Mittelkreißes
    aller Weiber reinste und wonnigste auf Erden,
    derer die je wurden durch weite Zeiten!
    wie mit Recht dich alle Redetragenden
    heißen und sagen, die Helden all auf Erden
280. in der Brust frohlockend, daß die Braut du seist

des hehren hohen Himmelskönigs!
wie auch die höchsten in den Himmeln droben
Christi Mannen verkündend singen,
daß du mit heiliger Macht die Herrin seist
285. der Bewohner des Himmels und der weltgebornen Stände
hier unter dem Himmel und auch der Höllenbürger!
Denn allein nur du von allen Menschen
gedachtest rühmlich dreisten Herzens,
daß dein Magdtum du dem Mächtigen brächtest
290. und ohne Sünde schenktest. Eine solche Braut war
sonst nicht eine einzige unter allen Menschen
geschmückt mit Ringen, die ein Geschenk so hehr
zu des Himmels Heimat herzenslauter
seitdem wieder sandte. Drum hieß der Siegesfürst
295. seinen Hochboten hierher fliegen
von seiner mächtigen Glorie und dir die Machtfülle
ohne Säumen kund thun, daß du den Sohn des Herrn
durch reine Geburt gebären solltest
zur Milde allen Menschen und dich doch, Maria, fürder
300. gleich unbeflecket immer halten.
Auch das erfuhren wir, wie vormals von dir
sicher sagte ein Sänger Gottes
Esaias einst in alten Tagen,
wie er geleitet ward, daß er des Lebens Wohnung
305. oben in der ewigen Heimat all erblickte.
Der weisseste Wahrsager schaute durch das weite Land,
bis daß sein Blick da haftete, wo erbauet war
der edele Eingang: all war gebunden
mit theurem.Schatz die Thür ohne Maaßen,
310. bewunden all mit Wunderbanden. Er wähnte sicher,
daß nicht einer möchte der Erdbewohner
so feste starke Vorlegbalken
in Ewigkeit je aufheben
oder des Burgthores Bande lösen,
315. bevor ihm gutmütig da ein Gottes Engel
die Weise erklärte und dies Wort erhub:
„Sagen mag ich dir, was sicher ward,
„daß diese goldnen Thore im Gang der Zeiten
„Gott selber will durch seines Geistes Kraft

320. „noch einmal verherlichen, der allmachtreiche Vater,
    „und durch die feſten Thore fahren zu der Erve
    „und daß ſie immer dann und ewig ſtehen
    „nach ſeinem Durchgang ſo verſchloßen,
    „daß außer dem Notretter Gott nie ein Andrer
325. „in Ewigkeit ſie aufſchließt wieder.“
    Erfüllt iſts nun, was der Erfahrene da
    all mit Augen hat dort angeſchaut!
    Du biſt das Wallthor, durch das der waltende Fürſt
    zu dieſer Erde einmal ausgegangen
330. und an traf dich ebenſo ausgerüſtet mit Macht
    Chriſt der allmächtige, dich die erkorne reine,
    und hinter ſich her ſchloß der Herr der Engel
    dich wieder unbeflecket alles Makels
    mit feſten Schlüßeln, der Fürſt des Lebens.
335. Zeig uns offen nun die Ehre, die dir der Engel da
    Gottes Kunbbote Gabriel brachte!
    Ja, es bitten dich die Burgbewohner,
    daß du den Freudetroſt den Völkern künbeſt,
    deinen eignen Sohn! Fortan dürfen wir
340. einmütiglich nun all frohlocken,
    da den Gebornen wir vor deiner Bruſt erſchauen!
    Vor ihm gedenke unſer mit dreiſten Worten,
    daß er nicht laße uns noch längere Weile
    in dieſem Todes Thale den Teufeln hören,
345. daß er uns führe in des Vaters Reich,
    wo wir dann ſorglos immer ſeitdem mögen
    wohnen in der Glorie bei der Weltvölker Gott!

IX.

    O Herr, du heiliger Himmelskönig!
    mit deinem Vater warſt du vor allen Zeiten
350. ebenweſend in der edelen Heimat!
    da war noch nicht ein einziger der Engel geworden
    noch auch der erhabenen Heerſcharen einer,
    die da Heimat halten in den Himmeln droben
    in des Herren hehrer Wohnung und da hold ihm bienen,
355. als zuerſt du wareſt mit dem ewigen König

schaffend selber diese Schöpfung alle,
die breiten Gründe: euch beiden ist gemein
der Hochgeist des Trostes! O Heiland Christ,
in aller Demut bitten all wir dich,
360. daß du erhörest der Häftlinge Stimme,
deiner hartbedrängten Diener, o Heiland Gott!
Wie sind wir doch geschwenkt durch unser selber Willen!
uns heimatlose haben die heillosen Geister
die haßvollen Höllenräuber hart bedrängt,
365. gebunden mit Bosheitriemen: Beßerung ist bereit
all bei dir Einem, o ewiglicher König!
Hilf den hartbetrübten, daß deine Herkunft möge
erfreun die Freudelosen, obgleich wir Feindschaft wider dich
durch Frevelluft vollführet haben!
370. Sei deinen Dienern gnädig! gedenke unsres Elends,
wie wir hier zittern zaghaften Sinnes
und in Kummernot hier wallen! komm nun, Menschenkönig,
verzieh nicht gar zu lange! uns ist deine Gnade not,
daß du des Heiles Gabe hilfreich uns bescherst
375. und uns befreiest, daß wir fürder mögen
dann immer in dem Volk die edeleren
Dinge vollführen und deinen Willen!

X.

O du wonnige und du würdevolle
hohe und himlische heilige Dreieinigkeit,
380. weit gepriesen über alle Weltengründe!
mit Recht sollen alle redetragenden
armen Erdbewohner mit aller Kraft
dich hoch verherlichen, nun uns der Heiland wahrfest
Gott enthüllte, daß wir ihn begreifen mögen!
385. Denn auch die thatscharfe theuer geehrte
Schaar der Seraphim singet herlich
dich oben mit den Engeln immer preisend
aus allen Kräften unverdrossen
hoch und herlich mit erhabener Stimme
390. lieblich fern und nahe. Sie haben der Gefolgschaftsdienste
köstlichsten beim König: ihnen hat das Christ verliehen,

daß sie seines Anblicks mit den Augen sich erfreuen
und mit hehren Harmonien unaufhörlich dürfen
den Waltenden preisen weit und breit

395. und mit ihren Fittichen des Fürsten des allmächtigen
Antlitz bedecken; des ewiglichen Königs
und um seinen Herscherstuhl in Haufen eifrig dringen,
wer von ihnen da am nächsten unsrem Notretter möge
Flugspiel treiben in den Friedesälen,

400. loben da den Lieblichen, im Lichte droben
mit ihrem Hochgesang also verherlichend
den edelen Urheber aller Creaturen:
„Heilig bist du, heiliger Herr der-Hochengel,
„wahrer Fürst des Sieges! fort und fort bist du heilig,

405. „Herr aller Herren! dein Hochruhm lebt
„auf Erden immer für alle Zeiten
„weithin gewürdiget: du bist der Weltvölker Gott!
„denn du erfülltest herlich die Fluren und die Himmel
„du aller Degen Schirm mit deiner Glorie,

410. „Helm aller Wesen! in den Höhen sei dir
„ewigliches Heil und auch auf Erden Lob
„hell bei den Helden! lebe du verherlichet,
„der du den Helden kamest in des Herren Namen
„zu Hilfe, den hartbedrängten! in den Höhen sei dir

415. „immer ohne Ende ewiglicher Preis!"

XI.

O was ist das für ein wunderbarer Wechsel in dem Leben,
daß des Menschenvolkes milder Schöpfer
empfieng von einer Jungfrau Fleisch ohne Sünde,
die doch eines Mannes Liebe im Gemüt nicht kannte!

420. der Siegfürst kam durch Samen nicht
eines Mannes an den Mittelkreiß: das war mächtigere Kraft,
als die Erdbewohner alle kannten,
durch ein Geheimnis, wie der Herr der Welten
der Himmel Hochfürst Hilfe brachte

425. dem Menschenvolk durch seiner Mutter Leib!
und es gibt zur Hilfe seine Gnade Allen
fort und fort der Völker Heiland

und theilt sie aus an aller Tage jedem.
Mit Worten und mit Werken sollen wir ihn willig drum
430. und holdlich verherlichen: das ist hoher Rat
der Männer jeglichem, der im Gemüte trachtet,
daß am oftesten er immer und am inbrünstigsten
und am gernlichsten Gott verherliche!
Lohn für solche Liebe verleihet ihm
435. der Heiland selber der geheiligte
eben in der edelen Heimat, wohin er eh nicht kam,
in der Lebenden Landes Wonne,
wo er dann selig immer seitdem weilet
und durch alle weite Zeiten wohnt ohne Ende! Amen.

XII.

440. Eifrig magst du nun im Innersten des Geistes,
erlauchter Mann, mit des Gemütes Kraft
durch Sinnes Klugheit suchen, daß du es sicher wißest,
wie sich das fügte, als der Fürst voll Allmacht
durch reine Geburt auf Erden geboren wurde,
445. da er die Maria, aller Mägde edelste,
die hehre Jungfrau sich zur Hüterin erkor,
daß nicht in weißen Gewändern da erschienen
die Engelschaaren, als der Edeling kam
in Bethlehem, der Held! Boten waren da bereit,
450. die es durch Hochgesang den Hirten meldeten
und sagten sichere Freude, daß der Sohn da wäre
des machtreichen Gottes an diesen Mittelkreiß
in Bethlehem geboren: doch melden uns die Bücher nicht,
daß sie in weißen Gewändern da erschienen
455. zu der edelen Zeit, wie sie ein andermal doch thaten,
als der Geborne Gottes nach Bethania hin
der hehre Herre seine holden Mannen
lud, die liebe Schaar, die auch des Lehrers Ruf
an jenem Wonnetage und das Wort nicht umgiengen
460. ihres Schätzespenders: schleunigst waren sie bereit
die Helden mit dem Herren zu der heiligen Burg,
wo ihnen der Wart der Glorie der Wunder viele
enthüllte durch sein Wort, das geheimnisvolle,

bevor da aufftieg der eingeborne Sohn

465.   ebenewig dem eigenen Vater
        nach vierzig Tagen, feit aus dem Feldgrab war
        der theuere Herr vom Tod erftanden:
        er hatte da erfüllet, wie zuvor gefungen
        der Wahrfager Worte durch die Weltbehaufung,

470.   durch fein Dulden Alles. Seine Diener priefen
        und lobten lieblich des Lebens Eigner,
        den Herrn der Schöpfung: herlich gab er
        den lieben Gefährten Lohn dafür.
        Dies Wort fprach da der Wart der Engel

475.   der Fürst der mächtige fahrtbeeilt in feines Vaters Reich:
        „Freuet euch im Geifte, da ich nie von euch kehre,
        „fondern meine Liebe euch leifte immer
        „und euch Macht verleihe und mit euch bleibe
        „immerfort und ewig, daß euch niemals

480.   „durch meine Gnade komt an Gütern Mangel!
        „Fahret aus nun über alle Erdengründe
        „über weite Wege! den Weltvölkern kündet
        „und verherlichet den hehren Glauben
        „und unter dem Firmamente tauft die Völkerfchaaren

485.   „und wendet fie hin zum Himmelreiche! die Heidengötzen brechet,
        „verfolgt und fället fie! Feindfchaft löfchet
        „und fäet Frieden in den Sinn der Menfchen
        „durch Machtfülle! ich will mit euch bleiben,
        „will fort und fort euch tröften und euch in Frieden halten

490.   „mit ftandfefter Strenge an der Stätten jeder!"
        Da ward mit einemmale von oben ein Geräufch
        gehöret in der Höhe: der Himmelsengel Schaaren,
        glänzendfchöne Haufen, der Glorie Boten
        kamen in nicht kleiner Zahl. Unfer König ftieg da

495.   über die Zinnen des Tempels, wo die zufahen,
        die mit den Augen folgten der Auffahrt des Geliebten
        an der Dingftätte da, die Diener die erkornen.
        Die fahen ihren Herren in die Höhe fteigen,
        das Gottkind von den Gründen: ihr Geift war jammernd,

500.   heiß war in der Bruft ihr Herz bekümmert,
        daß fie nicht länger durften den geliebten Herren
        fehen unterm Himmel. Sang erhuben da

die Engel, die von oben kamen, den Edeling preifend,
den Lebensfürften lobend und des Lichts fich freuend,
505. das von des Heilandes Haupt erglänzte.
Sie fahen allblinfend da der Engel zween
um das Gottfind lieblich glanzvoll leuchten,
um den Herrn der Herlichfeit, die aus der Höhe riefen
mit wunderbaren Worten über die weite Menge
510. mit heller Stimme; „Was harrt ihr da,
„ihr guten Männer aus Galiläa?.
„den wahren Herren feht ihr hier nun fichtlich
„zum Himmel fahren, des Hochruhms Eigner:
„es will von hinnen aufwärts zu der Heimat fteigen
515. „der Edelinge erfter mit diefer Engel Schaaren
„aller Völfer Fürft zu feines Vaters Heimftuhl!.
„Wir wollen hier mit folchen weiten Schaaren
„über des Himmels Höhen den Herrn geleiten,
„führen zu der Glanzburg mit diefer frohen Heerfchaar
520. „das feligfte von allen Siegesfindern,
„den edelften von Allen, den ihr hier anftaunet
„und in Lichtfchmuck troftreich leuchten fehet!
„Doch noch einmal will der Erden Völfer
„er heimfuchen felber mit der Heere breiteftem
525. „und will dann richten aller Werfe jedes,
„die je vollführten die Völfer unterm Himmel.“
Es war der Wart der Glorie mit Wolfen drauf umfangen
über des Himmels Höhen, der Hochengel König,
der Helm der Heiligen: Hochjubel war erneut
530. da in den Burgen durch des Burgwarts Anfunft!
Zur rechten Seite fetzte fich fiegfrohlockend
der ewigliche Ehrenfürft dem eignen Vater.
Drauf wandten nach Jerufalem fich jammermütig
die hochfinnberühmten Helden zu der heiligen Burg
535. zu gehen wiederum, nachdem fie Gott fo eben
mit ihren Augen fahen aufwärts fteigen,
ihren Wonnefpender: Wehlaute ertönten;
gar tief war da betrübt die treue Liebe,
heiß war in der Bruft das Herz in Wallung,
540. der Bruftfinn brannte. Dort blieben harrend
der Verheißungen des Herrn die Helden die ftarfen

in der zierglänzenden Burg noch zehen Nächte,
wie der Beſitzer des Himmels ſelbſt geboten,
bevor er aufwärts ſtieg, der über Alles waltet,
545. zu der Himmel Höhen. Es kamen hellweiß die Engel
entgegen da gegangen dem Gabenſpender der Helden:
das iſt wol geſprochen nach den Worten der Schrift,
daß allglänzend die Engel ihm entgegen
in jener heiligen Zeit in Haufen kamen
550. gefahren aus den Himmeln, da der Feſte gröſtes war
geworden in der Glorie. Wol geziemte es,
daß zu der hohen Freude hellweiß geſchmückt
die Engel kamen in des Allmachtvollen Burg,
eine wonnigglanze Schaar: ſie ſahn ja willkommen
555. in ſeinem Hochſitz den Himmelswalter,
der Leute Lebenſpender, der da lichtvoll waltet
all dieſes Erdkreißes und der Engel Schaaren!

XIII.

Es hat der Heilige die Hölle nun beraubt
all des Tributs, den ſie in alten Zeiten
560. durch Unrecht verſchlang zum Abgrund nieder.
Nun ſind verkommen und in Qualenfülle
gehöhnet und gehaftet in der Hölle Grund
des Teufels Kempen theillos jener Schaaren:
es mochte mit der Waffen Wurf den Widerſachern
565. der Kampf nicht glücken, ſeit der König der Glorie
des Himmelreiches Helm den harten Kampf
ausführte wider ſeine Altfeinde durch ſein Eines Macht,
wo er der Heerbeuten gröſte aus der Haft entführte,
aus der Feinde Burg des Volkes Unzahl,
570. eben dieſe Schaaren, die ihr hier anſtaunet!
Es will nun ſuchen der Seelen Heiland
den Gabenſtuhl der Geiſter, Gottes eignes Kind,
nach dem Waffenkampfſpiele. Nun wiſſet ihr das ſicher,

XIII.) Hier redet wol der Dichter im Geiſte die bei der Himmelfahrt im Himmel gebliebenen Engel an; denn wegen v. 574—581 kann man es nicht füglich als Anrede an die Leſer auffaßen.

was für ein Herr das ist, der diese Heerschaar leitet!
575. Geht frisch und fröhlich den Freunden nun entgegen!
empfangt sie freundlich, die Pforten öffnet!
Zu euch will einziehen, der über Alles waltet,
der König in die Burg mit nicht kleiner Schaar:
der Fürst der Schöpfung will dies Volk geleiten
580. zum aller theuersten Jubel, das er den Teufeln hat entrißen
durch seinen eignen Sieg. Er soll nun Friede
den Engeln und den Menschen in Ewigkeit gemein
auf ferne Zeiten sein: es ist ein Friedensbund nun
zwischen Gott und Menschen, geistheilige Treue,
585. Liebe, Lebens Hoffnung und alles Lichtes Freude!

XIV.

Wir haben nun gehöret, wie der Heiland Christ
durch seine Herkunft wieder Heil verlieh,
befreiete und friedete die Völker unter den Wolken,
des Herren hehrer Sohn, so daß der Helden jeder
590. sich nun erwählen darf, solang er in der Welt hier lebet,
so der Hölle Höhnung wie des Himmels Hoheit
so das leuchtende Licht wie die leibvolle Nacht,
so den Glanz der Glorie wie der Gottlosen Elend,
bei dem theueren Herrn Jubel wie bei den Teufeln Jammer
595. bei den Unholden Elend wie bei den Engeln Glorie,
so Leben wie Tod, wie's ihm am liebsten dünket
zu vollführen hier auf Erden, solange Fleisch und Geist
hier wohnen in der Welt. Des habe weiten Ruhm
der Dreieinigkeit Glorie und Dank ohne Ende!
600. Das ist des würdig, daß die Weltvölker alle
für der Gaben jede ihrem Gotte danken,
die er uns eher oder später immer spendet
durch mannigfacher Macht Geheimnis!
Er gibt Essen uns und Eigentum in Fülle,
605. Wolstand über weite Lande und Wetter linde
unter des Aethers Decke; die edelsten der Sterne
leuchten sichtlich Allen, die Sonne und der Mond,
den Helden hier auf Erden, die Himmelsleuchten.
Es fallen Thau und Regen Triebe weckend

610. zur Lebensnahrung für die Leutekinder
und die Erbgüter mehrend. Des alles ſollen
wir ſagen Lob und Dank dem Lebensfürſten
und für das Heil noch mehr, das er zu hoffen gab,
da er das Elend all bei ſeinem Aufwärtsſteigen

615. von uns abwandte, das wir ehe trugen,
und legte für die Volkeskinder Fürſprache ein
beim trauten Vater in der Fehden gröſter,
der eingeborne König, und wandte all den Fluch
den Seelen da zum Frieden, der einſt geſungen ward

620. durch Sinnes Ingrimm zur Sorge für die Menſchen:
„Ich hab auf Erden dich geſchaffen: an der ſollſt du in Ar=
mut leben,
„in Unglück wohnen und Elend erdulden
„und den Teufeln zur Luſt Todeslieder ſingen
„und ſollſt zu Erde abermals dann werden

625. „durchwallt von Würmern und ſollſt der Wehqual Feuer
„auffuchen dann von dieſer Erdenheimat!“
Ja, erleichtert hat uns das der Lebensfürſt,
da er empfieng auf Erden Fleiſch und Glieder
eines Menſchenkindes und da des Machtreichen Sohn

630. zu der Engel Erbſitz aufwärts ſteigen
wollte, der Weltvölker Gott: dieſer Wille kam
zur Hilfe uns Gebeugten in der heiligen Zeit.
Davon ſang Hiob, wie er konnte, verherlichend
den Helm der Menſchen und den Heiland lobend:

635. er gab dem Sohn des Waltenden mit Sippenliebe
einen feierlichen Namen, da er ihn Vogel nannte,
den die Judenleute nicht begreifen mochten
in der gottentſprungenen Geiſtes Strenge.
Es war des Vogels Flug den Feinden hier auf Erden

640. dunkel und verborgen, die da düſteren Sinn
hatten in der Bruſt, ein Herz von Stein:
ſie wollten nicht erkennen die klaren Zeichen,
die das edele Gottkind vor ihren Augen würkte
ſo manche und ſo mancherlei in dieſem Mittelkreiße,

645. wie der liebliche Vogel Flugſpiel übte,
bald der Engel Erbſitz oben ſuchte
kühn und kraftgeſtreng, die kunde Heimat,

bald zur Erde wieder abwärts flog,
durch Geistes Gabe die Gründe suchte

650. und zur Welt sich wandte, wovon der Weißage sang:
„Er ward durch Engelarme aufgehoben
„in seiner mächtig großen Machtfülle
„hoch und heilig über der Himmel Glorie."
Nicht mochten des Vogels Flug erkennen,

655. die seine Himmelfahrt hartnäckig leugneten
und nicht lauter glaubten, daß der Lebensfürst
über die Machtglorie in Menschengestalt
heilig von der Erde erhoben wurde,
da er uns würdigte, der diese Welt geschaffen,

660. der Geistsohn Gottes, und verlieh zur Gabe uns
oben bei den Engeln ewigliche Sitze,
und auch gar mannigfache Mutes Klugheit
säete und setzt' er in den Sinn der Menschen.
Manchem gibt er weise Wortbegabtheit

665. in des Gemütes Sinnen durch seines Mundes Geist
und edele Einsicht: all und viel
mag singen der und sagen, wem Sinnes Klugheit
befohlen ist im Geiste. Mancher mag mit Fingern wol
vor den Helden laut die Harfe schlagen,

670. greifen das Luftholz. Mancher mag das göttliche Gesetz
erläutern den Leuten. Ein andrer mag den Lauf der Sterne
verkünden, den Kreiß der Schöpfung. Kunstvoll mag ein
anderer
Wortreden schreiben. Im Waffenkampfspiele
gibt er Glück den andern, wenn sie der Geere Schauer

675. schießend schicken über Schildes Rand,
das flüchtge Pfeilgeschoß. Fröhlich mag ein anderer
über die Salzflut = See das Sundholz treiben,
die Holmbrandung rühren. Mancher mag hohe Bäume
steile besteigen. Mancher mag gestählte Schwerter

680. und Waffenrüstung würken. Mancher kennt der Welt Länder,
weitführende Wege. So hat der Waltende an uns
das Gottkind an den Gründen Gaben ausgetheilt:
nicht allein nur Einem will er alle geben
des Geistes Klugheit, daß dem nicht Großthun schade

685. ob sein Eines Kräften über Andere fort.

So hat mit Gabenfülle Gott der mächtige
der König aller Wesen mit Kräften des Geiftes
geehrt die Erdenkinder und gibt auch ewigliches Heil
den Seligen im Himmel und fetzet Frieden
690.   der Engel und der Menfchen für alle Zeiten.

XV.

So würdigt er fein Werk, wie einst der Weißage fang,
daß die heiligen Gemmen erhoben wären
die heiteren Himmelsfterne hoch empor,
die Sonne und der Mond: was find doch anders
695.   die glanzvollen Gemmen als Gott felber?
Er ist der ficherwahre Sonnenglanz,
der den Engeln und den Erbenbürgern edel leuchtet!
Das Mondlicht scheinet über den Mittelkreiß,
ein geiftliches Geftirn, gleichwie die Gotteskirche
700.   durch die Vereinigung von allem Guten
gar blinkend leuchtet, wie's in den Büchern heißt,
feit von den Gründen auf das Gottkind ftieg,
der König aller Reinen: da mußte feine Kirche lange
der Frommen Gemeine Verfolgung leiden
705.   hier unter heidenifcher Hirten Gewalt,   .
wo fich die wilden Sünder nicht an Wahrheit kehrten,
nicht an des Geifts Bedürfnis, fondern Gottes Tempel
brachen und verbrannten fie und würkten Blutvergießen,
verfolgten und befeindeten; doch fort beftund
710.   durch Geiftes Gabe der Gottmänner Segen
nach dem Auffteigen des ewiglichen Königs,
von welchem Salomo einft fang, der Sohn des David
der weife Gottes Sänger, durch Geiftgeheimnis,
der Walter weiter Reiche, der diefe Worte fprach:
715.   "Das wird kund werden, daß der König der Engel
"der Herr voll Allmacht über Höhen fpringet,
"hüpft über Hügel, Höhen und Felfen
"bewindet mit Glorie und die Welt erlöfet
"alle Erdbewohner durch den edelen Sprung!"
720.   Das war der erfte Sprung, da er einftieg in die Frau
in die makellofe Magd und Menfchengeftalt

empfieng ohne Frevel und ward zum Freudentrofte
allen Erdenbürgern. Es war der andere Sprung
des Kindleins Geburt, da in der Krippe lag
725. mit Kleidern bewunden in Knechtsgestalt
die Glorie aller Glorien. Der Gänge dritter
war des Königs Steigen, als er das Kreuz bestieg,
des Vaters Trostgeist. Es gieng der vierte Sprung
hinab ins Bergegrab, da er den Baum verließ
730. und fest lag in dem Feldhaus. Es war der fünfte Sprung,
da er der Höllenbürger Haufen beugte
in Qualenfülle nieder: es band der König da
der Feinde Vorsprecher mit Feuerbanden,
den gramgesinnten, wo er jetzt noch immer
735. gekettet liegt in Kerkerbanden,
geseilt mit Sünden. Es war der sechste Sprung
des Heiligen Triumph, da er zum Himmel stieg
auf zu seiner alten Heimat: da war der Engel Schaar
in jener heiligen Zeit gar hocherfreut
740. erfüllt von Wonne; sie sahn den Fürst der Ehren
der Edelinge ersten seinen Erbsitz suchen,
den Bau des Glanzes: da ward den Burgbewohnern
zur ewiglichen Freude des Edelinges Springspiel.
Gleichwie an den Gründen Gottes ewiger Sohn
745. hier über hohe Gehänge hüpfend hinsprang,
mutig über Berge, so sollen wir Menschen auch
mit unsres Herzens Gedanken hüpfend springen
von Thaten zu Thaten, Tugend übend,
daß wir zum höchsten Himmelreiche steigen
750. durch fromme Werke: da ist Freudenjubel
und edeles Dienstvolk. Das ist uns gar not,
daß wir das Heil von Herzen suchen,
zu dem, wie wir im Geiste glauben ernstlich,
der Heiland Christ von hinnen aufstieg
755. mit unserem Leibe, der lebende Gott.
Drum sollen wir immerfort die eiteln Lüste
die Frevelwunden fliehen und uns freun des Beßeren!
Denn wir haben zum Trost im Himmel droben
den Vater voll Allmacht, der seine Engel will
760. heilig aus der Höhe hierher senden:

die sollen uns beschirmen vor der Schädiger Waffen,
vor den furchtbaren Pfeilschauern, daß die finsteren Unholde
nicht Wunden an uns würken, wenn der Wutkampfbringer
auf das Volk Gottes fort entsendet

765. von des Bogens Sehne seine bitteren Pfeile.
Wir sollen fest drum wider den Fährlingsschuß
wachsam immer Wache halten,
daß der Eiterpfeil nicht einbringen möge
unter den Beinverschluß, das bittere Geschoß,

770. der Feinde Fährlingswaffe: das gibt furchtbare Wunde,
die bleichste aller Blutscharten. Bergen sollen wir uns drum,
solang wir Heimat halten hier auf Erden!
Wir wollen flehn um Frieden zu dem Vater droben,
zu des Herren hehrem Sohne und zum heiligen Geist,

775. daß er uns schirmen möge vor der Schädiger Waffen,
vor ihren Lügenkünsten, der uns das Leben gab,
Geist, Leib und Glieder: ihm sei Lob immerdar
durch die Welt der Welten und weite Glorie!

XVI.

Zu fürchten braucht den Pfeil des Teufels
780. kein einziger Mann auf Erden hier,
des Grimmen Geerschauer, wenn Gott ihn schirmt,
der Herr der Heerschaaren. Das Hochgericht ist nahe,
wo wir ganz dem gleich Vergeltung sollen finden,
wie wir durchs weite Leben mit Werken hier verdienten

785. in diesen breiten Gründen. Die Bücher melden,
wie zum erstenmale einstieg demütig
aller Macht Goldhort an diesen Mittelkreiß
in einer Jungfrau Schooß, das Gottes Kind,
heilig aus der Höhe: ich hoffe nun

790. und fürchte auch zugleich das furchtbare Gericht,
wenn einst der Engel König zum andernmale kommt,
da ich nicht hielt im Herzen, was der Heiland mir
gebot in seinen Büchern: des soll ich bittere Schrecken
zur Sündenstrafe sehen, wie ich sicher glaube,

795. wo dann vor geführt gar Viele werden
vor das Angesicht des ewiglichen Richters.

Der Kühne bebt alsbann, hört er den König sprechen
den Richter der Himmel rauhe Worte
zu denen die wenig ihm gehorchten in der Welt zuvor,
800. solange sie noch Abhilfe leicht des Elends und der Not
und Friede mochten finden. Da wird furchtsam dann
gar mancher Sünder harren auf dem Siegesfelde,
was ihm nach seinen Thaten da ertheilen wolle
an dem angstreichen Tage der Engel König
805. an leidvollen Strafen. Dann ist die Luft zergangen
nach Erdenschätzen. In Urzeiten waren
bedeckt mit Waßerfluten des Lebens Wonnegüter
die Freudenschätze lange: dann werden in dem Feuer sie
brennen in dem Brande. Bleich wütet dann
810. die rauchrote Lohe, rauh hin schreitend
durch diese Welt die weite; es wanken die Gefilde,
die Burgstätten bersten, der Brand ist im Zuge:
es frißt die alten Schätze unaufhaltsam
der gierigste der Geister, was die Gaumänner hielten,
815. solange sie in Uebermut auf Erden lebten.
Drum will ich lehren nun der Lieben jeden,
daß er des Geistes Heil nicht geil verscherze
und in Großthun nicht vergieße, so lange Gott das will,
daß er in dieser Welt hier wohnen darf,
820. daß soll zusammen wandern die Seele mit dem Leibe
in diesem Gasthofe. Es soll der Gaumänner jeder
in seinem Erdenleben ernstlich das bedenken,
wie der Machtwalter uns einst milde warb
zum erstenmale durch des Engels Wort!
825. Es gilt dann Ernst, wenn er zum andernmale kommt
gerecht und hocherzürnt: der Himmel kommt in Aufruhr
und die großen Marken dieses Mittelkreißes beben.
Es lohnt alsbann den Leuten der leuchtende König,
daß sie auf Erden hier mit argen Thaten
830. in Lastern lebten: lange sollen sie dafür
freudebar empfahen in dem Feuerbade
umwallt von Lohe wehvollen Lohn,
wenn der König der Macht kommt zur Versamlung
mit der Gefolge größtem: dann wird Völkergrausen
835. laut hier gehöret bei den Himmelsschrecken,

der Weinenden Geſchrei; wehklagend heulen
dann vor dem Angeſicht des ewiglichen Richters,
die ihren Werken wenig trauen.
Größerer Schreckensgraus erſcheinet dann,

840. als auf der Erde je ſeit Anbeginn der Schöpfung
die Leute hier erfuhren. Weit lieber wär es dann
den Schuldbeladnen allen in der ſchlimmen Zeit
und angenehmer als all dieſe Schöpfung,
wo ſie ſich ſelber in dem Sieggetümmel

845. behüten möchten, wenn der Heerſchaaren Fürſt
der Edelinge erſter Allen will ertheilen
den Lieben wie den Leidigen Lohn nach Recht,
der Weltvölker jedem. Uns iſts gewaltig not,
daß vor den Grauenſchrecken wir des Geiſtes Heil

850. in dieſer unfruchtbaren Zeit eifrig hier bedenken!
Das iſt ähnlich ſo, als ob auf offenem Meere
wir über kaltes Waßer mit den Kielen fahren
und über die See die weite mit Sundhengſten
das Flutholz treiben: das iſt ein furchtbarer Strom

855. übermäßiger Wogen, dem wir hier über fahren
in dieſer weichen Welt, und windige Holme.
Ueber der Fluten Tiefe war die Fahrt gar ſtreng,
eh wir zum Land das Schiff geleitet hatten
über den hohen Rücken, da uns die Hilfe kam,

860. daß uns hin zu des Heiles Hafen führte
der Geiſtſohn Gottes und uns die Gnade ſchenkte,
daß wir erkennen können über Kieles Bord,
wo wir ſeilen ſollen die Sundhengſte
die alten Flutenroſſe feſt an Ankern.

865. Wir wollen auf den Hafen nun die Hoffnung gründen,
den uns hat geräumt des Himmels Walter
heilig in der Höhe, da er zum Himmel ſtieg!

XVII.

Es wird dann unverſehens die Erdbewohner
des mächtigen Gottes großer Tag

870. um Mitternacht mit Macht befallen,
die leuchtende Schöpfung, wie oft ein liſtvoller Räuber

ein Dieb dreiftlich in dem Düster führet
und in schwarzer Nacht die vom Schlaf gebundnen
forglosen Helden unverfehens überfället
875. und mit Uebel anfährt die Unbereiten.
Zusammen kommen zum Sionsberge
große Heerschaaren dann dem Herrn getreu
hocherfreut in hellem Glanze: ihnen wird Heil verliehen.
Wenn dann von allen vier Enden diefer Welt,
880. den alleräußersten des Erdenreiches,
allglänzende Engel einstimmig blafen
mit mächtigen Pofaunen, dann bebt der Mittelkreiß
das Land unter den Leuten. Sie lärmen dann zusammen
über der Sterne Gang stark und glänzend,
885. singen da und tönen von Süden und von Norden,
von Osten und von Westen über alle Creaturen,
wecken von dem Tode die Weltvölker alle,
das ganze Menschenvolk zum Gottesgerichte
mit Angstgraus von der alten Erde, heißen fie auferstehen
890. schleunigst von dem Schlaf dem festen: da mag man Schaa=
ren voller Sorgen
hören herzbekümmert hart erschüttert
leidvoll beklagen, was fie im Leben würkten,
von Furcht überfallen. Das ist der Vorzeichen größtes,
die eher oder später irgend wurden
895. den Menschen je gezeigt! gemengt find da
dann all die Schaaren der Engel und der Teufel,
der blinkenden und schwarzen: beide kommen,
die hellen und die dunkeln, wie ihnen die Heimat ist
ungleich geschaffen, den Engeln und den Teufeln.
900. Unverfehens kommt zum Sionsberge
aus dem Südosten der Sonne Leuchtglanz
von dem Schöpfer alsdann scheinend lichter
als es die Menschen mögen im Gemüt erdenken,
glanzvoll leuchtend, wenn der Gottes Sohn
905. von der Himmel Höhen hier erscheinet.
Es kommt dann wunderbar Christi Antlitz
des Edelkönigs von dem Osthimmel
füß im Sinne feinem Volke,
den Böfen aber bitter, zu erblicken wunderbar

910. ungleich den Elenden und den Auserwählten!
Den Frommen ist er freundlich im Gesichte,
wonnsam glänzend dem erwählten Volke,
lieblich und erfreulich als liebreicher Freund:
liebsam und linde ist den lieben Menschen
915. da anzuschauen des Anblickes Glanz
des wonnigsüßen, des Waltenden Ankunft
des machtreichen Königs, denen die im Gemüt zuvor
mit Worten und mit Werken ihm wol gefielen.
Doch den Uebelen ist er angstlich und grimmlich
920. zu erschauen da, den schuldvollen Menschen,
die durch Frevel verwürkt hervor kommen.
Das mag ein Wahrzeichen sein dem, der hat weise Gedanken,
daß dem ganz und gar nicht zu grauen brauchet,
wer von dem Anblicke dann von Angst nicht wird
925. von Furcht erfüllt, wenn er den Fürsten sieht
aller Creaturen vor seinen Augen fahren
mit Machtwundern Manchem zum Gerichte
und allenthalben da der Hochengel Schaaren
außen um den Edelen allglänzend fahren,
930. Heere von Heiligen in Haufen groß!
Es dröhnt die tiefe Schöpfung; tosend fährt das größte
aller wallenden Feuer über weite Gründe:
es rauscht die heiße Lohe. Die Himmel bersten,
die funkelnden Sterne stürzen von ihrer Stätte nieder;
935. es wird der Schein der Sonne schwarz gewendet
in Blutes Ansehn, die doch blendend schien
den Erdenvölkern über diese alte Welt.
Der Mond desgleichen, der den Menschen vorher
in der Nacht geleuchtet, fället nieder dann
940. und es stürzen von dem Himmel die Sterne auch
vom Sturm gestoßen durch die strenge Luft.
Mit seiner Engel Schaaren will der Allmachtvolle
der Machtkönige Schöpfer dann zum Mahle kommen,
der machtfeste Herr: auch sind seine Mannen da,
945. herzselige Haufen; die heiligen Seelen
fahren mit ihrem Fürsten, wenn der Völker Wart
mit angstlicher Drohung der Erden Völker
heimsucht selber; dann wird über den weiten Grund

gehört der laute Schall der himlischen Posaunen
950. und von sieben Seiten sausen Winde,
blasen brechend mit der Brausgetöne gröstem,
wecken und verwüsten die Welt mit Sturme
und füllen all mit Feuer die Fluren dieser Erde.
Harter Lärm kommt dann gar laut ohne Maaßen
955. schwer und schrecklich, der Schallgetöne gröstes,
zu Ohren angsterweckend den Erdenvölkern.
Da werden mächtiggroße Schaaren des Menschenvolkes
wehvoll wandern in das weite Feuer,
welche die Lohe des Todes lebend antrifft,
960. manche auf, manche nieder, angefüllt mit Feuer.
Dann ists unbezweifelt, daß die Adamskinder,
klagen dort vor Schmerzen Kummers voll,
die Leute laut jammernd nicht vor leichten
sondern vor den allergrösten Angstmühsalen,
965. wenn alle drei auf einmal fortrafft
das dunkle Wallen des Feuers weithin zusammen,
die schwarze Lohe: die Seen mit ihren Fischen,
die Erde mit ihren Bergen und den Obenhimmel
den gestirnten mit seinen Sternen. Die Straflohe brennt
970. das all zusammen mit einemmale
grimm übern Haufen: es graust vor Schrecken
all dieser Erdkreiß in der offenen Zeit!
Der gierige Geist durchsucht die Gründe so,
die verheerende Lohe die Hochgezimmer.
975. Es füllet alle Felder mit Feuers Schrecken
das weitkunde Wehen, die Welt auf einmal,
heiß und gierig. Häufig stürzen
zerbrochene Burgwälle und die Berge schmelzen,
die hohen Klippen, die wider den Holm zuvor
980. fest wider Fluten die Gefilde schützten
als starke standfeste Stützen gegen Wogen,
gegen wälzende Waßer. Alle Wesen nimmt dann
Thiere und Vögel die Todeslohe.
Ueber die Gefilde fährt die feuerschwarze Lohe,
985. der wallende Wüterich, wie einst die Waßer strömten,
die entfeßelten Fluten. In dem Feuerbade
schmoren dann des Sundes beraubt die Seefische;

all die Wogenthiere werden wehvoll sterben:
es brennt gleich Wachs das Waßer! Das ist der Wunder mehr,
990. als im Gemüt es einer mag erdenken,
wie das Geftöhne und der Sturmwind und die strenge Luft
brechen all die breite Schöpfung. Es werden bitter alle Helden
rufend alsdann weinen mit Weheftimmen
gebeugt und bruftbekümmert in bitterer Reue.
995. Es siedet schwarze Lohe die Sünden der Verfluchten
und die Glut frißt gierig die goldnen Kleinode,
all die alten Schätze der Erdenkönige.
Da ift dann Lärm und Klagen, aller Lebenden Tumult,
Geheul und heftig Rufen ob der Himmelsschrecken,
1000. elendes Angftgebahren! es mag kein einziger dann
befleckt von Freveln Friede allda finden,
sich von dem Lohbrand lösen in dem Lande irgend:
das Feuer frißt durch die Gefilde alles;
grimmlich gräbt es und begierig suchts
1005. von innen und von außen durch alle Erdengründe,
bis alle Frevel hat des Feuers Leuchtglut
wallend da verbrannt, des Weltschmutzes Schande.

XVIII.

Dann kommt der Herr voll Macht zum hehren Berge
mit dem dem allermeiften Machtgefolge:
1010. es leuchtet heilig von der Höhe der Himmelsengel König
Gott der Waltende in Glorie über die Völker,
während außen um ihn als der Edelgefolge beftes
heilige Heerschaaren hell erglänzen,
das selige Engelvolk, in den innerften Gedanken
1015. furchtsam bebend vor des Vaters Schrecken.
Drum ifts kein Wunder, daß der Weltmenschen
unsaubere Menge angftvoll sorgend
sich so hart entsetzt, da selbst das heilige Volk
die hellweiße himmelklare Hochengelschaar   .
1020. sich vor dem Anblicke angftvoll fürchtet
und bebend harren die blinkenden Geschöpfe
des Gottgerichtes. Der grauenvollfte Tag
kommt dann der Welt, wenn der König der Ehren

die Menschenvölker all in seiner Macht bedräuet
1025. und erstehen heißt die Stimmbegabten
auf ans den Erbengräbern, heißt alle Völker
zur Versammlung kommen, die gesammte Menschheit.
Dann werden eiligst alle Adamskinder
Fleisch allda empfahen, der Feldruhe kommet
1030. ein Ende an dem Tage; denn alle sollen
vor der Ankunft Christi auferstehen,
Leben empfahen und Leibes Glieder,
und wieder alljung werden: sie haben Alles an sich,
was auf Erden sie in alten Zeiten
1035. Gutes oder Geiles in ihren Geist geladen
in dem Gang der Jahre; ihnen wird gegeben beides,
Leib und Seele. Ans Licht soll dann kommen
ihrer Werke Schein und ihrer Worte Sinn
und ihres Herzens Gedanken vor dem Himmelskönig.
1040. Gemehrt wird dann das Menschenvolk
und durch den Mächtigen erneuert: es erheben Manche sich
am Tage des Gerichtes, wenn des Todes Bande
zerlöst des Lebens Fürst. Die Luft verbrennt,
des Himmels Sterne fallen und verheerend wütet
1045. gierig heiße Glut. Die Geister wallen
in ihre ewigliche Heimat. Dann werden offenkundig
über den Mittelkreiß der Menschen Thaten:
es können ihren Hort die Männer, ihres Herzens Dichten,
vor Gott dem waltenden gar nicht bergen!
1050. Nicht sind die Thaten ihm verholen: am Tage des Gerichts
ist es dem Herrn bekannt, wie hier der Helden jeder
auf Erden eh verdiente das ewigliche Leben,
und alles ist dann offenkundig, was sie eher oder später
würkten in der Welt. Dann sind gar wenig die Gedanken
1055. des Herzens da verholen: es macht der hehre Tag
den Hort des Brustverschlußes, die Herzgedanken,
all offenbar! drum soll eher hier bedenken
seines Geists Bedürfnis, wer vor Gott will bringen
leuchtendes Ansehen, wenn die Lohe prüfet
1060. heiß und gierig, wie gehalten sind
die Seelen wider Sünden vor dem Siegesrichter,
wenn der Schall der Posaunen und die schimmernde Fahne

und das heiße Feuer und das hohe Gefolge
und der Engel Schaaren und die Angstgrausschrecken
1065. und der harte Tag und das hohe Kreuz,
recht errichtet als des Reiches Zeichen,
alsdann hervor bannen die Völkerschaar der Männer,
all die Geister derer, die da Glieder jemals
und Fleisch und Bein empfangen haben.
1070. Es wird dem Waltenden die weiteste der Schaaren
ewig und alljung wieder dann vor Augen kommen
nachdrücklich und notlich bei Namen gerufen:
sie bringen ihren Brusthort vor den Gebornen Gottes,
ihrer Seelen Schätze. Sehen will der Vater,
1075. wie gesund die Söhne ihre Seelen bringen
von der alten Erdenheimat, wo sie ehe lebten.
Dann sind guten Mutes, die da glanzvolles Aussehn
vor ihren Vater bringen: ihre Freud und Macht
ist seliglich gar sehr den Seelen zur Vergeltung
1080. als der Werke Glorienlohn. Wol ist es dem,
wer Gott mag gefallen in der grimmen Zeit!
Da sehen selbst sich dann der Sorgen größte
die schuldbefleckten Menschen schmerzerfüllet:
nicht ist ihnen das zum Heile, daß da vor allen Völkern
1085. unsres Herren Kreuz erhöhet stehet
das blinkendste der Zeichen blutbegoßen,
mit des Himmelskönigs hell triefendem
Schweiße überseihet, das über diese Schöpfung hin
schimmernd alsdann scheinet: die Schatten sind verborgen,
1090. wo den Leuten leuchtet der lichte Baum.
Doch zum Unheil wird das angeordnet
zur Drohung denen, die keinen Dank dem Herren
Schandwerk übend für seine Schmerzen wusten,
daß er am heiligen Baum erhänget wurde
1095. für des Menschenvolkes meinvolle Thaten,
wo lieblich uns das Leben kaufte
der Herr der Menschen an dem harten Tage
mit dem Kaufpreise, daß keine Sünde that
noch Lasters Frevel sein Leib auf Erden,
1100. mit dem er uns erlöste. Er will Lohn alsdann
für all das wieder ernstlich nehmen,

wenn das rote Kreuz errichtet leuchtet
über die Völker alle funkelnd statt der Sonne,
an das dann furchtsam die durch Frevel verthanen
1105. die schwarzen Sünder schaun mit Sorgen:
sie sehen sich zum Harme, was zum Heile ihnen kam,
wofern zum Guten sie's begreifen wollten;
und auch die alte Wunde und die offenen Maale
sehn an ihrem Herrn sie da im Herzen traurig,
1110. wie mit Nägeln einst durchtrieben die neidgesinnten Leute
seine Hände die weißen und seine heiligen Füße
und aus seiner Seite ließen Schweiß ausließen,
wo Blut und Waßer beide zusammen
heraus kamen vor der Augen Gesichte
1115. vor den Kriegern rinnend, da er am Kreuze hieng.
Sehen mögen sie dann selbst das Alles
offenbar vor ihren Augen, was er den Erdenvölkern
zu lieb den Lastervollen Leides viel erdulete.
Der Leute Kinder mögen leicht erkennen,
1120. wie sie ihn leugneten lose in Gedanken,
mit Harmreden ihn verhöhnten und in sein heilig Antlitz
spieen mit ihrem Speichel und sprachen ihm viel Schimpf
und auch wie in sein Angesicht das edele zugleich
die höllereifen Helden mit den Händen schlugen,
1125. mit flachen Händen und mit Fäusten auch,
und wie sie eine harte Krone um sein Haupt ihm legten,
aus Dornen einen Ring, die Gedankenblinden
verstrickt und thörigt. Sie sahn doch, wie die stumme Schöpfung
die allgrüne Erde und oben der Himmel
1130. furchtsam fühlten ihres Fürsten Leiden
und leidvoll klagten, wiewol sie leblos waren,
als ihren Schöpfer die Schädiger empfiengen
mit sündevollen Händen. Die Sonne ward verlöscht
mit Finsternis befangen; das Volk sah da,
1135. wie in Jerusalem der Gottgewebe köstlichstes,
das dem heiligen Hause zur Verherlichung
das Volk sollte vorher schauen,
von oben all verbarst, daß auf der Erde es
in zwei Trümmern lag: des Tempels Vorhang
1140. wunderbunt gewürkt zur Wunderzier des Hauses

12*

schliß selbst enzwei, als hätte Schwertes Spitze
ihn scharf durchschnitten. Der schönen barsten
der Mauern und der Felsen gar manche auf dem Felde
und die Erde auch von Angst erschüttert
1145. erbebte plötzlich und die breite See
kündete auch Kraft und Macht, da aus den Klammern sie
brach ingrimmtosend an der Erde Busen.
Es verließen auch die Sterne an ihrer Stätte der schönen
zu eben dieser Zeit den eignen Leuchtglanz.
1150. Der Himmel auch erkannte, wer ihn so hoch und glänzend
mit funkelnden Gemmen und fest gegründet:
drum sandt' er seinen Boten, als geboren war
der Schöpfung Glanzkönig. Ja die schuldvollen Menschen
sahen da auch sicher an demselben Tage,
1155. an dem er leidvoll duldete, ein großes Leutewunder,
daß die Erde hergab, die in ihr lagen,
abermals lebend: auferstunden,
die sie fest zuvor befangen hatte
todt begraben, die ihres theueren Herrn Gebote
1160. im Herzen immer hielten. Die Hölle auch erkannte,
die schuldbestrafende, daß der Schöpfer kam,
der waltende Gott, als sie da wiedergab
die Heerschaar aus dem heißen Busen: Manchem ward das
Herz erfreut,
den Seelen war die Sorge zerglitten! Ja auch der See
verkündete,
1165. wer an den weiten Grund ihn würkte einst,
welcher glanzmächtige König, da er sich gangbar machte
entgegen unsrem Herrn, als gehen wollte
der Waltende über seine Wogen: es wagte da der Waßerstrom
die Füße seines Fürsten nicht in die Flut zu senken.
1170. Ja die Bäume auch erkannten, wer sie mit Blüten schuf,
manche und nicht wenige: als der machtreiche Gott
an ihrer einen stieg, wo für der Erdbewohner
Heil er erduldete gar harte Qualen,
den Leuten zur Hilfe leidvollen Tod,
1175. da ward mit blutigen Zähren der Bäume mancher
beronnen unterm Himmel rot und dicke:
ihr Saft ward zu Blute. Nicht sagen können das

einfichtsvolle Erdbewohner,
wie Viele da - empfanden, die doch nicht fühlen konnten,
1180. das Leiden ihres Herrn, leblose Creaturen,
die edelsten von allen Erdengeschöpfen
und auch des Himmels hehres Hochgezimmer,
wie das alles um den Einen unfroh ward
von Furcht befangen: obwol sie doch Gefühl und Sinn
1185. nach ihrer eignen Art durchaus nicht kannten,
so wusten sie es durch ein Wunder doch, als da ihr Waltender
aus seinem Leibe fuhr. Nur die Leute mochten nicht,
die mutblinden Menschen, den Mächtigen erkennen,
härter denn der harte Kiesel, daß sie der Herr erlöste
1190. von der Hölle Qual durch seine heilige Macht,
der allwaltende Gott, wie das vor alten Zeiten
einfichtsvolle Männer seit Anbeginn der Welt
durch weises Verständnis Wahrsager Gottes
heilige hochbegabte den Helden sagten
1195. oft, nicht einmal, um den edelen Gebornen,
daß der Edelstein sollte allen Menschen
zum Hort und Trost dem Heldenvolke .
werden in der Welt, der Wart der Glorie,
der Urheber alles Heiles, durch die edele Jungfrau.
1200. Was wähnt der Mann doch, der nicht will im Herzen
Gottes milde Lehre im Gemüte fassen
und all die Arbeit, die er für uns getragen,
da er wollte daß wir die Wohnung der Glorie
auf ewiglich zu eigen sollten haben?
1205. Dem ifts ein Grausen an dem grimmen Tage
des furchtbaren Gerichtes, wer durch Frevel verthan
dann soll des Waltenden Tod und seine Wunden schauen,
sein qualvoll Leiden. Kummervollen Sinnes
sehen sie der Sorgen größte, wie derselbe König
1210. mit seinem Leib erlöste die Leute von den Freveln
milden Gemütes, daß sie von meinvollen Werken
befreiet möchten leben und dann Fülle der Glorie
ewiglich zu eigen haben: doch für solches Erbteil wusten sie
dem Walten nicht Dank und für sein wehvoll Leiden!
1215. Zu ihrem Unheil werden drum die Unseligen dann
die offenen Zeichen an dem Ewigen erschauen.

XIX.

Es fitzt bann Chrift auf feinem Königfuhle,
auf feinem Hochfitz ber Himmelskräfte Gott,
ber Vater voll Allmacht: ber Völker jebem
1220. entfcheibet nach ben Werken ber Schöpfer glänzenb
all nach Recht alsbann, ber Richter ber Menfchen.
Gefammelt finb bafelbft bem Chrift
alsbann zur rechten Hanb bie reinen Menfchen
bie auserwählten, welche eifrig fein Gebot
1225. mit Luft einft leifteten in ihren Lebenstagen,
währenb zu ber linken Seite all bie Lafteroollen
vor bem Schöpfer ba gefchaaret werben:
es läßet gehen fich zur linken Hanb
ber wahre Siegeskönig all bie Sünbermenge,
1230. wo fie bann in Verwirrung unb Befchämung weinen unb
beben
furchtfam vor bem Fürften fo faul wie Geißen,
bas unfaubere Volk ohne Ausficht auf Gnabe.
Dann wirb vor Gott entfchieben ber Geifter Urteil
ben Weltvölkern allen, wie fie würkten vorher.
1235. Es finb bann fichtbar an ben Seligen allba
brei hehre Zeichen, weil fie bes Herrn Gebot
mit Worten unb mit Werken wol erfüllten.
Zuerft ift eines ba gar offenkunbig,
baß fie lichtvoll leuchten vor ben Leuten allen
1240. über bie Sitze ber Burgen felig glänzenb:
an ihnen funkeln ihre früheren Werke
weit leuchtenber benn bas Licht ber Sonne.
Das anbere ift bann ebenfo beutlich,
baß fie bie Gaben bes Waltenben fich in ber Glorie wißen
1245. unb anfchauen ba mit Augen fich zur Wonne,
wie fie ben hehren Jubel in bem Himmelreiche
mit ben Engeln feliglich zu eigen bürfen haben.
Dann ift bas britte Zeichen, wie in bes Düfters Uebel
bas felige Volk fieht bie Verfluchten
1250. zum Schulbwerklohne Schmerz erbulben,
wallenbe Lohe unb ber Würmer Fraß
mit bitteren Bißen, ber Brennenben Schaar.

Daraus erwächst ihnen dann gar wonnsame Freude,
wenn sie das Uebel sehn die Andern tragen,
1255. daß sie durch Gottes milde Gnade genasen.
Um so gerner danken ihrem Gott sie dann
für Seligkeit und Freude, die sie da sehen beide,
daß er sie entnommen aus den Notqualen
und ihnen auch verlieh den ewiglichen Jubel,
1260. daß ihnen die Hölle ist verschloßen, das Himmelreich gegeben:
so wird gewechselt denen, die einst wol hielten
des Machtreichen Willen aus Gemütes Liebe!
Doch ungleich ist den andern Menschen
der Wille dann geworden: des Wehes nur zu viel
1265. sehn sie an sich selber dann für ihre Sündenschuld genug,
die früher sie vollführten, furchtbare Qualen,
wo sich den Sorgenvollen Schmerz anheftet
Drangsal und drückend Uebel nach drei Seiten hin.
Zuerst ist eins derselben, daß sie viel Elend sich bereitet
1270. heißgrimmes Höllenfeuer und harte Qualen
vor ihren Augen sehen, wo sie dann ewig sollen
in freudlosem Elend den Fluch ertragen.
Es ist ein anderes Uebel ebenso alsdann
den Schuldigen zur Schande, daß aller Schanden gröste
1275. die Frevler da empfinden; der Frevelsünden
gewahrt nicht wenige der Waltende an ihnen
und auch erschauen da das allglänzende
Heer der Himmelsengel und die Heldenkinder,
alle Erdbewohner und der übele Teufel
1280. ihre finstere Kraft und der Frevelschanden jede:
die mögen durch die Leiber der Laster Frevel
sehen an den Seelen; es ist das sündenvolle Fleisch
durchdrungen von der Schande wie durchsichtig Glas,
daß mans mit Augen leicht mag all durchschauen.
1285. Dann ist das dritte den Darbenden zur Sorge,
klagenreicher Kummer, daß sie an die Erkornen schauen,
wie die für ihre frommen Werke in Freuden leben,
die sie unselig einst verachteten
zu thun auf Erden, solange ihre Tage währten,
1290. und für ihre Werke sehn sie wehvollen Schmerz,
da sie einst Unrecht übten ungescheuet.

Sie ſehen dann die Guten glückvoll leuchten:
nicht iſt ihr Elend ihnen allein zur Strafe,
ſondern auch zur Sorge der Andern Glück,
1295. daß ſie ſelbſt ſo fröhliche Freude in früheren Tagen
und ſo einzige Wonne von ſich abgewendet
durch laſterliche Leibes Wonne,
durch argen Fleiſches eitle Lüſte.
Von Scham erfüllt, von Schande gedrückt
1300. ſchwanken ſie in Schwindel, die ſchwere Bürde
der Frevelwerke tragend, die da die Völker ſehen.
Es wäre ihnen beßer dann, daß ſie der böſen Thaten
all des Unrechts eher ſich geſchämt
der argen Werke vor einem Manne
1305. und ſagten Gottes Boten, daß ſie zu großem Kummer
Frevelthaten an ſich wüſten; durchs Fleiſch mag zwar der
Beichtiger
nicht gewahren an der Seele, ob man Wahrheit oder Lüge
ſagt zu ihm ſelber, wenn man die Sünde, beichtet:
doch mag man ſich erledigen der Laſter jegliches,
1310. des unſauberen Uebels, wenn mans Einem ſaget,
und an dem harten Tage kann verhehlen Niemand
ungebüßten Frevel: es ſehens Alle dann!
Ach, da mögen wir dann die verwünſchten Frevel
ſehn an unſren Seelen, die Sündenwunden,
1315. des Laſters Gelüſte mit unſres Leibes Augen,
all die unſauberen innerſten Gedanken!
Nicht Einer mag dem Andern ſagen,
mit welchem Eifer wir drum alle ſollen
hier fort und fort in Furcht unſer Leben
1320. adeln immer mehr mit aller Kunſt,
die Sündenmenge zügeln und uns ſelber zügeln,
daß wir die frühere Wunde unſrer Frevel heilen
in der ſo lützelen Friſt, die hier das Leben währet,
daß wir vor den Augen der Erdbewohner mögen
1325. unſchämend immer des Erdenlebens
brauchen ohne Schande, ſolange beide hier beiſammen
Leib und Seele leben dürfen!
Wir ſollen ernſtlich drum und eifrig nun durchſchauen
mit unſres Herzens Augen den Hort unſrer Bruſt

1330. den Unflat im Innern, da wir mit den andern nicht
mit des Hauptes Gemmen unfres Herzens Dichten
mit den Augen hier durchschauen irgend mögen,
ob Uebel oder Gutes ihm inne wohne,
auf daß er Gott gefalle in der grimmen Zeit,
1335. wenn der über die Schaar der Völker scheint in Glorie
von seinem Hochsitz herlich in heller Lohe!

XX.

Vor der Engel Schaaren und vor allen Völkern
spricht zuerst dann zu den Auserwählten
gar lieblich ihnen Lust verheißend
1340. der Himmel Hochkönig mit heiliger Stimme
und tröstet freundlich sie und bietet Frieden ihnen,
heißt gesund sie alle und gesegnet dann
hin zu des Engeljubels Erbsitz fahren
und Wonne da genießen auf weite Zeiten:
1345. „Empfangt nun mit den Freunden meines Vaters Reich),
„das euch war vor allen Welten wonniglich bereitet,
„Glück mit Jubelfreuden, die glanzvolle Heimat,
„wenn mit den Liebsten ihr des Lebens Freuden
„den lieben Himmelsjubel erhalten dürftet!
1350. „Das habt ihr all verdient, wenn ihr die armen Männer
„die weltdarbenden willig aufnahmt
„milden Gemütes: wenn die in meinem Namen
„euch in aller Demut um ein Almosen baten,
„dann halft ihr ihnen, nahmt ins Haus sie auf
1355. „und gabt den Hungernden Brot, Umhüllung den Nackten;
„zu denen die da siech lagen am Schmerzenlager
„und kämpften unsanft von Krankheit gebunden,
„habt ihr holden Sinnes euer Herz gewendet
„mit Gemütes Liebe. All das habt ihr mir gethan,
1360. „wenn ihr sorgsam sie besuchtet ihren Sinn zu trösten
„mit freundlichem Zuspruch: des sollt ihr frölich nun
„gar lange mit den Lieben Lohn genießen!"

XXI.

Dem ungleich spricht dann zu den übelen Menschen,
zu den lastervollen, die ihm zur Linken stehen,
1365. mit angstlicher Drohung der allwaltende Gott.

Sie dürfen dann nicht Milde von dem Machtschöpfer hoffen,
nicht Lust noch Leben, sondern Lohn kommt ihnen
nach ihren Werken da für Worte und für Thaten,
den Redetragenden: sie sollen den gerechten Spruch
1370. des angstreichen Urtheils einzig tragen.

Es ist die Gnade Gottes die große dann entfernt
den Völkern dieser Erde an dem Tage
des Allmachtvollen, wenn er Ingrimms voll
gegen das freche Volk die Frevel aufstellt
1375. mit leidvollen Worten und heißt sie ihres Lebens Recht
vor seinen Augen darthun, das er einstmals gab
zur Seligkeit den Sündern. Er beginnt dann selbst zu reden,
als ob er nur zu Einem spräche, und meint doch all damit
das frevelsündige Volk, der Fürst voll Allmacht:
1380. „Ich habe, o Mensch, dich doch mit meinen Händen
„zuerst geschaffen und habe Einsicht dir gegeben:
„ich machte deinen Leib aus Leem und gab dir lebenden Geist!
„Dich ehrte ich über alle Creaturen, daß du von Ansehn warest
„mir ganz gleich, und gab dir Macht in Fülle,
1385. „Wolstand über weite Lande: du wustest nichts von Wehe
„in Düster, das du dulden solltest. Doch du wustest keinen
                           Dank dafür,
„daß ich so schön dich geschaffen hatte,
„so wonniglich gewürkt und Wolstand dir verliehen,
„daß du der Weltgeschöpfe walten durftest,
1390. „da ich ans Land dich setzte, an das liebliche Gefilde,
„daß du des Paradieses durftest dort genießen,
„des farbenglänzenden Freudeglückes.
„Da wolltest du nicht leisten des Lebens Wort:
„du brachest mein Gebot auf das Gebot des Mörders,
1395. „da du dem falschen Feinde fürber hörtest
„dem Schadenbringer denn dem Schöpfer dein!
„Nun will ich aufhören von der alten Sache,
„wie zum ersten du so übel dachtest,

»verlorft durch Frevelwerke, was ich zum Frommen dir ge-
ſchenkt,

1400. »da ich des Guten dir ſo viel gegeben hatte,
»und doch bei all dem zu geringe dir das edele Glück
»in dem Gemüte däuchte, wenn du die Machtfülle
»nicht ebengroß mit Gott zu eigen ſollteſt haben.
»Da du nun aus der Freude in die Fremde wurdeſt

1405. »den Feinden zu Willen fernhin geworfen,
»daß aus des Parabieſes Wonne du gedrängt gewaltſam
»ſollteſt gehen jammernd aus der Geiſter Erbſitz
»arg und unfroh, alles des beraubt,
»des theueren Jubels, und da vertrieben wurdeſt

1410. »in dieſe düſtere Welt, wo du zu dulden hatteſt
»mächtiggroße Mühſal manche Stunde,
»Schmerz und ſchwere Not und dann den ſchwarzen Tod,
»und daß du nach dem Hingang dann zur Hölle nieder
»ſollteſt hin ſinken der Helfenden verluſtig,

1415. »da ward es mir im Herzen leid, daß meiner Hände Werk
»in der Feinde Gewalt ſo fahren ſollte,
»daß die Menſchen ſollten Meinqualen ſehen,
»ſollten auffuchen unkunde Heimat
»und ſorgenwolle Wege! Ich ſelbſt ſtieg da

1420. »als Mannkind in die Mutter: doch ihr Magdtum blieb
»durchaus unverletzt; ich allein ward geboren
»zum Heil den Heldenkindern. Man bewand mich mit den
Händen da,
»bedeckte mich mit dürftigen Kleidern und legte mich ins Dunkel hin
»bewunden mit ſchlechten Windeln: für die Welt ertrug ich das!

1425. »Gar lützel däuchte ich den Leutekindern, lag auf hartem
Steine
»kindjung in einer Krippe. Damit wollte ich die Qual entfernen
»das heiße Höllenübel, daß du möchteſt heilig und ſelig
»leuchten in dem ewigen Leben: darum litt ich all die Mühen!
»Das that ich nicht aus Uebermut: auf mich nahm ich

1430. »Armut und Elend, ehrloſen Leibesſchmerz,
»daß ich dadurch wäre dir ganz gleich)
»und daß du möchteſt mir dann werden

„an Anſehen gleich, vom Unrecht geſchieden.

„Aus Liebe zu den Leuten litt ich auch

1435. „an meinem Haupte Harmſchläge; auch litt mein heilig Antlitz
„oft Beſchimpfung: der Ehrloſen Speichel
„empfieng ich aus dem Munde der Meinwürkenden.
„Sie boten mir auch bitter gemiſcht
„aus Eßig und aus Galle unſüßen Trank.

1440. „Dann empfieng ich vor dem Volk der Feinde Haßwut:
„ſie verfolgten mich mit Freveln, achteten der Fehde nicht
„und ſchlugen mich mit ſcharfen Geiſeln. Den Schmerz er=
trug ich
„in Demut all für dich allein
„ſowie auch Harm und harte Reden, als ſie einen herben Reif

1445. „eine harte Krone auf das Haupt mir wanden
„und drangſalvoll drückten: die war aus Dornen gewürkt.
„Als ich erhängt dann war am hohen Baume,
„am Galgen befeſtigt, da vergoßen ſie
„aus meiner Seite ohne Säumen Blut,

1450. „daß es troff zu der Erde, daß du des Teufels Macht
„und ſeiner Notgewalt dadurch entnommen würdeſt.
„Von Laſtern frei litt ich die Qualen,
„übelvolle Arbeit, bis daß ich ausfahren ließ
„aus meinem Leibe den lebenden Geiſt.

1455. „Die Wunden triefen jetzt, welche mir die würkten einſt
„in der Fläche meiner Hände und an den Füßen auch,
„für die ich hieng am Kreuze hart gefeſtigt,
„und offen kannſt du auch noch jetzt
„die ſchweißende Wunde ſchaun an meiner Seite.

1460. „Wie ungleich war die Sache uns doch gemein!
„ich nahm auf mich deine Schmerzen, daß du immer möchteſt
„Sitz in meinem Erbreich ſeliglich genießen,
„und gar theuer kaufte ich mit meinem Tode dir
„das lange Leben, daß du im Lichte dann

1465. „wonnſam ohne Sünde wohnen möchteſt.
„Mein Fleiſch lag drauf im Feld begraben
„nieder behütet, das Niemand doch beleidigt,
„im Bergegrabe, auf daß du blinkend möchteſt
„oben in dem Himmel mit den Engeln wohnen.

1470. „Warum verließeſt du das Leben doch das ſchöne,

„das ich mit meines Leibes Leben dir aus Liebe hatte
„zur Hilfe dem Gehöhnten hold erkaufet?
„So gar wißlos wurdeft du, daß du dem Waltenden
„für beine Erlösung Dank nicht wuſteft!

1475. „Heiſchen will ich hier nun nichts
„für meinen Tod den bitteren, den ich ertrug für dich:
„aber dafür gib mir dein Leben nun, daß ich für dich das
meine
„dahingegeben durch harte Qualen!
„des Lebens ich dich mahne, das du mit Laftern haft

1480. „ſündenvoll erſchlagen dir ſelbſt zur Schande!
„Warum haft du das Saalgeſchoß, das ich mir ſelbſt in dir
„geheiligt habe als Haus zur Wonne,
„durch Frevellüfte und durch faule Sünden
„beſchmußt unſauber durch beinen eignen Willen?

1485. „Warum haft du den Leib alſo, ben ich erlöfte mir
„aus Feindes Hänben und dem die Frevel ich verbot,
„ſchmachvoll geſchändet in Schuld und Sünde?
„Warum erhiengft du mich noch herber an beiner Hände Kreuz
„als ich gehangen einſt? dies bünkt mir härter warlich:

1490. „mir ift weit qualvoller nun das Kreuz beiner Sünden,
„bem ich ohne meinen Willen an bin gefeßelt,
„als das andere war, an das ich einftmals ftieg
„mit meinem Willen, da mich dein Weh ſo ſehr
„in meinem Herzen reute, da ich der Hölle dich entzog,

1495. „ſo bu es ſelbſt nur wollteft ſeitdem halten!
„In ber Welt war ich ein Bettler, baß du fänbeſt Wolfein
in dem Himmel;
„ich war arm in beinem Erblanb, baß du in meinem in
Ueberfluß bann lebteft:
„doch wufteft bu des alles auch nur einigen Dank
„beinem Notretter nicht im Gemüte!

1500. „Auch gebot ich euch, baß ihr die Brüber mein
„im Weltreiche ſolltet wol erfreuen
„unb mit ben Eigengütern, bie ich euch auf Erben gab,
„ben Armen ſolltet beiſtehn: das habt ihr arg geleiſtet,
„da ihr ben Dürftigen verweigertet, baß unter eurem Dache ſie

1505. „einkehren bürften, und ihnen alles entzoget
„harten Herzens, Umhüllung ben Nackten

„und Mundkoft den Hungernden: obgleich fie in meinem Namen
„in Weh und Unglück euch um Waßer baten
„fchmachtend nach einem Trunke fchwach und matt

1510. „bedrängt von Durft, doch fchlugt ihr dreift es ab.
„Ihr befuchtet nicht die Kranken, fie mit fanften Worten
„zu tröften, die Betrübten, damit fie Troft im Herzen
„im Gemüt empfiengen. Das alles habt ihr mir gethan,
„zum Hohn dem Himmelskönig! des follt ihr harte Qualen

1515. „auf weite Zeiten tragen und Wehe bei den Teufeln!“
Drauf läßt dann über Alle da die angftliche Rede
felbft der Siegeswart, die Schmerzes volle,
über das Volk das verfluchte fort ertönen,
fpricht zu der fündevollen Seelen Menge:

1520. „Fahret nun verflucht der Freude bar,
„des Engeljubels, in das ewigliche Feuer,
„das dem Satan ward und feinen Gefellen allen
„dem Fürft der Teufel und feiner finfteren Schaar
„bereitet heiß und grimm: da hin follt ihr finken!“

1525. Sie können dann nicht beugen das Gebot des Himmelskönigs
alles Heils verluftig: hurtig werden fallen
in den Grund den grimmen, die wider Gott einft ftritten.
Dann ift der Wart des Reiches wutvoll und mächtig,
ergrimmt und graunvoll: ihm entgegen mag kein Feind

1530. auf diefem Erdenwege ausharren dann.
Er fchwinget mit der Rechten das Schwert des Sieges,
daß in das tiefe Thal die Teufel fallen
und all die fchuldvolle Schaar in fchwarze Lohe
unter der Erde Schooß, die unfeligen Geifter,

1535. das Volk der Frevler, in der Feinde Wohnung
darbend zum Verderben in das Drangfalshaus
in den Todfaal des Teufels, von wo fie nicht die Theilnahme
                            Gottes
feitdem wieder fuchen; ihnen entfpringen die Sünden nicht,
wo fie lafterfchuldig von der Lohglut gebunden

1540. in Schmerzen immer fchmachten. Ihnen ift die Schuldbe-
                           ftrafung
vor Augen unverborgen: das ift der ewigliche Tod!
Es mag das heiße Thal vom Höllenvolke
in der ewigen Nacht die Sünden nie verbrennen

auf ferne Zeiten, die Frevel von den Seelen:
1545. es nährt die tiefe Grube die Traurigen vielmehr
grundlos hütend die Geister in dem Düster,
nährt sie mit der alten Lohe und mit angstlichem Froste,
mit wutvollen Würmern und mit Wehqualen viel,
mit furchtbarer Nahrung die Völker plagend.

XXII.

1550. Das mögen wir beachten und einmütig sprechen
und sicher mögen wir das sagen, daß der Seelenwart
des Lebens Weisheit verloren habe,
den es hier gar nicht kümmert, ob sein Geist dereinst
sei elend oder selig, wo er in Ewigkeit
1555. nach seinem Hingang von hier soll heimfest werden:
er ist sorglos immer Sünde zu vollführen,
der unsinnige Mann, und durchaus fühlt er nicht
in seinem Herzen Reue, daß ihm der heilige Geist
durch Frevel wird entfernt in dieser flüchtigen Zeit!
1560. Der finstre Frevler steht dann furchtsam vor dem Herrn
am Tage des Gerichts in Todes Farbe
des Lebens unwürdig ob seiner Lasterthaten
erfüllt mit Feuer, der verfluchte Sünder,
von Angst geschlagen vor dem Angesichte Gottes
1565. schwarz und häßlich, hat schmählich Ansehn,
des Lebens Falschheitszeichen. Die Frevelkinder werden
dann in Zähren sich ergießen, wenn des nicht Zeit ist,
ob ihrer Sünden jammernd; sie suchen dann zu spät
für ihre Geister Hilfe, wenn des Gott nicht achten will,
1570. der Weltvölker Walter, wie die verwürkten Sünder
ihre alten Schätze in der offenen Zeit
gar sehr beweinen. Dann ist nicht Sorgens Zeit
den Leuten da erlaubt, daß Linderung des Uebels
alsdann finden möchte, wer nicht vorher durch sein Leben
1575. sich Heil will erwerben, so lang er hier noch lebt.
Der Guten keinem wird Grausen da erscheinen
noch ists der Ueblen einem wol: der eine wie der andre

1571) d. i. ihre Werke (1637). —

trägt vor den Augen Gottes einfach das Verdiente.
Drum ſoll beeifern ſich, wer will zu eigen haben

1580. Leben bei dem Herrn, ſolang hier Leib und Geiſt
feſt beiſammen ſind: er möge ſeiner Seelen Heil
gerne hier begehen an Gottes Willen
und das erreichen mit Reden und mit Thaten,
mit Gedanken und mit Sitten, ſolang ihm dieſe Welt

1585. die in Schatten ſchreitende noch ſcheinen darf,
daß er nicht verſcherze in dieſer ſchnellen Zeit
das theuere Jubelglück und ſeiner Tage Zahl,
den Glanz ſeiner Werke und den Gnadenlohn,
den der Himmel Hochkönig in der heiligen Zeit

1590. dann ſicher dem will geben zum Siegerlohne,
wer ihm gerne ſtets im Geiſt gehorchet,
wenn der Himmel und die Hölle mit der Helden Seelen
der Volkeskinder gefüllet werden.
Die Gegner Gottes ſchlingen dann die Gründe ein,

1595. wo lackernde Lohe die Laſtervollen
bedrängt, die Sünder, und nicht von dannen läßt
an Luſt gelangen zur Lebensrettung:
ſie bindet feſt mit Brand die Schaaren
der verfluchten Frevelkinder. Furchtbar dünkt es mir,

1600. daß gar nicht ſich drum kümmern dieſe Geiſtes Träger
die Menſchen im Gemüte, daß der Meinwerke jedes
ihnen der-Waltende alsdann zum Wehe ſetzt,
den leibigen Leuten, wenn das Leben und der Tod
hin nimmt die Seelen! Dann iſt das Haus der Qualen

1605. offen aufgedeckt den Eidlügnern entgegen:
das ſollen füllen dann die Frevelſüchtigen
mit ihren ſchwarzen Seelen, wenn zur Schuldbeſtrafung
geſchieden wird die Schaar der Sünder
von den heiligen Seelen zu der Harmqual nieder.

1610. Da ſollen die Bedrücker und die Diebe dann,
die Lügner und Verlegenen kein Leben hoffen
und die Meinſchwörer ſollen Mordlohn ſehen
hart und heißgrimm, wenn die Hölle aufnimmt
der Gottloſen Schaaren und es gibt die der Waltende

1611) die ſich verlegen haben, d. i. die Ehebrecher. —

1615. den Feinden ins Verderben: die Frevler dulden
angstvolles Uebel. Arm ist, der da will
durch Frevel sich erwürken, daß er als Feind alsdann
von seinem Schöpfer geschickt soll werden
am Tage des Gerichts zum Tode nieder
1620. zu der Hölle Volk ins heiße Feuer
unter den Glutverschluß: dort müßen sie die Glieder reichen,
um da gebunden und gebrannt zu werden,
geschwungen schmerzvoll ihrer Schuld zum Lohne.
Dann wird der heilige Geist die Hölle schließen
1625. durch die Macht Gottes, der Mordhäuser größtes
das feuervolle und der Feinde Heerschaar
auf des Königes Gebot. Das ist der Qualen größte
für Teufel und für Menschen, ein trauervolles Haus,
wo nicht ein einziger von ihnen sich irgend mag erledigen
1630. der kalten Kerkerbande! Sie brachen ihres Königs Wort,
der Bücher hehres Gebot: drum sollen bitter sie erwarten
in ewiger schwarzer Nacht Schmerz ohne Ende;
den sollen fort und fort die Frevelvollen dulden,
die im Herzen hier verachteten des Himmelreiches Glorie!
1635. Aber die Erkornen bringen dann vor Christ den Herren
glanzvolle Zierde: ihr Glück lebt dann;
am Tag des Hochgerichtes haben sie beim Herrn den Jubel
des linden Lebens, das da erlaubet ist
den Heiligen beim Herrn im Himmel droben:
1640. das ist der Erbsitz, der nie geendet wird!
Da sollen fort und fort die Frevellosen
in hohem Jubel ihren Herren loben,
den lieben Leutewart, mit Licht bewunden
von Sorgen frei in sanftem Frieden
1645. in Lust und Jubel die geliebten Schaaren,
und in alle Ewigkeit der Engel Gemeinschaft
in lichtem Glanz mit Lust genießen,
feiern den Völkerwart: es hat der Vater Aller Gewalt
und er hält und hütet der heiligen Schaar.
1650. Da ist Gesang der Engel, der Seligen Wonne;
da ist des ewiglichen Königs Antlitz das theuere
allen Seligen heller denn der Sonne Lichtglanz.
Da ist der Geliebten Liebe, Leben ohne Endetod,

jubelndes Volk, Jugend ohne Alter,

1655. der Himmelschaaren Herlichkeit, Heil ohne Schmerzen
den Gerechten allen, Ruhe ohne Kämpfe
den Tugendhaften, Tag ohne Düster
glanzvoll mit Glückes Fülle, gramlose Wonne,
Freundschaft unter Freunden fort ohne Sünde

1660. für die frommen Seelen, Friede ohne Neidkampf
bei den Heiligen im Himmel. Nicht ist Hunger da noch Durst,
nicht Schlaf noch Siechenlager noch auch Sonnenhitze,
nicht Kälte und nicht Kummer. Des Königs Gaben
genießen ewiglich da all die Seligen

1665. und Herlichkeit beim Herrn, der Heerschaaren schönste.
Das ist die edelste der Freuden, wenn zum erstenmal begegnet
ein Engel einer auserwälten Seele: sie gibt die Erdenwonne auf,
verläßet dieses Lebens Freuden, trennt von dem Leibe sich.
Dann spricht der Engel; er hat älteren Stand;

1670. es grüßt der Geist den andern und entbietet Gottes Botschaft:
„Fahren magst du nun dahin, wohin du vorher strebtest
„lang und lebhaft! geleiten will ich dich:
„dir sind lind die Wege und das Licht der Glorie
„ist glänzend dir erschloßen. Gehen darfst du nun

1675. „zur heiliglichen Heimat!“ Da naht nie Herzenskummer
noch Obbachsuchen wegen Armut; da ist der Engel Jubel,
Seligkeit und Friede und der Seelen Ruhe,
wo die fort und fort sich freuen dürfen
und jubeln bei dem Herrn, die gerne sein Gebot

1680. auf Erden haben ausgeführt; ewige Belohnung
hält er ihnen in den Himmeln, wo der höchste von Allen
aller Könige König kraftvoll waltet.
Das sind die Wohnungen, die wanken nimmer,
wo nie vor Armut denen, die da innen wohnen,

1685. aufhört das Leben: ihnen ist das Abendmal bereit,
wo Jugend sie genießen und Gottes Milde.
Dahin sollen einst die Seelen der Gerechten
kommen nach dem Tode, die Christi Gesetz
lehren hier und leisten und sein Lob erheben,

1690. überwinden die verworfnen Geister: die erlangen Wonneruh
der Glorie.

Wohin soll des Mannes Mut doch steigen

eher ober später, also daß er seine eigenen Gedanken
seinen Geist hier treibe, daß er in Gottes Gewalt
von Lastern rein gelangen möge?

VII.

Höllenfahrt Christi.

Es begannen edelgeborne Frauen mit Anbruch des Tages
sich zu rüsten zu dem Gange: Recken wusten sie versammelt
und des Edelinges Leib vom Erbhaus bedeckt.
Es wollten die bekümmerten Weiber klagend trauern
5. um den Tod des Edelinges eine Stunde
und schluchzend weinen. Voll Schrecken war die Ruhstatt;
hart war der Hinweg: die Helden an dem Berge
die Männer waren mutig, die da des Milden hüteten.
Es kam mit Tages Anbruch die trauernde Maria
10. und hieß noch eine Mannestochter mit sich gehen:
es suchten schmerzerfüllt die zwei das Siegkind Gottes,
den Einsamen in dem Erbhaus, wo sie ehe wusten
daß ihn da hüteten die Helden der Judäer.
Sie wähnten, daß er bleiben in dem Berge sollte
15. einsam in der Osternacht: doch anders drauf
wusten es die Weiber, als sie weg giengen.
Bei Anbruch des Tags kam eine Engelschaar:
der Haufen Wonne umgab des Heilandes Burg.
Offen war das Erbhaus; des Edelinges Leib
20. empfieng des Lebens Geist, die Felsen bebten.
Hoch frohlockten die Höllenbürger: der Held war erwacht
mutig aus der Erde; der Machtstarke
erstund siegfest und weise. Da sagte Johannes
der Held zu den Höllenbürgern hochfrohlockend
25. mutig vor der Menge von seinem Maagfreund also:

---

21) d. i. die Frommen des alten Bundes, die in der Hölle auf Erlösung
harrten. —

„Verheißen hatte mir der Heiland unser,
„daß er an diese Sendfahrt mich senden wollte
„und daß er mich besuchte. Nun mahnet an das alles
„der Fürst des Volkes, da er das Feldgrab verlaßen!

30. „Ich wähne das gar stark und der Bestimmung gemäß,
„daß uns der Herr und Heiland heut am Tage
„selbst hier will besuchen, das Siegkind Gottes."
Zur Fahrt beeilte sich der Fürst der Menschen:
es wollte der Himmel Helm der Hölle Mauern

35. zerbrechen und zerbeugen und die Burg entkleiden
all ihrer starken Macht, der strengste aller Könige.
Er wollte keine Helmträger zu dem harten Kampfe
noch auch Brünnekempen zu den Burgthoren
führen auf der Fahrt. Es fielen die Riegel

40. die Klammern von der Burg: der König drang hinein
der Fürst alles Volkes vorwärts eilend,
der Weltvölker Gloriengeber. Die Wehmänner drangen,
wer von ihnen das Siegeskind nun sehen dürfte:
Adam und Abraham, Isaac und Jacob,

45. mancher mutreiche Held, Moses und David,
Esaias und Sacharias,
der Hochväter viele wie auch der Helden Schaaren,
der Weißagen Haufe und der Weibsleute Menge,
viele Frauen, Volkes Unzahl.

50. Es sah Johannes das Siegkind Gottes
mit hoher Glorie zu der Hölle kommen:
es erkannte der Jammermütige Gottes selbes Fahrt;
er sah der Hölle Thore hell erglänzen,
die so geraume Zeit verriegelt stunden

55. bedeckt mit Düster: der Degen war in Wonne.
Da entbot alsbald der Burgbewohner erster
mutig vor der Menge und zu dem Maagfreund sprach er,
als willkommen ihn mit Worten grüßend:
„Des sei dir hoher Dank, o Herre unser,

60. „daß du uns selbst allhier besuchen wolltest,
„da wir hier in diesen Banden harreten lange.
„Wenn auch die Hölle manchen hilfelosen bindet
„als wehvollen Verbannten (sie ist weithin feind),
„so ist er doch so fest nicht in Feßelbanden

65. „so bitterlich gebunden unter bösen Klammern,
„daß ihm drum nicht leichter Kraft verliehen möchte werden,
„wenn er an seines Herren Huld nur glaubet,
„daß er aus den Fesseln ihn befreien wolle.
„So hoffen wir nun alle zu dir einmütiglich
70. „mein theurer Herr! ich ertrug gar viel,
„seitdem du einstmals zu mir eintratest,
„da du mir schenktest Schwert und Brünne,
„Helm und Heerschmuck, was ich hielt bis jetzt,
„und da du mir verkündetest, du Krone der Edelschaaren,
75. „daß du ein Befrieder meinen Freunden wärest.
„O du Gabriel! wie bist du geistesklug und scharf,
„milde und aufmerksam und menschenfreundlich,
„weise in deinem Witz, in deinem Worte scharfsinnig!
„das hast du kund gethan, da du den Knaben einst
80. „in Bethlem zu uns brachtest! des harrten in der Burg wir
lange
„sitzend voller Sorgen, gar sehr nach Friede dürstend
„in Erwartung der Wonne, wann wir das Wort Gottes
„sagen hörten durch sein selbes Mund.
„O du Maria! wie hast du einen mutreichen
85. „König uns geboren, da du das Kind zu uns
„in Bethlehem brachtest! bebend sollten wir
„hier unter der Hölle Thoren hart in Banden
„warten seiner Ankunft: es freute sich des Werks der Mörder
„und unsere Altfeinde waren all in Wonne,
90. „wenn sie hörten, wie wir herzbekümmert
„wehklagend weinten, unsre Verwandtschaft all,
„in dieser Heimat der düstern, o Herre Gott,
„du seligster aller Siegeskönige!
„— — — — — — — —
95. „— — — — — Wir haben gierigen Mutes
„uns selbst betrogen: die Sünde tragen wir
„drum in dem Herzen nun zur Hand des Mörders
„und sollen uns auch Friede bei den Feinden suchen.
„O du Jerusalem in der Juden Lande!
100. „wie du an der Stätte stille weiltest!
„es durften fahren in dir umher die Flurbewohner
„alle Lebenden, die da Lob singen!

„O du Jordan in der Juden Lande!

„wie du an der Stätte stille weiltest!

105. „nicht fort durftest du da fließen durch die Flurbewohner:

„deines Waßers durften sie in Wonne brauchen.

„Dich, Herr, beschwör ich nun, o Heiland unser,

„tief in Bedrängnis (denn du bist Christ der Herr),

„daß du uns milde werdest, Menschenschöpfer!

110. „Aus Liebe zu den Menschen hast Deiner Mutter Schooß

„du selbst gesucht, o Siegherr Gott!

„und nicht aus deinem Bedürfnis, o du der Völker Gott,

„vielmehr ob deiner Milde, die du dem Menschenvolke

„offenbartest oft, wenn ihm Erbarmung not war!

115. „Du kannst umfahen alle Völkersitze

„wie du, o reicher Herr, auch recht kannst zählen

„des Sees Sandkörner, du seligster der Könige!

„Dich auch, o Herr, beschwör ich, Heiland unser,

„bei deiner Kindheit, aller Könige bester!

120. „und auch bei deiner Wunde, o Weltvölkerherr!

„und bei deiner Auferstehung, der Edelinge Wonne!

„und bei deiner Menschheit mannigfacher Gabe,

„die alle Höllenbürger verherlichen und preisen!

„und bei all den Schaaren, welche um dich stehen,

125. „die du sitzen heißest selbst zu deiner Rechten,

„der du an diesem Weheort, o Weltvölkerkönig,

„uns hier besuchen wolltest durch dein selbes Macht!

„und auch bei Jerusalem in der Juden Lande!

„es soll die Leuteburg, o lieber Herr,

130. „gleichwol nun warten deiner Wiederkunft;

„und auch beim Jordan in der Juden Lande,

„wo wir beide in dem Brunnen uns badeten zusammen!

„Du überwarfst da mit dem Waßer, o Weltvölkerherr,

„milden Sinnes alle Menschenkinder

135. „sowie du mit Johannes auch im Jordanfluße

„durch deine Taufe lieblich hast getrost gemacht

„all diesen Erdkreiß. Des sei Gott ewiglicher Dank!"

*   *   *

VIII.

Der Vogel Phönix.

I.

Das habe ich erfahren, daß gar fern von hier
ein edeles Eiland unterm Osthimmel lieget:
das ist den Völkern kund; doch zu finden ist es
über den Mittelkreiß nicht Manchem leicht
5. der Volkeskinder: gar fern ist es gelegt
den meinvollen Menschen durch die Macht Gottes.
Das Gefilde ist gar lieblich erfüllet wonnsam
mit den ausgesuchtesten Erdendüften.
Einzig ist das Eiland; edel ist der Schöpfer,
10. mutig und machtreich, der das Markland setzte.
Geöffnet ist da oft den Seligen
der Hochklänge Wonne und des Himmelreiches Thür.
Wonnsam ist das Eiland: da sind Wälder grün
geräumig unterm Himmel. Nicht mag Regen noch Schnee,
15. nicht Frostes Blasen noch des Feuers Wehen,
nicht der Hagel Schauer noch des Herbstes Reif,
nicht Schwüle der Sonne noch scharfe Kälte,
nicht warmes Wetter noch der Winter Schauer
irgend allda schaden: es bleibt das edle Land
20. durchaus unverletzt und immerfort
ist es beblümt mit Blumen. Weder Berg noch Hügel
stehen steil allda; nicht Steinklippen
erheben sich da hoch wie hier bei uns;
da sind nicht Tellen noch Thäler noch tiefe Schluchten,
25. nicht Höhen noch Hügel noch erhebt sich da
Unsüßes irgend: es steht das edele Gefilde
unter den Wolken immer wonnsam beblümt.
Um zwölf Klaftern ist das zierreiche Land
höher noch erhaben, wie uns hochbegabte
30. Wahrsager durch Weisheit in ihren Werken melden,
als der Berge einer, die blinkend hier bei uns

sich hoch erheben unter Himmels Sternen.
Sanft ist das Siegfeld; es glänzt der Sonnenhain,
das wonnigliche Waldgehölz: da welken niemals
35. die blinkenden Blumen, sondern die Bäume stehen
immer grün allda, wie ihnen Gott gebot;
im Winter und im Sommer sind des Waldes Bäume
mit Blüten stets behangen: nie bricht da ab
das Laub unter den Lüften und die Lohe schadet
40. Alters allda nie, bevor das Ende kommt,
der Wechsel dieser Welt. Als einst mit Waßers Tosen
all diesen Mittelkreiß die Meerflut bedeckte,
der Erden Umfang, da war das edele Gefilde
durchweg beschirmet vor der Wogen Andrang:
45. es stund behalten wider die hohen Wogen
durch die Gnade Gottes ganz unversehrt.
So bleibt es blühend auch bis zu des Brandes Ankunft
an dem Tage des Gerichts, wenn sich die Todtenhäuser
all die Gräber aufthun werden.
50. In dem hehren Lande ist nicht Haß noch Feindschaft,
nicht Wehklage noch Elend noch der Wehzeichen eines,
nicht Alter noch Armut noch der enge Tod,
nicht Verlust des Lebens noch Leibes Nahen,
nicht Schuld noch Streit, nicht Schmerz noch Leid,
55. nicht Bettlers Elend noch bittere Not,
nicht Schlaf noch Sorge noch schweres Lager,
nicht Winters Gewerfe noch Wetters Toben
heftig unterm Himmel, und der harte Frost
plagt Keinen da mit kalten Kältezapfen.
60. Da fällt nicht Hagel noch Reif vom Himmel nieder,
nicht windige Wolken noch Waßergüße
von der Luft gepeitscht, sondern lebende Ströme
entspringen wunderherlich, wallende Quellen,
die mit lieblichen Fluten die Fluren lecken,
65. wonnsame Waßer aus des Waldes Mitte,
die in der Monde jedem aus des Marklands Boden
brechen brandungskalt und durch den Baumhain fließen
herlich eine Weile: das ist des Herrn Gebot,
daß zwölfmal jährlich das zierfeste Land
70. die lieblichen Fluten durchlaufen sollen.

Es sind die Bäume all mit Blüten dort behangen,
mit wonnigem Gewächs: da weichen nimmer
heilig unterm Himmel des Holzes Zierden:
nicht fallen da zur Erde fahl die Blüten,
75. der Waldbäume Schmuck, sondern wundervoll
sind die Aeste an den Bäumen all beladen
mit Obst immer neu zu allen Zeiten.
Es stehen grün da in dem Grasgefilde
behangen herlich durch des Heiligen Macht
80. die blinkendsten der Bäume. Gebrochen wird allda
das Holz nie in dem Haine, wo der heilige Duft
wohnet in dem Wonneland: gewendet wird
das Alters nimmer, bevor das Ende bringt
der alten Erde, der sie im Anfang schuf.

II.

85. Den Wald bewacht ein wunderschöner
Vogel federkräftig, der ist Phönix geheißen.
Einsam lebt er auf dem Eiland dort
ein theueres Leben: es schadet ihm der Tod nimmer
in jenem Wonneland, solang die Welt besteht.
90. Er soll den Sonnenlauf sorgsam da beachten,
soll entgegen kommen der Gottes Leuchte,
der glanzvollen Gemme, und begierig achten,
wann aufwärts steige das edelste Gestirn
im Osten glänzend über des Oceans Fluten,
95. das alte Werk des Waltenden wonnig leuchtend,
des Herren helles Zeichen; verhüllt sind die Sterne
gewandelt unters Wogenmeer am Westhimmel nieder,
verdunkelt bei des Tages Anbruch, und die düstere Nacht
die schwarze schwindet. Es schaut alsdann
100. der federstolze Vogel über die Fluten hin:
unter der Luft übers Meer hin lugt er eifrig,
wann ehr er aufsteigen an dem Osthimmel
sehe über die See die weite der Sonne Leuchtglanz.
So wohnt der edle Vogel einsam an der Quelle
105. wunderherrlich an dem Wellgeriesel,
wo zwölfmal sich der zierreiche Vogel

     bebadet in dem Brunnen, eh blendend kommt
     des Aethers Leuchte, und eben so vielmal
     von dem wonnesamen Wellgeriesel
110. kostet er, dem kalten, bei der Kühlbäder jedem.
     Drauf schwingt er sich dann aufwärts nach dem Schwimm=
                          spiele,
     erhebt sich hochgemut auf einen hohen Baum,
     von wo am leichtesten er kann den Lauf der Sonne
     beachten an den Ostwegen, wann des Aethers Leuchte
115. über die Holmbrandung heiter scheine,
     des Lichtes Leuchtglanz: die Lande sind geschmückt,
     die Welt wird wonnigschön, sobald die Weltleuchte
     über den Gang des Meers den Grund bescheint
     über den Erdkreiß hin, das edelste Gestirn.
120. Sowie die Sonne nun die Salzflutströme
     hoch überragt, dann steigt der herlichbunte Vogel
     blinkend von des Haines Baume aufwärts
     und fährt dann federschnell im Flug durch die Lüfte,
     singt und jubelt der Sonne da entgegen.
125. Des Vogels Gebahren ist so freudig dann:
     in seines Herzens hoher Freude hebt er an
     wechselnd Wonneklänge wunderbarer
     mit erhabener Stimme, als der Helden einer
     je hörte unterm Himmel, seitdem der Hochkönig
130. der Würker aller Glorie diese Welt gegründet,
     den Himmel und die Erde. Des Hochliedes Klang
     ist süßer und wonnsamer denn alle Sangeskünste
     und weit lieblicher denn der Lieder jedes.
     Diesem Halle gleichen nicht Hörner noch Posaunen,
135. nicht Harfentöne noch eines Helden Stimme
     auf Erden irgend noch Orgelklang,
     nicht Schall der Sackpfeife noch Schwanes Feder
     noch der Töne irgend einer, die der Ewige schuf
     zum Jubel für uns Menschen in diese Jammerwelt.
140. So singt und jubelt er in seliger Wonne,
     bis daß die Sonne drauf am Südhimmel wieder
     zu sinken anfängt: dann schweiget er;
     das Haupt erhebend horcht er auf
     dreist gedankenklug und dreimal schüttelt er

145. die flugschnellen Federn: der Vogel schweigt,
Zwölfmal zeiget er die Zeit stets an
bei Tag und Nacht. So getheuert ist
der Baumbegänger, daß er gebrauchen darf
des Wonnefelds nach Wunsch und Wolstand genießen,

150. des Lebens · Freuden und des Landes Schätze,
bis daß der Winter tausend in dieser Welt Leben
des Waldhaines Wächter gewartet hat:
dann ist lebensmüde der lichtbuntgefiederte
der bejahrte greise. Die grüne Heimat

155. fliehet dann der Vögel Wonne, das Feld voll Blumen,
und fliegt von dannen zu einem fernen Reiche
dieses Mittelkreißes, wo Menschen nicht bewohnen
Haus und Heimat. Herschaft da
empfängt als Fürst er über der Vögel Schaaren

160. gewaltig in dem Volke und eine Weile mit ihm
bewohnen sie die Wüste: doch wendet er sich
weiter drauf nach Westen, so viele Winter alt,
zu entfliegen federschnell. Die Vögel dringen
außen um den Edelen: eifrig dienen

165. will hold dem hohen Herrn ein jeder,
bis daß er selber sucht der Syrer Land
mit der Gefolge gröstem. Dann eilet fort der zierliche
in ·scharfem Fluge, daß er im Schatten wohne
an einem wüsten Orte zwischen Waldes Bäumen:

170. der ist behütet und verholen der Helden manchem.
Einen hohen Baum in dem Gehölz allda
bewohnt er wachsam einen wurzelfesten
unter des Himmels Dache: den heißen die Menschen
Phönix auf Erden nach des Vogels Namen.

175. Dem Stamme hat verliehen der starke König
der Menschen Machtgebieter meines Erfahrens,
daß allein er unter allen Bäumen,
die da aufschießen auf Erdenwegen,
blüht am blinkendsten: nichts bitteres mag

180. ihm schaden jemals; beschildet immer
weilt er unverwüstet, solang die Welt besteht.

---

174) d. i. Dattelpalme (Phönix dactylifera L.).

III.

Der Wind liegt dann, es ist das Wetter lieblich:
heiter und heilig scheint des Himmels Gemme,
die Wolken sind zergangen und der Waßer Fluten
185. stehen alsdann stille: es ist der Stürme jeder
besänftigt unterm Himmel und von Süden scheint
die Wetterleuchte warm den Weltvölkern leuchtend.
Er beginnt zu zimmern in den Zweigen dann
ein Nest sich zu erbauen, mit Nachdruck strebend,
190. daß er sein Alter eiligst möge
durch Witzes Wallen wenden zum Leben
und empfahen frische Jugend. Dann fern und nahe
sucht und sammelt er die süßesten Gewächse,
die wonnsamsten Würzkräuter und von des Waldes Blüten
195. zur eigenen Wohnung der Edeldüfte jeden
wonnsamer Kräuter, die der waltende König
aller Schöpfung Vater schuf auf Erden
zur edelen Wonne den Erdenvölkern
süß unter dieser Sonne. Selbst dann trägt er
200. auf des Haines Baum die hehren Schätze,
wo in dem wüsten Wald der wilde Vogel
auf hohem Baum ein Haus sich zimmert
wonnsam und herlich. Da wohnt er nun
selbst in dem Söller, an der Seiten jeder
205. in des Laubes Schatten Leib und Federn
umhüllend herlich mit den heiligen Düften
der alleredelsten Erdenblüten.
Zum Hingang sitzt er fertig, wenn des Himmels Gemme
die Sonne am schwülsten in Sommers Zeit
210. scheinet über Schatten, ihr Geschick erfüllet
und die Welt überschauet. Dann wird nun da
das Haus erhitzet durch die heitere Sonne,
es werden warm die Kräuter, der Wonnesaal raucht
mit den süßesten Düften und in der Sonnenhitze brennt
215. durch Feuers Fang der Vogel mit dem Neste.
Das Feuer ist im Zuge und flackernd deckt
das Haus die Brandglut: hoch auf lobernd
frißt die fahle Lohe und Phönix brennt

der vielbejahrte; die Feuerglut verzehrt
220. den Leib den vergänglichen und das Leben ist
entflohn dem Vogel, wenn Fleisch und Bein
hinwegnimmt die Lohe: doch wieder kommt ihm,
wenn die Frist verfloßen, frisches Leben.
Darauf beginnt die Asche dann
225. sich nach des Brandes Lodern geballt zusammen
zur Kugel zu vereinen, wenn das kunstvolle
das blinkendste der Nester von dem Brand verzehrt ist
des Kühnen Wohnung und erkühlt ist der Leib,
das Beinhaus zerbrochen und der Brand hört auf.
230. Dann erschaut man da am Scheiterhaufen
eines Apfels Bildnis in der Asche liegen.
Draus wächst ein Wurm dann wunderherrlich,
als sei aus einem Eie er ausgeschloffen
schön aus der Schaale. Dann im Schatten wächst er,
235. daß zuerst er aussieht wie eines Adlers Junges,
ein lieblich. Vöglein, und fürder drauf
wächst er wonnesam, bis er an Wachstum gleichet
einem alten Adler und endlich wird
an Federn er so prächtig wie er vormals war
240. und farbenbunt: der Vogel ist nunmehr
alljung wieder und abermals geboren
von Makeln gesondert in Manchem ähnlich so,
als wenn die Erdfrüchte man zum Unterhalte
heim geleitet in des Herbstes Zeit
245. die wonnsame Nahrung vor des Winters Ankunft
in der Reife Tagen, daß nicht Regenschauer
unter dem Himmel sie verderben, wo man die Hilfe dann
der Freudenahrung findet, wenn Frost und Schnee
mit Uebermacht die Erde decken
250. mit Winters Gewändern, und von den Gewächsen soll
der Edelinge Reichtum abermals erwachsen
durch des Kornes Keimkraft, das klein zuvor
als Saat gesät war, wenn der Sonne Leuchtglanz
in des Lenzes Zeit des Lebens Zeichen
255. erweckt und Weltreichtum, daß die Gewächse sind
durch ihre eigene Keimkraft abermals erwachsen,
des Feldes Zierde: so wird der Vogel auch

der bejahrte nach den Jahren jung von neuem
mit Fleisch umfangen. Futter nimmt er

260. Mundkost nicht auf Erden: des Meûthau's koftet er
nur ein geringes Theil, der rinnt oft nieder
in Mitternächten, mit dem der mutige sein Leben
der Vogel friftet, bis er die frühere Wohnung
die eigene Heimat auffucht wieder.

IV.

265. Ift nun erwachsen unter Würzkräutern
der federftolze Vogel in frischem Leben
jung und gabenreich, dann fucht am Grieße er,
was von dem Leib dem lieberkräftigen, den eh der Lohbrand
fraß,
die Glut noch übrig ließ: er fammelt eifrig dann

270. die gebrochenen Gebeine nach des Brandes Wüten.
Er bringt zusammen Bein und Afche
der Lohglut Nachlaß liftvoll wieder
und deckt den Leichenraub mit lieblichen Kräutern
herlich geziert. Er ift dann hinbeeilt

275. die eigene Heimat wieder aufzusuchen.
Er umfängt dann mit den Füßen des Feuers Nachlaß
umklammernd mit den Klauen und die kunde Heimat
die sonnenhellen Sitze fucht er freudig,
das felige Erbfitzeiland: allneu ift das Leben

280. und das Federkleid dem Vogel, wie er vormals war,
da ihn zuerft der Herr ins edele Gefilde
der fiegruhmfefte fetzte. Von fein felbes Leibe
bringt er die Gebeine hin, die da des Brandes Wallen
verbrannte vorher auf dem Berge oben

285. zum Afchenhaufen: das all zusammen
birgt alsbann der Kräftige Bein und Afche
in die Erde auf dem Eiland. Allneu ift ihm wieder
der Leuchtglanz der Sonne, wenn das Licht des Aethers
auffteigt über den Ocean, der Edelfteine freundlichfter,

290. und aus dem Often leuchtet der Edelfterne Wonne.
Von vorn ift herlich der Vogel zu erfchauen
bunt von Farben um die Bruft herum,

das Haupt ist ihm von hinten grün
schillernd schön mit Scharlachglanz;
295. dann ist der Schwanz ihm schön getheilt
halb braun halb purpurn, mit Punkten zierlich
schwarz gesprenkelt; es schimmern ihm die Flügel
hellweiß nach hinten und der Hals ist grün
nach unten und nach oben: von außen glänzt der Schnabel
300. wie Glas oder Gemmen, glänzend sind die Wangen
von innen und von außen; der Augapfel ist
stark und prächtig einem Steine gleich
einer glänzenden Gemme, die mit Goldes Faßung
ein kunstreicher Schmied bekleidet hat.
305. Gleich einem Sonnenring umsäumt den Nacken
aus Federn gewunden der funkelndste der Kränze;
die Wambe ist von unten wunderherrlich
schön und glänzend, der Schild ist oben
farbenbunt gefüget auf des Vogels Rücken;
310. mit Schuppen sind besetzt die Schenkel rings,
die fahlgelben Füße. Der Vogel ist durchaus
von Ansehn einzig: gleich einem edelen Pfauen
ist wonnsam er gewachsen, wie uns die Weisen melden.
Nicht tölpisch ist er noch trägen Sinnes,
315. nicht schwer und unbeholfen, wie einige der Vögel,
die langsam nur die Luft durchfliegen:
er ist hurtig und leicht, behend im Fluge,
wonnsam und lieblich und wunderbar geschaffen:
ewig ist der Edeling, der ihm den Adel gab!
320. Er macht sich auf alsdann das Eiland zu suchen
den eignen Erbsitz von jenem Erdenwinkel.
Sowie der Vogel nun da fliegt und sich den Völkern zeigt,
gar manchen Menschen über den Mittelkreiß,
dann sammeln sich von Süden und von Norden
325. von Westen und von Osten gewaltiggroße Schaaren
von fern und nah, der Völker Massen,
und schauen da des Schöpfers Gaben
an dem farbenbunten Vogel, wie der Vater dem verliehen
weit edelere Art als allen Vögeln
330. und herrlicheren Schmuck, der wahre Hochfürst des Sieges.
Es bewundern dann den Wuchs und Glanz

die Erdenvölker und auf zeichnen sie's,
bemerkens mit den Händen auf Marmorsteinen,
wann zeigt den Völkern Zeit und Stunde
335. des Flugschnellen Pracht. Die Vögel drängen
allenthalben dann in Haufen sich heran
fliegend aus der Ferne und feiern im Gesange
den Mutreichen preisend mit mächtigen Stimmen
und umgeben so den Heiligen in Haufen rings
340. im Flug in den Lüften: es ist Phönix in der Mitte
vom Vögelschwarm umdrungen. Die Völker schauen
vor Verwundrung staunend, wie die Wonneschaaren
den wilden da verherlichen in weiten Haufen
und kraftvoll ihn verkünden und als König preisen
345. als lieben Leutefürst und leiten freudig
den Edelen zur Heimat, bis der Einsiedel dann
federschnell entfliegt, daß ihm nicht folgen mag
der Schwarm der Jubler, wenn der Schaaren Wonne
von jenem Erdenland das Eiland wieder suchet.

V.

350. So sucht er wonneselig nach der Weile des Todes
seine alte Heimat auf von neuem,
das freundliche Gefilde, und der Vögel Schaaren
kehren jammermütig von dem jugendkräftigen
zu ihrer Heimat wieder, wenn der hehre ist
355. der junge auf dem Eiland. Gott nur weiß,
der Schöpfer voll Allmacht, wie sein Geschlecht beschaffen,
ob weiblich oder männlich: das weiß sonst keiner
des Menschenvolkes; nur der machtreiche Gott
weiß wie wunderbar die Weise ist
360. gefügt von Anfang um des Vogels Geburt!
Da darf er fröhlich sich nun freun der Heimat,
der wallenden Ströme, und im Waldgehölze
darf er wohnen da, bis daß der Winter tausend
verkommen wieder sind: dann kommt dem Vogel
365. seines Lebens Ende und Lohbrand deckt ihn
mit des Feuers Gluten; doch von frischem kommt er
wunderbar wieder erweckt zum Leben.

Drum betrübt den Sinkenden der Tod auch nicht,
der Schmerz der Sterbestunde: denn stets ja weiß er

370.   nach des Lohbrands Wüten das Leben sich erneut
nach seinem Falle wieder, wenn er in Vögleins Weise
nach dem Brand von neuem aufwächst
und aus der Asche wieder alljung wird
unter der Sonne Laufbahn.   Er ist sich selber alles,

375.   Sohn und Vater und so fort dann wieder
Erbwart auch vom alten Nachlaß:
ihm verlieh der machtvolle Menschenschöpfer,
daß er so wunderbar wieder werden sollte
ganz ebenso beschaffen, wie er ehdem war,

380.   mit Federn befangen, obwol das Feuer ihn verschlang.

VI.

So suchet auch der Seligen jeder
nach diesem elenden Erdenleben das ewigliche auf
durch finsteren Tod, daß er sich freuen möge
der Gaben Gottes einst nach diesem vergänglichen Leben

385.   in der Seligkeit Jubel und seitdem immer
wohnen da in Wonne den Werken zum Lohn.
Dieses Vogels Art ist viel vergleichbar
den erkorenen Christusdienern:
ein Vorbild ist er, wie sie Freudenfülle

390.   in dieser gefahrvollen Zeit durch ihres Vaters Hilfe
haben unterm Himmel und auch hohes Glück
in des Himmels erhabener Heimat sich erwerben.
Das erfuhren wir, wie der Vater voll Allmacht
würkte Weib und Mann durch seiner Wunder Fülle

395.   und sie da setzte in den seligsten
der Erdenräume, den die Erdenvölker
Paradies benennen: es drückte sie da niemals
Armut an Erdengütern, solange sie des Ewigen Wort
des Heiligen Gebote halten wollten

400.   in der neuen Freude.   Doch bedrängte sie der Neid allba
des Altfeindes Abgunst, der sie essen hieß
des Baumes Frucht, daß sie da beide nahmen
unratsam den Apfel und aßen den verbotenen

gegen Gottes Willen; ihnen kam da grimlichbitter

405. Elend nach dem Eßen und ihren Abkömmlingen auch
schmerzlich immer, den Söhnen und den Töchtern:
gar grimm und qualvoll ward den gierigen Zähnen
vergolten ihr Vergehen! Sie hatten Gottes Zorn
und bittere Brustsorge und ihre Gebornen mußten

410. furchtbar das entgelten, daß sie die Frucht da nahmen
gegen des Waltenden Gebot: die wonnsame Heimat
mußten sie hingeben drum in Herzens Jammer
ob des Trugs der Natter, die tückisch da verführte
unsere Eltern vor alten Zeiten

415. Falschheitsinnes voll, so daß sie fern von bannen
in dieses Thal des Todes drauf vertrieben wurden
an sorgenvollere Sitze; das seligliche Leben
war ihnen hart verhütet und das heilige Gefilde
ob des Feindes Arglist fest verschloßen

420. durch der Winter viele, bis der waltende König
durch seine Herkunft den Heiligen entgegen,
des Menschengeschlechtes Freude, der Müden Tröster
und die einzige Hofnung, aufschloß wieder.

VII.

Dem ist vergleichbar, wie uns gottkundige Männer

425. mit ihren Worten sagen und in ihren Werken melden,
die Fahrt dieses Vogels, wenn er sich fort wendet
aus Erbsitz und Heimat und gealtert ist
und fliegt von dannen lebensmüde, gedrückt von Wintern,
dahin wo er des Holzes Schatten den hohen antrifft,

430. in welchem er sich zimmert aus Zweigen und aus Kräutern
den edelsten von allen eine andere Wohnung
ein Haus auf dem Baume, da er sich heftig sehnt,
daß er empfahen möge frische Jugend
durch der Lohe Blasen Leben nach dem Tode

435. und wieder alljung werden und die alte Heimat
die sonnenhellen Sitze wieder suchen möge
nach dem Feuerbade. Unsere Vorfahren
unsere Eltern mußten ebenso verlaßen
das glänzende Gefilde und den Glorienwohnsitz,

440. das Land das liebliche, und zogen lange Wege
in der Harmbringer Hände, wo die haßvollen
die elenden Unholde sie gar oft bedrängten.
Doch auch gar manche waren, die dem machtreichen Schöpfer
gehorchten unterm Himmel durch heilige Sitten

445. durch fromme Thaten, sodaß der Vater ihnen
der Himmel Hochkönig hold ward im Gemüte:
das ist der hohe Baum, auf dem die Heiligen nun
Wohnung halten, wo mit Wutgift ihnen mag
der Altfeinde keiner irgend schaden

450. durch Falschheitlist in dieser gefahrvollen Zeit.
Gegen der Neider jeden baut sich ein Nest allda
durch heilige Werke des Herren Kempe,
wenn er Almosen austheilt an die armen Männer
die hilfelosen und den Herren anruft

455. den Vater um Hilfe und sich fort von hier
aus diesem Leben sehnet und die Laster anslöscht,
die finsteren Meinthaten und des Mächtigen Gebot
hält in der Brust gar eifrig und zum Gebet sich wendet
mit reinen Brustgedanken und beugt die Kniee

460. edel zu der Erde, flieht der Uebel jedes
und grimme Sünden aus Gottesfurcht
und strebt begierig, daß er gute Werke
recht viel hier vollführe: dann ist der Vater ihm ein Schild
an aller Wege jedem, der Wart des Siegruhms,

465. der Weltvölker Wonnegeber. Das sind die Würzkräuter,
der Gewächse Blüten, die der wilde Vogel
sich sammelt eifrig unter der Sonne Laufbahn
zu seiner Wohnstätte hin, wo er da wunderfest
gegen der Neider jeglichen ein Nest sich zimmert.

470. So vollbringen in den Wohnungen den Willen auch
mit Mut und Macht die Mannen Gottes
und üben Tugendwerke; des will ihnen theueren Lohn
der Ewige Allmachtvolle einst verleihen:
ihnen ist ein Wohnsitz gegründet von den Würzkräutern

475. zur Vergeltung ihrer Werke in der Glorienburg
dafür daß hier sie hielten die heiligliche Lehre
und heißwallenden Herzens lieben
bei Tag und Nacht den theueren Herren

14*

und in lichtem Glauben sich den Lieben wählen
480. statt der weltlichen Güter: das hoffen sie als Wonne nicht,
daß sie in diesem Leben dem geliehenen hier lange wohnen.
So verdienen sie auf Erden sich den ewiglichen Jubel
der Heimat des Himmels bei dem Hochkönig
durch eifrige Werke, bis daß das Ende nahet
485. ihrer Tage Zahl und dann der Tod hinweggrafft
der wolgerüstete leichengierige Waffenkempe
das Alter jedes einzelnen und in der Erde Busen
• sendet ohne Säumen der Seelen benommen
die Leiber die vergänglichen, wo sie dann lange sind
490. bis zu der Ankunft des Feuers mit Erde überzeltet.
Gar manche werden dann der Menschenkinder
geführt zu der Versammlung: der Vater der Engel
der wahre Siegruhmskönig will Versammlung halten
der Heerschaaren Herr zum Hochgerichte.
495. Auf Erden sollen alsdann auferstehen
die Menschenkinder alle, wie sie der machtreiche König
der Wart der Engel über weite Gründe
durch die Posaunen ruft, der Seelen Heiland.
Durch des Vaters Macht ist dann der finstere Tod
500. geendigt allen Seligen: die Edelen kommen
und drängen sich in Schaaren, wenn diese Welt
in Scham verbrennt, die schuldwürkende,
von Feuersglut verzehrt. Dann wird der Völker jeder
furchtsam im Gemüte, wenn das Feuer bricht
505. die vergänglichen Landesgüter und der Lohbrand frißt
der Erden alte Schätze und das geäpfelte Gold
vergreift gefräßig und gierig schlingt
des Landes Zierden. Es kommt ans Licht alsdann
den Erdenvölkern allen in der offenen Zeit
510. das Vorbild dieses Vogels, das erfreuliche und liebliche,
wenn die Allmacht Gottes aufstellt die Gebeine
aus den Erdgräbern all gesammelt,
den Leib mit seinen Gliedern und des Lebens Geist
vor Cristi Knien: der König leuchtet
515. von seinem Hochsitz herlich den Heiligen entgegen,

506) d. i. das in Kugelgestalt verarbeitete Gold. —

die wonnigliche Gloriengemme. Wol ists dem der mag
dann Gott gefallen in der Jammerzeit!

VIII.

Die Leiber derer, die von Lastern rein sind,
gehen alsdann freudig und die Geister kommen
520. in die Beingefäße, wenn der Brand aufsteigt
zum Himmel hoch empor. Heiß ist dann manchem
das angstliche Feuer, wenn da all zumal
die Seelen mit dem Leibe, die Sünder und Gerechten
aus den Gräbern kommen zu dem Gottgerichte
525. erfüllt von Furcht: das Feuer ist im Zug
und brennt die Sündenfrevel. Die Seligen sind dann
mit ihren Werken da bekleidet nach der wehvollen Zeit,
mit ihren eignen Thaten: das sind die edelen Blüten,
die wonnsamen Würzkräuter, womit der wilde Vogel
530. von außen sich umgibt sein eigenes Nest,
daß es dann aufbrennt mit einem male
durch der Sonne Schwüle und er selber mit
und nach dem Lohbrande Leben dann empfänget
allneu wieder. So sind auch alle da
535. mit Fleisch befangen die Volkeskinder
einzig und alljung, die durch ihren eigenen
Willen hier erwürkten, daß der waltende König
der mächtige an dem Mahltage ihnen milde wird.
Dann erheben da die heiligen Geister
540. die Seelen aller Seligen Sang und Klang:
die Erkornen preisen des Königs Hochkraft:
Stimme über Stimme steigt zur Glorie
wonnsam gewürzt mit ihren Wolthaten.
Geläutert sind alsdann der Leute Geister
545. glänzend geklärt durch die Glut des Feuers.
Nicht einer wähne das der Erdenkinder,
daß ich mit Lügenworten dieses Lied hier singe!
drum höret nun, was Hiob einst vor Zeiten
der alte Wahrsager geweißagt hat
550. durch Geistes Kraft, der gottbegeistert
gewürdiget der Glorie dieses Wort gesprochen:

„Das veracht ich nicht im Innersten des Herzens,
„daß ich in meinem Neste nehmen möge
„das Todbett müde und zur Tiefe wandern
555. „an langen Weg mit Leem bedeckt
„jammernd der vergangenen Werke in des Greißes Busen
„und durch des Herren Gnade nach dem Hingang dann
„gleichwie der Vogel Phönix frisches Leben
„nach der Auferstehung darf zu eigen haben,
560. „Hochjubel bei dem Herren, wo der Heiligen Menge
„den Lieben lobt: des Lebens mag ich
„Alters nimmer ein Ende dann erwarten,
„des Lichtes und der Wonne! Wenn auch mein Leib gleich
„verfaulen soll im Feldhause liegend
565. „den Würmern zur Wonne, doch wird der Weltvölker Gott
„mir meinen Geist erlösen und zur Glorie erwecken
„nach der Hingangstunde: die Hoffnung schwindet
„in der Brust mir nimmer, daß ich im Gebieter der Engel
„fortwährende Freude fest besitze!"
570. So hat in alten Zeiten der Einsichtsvolle
klug vorher verkündet, der Kundbote Gottes,
von seiner Auferstehung zum ewiglichen Leben,
daß um so klarer wir erkennen möchten
das Zeichen und das Vorbild, das der zierglanze Vogel
575. bildet durch seine Verbrennung: der Gebeine Reste
die Asche und die Kohlen sucht er all zusammen
nach des Lohbrandes Lodern; die geleitet dann
der Vogel mit den Füßen zu seinem Fürstensitz
der Sonne entgegen, wo er seitdem fürder
580. wohnt der Winter viele, Wachstums erneuert
und alljung wieder, wo kein einziger ihn mag
da in der Landschaft je mit Leid bedrohen.
So werden nach der Hingangszeit nun durch des Herren Macht
die Seelen mit dem Leib zusammen gehen
85. festlich geschmückt dem Vogel gleich
mit edelen Düften in ewiglicher Seligkeit,
wo die wahrfeste Sonne wonnsam leuchtet
in der Wohnung der Glorie über weite Schaaren!

IX.

Daselbst scheint dann den Seelen der Gerechten
590. hoch über alle Himmel der Heiland Christ:
es folgen ihm die Vögel schön
herlich geschmückt in hoher Wonne
in der seligen Heimat, die Seelen die erkornen
immerdar und ewig, wo sie mit Uebel nimmer
595. ein falscher Feind gefährden mag.
Sie leben da mit Licht umgeben
wie der Vogel Phönix im Frieden ihres Herren
in der Glorie Gottes: ihre guten Werke
leuchten lieblich in des Lebens Heimat
600. vor dem Angesicht des ewiglichen Königs
in seliger Freude gleich dem Sonnenlichte,
wo der funkelnde Reif geflochten wunderbar
mit Edelsteinen allen Seligen
hoch und herlich überm Haupte leuchtet
605. mit Glanz umgeben; Gottes Edelgold
ziert einzig da alle die Gerechten
mit Licht im Leben, wo die lange Freude
ewiglich und alljung altert nimmer.
Sie wohnen wonnig da umwallt von Glorie
610. von hehrer Herlichkeit beim Herrn der Engel.
Nie und nimmer naht dort Unglück
nicht Sorge noch Streit, nicht Schmerz noch Leid,
nicht Hunger noch Hitze noch der harte Durst,
nicht Alter noch Armut: der edele König
615. gibt ihnen da der Güter jedes. Der Geister Schaaren
verherlichen den Heiland, des Himmelskönigs
große Kraft und preisen Gott den Herren,
singen da und jubeln mit der Gesänge gröstem
heiter um den heiligen Hochsitz Gottes
620. und den besten der Gebieter segnen brustfroh sie
selig mit den Engeln zusammen also:
"Friede sei dir, Fürst, und Fülle der Weisheit!
"dir sei Lob und Dank, der du im Lichtglanz thronest,
"für die jungen Gaben und der Güter jedes!
625. "Ohne Maaßen groß ist deine Macht und Strenge

„hoch und heilig! die Himmel sind
„erfüllet herlich, Vater voll Allmacht,
„aller Glorien Glorie, deines großen Ruhmes
„oben bei den Engeln und auch auf Erden!
630. „Gefriede uns, o Völkerschöpfer! du bist der Vater voll
Allmacht,
„der in hoher Glorie der Himmel waltet!"
So rühmen da die Rechtvollführenden
geläutert von den Lastern in des Lebens Burg
des Königs Edelkraft; des Kaisers Lob
635. erschallt im Himmel durch die Schaaren der Gerechten:
„Dem Einen ist ewigliche Herlichkeit
„immer ohne Ende fort; ihm war ein Ursprung nie
„ein Anfang seiner Macht! Wiewol auf Erden er
„in Knechtsgestalt gekommen ist
640. „an diesen Mittelkreiß, doch wohnte seiner Macht Fülle
„hoch über allen Himmeln heilig immer,
„unvergängliche Würde! Obgleich er schmerzvoll
„an dem Stamm des Kreuzes sterben sollte
„in Drangsalsqualen, hat er am dritten Tage
645. „nach seines Leibes Hinfall wieder Leben doch empfangen
„durch des Vaters Hilfe! So bildet Phönix vor
„der junge in dem Garten des Gottkindes Macht,
„wenn er aus seiner Asche wieder auferwachet
„in Lebens Leben mit heilen Leibes Gliedern!
650. „So hat der Heiland Hilfe uns gebracht
„durch seines Leibes Hinfall Leben ohne Ende,
„wie der Vogel füllet seine Flügel beide
„mit wonnsamen und süßen Würzekräutern,
„mit den feinsten Feldesblumen, wenn er zum Fortgang eilt!"
655. Das sind die Worte (so sagen uns die Schriften),
der Hochgesang der Heiligen, denen zu dem Himmel ist
zum milden Gotte das Gemüt beeilt
in aller Hochjubel Hochjubel, wo sie dem Herrn zur Gabe
bringen
der Worte und der Werke wonnsamen Duft,
660. dem heiligen Schöpfer in die hehre Schöpfung,
in das lichte Leben. Dem sei Lob immerdar
durch die Welt der Welten und weite Glorie,

Ehre und Obmacht oben in dem hohen
Reich der Himmel! Er ist mit Recht König
665. all dieses Erdkreißes und der Engel Schaaren,
bewunden mit Glorie in der wonnsamen Burg!
Erlöst hat uns des Lichtes Schöpfer,
daß wir dürfen hier verdienen
durch fromme Werke die Freuden in dem Himmel,
670. wo wir nun mögen die mächtiggroßen Reiche
suchen und besitzen, in dem Siß dem hohen
leben in der Luft des Lichtes und des Friedens,
haben die Heimat der hehren Freude,
uns erfreun des Glückes, den freundlichen und milden
675. Siegruhmsherren sehen ohne Ende
und Lob ihm singen mit langem Preise
mit den Engeln selig. Alleluja!

Der Schluß des Gedichtes (667—677) ist in dem Originale so gebildet,
daß nur die erste Hälfte jedes Verses angelsächsisch, die zweite aber lateinisch
ist. Ich gebe daher noch eine wörtliche Nachbildung dieser Zeilen mit Beibehaltung der lateinischen Vershälften:

Erlöset hat uns lucis auctor,
daß wir mögen hier méreri
mit guten Werken gaudia in coelo,
670. daß wir mögen maxima regna
suchen und besitzen, sedibus altis
leben in der Luft lucis et pacis,
eignen den Erbsiß almae laetitiae,
gebrauchen des Glückes, blandem et mitem
675. sehn den Siegherrn sine fine
und Lob ihm singen laude perenni
mit den Engeln selig. Allelujah!

IX.

Der Panther.

Gar manche sind in diesem Mittelkreiße
ungezählte Arten, deren Adel wir nicht recht
erzählen können noch ihre Zahl wißen:
so weit sind durch die Weltbehausung

5. der Vögel und der Thiere der Feldbetreter
weitschichtige Mengen, soweit die Waßerflut umspült
die grimmende Brandung diesen glänzenden Busen,
der Salzwogen Geschwinge. Wir hörten sagen manche,
daß ein wunderbar Geschlecht der wilden Thiere

10. den Völkern weithin kund in fernen Landen
Aufenthalt besitzt und Erbsitzes braucht
in tiefen Schluchten: dies Thier ist Panther   -
geheißen mit seinem Namen, wie der Helden Kinder
weisfeste Männer in ihren Werken melden

15. von dem einsamwandelnden. Der ist Allen Freund
und gönnt ihnen Gutes, außer dem Giftdrachen nur,
dem er zu allen Zeiten aufsäßig lebet
wegen der Uebel jegliches, die er mag ausführen.
Das Thier ist funkelnd seltsam, in der Farben jeder

20. wundersam glänzend, sowie die Weisen sagen,
geistheilige Männer, daß des Josephes
Tunica war durch der Tincturen jede
in Farben schillernd, von denen funkelnder jede
und durchaus einziger denn die andern glänzte

25. den Völkerkindern: so ist der Farbenglanz des Thieres
durch jeden schönblinkenden Schillerwechsel
wundersam funkelnd, so daß wonniglicher
und noch weit einziger jede denn die andere
und lieblicher in Lichtschmuck glänze

30. immer edeler. Er hat ganz eigene Art
linde und gelaßen: er ist liebreich und freundlich,
leutselig und liebsam, will Leides nichts
irgend einem üben außer nur dem Eitergiftschädiger,

seinem alten Feind, von dem ich oben sagte.

35. Stets froh der Fülle, wenn er sein Futter einnimmt,
sucht er einen Ruhort nach der Sättigung,
eine verborgene Stätte unter Berges Schluchten,
wo nun der Kempe durch der Nächte dreie
schläft im Schlummer vom Schlaf bewältigt.

40. Wenn drauf sich dann erhebt am dritten Tage
der kraftberühmte von Körperkraft geschwellt
schleunigst von dem Schlafe, dann kommt Schalles Hochklang
wonnsamer Töne aus des Wildthieres Mund
und mit dem Gesang des Thieres geht ein süßerer Geruch

45. aus von der Stätte, ein angenehmerer Duft
wonnsamer und stärker denn der Wolgerüche jeder,
denn der Würzkräuter Blumen und die Waldbaumblüten,
edeler denn alle Erdensalben.
Dann kommen von den Burgen und von den Königsitzen

50. und aus den Hochburgsälen der Heldenschaaren manche;
es fahren auf den Flurwegen in Völkerhaufen
laufbeeilte Lanzenschwinger
in Truppgeschwadern, und auch die Thiere fahren
dem Gesange folgend zu dem süßen Dufte.

55. So ist der Herr Gott auch des Hochjubels Geber
allen den edelen anderen Geschöpfen
den demutgesinnten, außer dem Drachen nur allein,
dem Eitergiftes Urheber: das ist der alte Feind,
den er geseilt hat in der Schmerzqualen Grund;

60. er feßelte ihn da mit Feuerbanden,
bedeckte ihn mit Drangsals Nöten und erstund am dritten Tage
aus der Dunkelstätte, nachdem durch drei Nächte
für uns den Tod geduldet der Engel König,
der Siegruhmspender. Das war gar süßer Duft

65. wonnsam und lieblich durch die Welt hin alle:
zu dem Wolgeruche kamen wahrfeste Männer
und drängten allenthalben im Haufen sich herbei
durch all den Umkreiß dieses Erdenschooßes.
So sprach der Sinnes scharfe Sanctus Paulus:

70. "Mannigfach sind über den Mittelkreiß
"unsparsame Güter, die uns der allmachtreiche Vater
"verleiht zur Gabe und zur Lebensrettung,

„der die einzige Hofnung ist für alle Creaturen
„oben und unten!" Das ist edeler Duft.

X.

Der Walfisch.

Ich will noch fürder dichten von einem Fischgeschlechte,
will durch Sanges Kunst mit Worten künden
durch Gemütes Sinnen von dem mächtigen Walfisch,
der da oftmals unerwünscht begegnet
5. furchtbar und sinngrimm den Flutdurchseglern,
der Helden manchem: es heißt mit Namen
der alten Fluten Durchfließer Fastitocalon.
Es ist sein Ansehn gleich dem unglatten Steine,
gleich als woge bei des Waßers Ufer
10. von Sandbergen umringt der Seeröhrige größtes,
sodaß das wähnen die Waßerdurchfahrer,
daß auf ein Eiland sie mit Augen schauen,
und behüten dann die hochstevigen Schiffe
mit Ankerstricken an dem Unlande,
15. machen sitzfest ihre Seerosse an des Sundes Ende
und aufwärts steigen an das Eiland drauf
die kühngemuten: die Kiele stehen
am Gestade fest und strombewunden.
Dann bereiten sich ein Lager die reisemüden
20. Flutdurchsegler; an Gefahr nicht denkend
wecken sie ein Feuer auf dem Flutenlande:
es brennt die hohe Flamme; die Helden sind in Wonne,
da die leibmütigen gelüstete nach Ruhe.
Wenn das dann fühlt der Falschheitkundige,
25. daß so die Fahrenden fest auf ihm weilen
und Wohnung halten ob des Wetters in Lust,
dann taucht unversehens ein in die Salzwoge
mit samt dem Nachen nieder in die Tiefe

der Gast des Oceans und sucht den Grund des Meeres,
30. in den Todsaal mit Ertränkung fesselnd
die Schiffe samt den Schiffern. So ist es auch der Scheu=
sale Brauch,
der Teufel Weise, daß sie tückevoll
durch heimliche Macht die Helden überlisten
und sie verführen zum Vernichten der frommen Thaten,
35. im Herzen sie gewöhnen, daß sie zur Hilfe suchen
bei den Feinden Trost, bis daß sie fest alsdann
sich bei dem Wahrbundläugner Wohnung dort erkiesen.
Sowie das dann erkennt aus seiner Qualenfülle
der falsche freche Feind, daß fest gebunden
40. in seinem Ringe ist der Recken jeder
des Leutevolks, dann wird zum Lebensmörder er
durch schnöde Arglist seitdem ihnen,
den stolzen und den niederen, die stets seinen Willen
mit Sünden hier vollführen: mit denen sucht er plötzlich
45. mit dem Hehlhelm bedeckt der Hölle Wohnung,
die alles Guten bar ist, den grundlosen Schwall
unter Qualmes Dämmerung, gleichwie der große Walfisch,
der da versenkt die Seedurchfahrer,
die Edelinge samt den Oceansrossen. Noch eine andre Sitte
50. hat der Waßerdurchrauscher, noch viel wunderlicher:
wenn in dem Holme ihn der Hunger peinigt
und das Ungethüm nach Atzung lüstet,
dann sperrt den Mund auf der Meereshüter,
die weiten Lippen; es kommt wonnsamer Duft
55. aus seinen Eingeweiden, sodaß dann andre Seefische
durch diesen Geruch berücket werden
und die sundscharfen schwimmen, wo der süße Duft
aus hervorkommt, und ein fahren sie
in unvorsichtigen Haufen, bis daß angefüllet ist
60. der Rachen der geräumige: rasch zusammen
klappt er den grimmen Gaumen dann
um seine Heeresbeute. So ists der Helden jedem,
der allzu oft hier unvorsichtig
in dieser geliehenen Zeit sein Leben beschaut
65. und läßt sich verlocken durch lieblichen Duft,
durch losen Willen, daß er dann lasterschuldig

wider den Glorienkönig ist: entgegen öffnet
nach seinem Hingange die Hölle der Verfluchte
dem, der hier lasterliche Leibes Wonne
70. über die Furcht hinaus gelenkt vollführte zum Unrat.
Wenn dann der Falschheitvolle in den festen Kerker
gebracht hat, der Bosheitvolle,
in die immerneue Lohe, die ihm ankleben
mit Freveln beladen und die vorher gerne
75. in ihren Lebenstagen seinen Lehren hörten,
dann klappt den grimmen Gaumen er
nach der Flucht des Lebens fest zusammen,
der Hölle Pforten. Keine Hinkehr haben,
weder Umkehr noch Ausgang, die da hinein kommen,
80. so wenig wie die Fische die flutdurchschwimmenden
aus des Walfisches Griff sich wenden können.
Durchaus ist uns drum Eile not,
daß wir dem Glorienfürsten gerne dienen,
dem König aller Könige, und stets kämpfen wider den Teufel
85. mit Worten und mit Werken, daß wir den Wart der Glorie
finden mögen! Friede wollen wir bei ihm
in dieser hingänglichen Zeit und Heil uns suchen,
daß wir bei dem so Lieben uns in Lobe dürfen
auf ferne Zeiten erfreun der Glorie!

XI.

Beowulf.

I.

Traun! wir erfuhren aus der Vorzeit von der Volkskönige
der Geerdänen Großthaten,
wie kraftvoll die Edelinge Kampfwerk übten.
Oft hat Skyld der Skefing mit den Schaaren der Helden
5. manchen Maagschaften die Methbänke entzogen;
es ängstigte der Edeling, seitdem zuerst er ward

freundlos gefunden: des fand er Tröstung.
Er wuchs unter den Wolken an Würde gedeihend,
bis daß ihm allzumal die Umsitzenden

10. über den Weg der Walfische sich unterwerfen mußten
und gaben ihm Tribut: das war ein guter König.
Dem ward ein Abkömling darauf geboren
jung in dem Gadem, welchen Gott sandte
dem Volk zum Troste: er sah die furchtbare Not,

15. welche ehe duldeten die Obherrnlosen
gar lange Weile. Der Lebensfürst
der Walter der Glorie gab ihm Weltehre drum:
berühmt war Beowulf, der Ruhm drang weithin
des Skildsohnes in den Siedelanden.

20. So soll ein Kampfesfürst mit Kleinodgaben
freigebig sich erwürken in seines Vaters Wohnung,
daß in dem Alter einst ihm bleiben
willige Gefährten, wenn sich Gefecht erhebt,
und ihm die Leute beistehen: mit Lobthaten soll

25. der Mann gedeihen in der Maagschaften jeder!
Es schied drauf Skild zur Schicksalstunde,
der vielrührige, zu fahren in den Frieden Gottes.
Sie brachten ihn da zu der Brandung Ufer,
die trauten Gesellen, wie er selber bat,

30. solange seiner Worte waltete der Skildingfreund
der liebe Landesfürst: lang besaß er.
Da ruhete im Hafen der geringte Steven
eisig und zur Ausfahrt bereit, des Edelinges Fahrzeug.
Sie legten drauf den lieben König

35. den Schätzespender in des Schiffes Busen
den berühmten bei dem Maste. Da waren reichlich Kleinode
von Fernwegen viel geleitet:
nie hörte ich köstlicher je einen Kiel ausrüsten
mit Kampfeswaffen und mit Kriegsgewanden,

40. mit Brünnen und mit Schwertern. Am Busen lag ihm
der Kleinode Menge, die mit ihm sollten
in die Gewalt der Wogen weithin fahren.
Den König schmückten sie mit nicht kleineren Gaben
mit Volkskleinoden, als jene früher thaten,

45. die ihn zu Anfang einst entsandten

ihn den unmündigen über die Oceanswogen.
Sie setzten ihm von Gold ein Siegeszeichen
hoch über das Haupt und ließen den Holm ihn tragen,
übergaben ihn dem Meere: ihr Geist war jammernd
50. und ihr Sinn voll Kummer. Nicht sicher können
den Verlauf des Ereignisses die Leute sagen,
die Helden unterm Himmel, wer diese Hab' empfieng.
In den Burgen war da Beowulf der Skildinge
lieber Leutekönig lange Weile
55. den Völkern kund (es fuhr der Vater andershin
der Obherr aus dem Erbsitz), bis ihm darauf erwachte
der hohe Healfdene: er hielt, solang er lebte,
vielbejahrt und kampfrauh freundlich die Skildinge.
Ihm erwachten in der Welt der Zahl nach,
60. dem Fürsten der Völker, vier der Kinder:
Heorogar und Hrodgar und Halga der gute;
ich hörte wie Ela's Gemalin *** hieß,
welche umhalste als Bettgenoßin der Headoskilfing.
Da ward dem Hrodgar Heerglück verliehen,
65. des Gefechtes Ehre, daß ihm die Freundmaagen
gern gehorchten, bis die Jugend erwuchs,
des Mannvolkes Menge. Ins Gemüt kams ihm,
daß er ein Hallgebäude heißen wollte
die Männer errichten, einen Methsaal größer
70. denn der Völker Kinder je erfahren haben,
und daß er da innen wollte all das vertheilen
an Jung und Alt, was Gott ihm schenkte,
außer der Leute Schaar und das Leben der Männer.
Ich hörte weithin da das Werk gebieten
75. der Maagschaften mancher über den Mittelkreiß,
daß sie die Volkstatt zierten. In der Frist gelangs ihm
eiligst unter den Menschen, daß allfertig ward
der Hallhäuser größtes: den Namen Heort gab ihm,
der die Gewalt seines Wortes weithin hatte.
80. Er brach nicht sein Erbieten, theilte Bauge aus,
Schatzkleinode immer. Der Saal ragte
hoch und hornreich, gewärtig heißen Kampfes,
leidiger Lohe. Nicht lange wars da noch,
daß Waffenhaß erwachen sollte

85. zum blutigen Kampfe den Burgbewohnern,
    da der gewaltige Geist das eine Weile durch
    erduldete mit Verdruß, der in dem Düster wohnte,
    daß er das Jubeltosen an jedem Tage
    hörte in der Halle: da war Harfenklang,
90. des Sängers lauter Sang. Es sagte, der da konnte
    der Menschen Ursprung melden weithin,
    sprach daß der Allmachtvolle die Erde würkte,
    die wonnigglanzen Fluren, wie sie das Waßer gürtet,
    und daß er siegesmutig setzte der Sonne und des Mondes
95. Leuchtglanz zum Lichte den Landbewohnern
    und den Schooß der Erde zum Schmucke zierte
    mit Laub und Zweigen und auch das Leben schuf
    allen den Geschlechtern, welche athmend wandern.
    So lebten die Volksmänner in Freudenjubel
100. und allselig, bis daß einer begann
    ein Feind in der Hölle Frevel zu stiften:
    der grimme Geist war Grendel geheißen,
    der berüchtigte Markgänger, der in den Mooren hauste,
    im Sumpf und im Moraste; den Sitz der Ungeheuer
105. hielt gar lange der heillose Mann,
    seitdem der Schöpfer ihn verstoßen hatte.
    An Cains Kindern rächte den Qualtod drauf
    der ewigliche König, daß er den Abel todtschlug.
    Nicht freute er der Fehde sich, sondern fernhin trieb ihn
110. von dem Menschenvolke für das Meinwerk der Schöpfer.
    Davon die Unholde all entsproßten,
    die Eoten und die Elfen und der Orken Schaaren
    wie auch die Giganten, die wider Gott kämpften
    durch lange Zeiten: er gab ihnen Lohn dafür!
115. Als die Nacht hereinbrach, gieng er nachzusehen
    in dem Bau dem hohen, wie nach dem Biergelage
    die Ringdänen ihn bereitet hätten.
    Er fand da dort innen der Edelinge Schaar
    schlafen nach dem Gastgelage: sie kannten Sorge nicht.
120. Der Unheilwicht, beraubt des Umgangs mit Menschen,
    grimm und gierig war sogleich bereit
    rauh und rübe: von dem Ruhbett nahm er
    dreißig Degen, eilte von dannen wieder

sich des Heerfangs rühmend heim zu fahren,

125. mit der blutigen Beute seinen Bau zu suchen.

Drauf war mit Anbruch des Tages den Edelingen
den Kempen unverborgen die Kampfkraft Grendels:
da wurde nach dem Maale Wehgeheul erhoben,
lautes Morgengeschrei! Der erlauchte König

130. der ehrengute Fürst saß unfroh da
und dulbete Drangsalskummer, litt um seine Diener Sorge,
seit sie des Leidigen Lauffpur erschauten,
des verwünschten Geistes: es war der Wutkampf zu streng,
leibig und langwierig. Da war nicht längere Frist,

135. sondern abermals vollführte er nach einer Nacht
noch mehr des Morbübels: ihn mühete nicht
die Fehde und der Frevel, er war zu fest darin.
Da war leicht aufzufinden, der sich anderswo
und an Raum entfernter eine Ruhstatt suchte,

140. ein Bett in den Gebäuden, da ihm entboten war
und gesagt wahrhaft mit sichtlichen Zeichen
des Höllenknechtes Haß: er hielt sich seitdem
fern und fester, der sich dem Feind entwand.
So war da stark und mächtig und stritt widers Recht

145. der Eine gegen Alle, bis daß unnütz stund
der Wohnhäuser bestes. Es war die Weile lange:
zwölf Winter dulbete der Wehen jedes
der Freund der Skilbinge, schweren Kummer,
weite Sorgen. Drum warb es seitdem

150. kund und unverborgen den Kindern der Menschen
traurig durch Gesänge, daß so tobte Grendel
wider Hrobgar lange, trug haßvolle Feindschaft,
Frevel und Fehde viele Jahre,
fortwährenden Streit, und nicht in Frieden wollte

155. wider der Degen einen des Dänenvolkes
gegen Lösegeld einstellen die Lebensvernichtung.
Erwarten durfte da der Weisen keiner
hehre Buße von der Hand des Mörders:
der Unhold verfolgte unaufhörlich,

160. der unheimliche Todschatten, Alt und Jung.
Er lag Unheil brütend, bewohnte in ewiger Nacht
die Nebelmoore: nicht wißen Menschen,

wohin sich wenden die Höllenzauberer!
So verübte viele Frevel der Feind der Menschen
165. der üble Eingänger oft und häufig,
viele harte Verheerung. Heorot bewohnte er
den schatzbunten Saal in schwarzen Nächten;
er durfte sich vor Gott nicht dem Gabenstule nahen
und Kleinodgaben heischen: nicht kannt' er seine Minne!
170. Das war dem Freund der Stildinge foltender Kummer,
Gemütes Trübsal. Mancher saß oft
der Reichen zur Beratung: Rat erdachten sie,
was wol am heilsamsten den Herzstarken
wider den Gefahrgraus zu vollführen wäre.
175. Oft verhießen sie an heiligen Orten
Würdigung der Götzen, mit Worten flehend,
daß der Geistestödter ihnen gnädig hülfe
von der Drangsal des Volkes: das war ihre Sitte,
die Hoffnung der Heiden: an die Hölle dachten sie
180. im Sinne des Gemütes, kannten den Schöpfer nicht,
der Handlungen Richter, wusten vom Herrgott nichts,
konnten nicht verherlichen den Helm des Himmelreiches,
den Walter der Glorie. Wehe dem, der soll
in schnöder Feindschaft seine Seele tauchen
185. in des Feuers Busen und keinen Freudetrost erwarten,
und es wenden mit nichts! Wol dem, der da darf
nach seinem Hingangtag den Herren suchen
und Friede sich, erflehen an des Vaters Busen!

II.

So kochte beständig den Kummer der Tage
190. Healfdenes Sohn: den Harm vermochte
der Weise nicht zu wenden: der Wutkampf war zu stark,
leidig und langwierig, der an die Leute kam,
die neidgrimme Notqual, der Nachtübel größtes.
Das hörte nun daheim des Hygelak Gefolgsmann
195. der gute bei den Geaten, Grendels Thaten:
der war des Männervolkes machtgestrengster
an dem Tage dieses Lebens,
gewaltig und edel. Er hieß ein Wogenfahrzeug

ein gutes rüften, sprach daß er den Geerkampfkönig
200. über Schwanes Straße suchen wollte,
den hehren Fürsten, da dem der Helden not war.
Ihm tadelten, obwol er ihnen theuer war,
die weisen Männer wenig diese Wogenfahrt:
sie ermunterten den Mutreichen, bemerkten günstige Zeichen.
205. Der Gute hatte von den Geatenleuten
Kempen sich erkoren, die als die kühnsten von Allen
er finden mochte. Selbfünfzehnter
suchte er das Sundholz: ein seekundiger Mann
lenkte die Fahrt bis zu des Landes Grenzen.
210. Die Frist schritt fürder; das Floß war auf den Wogen,
das Boot unterm Berge: die Brünnekempen stiegen
in den Steven hurtig; die Stromflut wogte
der Sund gen dem Sande. Die Seemänner trugen
in des Bootes Busen blinkende Zierden,
215. kostbare Kampfrüstung. Die Kempen stießen
zur Wunschfart hinaus das wolgebundene Schiff.
Da glitt über den Wogenhelm vom Wind getrieben
einem Vogel gleich das Floß schaumhalsig,
bis daß zur Einzeit des andern Tages
220. der gewundene Steven gewatet hatte,
daß erfahn das Land die Seedurchfahrer,
blinkende Brandungsklippen, Bergeshöhen,
weite Vorgebirge. Da war die Flut durchlaufen
zu des Oceans Ende; auf stiegen
225. an das Land alsbald die Leute der Wedern
und seilten das Seeholz: die Schlachtgewande klangen,
die Heerkampfrüstung. Sie sagten dem Herren Dank,
daß ihnen wol gelang die Wogenreise.
Vom Wall sah da der Wart der Skildinge,
230. der die Holmklippen hüten sollte,
bringen über Balken blinkende Schilde,
fertige Fahrtrüstung. Fürwitz trieb ihn
in seinen Mutgedanken, wer die Männer wären.
Zum Strande ritt auf seinem Streitroff da
235. Hrodgars Degen, schüttelte in den Händen kräftig
den gewaltigen Speer und fragte mit Worten also:
„Wer seid ihr Männer zur Schlacht gerüstet,

„ihr Brünneträger, die ihr ben brandenden Kiel
„über Fluten ließet vorwärts treiben
240. „über die Holmflut her den Hafen zu suchen?
„Ich war Uferfaße, hielt Oceanswache,
„daß in das Land der Dänen der Leidigen keiner
„mit Schiffes Heer zu schaden käme:
„nie begannen kundlicher zu kommen hierher
245. „Lindensschildhabende; ihr wußtet nicht, ob euch Erlaubnisworte
„von den Schlachtwürkenden beschieden seien,
„der Männer Zustimmung. Nie sah ich einen mächtigeren
„der Edelinge auf Erden als unter euch einer ist,
„ein Held in Rüstung: das ist ein Hausmann nicht
250. „geschmückt mit Waffen, wenn ihm der Schein nicht lügt,
„sein edles Ansehn! Eure Abkunft muß ich
„sofort nun erfahren, eh ihr vorwärts von hinnen
„als lose Späher in das Land der Dänen
„fürder dürfet fahren. Nun, ihr fernewohnenden
255. „Meerdurchsegler, meine Gedanken
„die einfachen höret! Eile ist not,
„daß ihr mir verkündet, von wannen euer Kommen sei!“
Antwort gab ihm drauf der Oberste,
des Wehrvolkes Weiser schloß den Worthort auf:
260. „Glieder sind wir des Geatenstammes
„und Hygelakes Heergenoßen!
„mein Vater war den Völkern kund,
„der edele König Ecgtheow geheißen.
„Er wartete der Winter viele, eh er hinweg sich machte
265. „im Alter aus dem Erbsitz: sein erinnert sich noch wol
„der Weisen jeder weithin auf Erden.
„Wir kamen zu besuchen den Sohn Healfdenes
„holden Herzens, den Herren dein,
„den Leuteschirmer. Sei uns mit deinen Lehren gut!
270. „Wir haben an den hehren Herrn der Dänen
„zu bringen große Botschaft: des soll nichts verborgen sein,
„das wähne ich! Du weißt, ob es so ist,
„wie wir es sagen hörten sicherlich,

---

245) d. i. die Erlaubnis zu landen.
249) d. i. keiner, der immer zu Haus gesessen hat, kein Stubenhocker. —

„daß bei den Skilbingen der Schädiger einer

275. „ein düsterer Thatanstifter in dunkelen Nächten
„zeigt durch Angstwerk unkunde Feindschaft,
„Höhnung und Hinfall der Leichen: Hrodgarn mag ich
„geraumen Sinnes Rat erteilen,
„wie er bejahrt und gut den Gegner überwindet,

280. „wenn ihm irgend jemals aufhören soll
„des Unheils Elend und ihm soll Abhilfe kommen
„und des Kummers Wallen kühler werden,
„ober immer wird er unfrohe Tage
„und Bedrängnis erdulden, solange dort besteht

285. „der Häuser bestes an der Hochstätte."
Es redete der Wächter, wo auf dem Rosse saß
der Dienstman furchtlos: „Das geziemt sich,
„daß der scharfe Schildkempe wiße Bescheid in beiden,
„in Worten und in Werken, der da wol denket!

290. „Ich höre das, daß dies ist eine holde Schaar
„dem Fürst der Skilbinge. Geht fort zu tragen
„Waffen und Gewande! ich weise euch
„und auch mahnen will ich meine Genoßen,
„daß vor der Feinde jedem sie euer Floß bewahren,

295. „den neugetheerten Nachen an dem Sande,
„und ihn in Ehren halten, bis abermals der Kiel
„trägt über tiefe Fluten den theueren Helden,
„das gewundenhalsige Fahrzeug zu den Webermarken.
„Gegeben wird es allen Gutwürkenden,

300. „daß sie heil vollführen den Heerkampfsturm!"
Sie fuhren fürder drauf: das Floß lag stille,
das weitbusige Schiff, wartend an dem Taue
an dem Anker fest. Die Eberbilder glänzten:
es hielt mit Gold geschmückt über der Helden Wange

305. schimmernd und feuerhart ein Schwein die Warte.
Die Kampfmutigen stürmten, die Kempen eilten
mitsammen abwärts, bis sie den Saal den gezimmerten
den kostbaren goldbunten erkennen mochten.
Das war den Bewohnern der Erde das weitberühmteste

310. der Häuser unterm Himmel, in dem der Herscher weilte:
der Lichtglanz leuchtete über der Lande viele.
Der Kampftheuere zeigte der Kühnen Hof

den glänzenden ihnen, daß sie grade zu ihm
konnten hingehn. Der Kriegsheld wandte

315. sein Roß darauf und rief das Wort:
„Zeit ists mir zu reiten! in Ruhm und Ehre
„wolle der allwaltende Vater euch erhalten
„gesund auf euren Wegen! zur See will ich
„und gegen Feindes Schaaren Flutwacht halten."

320. Steinbunt war die Straße, den Steig zeigte sie
den Kempen zusammen. Die Kampfbrünne glänzte,
die harte handgeflochtene: das helle Ringeisen
sang an der Rüstung, als sie zum Saal zuerst
in ihrer Grauenrüstung gegangen kamen.

325. Die Wogenmüden setzten ihre weiten Schilde
die sehr harten Rande an des Saales Mauer
und bogen sich zur Bank: die Brünnen klirrten, -
der Kempen Kriegsgewand; die Kampfgeere stunden
der Seemänner Waffen beisammen da,

330. das Eschenholz oben grau: es war die Eisenschaar
geehrt mit Waffen. Nach ihrem Adel fragte
die Kriegeshelden ein Kempe stattlich:
„Von wannen führet ihr die feisten Schilde,
„die lichtgrauen Panzer und die Larvenhelme,

336. „der Heerschäfte Haufen? Hrodgars Bote
„und Amtmann bin ich. Nie sah ich andern Volkes
„so manche Männer mutiglicher:
„aus Lobgier, wähn' ich, nicht als landesflüchtig
„sondern aus Hochsinn kamt zu Hrodgar ihr!"

340. Der Kraftberühmte gab dem Kempen Antwort,
der stolze Wedernfürst sprach's Wort darauf
hart unter seinem Helme: „Wir sind Hygelakes
„Bankgenoßen! Beowulf ist mein Name.
„Sagen will ich dem Sohn des Healfdene

345. „mein Anliegen dem edelen König,
„dem Obherrn dein, wenn er das uns will gönnen,
„daß wir den so guten begrüßen dürfen."
Wulfgar sprach (das war der Wendeln Fürst,
seines Mutes Sinn war manchem kund,

350. Gefecht und Weisheit): „Den Freund der Dänen
„den Fürst der Skildinge will ich fragen nun,

„den Baugespender, wie du gebeten haft,
„um deine Reise, den berühmten König,
„und eiligst dir die Antwort künden,
355. „die mir der Gute zu geben denket!"
     Er gieng da hurtig hin, wo Hrodgar saß
     alt und unbehaart mit seiner Edelen Schaar;
     eilend gieng der kraftberühmte, bis er vor der Achsel stund
     dem Herrn der Dänen: er kannte Hofmanns Sitte.
360. Wulfgar sprach das Wort zu seinem Freundherrn:
     „Hier sind gefahren fernher gekommen
     „über den Begang des Meers der Geaten Leute!
     „ihren Obersten nennen die Angriffsmänner
     „Beowulf mit Namen. Bittend sind sie,
365. „daß sie mit dir, mein König, dürften reden
     „und Worte möchten wechseln: nicht weigere du es ihnen!
     „Sie dünken der Güte deiner Gegenreden
     „in ihrer Waffenrüstung würdig, Hrodgar,
     „der Achtung der Männer. Wol ist ihr Oberr tüchtig,
370. „der die Heerkampfmänner hierher führte."
     Hrodgar sprach, der Helm der Skilbinge:
     „Ich kannte ihn, als er ein Knabe war;
     „es war sein alter Vater Ecgtheow geheißen,
     „welchem Hrebel der Geate in seinen Heimsitz gab
375. „die einzige Tochter. Nun ist sein Abkömling
     „der harte hergekommen, suchte holden Freund.
     „Dann sagten mir das Seeburchfahrer,
     „welche Gabenschätze der Geaten hierher
     „zu Danke führten, daß von dreißig Männern
380. „die Heldenkraft in seinem Handgriff habe
     „der Heerkampfberühmte: ihn hat der heilige Gott
     „zur Hilfe uns hierher gesendet
     „zu den Westdänen, so wähne ich,
     „wider Grendels Graus. Dem Guten will ich
385. „Kleinode bieten für seinen kühnen Mut.
     „Sei du in Eile nun und heiß sie eintreten
     „zu sehen hier beisammen die Sippenschaar!
     „Auch mit Worten sage ihnen, daß sie sind willkommen
     „dem Volk der Dänen!" Fort zu der Halle Thür
390. gieng Wulfgar drauf, entbot das Wort hinein:

„Euch sagen hieß der Siegherr mein,
„der Obherr-der Ostdänen, daß er euren Adel kenne
„und daß ihr ihm seiet über der See Gewoge,
„ihr Hartgesinnten, hierher willkommen.

395. „Nun könnt ihr kommen in euren Kampfgewanden
„unter Heereshelmen Hrodgar zu sehen:
„laßt erwarten hier des Waldes Todesschäfte
„und eure Schlachtschilde des Schicksals Fügung!"
Da erhub sich der Mächtige und um ihn mancher Held,

400. eine kräftige Degenschaar: da blieben einige
und hüteten die Kampfrüstung, wie ihnen der Kühne es gebot.
Hurtig eilten sie zusammen, wohin der Held sie führte,
unter Heorots Dach: ihr Herr schritt fürder
hart unter seinem Helme, daß er am Hochsitz stund.

405. Beowulf redete (an ihm die Brünne glänzte,
das Schlachtnetz geschlungen durch Schmiedes Kunstsinn):
„Heil dir, Hrodgar! ich bin Hygelakes
„Maage und Manne: ich habe manche Ruhmthat
„begonnen in der Jugend! Mir ward Grendels Treiben

410. „auf meinem Ersitzboden unverborgen kund:
„es sagen Seedurchfahrer, dieser Saal hier stehe
„der Häuser bestes für der Helden jeden
„eitel und unnütz, sobald das Abendlicht
„unter des Himmels Behältnis verholen wird.

415. „Da gaben mir den Rat die Recken mein,
„die allerbesten, einsichtsvolle Männer,
„König Hrodgar, daß ich dich hier besuchte,
„da sie die Macht kannten meiner Stärke
„und selbst das überschauten, als ich vom Streite kam

420. „von den Feinden blutgefärbt, allwo ich seßelte die Ungeheuer,
„lichtete das Geschlecht der Riesen, erschlug in den Wogen
„des Nachts die Nixe und große Not erduldete,
„rächte der Wedern Drangsal, — Weh erfuhren sie! —
„zerriß die Gramfeinde, und wider Grendel will ich nun

425. wider das Ungethüm allein beginnen
„den Kampf mit dem Riesen. Dich König der Dänen,
„gebietender Fürst, will ich bitten jetzo,
„Obdach der Skildinge, mit einer Bitte:
„schlag mirs nicht ab, du Schirm der Kämpfer,

430. „der Völker edler Freund, da ich so fernher kam,
　　 „daß ich einer dürfe mit dieser Edelen Schaar
　　 „und diesem harten Haufen Heorot reinigen!
　　 „Ich habe auch erfahren, daß der Unhold sich
　　 „in seiner Verwegenheit um keine Waffen kümmert:
435. „so verwerfe ich denn das, so wahr mir Hygelak
　　 „mein Mannherr sei in dem Gemüte freundlich,
　　 „mein Schwert zu tragen oder den Schild den weiten
　　 „den Gelb=rand zu dem Kampfe! Mit Griffen will ich
　　 „den Feind vielmehr fassen und Feind wider Feind
440. „ums Leben kämpfen: sich überlaßen soll da
　　 „dem Gerichte Gottes, wen entrafft der Tod!
　　 „Ich wähne daß er will, so er des walten darf,
　　 „in dem Kampffaal die Kempen der Geaten
　　 „die furchtlosen freßen, wie er zuvor oft that
445. „der Macht der Hredmannen: mir darfst du nicht
　　 „das Haupt behüten, sondern mich haben will er
　　 „betrieft vom Blute, wenn mich der Tod hinwegrafft,
　　 „schleppt die blutige Leiche, die er zu schmausen denket,
　　 „und der Eingänger ißet unbekümmert,
450. „grenzt die Moorkreiße ab: mir brauchst du nicht
　　 „um meines Leibes Nahrung länger dann zu sorgen.
　　 „Dem Hygelak entsende, rafft mich dahin der Kampf,
　　 „die beste aller Brünnen, die meine Brust beschirmt,
　　 „das herlichste Gewand! das ist des Hräbla Erbe,
455. „ein Kunstwerk Wielands. Das Schicksal kommt stets wie
　　　　　　　　　es soll.“
　　 Hrodgar sprach, der Helm der Skilbinge:
　　 „Wegen der feindlichen Wichte, mein Freund Beowulf,
　　 „und um zu helfen hast du uns heimgesucht!
　　 „Dein Vater schlug der Fehden größte:
460. „er ward dem Heabolaf zum Handtödter
　　 „bei den Wylfingen; der Bewohner Volk
　　 „konnte ihn nicht halten vor des Heeres Schrecken.
　　 „Von bannen suchte er der Südbänen Volk,
　　 „der Ehrenskilbinge, über des Oceans Gewühl,
465. „als zuerst ich herschte über die Dänen
　　 „und in der Jugend hielt die gemmenreiche
　　 „Hortburg der Helden, da Heregar todt war,

„mein älterer Bruder unlebend,
„der Geborne Healfdenes: der war beßer denn ich!
470. „Da sühnte ich mit Schatz die Fehde:
„ich sandte über Waßers Rücken zu den Wylfingen
„alte Kleinode; Eide schwur er mir.
„Sorgenvoll ists mir zu sagen in dem Sinne mein
„der Gaumänner einem, wie mir Grendel bereitete
475. „Höhnung in Heorot durch Haßgedanken,
„gefahrvollen Angriff! mein Flurvolk ist
„mein Schlachtheer gelichtet: das Schicksal trieb sie
„in Grendels Grausen. Gott mag leicht
„dem tückevollen Räuber die Thaten hindern!
480. „Gar oft erboten sich vom Biere trunken
„beim Krug mit Ale Kampfeshelden,
„daß sie im Biersaal wollten bleibend harren
„auf Grendels Angriff mit dem Graus der Schwerter.
„Dann war diese Methhalle zur Morgenstunde
485. „triefend von Blut, sobald der Tag erglänzte;
„die Bankdielen waren mit Blut begoßen,
„die Halle mit Schwertes Naß: ich besaß der Holden um so weniger,
„des theueren Gefolges, die da der Tod entraffte.
„Setze dich nun zu dem Maale und mit Meth entbinde
490. „Siegesmut den Helden, wie dein Sinn dich antreibt!"
Da war der ganzen Schaar der Geatenmänner
in dem Biersaale eine Bank geräumet,
dahin die Sinnstarken sich zu setzen giengen,
die Kraftstolzen. Es wartete ein Kempe auf,
495. der einen hochvollen Alekrug in seinen Händen trug
und klaren Süßtrank schenkte. Ein Sänger sang bisweilen
heiter in Heorot: da war der Helden Jubel
und nicht wenig Männer der Wedern und der Dänen.

III.

Darauf sprach Hunferd, Ecglafs Sohn,
500. der zu den Füßen saß dem Fürst der Skildinge,

472b) Ecgtheow.

entband Streitrunen, (ihm war Beowulfs Reise
des mutigen Seefahrers sehr zum Aerger,
da er durchaus nicht gönnte, daß ein anderer Mann
je mehr des Ruhmes in dem Mittelkreiße
505. besäße unterm Himmel, denn er selber hatte):
»Bist du der Beowulf, der einst mit Breka schwamm
»im Wettkampfe durch die weite See,
»wo in Verwegenheit ihr die Gewäßer prüftet
»und aus tollem Prahlen in die tiefen Fluten
510. »wagtet euer Leben? Nicht wehren konnt' euch beiden
»weder lieb noch leid der Leute einer
»die sorgenvolle Fahrt, als in den Sund ihr rudertet,
»wo ihr den Oceansstrom mit euren Armen decktet,
»die Holmstraßen maßet, mit den Händen schluget
515. »und über den Ocean glittet: der Eisgang des Winters
»wallete in Wogen; in des Waßers Gebiet
»plagtet ihr euch sieben Nächte. Im Schwimmspiel überwand
       er dich:
»er hatte mehr der Macht; zur Morgenzeit
»trug ihn der Holm da zu den Heaborämen.
520. »Von dannen suchte er die süße Heimat
»lieb seinen Leuten, das Land der Bronbinge,
»die liebliche Friedeburg, wo er sein Volk hatte,
»Burg und Bauge. Da hatte all sein Erbot wider dich
»vollbracht in Wahrheit Beanstans Sohn.
525. »Dann wähn' ich dir beschieden schlimmere Begegnung,
»obgleich du dich in Kampfstürmen immer kraftvoll zeigtest,
»grimmes Kämpfen, so du Grendel wagest
»in der Nähe zu erwarten die nachtlange Frist!«
Beowulf redete, der Geborne Ecgtheows:
530. »Fürwahr! gar viel hast du, mein Freund Hunferd,
»vom Biere trunken über Breka gesprochen,
»geredet von seiner Reise! ich rechne das für wahr,
»daß ich der Meeresanstrengung mehr da hatte,
»der Arbeit in den Wogen, denn ein andrer Mann!
535. »Wir verhießen das als Halberwachsne
»und verbanden uns (wir waren beide da
»noch jung von Jahren), daß wir in den Begang des Meeres
»unser Leben wagten, und wir leisteten das so.

„Wir hatten das Schwert entblößt, da in den Sund wir
ruberten,

540. „hart in den Händen, da wir im Holm gedachten
„uns zu wehren gegen Walfische. Nicht mocht' er weg von mir
„fernhin fließen auf den Flutwogen
„hurtiger am Holme, noch wollt' ich hin von ihm.
„Zusammen waren auf der See wir beide

545. „da fünf Nächte Frist, bis daß die Flut uns trennte,
„das wallende Gewäßer, der Wetter kältestes,
„die nebelhüllende Nacht sowie von Norden auch der Wind
„wirbelnd und wutgrimm: die Wogen waren stürmisch.
„Der Meeresfische Mut war erregt,

550. „wo mir mein Leibespanzer wider die Leidigen
„der harte handgeknüpfte Hilfe schaffte:
„an der Brust lag mir das Brünnegeflecht
„das goldgeschmückte. Zum Grunde zog mich
„ein feindlicher Räuber: fest hielt er

555. „grimm im Griffe. Doch gegeben ward mir,
„daß ich das Scheusal mit dem Schwert erreichte,
„mit dem Kriegesstahle: Kampfsturm entraffte
„das mächtige Meerthier durch meine Hand.
„So unablässig mich die leidigen Plager

560. „bedrängten heftig: doch ich diente ihnen
„mit dem theueren Schwerte, wie es schicklich war.
„Nicht erfreuten sich der Fülle der Beute
„die frevelen Berberber, daß sie mich fangen möchten
„und am Meeresgrund das Maal umsitzen,

565. „sondern am Morgen lagen sie vom Mordstahle
„verwundet oben an der Wogen Rücklaß
„in Schaaren getödtet, daß um die schäumenden Gewäßer
„sie der Fluten Durchsegler an der Fahrt nicht mochten
„länger mehr verhindern. Licht kam von Osten,

570. „Gottes blinkendes Zeichen: die Brandung ruhte,
„daß ich die windigen Wälle gewahren konnte,
„des Holmes Vorgebirge. Oft erhält das Schicksal
„einen Kempen vor dem Tode, dessen Kraft noch taugt.
„Doch beschieden war mirs, daß ich mit dem Schwerte fällte

---

566) am Uferfand.

575. „neun der Nixe; nie zur Nacht erfuhr ich
„unter des Himmels Wölbung härteres Gefecht
„noch mühreichere Männer auf des Meeres Strömen:
„doch dem Griff der Feinde entgieng ich mit dem Leben
„von dem Weg ermüdet, da mich die Wogen trugen
580. „die Fluten übers Meer hin zu den Finnenlanden,
„die wallenden Gewäßer. Solch Waffengraufen
„habe von dir felber ich nie fagen hören,
„folch bitteres Gefecht, und auch hat Breka nimmer
„im ernften Kampffpiel noch einer von euch beiden
585. „folch theuerliche That vollführet
„mit gefärbtem Schwerte (nicht rühm' ich viel davon),
„obgleich du deinen trauten Brüdern zum Tödter wurdeft,
„deinen Hauptverwandten: dafür wirft in der Hölle du
„Verwerfung dulden, wenn gleich dein Witz dir taugt!
590. „Das fage ich dir ficher, du Sohn des Ecglaf,
„daß Grendel nimmer fo viel Graus vollführte,
„das übele Ungethüm dem Obherrn dein
„und Höhnung in Heorot, wofern dein Herz dir wäre
„dein Sinn fo kampfgrimm, wie du felber wähneft!
595. „doch er hat gefunden, daß er die Fehde nicht
„den furchtbaren Schwertkampf eurer Volkesmenge
„der Siegffildinge zu fehr braucht zu fürchten.
„Er nimmt fich Notpfänder, Niemand schont er
„von den Leuten der Dänen, fondern Luft trägt er,
600. „ftänkert und mordet, keinen Streit erwartend
„von den Geerbänen. Aber ich will ihm der Geatenmänner
„Armkraft und Stärke unvermutet
„im Kampf nun bieten! Dann kommt, wer da mag,
„mutig zu dem Methe, wenn das Morgenlicht
605. „am andern Tage über die Erdenvölker
„die Sonne äthergefchmückt von Süden fcheinet!
Da war hocherfreut der haargreife
fchlachtberühmte Schatzes Spender: auf Entfatz vertraute
der Gebieter der Glanzdänen: an Beowulf hörte
610. des Volkes Hirte feften Entfchluß.
Da war der Helden Lachen, Hall ertönte,

---

586) mit blutgefärbten Schwerte.

Worte waren wonnsam. Es gieng Wealchtheow hinzu
des Hrodgar-Gemahlin an die Hoffitte denkend
und grüßte goldgeschmückt die Gäste in der Halle.

615. „Es gab den vollen Becher die Frau die edele
zuerst dem Erbfitzwart der Oftdänen
und zum Empfang des Biers lud sie den Fröhlichen,
der lieb war seinen Leuten. Mit Luft empfieng er
Schmaus und Saalbecher, der fiegberühmte König.

620. Durch die Halle gieng umher die Helmingsfrau
zu jeglichem darauf, zu Jung und Alt,
Schatzkleinode reichend, bis es sich schickte also,
daß sie zu Beowulf, die baugegeschmückte Frau
die mutherhabene, den Methbecher trug.

625. Sie grüßte den Geatenfürst und dankte Gott dafür
weisfest mit Worten, daß ihr die Wonne zufiel,
daß sie von der Helden einem hoffen durfte
Befreiung von den Freveln. Es empfieng den Becher
der todkühne Waffenkempe von Wealchtheow

630. und redete darauf bereit zum Kampfe;
Beowulf sprach, der Geborne Ecgtheows:
„Ich hoffte das, als an den Holm ich stieg
„und mich ins Seeboot setzte mit der Gesellen Schaar,
„daß ich ein für allemal möchte eurer Leute

635. „Wunsch erfüllen oder auf der Walstatt fallen
„fest in Feindes Griffen. Vollführen will ich
„mannlich Kraftwerk oder in der Methhalle
„meinen Endetag hier innen finden!"
Dem Weib die Worte wol gefielen,

640. des Geaten Ruhmrede. Es gieng die Goldgeschmückte
die edle Volksfrau zu ihrem Fürsten sich zu setzen.
Da war abermals wie ehe innen in der Halle
Kraftwort gesprochen, die Kempenschaar in Freude,
der Siegvölker Lärmen, bis der Sohn des Healfdene

645. mit einemmale seine Abendruhe
suchen wollte: er wuste den Sorghaften
in dem Hochsaale Harmkampf bestimmt,

* * *

---

647) nach diesem Vers ist eine kleine Lücke, etwa des Inhalts: „fie konnten
die Halle nur bei Tage bewohnen."

sobald der Sonne Licht fie fehen konnten
bis daß die nebelhüllende Nacht über Alle
650. mit der Schattenhelme Geschöpfen geschritten kam
schwarz unter Wolken. All die Schaar erhub sich;
ein Held grüßte den andern da,
Hrodgar den Beowulf, Heil ihm entbietend,
Gewalt über den Freundsaal, und sprach das Wort zu ihm:
655. „Nie hab' ich einem der Männer bisher anvertrauet,
„seitdem ich Hand und Rand erheben konnte,
„den Degensaal der Dänen außer dir nun da!
„Habe nun und hüte du der Häuser bestes,
„an Ruhmthat gedenke, künde reiche Stärke,
660. „wache wider den Wüterich! Dir ist nicht Wunsches Mangel,
„wenn das Kraftwerk du durchkämpfest mit dem Leben!"

IV.

Drauf gieng Hrodgar fort mit seiner Helden Schaar
hinaus aus der Halle, die Obhut der Skildinge:
es wollte der Kampffürst Wealchtheow suchen
665. die Frau als Bettgenoßin. Es erfuhren die Menschen,
wie Grendeln entgegen die Glorie der Könige
einen Saalwart setzte: der hielt Sonderdienst
um den Gebieter der Dänen, erbot sich zu Riesenhut.
Ja! fest vertraute der Fürst der Geaten
670. auf mutige Heldenkraft und auf die Huld des Schöpfers!
Er that ab von sich die Eisenbrünne,
den Helm von dem Haupte und gab hin das gezierte Schwert
seiner Amtleute einem, der Eisen bestes,
und hieß behüten die Heerkampfrüstung.
675. Der Mannhafte sprach da manches Ruhmwort,
Beowulf der Geate, eh er das Bett bestieg:
„Nicht kleiner acht' ich mich an Kriegerstärke
„zu Kampfeswerken, denn sich Grendel dünket!
„erschlagen will ich ihn drum mit dem Schwerte nicht
680. „und so sein Alter kürzen, obwol ichs all so könnte:

666b) d. i. Gott.

„er weiß nichts von den Gaben, daß er mir entgegen schlage
„und den Rand zerhaue, obwol er doch berühmt ist
„in Feindschaftswerken. Wir werden in finsterer Nacht
„der Schwerter uns enthalten, wenn er Schlacht zu suchen
685. „waget ohne Waffen: dann mag der weise Gott
„der heilige König in die Hand des einen
„von uns Machtruhm legen, wies ihm gemäß dünket!"
Drauf legte sich hin der Kampftheuere: sein Haupt empfieng
das Polster,
das Antlitz des Helden, und um ihn beugte sich
690. der schnellen Seehelden mancher zur Saalruhe nieder.
Von denen dachte keiner, daß daß er von dannen würde
je wieder hinkommen zu dem Heimsitz der Liebe,
zu Burg oder Volk, wo er geboren war:
erfahren hatten sie, daß allzuviele schon der Tod
695. zuvor in dem Freundsaale hatte fortgerafft
des Dänenvolkes; doch ihnen gab allda der Herr
des Waffenglücks Gewebe, den Webernleuten,
Erfreuung und Hilfe, daß ihre Feinde sie
durch Eines Kraft alle überwanden,
700. durch sein selbes Macht: sicher ist gekündet,
daß der machtreiche Gott der Menschen waltet
durch ferne Zeiten! — Es kam in finsterer Nacht
geschritten der Schattengänger; die Schießenden schliefen,
die da den Hornsaal hüten sollten,
705. alle außer einem: kund ward allen Menschen,
daß sie der Gramfeind nicht, da Gott nicht wollte,
der schuldvolle Schädiger durfte unter Schatten schwingen,
sondern wachend harrte er dem Wüterich zum Aerger
auf die Begegnung des Kampfs ergrimmten Mutes.
710. Da nahete vom Moore unter Nebelklippen
Grendel kommend, trug Gottes Zorn.
Der Meinschädiger meinte von dem Männervolke
einen zu beschleichen in dem Saal dem hohen,
fuhr unter den Wolken hin, wo er die Freundbehausung
715. die Goldburg der Männer gar wol kannte
allbunt von Kleinoden: das war nicht das erstemal

---

706) d. i. Beowulf.

daß er heimſuchte Hrodgars Wohnung.
Er fand in Lebenstagen zuvor noch ſeitdem
härtere Halldegen als jenen Helden niemals!

720. Der Unhold kam da ein zu der Halle
theillos der Jubelfreuden: ein fiel die Thür alsbald
feſt mit Feuerbanden, ſobald ſie ſeine Fauſt berührte.
Auf riß der Bösgeſinnte, da er erbittert war,
des Hauſes Mündung und haſtig trottete

725. in die farbenbunte Flur der Feind darauf
ingrimmig eilend. Von den Augen ſchoß ihm
ein Licht unlieblich der Loh vergleichbar.
Er ſah der Helden manche in der Halle ſchlafen,
die Sippenſchaar beiſammen alle,

730. den Haufen der Recken: ſein Herz erlachte;
zu theilen dachte, eh der Tag erſchiene,
der unheimliche Unhold all·der Helden
Leib von dem Leben, da ihm gelang die Hoffnung
auf Fraßes Fülle: doch fügte ſichs nicht mehr,

735. daß er noch mehr durfte von dem Männervolke
ergreifen nach dieſer Nacht. Es ſah da großen Kummer
der Maag des Hygelac, wie der Meinſchädiger
unter Fährlingsgriffen fahren wollte:
der Unhold dachte das nicht aufzuſchieben,

740. ſondern im erſten Anlauf eiligſt griff er
einen ſchlafenden Helden, zerſchliß ihn unverſehens,
zerbiß den Beinverſchluß und trank das Blut aus den Adern,
ſchlang große Schnitte; ſchleunigſt hatte er
des Unlebenden all gefreßen

745. Füße und Hände. Fürder ſtürmte er
und mit der Hand ergriff er den Herztüchtigen
den Recken auf dem Ruhbett: ihm reichte entgegen
der Feind mit der Fauſt und empfieng behende
den Argliſtgeſinnten auf den Arm ſich ſtützend.

750. Das empfand alsbald der Frevel Hirte,
daß er auf all dem Mittelkreiß in dieſer Erde Theilen
auf einen ſtärkeren Mann noch nie geſtoßen ſei,
auf einen größeren im Handgriff; im Geiſte ward er

---

746) Beowulf.

voll Furcht im Sinne: doch konnte er nicht fort drum eher.

755. Sein Herz war wegbeeilt; er wollt' ins Höllbunkel fliehen,
suchen der Teufel Toben: nicht war dort sein Treiben so,
wie er es ehedem im Leben angetroffen!
Der Maag des Hygelak, der gute, gedachte in dem Herzen da
der Abendrede, stund aufgerichtet

760. fest ihn erfaßend: die Finger barsten.
Der Riese strebte aufwärts, der Recke eilte fürder:
der Berühmte überlegte, wohin er rasch möchte
weiter so entweichen und hinweg von dannen
fliehen zu dem Moore, wuste seiner Finger Gewalt

765. in den Griffen des Ergrimmten. Das war ein grauser Gang,
daß hin zu Heorot der Harmschäbiger zog:
es dröhnte der Degensaal, den Dänen allen ward
den beherzten Helden, den Hochburgbewohnern
das Ale verschüttet. Ingrimmig waren beide,

770. die wilden Kraftwarte; es erklang die Halle.
Da war ein Wunder groß, daß Widerstand den Kampftheueren
der Freundsaal hielt, daß er nicht fiel zu Boden,
der herliche Feldbau: doch so fest war er
von innen und von außen mit Eisenbanden

775. umschmiedet kunstvoll! Von den Schwellen bog sich
dort manche Methbank meines Erfahrens
mit Gold verziert, wo die Ergrimmten kämpften.
Das wähnten nicht zuvor die Weisen der Skildinge,
daß es einer der Männer irgend je mit Fug

780. streitbar und beinfeind zerbrechen könnte
noch es mit List zerstören, wenn nicht der Loh Umfaßung
im Schwalle es verschlänge. Schall stieg auf
neu genugsam: den Nordbänen kam
unheimliches Grausen allen und jedem,

785. die von dem Wall herab das Wutgebrüll vernahmen,
wie der Gegner Gottes Grauslied erhub
sieglosen Sang, den Schmerz beheulend,
der Häftling der Hölle: ihn hielt zu feste,
der von den Männern war der machtgestrengste

790. an dem Tage dieses Lebens.
Es wollte da der Kempen Schirm auf keine Weise
am Leben den Mordgast laßen bleiben,

da er der Leute keinem seine Lebenstage
nutzbar glaubte.　Genugsam schwang da
795.　das alte Erbschwert mancher Edeling des Beowulf,
wollte des lieben Fürsten Leben schirmen,
des berühmten Königes, wofern sie könnten also.
Sie wusten das nicht, als sie Wutkampf übten,
die hartgesinnten Heerkampfmänner,
800.　und da in Hälften ihn zu hauen dachten,
die Seele ihm zu suchen, daß an dem Sündenschädiger
irgendwie auf Erden der besten Eisenwaffen
der Kampfbeile keines wollte haften:
verschworen hatte er sich wider Siegeswaffen,
805.　wider alle Schneiden.　Das Ende seines Lebens
sollte an dem Tage dieses Lebens
ihm gar ärmlich werden und es sollte andershin sein Geist
in der Feinde Gewalt fernhin wandern.
Da empfand das, der da viel zuvor
810.　dem Menschenvolke in Gemütes Lust
Frevelthat vollführte (er war feind wider Gott),
daß ihm sein Leib nicht wollte länger bleiben,
sondern der mutvolle Maag des Hygelak
hielt ihn bei der Hand: verhaßt war jedem
815.　das Leben des andern.　Leibesversehrung fand
der unheimliche Unhold: an der Achsel ward ihm
sichtbar eine Scharte; die Sehnen sprangen,
die Beinverschlüße barsten.　Dem Beowulf ward
die Gunst des Siegruhms; Grendel sollte fliehen
820.　todwund von dannen zu dem Torfmoore,
suchen wonnelose Wohnung: er wußte um so beßer,
daß seinem Alter war das Ende kommen,
die Vollzahl seiner Tage.　All dem Volk der Dänen
war nach dem Todessturme Trost erschienen.
825.　Gesäubert hatte da den Saal des Hrodgar
der festgesinnte weise, der eh von ferne kam,
befreit vom Angriff: er freute sich des Nachtwerkes
und des Kraftruhmes.　Den Kempen der Ostdänen
hatte erfüllt sein Ruhmwort der Fürst der Geaten
830.　sowie die Arglist all gebüßet,
die Unheilsorge, die sie ehe trugen

und im Druck der Not erdulden sollten,
den unkleinen Kummer. Das war ein offenkundig Zeichen,
als da der Heerkampftheure die Hand hinlegte,
835. den Arm und die Achsel, wo alles war versammelt,
Grendels Greifwerk unters großgewölbte Dach.

V.

Da war am Morgen meines Erfahrens
in der Halle der Gaben mancher Heerkampfrecke:
die Volksführer kamen von fern und nahe
840. über weite Wege das Wunder zu erschauen,
des Leidigen Spuren: seine Lebenstrennung däuchte
der Helden keinem herb und schmerzlich,
die da des Ruhmlosen Rennspur schauten,
wie er hinweg von dannen wehgemut enteilte
845. in der Fehde überkommen und auf die Flucht getrieben
zu dem Nixenmeere, nah dem Tode.
Da war in Blut die Brandung wallend;
das scheusliche Wogengespringe wallete von Todblut
mit Eiterjauche all durchmenget,
850. da es der Todgeweihte färbte, seitdem er theillos der Freuden
entsandte sein Leben in des Sumpfes Frieden,
die Heidenseele, wo ihn die Hölle aufnahm!
Von bannen eilten drauf die Altgesellen
wie auch der Jungen mancher von dem Jubelgange,
855. mutige Helden von dem Meere reitend
auf blanken Rossen. Dort ward des Beowulf
Ruhmthat gepriesen, oft sprach der Recken mancher,
daß zwischen den Seen im Süden und im Norden
über all den Erdengrund kein andrer Kempe
860. unter des Himmels Laufe herlicher wäre
und der Randhaltenden keiner Reiches werther;
doch ihren Freundherrn, den freundlichen Hrodgar,
tadelten sie durchaus nicht: das war ein tüchtiger König!
Bisweilen ließen im Wettlauf rennen
865. die Fechtberühmten ihre falben Rosse,
wo die Landwege ihnen lieblich däuchten,

bekannt durch Trefflichkeit. Bisweilen fand ein Königsdegen
ein Edeling voll Ruhmreden, eingedenk der Lieder,
der all und viel der alten Sagen
870. Fülle gedachte, Wortgesänge
recht gebunden; dieser Recke begann
das Wagnis Beowulfs weise zu besingen
und die Rede fertig rasch zu führen
mit Worten wechselnd. Wol sprach er alles,
875. was er sagen hörte von Sigemundes
Kraftthaten, des Kundlosen viel,
des Wälsings Kämpfe, seine weiten Fahrten,
deren die Kinder der Menschen sicher keine wusten,
der Fehden und der Frevel, außer Fitela mit ihm,
880. wenn von solchem etwas sagen wollte
der Ohm seinem Neffen, wie sie immer waren
Genoßen in den Kämpfen und Notgefährten.
Sie hatten reiche Fülle des Riesenvolkes
gefällt mit den Schwertern. Fülle des Nachruhms
885. ward zu Theil dem Sigemund nach seinem Todestage,
dieweil der Wehrhafte den Wurm ertödtet,
des Goldhortes Hirten: es wagte unter den grauen Stein
des Edelings Geborner einsam sich hinein
zum furchtbaren Werke, nicht war Fitela bei ihm;
890. doch ihm war beschieden, daß das Schwert durchbrang
den wunderbaren Wurm, daß an der Wand es anstund,
das herliche Eisen: der Drache starb hin im Tode.
er hatte kämpfend in Mühsal mit Kraft erstritten,
daß er des Bauge=Hortes brauchen durfte
895. nach sein selbes Willen: ein Seebot lud er
und in den Bauch des Schiffes trug die blinkenden Kleinode
Wälses Sprößling; der Wurm heiß zerschmolz.
Das war der Wanderer weitberühmtester,
der Kämpfer Schirm, durch Kraftthaten
900. über alle Völker: er des eh gedieh!
Seit Heremodes Hochkraft und Stärke
und sein Wehrkampf abnahm, ward er bei den Eoten
in der Feinde Gewalt fort betrogen,

---

883) Sie hatten all und viel des Eotenvolkes?

verſendet ſchleunig: der Sorge Wallen
905. lähmte ihn zu lange. Seinen Leuten ward er
allen Edelingen zum Altersfummer.
So beweinte oft manch weiſer Mann
des Feſtherzigen Loos in früheren Zeiten
der bei ihm Abhilfe des Uebels hoffte,
910. daß das Kind des Königs ſollte an Kraft gedeihen,
empfahn des Vaters Abel und das Volk erhalten,
Hort und Schirmburg, der Helden Reich,
den Erbſitz der Skildinge. Allen ward hier
der Maag des Hygelaf dem Männervolke
915. den Freunden erfreulicher: jenen fam Frevel an. —
Bisweilen ſie im Wettlauf die weißfahle Straße
durchmaßen mit den Roſſen. Da war das Morgenlicht
vorgeſchoben und gefördert: mancher feſtgeſinnte Degen
fam hingegangen zu dem hohen Saale
920. zu ſehn das ſeltſame Wunder, ſowie auch ſelbſt der König
aus ſeinem Brautgemach mit breitem Gefolge
ruhmfeſt eilte, der Ringſchätze Hüter
befannt durch Trefflichfeit und die Königin mit ihm
maß den Methſteig in der Mägde Begleitung.
925. Hrodgar ſprach (zur Halle gieng er,
ſtund an der Säule, ſah das ſteile Dach
das goldgeſchmückte und Grendels Hand):
„Dieſes Anblickes ſei dem Allwalter
„Dank ſofort gebracht! viel Drangſal und Tücke
930. „ward von Grendel mir geboten: Gott mag ſtets würfen
„Wunder über Wunder, der Wart der Glorie!
„Noch unlängſt wars, daß ich durchaus mir nicht
„des Wehes wähnte auf weite Zeiten
„Beßerung zu finden, wenn blutig ſtund
935. „das trefflichſte der Häuſer getränkt mit Kampfblut:
„es nagten weite Wehen der Weiſen jeden,
„derer die nicht wähnten, daß ſie durch weites Leben
„der Leute Landgewerk vor den leidigen Unholden
„vor den Scheuſalen beſchirmen könnten.
940. „Durch des Herren Macht vollbrachte nun ein Held eine That,
„die wir alle ehe nicht vermochten
„mit Weisheitgedanken ins Werk zu ſetzen.

„Ja! welche Maid auch unterm Menschenvolke diesen Mann
      geboren,
„sagen mag sie, wenn sie noch lebt,
945. „daß ihr Gott der alte Schöpfer gnädig war
„bei der Geburt des Kindes! Ich will dich, Beowulf, nun,
„der Männer bester, im Gemüte lieben
„wie meinen eignen Sohn! halt fortan immer wol
„die neue Sippe! in nichts wird dir Mangel
950. „an der Welt Wunschgütern sein, deren ich Gewalt besitze.
„Gar oft bereitete ich für weit Geringeres Belohnung
„einem schwächeren Recken, der schlechter war im Streite,
„Hortbeehrung: du hast durch Heldenthat dir selber
„nunmehr erwürket, daß dein Nachruhm lebet
955. „immerdar und ewig. Der Allwalter wolle
„mit Heil dir lohnen, wie er bisher gethan!“
Beowulf sprach, der Geborne Ecgtheows:
„Wir haben das Werk der Kraft gar williglich
„vollführt, das Gefecht, uns furchtlos wagend
960. „an des Unkunden Kraft. Weit eher gönnte ich,
„daß du ihn selber sehen könntest,
„den Feind in Fesseln, den Fallbetrübten!
„Ich dachte hurtiglich mit harten Banden
„ihn zu binden an das Bett des Todes,
965. „daß er hingestreckt vor meinem Handgriff sollte
„lebensmüde liegen, wenn nicht sein Leib entwischte;
„doch nicht beschieden war es mir, da es der Schöpfer wehrte,
„ihn an der Flucht zu hindern: nicht so fest packte ich
„den Feind des Lebens: zu vormächtig
970. „war der Feind zu Fuße. Doch seine Faust hat er hinter sich
„hier liegen laßen zur Lebensbergung,
„den Arm und die Achsel: aber auch nur einigen Trost
„hat dennoch sich der Freudlose da nicht erkaufet;
„nicht länger lebt darum der Leidanstifter
975. „von Schuld geschwenket, sondern schmerzhafte Wunde
„hat fest ihn befangen im Feindschaftgriffe
„mit herben Banden. Harren soll da
„der greuelbefleckte Mann des großen Gerichtes,
„was der leuchtende Schöpfer ihm verleihen wolle!“
980. Da war schweigsamer der Sohn des Ecglaf

an ruhmredigen Worten von Reckenkämpfen,
seit die Edelinge ob der Armkraft des Helden
die Hand erschauten auf dem hohen Gerüst,
des Feindes Finger, vor sich ein jeglicher.
985. Jeder der starken Nägel war dem Stahl vergleichbar,
die Handsporen des Heidenkempen,
ungeheuere Krallen. Alle sprachen
daß der harten keines daran haften wollte
der erzguten Eisen, daß es des Unholdes
990. blutige Kampffaust entblößen konnte.

VI.

Auf Geheiß ward hurtig Heorot innen
mit den Händen geschmückt: Helden und Weiber
waren viele da beschäftigt, die das Freundgemach
den Gastsaal zierten. Goldbunt glänzten
995. Gewebe an den Wänden, mancher Wunderanblick
der Helden jedem, die da hinschaun auf solches.
Es war der Bau der blinkende zerbrochen sehr
all innenwärts, der eisenbandfeste,
die Hespen zerrißen. Nur das Hochdach blieb
1000. all unversehret, da das Ungethüm
befleckt durch Frevelthaten auf die Flucht sich wandte
am Leben verzweifelnd: nicht leicht wirds einem,
dem zu entfliehen (vollführ' es wer da will!),
sondern suchen soll der Seelentragenden
1005. der Erdbewohner jeder, der Edelinge Kinder,
mit Gewalt genötigt die wartende Stätte,
allwo sein Leichnam dann am Lagerbette fest
beständig schläft! — Die Stunde kam da,
daß zur Halle hingieng Healfdenes Sohn:
1010. es wollte der Männer König selbst das Mahl einnehmen.
Nie hört' ich daß in reicheren Schaaren um seinen Ringspender
ein Heldenvolk sich herlicher gebahrte!
Es giengen da zur Bank die Glückes reichen
und freuten sich der Fülle. Fröhlich nahmen
1015. manchen Methkrug ihre Maage da
die seelenstarken in dem Saal dem hohen,

Hrodgar und Hrodulf. Heorot war innen
erfüllt mit Freunden: keine Falſchheitſtreiche
vollführten da indeſſen die Volkſkildinge.

1020. Dem Beowulf gab der Geborene des Healfdene
ein güldenes Zeichen zur Vergeltung des Sieges
ein herlich geſchmücktes Kampfkleinod, Helm und Brünne;
auch ſahen der Kempen manche ein hehres Kleinodſchwert
gebracht vor den Helden. Beowulf empfieng

1025. einen Becher in dem Bierſaal. Er brauchte ſich mit nichten
vor der Schützen Schaar zu ſchämen ſolcher Gaben:
nie erfuhr ich, daß je freundlicher vier ſolche Kleinode
mit Gold verziert der Gaumänner viele
auf den Alebänken Andern ſchenkten!

1030. Um das Helmdach hielt des Hauptes Wache
ein Eber außen mit Eiſendraht umwunden,
daß nicht der Feilen Nachlaß furchtbar möchten
ſchauerhart ihm ſchaden, wenn der Schildkühne
entgegen den Feinden gehen ſollte.

1035. Auch hieß der Edelinge Schirm noch acht Roſſe
feißtwangige in den Flurſaal ziehen,
ein in die Umzäumung; auf deren einem ſtund
ein reichverzierter Reiterſattel:
das war des Hochköniges Heerkampfſeßel,

1040. wenn Schwerter = Spiel der Sohn des Healfdene
vollführen wollte; nicht ruhete an Volkes Spitze
der Kampf des Weitkunden, wenn Kempenleichen fielen!
Ueber beides gab da dem Beowulf
der Ingwine Obherr Eigengewalt,

1045. über Waffen nnd Roſſe, hieß es ihn wol brauchen,
So mannlich lohnte da der Männerfürſt der hehre
der Hortwart der Helden den heißen Kampfſturm
mit Schätzen und mit Schlachtroſſen, wie ſie nie ſchilt ein
                                        Mann,
der reden will nach Recht die Wahrheit!

1050. Drauf gab der Edelinge König noch allen denen,
die mit Beowulf zogen der Brandung Straße,
an der Methbank da gar manches Kleinod,

1032) die Schwerter.

altes Erbgut, und den Einen hieß er
mit Gold vergelten, welchen Grendel vorher
1055. meuchlings mordete, wie er ihrer noch mehr wollte,
wenn ihm nicht wehrte das Geschick der weise Gott
sowie der Mut des Mannes: über all das Menschenvolk
waltete der Schöpfer, wie er noch weiter thut!
Einsicht ist drum überall das beste
1060. und Vorsicht des Geistes: viel soll erwarten
so Liebes wie Leides, wer da lange hier
der Welt genießt in diesen Wehetagen!
Da war Sang und Klang zusammen drinnen
vor Healfdenes Heerkampfweiser;
1065. das Lustholz ward gegriffen, Lied oft angestimmt,
wenn die Hallfreude Hrodgars Sänger
längs den Methbänken melden sollte:
"Durch die Abkömmlinge des Finn, als der Ueberfall betraf
"die Helden Healfdenes, sollte Hnäf der Stilding
1070. "fallen blutig auf der Friesenwalstatt.
"Doch brauchte auch Hildeburg nicht hochzupreisen
"der Eoten Treue: die Unsündigen muste
"die Lieben sie verlieren in den Lindenkampfe,
"die Söhne und die Brüder; sie sanken alle
1075. "vom Geer verwundet: das war ein gramvoll Weib!
"Nicht grundlos beweinte Gottes Fügung
"die Tochter Hookes bei des Tages Anbruch,
"da unter den Wolken sie gewahren konnte
"ihrer Verwandten Mordübel, an denen sie am meisten hatte
1080. "Erdenwonne eh; der Kampf riß alle fort
"bis auf eine kleine Zahl die Kempen Finnes,
"daß er vermochte auf der Mahlstätte

1068 ff.) Nach dem Fragment vom Ueberfall in Finnsburg waren 60
Dänen, darunter Hnäf, Hengest, Guthlaf u. a. bei Finn, dem König der
Friesen oder Eoten, (als Gäste?) in Finnsburg. Hier wurden sie Nachts von
Finn treulos überfallen und es erfolgt ein hartnäckiger Kampf, indem sich die
Dänen 5 Tage lang vertheidigen. Auf ihrer Seite fällt nur Hnäf, während
Finn fast alle seine Mannen verliert, darunter auch seine Söhne und Schwä-
ger, die (v. 1077—80) schon in der ersten Nacht gefallen zu sein scheinen.
Hildeburg, Hookes Tochter, ist Finns Gattin trotz Grundtvigs in Brage og
Idun V, 500 ff. vorgebrachten Tiraden.

„nicht zu erkämpfen den Kampf wider Hengest
„noch den Kempen des Königs im Kampf zu entreißen
1085. „die Unglückstrümmer. Aber sie gaben das Anerbieten,
„daß sie all ihnen einräumten eine andere Wohnung,
„Halle und Hochsitz, daß sie deren zur Hälfte Gewalt
„neben der Eoten Söhnen eignen dürften
„und daß die Kempen der Dänen bei der Kleinodvertheilung
1090. „Folkwalda's Sohn erfreute täglich
„und ebenso reichlich mit Ringen ehrte
„die Schaar des Hengest, mit Schatzkleinoden
„feißten Goldes, wie er der Friesen Stamm
„im Methsaal ermuntern wollte.
1095. „Zu sagten sie auf zwei Seiten
„festen Friedensbund; Finn verhieß dem Hengest
„unverbrüchlich mit Eiden kräftig,
„daß er in Ehren hielte die Unglückentronnenen
„mit seiner Räthe Zustimmung, daß da der Recken keiner
1100. „mit Thaten noch mit Worten den Treubund bräche
„noch in Arglisttreiben irgend das erwähnte,
„obwohl sie dem Erschlager ihres Schatzgebers folgten
„ihres Herrn beraubt in solcher herben Not:
„wenn dann der Friesen einer mit frecher Rede
1105. „den Mordhaß wäre ins Gemüt rufend,
„daß es dann Stahles Schärfe strafen sollte.
„Der Schwur war geleistet und Sühngold war
„erhoben von dem Horte. Der Heerskilbinge
„der Brünnekempen bester war zum Brande fertig:
1110. „leicht zu schauen war da auf dem Scheiterhaufen
„ein schweißbuntes Schwert, ein Schwein allgülden,
„ein Eber eisenhart so wie der Edelinge mancher,
die von Wunden beschädigt auf der Walstatt fielen.
„Es hieß da Hildeburg auf Hnäfes Scheiterhaufen
1115. „die eignen Gebornen in den Brand befesten,
die Beingefäße brennen und zum Brande thun.
„Das arme Weib stund bei der Achsel trauernd
„und klagte mit Kummerliedern; Kampfgeschrei erhub sich.

„Es loderte gegen die Wolken der Leichenfeuer größtes

1120. „hallend von dem Hügel; die Häupter schmolzen;
„es barsten die Wundenthore, als Blut entsprang
„dem Leibbiß des Leibes. Die Lohe fraß Alle,
„der Geister gierigster, die da der Geerkampf fortnahm
„von beiden Heeren: vorbei war ihr Glück.

1125. „Drauf erhuben sich die Helden, daß sie die Häuser suchten
„befallen ihrer Freunde, Friesland zu sehen,
„Heimat und Hochburg. Hengest weilte
„verlustig des Erbsitzes den leichengefärbten Winter
„dort noch bei Finn; er gedachte seiner Heimat,

1130. „obwol er nicht mochte treiben in das Meer hinaus
„den Steven den geringten: der Holm im Sturme wallte
„mit dem Winde kämpfend; der Winter beschloß die Fluten
„mit Eisgebinde, bis daß ein anderes Jahr
„kam zu den Höfen, wie es noch heute thut

1135. „denen die unabläßig beachten den Lauf der Zeiten,
„die herlichklaren Wetter. Hin war da der Winter,
„lieblich der Busen der Erde; der Verbannte strebte fort,
„der Gast von den Höfen: weit begieriger dachte er
„auf Rache des Kummers denn an die Reise zur See,

1140. „ob er erzielen möchte Zornbegegnung,
„daß er angriffe der Eoten Kinder.
„Doch er entwich nicht der Weltbestimmung,
„als ihm der Hunlaffohn den Heerkampflichtstrahl
„das beste der Schwerter in den Busen senkte:

1145. „des waren bei den Eoten wolbekannt die Schwerter.
„Doch auch den mutkühnen Finn erreichte das mörderliche
„Uebel des Schwertes in seiner eignen Heimat,
„seitdem den grimmen Griff Gublaf und Oslaf
„nach der Seereise zur Sorge ihm erwähnten

1150. „und ihm den Wehetheil rügten: nicht konnte sein wabernder Mut
„halten in dem Herzen. Die Halle war beladen
„mit der Feinde Leichen sowie auch Finn erschlagen,
„der Fürst in der Gefolgschaar, und die Frau geraubt.
„Zu den Schiffen führten die Schützen der Skilbinge

1148) den Tod des Hengest. —

1155. „all des Erbköniges Eigengüter,
„soviel sie in Finnes Heimat finden konnten
„der funkelnden Gemmen. Sie führten auf der Seefahrt
„das herliche Weib mit sich hinweg zu den Dänen,
„sie leitend zu den Leuten." — Das Lied war gesungen,
1160. des Frohmanns Gesang; es erhub sich Freude wieder,
Bankjubel schallte; es boten die Schenken
Wein aus Wunderkrügen. Da kam Walchtheow hervor
gegangen unter güldnem Reife dahin wo die Guten beide
die Vettern saßen: da war ihre Freundschaft noch zusammen,
1165. jeder hold dem andern. Auch saß dort Hunferd der Sprecher
zu Füßen dem Fürst der Skildinge: sie trauten fest seinem
Sinne,
daß er großen Mut besäße, obgleich er seinen Maagen nicht
hilfreich war im Schwerterspiel. Da sprach die Herrin der
Skildinge:
„Empfange diesen vollen Becher, Fürst Herre mein,
1170. „Hortvertheiler! sei in Herzensfreude,
„Goldfreund der Männer und zu den Geaten sprich
„in milden Worten, wie ein Mann soll thun!
„sei den Geaten freundlich, der Gaben eingedenk!
„du hast nun Friede fern und nahe.
1175. „Man sagte mir, daß du als Sohn wolltest
„den Heerkempen haben. Heorot ist gereinigt,
„der blinkende Ringsaal: gebrauche, solang du darfst,
„der Kleinode manche und deinen Kindern laß du
„Volk und Herschaft, wenn du fort mußt
1180. „zu sehen Gottes Bestimmung. Gar wol kenne ich
„meinen Hrodulf den freundlichen, daß er halten will
„in Ehren die Knaben, wenn du eher denn er,
„Freund der Skildinge, fortgehst aus der Welt!
„Ich glaube daß er mit Gutem vergelten wolle
1185. „unseren Söhnen, wenn er des all gedenket,
„was wir für Wolthaten ihm zu Willen und zu Ehren
„dem Unmündigen einst erwiesen."
Zum Sitze gieng sie drauf, wo ihre Söhne waren,
Hredrik und Hrodmund und der Helden Kinder,

1164) Hrodgar und Hrodulf.

1190. die Jugend beisammen, wo auch der Gute saß
bei den Gebrüdern beiden, Beowulf der Geate.
Ihm ward der Vollbecher gereicht und freundliche Labung
mit Worten ihm erwiesen und gewundenes Gold
artig ihm geboten, der Armschmucke zwei,
1195. Hüllkleid und Ringe, der Halsreife größter,
derer die ich erfahren habe unter den Völkern dieser Erde:
nie hört' ich unterm Himmel von einem herlicheren
Hortkleinod der Helden, seit Hama brachte
zur blinkenden Burg den Brosinghalsschmuck,
1200. Schatz und Geschmeide: in den schnöden Haß
Eormanriks fiel er, erkor ewiglichen Rat.
Den Halsring hatte Hygelac der Geate
darnach zuletzt, der Neffe Schwertings,
seit er den Schatz beschützte unterm Schlachtzeichen
1205. und hütete der Beute; hin nahm ihn das Schicksal,
als aus Verwegenheit er Wehe suchte
Fehde bei den Friesen; die funkelnden Steine
das Geschmeide trug er über der Schaumflut Becher,
der reiche König: unterm Rande sank er.
1210. Da fiel des Fürsten Leben in der Franken Hände,
die Brustgewande und der Bauz zugleich:
die Erschlagenen beraubten schlimmere Kampfkühne
nach der Kampfentscheidung, während die Kempen der Geaten
auf der Leichenstätte blieben. — Lärm empfieng die Halle.
1215. Es redete Wealchtheow und vor den Recken sprach sie:
„Gebrauche dieses Reises, Beowulf mein lieber,
„mit Heil, o Held, und dieses Hüllgewandes,
„dieser Volkskleinode genieße und fröhlich gedeihe!
„Mit Kraft erweise dich und diesen Knaben sei du
1220. „linde mit deinen Lehren: dir zu lohnen denke ichs!
„Du hast erworben, daß durch alles weite Leben
„fern und nahe dich die Völker achten
„ebenso weithin wie der Ocean spület
„und sich wälzet um die Wälle. Sei, während du lebest,
1225. „glücklich, o Edeling! dir gönn ich wol

1201) fand den Tod. —
1212) die Franken. —

„die Schatzkleinode. Meinen Söhnen sei du
„freundlich mit Thaten in Freudenjubel.
„Ein Edeling ist hier dem andern treu
„und milde im Gemüte, dem Mannherrn hold:
1230. „es sind die Degen einig, all das Dienstvolk willig.
„Ihr trunknen Helden, thut wie ich euch bitte!"
Sie gieng zum Hochsitz drauf. Da war das herlichste Gelage:
es tranken Wein die Helden, die das Wehgeschick nicht kannten,
den grimmen Freudenverlust, wie es ergieng darnach
1235. der Edelen manchem, als der Abend kam
und Hrodgar hin zu seinem Hofe gieng
zu Ruh, der reiche. Der Recken Unzahl
hüteten die Halle; wie sie's einst häufig thaten.
Sie blößten die Bankdielen; gebreitet wurde rings
1240. mit Betten und mit Polstern. Der Bierdiener mancher
eilte rasch und todgeweiht zur Ruh im Saale;
sie setzten sich zu Häupten die Heerkampfrande,
die blinkenden Bretthölzer. An der Bank war da
offen sichtbar über dem Edelinge
1245. der ragendhohe Helm und die geringte Brünne,
der gewaltige Kampfspeer. Ihre Gewohnheit war es,
daß sie oft waren gerüstet zu dem Waffenkampfe
in der Burg wie in dem Heere, in beiden Fällen
zu ebenso mancher Stunde, wie ihrem Mannherren des
1250. Bedürfnis kam: es war das Dienstvolk trefflich.

VII.

Sie sanken da zum Schlafe: mit Schmerz entgalt
die Abendruhe mancher, wie es gar oft geschah,
seitdem den Goldsaal Grendel heimsuchte
und Unrecht übte, bis daß sein Ende kam,
1255. sein Tod nach den Sünden. Sichtlich ward das
den Recken weithin kund, daß da ein Rächer noch
lebte nach dem Leidigen lange Weile
nach dem Gram des Kampfes: Grendels Mutter
das Unholdsweib des Elends gedachte,
1260. sie die den Waßergraus bewohnen sollte,
die kalten Ströme, seit Cain ward

zum Lebensmörder seinem lieben Bruder,
dem leiblichen Verwandten; er lief befleckt hinweg
zu fliehn der Männer Jubel mit des Mordes Zeichen
1265. und wohnte in den Wüsten. Von da erwuchsen viele
freudlose Geister: deren war Grendel einer,
der häßliche Grimmwolf, der in Heorot fand
einen Kempen wachend des Kampfes harren,
wo ihm der Unhold angriffig ward:
1270. doch der Strenge war er seiner Stärke eingedenk,
der großfesten Gabe, die ihm Gott bescherte,
und hoffte fest auf Hilf und Beistand,
auf die Gnade Gottes: drum er den Gegner überwand,
den Höllengeist fällte. Der gieng gehönt von dannen
1275. theillos des Jubels zu suchen des Todes Wohnung,
des Menschenvolkes Feind, und seine Mutter wollte
gierig und grimmgemut noch gehen da
sorgenvollen Gang, um ihren Sohn zu rächen.
Sie kam nach Heorot, allwo die Hringdänen
1280. schliefen in dem Saale. Schleunig ward da
Umwende den Edelen, als einbrang
Grendels Mutter: es war der Graus geringer
grade um ebensoviel als wie der Jungfraun Kraft
des Weibes Kampfgraus bei dem Waffenhelden,
1285. wenn heftig zerschartet die hammergeschlagene
die gebundene Waffe, das blutgefärbte
schneidentüchtige Schwert das Schwein auf dem Helme.
In der Halle ward gezogen das hartschneidige
Schwert über den Sitzen und mancher Schildrand weit
1290. handfest erhoben: des Helms nicht gedachte
noch der geräumigen Brünne, wen da erreichte der Graus.
Sie war in Eile, wollte hinaus von dannen
zu bergen ihr Leben, da sie erblicket war.
Rasch hatte einen der Edelinge
1295. sie fest erfaßt, als sie zum Pfule eilte:
der war dem Hrodgar der Helden liebster

1269) dem Beowulf. —
1282) der Graus durch Grendels Mutter war geringer als der durch
Grendel selbst. —

in des Gesindes Stande in der Seen Mitte,
den sie der Nuh entraffte, der gewaltige Randkempe,
der biedere Held.   Nicht war Beowulf dort,
1300. sondern eh war eingeräumt ein anderes Gemach
nach der Hortspendung dem hehren Geaten.
Braus ward in Heorot; unter Blutjauche nahm sie
die bekannte Hand.   Kummer war erneuet
geworden in der Wohnung: nicht war der Wechsel gut,
1305. daß sie nach zwei Seiten bezahlen sollten
mit der Freunde Leben.   Da war der erfahrene König
der haargraue Kampfheld in herbem Grame,
seit er den unlebenden Oberdegen
den theuersten todt da erblickte.
1310. Alsbald ward zum Gemache Beowulf geholt,
der siegreiche Held.   Mit seinen Mannen kam
mit Anbruch des Tags der edele Kempe
selbst mit den Gesellen, wo der sinnesweise harrte,
ob ihm der Allwalter irgend jemals
1315. nach der Wehkunde wollte Wechsel schaffen.
Durch die Flur gieng da der fahrtwürdige Mann
mit seinem Handgefolge (das Hallholz dröhnte),
daß er mit Worten sprach zum Weiser des Volks,
zum Fürst der Inguine, fragte ob die Nacht
1320. nach seinem inständigen Wunsche ihm sei angenehm gewesen.
Hrodgar sprach, der Helm der Skildinge:
„Nicht frage du nach Heil! Harm ist erneut
„den Dänenleuten: todt ist Aeskhere,
„Yrmenlafes älterer Bruder,
1325. „der mein Hofrat war und mein geheimer Ratgeber
„mein Achselgeselle, wenn wir im offnen Kampfe
„die Häupter schirmten, wenn die Heldenschaaren kämpften
„und die Eber dröhnten: so ehrengut sollte
„immer ein Edeling sein, wie Aeskhere war!
1330. „Ihm ward in Heorot zum Handmörder
„ein gewandter Todgeist, ich weiß nicht welcher:
„der Unhold seiner Aeßung stolz zog Umkehrwege
„froh der Fülle.   Die Fehde rächte sie,

1303) d. i. Grendels Hand.

„daß du geſtern Nacht den Grendel haſt getödtet
1335. „auf herbe Weiſe mit harter Klemmung,
„weil er zu lang ſchon meiner Leute Schaar
„verkleinerte und würgte. Im Kampfe ſank er
„des Alters ſchuldig und ein andrer kam nun,
„ein gewaltger Menſchenwürger: die wollte ihren Verwandten
           rächen
1340. „und hat noch ferner Fehde angeſtiftet,
„wie es dünken mag der Degen manchem,
„der nach dem Geber des Schatzes im Geiſt beweint
„das Herzübel das herbe. Die Hand liegt nun,
„die euch wol für jegliche Wünſche taugte!
1345. „Sagen hört' ich das die Saalberater,
„die Leute mein, die Landbewohner,
„daß ſie geſehen haben ſolche zwei
„mächtige Markgänger die Moore halten,
„unkunde Gäſte: deren einer war,
1350. „ſo weit ſie es gewislichſt wißen konnten,
„eines Weibes Ebenbild; im Wuchs eines Mannes
„trat der armſelige andere die Elendwege,
„nur daß er höher war denn ſonſt ein Held irgend:
„Grendel nannten in vergangenen Tagen
1355. „den die Flurbewohner. Sie kennen deren Vater nicht,
„ob eher denn ſie einer war erzeugt
„der düſteren Geiſter. Dunkeles Land
„bewohnen ſie, Wolfeshalden, windige Klippen,
„den wilden Moorpfad, wo des Waldes Ströme
1360. „unter das Genebel der Klippen niederſtürzen,
„die Flut unter die Erde: nicht iſt das fern von hier
„in der Meilen Meßung, daß der Moorſumpf ſtehet,
„über welchem rauſchende Bäume ragend hangen,
„wurzelfeſtes Gehölz, das Waßer überhelmend.
1365. „Dort kann man ſchauen ſchauerliche Wunder,
„in der Flut allnächtlich: ſo erfahren lebt
„der Menſchen keiner, der den Moorgrund kenne.
„Wenn von Hunden auch verfolgt der Heidegänger
„der hornſtarke Hirſch den Holzwald ſuche
1370. „langhin gejagt, das Leben gibt er
„doch eher an dem Ufer, eh er da innen wollte

„sein Haupt beschirmen: nicht ist das geheuere Stätte!

„Von da wallet auf der Wogen Gemenge

„gegen die Wolken schwarz, sobald der Wind aufstöret

1375. „leibige Gewitter, bis daß die Luft sich schwärzet

„und die Himmel weinen. Nun ist Heil bereit

„abermals bei dir Einem! Du kennst den Ort noch nicht,

„die furchtbare Stätte, wo du finden magst

„den vielsündigen Mann: die suche wenn du's wagst!

1380. „Wie ich zuvor es that, will ich die Fehde lohnen

„dir all mit Gute, mit alten Schätzen,

„mit gewundnem Golde, wenn du hinwegkommst!"

Beowulf sprach, der Geborne Ecgtheows:

„Nicht sorge, hochweiser Held! heilsamer ist's jedem,

1385. „daß den Freund er räche, denn daß er viel sich betrübe!

„Von uns muß jeder auf das Ende warten

„dieses weltlichen Lebens: es erwürke, der da darf,

„sich Ruhm vor dem Tode! dem Recken ist das

„dem unlebenden dereinst das beste.

1390. „Erheb dich, Reiches Wart! wir wollen rasch nun fahren,

„den Gang zu schauen von Grendels Mutter!

„Das schwör' ich dir: zum Schirm entkommt sie

„nicht in den Busen der Erde noch in das Berggehölze

„noch auf den Grund des Meeres, sie geh' wohin sie wolle!

1395. „Geduld habe du an diesem Tage

„noch in der Wehen jedem, so ich erwarte zu dir!"

Der Greis sprang auf und dankte Gott für das,

dem mächtigen Herren, was der Mann da sprach.

Dem Hrodgar ward der Hengst gezäumt,

1400. das gewundenhaarige Roß. Der weise Führer

sprengte dahin gerüstet; es eilte die Heldenschaar

der Lindenschildhalter. Die Laufspuren waren

längs den Waldgehängen weithin sichtbar:

sie gieng über die Gründe, gradaus fuhr sie

1405. über das düstere Moor; der Degen besten,

derer die mit Hrodgar die Heimat schirmten,

schleppte sie dahin, den seelenlosen.

Es übereilte da der Edelinge Sproß

1402) d. i. von Grendels Mutter.

steile Steingehänge und Steige schmal,
1410. enge Einpfade, unkunde Straße
über niederstürzende Klippen und der Nixenhäuser viele.
Er eilte fürder das Gefilde zu erschauen
mit wenigen nur der weisen Männer,
bis er mit einemmal sah überhangen
1415. über den Fels den grauen des Forstes Bäume,
wonneloses Waldgehölz: Waßer stund darunter
blutig und getrübt. Bitter war allen
den Dänen zu erdulden, der Degen manchem,
den Kempen der Skildinge der Kummer in dem Herzen,
1420. der Edelinge jedem, als sie Aestheres
Haupt da trafen an des Holmes Klippe.
Die Flut wallete in Blut, wo das Volk zusah,
in heißer Jauche. Das Horn sang zu Zeiten
traurig Todtenlied; all der Trupp saß nieder.
1425. Sie sahen in dem Waßer der Wurmgeschlechter viele
seltsame Seedrachen in dem Sumpf sich tummeln
und an der Klippen Abhang lauern die Nixen,
welche ausziehen oft des Vormittags
auf sorgenvolle Reise über die Segelstraße,
1430. Gewürm und wild Gethier. Hinweg sanken die
erbittert und erbost, da sie das Blasen hörten,
den Schall des Kampfhorns: es schied deren einen
der Fürst der Geaten mit dem Pfeil = Bogen vom Leben,
vom Rollen der Wogen, daß ihm reichte an das Leben
1435. der harte Heerstrahl; in dem Holme war er
um so träger zum Schwimmen, da ihn der Tod entraffte.
Da ward eiligst an den Wogen mit Eberspießen
mit harschhakichten hart bedränget,
stürmisch ergriffen und zum Strand gezogen
1440. der wunderliche Wogenerreger: die Wehrmänner schauten
den grausenvollen Gast. Es gürtete sich Beowulf
mit Kriegers Kleidern, nicht bekümmert um sein Leben.
Die handgeflochtene Heerbrünne sollte
weit und wunderbunt die Wogen erkunden,
1445. sie die die Beinhülle bergen konnte,
daß keines Erbosten Kampfgriff ihm am Busen mochte
kein listvoller Angriff am Leben schaden,

sondern der helle Helm das Haupt beschirmte,
der die Moorgründe mengen wollte,

1450. suchen das Schaumflutgewühl geschmückt mit Kleinoden,
umfangen mit Fürstenketten, wie in der Vorzeit ihn
ein Waffenschmied würkte und wunderbar machte,
mit Eberbildern besetzte, daß ihn drauf nimmer
sausende Kampfschwerter versehren mochten.

1455. Das war dann nicht die mäßigste der Machtstützen,
die ihm zur Kampfnot gab der Künder Hrodgars:
Hrunting war der Name des Heftschwertes;
das war eins zuvor der alten Kleinode;
Eisen war die Schneide eiterstabbefeuchtet,

1460. in Kriegsblut gehärtet: es trog im Kampfe nimmer
der Wehrmänner einen, der es bewand mit Händen,
welcher Grausenwege zu gehen wagte
zur Volkstatt der Feinde; nicht wars das früheste mal,
daß es im Kampfe sollte Kraftwerk vollführen.

1465. Des gedachte fürwahr nicht mehr, was er vom Weine trunken
sprach kurz zuvor, der kraftstarke
Geborne Ecglafs, als er dem beßeren Schwertkühnen
die Waffe hingab; er wagte selbst sein Leben
unterm Gespül der Wogen nicht aufs Spiel zu setzen

1470. und Kempenschaft zu üben: den Ruhm der Kraftthaten
sollte er da einbüßen; nicht wars dem andern so,
sobald er sich zum grimmen Kampf gegürtet hatte.
Beowulf sprach, der Geborne Ecgtheows:
„Gedenk nun, hehrer Healfdenes Sohn,

1475. „weiser König, da ich zum Weg bereit bin,
„Goldfreund der Männer, was wir gestern sprachen,
„wenn ich in deiner Bedrängnis sollte
„vom Alter scheiden, daß du mir immer wärest,
„dem Fortgegangenen, an Vaters Stelle!

1480. „Meinen Heldenmannen sei du Hort und Schutz,
„den Handgesellen, rafft mich dahin der Kampf,
„und die Schatzkleinode, die du schenktest mir,
„Hrodgar mein lieber, dem Hygelak sende!
„Dann mag am Gold erkennen der Geaten Obherr,

1485. „schauen der Sohn Hredels, wenn auf den Schatz er hinstaunt,
„daß ich einen guten gabenmilden

„Hortspender fand und ihn hatte, solang ich konnte!
„Und das alte Erbstück laß den Hunferd du
„den weitkunden Mann, das wunderbare Schwert
1490. „das hartschneidige, haben: mit Hrunting werde ich
„mir Ruhm erwerben oder es entrafft mich der Tod."
Nach diesen Worten der Wedergeaten Fürst
eilte mit Kraft: auf Antwort wollte
er nicht bleibend harren. Das Brandungswallen
1495. empfieng der Kampfheld: da wars die Frist eines Tages,
eh er die Fläche des Grundes finden konnte.
Sofort erfuhr das, die in der Fluten Begang
[viel] hundert Jahre haßgierig wohnte
wütend und gefräßig, daß da zur Wohnung der Unholde
1500. einer der Helden von oben nahte:
sie griff ihm entgegen mit graufen Klauen
und faßte den Kriegsmann: doch drum nicht früher sie verletzte
des Helden heilen Leib: das Ringkleid verhütete außen,
daß sie das Kriegshemd nicht durchkrallen mochte
1505. mit feindlichen Fingern, die geflochtene Gliederbrünne.
Da trug die Brandungswölfin, als sie zu Boden kam,
zu ihrem Hofe hin den Herrn der Ringe,
daß er nicht mochte, obwol er mutig war,
walten seiner Waffen. Der Wunder so viele
1510. setzten ihm im Sumpfe zu: der Seethiere manche
zerbrachen die Kriegesbrünne mit Kampfzähnen,
bedrängten den Armen. Der Degen merkte da,
daß er sei ich weiß nicht in welcher Wohnung der Tiefe,
wo ihm durchaus nicht schadete einiges Waßer,
1515. noch ob des Dachsaales ihn bedrängen mochte
Gefahrgriff der Flut. Ein Feuerlicht sah er,
blinkenden Leuchtglanz blitzend strahlen.
Da sah der Gute des Grundes Wölfin,
das mächtige Meerweib: mächtigen Kampfsturm
1520. erhub er mit dem Kriegsbeil, entzog die Hand nicht dem Schlage,
daß das Heftschwert um das Haupt ihr sang
ein gierig Kampflied. Der Gast erfuhr da,
daß der Brand des Kampfs nicht beißen wollte

1523) das Schwert. —

und ihr schaden an dem Leben, sondern die Schneide versagte

1525. dem Fürst in der Gefahr, da sie zuvor doch aushielt
manche Handgefechte und oft den Helm zerschnitt,
der Todgeweihten Kampfkleid: da betrafs zum erstenmal
das reiche Kleinod, daß ihm der Ruhm erlag.
Doch standhaft blieb, zum Streit nicht läßig,

1530. Heldenwerks gedenkend Hygelaks Verwandter:
es warf das Wundenzeichen mit Wunderzier gebunden
der erboste Kempe, daß es am Boden lag,
stark und stahlschneidig: der Stärke vertraute er,
dem Handgriff der Kraft. So soll ein Held es machen, ·

1535. wenn er erstreiten will im Sturm des Kampfes
langdauernd Lob und nicht ums Leben sorget!
Da faßte bei der Achsel, sich nicht vor Fehde scheuend,
der Geaten Oberherr Grendels Mutter:
er schwang fest im Kampf die Feindin des Lebens,

1540. daß zu Boden sie sich beugte, da er erbittert war.
Sie vergalt ihm Handlohn hurtig dran
mit grimmen Griffen, ihm entgegen fassend:
der stärkste der Streiter strauchelte traurig,
der zu Fuß kämpfende, daß er zu Falle kam.

1545. Sie saß auf dem Saalgast und zog ihr Schwert heraus,
das breite braunschneidige, wollte ihren Gebornen rächen,
den einzigen Sohn. Doch auf der Achsel lag ihm
das Brustnetz das geflochtene: das barg sein Leben
und versperrte den Eingang der Spitze und der Schneide.

1550. Es wäre da gesunken der Sohn des Ecgtheow
unter den Grund den weiten, der Geatenkempe,
wenn nicht die Kampfesbrünne ihn kräftig schirmte,
das harte Heernetz, und der heilige Gott
waltete des Waffensiegs, der weise König,

1555. der Berater der Himmel: mit Recht geschah das!
Darauf stund er wieder aufrecht leicht
und sah da unter Waffen ein siegreiches Beil
ein altes Schwert der Riesen an den Schneiden tüchtig,
eine Würdezier der Kempen: das war der Waffen Krone,

1560. außer es war größer, als daß ein anderer Mann

1531) das Schwert. —

es tragen mochte zu des Treffens Spiele,
das gute wolbereitete Werk der Riesen.
Er faßte die Koppelhilze: es schwang der kühne Stilding
rauh und todgrimm das Ringzeichen
1565. verzweifelnd an dem Leben, schlug zornentflammt,
daß es ihr hart zum Halse griff
und brach die Beinringe; es durchbohrte das Schwert
all das Fleischkleid das todgeweihte: auf die Flur hin sank sie.
Es war die Waffe blutig, der Held des Werkes froh.
1570. Leuchtglanz strahlte, ein Licht stund drinnen
ebenwie vom Himmel heiter scheinet
des Aethers Leuchte. Er durchschaute all die Wohnung,
wandte sich zur Wand hin und die Waffe erhub
die harte bei der Hilze Hygelakes Degen
1575. ingrimmsvoll und tollkühn: nicht verächtlich war
dem Kriegsheld die Waffe, sondern der Kampfstürme viele
wollte er dem Grendel da vergelten hurtig,
die er gegen die Westdänen gewürket hatte
bei weitem öfter denn zu einemmale,
1580. wenn er Hrodgares Heerdgenoßen
erschlug in dem Schlummer und im Schlafe fraß
des Volks der Dänen fünfzehn Männer
und ein anderes Fünfzehn auswärts schleppte,
leidvolle Beute. Den Lohn gab ihm dafür
1585. der wütende Kempe, wo er gewahrte dort
beraubt des Lebens auf dem Ruhbett liegend
den kampfmüden Grendel, wie ihm des Kampfs Entscheidung
ward zuvor in Heorot. Weithin sprang der Leichnam,
als er nach dem Tode da den Treff erdulbete,
1590. harten Schwerthieb: er schlug das Haupt ihm ab.
Alsbald gewahrten das die weisen Recken,
die da mit Hrodgar auf den Holm hin schauten,
daß das Gemisch der Wogen all gemenget war
mit Blut gefärbt die Brandung. Von dem Braven sprachen
1595. von dem Guten da zusammen die greisbehaarten Alten,
daß sie nicht hofften auf des Helden Rückkehr,
daß er zu suchen käme siegesfreudig
den Fürsten den hehren, da es so vorkam Manchem,
daß ihn die Wölfin der Brandung erwürget hätte.

1600. Da nahete des Tages neunte Stunde:
es verließen die Klippen die kühnen Skilvinge; der König gieng
heim von bannen,
der Goldfreund der Männer. Die Gäste saßen
im Gemüte siech und auf das Moor sie starrten:
sie wußten und wähnten das nicht, daß sie wieder ihren
Freundherrn
1605. erschauten selber. Das Schwert begann da
durch die Brocken des Kampfs im Blut der Erschlagenen
hinwegzuschwinden, die Waffe (das war der Wunder eines),
daß es da all zerschmolz dem Eise gleich,
sobald des Frostes Band der Vater losläßt
1610. und löst der Strudel Stricke, der über Stunden und Zeiten
Gewalt besitzt: das ist der wahre Schöpfer!
In der Wohnung nahm der Wedergeaten Fürst
nicht mehr der Schatzkleinode, ob er gleich manche dort erblickte,
außer das Haupt allein sowie die Hilze auch
1615. geschmückt mit Schatzes Zierden; es war das Schwert bereits
zerschmolzen,
verbrannt das gezückte Beil: das Blut war so heiß,
so giftig der fremde Gast, der dort den Geist aufgab.
Stracks war nun schwimmend, der im Streit zuvor den
Hinfall
der Wütriche erwartete, durchtauchte das Waßer aufwärts:
1620. all gesäubert war das Sumpfgewühl
die weitumfaßende Wohnung, wo der fremde Gast
verließ die Lebenstage und dies verlaufende Dasein.
Drauf kam zur Küste hin der Kielmänner Helm
geschwommen, der starkgemute, der Seebeute froh,
1625. der mächtigen Bürde, die er mit sich hatte.
Ihm entgegen gieng und Gott dankte
die stolze Heldenschaar des Herrn sich freuend,
daß sie gesund ihn wieder sehen durften.
Von dem Rührigen ward da rasch entlöset
1630. Helm und Brünne: hin troff das Waßer
die Flut unter den Wolken gefärbt mit Todblut.
Sie fuhren fort von bannen auf Fußwegen

1606) durch die Brocken des gerinnenden Blutes. —

den Feldweg durchmeßend froh im Geiste,
die bekannte Straße. Es trugen die kühnen Männer
1635. von der Holmklippe das Haupt hinweg:
mühsam wars zu tragen der Männer jedem
der vielmutigen! Viere mußten
tragen mit Mühe auf der Todenstange
Grendels Haupt zum Goldsaale hin, ·
1640. bis daß mit einemmale ein zum Saale
die fahrtscharfen tapferen Vierzehn kamen
gegangen, die Geaten: es gieng ihr Mannherr
mutig in ihrer Mitte über die Methgefilde.

VIII.

Da kam der Obherr der Degen eingegangen,
1645. der werkkühne Mann gewürdigt mit Hochruhm,
der Held der kampfteuere, Hrodgar zu begrüßen.
Da ward beim Haare in das Haus getragen
das Haupt des Grendel, wo die Helden tranken,
furchtbar vor den Männern und vor der Frau zugleich:
1650. wunderbaren Anblick gewahrten da die Helden!
Beowulf sprach, der Geborne Ecgtheows:
„Traun! diese Seebeute haben wir, Sohn des Healfdene,
„Fürst der Skildinge, froh dir gebracht
„zum Anzeichen des Ruhmes, die du hier anschauest!
1655. „Ich kam mit meinem Leben nicht leicht davon
„im Kampfe unter Wasser: ich habe kühn gewagt
„die schwere Arbeit. Es wäre schier der Kampf
„vergangen mir, wenn mich nicht Gott beschirmte!
„Mit Hrunting konnt' ich in dem harten Kampfe
1660. „erwürken nichts, obgleich die Waffe taugte:
„aber mir hat vergönnt der Menschen Walter,
„daß ich mächtig sah dort an der Mauer hangen
„ein uralt herlich Schwert (gar oft hat Freundlosen
„den Weg er gewiesen!), daß ich die Waffe schwang.
1665. „Ich erschlug des Hauses Hirten, da sie das Heil verließ,
„im Kampfe drauf: das Kampfschwert aber
„verbrannte, das gezückte, sowie das Blut hervorsprang,
„der heißeste der Kampfströme. Die Hilze habe ich von dannen

„entführt von den Feinden, die Frevelthaten gerächt,

1670. „die Mordqual der Dänen, wie es mir geziemte!

„Ich verheiß' dir denn, daß du in Heorot magst

„nun schlafen sorgenfrei mit deiner Schaar der Helden

„und auch der Degen jeder deiner Leute,

„die alten wie die jungen, daß du, Oberherr der Skildinge,

1675. „nicht mehr von dieser Seite für die Deinen brauchst zu fürchten .

„des Todes Uebel, wie Du gethan bisher!"

Da ward die goldne Hilze dem greisen Helden

dem haargrauen Kampffürst in die Hand gegeben

der Riesen altes Werk: das ward zum Eigentume

1680. nach dem Hinfall der Teufel dem Herrn der Dänen,

das Werk der Wunderschmiede, da diese Welt verließ

der Gegner Gottes, der gramherzige Mann

der mordschuldige und seine Mutter auch;

in die Gewalt kams von den Weltkönigen

1685. dem allerbesten zwischen des Oceans Theilen,

derer die auf dem Skdeneiland Schatz vertheilten.

Hrodgar redete, da er die Hilze schaute,

das alte Erbstück, an dem der Ursprung stund geschrieben

des Vorzeitkampfes: die Flut erschlug darauf

1690. der gießende Ocean der Giganten Geschlecht,

dems furchtbar da ergieng; das war ein fremd Geschlecht

dem ewigen König: Endelohn gab ihnen

durch des Waßers Wallen der Waltende dafür!

So war auch auf der Fläche in funkelndem Golde

1695. mit Runstäben recht verzeichnet,

gesetzet und gesagt, für wen das Schwert wäre

zuerst verfertigt, der Eisen Krone,

das gewundenhilzige wurmbunte. Der Weise sprach darauf

der Sohn des Healfdene (es schwiegen alle):

1700. „Wol mag das sagen, der da Wahrheit und Recht

„vollführt in dem Volke und alles fernhin gedenkt

„als alter Erbsitzwart, daß dieser Edeling sei

„ein Beßerer geboren! Beowulf, mein Freund,

„über ferne Wege ist über der Völker jedes

1689) die Sinflut. —

1705. „erhöht dein Hochruhm! du hälst all geduldig
„Macht mit Mutes Weisheit. Ich will dir leisten meine
Liebe,
„ganz wie wir beide sprachen. Du mögst zum Beistand
werden
„all langgewährt den Leuten dein,
„den Helden zur Hilfe. Nicht ward Heremod so
1710. „ein Beistand den Skildingen, den Gebornen des Ecgwela:
„er wuchs ihnen nicht zur Lust, sondern zum Leichenfalle
„und zur Todesqual, den Dänenleuten,
„vertilgte zorngemut die Tischgenoßen,
„die Achselgefährten, bis daß er einsam wanderte,
1715. „der hehre König, vom Heldenjubel fort,
„obgleich der mächtige Gott ihn durch der Macht Wonne
„durch Handkraft erhöhte und über die Helden alle
„ihn weiter förderte. Ihm wuchs im Geiste
„blutrauher Brusthort: er bot nicht den Dänen
1720. „Ringe nach Verdienst, erreichte freudlos,
„daß er für das Wüten Weh erduldete,
„langwierig Leuteübel. Das nimm zur Lehre dir
„und Milde lerne! ich habe diese Mähr um deinetwillen
„erwähnt an Wintern alt. Ein Wunder ist's zu sagen,
1725. „wie der mächtige Gott dem Menschenvolke
„Weisheit austheilt durch weiten Sinn,
„Wohnung und Heldenschaft: er hat Gewalt über alles!
„Er läßt bisweilen in die Liebe kommen
„eines berühmten Geschlechts des Recken Mutgedanken,
1730. „gibt in dem Erbsitz ihm der Erde Wonne,
„daß er halten darf der Helden Schirmburg;
„so unterwürfig macht er ihm der Welt Theile,
„sehr weite Reiche, sodaß er selbst nicht mag
„ob seiner Unweisheit ans Ende denken:
1735. „er lebt in Schmauses Fülle; ihn schwächt durchaus
„nicht Siechtum noch Alter, im Sinne dunkeln
„ihm nicht Gewißensbiße noch zeigt ihm Waffenhaß
„irgendwo ein Angriff, sondern all wendet sich
„die Welt ihm zu Willen. Er weiß nichts von dem Schlim=
meren,
1740. „bis daß im Innern ihm des Uebermutes Theil

„wächſt und wuchert: der Wächter ſchlummert dann,
„der Seele Hirte, es iſt der Schlaf zu feſt
„durch Mühen gebunden; der Mörder iſt gar nahe,
„der von dem Pfeilbogen furchtbar ſchießet.

1745. „Dann wird er in dem Herzen untern Helm getroffen
„mit bitterem Pfeile: er kann nicht bergen ſich vor Freveln
„durch Wundergebote des verworfenen Geiſtes.

„Zu leichtfügig dünkt ihm dann, was er zu lang beſaß:
„er geizet gramgeſinnt und gibt in Großthun nimmer

1750. „feißte Ringe; das bevorſtehende Geſchick
„vergißt er und verachtet, was ihm Gott eh ſchenkte,
„der Walter der Glorie, der Würden Antheil.

„Oft ereignet ſichs zur Endezeit,
„daß der Leichnam des Lebens verluſtig daliegt,

1755. „vergänglich hinſinkt: dann greift ein Andrer zu,
„der unbekümmert drauf die Kleinode austheilt,
„des Edelinges alte Schätze, nicht achtend des Beſitzers.

„Berg du dich vor dieſer Bosheit, Beowulf mein lieber,
„beſter der Männer und das Beßere erkies dir,

1760. „das ewigliche Heil! denk nicht an Uebermut,
„biederer Kempe! die Blüte deiner Kraft
„währt jetzt eine Weile: es wird bald kommen,
„daß Krankheit oder Schwert von deiner Kraft dich ſcheidet
„oder Fang des Feuers oder der Fluten Wallen

1765. „oder Griff des Schwertes oder Geeres Flug
„oder übeles Alter, oder der Augen Blick
„ſchwindet und dunkelt: dann geſchieht es plötzlich,
„daß, theurer Volkhelb, der Tod dich überwindet.

„So habe ich der Hringdänen hundert Winter

1770. „gewaltet untern Wolken und ſie mit Waffenkampf beſchirmt
„gegen manche der Völker auf dem Mittelkreiße,
„mit Eſchen und mit Schneiden, daß keinen einzigen
„Gegner ich mir glaubte unterm Begang des Himmels.

„Ja wol! es kam der Wechſel in dem Wohnſitz mir,

1775. „Jammer nach dem Jubel, ſeit Grendel ward
„der alte Befeinder mein Ingänger hier:
„ich trug fort und fort um der Verfolgung willen
„ſchweren Herzkummer. Des ſei dem Schöpfer Dank,
„dem ewigen König, daß ich das noch erlebte,

1780. „daß ich nach altem Leide mit den Augen darf
„hier schauen an das Haupt, das schwertblutige!
„Geh nun zum Sitze, genieß des Gastmals Wonne,
„durch Kampf verherrlicht! uns sollen Kleinode viele
„gemein sein in Menge, sobald es Morgen wird."

1785. Da war brustfroh der Geate, gieng alsbald hinzu
die Bank zu suchen, wie ihm gebot der Weise.
Da wurden abermals die Kraftberühmten wie eh zuvor
die Hallesitzenden aufs herlichste bewirtet
von neuem wieder. Der Nachthelm düsterte

1790. finster über den Volksmannen: es erhub sich das Gefolge all;
der graulockige greise Skilding
wollte gehn zu Bette, und auch den Geaten überaus
den berühmten Randkämpfer nach Ruh gelüstete.
Den weitherstammenden wegemüden

1795. führte ein Saaldiener sofort von dannen,
der da mit Ehrfurcht all besorgte
des Degens Notdurft, wie zu der Tageszeit
sie haben sollte der Heerkampfgänger:
da ruhte sich der raumherzige. Es ragte das Gemach,

1800. das goldbunte hohe; der Gast schlief drinnen,
bis daß des Himmels Wonne herzfroh kündete
der schwarze Rabe: da kamen über Schatten gefahren
hellblinkende Strahlen. Die Helden eilten:
bereit waren die Recken zurück von dannen

1805. zu ihrem Volk zu fahren; es wollte fern von dannen
der kühngemute Gast den Kiel versuchen.
Da hieß den Hrunting der Beherzte bringen
der Sohn des Ecglaf, hieß ihn sein Schwert empfangen,
das liebliche Eisen. Er dankte der Liebesgabe,

1810. sprach daß er den Kriegsfreund für kampfkräftig halte,
für wert und gut; er schalt mit Worten nicht
den Stahl dem Helden: das war ein stolzer Held!
Und als nun bereit in der Rüstung die reisemunteren
Waffenkempen waren, da gieng zu erweisen den Dänen

1815. Ehre der Edeling dahin wo der andere war,
der Held der Kampftheuere, und den Hrodgar grüßte er.
Beowulf sprach, der Geborne Ecgtheows:
„Nun sagen wollen wir Seebefahrer,

„wir fernhergekommene, daß wir fort streben
1820. „den Hygelak zu suchen. Wir waren hier gar freundlich
„bewirtet nach Willen: wol warst du uns gut!
„Wenn ich durch irgend etwas denn auf Erden möchte
„deines Gemütes Liebe noch mehr erzielen,
„Herr der Dänen, als ich bisher schon that,
1825. „so bin ich willig flugs zum Werk des Kampfes!
„Wenn ich das erfahre über der Fluten Begang,
„daß dich Umsitzende mit Angstwerk drängen,
„wie dir das Haßende bisher oft thaten,
„so bring ich tausend tapfere Degen
1830. „Helden dir zur Hilfe. An Hygelak weiß ich,
„an der Geaten Obherrn, obgleich er jung ist,
„des Volkes Hirte, daß er mich fördern werde
„mit Worten und mit Werken, daß ich dir die Walstatt heere
„und bringe das Geerholz zum Beistand dir,
1835. „mächtige Hilfe, wenn dir sind Männer not.
„Wenn dann Hredrik an den Höfen der Geaten
„fleht, der Fürstensohn, so wird er viele dort
„der Freunde finden: fremde Heimat
„ist dem zu suchen beßer, der da selber taugt!“
1840. Hrodgar sprach dem Held zur Antwort:
„Dir hat der weise Gott die Wortreden
„in deinen Geist gesendet! in so jungem Alter
„hörte ich nie weiser einen Helden reden!
„an Macht bist du stark und im Gemüt erfahren,
1845. „in Wortreden weise. Zu erwarten dünkt es mir,
„wenn das ergehen sollte, daß ein Geer hinwegrafft
„schwertgrimmer Kampf den Sohn des Hredel,
„Eisen oder Krankheit den Obherrn dein,
„der Leute Hirten, und du dein Leben hast,
1850. „daß dann die Seegeaten sich keinen beßeren
„König denn dich zu erkiesen haben
„als Hortwart der Helden, wofern du halten willst
„der Maage Erbreich. Dein Mutsinn gefällt mir
„je länger um so beßer, mein lieber Beowulf!
1855. „Geführt hast du herbei, daß nun den Völkern soll
„den Geatenleuten und den Geerdänen
„Friede sein gemein, daß soll die Fehbe ruhen,

„die übelen Angriffe, die sie eh vollführten,
„solang ich walte dieses weiten Reiches:
1860. „gemein seien Kleinode! mancher soll Güter
„über das Bad des Bleßhuhns bringen dem andern;
„das Schiff das geringte soll Geschenk und Liebeszeichen
„über die Fluthöhe bringen: das Volk weiß ich
„wider Feind und wider Freund fest gewürket,
1865. „durchaus ohne Tadel die alten Führer.“
Drauf schenkte ihm noch weiter der Schirm der Männer
Healfdenes Sohn zwölf Hortes Kleinode,
hieß ihn mit den Gaben die holden Sippen
in Wolfein suchen und bald wiederkommen.
1870. der adelgute König küßte drauf
der Herr der Skilbinge der Helden besten
und hielt ihn bei dem Halse: dem Haargreisen floßen
die hellen Zähren. Es hoffte beides
der alte urzeiterfahrene, das eine aber stärker,
1875. daß sie sich seitdem wieder sehen möchten
mutig im Gespräche: ihm war der Mann so lieb,
daß er des Herzens Wallen nicht verhalten konnte,
sondern mit Banden des Sinnes im Busen fest
geheimes Verlangen nach dem lieben Manne
1880. widers Blut ihm brannte. Beowulf trat
der goldstolze Held die Grasflur von dannen
selig des Schatzes. Der Seegänger harrte,
der an dem Anker ritt, des eignenden Herrn.
Da ward am Gange die Gabe Hrodgars
1885. oft besprochen: das war ein einziger König
durchaus ohne Tadel, bis ihm das Alter raubte
die Freuden der Kraft, der oft Viele bedrängte!

IX.

Da kamen zu der Flut hin viele der Mutigen
des Reckenvolkes: Ringnetze trugen sie
1890. geflochtene Gliederbrünnen. Es erfuhr der Landwart
der Edelinge Rückkehr, wie er ehe that;

1882ᵇ) das Schiff.

nicht mit Kränkung von der Klippe Vorsprung
den Gast er grüßte: entgegen ritt er ihm,
sprach daß die Wederleute willkommen zögen
1895. die hellbepanzerten Helden hin zu Schiffe.
Drauf ward am Sand beladen der seeweite Nachen
der geringte Steven mit Rüstgewanden,
mit Rossen und mit Schätzen: es ragte der Mast
hoch über Hrodgars Hortkleinoden.
1900. Dem Bootwart er gebunden mit Golde
ein Schwert verehrte, sodaß er seitdem war
um so beßer geschmückt auf der Bank beim Methe
mit alten Erbkleinoden. Er gieng ein in den Nachen
zu trüben das tiefe Waßer, verließ der Dänen Land.
1905. Da war bei dem Maste der Meermäntel einer
ein Segel fest am Seile. Das Sundholz dröhnte:
nicht konnte der Wind über den Wellen das Wogenfahrzeug
stören an der Reise; der Stromgänger fuhr,
floß am Halse schaumig hin über die Fluten
1910. mit gebundenem Steven über die Brandungströme,
daß sie die Klippen der Geaten erkennen mochten,
die bekannte Küste. Der Kiel drang aufwärts
und am Lande stund er luftgeschaukelt.
Hurtig war der Hafenwart am Holm bereit,
1915. der zuvor schon lange Zeit der lieben Männer
Furche auf den Fluten in der Ferne schaute:
er seilte an das Ufer mit Ankerbanden fest
das weitbusige Schiff, daß nicht der Wogen Stürmen
das freudsame Flutenholz ihm forttreiben möchte,
1920. hieß dann aufwärts tragen der Edelinge Schätze,
Schmuck und feißtes Gold. Nicht fern von dannen
hatten sie zu suchen des Hortes Spender:
daheim wohnte Hygelak der Hredling dort
selbst mit dem Gesinde in des Seewalls Nähe.
1925. Der Bau war stattlich, der Gebieter ein berühmter König;
hoch war die Halle, Hygd noch gar jung,
weise und wolgestreng, obgleich der Winter hatte
erblickt nur wenige unterm Burgverschluße
die Tochter Häreds; sie war doch in ihrem Thun nicht niedrig
1930. noch gegen die Geatenleute zu sehr mit Gaben kargend,

mit Hortes Kleinoden: aber es trug Hochmutgedanken
die herliche Volksfrau frevelschrecklich.
Das wagte kein Theuerer der trauten Gefährten
sich herauszunehmen außer dem Eheherren,
1935. daß er mit Augen am Tag sie anstarrete,
sondern handgeflochtene Feßeln des Todes
rechnete er sich bereitet: rasch ward alsdann
darnach mit Handgriff das Heftschwert gefaßet,
daß es Schadenzeit bescheiden mußte,
1940. Mordübel künden. Nicht ist solches magdliche Sitte
auszuüben einer Frau, sei sie auch einzig an Schönheit,
daß einem lieben Manne nach dem Leben stelle
die Friedeweberin aus falschem Zorne.
Fürwahr, das vertrieb der Verwandte Hemings:
1945. Anderes erzählten Ale = Trinkende,
daß sie vollführte weniger der Bolsübel,
arger Angriffe, seit zuerst sie ward
gegeben goldgeschmückt dem jungen Kempen
die abeltheure, seit sie Offa's Wohnung
1950. über die fahle Flut auf ihres Vaters Rat
suchte auf dem Seeweg, wo sie seitdem wol
in der Heldenwohnung hehr an Gute
ihre Lebensgeschicke lebend brauchte,
hielt da Hochliebe wider der Helden Obherrn,
1955. von all dem Menschenvolke meines Erfahrens
des besten Geschlechtes zwischen beiden Meeren,
eines ausgebreiteten Stammes; denn Offa war
der geerkühne Mann durch Gaben und durch Kämpfe
weithin verherlicht: mit Weisheit hielt er
1960. sein Erbsitzland. Eomär entsprang von ihm
den Helden zur Hilfe, Hemings Verwandter,
Garmunds Neffe geerkampfkräftig. —
Der Beherzte gieng da mit dem Handgefolge
selbst längs dem Sande die Seeflur tretend,
1965. die weiten Werder. Die Weltleuchte schien,

1931b) wegen ihrer Schönheit. —
1949) Hygd scheint also zuerst an Offa vermählt und nach deßen Tode
Hygelaks Gattin geworden zu sein. —

die Sonne von Süden eilend. Sie setzten die Reise fort
und giengen kraftvoll dahin, wo sie der Kempen Schirm
den Mörder Ongentheows inmitten der Burgen
den jungen Kampfkönig den guten hörten
1970. Halsringe spenden. Dem Hygelak war
des Beowulf Ankunft alsbald verkündet,
daß zum Hofe da der Hort der Kempen
der Lindenschildgefährten lebend kam
gesund von dem Kampfspiel zu dem Saal gegangen.
1975. Rasch ward da geräumt, wie es der Reiche gebot,
· den Fußreisegästen die Flur im Innern.
Da saß bei ihm selbst der Sieger in dem Kampfe,
der Maag bei dem Maagen, sobald der Mannherr hatte
mit Grußes Rede gegrüßt den Holden,
1980. mit mächtigen Worten. Mit den Methschenken gieng
hin durch die Halle Häreds Tochter,
bediente liebreich die Leute, trug die Lautertrankschale
zur Hand den Helden. Hygelak begann
den Gesellen sein im Saal dem hohen
1985. freundlich zu fragen (Fürwitz trieb ihn,
wie der Seegeaten Seefahrt sei ergangen):
„Wie gelangs euch auf der Reise, lieber Beowulf,
„da du in der Ferne flugs gedachtest
„über die Flut die salzige Gefecht zu suchen,
1990. „Handkampf in Heorot? hast du dem Hrotgar denn
„das weitkunde Weh gewendet irgend,
„dem hehren Herscher? Ich sott Herzenskummer drob
„in wallender Sorge, traute wenig dem Beginnen
„des lieben Mannes: lange bat ich dich,
1995. „daß du den mordenden Gast nicht möchtest angehn,
„ließest selbst im Kampf die Süddänen werden
„mit Grendel fertig. Gott sag ich Dank,
„daß ich gesund dich wieder sehen durfte!"
Beowulf sprach, der Geborne Ecgtheows:
2000. „Kund ist die Begegnung, König Hygelak,
„und unverborgen der Edelinge manchem,
„welche Kampfstunde dort gekämpfet ward
„von mir und Grendel, wo er in Menge viel
„den Siegskildingen Sorge schaffte,

2005. „Elenb fürs Leben: das hab ich all gerächt,
„daß nun auf Erben barf nicht einer prahlen
„der Maagen Grenbels ob dieses Morgenlärmes;
„der am längsten lebt des leidigen Geschlechtes,
„von Gefahr befangen! Ich kam zuvörderst dort
2010. „hin zu dem· Ringsal Hrobgar zu grüßen,
„und alsbalb mir da der hehre Healsdenes Sohn,
„sobald er meinen Mutsinn kannte,
„bei sein selbes Sohn den Sitz bestimte.
„Das Wehrvolk war in Wonne: ich sah durch weites Leben
2015. „unter des Himmels Wölbung von Hallsitzenden nimmer
„höheren Methjubel! Die hehre Frau,
„der Völker Friedesippe, bisweilen die Flur durcheilte,
„ermunterte die Jünglinge und einem Manne öfter
„schenkte sie einen Ringschmuck, eh sie zum Sitze gieng.
2020. „Bald reichte vor den Helden Hrobgars Tochter
„einem nach dem andern den Alebecher
„die ich Freaware die Flursitzenden hörte
„mit Namen nennen, wo sie genagelte Kleinode
„den Leuten schenkte. Verlobt war die junge
2025. „dem freundlichen Sohn des Froba, funkelnd von Gold:
„das ist so vorgekommen dem Freund der Stilbinge,
„des Reiches Hirten, und für ratsam hält ers,
„daß er zum Theil mit dem Weibe die Todfehde möge
„die Streitigkeiten stillen: doch wird der Stahl des Mörders
2030. „wol kurze Weile nach der Kempen Hinfall
„beugen der Pagen einen, wenn die Braut auch tauget!
„Das mag dann kränken den König der Heabobarben
„und der Degen jeden der Leute,
„wenn mit der Frau da in die Flur eingeht
2035. „das Heldenkind der Dänen in der Höflinge Schaar:
„es funkelt an ihm der Vorfahren Erbe
„hart und ringbunt, der Heabobarben Eigen,
„solange sie der Waffen walten durften,
„bis daß sie leiteten· zum Lindenkampfe
2040. „die trauten Gesellen und ihrer selber Leben.
„Erblickt er den Schmuck, dann spricht beim Biere wol
„ein alter Eschenkempe, der da all gedenkt
„des Geertods der Helden (ihm ist grimm der Sinn),

„beginnt dem jungen Kempen jammermütig

2045. „zu hetzen den Sinn durch Herzens Trachten,
„zu wecken Waffenkampfs Uebel, und das Wort spricht er:
„„Kannst du, mein Freund, erkennen dieses Schwert,
„„das dein Vater damals zum Gefechte trug
„„unter dem Larvenhelm zum letzten Male,

2050. „„das theuere Eisen, wo ihn die Dänen erschlugen
„„und der Walstatt walteten, da die Wiedervergeltung schlief
„„nach der Kempen Hinfall, die kühnen Skildinge?
„„Nun geht des Schmucks sich freuend in den Saal allhier
„„der Sohn von einem dieser selben Mörder

2055. „„er prahlt kühn des Mordes und das Kleinod trägt er,
„„das du selbst nach Recht besitzen solltest!„„
„So erinnert er und mahnt zu allen Zeiten
„mit Kummerworten, bis kommt die Stunde,
„daß der Frauen Diener für des Vaters Thaten

2060. „nach dem Biß des Schwertes blutfarb schlummert
„des Lebens schuldig: es löst sich von dannen
„der andere kämpfend, kennt allwol das Land.
„Dann sind gebrochen nach beiden Seiten
„der Edelinge Eidschwüre: dem Ingeld dann

2065. „wallet Todhaß und die Weibesliebe
„wird ihm kühler durch des Kummers Wallen.
„Drum halte ich die Huld der Headobarden
„einen Theil der Herschersippe nicht für truglos den Dänen
„noch die Freundschaft für fest! Ich will nun fürder noch

2070. „von Grendel reden, damit du ganz erfahrest,
„Schatzes Spender, wie seitdem sich verlief
„der Handsturm der Helden. Als des Himmels Gemme
„glitt über die Gründe, da kam der Gast voll Wut,
„der abendgrame Unhold, uns zu suchen,

2075. „wo wir den Saal gesund bewachten.
„Da ward Handsturm des Kampfs dem Held zum Falle,
„Lebensübel dem Todgeweihten, der da lag zuvorderst
„ein gegürteter Kempe: Grendel ward
„dem hehren Mannbegen zum Mund-Töbter,

2080. „verschlang all den Leib des lieben Mannes.
„Doch ihm beliebt' es drum noch nicht, daß er mit leeren Händen
„schon aus dem Goldsaal von dannen gehen sollte,

„ber blutgezahnte Mörder auf Bosheit sinnend,
„sondern mich versuchte der machtberühmte,

2085. „griff mit bereiter Hand. Ein Ranzen hieng
„weit und seltsam mit Wunderbanden fest,
„der war mit Einsicht all bereitet
„durch Teufels Künste und aus Drachenfellen:
„in den gedachte mich unsündigen

2090. „das thatfreche Thier zu thun und bergen
„mit noch manchen Andern. Doch nicht mocht' ers so,
„seitdem ich ingrimmsvoll aufgerichtet stund.
„Zu lang ists zu berichten, wie ich dem Leuteschädiger
„Vergeltung gab für jegliches der Uebel,

2095. „wo ich deine Helden habe, o Herre mein,
„gewürdiget mit Werken! Hinweg entrann er
„und genoß nicht lange mehr des Lebens Wonne:
„doch zurück blieb ihm die Rechte dort
„die Hand in Heorot und gehöhnt von dannen

2100. „sank er zum Meeresgrund Gemütes traurig.
„den Kampfsturm hat der König der Stilbinge
„mir viel gelohnt mit feißtem Golde,
„mit manchem Kleinod, als der Morgen kam
„und wir gesessen waren zu dem Schmausgelage.

2105. „Dort war Jubel und Gesang: der greise Stilbing,
„der gar viel erfahren, berichtete von fernher manches,
„indem der Heerkampftheuere bald der Harfen Wonne
„das Lustholz rührte, bald ein Lied anstimmte
„wahr und kunstvoll, bald wundersame Kunde

2110. „nach Recht berichtete, der raumherzige König;
„ein andermal begann der altergebundene
„greise Kampfheld um seiner Jugendjahre
„Kampfkraft zu klagen: ihm klopfte das Herz in der Brust,
„wenn er alt an Wintern an das all gedachte.

2115. „So waren wir den langen Tag in Lust beisammen
„dort innen in der Halle, bis eine andere kam
„der Nächte zu den Menschen. Drauf nahete hurtig
„bereit zu Jammers Rache Grendels Mutter,
„schritt sorgenvoll einher: ihr nahm den Sohn der Tod

2120. „der Kampfhaß der Webern. Ihr Kind rächte
„das unheimliche Weib, da einen Edeling sie

„kräftig würgte: dem kühnen Aesthere
„dem erfahrenen fernweisen entfloh das Leben.
„Nicht durften ihn dort die Dänenleute,

2125. „sobald der Morgen kam, den müden im Tode
„verbrennen mit Brunst noch auf den Brandhaufen laden
„den lieben Helden: es trug den Leib hinweg
„des Feindes Mutter unter den Felsenstrom.
„Das war für Hrodgar das herbste von allen

2130. „den Leiden, die den Leutekönig lange trafen!
„Da beschwor leidmütig bei deinem Leben mich
„der Herr der Helden, daß ich im Holmgewühle möchte
„Reckenschaft üben, Ruhmthat vollbringen
„und das Leben wagen: Lohn verhieß er mir.

2135. „Ich fand da des Gewoges weithinkunde
„grimme grausenhafte Grundhirtin.
„Dort war Faustgemenge eine Frist lang uns beiden;
„es wallete der Holm von Blutjauche und ich enthauptete
„in dem Grundsaale Grendels Mutter

2140. „mit wuchtigem Schwerte, entwand ihr mein Leben
„unsanft von dannen: noch war ich nicht dem Tod nah.
„Aber mir schenkte wieder der Schirm der Helden
„der Kleinode Menge, das Kind des Healfdene.
„So lebte der Volkskönig nach Fug und Sitte:

2145. „verloren hatte ich den Lohn mit nichten,
„des Kraftwerks Vergeltung, sondern Kleinode gab mir
„der Sohn des Healfdene in mein selbes Gewalt,
„die ich dir, o Heldenkönig, darbringen will,
„verehren dir mit Freuden. Noch ist all bei dir

2150. „Wonne mir bereit: nur wenig habe ich
„der Hauptverwandten außer, Hygelak, dich!"
Er hieß da eintragen das Eberhauptzeichen,
den Helm der kampfsteilen, die Heeresbrünne
und das herrliche Kampfschwert, erhub drauf das Wort:

2155. „Mir schenkte Hrodgar diese Schlachtrüstung,
„der weise König; mit manchem Worte hieß er,
„daß ihren Ursprung ich dir ansagte,
„sprach daß sie hatte Heorogar der König
„der Leutefürst der Skildinge lange Weile:

2160. „er wollte sie nicht schenken seinem Sohn drum eher,

„dem tapferen Heoroward, ob er ihm hold gleich war,
„die Brustgewande. Gebrauch du Alles wol!"
Ich erfuhr daß diesem Schmucke noch vier der Rosse
folgten auf dem Fuße, völlig gleiche
2165. apfelfahle; er gab ihm Eigenmacht
der Hortkleinode und Rosse: so handeln soll ein Maage
und nicht Arglistnetz dem andern knüpfen,
mit tückevoller List den Tod bereiten
dem Handgefährten! Es war dem Hygelak,
2170. dem harten im Kampf, gar hold der Neffe
und einer war dem andern der Ehren gedenksam.
Ich hört', daß er der Hygd den Halsring schenkte,
das herliche Wunderkleinod, das ihm Wealchtheow gab,
des Herschers Tochter, und drei behende Rosse,
2175. sattelblinkende. Ihr war seitdem die Brust
nach der Ringempfangung reich geschmückt.
So gebahrte sich da tüchtig der Geborne Ecgtheows
der Mann durch Geerkampf kund mit guten Thaten,
betrug sich rühmlich, schlug nicht die trunkenen Freunde,
2180. die Heerdgenoßen: nicht was das Herz ihm wild,
sondern mit der größten Kraft vom ganzen Menschenvolke
hielt die großfeste Gabe, die Gott ihm schenkte,
der Edeling der kampftheure. Er war verachtet lange,
daß der Geaten Kinder ihn nicht für gut hielten
2185. noch auf der Methbank ihn der Männer König
hoch wollte vor den Helden ehren:
sie meinten sicher, daß er mutlos wäre,
ein unkühner Edeling; doch Umwende kam
des Kummers alles dem Kampfruhmreichen!
2190. Drauf hieß der kampfberühmte König holen
der Helden Schirm des Hrebel Erbe,
ein goldgeschmücktes: bei den Geaten war da
kein Schatzkleinod beßer in Schwertes Art.
Das legte an den Busen er dem Beowulf
2195. und schenkte ihm noch sieben Tausende,
Bau und Gebieterstuhl: ihnen beiden war zusammen
in der Leuteschaft das Land angestammt,
Aufenthalt und Erbsitzrecht, doch dem einen mehr,
der da der beßere war, das breite Reich.

X.

2200. Das fügte sich darnach in folgenden Tagen
durch Heerkampfs Getümmel, seit Hygelak lag
und dem kühnen Hearbred die Kampfschwerter wurden
unter des Schildrandes Schirm zum Mörder,
da ihn suchten in dem Siegesvolke
2205. die harten kampfkühnen Headoskylfinge
und heftig angriffen Hereriks Neffen.
Drauf kam das breite Reich dem Beowulf
zur Hand, dem Helden: er hielt es wol
durch fünfzig Winter (da war der Fürst betagt,
2210. alt der Erbsitzwart), bis daß einer begann
ein Drache zu herschen in düsteren Nächten,
welcher im Haufen einen Hort bewachte
und einen steilen Steinberg: ein Steig lag drunter
unkund den Menschen. Da hinein gieng einer,
2215. ich weiß nicht welcher der Leute — — —

*   *   *

Nicht freiwillig suchte er des Wurmhortes Kraft
nach seinem eignen Belieben, der übel ihm bekam,
sondern vor Bedrängnis floh der Degen ich weiß nicht welches
2225. von den Heldenkindern Haßes Schläge
aus übergroßer Not und dort innen barg sich
der schuldlose Mann: er erschaute da alsbald,
daß Grauenschrecken von dem Gaste ausgieng.
Doch eintrat gleichwol der unglückliche Mann
2230. [und er erschaute dort des Schatzes Menge],
funkelnde Kleinode: da waren viele solche
alte Schätze in der Erbhöhle,
wie vor manchen Jahren sie der Menschen einer
als reiches Erbe eines edelen Geschlechtes
2235. gedankensinnig dort verwahrte,
die theueren Keinode: all riß der Tod sie fort
in älteren Zeiten, und der Einzige da noch

2215) Hier ist die Handschrift in einem so traurigen Zustand, daß nur
einzelne Worte zu lesen sind.

der Leuteschaaren, der dort am längsten wanderte,
ward um die Freunde jammernd; zu fristen wünschte er's,
2240. daß er noch kurze Weile die Kleinode des Landes
gebrauchen möchte. Ein Berg allfertig
befand sich am Gefilde den Flutwogen nahe
bei den Klippen unten kräftig befestigt:
da hinein trug die Edelingskleinode
2245. der Schirmer der Ringe einen schwerzutragenden Theil
des wuchtigen Goldes, und die Worte sprach er:
„Halt du, Erde, nun, da's nicht die Helden durften,
„der Edelinge Eigentum! es haben's eh in dir
„die Guten ja gefunden: der Geerkampftod entraffte
2250. „das furchtbare Lebensübel des Volkes jeden
„der Leute mein, der dieses Leben aufgab,
„der Saaljubel sank; nicht ist, der da Schwert trage
„oder der empfangen solle feißte Schaale,
„kostbares Trinkgefäß: die Kempen sind gefallen.
2255. „Es soll dem harten Helm dem hellvergoldeten
„der Schmuck entfallen: es schlafen die Besitzer,
„die ben schlachtgrimmen schmücken sollten;
„und auch das Kriegsgewand, das in dem Kampf erfuhr
„über der Schilde Krachen der Schwerter Biße,
2260. „zerbricht nun nach dem Helden: nicht wird der Brünne Ring
„fernhin fahren mit dem Fürst des Kampfes
„an der Helden Seite. Nicht tönt der Harfe Wonne,
„die Freude des Lustbaums; nicht fliegt mehr der gute
„Habicht durch die Halle, noch stampft das hurtige Roß
2265. „die Burgstätte mehr. Es hat ein böser Tod
„gar viele der Geschlechter fort entsendet!“
So ergoß sich da in Klagen jammermütig
der einzige nach Allen; unfroh weinte er
bei Tag und Nacht, bis daß des Todes Wallen
2270. an das Herz ihm rührte. Die Hortwonne fand
der alte Dämmerungsräuber offen stehen,
er der da brennend die Berge heimsucht,
der nackte Kampfdrache, der in den Nächten fliegt
befangen mit Feuer: ihn die Flurbewohner
2275. — — — — — Bewohnen soll er
den Hügel unter der Erde, wo er das Heidengold

bewacht an Wintern alt: nicht ists ihm woler drum!
Dreihundert Winter hielt so der Volksräuber
der Horthäuser eines hochkräftig
2280. in der Erde drinnen, bis daß einer ihn erzürnte
ein Mensch im Gemüte, der seinem Mannherrn brachte
eine feißte Schaale und so um Frieden bat
den Herren sein. Da war der Hort geplündert,
entführt der Ringschatz und erfüllt die Bitte
2285. dem freundlosen Manne: der Fürst erschaute
das alte Menschenwerk zum erstenmale.
Als nun der Wurm erwachte, da war Wut erneut:
er. roch im Stein umher; der starkherzige merkte
des Feindes Fußspur, der fort hinzu gieng
2290. mit geheimen Kräften bis zum Haupt des Drachen.
So mag mit dem Leben einer leicht entgehen
dem Weh und der Verbannung, wer des Waltenden
Huld sich erhält! Der Hortwart suchte
merksam längs dem Grunde, wollte den Menschen finden,
2295. der ihm im Schlummer. Schmerz bereitet;
heiß und herbgemut umschritt den Hügel er
all von außen: es war kein einziger Mann
dort in der wüsten Haide; doch war er Wutkampfs froh,
Verheerungswerkes. Bald den Hort wieder suchend
2300. fuhr er in den Berg hinein; alsbald merkte er,
daß nach dem Gold gegriffen der Gaumänner einer,
nach den Hochkleinoden. Der Hortwart weilte
ungeduldig, bis der Abend nahte:
erbost war da des Berges Hirte,
2305. wollte der Leute vielen mit Loh vergelten
das theuere Trinkgefäß. Als nun der Tag entflohn war
dem Wurm nach Wunsche, da wollte im Walle er
nicht bleiben länger, sondern mit Brandglut fuhr er
mit Feuer flugbeeilt: furchtbar war der Anfang
2310. dem Volk in dem Lande, wie es nicht fern darnach
an ihrem Schatzgeber schmerzlich ward geendet!
Der Gast begann Gluten da zu speien,
zu verbrennen blinkende Höfe; Brandglanz strahlte

2290) d. i. sich unsichtbar machend —

zum Aerger den Leuten: übriglaßen wollte
2315. der leibige Luftflieger nichts Lebendes allda.
Es war des Wurmes Wüten weithin sichtbar,
des tückischen Feindes Angriff fern und nahe,
wie der fechtende Räuber das Volk der Geaten
haßte und höhnte. Er schoß zum Horte wieder
2320. in die versteckte Wohnung vor den Stunden des Tages:
er hatte die Landbewohner mit Loh umfangen,
mit Brunst und Brande. Auf den Berg vertraut' er,
auf den Wall und Wutkampf: doch der Wahn belog ihn!

XI.

Entboten ward der Schrecken da dem Beowulf
2325. eiligst und wahrhaft, daß sein eigenes Haus
der beste aller Baue im Brandwallen schmolz,
der Geaten Gabenstuhl. Dem Guten war das
herb im Busen, der Herzsorgen größte:
es wähnte das der Weise, daß er den Waltenden
2330. den ewigen König gegen das alte Recht
bitter erzürnte. Ihm wallete die Brust im Innern
von düsteren Gedanken, wie sie vordem nicht pflegte.
Der Lohdrache hatte der Leute Vesten
das Eiland außen bis zur Erde nieder
2335. mit Glut verwüstet: des ersann ihm grimme Rache
der Kampfesfürst, der König der Wedern.
Beschaffen hieß sich da der Schirm der Kämpfer
der Edelinge Obherr einen all=eisernen
wunderbaren Kampfschild: er wuste sicher,
2340. daß ihm nicht helfen konnte das Holz des Waldes
die Linde wider die Lohe. Seiner Lebentage sollte
der ehrengute Edeling da das Ende finden
seines Weltlebens, und auch der Wurm zugleich,
obwol er hielt gar lange des Hortes Reichtum.
2345. Das verschmähte da des Schatzes König,
den Weithinfliegenden mit Wehrvolk zu suchen,
mit großem Heere: nicht graust' ihm vor dem Streite;
es schien des Wurmes Kampf ihm wenig zu bedeuten,
deßen Kraft und Stärke, da er der Kämpfe viele

2350. in Gefahr sich wagend zuvor bestanden,
       manch harten Kampflärm, seit er Hrodgars Wohnung
       reich an Siegruhm reinigte und säuberte
       und vergriff im Kampfe Grendels. Sippschaft,
       des leidigen Geschlechtes. Das war die leichteste nicht
2355. der Handbegegnungen, wo man Hygelak erschlug,
       als der König der Geaten im Kampfessturme
       der Fürstfreund des Volkes in den Frieslanden starb
       durch Schwertes Schläge, der Sohn des Hredel,
       vom Beil zerhauen: Beowulf entkam da
2360. durch sein selbes Kraft und trieb des Schwimmens Kunst;
       er der eine hatte an dem Arme dreißig
       Heerkampfrüstungen, da er zu Holme stieg.
       Aber die Hetwaren durften nicht hoch sich rühmen
       des Fußvolkkampfes, die ihm zuvor entgegen
2365. die Kampfschilde trugen: es entkamen wenige
       den Kampfeskühnen zu der kunden Heimat.
       Da überschwamm der Seehundwogen Begang der Sohn des
                                             Ecgtheow
       der arme Einzügler zu den eignen Leuten,
       wo Hort und Herschaft Hygd ihm anbot,
2370. Bauge und Gebieterstuhl: sie traute ihrem Gebornen nicht,
       daß gegen Außenvölker er die Erbsitzstühle
       halten könnte, da Hygelak todt war.
       Nicht finden konnten die Freudelosen
       drum durchaus nicht eher an dem Edelinge,
2375. daß dem Heardred er ein Herre wäre
       oder sich das Königtum erkiesen wollte:
       doch hielt er in dem Volke ihn mit Freundes Lehren
       in Ehren freundlich, bis er älter ward
       und über die Wedergeaten walten konnte.
2380. Ihn suchten über See Verbannte, die Söhne Ochtheres:
       die waren abgefallen dem Obherrn der Stylfinge,
       dem seligsten der Seekönige,

2381) Die Söhne Ochtheres, deren einer Eadgils hieß, hatten sich gegen
den König der Stylfinge (den Sohn Ongentheows) empört und flohen zu den
Geaten; der König verfolgte sie und in dem daraus erfolgenden Kampfe fiel
Heardred. —

derer die im Schwedenreiche Schatz vertheilten,
dem edelen König. Das ward zum Unheil ihm:
2385. ihn traf da in der Heimat (?) die Todeswunde
durch Schwertes Schläge, den Sohn des Hygelak,
und wieder umkehrte Ongentheowes Sohn
die Heimat zu suchen, als Heardred lag
und den Gebieterstuhl ließ den Beowulf halten,
2390. über die Geaten herschen: das war ein guter König!
Der gedachte in fürderen Tagen an des Volkhinfalles
Wiedervergeltung: er ward dem Eadgils
dem Freudlosen Freund, mit Volk unterstützend
über die See die weite den Sohn des Ohthere,
2395. mit Recken und mit Waffen; er rächte seitdem
mit kalten Kummerfahrten, benahm den König des Lebens.
So hatte der Kämpfe jeden kräftig überstanden
die schlimmen Schlachten der Sohn des Ecgtheow,
all die Kraftwerke bis auf den einen Tag,
2400. wo gegen den Wurm er sollte die Waffen führen.
Selb zwölfter gieng da zornentbrannt
der Schirmherr der Geaten zu schaun den Drachen;
er hatte da erfahren, woher die Fehde kam,
der Helden Unheil: zu Handen kam ihm
2405. durch des Verräthers Hand das reiche Kleinod.
Der war in der Degen Schaar der dreizehnte,
der des Unheiles Anfang brachte,
in Banden jammernd, sollte gebeugt von dannen
den Weg ihnen weisen: wider Willen gieng er
2410. dahin, wo er den einen Erdsaal wuste,
die Höhle unter der Erde dem Holmschwall nahe,
dem Flutentoben: der war voll im Innern
von Kleinoden und Spangen; ein kampfkühner Wächter
hielt alt unter der Erde und unheimlich
2415. die Goldkleinode: das Gut war nicht
zu erlangen leicht der Leute einem!
Es saß der kampfharte König auf der Klippe Vorsprung,
während er Heil entbot den Heerdgenoßen,
der Goldfreund der Geaten: sein Geist war traurig,
2420. schweifend und todbereit, das Schicksal gar nahe,
das da den greisen Helden grüßen sollte,

suchen der Seele Hort, gesondert theilen
das Leben von dem Leibe; nicht länger war
mit Fleisch bewunden des Fürsten Leben.

2425. Beowulf sprach, der Geborne Ecgtheows:
       „Viel Kampfstürme hab' ich in der Kraft der Jugend
       „und manchen Angriff überstanden: des all gedenk ich!
       „Ich war von sieben Wintern, als mich der Schätze König
       „der Völker Fürstfreund von meinem Vater nahm;
2430. „mich hielt und hatte Hredel der König,
       „gab mir Schatz und Schmaus, der Sippe gedenkend.
       „Nicht war ich ihm im Leben ein leiderer Mann
       „in der Burgen irgend denn seiner Gebornen einer,
       „Herebeald und Härkynn oder mein Hygelak.
2435. „Es ward dem ältesten ungeziemlich
       „durch des Maagfreunds Thaten das Mordbett bereitet,
       „da Härkynn ihn vom Hornbogen,
       „seinen Fürstfreund, mit dem Pfeil hinstreckte:
       „seinen Maagfreund erschloß er missend des Zieles,
2440. „der Bruder den Bruder, mit blutiger Spitze.
       „Das war ein sühnlos Gefecht, sündhafter Frevel,
       „geistbetrübend dem Hredel: gleichwol sollte
       „der Edeling das Leben ungerochen missen.
       „So ist es gramvoll einem greisen Manne,
2445. „wenn er erleben muß, daß sein geliebter Sohn
       „jung am Galgen reitet: dann ergießt er sich in Klagen,
       „erhebt Sang voll Trauer, wenn sein Sohn so hanget
       „dem Raben zur Freude und er ihm Rettung kann
       „alt und hochbetagt nicht einige verschaffen.
2450. „Stets wird an der Morgen jedem im Gemüt gedacht
       „der Abgang des Sohnes: keinen andern denkt er
       „zu erhalten wieder in der Halle drinnen
       „als Erbewart, sobald der eine so
       „durch Todes Not die Thaten hat gebüßet.
2455. „In Sorgenkummer sieht er in seines Sohnes Wohnung
       „wüst den Freundsaal, windig die Ruhstatt
       „beraubt des Rauches: der Reiter schlummert
       „der Held in dem Hügel; dort ist nicht Harfenklang
       „Freude in den Höfen, wie es zuvor dort war.
2460. „Dann geht zum Lager hin, singt Lied der Trauer

"der eine nach dem einen: ihm däuchte alles zu geräumig,
"Wohnstatt und Fluren. So trug der Wedern Helm
"nach Herebald auch des Herzens Kummer
"wallend in der Brust, wollte doch nimmer
2465. "das Leib bestrafen an dem Lebensmörder:
"nicht kränken mochte er drum eher den Kampfeshelb
"mit leiden Thaten, obwol er ihm nicht lieb mehr war.
"Mit diesem schweren Kummer, da ihn der Schmerz betraf,
"verließ er der Leute Jubel, erkor das Licht Gottes,
2470. "übergab seinen Kindern, wie ein Begüterter das thut,
"Land und Leuteburg, da er vom Leben schied.
"Da war Schuld und Fehde den Schweden und Geaten
"über das weite Wafzer Wutstreit gemein,
"harter Heereskampf, seit Hredel starb
2475. "und Ongentheowes tapfere Abkömmlinge
"fahrtscharf waren und keinen Frieden wollten
"übers Haff hin halten, sondern beim Hreosnaberge
"übele Angriffslist oft vollführten.
"Das rächten meine Maagfreunde wol,
2480. "die Fehde und die Frevel, wie es volkskund ward,
"obwol mit seinem Alter es der Andere bezahlte,
"mit hartem Kaufpreis: dem Hredkynn ward
"dem König der Geaten der Kampf zum Falle.
"Da erfuhr ich, daß am Morgen ein Maagfreund den andern
2485. "mit Schwertes Schneide an dem Schläger rächte,
"wo den Eofor angriff Ongentheow:
"es zerglitt der Kampfhelm und der greise Stylfing
"sank dahin erbleicht; die Hand gedachte
"der Zwiste Menge, entzog nicht den Todesstreich.
2490. "Die Schatzkleinode, die er mir schenkte einst,
"vergalt ich ihm im Kampfe, wie mirs gegeben war,
"mit lichtem Schwerte: Land gab er mir,
"Aufenthalt, Erbsitzwonne; ihm war durchaus nicht not,
"daß er bei den Gifden oder bei den Geerdänen
2495. "oder im Schwedenreich zu suchen brauchte
"schlechtere Schlachtkühne und mit Schatz sie zu erkaufen,
"wie zuvor ihm in der Fußvolkschaar

2484) nemlich Wulf (s. v. 2961 ff.).

19

„ich einer an der Spitze wollte und so immer werde
„Streit vollführen, solang dies Stahlschwert aushält,
2500. „das mir oftmals aushielt ehedem und später.
„Drauf ward ich vor den Dienſtmannen dem Däghrefen
„dem Held der Hugen zum Handmörder,
„daß er den Feſtſchmuck nicht dem Frieſenkönig
„die Bruſtverzierung bringen durfte,
2505. „ſondern des Helmzeichens Hirte ſank hin im Kampfe,
„der ſtarke Edeling: nicht war der Stahl ihm Mörder,
„ſondern im Heerkampf griff ich ihm des Herzens Wallen,
„zerbrach das Beinhaus. Nun ſoll des Beiles Schneide,
„die Hand und das harte Schwert hier um den Hort kämpfen!“
2510. Beowulf redete, Erbotwort ſprach er
zum letztenmale: „In meinem Leben wagt' ich
„in der Jugend manchen Kampf! auch jetzt will ich
„als alter Volkeswart noch Fehde ſuchen
„und mit Ruhmthat vollbringen, wenn der Räuber der meinvolle
2515. „aus ſeinem Erdhauſe mich hier außen ſuchet!“
Darauf begrüßte er da jeglichen der Männer
die lieben Geſellen zum letztenmale,
die ſcharfen Helmträger: „Kein Schwert wollt' ich tragen
„keine Waffen zu dem Wurme, wüſt' ich nur,
2520. „wie ich dem Unhold anders möchte
„ſein Großthun vergreifen, wie ich einſt Grendel that!
„aber ich erwarte glutheißes Kampfesfeuer,
„Athem und Eittergift: an mir habe ich
„Brünne drum und Schild. Des Berges Wart
2525. „den Feind will ich nicht fliehen eines Fußes Länge,
„ſondern es geſchehe uns am Walle, wie uns das Schickſal
füget
„aller Menſchen Schöpfer! Ich bin an Mut entſchloßen,
„daß gegen den fliegenden Kämpfer ich nicht ferner prahle.
„Wartet ihr am Berge hier mit Brünnen bewehrt,
2530. „ihr Kempen im Kriegsgewande, wer nach des Kampfes Sturme
„der Wunde möge woler hier geneſen
„von uns beiden! das iſt nicht euer Werk
„noch gemäß einem Manne außer mir allein,
„daß er ſeine Kraft verſuche und Kempenſchaft übe

2535. „wider den grimmen Unhold. Das Gold will ich
„mit Kraft erkämpfen oder der Kampf entreißt,
„das furchtbare Lebensübel, den Fürsten euch!"
Drauf erhub sich bei dem Rande der berühmte Kempe
„kühn unterm Kriegshelm, trug die Kampfesbrünne

2540. unter die Steinklippen, auf die Stärke bauend
eines Mannes: das übt kein Feiger!
Da sah beim Bergwald dort der biedere Kempe,
der gar viel der Kämpfe zuvor bestanden,
der Schlachtgetümmel, wenn die Schaaren fochten,

2545. einen Steinbogen stehen und einen Strom von da
brechen aus dem Berge: es war des Brunnens Gesprudel
heiß von Feuer. Nicht konnte zum Horte hin
unbrennend einer einige Zeitfrist
durch die Tiefe kommen vor des Drachen Lohe.

2550. Es ließ da aus der Brust, da er erbittert war,
der Wedergeaten Fürst Worte fahren;
der Starkherzige stürmte: die Stimme drang hinein
gellend kampfhell unter den grauen Stein.
Haß war erzeugt; der Hortwart vernahm

2555. des Mannes Stimme: nicht war da mehrere Frist
Friede zu fordern! Hervor kam zuerst
des Unholds Athem aus von dem Steine,
heißer Kampfschweiß; der Hügel dröhnte.
Unter dem Berge schwang den Vorbrand der Held

2560. gegen den Gast des Grauens, der Geaten König.
Da war bereit das Herz des Ringbogigen
Streit zu suchen. Den Stahl schwang eher
das alte Erbstück der edle Kampffürst,
das schneidentüchtige. Schrecken kam da

2565. einem von dem andern der auf Uebel Sinnenden.
Es stund starkmutig unter dem steilen Rande
der Wedern Fürst, indem der Wurm sich bog
rasch zusammen: gerüstet harrte er.
Brennend kam drauf der Gebogene geschritten

2570. zur Entscheidung eilend: der Schild barg wol
das Leben wider die Lohe dem Leutefürsten,

2561) des Drachen.

19*

doch eine mindere Frist als seine Meinung wähnte,
wofern der Frist er in der Frühe des Tages
walten dürfte, da ihm nicht ward beschieden
2575. Siegruhm von dem Schicksal. Es schwang die Hand auf
der Geaten König; den grausenvollen
schlug er mit dem Schwerte, daß die Schneide abglitt
die braune an dem Beine, biß unstärker,
als es dem Hartbedrängten heischte das Bedürfnis,
2580. dem Gebieter des Volkes. Da war des Berges Wart
nach dem grimmen Schlage grollenden Mutes,
warf tödtlich Feuer: weithin schoß
der Lichtglanz des Kampfes. Nicht frohlockte des Siegruhms
der Goldfreund der Geaten: das Kampfbeil versagte
2585. das nackte bei dem Angriff, wie es nicht sollte,
das erzgute Eisen. Das war durchaus nicht leicht,
daß aufgeben wollte diese Erdgefilde
Ecgtheows berühmter Abkömling
und mit seinem Willen eine Wohnung sollte
2590. anderswo bewohnen: so sollen alle Menschen
verlaßen diese Lehentage! Da wars nicht lang darnach,
daß sich begegneten von Neuem die grimmen Streiter.
Da stürmte an der Hortwart, vom Athem wallete der Busen:
Not erdulbete von Neuem wieder
2595. von Feuerglut befangen, der eh des Volkes waltete.
Nicht im Haufen stunden die Handgefährten
außen um ihn, der Edelinge Kinder
in Kampfestugend: die Kempen flohn und bargen
in dem Wald ihr Leben. Es wallete ihrer einem
2600. der Sinn von Sorgen: dem kann die Sippe nichts
je wenden irgend, der da wol denket:
Wiglaf war geheißen Weohstans Sohn
der liebliche Lindenkempe, Lenker der Skylfinge,
ein Maag des Aelfhere. Seinen Mannherrn sah er
2605. unter der Heerlarve Hitze dulden:
da gedachte er der Gnade, daß er ihm gab zuvor
die reiche Wohnungsstatt der Wägmundinge,
der Volksbesitze jeden, die sein Vater hatte.
Nicht verhalten konnte ers: es faßte die Hand den Rand,
2610. die gelbe Linde, ergriff das alte Schwert,

das Eanmunds Nachlaß bei den Edelingen war,
des Sohnes Ohtheres, dem in der Schlacht zur Rache
Weochstan ward zum Mörder mit der Waffe Schärfe,
dem freundlosen, und entführte seinen Maagen
2615. den braunbunten Helm, die Brünne die geringte,
das alte Riesenschwert, das Onela ihm gab,
seines Verwandten Waffenrüstung,
die stattlichen Fahrtgewande: um die Feindschaft sprach er nicht,
obgleich er seines Bruders Gebornen tödtete.
2620. Den Fehdeschmuck hielt er viele Winter
Schwert und Brünne, bis sein Sohn vermochte
zu üben Heldenschaft wie einst der Vater:
er gab ihm bei den Geaten der Kampfgewande
aller eine Unzahl, als er auszog vom Leben
2625. alt an den Fortweg. Da wars das erstemal
dem jungen Kempen, daß er des Kampfes Sturm
bei seinem Fürstherrn vollführen sollte;
sein Mut schmolz nicht und seines Maages Erbe
wich nicht in dem Wutkampf: der Wurm empfand das,
2630. als einer da den andern angriff.
Wiglaf sprach der Worte viele,
sagte den Gesellen (sein Sinn war jammernd):
„Ich gedenke im Gemüt der Zeit, wo wir den Meth empfiengen:
„da verhießen wir dem Herren unser,
2635. „der uns diese Bauge gab, im Biersaal drinnen,
„daß wir die Kampfrüstung ihm vergelten wollten,
„wenn der Art ihm Bedürfnis käme,
„Helme und harte Schwerter, der uns im Heer erkor
„zu diesem Auszuge nach eignem Willen,
2640. „uns des Kampfruhms mahnte und mir diese Kleinodien gab,
„weil er uns für gute Geerkämpfer hielt,
„für tapfere Helmträger, ob unser Herre gleich
„für uns dies Kraftwerk allein gedachte
„zu vollführen, des Volkes Hirte,
2645. „da unter den Recken er am meisten Ruhmwerk vollbrachte,
„tollkühne Thaten. Nun ist der Tag gekommen,
„daß unser König hier der Kraft bedarf
„von guten Kampfmännern: gehn laßt uns hinzu

„daß wir dem Heerkampfsfürsten helfen, solang die Hitze
    dauert,
2650. „der grimme Glutengraus! Gott weiß an mir,
„daß mirs weit lieber ist, daß meinen Leib allhier
„mit meinem Goldgeber die Glut verschlinge.
„Nicht schicklich dünkt es mir, daß wir die Schilde tragen
„wieder fort zur Heimat, wenn wir zuvor nicht mögen
2655. „den Leidigen fällen und das Leben schirmen
„des Webernkönigs. Ich weiß das sicher,
„daß er nicht einst verdiente, daß er allein nun sollte
„unter den Kempen der Geaten Kummer dulden
„und in dem Streite fallen: es soll Schwert und Helm,
2660. „Brünne und Vordschild beiden uns gemein sein!"
Er drang da durch den Todrauch, trug den Kampfnabel
seinem Walter zu Hilfe, sprach wenig Worte:
„Lieber Beowulf, leiste alles wol,
„wie du vor Jahren sprachest in der Jugendzeit,
2665. „daß du im Leben nimmer laßen wolltest
„deinen Ruhm erliegen! du sollst, berühmt durch Thaten,
„beherzter Edeling, mit aller Kraft
„dein Leben schirmen: ich leiste dir Beistand!"
Nach diesen Worten kam der Wurm ergrimmt
2670. der übele Arglistgast zum andernmale
von Feuerwogen bunt, die Feinde zu bestürmen,
die leiden Männer. In Lohwogen verbrannte
der Schild bis zu dem Rande; nicht schirmen konnte
den jungen Geerkempen vor der Glut die Brünne.
2675. Doch sprang der Mann der junge unter des Maagfreunds
    Schild
eiligst mit Kraft, dieweil sein eigner war
zerrieben durch die Gluten. Ruhmwerks gedachte
der Kampfkönig und seiner Kraft Strenge,
schlug mit dem Kampfbeil, daß in den Kopf es drang
2680. mit Nachdruck genötigt: doch Nägling verbarst
versagte in dem Streit, das Schwert des Beowulf
alt und graubunt; nicht gegeben war es ihm,
daß ihm der Schwerter Schneiden konnten
helfen in dem Kampfe; es war die Hand doch so stark,
2685. die der Kampfschwerter jedes, wie es kund mir ward,

im Streiche überwand, wenn er zum Streite trug
die wunderbarte Waffe: nicht wards ihm woler drum!
Da war der Dränger des Volks zum drittenmale
der furchtbare Feuerbrache der Feindschaft gedenkend,

2690. raste gegen den Ruhmvollen, da er Raum ihm gab,
heiß und kampfgrimm, umfieng den Hals all
mit bitteren Gebeinen: er ward blutberonnen
mit Seelenblute; es floß der Saft in Wogen.
Da erfuhr ich, wie in der Not des Volksgebieters

2695. der Kempe kündete Kraft und Kühnheit
ununterbrochen, wie ihm angeboren war:
nicht hütete er des Hauptes; aber die Hand verbrannte
des mutvollen Mannes, wo nach seiner Macht er half,
daß er von unten etwas schlug den Angriffsgast,

2700. der Held in der Rüstung, daß das herlichgeschmückte
bunte Schwert eindrang, sobaß zu schwinden drauf
die Feuerglut begann. Es war der Fürst da noch
selbst der Sinne mächtig, schwang den Dolch
bitter und kampfscharf, den er an der Brünne trug:

2705. es zerschnitt der Wedern Helm den Wurm in der Mitte.
Sie erlegten so den Feind; das Leben vertrieb die Kraft
und gebrochen hatten sie ihn beide da,
die Maag=Edelinge: so sollte ein Mann sein
ein Held in der Bedrängnis! Dem Herrn war das

2710. der Siegstunden letzte durch sein selbes Thaten,
seines Würkens in der Welt. Als die Wunde nun begann,
die ihm der Erdbrache ehe würkte,
zu schwären und zu schwellen, da empfand er schleunig das,
daß in der Brust ihm wallte böses Wüten,

2715. Eitergift im Innern. Da gieng der Edeling hin,
daß er beim Walle weise denkend
saß an dem Sitze: er sah der Riesen Werk,
wie da die Felsenbogen fest mit Stützen
das ewige Erdhaus innen halten.

2720. Da begann mit seiner Hand den hehren König
den starkblutenden streitsatten
der gewaltig gute Degen mit Waßer zu laben,
seinen Herrn und Freund, den Helm ihm lösend.
Beowulf redete; über die Blutscharte sprach er,

2725. über die Wunde die todblaße (er wuſte ſicher,
daß er die Tagzeiten nun getragen hatte,
der Erben Wonne, und all war zerronnen
ſeiner Tage Zahl, der Tod unmaaßen nahe):
„Schenken wollte ich nun meinem Sohne jetzt
2730. „die Schlachtgewande, wofern beſchert mir wäre
„der Erbewarte einer nach mir
„meinem Leib verwandt! Dieſe Leute hielt ich
„fünfzig Winter: da war der Volkskönige
„von allen keiner der Umſitzenden,
2735. „der mich heimzuſuchen wagte mit Heerkampfgenoßen,
„mit Angſtwerk zu bedrängen. Im Erbſitz harrte ich
„der Zeitgeſchicke, hielt geziemend das Meine,
„ſuchte nicht Argliſtwerke, nicht Eide ſchwur ich
„mit Unrecht viel: des alles mag ich
2740. „an Lebenswunden ſiech mit Luſt mich freuen,
„da mir nicht vorzuwerfen hat der Völker Walter
„Mordübel der Verwandten, wenn mir entflieht
„das Leben von dem Leibe. Nun lauf du hurtig
„unter den grauen Stein den Goldhort zu ſchauen,
2745. „Wiglaf mein lieber, da der Wurm nun liegt
„und ſchläft ſchmerzlichwund des Schatzes beraubt!
„Sei du in Eile nun, daß ich den alten Reichtum
„den Goldhort noch ſehe, ganz erſchaue
„die lichten Gemmen, daß ich dann laßen möge
2750. „nach den Schatzkleinoden um ſo ſanfter mein Leben
„ſowie die Leuteſchaft, die ich ſo lang beherrſchte!"
Ich erfuhr, wie ohne Säumen da der Sohn des Wiglaf
dem wunden Herren nach den Wortreden
gehorchte, dem kampfſiechen und unter des Hügels Wölbung
2755. das Ringnetz trug, die Rüſtung die geflochtene.
Siegesfreudig ſah, da er beim Sitze gieng,
der kühngemute Kempe der Kleinode Menge,
ſah Gold auf dem Grunde glitzernd liegen,
manch Wunder an dem Walle und des Wurmes Lager,
2760. ſah des alten Zwielichtfliegers Zechkrüge ſtehen,
der Vorzeitmänner Gefäße der Füllenden bar,
verkürzt der Zierden. Mancher Kampfhelm war da
alt und roſtig, der Armringe viele

sinnreich gebunden. Der Schatz mag leicht,
2765. das Gold am Grunde, einen jeden des Menschenvolfs
hoch übertreffen, hüte wer da wolle!
Auch sah er liegen ein allgülden Zeichen
hoch über dem Horte, der Handwunder gröstes,
mit Liebkräften gefestigt, von dem ein Lichtglanz strahlte,
2770. daß er die Grundflur mochte ganz erkennen,
die Wunder überblicken. Nicht war der Wurm allda
zu schauen irgend, da ihn die Schneide fortnahm.
Da hört' ich, wie den Hort im Hügel raubte,
das alte Riesenwerk, einer der Männer
2775. und sich Becher und Teller in den Busen lud
in seine eigene Gewalt; er nahm auch das Zeichen,
das schimmernbste der Schlachtzeichen, das Schwert das erz-
beschuhte
(eifern war die Schneide) des Altbesitzers,
der dieser Hortkleinode Hüter war
2780. gar lange Weile und Lohschrecken trug
glutheiß vor dem Horte grimm wallend
in Mitternächten, bis er durch Mord dahinstarb.
Rasch war der Recke der Rückkehr begierig
gefördert mit Kleinoden. Fürwitz trieb ihn,
2785. ob er den kühngemuten König der Webern
noch lebend träfe auf der Landesflur,
den kraftsiechen, wo er ihn kurz zuvor verließ.
Er fand da mit den Hortkleinoden den hehren König
seinen Gebieter blutig liegen
2790. an des Alters Ende. Abermals begann er
ihn mit Waßer zu bewerfen, bis des Wortes Spitze
den Brusthort durchbrach; Beowulf sprach
der Greis in Kummer, da er das Gold erschaute:
"Für die Kleinode sage ich dem König der Glorie
2795. "dem Walter über Alles mit Worten Dank,
"dem ewigen Herren, die ich hier anstarre,
"daß ich durfte meinem Degenvolke
"vor meinem Scheidetage solches noch erwerben!
"Da ich den Kleinodhort erkaufet habe

2765) d. i. jeden Schatz. —

2800. „mit meines Lebens Ende, so leistet ihr nunmehr
„der Leute Notdurft! ich kann hier länger nicht mehr sein.
„Heißt die Kampfberühmten einen Hügel bauen
„nach dem Brande blinkend an der Brandung Klippe!
„zum Gedächtnis soll der, meinem Degenvolke
2805. „hoch sich erheben auf Hronesnäff,
„daß es die Seefahrer seitdem heißen
„den Berg des Beowulf, die die brandenden Kiele
„über der Fluten Genebel fernhin treiben!"
Der herzkühne Herscher nahm vom Halse ab
2810. den Ring von Golde; dem Recken gab er
dem jungen Geerkempen den goldbunten Helm,
Baug und Brünne, hieß es ihn brauchen wol:
„Du bist der Enderest von unserem Geschlechte,
„der Wägmundinge! meine Verwandten hat
2815. „das Schicksal all verscheucht zum Tode,
„die Helden in Kraft: hinterher muß ich!"
Das war das jüngste Wort des greisen Königs
mit Brustbesinnung, eh er den Brand erkor,
den heißen Lohschwall: vom Herzen wich ihm
2820. die Seele, um zu suchen der Seligen Urtheil.

XII.

Ergangen war es da gar gramvoll dem Manne
dem unbejahrten, daß auf der Erde er
den Liebsten sah an Lebens Ende
sich matt gebahren. Doch auch der Mörder lag
2825. der schreckliche Erdbrache schlimm getroffen
beraubt des Lebens; des Ringhortes durfte
der Wurm der gebogene nicht walten länger:
erschlagen hatten ihn die Schärfen der Eisen,
die harten kampfscharfen, der Hammer Nachlaß,
2830. daß der Weitfliegende durch Wunden stille
hinsank zur Erde dem Hortsaale nah,
daß er nicht länger schweifend durch die Lüfte flog,
in Mitternächten mutstolz der Kleinode
seinen Anblick zeigte, sondern zur Erde fiel er
2835. durch des Heerkampffürsten Handgewürke.

Das bekam wol im Lande wenigen der Männer
der Krafthabenden, soweit es kund mir ward,
obgleich er zu der Thaten jeder tapfer wäre,
daß er gegen des Giftschädigers Glutathem stürmte

2840. oder den Hortsaal mit den Händen störte,
wenn er den Wart dort wachend antraf,
der in dem Berge wohnte! Dem Beowulf ward
mit dem Tod vergolten ein Theil der Kleinode:
den einen hatte wie den andern das Ende da erreicht

2845. von diesem Leben dem geliehenen. Da wars nicht lang
darnach,
daß aus dem Strauchwerk kamen die Streites trägen
zaghaften Treulügner zehn beisammen,
die mit den Kampfspießen nicht zu kämpfen wagten
in ihres Mannherrn mächtiger Bedrängnis:

2850. aber die Schilde trugen sie voll Scham dahin,
die Kampfgewande, wo der Greise lag,
nach Wiglaf zu schauen. Vom Wagnis müde
saß der Fußkempe bei des Fürsten Achseln,
benetzte ihn mit Waßer: doch nichts ihm glückte;

2855. nicht mochte er das Leben dem Leutefürsten
aufhalten auf Erden, so innig ers auch wünschte,
noch des Waltenden Willen beugen:
es wollte die Macht Gottes mächtig walten
über jeden der Menschen, wie sie jetzt noch thut.

2860. An dem jungen Kempen war da grimme Rede
dem zu kriegen leicht, der seine Kraft zuvor verlor.
Wiglaf redete Weohstans Sohn,
der schmerzgebeugte Held (er schaute an die Unlieben):
»Wol mag das sagen, der da wahr will reden,

2865. »daß der König des Volkes, der euch die Kleinode gab,
»die Heervolkrüstung, in der ihr hier jetzt steht,
»wenn er auf der Alebank oft euch schenkte
»den Hallsitzenden Helm und Brünne,
»der Herr seinen Holden, wie ers am herlichsten

2870. »je fern oder nahe finden mochte,
»daß er ohne Zweifel arg verschleuderte
»die Kriegsgewande! als ihn Kampf betraf,
»da durfte sich der Volkskönig nicht seiner Fahrtgesellen

„feiner Helden rühmen. Doch der Herr hat ihm gegönnt,
2875. „des Siegruhms Walter, daß er sich selbst allein
„mit seinem Kampffchwert rächte, da er der Kraft bedurfte;
„leisten konnte ich ihm Lebenshilfe wenig
„in dem grimmen Kampfe und begann dennoch
„über mein Vermögen dem Maagfreund zu helfen:
2880. „nur schlimmer war er, wenn ich mit dem Schwerte traf
„den Bestürmer des Lebens; stärker rann das Feuer
„wallend aus dem Busen. Zu wenig der Beschützer
„drangen um den König, als die Bedrängnis kam.
„Es wird das Schatzempfangen und die Schwertspende
2885. „all die Erbsitzwonne euerem Geschlechte
„und die Liebe nun erliegen: des Landbesitzes
„muß der Männer jeder aus der Maagschaft nun
„verlustig wandern, wenn der Leute Kinder
„fernhin eure Flucht erfahren werden,
2890. „die treulose That. Der Tod ist beßer
„für der Leute jeden denn ein Leben voller Schmach!“
Er hieß da über die Klippen das Kampfwerk melden
hin zu dem Gehöfte, wo das Heldenvolk
den morgenlangen Tag mutbekümmert saß
2895. den Bordschild tragend, beides erwartend
des lieben Mannes Lebensende
und seine Wiederkehr. Wenig verschwieg
der neuen Kunde, der über die Klippen ritt,
sondern das Wort sprach er wahrhaft über alle:
2900. „Nun ist der Wedernleute Wonnegeber
„der Fürst der Geaten fest am Todbett,
„bewohnt die Walstattruhe durch des Wurmes Thaten!
„es liegt ihm an der Seite der Lebensbekämpfer
„siech an Dolchwunden: mit dem Schwerte konnte
2905. „er durchaus nicht an dem Unholde
„würken eine Wunde. Wiglaf sitzt nun
„über Beowulf, der Geborne Weochstans,
„der Edeling über dem andern dem unlebenden,
„hält in Herzenskummer Hauptes Wache
2910. „bei dem Lieben und dem Leiden. Den Leuten ist nun
„Kampfzeit zu erwarten, wenn kund und unverborgen
„den Franken und den Friesen der Fall des Königs

„fernhin wird gemeldet. Die Feindschaft war geschaffen
„hart gegen die Hugen, seit Hygelak kam

2915. „gefahren mit dem Floßheer zu der Friesen Land,
„wo in dem Heerkampf ihn die Hetwaren beugten
„und ausführten mit Kraft durch Uebermacht,
„daß sich der Brünnekempe beugen muste
„und fiel in der Fußschaar: der Fürst gab nicht mehr

2920. „Schmuck dem Gefolge. Uns war seitdem immer
„der Merewioinge Milde verweigert,
„sowie ich Freundschaft der Treue auch beim Volk der Schweden
„wenig nur erwarte: es ward ja weithin kund,
„daß Ongentheow des Alters beraubte

2925. „den Hädkynn den Hredling beim Hrefnaholze,
„da aus Uebermut zum ersten kamen
„zu den Kempen der Geaten die Kampfstylsinge:
„alsbald gab Ochtheres alter Vater
„hochbetagt und schreckvoll einen Handschlag ihm,

2930. „erschlug den Flutenweiser und seine Frau erkaufte so
„der Greis, die goldberaubte, die vor Zeiten Jungfrau war,
„die Mutter Onela's und Ochtheres,
„und die Befeinder des Lebens verfolgte er,
„bis sie entkamen mit knapper Mühe

2935. „des Herrn beraubt zum Hrefnesholze.
„Er umschloß da mit der Schaaren Unzahl die dem Schwert
entflohnen
„von Wunden ermatteten, oft Weh verheißend
„dem armen Häuflein all die lange Nacht,
„sprach daß er am Morgen durch des Mordstahls Schneiden

2940. „sie wollte sterben laßen, manche am Stamm des Galgens
„zur Freude für die Vögel. Doch mit dem frühesten Tage
„ward Trost zu Theil den Trauervollen,
„als sie Hygelakes Horn und der Heerposaune
„Schall vernahmen, da mit der Schaar der Leute

2945. „hinterher kam gefahren der Held der gute.
„Da war die Schweißspur der Schweden und Geaten
„der Wehrmänner Todesstürmen weithin sichtbar,
„wie die Fehde unter sich die Völker da entschieden.
„Auf machte sich der Alte mit seinen Angehörigen

2950. „der gute vieljammernd die Veste zu ereilen:

„zur Höhe wandte sich der Held Ongentheow;
„er hatte Hygalakes Heersturm erfahren,
„des Wackeren Streitkraft, traute dem Widerstande nicht,
„daß er die Seemänner besiegen möchte
2955. „und den Hochflutdurchseglern den Hort verwehren,
„die Frauen und die Kinder: es floh der Alte
„fort hinter den Erdwall. Verfolgung war geboten
„den Schwedenleuten, Sieg dem Hygelak.
„Sie eilten fürder über das Friedefeld,
2960. „als da die Hreblinge zum Gehöfte drangen;
„dort ward Ongentheow der alte greishaarige
„durch Stahles Schneide gestellt zum Bleiben,
„daß sich fügen muste der Volkskönig
„einzig Eofors Willen. Ingrimmsvoll erreichte
2960. „Wulf der Wonreding mit seiner Waffe ihn,
„daß von dem Schlag ihm sprang der Schweiß aus den
Adern
„fort unter dem Haare: doch nicht furchtsam war
„der greise Stylfing, sondern vergalt hurtig
„mit schlimmerem Tausche diesen Todesstreich,
2970. „als der Herscher des Volks dorthin sich wandte:
„nicht konnte der schnelle Sohn des Wonred
„Gegenschlag geben dem greisen Helden,
„sondern den Helm zerspaltete am Haupt ihm dieser,
„daß er sich beugen muste blutbegoßen,
2975. „stürzte zu Boden; sterben sollte er noch nicht,
„sondern wälzte sich, obgleich ihm Wunde beikam.
„Da ließ Hygelaks beherzter Degen
„das breite Schwert, als da sein Bruder lag,
„das alte Riesenschwert den Riesenhelm
2980. „brechen über den Schildwall: da beugte sich der König,
„der Leute Hirte, da er ans Leben war getroffen.
„Viele waren da, die ihren Freund verbanden
„und ihn rasch aufrichteten, da ihnen geräumet war,
„daß sie der Walstatt walten durften,
2985. „indes ein Recke da beraubte den andern.

<hr />

2959) die Schweden. —
2982) der Geaten. —

„Sie nahmen dem Ongentheow die Eisenbrünne,
„das harte Schwert das gehilzte und seinen Helm zugleich;
„sie brachten dem Hygelak des Haargrauen Rüstung.
„Der empfieng den Schmuck und freundlich verhieß er
2990. „Lohn seinen Leuten und leistete es also:
„es vergalt den Kampfsturm der Geaten König,
„Hredels Sprößling, sobald er heim kam,
„dem Eofor und dem Wulf mit überreichem Schatz;
„dieser Helden jedem gab er hundert Tausende
2995. „Landes und geflochtner Ringe: nicht durfte den Lohn ihm
        schelten
„ein Mann in diesem Mittelkreiß, da sie den Machtruhm
        erkämpften.
„Und dem Eofor gab er seine einzige Tochter
„als Heimwürdigung der Huld zum Pfande.
„Dies ist die Fehde und die Feindschaft der Männer,
3000. „der Helden Todkampf, weshalb ich fürchte,
„daß uns heimsuchen wird das Heer der Schweden,
„wenn sie erfahren, daß unser Fürst und Herre
„des Alters ist beraubt, der eh behauptete
„Hort und Herschaft wider die Haßenden,
3005. „die kühnen Skildinge nach der Könige Hinfall,
„vollführte des Volkes Bestes oder fürder noch
„übte Heldenschaft. Uns ist Eile nun am besten,
„daß wir hingehn zu schauen den Herrn des Volkes
„und den Gebieter bringen, der uns die Bauge gab,
3010. „zum Scheiterhaufen. Nicht schmelzen soll
„mit dem Kühnen nur kleines Gut: dort ist der Kleinode Hort,
„Gold in Unzahl grimm erkaufet
„und am Ende nun mit seinem eignen Leben
„bezahlte Ringe: die soll verzehren nun der Band
3015. „und Glut überlodern; es soll die Goldkleinode tragen
„kein Mann zur Erinnerung noch ein Mägdlein schön
„haben an dem Halse den hehren Ringschmuck,
„sondern jammermittig des Goldes beraubt
„sollen sie oft, nicht einmal, das Ausland treten,
3020. „da der Leiter des Heervolks das Lachen aufgab,
„Spiel und Lustbaum. Drum wird mancher Speer nun
        morgenkalt

„fortan umfaßet mit den Fäuſten werden
„erhoben in der Hand: nicht wird Harfenklang
„die Degen nunmehr wecken, ſondern der dunkele Rabe

3025. „wird gefräßig über Sterbenden vieles reden,
„wird dem Adler ſagen, wie's ihm mit Aeßung glückte,
„ſolang er mit dem Wolf beraubte, die auf der Walſtatt
lagen.“
Alſo verkündete der kühne Recke
leidvolle Kunde: er log nicht viele

3030. der Geſchicke und der Worte. All die Schaar erhub ſich;
ſie eilten unfroh unter die Adlerklippen
mit wallenden Zähren, das Wunder zu erſchauen.
Am Sande fanden ſie den Seelenloſen
das Ruhbett halten, der ihnen Ringe gab

3035. in einſtigen Zeiten: da war der Endetag
gekommen dem Guten, daß der Kampfesfürſt
der Wedernkönig Wundertodes ſtarb.
Sie ſahen da noch eher etwas Seltſamlicheres,
den Wurm auf dem Felde widerrichtlich

3040. den leiden liegen: es war der Lohdrache
ein grimmlicher Graus von Gluten umbrannt;
fünfzig war er der Fußmaaße
lang auf dem Lager: Luftwonne hielt er
in den Nachtſtunden und dann nieder wieder

3045. flog er zu dem Lager; nun war er feſt im Tode,
hatte der Erdhöhlen zu Ende genoßen.
Bei ihm ſtunden Becher und Krüge,
Teller lagen da und theuere Schwerter
vom Roſt durchfreßen, da ſie im Raum der Erde

3050. der Winter tauſend dort geweilet hatten;
denn es war das Erbe das überkräftige
der Vorzeitmänner Gold umfaßt mit Zauber,
ſodaß den Ringſaal nicht berühren durfte
der Helden einer, wenn nicht der Herr ſelber

3055. der wahre Siegruhmkönig es beſcherte, wem er wollte
den Hort öffnen, die Hut der Zauberer,
eben der Männer einem, wie's ihm gemäß däuchte.
Da war es deutlich, daß nicht gedieh der Gang
dem der mit Unrecht dort innen hütete

3060. unter dem Wall die Kleinode. Der Wart erschlug einst
von Wenigen einen: wehvoll wurde
das Wüten drauf gerochen. Ist es ein Wunder denn,
wenn ein Edeling kraftberühmt das Ende findet
der Lebensgeschicke, wenn nicht länger kann
3065. der Mann mit seinen Maagen den Methsitz bewohnen?
So wars dem Beowulf, da er des Berges Wart
suchte, sorghaften Kampf: er wuste selber nicht,
durch was seine Welttrennung werden sollte,
wie es einst tief besprachen bis zum Tage des Gerichts
3070. die hehren Herscher, die das dorthin thaten,
daß der Mann wäre durch Meinthat schuldig,
mit Strafen gezüchtigt, wer den Strand betrete.
Nicht war er goldgierig: die Gunst des Eigners
hatte vollständiger früher er geschaut.
3075. Wiglaf redete, Wichstans Sohn:
„Oft soll mancher Edeling um Eines willen
„Weh erdulden, wie uns geworden ist!
„Nicht lehren konnten wir den lieben König
„einigen Rath, des Reiches Hirten,
3080. „daß er nicht angreifen sollte diesen Aufseher des Goldes,
„daß er ihn liegen ließe, wo er lange war,
„in der Wohnung weilen bis zum Weltende.
„Wir erhielten hohes Schicksal: der Hort ist geschaut,
„grimm erworben; die Gabe war zu stark,
3085. „die den Herrn des Volks hierher getrieben!
„Ich war dort innen und all übersah ich
„die Geräte des Saales, da mir geräumet war,
„wenn auch erfreulich nicht, die Fahrt erlaubet
„hinein unter den Erdwall. In Eile nahm ich
3090. „mit meinen Händen der Hortkleinode
„eine übergroße Bürde, trug sie aus hierher
„zu meinem lieben König. Da war er lebend noch
„weise und bei Sinnen; viel Worte sprach
„der Greis in Kummer und euch grüßen hieß er,
3095. „bat, daß ihr erbautet auf der Brandstätte
„hehr und erhaben den hohen Berg
„nach des Freundes Thaten, wie er fernhin über die Erde
„war aller Recken ruhmvollster Kempe,

20

„folange er des Burgenreichtums brauchen durfte.

3100. „Laßt uns eilen nun zum andernmale,
„zu sehen und zu suchen das sinnreiche Werk,
„das Wunder in dem Walle! ich weise euch,
„daß ihr genug von Neuem schauet
„Bauge und breites Gold. Es sei die Bahre fertig

3105. „rasch errichtet, wenn wir zurück kommen,
„und unseren Gebieter bringen wir alsdann,
„den geliebten Mann, dahin wo er lange soll
„in seines Waltenden Bewahrung harren!"
Gebieten hieß da der Geborne Wichstans

3110. der kampftheuere Held der Kempen manchem,
der Baubesitzenden, daß sie die Brandscheiter
fernher trügen, die Volkbesitzer,
entgegen dem Guten: „Nun soll die Glut freßen,
„schmelzen die schwarze Lohe der Schlachthelden stärksten,

3115. „ihm, der oft erfuhr die Eisenschauer,
„wenn von Strängen geschnellt der Sturm der Pfeile
„schoß über den Schildwall, der Schaft den Dienst versah
„und vom Federschmuck geflüchtigt den Pfeil unterstützte."
Der sinnesweise Sohn des Wichstan

3120. erkor nun aus der Schaar des Königs Degen
siebene zusammen, die versuchtesten:
selb achter gieng er unter das Argliftdach.
In der Hand trug einer der Heerkampfmänner,
der da zuvorderst gieng, einen Feuerbrand.

3125. Nicht looßten da die Helden, wer den Hort sollte plündern,
als hüterlos die Heerkampfmänner
sahen einen Theil im Saale ruhen
und verlaßen liegen: leid wars wenigen,
daß in aller Eile hinaus sie trugen

3130. die theueren Kleinode. Den Drachen stießen sie
den Wurm von der Wallklippe, ließen die Wogen nehmen
die Hochflut umfaßen des Hortes Wächter.
Auf Wagen ward geladen das gewundene Gold
durchaus ungezählt; der Edeling ward getragen

3135. der haargreise Kampftheure auf Hronesnäss.
Da bereiteten die Recken der Geaten
auf der Erde einen Scheiterhaufen, einen unweichbaren,

mit Helmen behangen, mit Heerkampfschilden,
mit blinkenden Brünnen, wie er bittend war.

3140. Es legten drauf inmitten den erlauchten König
die Helden wehklagend, ihren Herren den geliebten,
und an dem Berg begannen der Brandfeuer gröſtes
die Helden zu erwecken: der Holzrauch ſtieg empor
ſchwarz von dem Scheiterhaufen, ſaufende Lohe
3145. mit Wehruf bewunden (der Windſchwall ruhte),
bis ſie das Beinhaus gebrochen hatte
heiß in ihrem Buſen. Im Herzen unfroh
beklagten mutbekümmert ſie des Mannherrn Tod,

*   *

*

Es würkten drauf der Webern Leute
einen Hügel an dem Hange, der war hoch und breit
den Wogenbefahrern weithin zu Geſichte,
3160. und ſie zimmerten in zehn Tagen
des Gefechtberühmten Maal; der Flammen Nachlaß
umwürkten ſie mit einem Walle, wie es am würdiglichſten
ſehr weiſe Männer erſinnen mochten.
Ju den Berg thaten ſie Bauge und Juwelen,
3165. all ſolche Kleinodzierden, wie ſie die kühngeſinnten Männer
enthoben hatten von dem Hort zuvor:
ſie ließen der Edelinge Schatz die Erde halten,
das Gold in dem Grieße, wo es noch jetzt den Menſchen
bleibt ebenſo unnütz, wie es ehdem war.
3170. Um den Hügel ritten die Heerkampftheueren,
der Edelinge Schaar, in allem zwölfe,
wollten in Kummer klagen, den König betrauern,
Hochgeſang erheben und von dem Helden reden,
verkündeten ſeine Kempenſchaft und ſeine Kraftwerke
3175. prieſen ſie gewaltig, wie das paſſend iſt,
daß man ſeinen Freundherren feiere mit Worten
und in Liebe ſein gedenke, wenn von dem Leibe fort

3148) Die folgenden 7 Verſe ſind im Manuſcript bis auf einzelne Worte
zerſtört, ſobaß die Ueberſetzung derſelben unmöglich iſt. —

im Tode er getrennt soll werden.
So bejammerten der Geaten Leute
3180. ihres Herren Hinfall, die Heerdgenoßen,
sprachen daß er wäre der Weltkönige
der Männer mildester und der menschenfreundlichste,
den Leuten der liebreichste und der lobbegierigste.

Druckfehler und Verbeßerungen.

Genesis: 101) gesetzet. — 308) in die. — 614) Leibesbaum. — 602) größtem. — 880) nicht einen. — 923) die Welt. — 1044) machtruhmfeste. — 1078 f.) der begabten Sinnes der Harfe u. s. w. — 1368) des Lamech. — 1630) weisen. — 1894) halten. — 1972) siech. — 2041) eschentragenden. — 2263) da sie. — 2600) wuste.

Exodus: 44 ff.) um Leidgeschick zu weinen, um das Volk das sterbende. Der Feind (Teufel) war beraubt, die Heerschaar in der Hölle. — 48) die Menge hinstarb. — 264) nicht lebend länger. — 313) die eine eilte an u. s. w. — 498 f.) als die Aufthürmung die braune auf sie stürzte, die mächtigste der Muthwogen. — 536) ist und Wurm.

Judith: 30) starkgemute. — 205 f.) Der stolze Wolf frohlockte in dem Holze wie auch der leichengierige Vogel. — 296) zur Lust den Wölfen wie auch den leichengierigen.

Satan: 25) da sie. — 226) da ihr. — 247) daß der. — 293) bei den. — 321) Mein- und Mordwerk.

Christ: 872) fähret. — 918) wird hier über. — 993) wehklagend alsbann weinen. — 999) und heftig Wehernsen. — 1112) ausfließen. — 1214) Waltenden. — 1692) als daß.

Phönix: 556) Grießes.

Panther: 29) glänzet.

Beowulf: 166) viel. — 691) keiner, daß er.

Das Komma ist zu tilgen Gen. 1120 sowie Gen. 2449 nach Fluten und Exod. 204 nach scheuchte; dagegen ist ein solches zu setzen Dan. 517 nach kämen und Christ 396 nach bedecken.

Dichtungen

der

Angelsachsen

stabreimend übersetzt

von

C. W. M. Grein, Dr. phil.,
Privatdocent zu Marburg.

Zweiter Band.

Zweite Ausgabe.

Cassel und Göttingen.
Georg H. Wigand.
1863.

Druck von Trömner & Dietrich in Cassel.

I.

Andreas.

I.

Traun! wir erfuhren, wie in der Vorzeit lebten
zwölf hochberühmte Helden unter des Himmels Sternen,
Kempen Gottes: in dem Kampf erlag,
wenn sie die Helmzeichen hieben, ihre Hochkraft nimmer,
5. seit sie zerstreut sich hatten, wie ihnen bestimmte das Looß
der Hochkönig des Himmels, der Herr selber.
Das waren Wehrmänner weitkund auf Erden,
kühne Volksführer, im Kriegszug tapfer,
hochberühmte Helden, wenn Hand und Schildrand
10. auf dem Heeresfeld den Helm beschützten.
Dieser Helden einer war der heilige Mattheus,
der zuerst bei den Juden das Evangelium
durch Wunderkunst begann mit Worten zu schreiben,
dem der erlauchte Herr das Looß bestimmte
15. hinaus auf das Eiland, wo der Ausländer keiner
bisher noch konnte Heimath finden
und Glück genießen: grimm ereilte sie
oft auf dem Heeresfeld die Hand der Mörder.
All war das Markland mit Mord bewunden
20. durch Feindes Falschheit, die Volkstatt der Männer,
der Helden Heimsitz; nicht hatten dort
die Bewohner in dem Lande Wassers Trunk
noch Brodes Speise zum Gebrauche: es genoßen Blut und Fell

das Fleischkleid der Männer der fernher gekommenen
25. die Leute in dem Lande. So war's ihr Landesbrauch,
daß ohne Unterschied sie der Ausländer jeden,
wenn Nahrung ihnen Not war, sich nahmen zur Speise,
alle die das Eiland von außen suchten.
Das war des Volkes friedloses Zeichen,
30. der Unseligen Stärke, daß sie der Augen Gesicht,
des Hauptes Gemme hassend und schwertgrimm,
grausam zerstörten mit der Geere Spitzen.
Drauf brauten dann die Zauberer bitter zusammen
durch Arglistkünste unheimlichen Trank,.
35. der das Bewußtsein der Männer wandte im Busen,
die innersten Gedanken: es ward umgekehrt der Sinn,
daß sich nicht jammernd sehnten nach dem Jubel der Männer
die grimm gierigen Helden, sondern Gras und Heu
die vor Mangel an Mundkost müden plagte.
40. Da war Mattheus zur weitberühmten Burg
gelangt in die Stadt: Lärm war dort gewaltig
in dem Volk der Mermedonier, dem frevelvollen,
Toben der Verfluchten, als des Teufels Diener
des Edelinges Ankunft inne wurden.
45. Sie giengen ihm entgegen mit Geeren gerüstet
unter Lindenschilden hurtig: nicht lässig waren
die ergrimmten Eschenträger zum Beginn des Kampfes.
Die Hände banden sie dem heiligen Manne
und es fesselten mit Feindes Kräften
50. den Helden die Höllereifen und bohrten seines Hauptes Sonne
aus mit dem Schwerte. Doch im Innersten der Brust
im Herzen pries er hoch des Himmelreiches Wart,
obgleich er den grimmen Gifttrank empfangen,
freudig und mutvoll: fürder mit Kraft
55. verherrlichte er mit Worten den Herrn der Glorie,
des Himmelreiches Wart mit heiliger Stimme
in dem Kerker drunten; ihm war Christi Lob ·
begründet fest in seinem Geistverschluße.
Dann rief er weinend mit wehvollen Zähren
60. zum Siegherrn sein mit schmerzvoller Rede,
zum König der Menschen mit klagender Stimme,
zu der Weltvölker Wonnegeber, und sprach mit Worten also:

„Wie mir die Ausländer Arglistfeßeln schmieden,
„boshafte Bande! dein Gebot war ich
65. „und deinen Willen an der Wege jedem
„zu leisten stets bereit: ich soll in Leib und Kummer
„Thaten nunmehr thun den stummen Thieren gleich!
„Du einer kennest Aller Gedanken,
„das Gemüt im Busen, des Menschenvolkes Herr!
70. „Wenn es dein Wille ist, o Wart der Glorie,
„daß mich die Treuebrecher tödten mit den Waffen,
„mich fällen mit den Schwertern, bin ich sofort bereit,
„das alles zu erdulden, was du auferlegen
„mein Herr mir willst, dem Heimatlosen,
75. „o Schatzgeber der Engel, der Schaaren Thatenfürst!
„Gib in Gnaden mir, o Gott voll Allmacht,
„Licht in diesem Leben, daß ich will nicht länger mehr
„geblendet in den Burgen nach dem Beilhasse
„durch der Blutgierigen bittere Reden
80. „der leidigen Leuteschädiger Lästerworte
„zu erdulden habe! Auf dich allein
„des Mittelkreißes Wart thu mein Gemüt ich gründen
„fest in Liebe und von dir, Vater der Engel,
„hehrer Freudengeber, will ich erflehen nun,
85. „daß du bei den verfluchten Haßern, den Frevelschmieden,
„mich nicht hingeben wollest, der Heerschaaren Richter,
„in den allerübelsten Tod auf Erden hier!"
Sogleich nach diesen Worten kam der Glorie Zeichen
heilig von den Himmeln gleich der heiteren Sonne
90. zu dem Kerker nieder: da ward kund gegeben,
daß der heilige Gott ihm Hilfe schaffte.
Gehört ward die Stimme des Himmelskönigs
wunderbar unter den Wolken, der Wortrede Klang
des hehren Herschers; seinem holden Diener
95. entbot er Heil und Tröstung unter den Harmverschluß
dem kampfberühmten Helden mit klarer Stimme:
„Ich verleihe dir, mein lieber Mattheus,
„meinen Frieden unter dem Himmel! sei nicht zu furchtsam
                                        im Sinne
„noch im Gemüt zu traurig! ich werde mit dir bleiben
100. und dich erlösen aus diesen Leibesbanden,

„und alle die Menge, die mit dir wohnet
„in der Haftnot Enge. Des Himmels Wohnung,
„das lichtvollste Glück, das lieblichste der Güter,
„der Heimaten freudenreichste ist mit heiliger Macht
105. „glanzvoll dir erschlossen, wo du der Glorie darfst
„durch weites Leben wonnevoll genießen.
„Ertrag der Leute Dräuen! nicht lange währt es mehr,
„daß dich durch Arglistkünste die abtrünnigen Sünder
„mit qualvollen Banden quälen dürfen.
110. „Dir senden werd' ich ohne Säumen den Andreas
„zum Hort und Trost in diese Heidenburg:
„der erlöset dich aus diesem Leutehaße.
„Von jetzt der Zeit nach gezählet grade
„noch sind's in Wahrheit sieben und zwanzig
115. „Nächte und Tage, daß aus der Not du wirst,
„von Sorgen bedrängt, mit Siegruhm verherlicht
„der Schmach entfliehen in dem Schutze Gottes.“
Drauf fuhr der heilige Helm aller Wesen,
der Engel Schöpfer auf zum erhabenen
120. Reich der Heimat: er ist ein rechter König,
standfest steuernd an der Stätten jeder.
Da war der selige Mattheus gar sehr ermutigt
von neuem wieder. Der Nachthelm zerglitt
hurtig enteilend: hinterher kam das Licht,
125. des Morgens Rauschen. Die Menge kam zusammen;
in Schaaren drangen die schlachtkühnen Heiden
erbitterten Mutes herbei unter dem Schildschmuck:
die Kriegsgewande klangen, die Kampfspeere rauschten.
Erforschen wollten sie, ob noch die Fremden lebten,
130. die da im Kerker drunten in Ketten liegend
an obdachloser Stätte sich aufhielten lange,
und welchem zuerst sie möchten nach Ablauf der Frist
sich zur Leibesnahrung das Leben rauben:
es hatten mit Runen und berechnender Kunst
135. aufgezeichnet die Leichengierigen den Endtag der Männer,
wann die zum Mahle den Mundkost-bedürfenden
in dem Wehrvolke werden sollten.
Hartherzig lärmten sich in Haufen drängend
die rüden Krieger, die des Rechts nicht achteten

140. noch auch der Milde Gottes: es wandte ihr Gemüt sich oftmals
unter düstere Schatten in dem Dienst des Teufels,
solang sie an der Unseligen Obmacht glaubten.
Sie fanden brunten in dem finsteren Verschluße
den heiligen Helden harrend, den kampfberühmten,
145. den geistesklugen, was ihm der glanzvolle König,
der Schöpfer der Engel bescheiden wollte.
Da war verflossen die Frist der Vorbestimmung
der anberaumten Zeit außer drei Nächten,
wie es bemerkt hatten die Mordwölfe,
150. daß sie die Beinringe zu zerbrechen dachten,
zu lösen hurtig von dem Leib die Seele,
und jenen zu vertheilen dann an Jung und Alt,
den Wehrmännern zur Nahrung und zur Wonnespeise,
das Fleischkleid des Todten: die gefräßigen Krieger
155. kümmerte wenig, wie nach der Qual des Sterbens
ergehen werde des Geistes Schicksal!
Es hielten so die Männer Versammlung immer
nach je dreißig Nächten gedrängt vom Wunsche,
daß sie mit blutigen Kiefern zerbrechen möchten
160. sich zur Futternahrung das Fleischkleid der Männer.

II.

Da war des eingedenk, der diese Erde vormals
standfest gründete mit strenger Macht,
wie bei den Ausländern er im Elend wohnte
gelegt in Leibesfesseln, der um seiner Liebe willen
165. vor den Ebräern duldete und vor den Israeliten
und der den Zauberkünsten der erzürnten Juden
auch streng widerstand. Da ward die Stimme dort
gehört von den Himmeln, wo der heilige Mann
in Achaia Andreas weilte
170. und die Leute lehrte auf des Lebens Weg.
Den Gemütschatz öffnete der Menschen Schöpfer,
der Könige Glorie gegen den Kühnen da,
der Weltvölker Herr, und sprach mit Worten also:
"Fahren sollst du nun und Friede dorthin leiten
175. "über des Meeres Straße, wo Menschenfresser

„den Ort bewohnen und ihren Erbsitz halten
„mit Mörderkünsten! So ist's der Menge Brauch,
„daß keinem einzigen der Unbekannten
„sie das Leben wollen in dem Lande gönnen,
180. „sobald die Frevelvollen einen Freundlosen
„in Mermedonia finden: es soll der Männer Tod
„elende Lebenstrennung darauf erfolgen.
„Dort weiß ich schmachten deinen Siegesbruder
„bei den Burgbewohnern in Banden fest:
185. „nun dauert es von jetzt noch drei der Nächte,
„daß durch der Heidenmänner Handkampf dort
„durch den Griff des Speeres seinen Geist entsendet,
„den fortbeeilten, wenn du zuvor nicht kommst."
Eiligst gab Andreas ihm zur Antwort drauf:
190. „Wie kann ich über die grundlose Straße, o Gott mein Herr,
„die Fahrt vollführen zu der fernen Reise
„so schnell und hurtig, Schöpfer der Himmel,
„Wart der Glorie, wie du mit Worten sprichst?
„Das mag wohl einer deiner Engel ausführen leicht
195. „vom hohen Himmel! er kennt der Holmfluten Begang,
„die salzigen Seeströme und des Schwanes Straße,
„die Wut des Wogenschlages und die Waßerschrecken,
„die Wege über weite Lande: mir sind nicht wolbekannte Freunde
„die ausländischen Männer; keines einzigen weiß ich
200. „der Helden Gesinnung und die Heerstraßen
„sind mir nicht kund über's kalte Waßer!"
Ihm gab zur Antwort drauf der ewige König:
„Ach, Andreas! daß du irgend wolltest
„zu dieser Sendfahrt dich säumig zeigen!
205. „Das ist nicht unleicht dem allwaltenden Gotte
„zu vollführen auf den Flurwegen,
„daß unter des Himmels Gang hierher die Burg
„in dieses selbe Land versetzet würde,
„der berühmte Gebieterstuhl mit sammt den Burgbewohnern,
210. „wenn der Besitzer der Glorie es sagt mit seinem Worte.
„Nicht säumig magst du zu der Sendfahrt werden
„noch in der Brust zu feig, wenn du den Bund gedenkest
„wider deinen Waltenden wol zu halten,
„das Zeichen der Treue. Bei Zeiten sei bereit!

215. „dieses Auftrags kann kein Aufschub werden.
„Die Fahrt sollst du vollführen und in der Feinde Griffe
„sollst du dein Leben tragen, wo dir der Leute Streitkraft
„und bittere Kampfnot wird geboten werden
„durch der Heidenmänner Heerkampfschrecken.

220. „Du sollst mit dem ersten Anbruch des Tages
„gleich morgen früh am Meeresufer
„einen Kiel besteigen und an das kalte Wasser
„brechen über den Badweg: dir entbiet' ich meinen Segen,
„wo du auch fähreft auf der weiten Erde!"

225. Drauf fuhr der heilige Haltende und Waltende
der Hochengel Fürst die Heimat zu suchen,
des Erdkreißes Hüter die edele Wohnung,
wo sich die Seelen der Gerechten selig dürfen
nach des Leibes Hinfall des Lebens freuen.

230. Da war der Auftrag nun dem edelen Kempen
entboten in der Burg; nicht blöd' war ihm der Sinn:
zum Kraftwerk war er kühn bereit
hart und herzhaft, nicht zum Heerkampf läßig,
sondern begierig war er für Gott zu streiten.

235. Auf machte er sich mit dem ersten Anbruch des Tages
über die Sandgehänge zu dem Seegestade
kühn in Gedanken und seine Kempen mit ihm
zu gehen auf dem Grieße: es grimmete der Ocean,
die Brandungströme tobten; brustfroh war der Held,

240. als er ein weitbusig Schiff am Wogengestade
mutig antraf. Da kam morgenstrahlend
das blinkendste der Zeichen über die Brandung eilend
heilig aus dem Dunkel, die Himmelsleuchte
funkelnd über die Fluten. Er fand allda

245. kräftiglich beisammen drei Kielwarte
mutigliche Männer im Meeresboote
fahrtrüftig sitzen, als ob über die Flut sie kämen:
der Herr war das selbst, der Heerschaaren Walter,
der ewige allmachtvolle mit seiner Engel zween;

250. sie waren als Männer ähnlich den Meerdurchseglern
an ihrer Kleidung, den Kielfahrenden,
wenn auf der Flut Umfaßung über ferne Wege
sie auf dem kalten Wasser mit den Kielen tanzen.

Da grüßte sie, der an dem Grieße stund

255. bereit zur Reise, und redete also:
„Von wannen kommet ihr im Kiel gefahren,
„kraftvolle Männer, im Meeresboote
„als einsame Fischer? von wo hat der Oceanstrom
„euch über der Wogen Gewälze weither gebracht?"

260. Ihm gab zur Antwort der allmachtvolle Gott
(wiewol das nicht wuste, der des Wortes harrte,
was für ein Mann das war, mit dem am Meeresufer
er da im Wechselgespräche Wortreden führte):
„Wir kommen von dem Mannvolk der Mermedonier

265. „aus weiter Ferne: über die Walfischstraße
„trug uns der hochstevige Nachen hierher mit der Flut,
„das schnelle Oceansroß mit Eile bewunden,
„bis daß wir dieser Leute Land erreichten
„gestoßen von der Stromflut, wie der Sturm uns trieb."

270. Drauf sprach Andreas in Demut zu ihm:
„Ich wollte dich bewegen, obgleich ich wenig Ringe
„zu schenken dir vermag und Schatzkleinode,
„daß du mit brandendem Kiel uns bringen möchtest
„auf hohem Hornschiff über die Heimat der Walfische

275. „zu jenem Leutevolk! Des wird dir Lohn bei Gott,
„wenn du uns milde wirst zur Meeresreise."
Wieder gab zur Antwort von dem Wogenfahrzeug
der Edelinge Helm, der Engel Schöpfer:
„Nicht mögen wohnen dort die Weitherfahrenden

280. „noch genießen Ausländer dort des Aufenthaltes,
„sondern sterben müßen in der Stadt allda,
„die ihr Leben aus der Ferne zu dem Lande führen!
„und du wünschest jetzt nun über das weite Meer,
„daß du dein Leben hingibst in der Leute Feindschaft?"

285. Zur Antwort gab ihm Andreas da:
„Uns treibt die Lust zu jener Leute Marken,
„des Herzens heftig Sehnen zu der hehren Burg,
„o liebster Herr, wenn du dich liebevoll und milde
„auf dem Wellenschlag des Meeres uns zu erweisen denkest!"

290. Ihm gab zur Antwort drauf der Engel König,
der Notretter der Menschen von des Nachens Steven:
„Wir wollen mit uns williglich

„dich freundlich führen über des Fisches Bad
„eben zu dem Lande, wohin die Lust dich treibt
295. „zu fahren über die Fluten, wenn ihr zuvor erst werdet
„euer Reisegeld entrichtet haben,
„die Schätze die bestimmten: dann werden die Schiffswarte euch
„willig sich erweisen über den Wogenbord!"
Da sprach sofort Andreas, eines Freunds bedürfend,
300. mit Worten also zu dem Wart der Engel:
„Nicht hab' ich schweres Gold noch Schatzkleinode,
„nicht Wegezehrung noch gewundene Spangen,
„nicht Land noch Ringe, daß ich dir möchte Lust erwecken
„noch Wonne in der Welt, wie du mit Worten sprichst!"
305. Der Gebieter der Menschen, wo er am Balken saß,
sprach über des Ufers Gewerfe drauf also zu ihm:
„Wie verfielst du darauf, der Freunde liebster,
„daß du die Seeberge suchen wolltest,
„das Gebiet der Brandungströme, und entblößt von Schätzen
310. „über kalte Klippen den Kiel besteigen,
„und hast dir zur Erfreuung auf der Fluten Straße
„nicht Laibe Brodes noch auch lauteren Trunk
„zur Stärkung dir? streng ist dem die Arbeit,
„der eine Wogenreise weithin antritt!"
315. Da öffnete Andreas zur Antwort ihm
weise an Geist den Wortschatz also:
„Nicht ziemt es dir, da Zehrung dir der Herr
„und Güter gab und Glück in dieser Welt,
„daß du aus Uebermut so Antwort suchst
320. „mit beißender Rede! beßer ist es,
„daß man freundlich jeden, der in die Ferne eilt,
„und höflich behandle, wie das der Herr gebot,
„der machtfeste Christ! seine Mannen sind wir,
„erkoren ihm zu Kempen: er ist König nach Recht,
325. „der Begründer und Walter der Glorienfülle,
„der eine ewige Gott aller Creaturen,
„wie mit Eines Kraft er Alles befaßt,
„den Himmel und die Erde mit heiliger Macht,
„der siegruhmreichste Er selbst sprach das,
330. „der Vater aller Völker, da er uns fahren hieß
„über den Grund den weiten, Geister ihm zu werben:

„„Fahret nun aus über alle Erdentheile
„„grab so weithin, wie das Wasser sie umgürtet
„„ober wie Städtefluren an der Straße liegen!
335.　„„in den Burgen verkündet über den Busen dieser Erde
　　　„„den hehren Glauben! ich halte und beschirme euch.
　　　„„Zu führen braucht ihr auf die Fahrt mit euch
　　　„„nicht Gold noch Silber: ich will der Güter jedes
　　　„„in euren Eigenbesitz euch immer schaffen.““
340.　„Nun kannst du selber hören sinnbedächtig,
　　　„wie unsre Reise steht: ich möchte rasch erfahren,
　　　„was du zum Troste uns zu thun gedenkest!“
　　　Ihm gab zur Antwort drauf der ewige König:
　　　„Seid ihr die Mannen dessen, wie ihr mir erzählt,
345.　„der da Hochruhm erhub hier auf Erden,
　　　„und hieltet ihr, was euch der Heilige gebot,
　　　„dann will ich euch mit Freuden fahren willig
　　　„über die Brandungströme, wie ihr bittend seid.“
　　　In den Kiel drauf stiegen die Kühngemuten,
350.　die Kraftberühmten; den Kempen allen
　　　ward auf den Meereswogen das Gemüt erfreut.
　　　Da begann sofort Andreas über das Flutgeschwinge
　　　für die Meerdurchsegler Milde zu erflehen
　　　von dem Wart der Glorie und sprach mit Worten also:
355.　„Es wolle hohe Würden dir der Herr verleihen,
　　　„Wonne hier in dieser Welt und Wolsein in der Glorie,
　　　„des Menschenvolkes Schöpfer, wie du mir jetzt hier
　　　„auf dieser Flutenreise Freundschaft hast erwiesen!“

III.

　　　Da setzte sich der Heilige dem Holmwart nahe,
360.　der Edle bei dem Edelen: ich hörte irgend nimmer
　　　köstlicher als damals einen Kiel beladen
　　　mit Hochkleinoden! es saßen Helden drin,
　　　würdevollen Herren, wonnigliche Mannen.
　　　Drauf redete der reiche König,
365.　der ewige allmachtvolle, hieß seinen Engel gehen,
　　　den hehren Mannbiener, und Mundkost reichen,
　　　die Freublosen zu trösten über der Fluten Wallen,

daß sie die Anstrengung um so beßer aushalten möchten
über der Wogen Gedringe, da das Walfischmeer getrübt
370. und heftig erregt ward. Der Hornfisch spielte
gleitend durch den Ocean und die graue Möve
wand sich raubgierig; die Wetterleuchte dunkelte:
Winde wuchsen, Wellen schlugen,
Stürme tobten, Stricke krachten,
375. Wogen schwollen; Wassergraus erhub sich
mächtig durch die Maffen. Die Mannen wurden
voll Angst in ihrem Herzen; kein einziger wähnte,
daß er lebend wieder Land erreichte,
derer die mit Andreas auf des Meeres Strom
380. den Kiel bestiegen: noch war's kund ihnen nicht,
wer da dem Seeschiff den Sundweg zeigte.
Auf der Hochflut Straße sprach der heilige Andreas,
der Degen dem Herrn hold, Dankes Worte
über das Gewühl der Ruder zu dem Wart des Himmels,
385. zum machtreichen Fürsten, da er das Mahl empfangen:
„Dir wolle reichlich dieses Mahles der gerechte Schöpfer
„des Lebens Lichtfürst Lohn vergelten,
„der Weltvölker Walter, und er gewähre dir
„die himmlische Speise, wie du Huld gegen mich
390. „und Freundschaft hast erwiesen über die Flutenströme!
„Meine Jünger nun, die jungen Kampfmänner,
„sind von Angst ergriffen; der Ocean tobt,
„die gießende Meerfluth; der Grund ist erregt
„und tief getrübt: die Tapferen sind angestrengt,
395. „ermüdet ist gar sehr der Mutvollen Schaar!"
Da sprach vom Holm zu ihm der Helden Schöpfer:
„Führen laß du unser Fahrzeug nun
„das Schifflein zu dem Lande über die Schaumflutreste
„und heiß alsdann die Helden, deine holden Mannen,
400. „warten an dem Orte, wann du wiederkommest!"
Zur Antwort gaben eiligst ihm die Helden,
die duldungskühnen Mannen (das wollten sie nicht eingehn,
daß sie im Stiche ließen an dem Steven des Schiffes
ihren geliebten Lehrer und sich das Land erwählten):
405. „Wohin sollen wir Herrenlose
„geistbetrübt dann gehen gottverlaßen,

„gedrückt von Sünden, wenn wir dich verlaßen?
„Verleidet sind wir dann den Leuten in der Lande jedem,
„verhaßt den Völkern, wenn der Helden Söhne
410. „berühmt durch Kraft Beratung pflegen,
„wer am besten von ihnen habe Beistand geleistet
„dem Herrn im Heerkampf, wenn Hand und Schildrand
„von scharfen Schwertern auf dem Schlachtfeld zerhauen
„Bedrängnis im Kampfspiel erdulden musten.“
415. Drauf redete alsbald der reiche König,
der wahrfeste Herr, das Wort erhebend:
„Wenn du ein Kempe bist des Königs der Glorie,
„des in Würde thronenden, wie du mit Worten sprichst,
„so berichte das Geheimnis, wie er Reden führend
420. „lehrte unter den Lüften! Lang ist diese Reise
„über die fahlen Fluten: erfülle du mit Trost
„im Geist die Deinen! noch ist eine große Strecke
„zu durchlaufen über den Meerstrom und das Land ist uns
„gar fern zu suchen; die Flut ist gemengt,
425. „der Grund mit dem Grieße: Gott mag leicht
„den Hochflutdurchseglern Hilfe schaffen!“
Drauf begann Andreas seine Jünger klüglich
die ruhmreichen Recken mit seiner Rede zu stärken:
„Das habt ihr ja bedacht, als ihr die Hochflut bestiegt,
430. „daß ihr zu dem Volk der Feinde führet euer Leben
„und erlittet dort den Tod aus Liebe zu dem Herrn
„und in dem Erbsitzreich der Aethiopen
„eure Seele hingäbet! Ich selbst weiß das,
„daß uns der Schöpfer der Engel beschirmen wird,
435. „der Weltvölker Herr: die Waßerschrecken werden
„gestillt und gebändigt durch den starken König,
„und die See, die tobende, wird sanfter werden.
„So geschah es einstmals, daß wir im Seeboote
„steuerten in die Stromflut über des Strandes Brandung
440. „auf den Wellen reitend: die Waßerstraßen deuchten
„furchtbar und gefahrvoll. Die Flutenströme
„peitschten die Gestade und in der Brandung drängte
„oft Woge sich an Woge: wild erhub sich
„von der Brandung Busen an des Bootes Flanken
445. „Schrecken oft am Seeweg. Schlummernd ruhte

„des Menschenvolkes Schöpfer in dem Meerdurchrauscher,
„der hehre allmachtvolle: die Helden wurden
„furchtsam im Gemüte, fleheten um Schutz,
„um Milde zu dem Hehren. Die Menge begann

450. „zu klagen in dem Kiel; der König erhub sich,
„der Schatzgeber der Engel, gebot den Schaumfluten Stille,
„den Wallungen des Waßers, die Winde bändigend:
„die See warb ruhig und besänftigt wurden
„der Meeresströme Maßen. Unser Gemüt frohlockte,

455. „sobald wir sahen, wie unter der Sonne Gang
„die Winde und die Wogen und die Waßerschrecken
„furchtsam wurden vor des Fürsten Drohung.
„Drum will ich euch in Wahrheit sagen,
„der lebende Gott verläßet niemals

460. „einen Kempen hier auf Erden, wenn seine Kraft nur taugt!"
So ließ sich hören da der heilige Kempe
bedächtig in Sitten: seine Diener lehrte so
der hochselige Krieger, die Helden stärkend,
bis sie mit einem Male übereilte der Schlaf,

465. die Müden bei dem Maste. Das Meer warb ruhig;
es wandte sich wieder der Wogen Anbrang,
die Holmbrandung die heftige: da warb dem heiligen Manne
nach der Grauenzeit der Geist erfreut.
Zu reden begann darauf der ratkluge Held

470. weise im Geist den Wortschatz öffnend:
„Einen trefflicheren Seefahrer traf ich niemals
„mächtiger an Kraft, wie mir es dünket,
„einen ruhmvolleren Ruderer, im Rate klüger,
„in Worten weiser! Nun wollt' ich dich,

475. „untadlicher Held, noch eine Bitte
„mir zu gewähren bitten, obgleich ich wenig Ringe
„dir schenken kann und Schatzes Zierden,
„gewichtige Kleinode: ich wollte, wenn ich könnte,
„o erlauchter Herr, erlangen deine Freundschaft

480. „gern die gute! Gnade findest du dafür
„und heilige Freude in des Himmels Glorie,
„wenn du würdigest mich Wegemüden
„der Gunst deiner Lehren. Lernen möchte ich,
„o adelguter Herr, bei dir die eine Kunst,

485. „daß du berichteſt mich, da Ruhm der König
„und Macht dir verlieh der Menſchen Schöpfer,
„wie du dem wellenumſchäumten Wogenfahrzeug
„dem Seeflut-Hengſt den Sundweg zeigeſt!
„Auf dem Ocean war ich einſt und jetzt
490. „ſechzehnmal im Seeboote
„frierend an den Händen, die die Fluten rührten,
„die Oceanſtröme: doch iſt dies eine größer,
„wie ich irgend niemals einen einzigen Mann
„einen Degen voll Kraft ſah dir vergleichbar
495. „ſteuern über dem Steven! Die Stromflut wälzt ſich,
„peitſcht die Brandungsgeſtade; es iſt dies Boot in vollem Lauf:
„ſchaumhalſig fährt es gleich einem ſchnellen Vogel
„über die Seeflut gleitend. Sicher weiß ich das,
„daß ich gewahrte nimmer auf der Wogenſtraße
500. „an einem Hochflutdurchſegler herlichere Kunſt:
„es iſt ganz dem gleich, als ob's am Grieße ſtehe
„ſtille am Geſtade, wo es der Sturm nicht kann
„der Wind bewegen, noch die Waßerfluten
„brechen ſeinen Steven, und über die Brandung eilt's doch
505. „ſchnell unter dem Segel! Du biſt ſelbſt noch jung,
„der Waffenhelden Schirm, und nicht an Wintern alt:
„in deinem Sinne trägſt du Seedurchfahrer
„eines Helden Antwort und haſt durchaus
„vor der Welt aller Worte weiſes Verſtändnis.“
510. Ihm gab zur Antwort drauf der ewige König:
„Oft ereignet ſich's, daß auf der Oceanſtraße
„wir mit den Steven unter Knechten, wenn Sturmſchauer
                                                    kommen,
„brechen über den Badweg mit den Brandungshengſten:
„gar oft ergeht's uns auf des Oceans Strömen
515. „mühvoll auf den Wogen, ob wir die Meerfahrt gleich
„die furchtbare vollführen. Der Flutſchwall kann
„beſchädigen niemals gegen des Schöpfers Willen
„von den Leuten einen: er hat des Lebens Gewalt,
„der da die Brandung bindet und die braunen Wogen
520. „beruhiget und bändigt; mit Recht ſoll er
„herſchen über die Völker, der des Himmels Wölbung
„mit ſeinen Händen einſt erhub und feſtigte,

„sie gründete und stützte und mit Glorie füllte
„die glanzvolle Wohnung: so ward begabt mit Segen
525. „der Engel Erbsitz durch sein Eines Macht.
„Daburch ist aufgedeckt die Wahrheit und offenkundig
„und klar ist's zu erkennen, daß du des Königs bist
„des Majestät=habenden mannlicher Diener,
„da die Fluten dich sofort erkannten,
530. „der Begang des Oceans, daß du die Gabe hast
„des heiligen Geistes: die Holmbrandung wich,
„der Ruderwogen Gewühl; zur Ruh kam der Schrecken,
„die weitbusigen Wogen, die Waßer wurden stille,
„so wie sie merkten, daß dich der waltende Gott
535. „in seinen Schutz genommen, der den Segen der Glorie
„standfest gründete mit strenger Macht."
Da erhub alsbald die heilige Stimme
der kühngemute Kempe: den König pries er,
den Wart der Glorie und sprach mit Worten also:
540. „Sei du gepriesen, Gebieter der Menschen,
„Herr und Heiland! es lebt deine Hochmacht immer,
„und nah und ferne ist dein Name heilig
„gefeiert durch Glorie über die Völker der Erde,
„durch Milde verherrlicht! Es ist der Menschen keiner
545. „des Heldenvolkes unter des Himmels Wölbung,
„der da erzählen könnte oder die Zahl wüste,
„wie herlich du, o Herr der Völker,
„der Geister Helfer, deine Gnade austheilst!
„Wol ist's ersichtlich, Seelenheiland, -
550. „daß du bist hold geworden diesem Heldenjüngling
„und ihn so jung schon hast mit Gaben gewürdigt,
„mit weisem Sinne und mit Wortreden!
„bei seinen Altersgenoßen hab' ich noch irgend niemals
„im Geist getroffen größere Weisheit."

IV.

555. Da sprach vom Kiel zu ihm der Könige Glorie,
der das A ist und das O, und fragte also hurtig:
„Sage, wenn du's kannst, o sinneskluger Held,
„wie unter den Menschen das möglich wurde,

„daß die Ebräerleute die ehrlosen
560. „wider den Gebornen Gottes mit Bosheitgedanken
„Harmreden erhuben, die Helden die unseligen!
„Die Leute glaubten nicht an ihren Lebensfürsten,
„die grausamen gramgesinnten, daß er Gott wäre,
„obwol er doch der Wunder viele vor dem Wehrvolk kund gab
565. „klar und deutlich: nicht erkennen mochten
„den Adelssohn die Sünder, der auf Erden ward geboren
„zum Schirm und Trost für das Geschlecht der Menschen,
„für alle Erdenbürger. Dem Edelinge wuchs
„Wort und Weisheit, und Gewalt besitzend
570. „that er der Wunder manche dem verworfenen Volk
„vor Augen immer offenkundig."
Zur Antwort gab ihm Andreas da:
„Wie wäre das möglich in dem Männervolke,
„daß du nicht hörtest von des Heilandes Macht,
575. „der Männer liebster, wie seine Milde kund gab
„durch die weite Welt des Waltenden Sohn?
„Er gab den Stummen Sprache, Taube hörten;
„den Geist machte er fröhlich den Krüppeln und Aussätzigen
„und denen die schon lange waren gelähmt an Gliedern,
580. „schwach und siech von Schmerzqual gebunden:
„in den Burgstätten sahen die Blinden wieder,
„sowie er viele auch des Volkes aus den Feldgräbern
„manche und mannigfache Menschen von dem Tode
„erweckte durch sein Wort. Noch that der Wunder viele
585. „kund der adelberühmte durch seiner Kräfte Macht:
„so heiligte er einst vor des Heeres Menge
„Wein aus Waßer und sich wenden hieß er es
„an edelere Art den Edelingen zur Freude;
„auch nährte er mit nur zwei Fischen
590. „und mit fünf Broden fünf Tausende
„von dem Geschlecht der Menschen: erschlafften Geistes
„saßen die Fußwandrer da und freuten sich der Ruhe,
„ermüdet nach dem Marsche; Mundkost empfiengen
„die Leute auf der Grasflur, wie's ihnen am liebsten war.
595. „Nun magst du hören, liebster Heldenjüngling,
„wie uns mit Worten und mit Werken der Wart der Glorie
„liebte in dem Leben und durch Lehren einlud

„zu der Freude der lieblichen, wo fröhlich dürfen
„mit den Engeln selig Aufenthalt genießen,
600. „die nach dem Hingang von hier den Herren suchen."
Da schloß des Weges Wart den Wortschatz auf
und kühn über dem Balken sprach der König also:
„Kannst du mir sagen, daß ich es sicher wiße,
„ob dein Waltender die Wunder hier auf Erden,
605. „die er gewürkt hat und nicht wenigemal
„den Völkern zum Troste, that frei und offen,
„wo die Bischöfe und die Buchgelehrten
„und die Rats = Aeltesten Beratung hielten,
„die Mahlstatt hegend? Mir wills dünken,
610. „daß aus Eifersucht sie Arglist brüteten
„durch tiefe Trugeskünste nach des Teufels Lehren:
„die höllereifen Helden gehorchten zu gern
„dem feindseligen Lügner; es verführte sie das Schicksal,
„sie verlockend und verleitend: lange müßen sie
615. „nun elend bei dem Elenden Unheil tragen,
„bittere Braudglut an dem Busen des Mörders!"
Andreas gab zur Antwort drauf:
„Das sage ich dir sicher, daß er sehr oft würkte
„vor den Aeltesten des Volkes offenkundig
620. „Wunder über Wunder vor des Wehrvolks Augen;
„doch auch heimlich schaffte der Herr der Menschen
„des Volkes Bestes, wie er zum Frieden dachte."
Ihm gab zur Antwort drauf der Edelinge Helm:
„Kannst du mir, weiser Held, mit Worten sagen,
625. „mutberühmter Mann, von der Macht, die er
„geheim offenbarte, da mit dem Herrn ihr oft
„mit dem Berater des Himmels zu Rate faßet?"
Andreas gab zu Antwort drauf:
„Was fragst du mich, der Fürsten liebster,
630. „mit wunderlichen Worten und weist doch sicher
„der Begebnisse jedes durch des Geistes Scharfsinn?"
Der Wart der Wogen sprach da wieder zu ihm:
„Nicht aus Falschheit frag' ich dich noch mit verfänglicher Rede
„hier auf der Bahn der Walfische, sondern meine Brust
erfreut sich
635. „vor Wonne schwellend ob deiner Wortgespräche

2

„der edelkernigen! nicht bin ich einzig das,
„sondern der Menschen jedem wird das Gemüt erquickt,
„erfreut das Herz, wer fern oder nahe
„im Gemüt gedenket, wie des Menschen Sohn geschafft,

640.　„das Gottkind hier auf Erden: die Geister wandten sich
„und suchten eifrig die Seligkeit des Himmels,
„der Engel Erbsitz durch die edele Macht.“
Eiligst gab Andreas ihm zur Antwort drauf:
„Da ich nun sicher an bir selbst erkenne,.

645.　„daß bir der Weisheit Witz durch Wundergaben
„und Siegesglück beschert ist und in Scharfsinn blüht
„in hehrer Freude das Herz in beiner Brust,
„so will ich nun bir selber sagen gerne
„Anfang und Ende, wie ich des Edelinges

650.　„Wort und Weisheit in des Wehrvolks Mitte
„aus seinem eignen Munde immer hörte.
„Zusammen kam oft schaarenweise
„Volk ohne Maaßen zu des Fürsten Sitzung,
„wo sie horchten auf des Heiligen Lehre.

655.　„Dann gieng der Heilgeber ber hehre wieder hin von bannen
„zu einem anderen Ort, der Edelinge Helm,
„wo ihm entgegen, Gott lobsingend,
„zu der Mahlstätte hin gar Manche kamen,
„hochweise Hausberater: herzfroh wurden immer

660.　„in der Brust die Helden durch des Burgwarts Ankunft.
„So geschah es einstmals, daß der Siegverleiher dahin zog,
„der gewaltreiche Fürst, und auf der Wanderfahrt
„war da des Volks nicht mehr von seinen Gefolgsleuten
„als die auserlesenen Elfe nur,

665.　„die hochruhmreichen Helden: der Herr selbst war der zwölfte.
„Da kamen wir gegangen zu dem Königssitze,
„wo glorreich verziert der Gottestempel
„gezimmert stund an Zinnen reich
„hoch und geräumig, den Helden weithin kund.

670.　„Mit Hohnworten begann der Hohepriester
„uns bitter zu verhöhnen boshaften Sinnes
„und zettelte Unheil an: ein sah er doch,
„daß wir des Wahrfesten Wegspur folgten
„und sein Gebot erfüllten; alsbald erhub er

675. „widersinnig die Stimme mit Weh gemischt:
„„Was seid ihr doch armselig über alle Menschen!
„„ihr wandelt weithin Wege voller Mühen,
„„zieht Elendfahrten! auf eines Ausländers
„„Lehren horcht ihr gegen der Leute Volksrecht
680. „„untheilhaftig des Heils! ihr kündet als Edeling ihn
„„und saget das für sicher, daß mit dem Sohn des Schöpfers
„„ihr verkehrt tagtäglich; kund ist's doch den Leuten,
„„von wo dem Anführer der Abel ist gekommen!
„„in dieser Landschaft hatte er das Licht erblickt,
685. „„geboren kindjung unter seinen Blutsverwandten.
„„So sind geheißen die heimsitzenden
„„Vater und Mutter, wie wir erfahren haben
„„und uns recht gut erinnern, Joseph und Maria;
„„es sind noch außerdem zwei andere Helden,
690. „„die ihm in Brudersippe geboren wurden
„„als Söhne Josephs, Simon und Jacob.""
„So ließen sich da hören der Helden Führer,
„die Schaar voll Ehrgeiz, da sie des Schöpfers Macht
„gedachten zu verdunkeln: jedoch es wandte sich
695. „das endlose Uebel wieder, dahin wo es eh' erwuchs.
„Drauf ging mit seiner Helden Schaar der Herr von dannen
„von der Mahlstätte fort, der machtgestärkte,
„eine einsame Stätte aufzusuchen:
„in der Wüste that er durch der Wunder viele
700. „durch Kunstwerke kund, daß er war König mit Recht
„über den Mittelkreiß mit Macht gekräftigt,
„der Begründer und der Walter der Glorienfülle,
„der eine ewigliche Gott aller Creaturen,
„sowie er anderer Wunder eine Unzahl noch
705. „auch vor den Augen der Männer oftmals kund gab.
„Darauf gieng abermals zum andernmale
„mit großem Gefolge, daß er im Gottestempel stund,
„der Wart der Glorie. Sein Wort ertönte
„hin durch den Hochbau: doch nahmen des Heiligen Lehre
710. „die Frevler nicht auf, obwol so viel der wahren
„Zeichen er verkündete, wo zusahn die Helden.
„So gewahrte einstmals wundersam gehauen
„von seinen Engeln die Ebenbilder

2*

„des Siegruhms König an des Saales Mauer,
715. „blinkend verziert auf beiden Seiten,
„wonniglich gewürkt; er sprach mit Worten also:
„„Dies ist des angesehensten der Engelsgeschlechter
„„wahres Abbild, die bei den Bewohnern der Burg
„„sind in dem Saale: Seraphim und Cherubim
720. „„sind die geheißen in des Himmels Freuden.
„„Vor dem Angesicht des ewigen Königs
„„stehn sie starkgesinnt; mit Stimmen preisen sie
„„in heiligen Gesängen des Himmelskönigs Glorie,
„„die Obhut des Schöpfers. Hier ist abgebildet
725. „„durch der Hände Kraft der Heiligen Gestalt,
„„gemacht an der Mauer, die Mannen der Glorie.““
„Mit Worten sprach noch weiter drauf der Weltvölker Herr,
„der himmelheilige Geist vor dem Heervolk also:
„„Nun befehle ich, daß sich sofort ein Zeichen
730. „„ein Wunder offenbare in des Wehrvolks Mitte,
„„daß dieses Engelbild zur Erde steige,
„„das wonnigliche von dem Wall und Worte spreche,
„„versichernd sage, daß ich bin der Sohn Gottes,
„„damit der Leute Führer lernen glauben,
735. „„die Helden in dem Lande, was meine Herkunft sei!““
„Da wagte nicht zu brechen das Gebot des Heilands
„das Wunder vor dem Volke, sondern von dem Walle sprang
„das uralte Werk, daß es auf der Erde stund,
„der Stein von dem Steine. Eine Stimme kam darauf
740. „laut aus dem Harten, Lärm ertönte
„und mit Worten rief er (wunderlich deuchte
„den Starrsinnigen des Steins Beginnen);
„er gab kund den Priestern klare Zeichen,
„wehrte ihnen weislich und sprach mit Worten also:
745. „„Ihr seid unselig, elender Gedanken,
„„durch Arglist berückt oder unbewußt des Beßeren
„„arg verblendet! ihr verachtet ja
„„Gottes ewigen Sohn und den der Grund und Sund,
„„den Himmel und die Erde und die hochgehenden Wogen,
750. „„die salzigen Seeströme samt dem Aether
„„mit seinen Händen herlich hat bereitet!
„„Dies ist ebenderselbe allwaltende Gott,

„„ten in der Vorzeit Tagen eure Väter kannten,
„„der einst dem Abraham und dem Isaac
755. „„sowie dem Jacob seine Gnade schenkte
„„und sie mit Wohlstand würdigte. Mit Worten gab er
„„zuerst dem Abraham des Edelen Verheißung,
„„daß aus seinem Blute sollte geboren werden
„„der ewige Gott der Ehren: dies Ereigniß ist
760. „„offen unter euch erkennbar! mit Augen könnt ihr nun
„„sehen des Siegruhms Gott, den Besitzer des Himmels!““
„Nach diesen Worten lauschte das Wehrvolk allda
„durch den Saal den weiten: es schwiegen alle.
„Da begannen abermals die Aeltesten des Volks
765. „zu sagen, die Sündevollen (nicht sahen sie die Wahrheit),
„daß durch Zauberkünste das Zeichen sei geschehen
„mit Scheingetrieben, daß der schöne Stein
„da vor dem Volke spreche. Der Frevel blühte
„in der Brust der Männer; brandheißer Neid
770. „wallete in ihrem Herzen, der Wurm dem Glücke feind,
„das allverderbliche Gift: deutlich ward erkennbar
„durch ihre haßvollen Reden des Herzens Zweifel,
„der Männer Misgesinnung mit Mord bewunden.
„Drauf hieß der König das Kraftwerk fahren
775. „den Stein von der Stätte die Straße entlang,
„fürbaß gehen und den Flurweg treten,
„die grünen Gründe, daß er Gottes Botschaft
„sollte fürber bringen an des Volkes Marken
„zu den Cananäern und mit des Königs Worten
780. „dem Abraham gebieten nebst seinen Abkömlingen beiden,
„daß sie auferstünden aus dem Erdgrabe,
„verließen ihre Landruhe, des Leibes Glieder sammelnd,
„Geist empfangend und Jugendstand,
„daß erschienen wieder sichtbar vor den Leuten
785. „die alten Vorzeitweisen und dem Volk verkündeten,
„welchen sie mit Gottmacht erkannt hätten.
„Da fuhr er fürbaß, wie der Fürst der mächtige
„der Völker Schöpfer es ihm vorgeschrieben,
„über die Markpfade hin, bis er nach Membre kam
790. „mit blinkendem Glanz, wie ihm gebot der Schöpfer,
„allwo die Leichname durch lange Zeiten

„der Hochväter Leiber beholen lagen.
„Er hieß da eiligst auferstehen
„Abraham und Isaac und der Edelinge dritten
795. „Jacob aus dem Grabe zu Gottes Versamlung
„schleunigst aus dem Schlaf dem festen, hieß sie sich schicken
               zu der Reise
„und fahren zu des Fürsten Sitzung: sie sollten dem Volk
               verkünden,
„wer am Anfang aller Dinge zuerst bereitete
„die allgrüne Erde und den Odenhimmel,
800. „wo der Waltende wäre, der das Werk gegründet.
„Sie wagten da durchaus nicht länger aufzuhalten
„das Wort des Glorienkönigs: die drei Weißagen giengen
„mutig das Markland zu treten, ließen die Modergruft
„die Erdhöhle offen bleiben; sie wollten eiligst künden
805. „den Vater der Schöpfung. Das Volk ward da
„von Angst erschreckt, wo die Edelinge
„mit Worten verherlichten den Wart der Glorie.
„Drauf hieß sie rasch des Reiches Hirte
„zum andernmale aufwärts zu dem Reichtum
810. „in Frieden wieder fahren, zu den Freuden des Himmels,
„und auf weite Zeiten Wonne dort genießen.
„Nun magst du hören, liebster Heldenjüngling,
„wie er der Wunder Menge mit Worten kund that,
„obgleich nicht glaubten seiner Gnadenlehre
815. „die mutblinden Menschen! Noch manches weiß ich,
„mächtige und hehre Kunde, was des Menschen Sohn vollbrachte,
„des Himmelreiches Herr, das du behalten nicht
„und nicht im Geist magst faßen begabten Sinnes."

V.

So ließ Andreas all den langen Tag
820. hören durch seine Reden des Heiligen Lehre,
bis daß ihn übereilte der Schlaf mit einemmale
bei dem Gebieter des Himmels auf der Bahn der Walfische.
Da hieß geleiten des Lebens Spender
über die Brandung der Wogen seine beiden Engel
825. in des Vaters Obhut führen auf den Armen

leicht und linde den Lieben über's Meer hin,
so lang die Seemüden der Schlaf noch feßelte.
Durch die Luft hin kam an's Land der Flug
zu jener Heidenburg, die ihm der Herr bezeichnete
830. vorher in Achaia, der Fürst der Engel.
An den Aufweg eilten drauf die Engel wieder
in dem Himmel selig ihre Heimat zu suchen.
Bei der Heerstraße ließen sie den heiligen Andreas
schlafen in Frieden unter dem Schirmdach des Himmels
835. und ließen ihn da bleiben vor dem Burgwalle
in der Nähe seiner Feinde die nachtlange Frist,
bis daß der Herr ließ die Himmelsleuchte
schimmernd wieder scheinen: die Schatten schwanden
unter den Wolken, die dunkelen; da kam des Wetters Blasen
840. und hell leuchtete über die Höfe des Himmels Lichtglanz.
Da erwachte der Kampfkühne und erschaute weite Fluren:
steile Berggehänge sah er vor den Burgthoren ragen
und sah stehen um den Stein den granen
ziegelbunte Häuser, Zinnen der Thürme
845. und windumrauschte Wälle. Der Weise merkte,
daß er das Männervolk der Mermedonier hatte
gefunden auf der Fahrt, wie ihm befohlen selber
und vorgeschrieben hatte der Vater der Menschen.
Da sah er sich zur Seite am Sande seine Jünger
850. die Kempen liegen die kampfberühmten
im Schlafe schlummernd; schleunigst begann er
die Waffenhelden zu wecken und sprach mit Worten also:
„Eröffnen kann ich euch die offenkundige Wahrheit,
„daß am gestrigen Tage über das Gut der Ruder
855. „auf des Oceans Strömung uns ein Edeling führte!
„in dem Kiele war der Könige Glorie,
„der Weltvölker Walter: sein Wort erkannte ich,
„ob er seine Gestalt gleich verstellet hatte.“
Zur Antwort gaben ihm die Edelinge
860. die jungen durch Gegenreden mit Geistgeheimnissen:
„Wir können unschwer unser Abenteuer
„dir sagen, o Andreas, daß du es selber magst
„begreifen klug in deinen Geistgedanken!
„Als uns die Seemüden der Schlaf übereilte,

865. „da kamen Abler über des Oceans Wallen
„gefahren im Flug in Federn stolz,
„entschwangen uns die Seelen, da wir im Schlafe lagen,
„und führten sie mit Freuden im Flug durch die Lüfte
„blitzschnell fliegend, blinkend und linde,
870. „thaten lieb und freundlich und weilten mit Lobgesängen da,
„allwo der Gang des Himmels und der Glorie Heerschaaren
waren,
„eine stattliche Volksmenge, beständiger Gesang.
„Außen stunden Engel um den Edelen
„als Diener um den Herrn zu Tausenden,
875. „die mit heiliger Stimme in der Höhe priesen
„den Herrn der Herren: da war hochfroher Jubel!
„Wir erkannten die heiligen Hochväter dort
„und auch der Märtyrer unkleine Menge:
„es sang wahrfestes Lob dem Wart des Sieges
880. „die Degenschaar die fromme. Auch David war dorthin
„Isais Sohn der selige Kempe
„gekommen vor den Christ, der König der Juden.
„So sahen wir auch vor dem Sohn des Schöpfers
„euch dort stehen, die abgezählten Zwölfe,
885. „reich an Adel, ruhmselige Helden:
„als Mannen dienten euch die machtbesitzenden
„Hochengel die heiligen. Wol den Helden allen,
„die solcher Freuden sich erfreuen dürfen!
„Da war der Glorie Wonne, Kraftwerk der Helden,
890. „edeles Beginnen und keinem Einzigen Mühe:
„dem ist Wehgeschick bestimmt und Wehqual geöffnet,
„wer solcher Freuden fremd soll werden
„und zur Hölle fahren, wenn er von hinnen geht!“
Da war dem Heiligen das Herz gewaltig
895. in seiner Brust erfreut, seit solche Botschaft seine Jünger
hatten da gehört, daß sie der Herr wollte
so mächtiglich bedenken über die Menschen alle,
und dies Wort sprach drauf der Waffenkempen Schirm:
„Begriffen hab' ich nun, o Gott mein Herr,
900. „daß auf der Flutenstraße du nicht ferne warst,
„der Könige Glorie, als ich den Kiel bestieg,
„obwohl ich auf der Hochflutreise, Heiland der Geister,

„dich nicht erkennen konnte, König der Engel!

„Sei mir nun milde, o du hehrer und machtreicher Schöpfer,

905. „erbarmungsreicher König! Auf dem Brandungstrome

„sprach ich der Worte Menge; ich weiß nun hinterher,

„wer mich mit Hochwürde führte auf dem Holzboote

„gestern über die Fluten: das ist der Geist des Trostes

„für das Menschengeschlecht; da ist Milde bereit

910. „und Hilfe bei dem hehren der Helden jedem

„und Siegruhmsfülle beschert, dem der sucht bei ihm!"

Sichtbar ward darauf zur selben Stunde

vor Augen ihm der Edeling gezeigt,

der König aller Lebenden in eines Knaben Gestalt,

915. der Wart der Glorie, und sprach mit Worten also:

„Heil dir, Andreas, samt dieser holden Schaar!

„sei heiteren Mutes! ich behüte dich,

„daß dir die frevelvollen Falschheitschmiede

„die gramgesinnten Feinde nicht am Geiste schaden."

920. Da fiel zur Erde und um Friede bat

der weisgesinnte Held und fragte mit Worten den Freundherrn:

„Wie begieng ich das, o König der Menschen,

„sündig wider dich selbst, o Seelenheiland,

„daß ich dich den so guten nicht im Geist erkennen

925. „auf dem Wogenfahrzeug konnte? meiner Worte sprach ich

„mehr vor dem Schöpfer denn mir geziemte."

Ihm gab zur Antwort drauf der allwaltende Gott:

„So sehr hast du dich nie versündiget,

„als da du wagtest in Achaja mir Widerspruch zu bieten,

930. „daß du nicht fahren könntest auf die Fernwege

„und nicht gelangen in diese Leuteburg

„und es nicht durchführen in drei Nächten

„der Fristbestimmung, wie ich dich fahren hieß

„über das Wüten der Wogen. Du weißt nun um so beßer,

935. „daß leicht ich mag der Leute jeden

„vorwärts bringen und fördern meine Freunde alle

„zu der Lande jedem, wohin es mir am liebsten ist.

„Erheb dich hurtig nun und merke das Heil alsbald,

„hochgesegneter Held, wie dich der hehre Vater

940. „würdiget mit Kraft und Macht auf weite Zeiten,

„mit glorreichen Gaben! geh in die Stadt

„unter den Burgverschluß, allwo dein Bruder ist!
„Ich weiß den Matthens von Wunden berührt
„durch die Hände der Frevler, deinen Hauptverwandten,
945. „mit Arglistnetzen besetzt. Du sollst ihn aufsuchen,
„befreien den Geliebten aus der Feinde Haß
„und all die Menge, die mit ihm wohnet,
„die fremden Männer, die mit Feßeln sind
„böslich gebunden: alsbald wird ihnen Hilfe
950. „gegeben in der Welt und in der Glorie Lohn,
„so wie ich ihnen selber vorher sagend war.
„Du sollst dich nun, Andreas, ohne Säumen wagen
„in die Griffe der Feinde: dir ist Kampf bestimmt
„mit harten Hieben; zerhauen soll dein Leib
955. „durch Wunden werden und dem Waßer gleich
„soll fließen in Flut dein Blut. Doch mögen die Frevler
                                       dir das Leben
„durch den Tod nicht rauben, wenn du gleich Treffe duldest,
„der Schuldvollen Schläge: den Schmerz ertrag' du!
„Laß dich dahin nicht bringen durch der Heiden Kraftwerk,
960. „durch den grimmen Speerkampf, daß von Gott du abfällst,
„von deinem holden Herrn! sei stets nach Hochruhm strebend!
„Laß dir im Gedächtnis bleiben, wie das der Degen manchem
„fernhin kund ward über viele Lande,
„wie mich verhöhnten, als ich in Haftbanden fest war,
965. „die unseligen Männer und mich anfuhren mit Worten,
„mich schlugen und geiselten! Die Schuldvollen mochten
„durch verwundende Reden nicht die Wahrheit kund thun.
„Als ich unter den Juden den Galgen deckte
„und das Kreuz erhöht war, ließ dort der Krieger einer
970. „Blut aus meiner Seite zu Boden fließen
„triefend auf die Erde. Ich ertrug gar viel
„Elend hier auf Erden, wollte euch damit
„aus freundlichem Sinn ein Vorbild geben,
„wie bei den Außenvölkern offenkundig wird.
975. „Viel Helden sind in dieser hehren Burg,
„die du nun hin sollst kehren zu dem Himmelslichte
„durch meinen Namen, ob sie gleich Mordwerk viel
„in früheren Tagen vollführet haben.“
Drauf fuhr der Heilige zum Himmel wieder

980. der König aller Könige mit Großmut aufwärts
zu der hehren Heimat: da ist Hilfe bereit
der Volkskinder jedem, wer sie finden kann.

VI.

Da war der Mahnung gedenk der mutgeduldige
kampfharte Kempe an Kraft gefördert,
985. der todesmutige Held getreu dem Schöpfer,
und hurtig gieng zur Burg der Hochsinnberühmte,
schritt auf der Straße hin, wie ihn der Steig führte,
obwol ihn da erkennen keiner der Männer
der sündevollen noch ihn sehen konnte: der Wart des Siegruhms hatte
990. den lieben Leutefürsten auf der Landesstätte
mit Schutz bedeckt, mit seiner schirmenden Gnade.
Da war der Edeling hineingedrungen
der Kempe Christi bis in des Kerkers Nähe.
Er sah dort beisammen eine Schaar von Heiden
995. vor des Hauses Thür als Hüter stehen
siebene zusammen. Die entraffte insgesammt der Tod;
sie stürzten ruhmlos; der Sturm des Todes
ergriff die Helden blutig, als der Heilige den Vater
bat, den gerechten, mit seiner Brust Gedanken
1000. und in der Höhe pries des Himmelskönigs
Gottes Obherrnmacht. Die Thür fiel ein alsbald
durch des heiligen Geistes Handberührung
und hinein eilte eingedenk des Kraftwerks
der heerkampfteuere Held: die Heiden schliefen
1005. trunken in Blut das Todfeld rötend.
Den Mattheus fand er in der Mörbergrube
den hochsinnberühmten Helden in des Hülldunkels Verschluße
dem Herrn lobsingend, verherlichend die Macht
des Engelkönigs: einsam saß er dort
1010. im Herzen traurig in dem Haus des Kummers;
da sah er unter dem Himmel den holden Gefährten,
der Heilige den Heiligen, und Herzfreude war erneut.

1102) des Andreas.

Er erhub sich ihm entgegen und dankte Gott dem Herrn,
daß sie auf Erden sich noch einmal allheil durften
1015. sehen unter der Sonne: Sippenliebe war gemein
beiden den Gebrüdern, Brustfreude neu.
Sie umschlangen einer den andern mit den Armen da,
küsten und herzten sich: Christo waren beide
lieb im Gemüte. Ein Licht umschien sie
1020. heilig und himmelsklar; ihr Herz war innen
vor Wonneluft in Wallung. Mit seinem Wort begann
mit seiner Rede in der Riegelwohnung
zuerst Andreas zu dem edelen Gefährten
dem gottfürchtigen zu sprechen, sagte ihm Kampfbescherung,
1025. Gefecht feindlicher Männer: „Nun ist dein Volk in Lust

*   *   *

Beide die Gebrüder neigten zum Gebete sich
drauf nach diesen Worten, die Diener der Glorie,
1030. und sandten ihre Bitte vor den Gebornen Gottes.
Auch rief der Heilige zu Gott im Harmverschluße
und im Gebete flehte er um Beistand an
den Heiland um Hilfe, eh hinsänke sein Leichnam
vor der Heidenmänner Heerkampfstärke,
1035. und drauf begleitete er aus den Gliederfesseln
aus dem festen Kerker in den Friedeschutz Gottes
gezählt der Zahl nach zwei und hundert
und vierzig auch der fernhergekommenen
von dem Kampfhaß errettet: keinen ließ er
1040. unter dem Burgverschluß in Banden fest;
und außer dem Wehrmannsvolke auch der Weiber noch
weniger eine in allem fünfzig
.   befreite er von der Furcht. Sie waren froh des Weges,
eilten hurtiglich von hinnen und harrten nicht länger
1045. in des Kummers Haus auf Kampfbescheidung.
Mattheus ging die Menge zu geleiten
in des Herren Schutz, wie ihm der Heilige gebot,
das Wehrvolk auf die Wonnefahrt von Wolken bedeckt,
damit die Schergen ihnen nicht zu schaden kämen
1050. mit dem Anprall der Geschoße, die Althaßenden,
wo die Sinnmutigen unter sich Versammlung hegten,

eh sie sich trennten, die Treuverbünveten:
der Edelinge stärkte dem andern jeder
des Himmelreiches Hoffnung, der Hölle Strafen
1055. mit Worten wehrend. Es priesen die Waffenkämpfer
die hochsinnberühmten Helden mit heiligen Stimmen
die Kempen die erprobten den König also,
den Walter der Geschicke, dessen weiten Ruhmes
nie irgend bei den Menschen ein Ende wird befangen.

VII.

1060. Da machte sich auf Andreas in's Innere der Burg
zu gehen geistesfreudig, wo er der Gramgesinnten Menge
die Volkschaar der Feinde erfahren hatte,
bis daß er fand allda beim Pfade stehen
eine Statue von Erz der Straße nahe.
1065. Er setzte sich zur Seite: es gieng sein Sinn stets aufwärts
in lauterer Liebe zu der Lust der Engel.
Dort blieb er harrend unter dem Burgverschluße,
was ihm für Kampfwerke begegnen würden.
In der Burg versammelten breite Schaaren
1070. die Vorkämpfer des Volkes; zu dem festen Kerker
kam das Wehrvolk der Treulosen im Waffenschmucke,
die gefechtkühnen Heiden, wo die Gefangenen vorher
in des Kerkers Dunkel Kummer duldeten:
es wähnten und wollten die widrig gesinnten,
1075. daß sie an den Fremden die zuvorbestimmte Speise
würkten sich zur Mahlzeit: doch der Wahn belog sie,
als die ingrimmigen Eschenträger offen fanden
kommend in Schaaren des Kerkers Thüren,
der Hammer Gewerk entriegelt, die Hüter leblos.
1080. Sie eilten rathlos drauf zurück, um zu verkünden
der Lust verlustig diese Leidesbotschaft:
dem Volke sagten sie, daß sie der Fernherstammenden
der Andersredenden übrig keinen einzigen mehr drunten
fanden lebend in dem finsteren Kerker,
1085. daß entseelt am Sande schwertblutig
die Wächter lägen, verwaist des Geistes
die Fleischkleider der Gefallenen. Furchtsam ward da

mancher Schaarenführer ob der Schreckenskunde,
gebeugt und herzbekümmert in des Hungers Erwartung,
1090. des bleichen Tischgasts. Sie wusten keinen beßeren Rath,
als daß sie die Entleibten sich zur Lebensfristung,
die Todten, speisten: den Thürhütern ward
allen da zusammen zu einer Zeit
das Kampfbett bereitet durch ein kräftig Wunder.
1095. Gebannt wurden schleunigst die Burgbewohner
zum Rat (so hört' ich). Die Recken kamen
der Kampfhelden Schaaren kühnen Mutes
auf Rossen reitend zur Ratsversammlung,
mit Eschenlanzen stolz. Sobald nun all das Volk
1100. zu der Versammlungsstätte sich versammelt hatte,
da ließen sie unter sich das Looß den bezeichnen,
der zuerst von ihnen für die Andern sollte
das Leben geben zur Leibesnahrung;
sie loozten mit Höllenkünsten, zwischen den Heidengötzen
1105. die Stäbe zählend. Da fiel der Stab des Looßes
auf einen gerade der Altgesellen,
der war ein Hochweiser an des Heervolks Spitze
in der Schaar der Männer. Schnell verlor er
in Haftfeßeln fest die Hoffnung auf Leben;
1110. er wehklagte mutlos mit weinender Stimme,
sprach, daß er den eignen Sohn in ihre Eigengewalt
ihnen geben wollte, den jungen Sprößling,
zu Lieb dem eignen Leben. Sie nahmen an zu Dank
sogleich die Gabe, da es die Geistbetrübten
1115. zu sehr gelüstete nach Speise: nicht stund ihre Lust nach
                                                    Schätzen,
nach Hortkleinoben; vom Hunger waren sie
gedrangsalt drückend, da der Verderber des Volkes
grausam herrschte. Um des Jünglings Leben
war da mancher der Männer, der mutvollen Krieger,
1120. in der Brust erpicht auf's bittere Kampfwerk.
Da ward das Wehezeichen weithin verkündet:
durch die Hochburg ward entboten der Helden manchem,
daß mit Alt und Jung sie alle kämen
zum Tod des Jünglings und ihr Theil empfiengen
1125. zur Fristung des Lebens. Sofort versammelten

die Heerwarte der Heiden das Heervolk dorthin
der Burgbewohner: es stieg brausender Lärm auf.
Der Jüngling begann mit Jammerstimme
in Haft vor dem Heere Harmlied zu singen,
1130. an Freunden arm zu flehn um Gnade:
doch der Arme konnte da durchaus nicht finden
Gnade bei dem Volke, die ihm gönnen wollte
seines Lebens Fristung; es hatten die lieblosen Unholde
das Kampfwerk beschloßen: von des Knaben Busen
1135. sollte scharf und schauerhart des Schwertes Schneide
durch Feuermaale bunt fordern das Leben.
Harmvoll däuchte das dem heiligen Andreas,
ein Volksfrevel furchtbar zu ertragen,
daß ohne Aufschub der so unschuldige
1140. sein Leben sollte laßen. Es war der Leute Bosheit
streng und furchtbar: die Starken eilten,
die mutvollen Krieger Mordes gierig;
an dem Knaben wollten die Kampfberühmten
nun ein für allemal das Haupt verwunden,
1145. mit dem Speer zerstören. Gott beschützte ihn
heilig aus der Höhe vor dem Heidenvolke:
der Wehrmänner Waffen hieß er dem Wachse gleich
bei dem Angriffe all zerschmelzen,
damit die Schergen da nicht schaden könnten,
1150. die schlimmen Angreifer mit der Schneiden Gewalt.
Erlöst ward also von der Leute Bosheit
der Jüngling von dem Jammer. Gott für Alles Dank,
dem Herrn der Herren, daß er Heil verleiht
der Helden jedem, welcher Hilfe bei ihm
1155. mit Einsicht sucht! da ist immerdar bereit
Freundliebe unvergänglich, dem der sie finden kann.

VIII.

Da ward Wehgeheul erhoben in der Wehrmänner Burg,
laut des Heeres Schreien, Herolde riefen:
sie jammerten um der Mundkost Mangel, ermattet stehend
1160. in des Hungers Banden; die Hornsäle blieben leer,
die Gastgemächer; sie verlangten nach Gütern nicht,

sie zu gebrauchen in den bitteren Stunden.
Es saßen Sinnbedächtige gesondert zur Beratung
das Elend zu bedenken: nicht hatten sie am Erbsitz Freude.
1165. Häufig fragte da ein Hungriger den andern:
„Nicht verhehl' es, wer da habe einen holden Rat,
„Klugheit in dem Sinne! gekommen ist die Zeit,
„Drangsal ohne Maaßen: uns ist Bedürfnis sehr,
„daß wir der weisen Männer Worten hören."
1170. Da erschien der Teufel vor der Schaar der Männer
schwarz und häßlich, hatte Scheusals Ansehn.
Es begann anzuzeigen des Unheils Stifter
der Hölle Hinker den heiligen Mann,
widrig gesinnt und diese Worte sprach er:
1175. „Hier ist gefahren über ferne Wege
„der Edelinge einer der andersredenden
„innen in der Burg, den ich Andreas
„mit Namen hörte nennen! der hat neulich euch geschadet,
„da er fort entführte aus dem festen Kerker
1180. „des Mannvolkes mehr denn Maaß wäre.
„Unschwer könnt ihr nun die Unheiltaten
„an dem Würker rächen: laßt der Waffen Spitze
„das Eisen das schneidenharte die Aberbehausung spalten,
„des Todgeweihten Lebenshort! Eilt tapfer hin,
1185. „daß ihr im Waffenkampf bewältigt den Widerfechtenden!"
Zur Antwort gab Andreas ihm:
„Was lehrest so dreist du die Leute hier
„zum Kampf sie hetzend? du weißt die Qual des Brandes
„dir heiß in der Hölle und treibst das Heer gleichwol
1190. „die Fußvolkschaar zum Fechten? bist feind wider Gott,
„den Steurer der Schaaren, du Strahl des Teufels,
„was mehrst dein Elend du? dich hat der Allmachtvolle
„tief erniedrigt und getaucht in's Düster,
„wo der Könige König mit Ketten dich belegte,
1195. „und Satan nannten seitdem dich immer,
„die zu verkünden wusten des Königs Bund."
Wieder hetzte drauf mit Worten der Widermutige
das Volk zum Gefechte mit Feindes Arglist:
„Ihr höret ja nun hier der Helden Bekämpfer
1200. „der diesem Heer den meisten Harm geschaffen!

„das ist Andreas, der mich hier anfeindet
„mit wunderlichen Worten vor des Wehrvolks Menge."
Da war entboten das Zeichen den Burgbewohnern;
die Kampfmutigen liefen mit Kriegsvolks Toben
1205. und zu den Wallthoren drangen die Waffenkempen
unter Kriegszeichen kühn in großen Schaaren
mit Geeren und mit Schilden zu dem grimmen Kampfwerk.
Mit Worten sprach darauf der Weltvölker König
der hochmächtige Herr zu seinem holden Diener:
1210. „Du sollst kühn, Andreas, Kraftwerk üben!
„nicht verberg dich vor der Menge, deinen Brustsinn vielmehr
„stärke wider die Strengen! Nicht ist die Stunde ferne,
„daß mit Martern dich belegen die Mordgrausamen,
„mit kalten Banden: künde dich nun selber,
1215. „härte deinen Mut, dein Herz befeste,
„daß sie die Macht an dir die meinige erkennen!
„Es mögen nicht noch dürfen gegen meinen Willen
„deinen Leib dir die Lasterschuldigen
„dem Tode übergeben, wiewol du Treffe duldest,
1220. „unheimliche Schläge, denn ich bin mit dir!"
Nach diesen Worten kam das Wehrvolk ohne Maaßen
die schmählichen Ränkeschmiede mit Schildgedränge
ergrimmten Mutes, stürmten jählings hinaus
und banden die Hände dort dem heiligen Manne,
1225. sobald ihnen offenbar geworden der Edelinge Wonne
und sie anwesend mit den Augen konnten
sehn den siegberühmten. Aus der Schaar der Leute
war auf dem Todesfelde dürstend nach dem Kampf
des Wehrvolks mancher: wenig sorgten sie,
1230. was sie für Lohn darnach erlangen würden.
Da hießen die Leute ziehen über die Landschaft hin
qualvoll schleppen ihres Kummers Urheber,
wie sie am grausamsten es konnten in dem Geist ersinnen.
Sie zogen tapferen Mutes durch der Thäler Schluchten
1235. starren Sinnes über Steinklippen hin
grade so weit hin wie die Wege lagen,
der Riesen uraltes Werk, innerhalb der Burgen,

1225 b. Andreas.

die steinbunten Straßen. Stürmisches Geschrei
stieg auf über die Burghäuser, unkleiner Lärm
1240. des Heervolks der Heiden. Es war des Heiligen Leib
von Schmerzwunden brennend, beschäumt mit Blute,
das Beinhaus gebrochen; Blut floß in Strömen
mit heißer Jauche. Doch behielt er im Innern
unwankende Kraft: es war das edele Gemüt
1245. von Sünden frei, obwol er Schmerz so viel
durch tiefe Wundenschläge da ertragen muste.
So warb all den Tag, bis daß der Abend kam,
der Siegstrahlende gegeiselt: Schmerz drang oft
zum Herzen des Helden, bis daß die himmelsglänzende
1250. Sonne sich senkte zu dem Sitz zu gleiten.
Drauf führten die Heiden wieder den verhaßten Gegner
in des Kerkers Dunkel: er war Christo gleichwol
lieb in dem Gemüte; ihm war lichter Sinn
heilig dem Herzen nahe, Hochsinn kraftvoll.
1255. Da war der Heilige in dem Höhlendunkel
all die winterlange Nacht voll Weisheitsgedanken,
der starkmutige Held. Schnee band die Erde
mit Winters Würfen; die Wetter erkühlten
durch harte Hagelschauer, und die Heidegänger die grauen
1260. der Frost und Reif schloßen der Völker Sitze,
der Leute Wohnstätten. Die Länder starrten
von kalten Kältezapfen: die Kraft des Waßers
schwand hin über die Fluten und die Hülle des Eises
überbrückte die glänzende Brandungstraße.
1265. Doch aus harrte freudig der unverzagte Held
kühn und duldungsmutig in der Drangsal Nöten
die winterkalte Nacht. Er wankte nicht im Geiste
aus Furcht vor den Schrecken von seinem früheren Beginnen,
daß er auf's herlichste immer dem Herrn lobsang,
1270. ihn hochpries mit Worten, bis himmelsstralend sich erschloß
des Aethers Auge. Da kamen in unkleiner Menge
zur finsteren Grube des Volkes Schaaren
leichengierig gelaufen mit der Leute Toben,

1242 a.) b. h. der Leib.
1271 a.) die Sonne.

hießen eiligst heraus den Edeling führen
1275. in die Gewalt der Wütenden, den 'Bewahrer der Treue.
Nun ward er abermals wie vorher all den langen Tag
mit Schmerzschlägen gemartert. In Strömen floß das Blut
durch die Hülle der Gebeine, nahm heiß in sich auf
Brocken Leberblutes: die Leiden fühlte kaum noch
1280. der wundenmatte Leib. Des Wehklagens Laute
drangen heiser hervor aus des Helden Brust,
(es entwallete ein Blutstrom) und mit Worten sprach er:
„Sieh hier meine Lage, Herr mein Gott,
„Wonnegeber der Leute! du weißt und kennst
1285. „der Menschen aller Mühgeschicke.
„Ich glaube fest zu dir, mein Fürst des Lebens,
„daß du mildherzig mich nach deiner Machtfülle,
„Notretter der Menschen, niemals wollest,
„ewiger allmachtvoller, einsam laßen,
1290. „sowie ich das leiste, solang mein Leben hier
„währt auf dieser Erde, daß ich, o waltender Schöpfer,
„deine Lehren die lieblichen verlaße nimmer!
„Du bist ein Schirmherr wider der Schädiger Waffen,
„ewiger Freudengeber, all den Deinen:
1295. „drum laß den Mörder nun des Menschengeschlechts,
„den Erstgebornen des Frevels, nicht durch Feindes Künste
„belegen die mit Sünden, die dein Lob verkünden!"
Abermals erschien da der übele Geist,
der abtrünnige Feind; auf hetzte die Leute
1300. vor des Heeres Menge der Hölle Teufel,
verdammt zur Qual, sprach diese Worte:
„Schlaget doch den Sünder auf seinen Mund,
„den Feind des Volks, da er zu vieles redet!"
Da ward sofort begonnen das Feindschaftswerk
1305. von Frischem wieder: gefoltert wurde,
bis daß die Sonne gieng zum Sitz zu gleiten
nieder unter Nebelklippen: die Nacht überzog
verhüllend dunkelschwarz die hohen Berge
und zur Behausung ward der Heilige geleitet
1310. der tapfere ruhmbürstende in den düsteren Kerker;
es sollte in der Notgrube nun die nachtlange Frist
der fromme Edeling bewohnen die unsaubere Wohnung.

3*

Zu siebent kam da selbst zum Kerker,
der übele Unhold Unheil sinnend,

1315.   der Frevelfürst der Sünde finster bekleidet,
der tobschnaubende Teufel theillos der Frommen,
begann Hohnworte zu dem Heiligen zu sprechen:
„Warum beschloßest du, Andreas, in der Schädiger Gewalt
„hierher zu kommen? wo bleibt dein Hochruhm nun,

1320.   „den du im Uebermute aufgerichtet,
„als du unserer Götter Götzendienst zerstörtest?
„du hast in Anspruch all für dich allein genommen
„Land und Leute, wie's auch dein Lehrer machte,
„der Christ genannt ward: Königsmacht erhub er

1325.   „über den Mittelkreiß, solang das mochte gehen!
„doch es beraubte ihn Herodes seines Lebens,
„im Kampfe überwand ihn der König der Juden,
„entkleidete ihn der Herrschaft und schlug an's Kreuz ihn an,
„daß er an dem Galgen seinen Geist entsandte.

1330.   „Grade so heiße ich auch jetzt meine Jünger hier,
„die Diener voll Kraft, daß sie dich bezwingen
„in grimmem Kampfe. Laßt den giftgetränkten Pfeil
„die Spitze des Geschoßes sich senken hurtig
„in des Todgeweihten Leben! tapfer eilet,

1335.   „daß ihr sein Prahlen beugt dem Kampfesfürsten!"
Sie waren stürmisch, stürzten heran
mit gierigen Griffen: doch Gott beschirmte ihn,
standfest ihnen steuernd durch seine starke Macht.
Sobald sie da erkannten von dem Kreuze Christi

1340.   das hehre Zeichen auf seines Hauptes Antlitz,
da wurden sie beim Anstürmen von Angst ergriffen,
von Furcht bestürzt und in die Flucht getrieben.
Da begann abermals wie früher der alte Feind
der Hölle Häftling Harmlied zu singen:

1345.   „Was geschah euch so ruhmreichen, ihr Recken mein,
„ihr Schildgenoßen, daß es so schlecht euch glückte?"
Der Elenden einer gab zur Antwort drauf,
der Feinde von Anfang, und sprach zum Vater also:
„Nicht leicht will's uns gelingen ihm Leid anzuthun

1316 b.) durch Christi Höllenfahrt.

1350. „noch ihn durch List zu tödten. Selbst lauf hinzu!
„schlimmen Kampf wirst du dort sicher finden,
„furchtbares Gefecht, wofern du fürder wagst
„gegen den Einsamen dein Leben daranzusetzen!
„Leicht mögen wir dir, liebster der Männer,
1355. „in dem bitteren Kampf zum Beßeren raten:
„ehe offen du zum Angriff schreitest,
„zu dem Waffengraus, sieh wol erst zu,
„wie dir's beim Gegenschlage gehe! Laßt uns beginnen wieder
„bitter zu verhöhnen den in Banden festen
1360. „und ihm sein Unglück vorzurücken! habt all wiber den
Zauberer
„wol überlegt eure Worte in Bereitschaft!"
Drauf ließ sich vernehmen mit lauter Stimme
der mit Wehqual gestrafte und diese Worte sprach er:
„Du hast, Andreas, mit Hexenkünsten
1365. „dich lang befaßt! wie viel Leute hast du
„verlocket und verführt! nicht länger kannst du nun
„walten solcher Werke: es sind wehgrimme Strafen
„nach deinen Thaten dir bestimmt; du sollst traurig und
gebemütigt
„ohne Hilf und Trost nun Harm erdulden,
1370. „der Mordqual Schmerzen! Meine Mannen hier
„sind zu dem Waffenkampfe wol gerüstet,
„die kühnen Kempen, die nun durch Kraftthaten
„das Leben dir entreißen ohne längeren Aufschub.
„Wer ist so mächtig über den Mittelkreiß
1375. „vom Menschengeschlechte, daß gegen meinen Willen
„er dich erlösen könnte aus den Leibesfeßeln?"
Andreas gab zur Antwort drauf:
„Mich schirmt ohne Mühe der allmachtvolle Gott,
„der Heiland der Menschen, der in der Hölle Nöten
1380. „vordem dich feßelte mit feurigen Banden,
„wo du seitdem stets in Schmerzqual gebunden
„verlustig der Glorie im Leibe schmachtetest,
„seit in dem Herzen du verachtetest des Himmelskönigs Wort:
„da war des Uebels Ursprung; es wird ein Ende nimmer
1385. „deinem Elend kommen: du sollst durch alle Zeiten
„dein Unglück mehren: dir wird immerfort

„von Tag zu Tag noch trauriger dein Loos.“
Da ward flüchtig, der die Feindschaft einst
die grimme vor Zeiten wider Gott verübte.

IX.

1390. Drauf kam mit Anbruch des Tages in aller Frühe
den Heiligen zu holen der Heiden Schaar
mit Volkes Menge; führen hießen sie heraus
den Dulbungsmutigen zum dritten male;
zu erweichen dachten sie gewislich noch den Mut
1395. des kraftkühnen Helden: nicht konnt' es so geschehen!
Nun begann von Neuem nochmals die Marter
hart und haßgrimm: der heilige Mann
ward schmerzvoll gegeißelt, schlimm gemartert,
durchtrieben von Wunden, solang das Tageslicht leuchtete.
1400. Da begann er traurig zu Gott zu rufen
beherzt aus der Haft mit heiliger Stimme,
wehklagte betrübt und diese Worte sprach er:
„Ich erfuhr noch niemals nach des Fürsten Willen
„unter des Himmels Wölbung härteres Schicksal,
1405. „wo ich die Gebote Gottes predigen sollte!
„zerlöst sind mir die Glieder, der Leib schmerzvoll gebrochen,
„blutgefärbt das Beinhaus; blutig wallen
„die Sehnenwunden! Du wurdest selbst, o Heiland,
„du Oberherr des Triumphs, an einem Tage
1410. „unter dem Judenvolke jammermütig,
„als von dem Galgen du, o Gott des Lebens,
„Fürst der Schöpfung, zu dem Vater riefest,
„du der Könige Glorie, und klagtest also:
„„Fragen will ich dich), o Vater der Engel,
1415. „„Lichtfürst des Lebens, was verläßest du mich?““
„Und ich sollte dulden drei Tage jetzt
„solch grimme Marter? Ich bitte, Gott der Völker,
„daß meinen Geist ich geben dürfe,
„Ernährer der Seelen, nun in deine Hände!
1420. „Du hast ja verheißen durch dein heilig Wort,
„als du uns Zwölfen zusprachst mit Trost,
„daß uns nicht der Haßberühmten Heerkampf sollte schaden:

»es sollte kein Theil des Leibes getrennt von ihm
»weder Knochen noch Sehnen auf dem Kampffeld liegen,
1425. »noch eine Locke von dem Haupt verloren gehen,.
»wenn wir nur halten wollten beine heiligen Lehren.
»Nun sind zerborsten meine Sehnen, es ist mein Blut verspritzt
»bie Locken liegen über das Land zerstreut,
»bas Haar auf bem Felbe. Mir wäre, o Herr, weit lieber;
1430. »des Lebens Verlust als dieser Lebenskummer!«
Zu bem Starkgesinnten sprach die Stimme brauf
bes waltenden Gottes unb bieses Wort ertönte:
»Beklage nicht bas Leibgeschick, liebster ber Freunde!
»nicht ist's zu schlimm für bich: ich schirme bich
1435. »unb mit bir ist mein machtreicher Schutz!
»Ich besitze Macht über Alles auf dem Mittelkreiße
»unb Siegruhms Fülle: sicher wirb bas Mancher
»verkünben vor Gericht am großen Tage,
»baß es geschieht, baß biese schöne Schöpfung
1440. »ber Himmel samt ber Erbe über ben Haufen stürzt,
»bevor ber Worte eins zum Wanken käme,
»die ich burch meinen Mund ben Menschen sage.
»Sieh nun beines Weges Spuren, wo durch Verwundung
sich ergoß
»bein Blut auf bie Gefilde! Sieh bie blutigen Steige
1445. »unb auch bes Leibes Striemen! Sie bürfen nicht länger mehr
»Leib bir anthun burch ber Lanzen Schläge,
»bie bir so vielen harten Harm bisher bereitet.«
Da schaute auf bas Land zurück ber liebliche Kempe,
wie ihm bas Wort gebot des waltenben Gottes:
1450. Bäume sah er blühenb stehen
unb mit Frucht belaben, wo geflossen war sein Blut.
Da sprach bies Wort ber Schirm ber Krieger:
»Dir sei Lob unb Dank, bu Lenker ber Völker,
»unb burch ben Gang ber Zeiten Glorie in ben Himmeln,
1455. »baß bu in meinem Schmerze mir, o Siegherr mein,
»nicht beine Hulb entzogst, dem heimatlosen!«
So verherlichte ber Helb ben Herren ba
mit heiliger Stimme, bis bie heitere Sonne
unter ben Ocean niederschritt, bie ätherstrahlenbe.
1460. Da brachten bie Führer bes Volks zum vierten male

die hartherzigen Gegner den heiligen Mann
zum Kerker wieder: die Kraft des Mutes
dachten sie zu brechen an dem biederen Helden
in der dunkelen Nacht. Zur düsteren Wohnung

1465. kam Gott der Herr, der Glorienkönig;
zu seinem Freunde sprach der Vater der Menschen
allda mit Worten und sprach Trost ihm zu,
der Lehrer des Lebens, hieß seines Leibs ihn wieder
sich gesund erfreuen: "Du sollst in Schmach nicht länger

1470. die Qualen dulden der Kampfrüstung = habenden!"
Da erhub sich der Kraftberühmte, sagte dem Herren Dank,
heil von der Haft der harten Qualen:
nicht befleckt war seine Schönheit noch auch ein Fetzen nur
gelöst von seinem Kleide noch eine Locke von dem Haupt,

1475. nicht ein Bein gebrochen noch blutige Wunden
am Leibe haftend noch irgend ein leidender Theil
durch die bitteren Wundenschläge mit Blut begoßen,
sondern wie es zuvor war durch die edele Macht
er Lob erhebend und am Leibe heil.

X.

1480. So hab' ich nun verkündet des Heiligen Lehre,
der Liebgesänge Lob von seinen Thaten,
mit Worten eine Weile! doch weit über meine Kräfte
geht das unverborgene Ereignis: übergroß ist zu erzählen
die langwierige Kunde, was er im Leben ertrug

1485. alles von Anfang! das mag ein einsichtsvollerer
der Männer auf Erden, denn ich mich zähle,
finden in dem Geiste, daß er von vorn an kenne
all die Mühsale, die er mit Ausdauer ertrug,
die grimmen Kämpfe! doch gleichwol laßt uns

1490. der Liebesworte etliche in leichten Zügen
noch vorbringen fürder! Das ist früher schon gesagt,
wie er der Martern manche und Mühsal viel erdulbete
und harte Kämpfe in der Heidenburg.
Bei dem Walle sah er wunderfeste

1495. Säulen unklein unter des Saales Mauer
Statuen stehen, vom Sturm gepeitscht,

der Riesen uraltes Werk. Zu einer von diesen
that er mutberühmt und mächtig den Mund da auf
weise und wunderbar klug, und sprach das Wort zur Stunde:
1500. „Höre du, Marmorstein, des Mächtigen Befehlen,
„vor dessen Anblick werden alle Creaturen
„erfüllt von Furcht, wenn einst den Vater sie
„des Himmels und der Erde heimsuchen sehen
„mit der Schaaren größter das Geschlecht der Menschen!
1505. „Laß nun von deinem Gestelle Ströme wallen,
„überflutende Waßer, da der Allmachtvolle
„der Himmelskönig dir gebietet, daß du hurtig sollst
„an dieses Volk das frevelvolle fort entsenden
„weitrinnende Waßer den Wehrmännern zum Tode,
1510. „eine wallende Meerflut! Warlich du bist edler
„denn Gold und Kleinodspenden! auf dich schrieb Gott selber,
„der Wart der Glorie, da er mit Worten kund gab
„offenbar das Geheimnis und das einzigwahre Gesetz
„bezeichnete in zehn Worten,
1515. „der machtreiche Schöpfer, und gab dem Mose das,
„wie es die Frommen in der Folge hielten,
„die mutigen Helden, die Mannen Gottes,
„die gottfürchtigen Männer Josua und Tobias.
„Erkennen magst du nun, daß dich der König der Engel
1520. „weit glänzender mit Gaben zierte
„in alten Zeiten denn alle Gemmen:
„auf sein heiliges Geheiß sollst du jetzt hurtig zeigen,
„ob du des irgend einige Einsicht habest.“
Da war ein Aufschub des Befehls durchaus nicht länger,
1525. daß der Stein sich aufthat und ein Strom entwallte
flutend über die Gefilde: all die Fluren deckten
beim Erscheinen des Tages schaumige Wogen.
Mächtig wuchs die Meerflut: der Meth ward vergoßen
nach dem Schmausgelage! aus dem Schlafe fuhren
1530. auf die Rüstungträger: all war erregt
die Flut von Grund auf. Furcht ergriff die Menge
vor dem Graus der Wogen: Junge starben
gewaltsamen Todes, die hinwegriß der Kampfsturm

1528 b. und 1535 sind sprichwörtliche Bilder für die Ueberschwemmung.

durch der Salzflut Tosen. Das war Sorgenbürde,

1535. schlimmer Bierempfang: die Schenken säumten nicht,
die Aufwartediener; Allen war genugsam
bei des Tages Beginnen Trunk sofort bereit!
Es wuchs des Waßers Macht: die Wehrmänner weinten,
die alten Lanzenträger; hinaus strebten sie

1540. zu fliehn den fahlen Strom, wollten fristen ihr Leben
und in der Berge Schlüften Bergung suchen,
Aufenthalt am Trockenen: ein Engel wehrte das,
der da mit blinkender Lohe die Burg bedeckte,
mit heißem Glutschwall; heftig tobte

1545. die Hochflut drinnen: nicht konnte der Helden Menge
aus der festen Burg durch Flucht sich retten.
Die Wogen wuchsen, die Waßer rauschten,
Feuerfunken flogen, die Flut wallte in Wogen.
Leicht war da zu hören in der Leute Burgen

1550. der Klaglieder manches, das den Kummer aussprach;
bestürzt war mancher Geist, es ward manch Sterbelied gesungen.
Schreckenvolle Lohe ward sichtbar da vor Augen,
grimmer Heereszug, grauenvolles Lärmen!
Durch der Lüfte Wehen warf der Lohglut Blasen

1555. die Wallmauern um; die Waßer stiegen.
Es ward der Wehrmänner Weinen weithin vernommen,
der Leute elendes Geschrei. Einer begann da,
ein freudloser Mann, das Volk zu versammeln
voll Weh im Herzen und weinend rief er:

1560. „Ihr könnt nun sicher selbst erkennen,
„daß wir mit Unrecht den Andersredenden
„den Fremden in dem Kerker in Feßeln legten,
„in Schmerzqualbande! Das Schicksal drängt uns
„hart und haßgrimm: das ist hier so kund!

1565. „Das ist bei weitem beßer, wie ich warlich glaube,
„daß wir ihn erlösen aus den Leibesfeßeln
„einmütig Alle (Eile ist am besten!)
„und daß wir Hilfe von dem Heiligen erflehen,
„Beistand und Trost: alsbald ist uns Friede

1570. „nach dem Ungemach bereit, wenn wir bei ihm ihn suchen!"
Inne ward da Andreas dort
das Gebaren der Leute in seinem Brustverschluße,

daß der mutigen Männer Macht gebeugt war,
der Waffenkempen Stolz: die Wasser schwollen,
1575. es flutete der Bergstrom, die Flut war in Luft,
bis daß die Brust überstieg der Brandung Wallen
zur Achsel den Männern. Da hieß der Edeling werden
die Strömung stille, die Stürme ruhen
um die Gehänge der Felsen. Hurtig eilte
1580. der kühngemute Kempe aus des Kerkers Wohnung,
der geistkluge Gottes Liebling: sogleich ward ihm
durch der Strömung Wallen eine Straße da geräumt;
gestillt war das Siegfeld, stets war trocken
von der Flut die Erde, wo er den Fuß hin setzte.
1585. In der Brust wurden froh die Burgbewohner,
erfreut im Herzen: gefolgt war da
Hilfe auf den Jammer; die Hochflut schwand
auf das Geheiß des Heiligen, verhallt war der Sturm,
die Brandungsstraße ruhte. Es that der Berg sich auf,
1590. eine Erdspalte grauenvoll, und ließ in die Oeffnung sich
die Flut ergießen, die fahlen Wogen:
ein schlang der Abgrund all die Brandung;
doch nicht die Flut allein verschlang die Felsenspalte,
sondern aus der Schaar der Leute die Schlimmsten auch
1595. vierzehn feindliche Volkesfrevler
stürzten zum Verderben mit der Strömung nieder
in den Abgrund der Erde. Da ward von Angst ergriffen
furchtsam mancher Geist nach dieser Volksschaar Hinfahrt:
sie erwarteten der Weiber und der Wehrmänner Vernichtung,
1600. schrecklichen Geschickes schlimmeren Zeitlauf,
seitdem die sündenbefleckten schuldigen Mörder
die Streitgewohnten stürzten in den Abgrund.
Einmütig rief da all die Menge:
„Nun ist ist es offenkundig, daß der einzigwahre Schöpfer
1605. „der König aller Wesen kraftvoll waltet,
„der diesen Boten hat zu unsrer Burg gesendet
„dem Mannvolk zur Hilfe! Uns ist es mächtig Not,
„daß wir auf edele Sitten eifrig hören!"
Sofort begann der Heilige das Volk zu trösten,
1610. der Waffenhelden Schaar mit Worten zu erfreuen:
„Seid nicht zu furchtsam, obgleich zu Falle kam

„der Frevler Menge und fand den Tod
„zur Strafe ihrer Thaten: euch wird strahlend erschloßen
„das Licht des Himmels, wenn ihr seid lauteren Sinnes."
1615. Er sandte sein Gebet darauf vor den Gebornen Gottes
und bat den heiligen, daß er Hilfe möchte
den Kindern schaffen, die da kurz zuvor
ihr Leben durch die Fluten verloren hatten,
sobaß da ihre Geister gottentfremdet
1620. des Heils verlustig zu der Hölle Qualen
in der Feinde Gewalt geführet wurden.
Dies Anliegen war dem allwaltenden Gotte
nach den erhabenen Aussprüchen des heiligen Geistes
dem Walter der Völker nach Wunsch gesprochen:
1625. er hieß da all die Kinder wieder auferstehen
. gesund von dem Sande, die zuvor die Salzflut getödtet.
Auferstunden da dort eiligst wieder
Manche auf der Stätte meines Erfahrens,
unerwachsene Kinder: da war all beisammen
1630. Leibliches und Geistiges, obwol sie ihr Leben kurz zuvor
durch den Ueberfall der Fluten hatten aufgeben müßen.
Sie empfingen drauf die Taufe und des Friedens Bund
als Pfand der Glorie befreit von den Strafen,
den Schutz des Schöpfers. An der Stätte hieß der Mutige
1635. des Königs Baumeister eine Kirche zimmern,
einen Gottestempel bauen, wo die Jugend auferstund
zu des Vaters Taufe und die Flut entsprang.

XI.

Drauf versammelten sich da schaarenweise
die Wehrmänner in der Burg und ihre Weiber mit
1640. einmütig alle und sprachen allzumal,
sie seien holdlich zu gehorchen Willens,
bieber zu empfahen das Bad der Taufe
dem Herrn zu Willen und die Heidenopfer
die alten Götzentempel anzugeben.
1645. Ertheilet ward darauf die Taufe die edele
in dem Volk den Männern und des Vaters Bund
ward heilig errichtet, Heil im Lande
unter den Bewohnern der Burg, geweiht die Kirche.

Der Sendbote Gottes setzte alsdann

1650. einen weisen Mann des Wortes kundig
zum Bischof den Leuten in der Burg der hehren
und weihete ihn vor des Wehrvolks Menge,
der in seinem Apostelstande Platan war genannt,
zum Besten dem Volke und gebot aufs schärfste,

1655. daß sie seine Lehren eifrig leisten sollten
und ihr Heil beschaffen, sprach daß er der Heimfahrt gedenke,
daß er gehen wollte und die Goldburg verlaßen,
den Saaljubel der Männer und der Schätze Fülle,
den hehren Ringsaal, daß er den Hochflutdurchrauscher

1660. an dem Seegestade suchen wollte.
Dem Volke war das freudlos zu ertragen,
daß der Leutefürst nicht länger mehr bei ihnen
Willens war zu weilen. Auf dem Weg erschien ihm
der Gott der Glorie selbst, auf seinem Gang zur See,

1665. und dies Wort sprach da der Weltvölker Herr:
„Warum verläßest du die Leute denn so schnell,
„da kaum erst ist bekehrt von seinen Sünden
„das Volk von seinen Freveln? Ihnen ist freudlos der Sinn;
„es gehen schmerzerfüllt und seufzend nun umher

1670. „die Weiber und die Männer und wehklagen laut
„in dem Gemüt betrübt, da du im Meeresboote
„fort willst eilen über der Fluten Straße.
„Deine Hut sollst du der Heerde nicht entziehen
„in so neuer Freude: meinen Namen sollst du

1675. „fest in ihren Sinn zuvor erst bauen.
„Bewohne in der Burg, der Waffenhelden Schirm,
„den schatzgeschmückten Saal noch sieben Nächte!
„dann magst du reisen mit meinem Urlaub.“
Da gieng abermals zum andernmale

1680. der Mutige und Kraftberühmte, der Marmedonier
Wohnungen zu suchen. Es wuchs der Christen
Wort und Weisheit, seit sie wiederkommen
des Edelkönigs Boten mit den Augen sahen.
Er unterwies drauf die Leute in dem Weg zum Glauben,

1685. glanzvoll begründend der Beglückten Ruhm,
gewann für den Himmel weite Schaaren,
für die heilige Heimat des Himmelreiches,

wo fort und fort der Vater und der Sohn
und der Geist des Trostes, im Glanz der Dreieinigkeit
1690. durch den Gang aller Zeiten der Gloriensitze walten,
sowie der Heilige auch bekämpfte die Heidengötzen,
umstieß den Teufelsdienst, den Unglauben fällte.
Dem Satan war das schmerzlich zu ertragen,
großer Gemütskummer, daß er die Menge sah
1695. herzerfreut sich wenden von der Hölle Wohnung
durch die göttliche Gnadenlehre
zu den lieblicheren Freuden, wo nicht des leidigen Feindes
des gramgesinnten Geistes Gang ist in dem Lande.
Da waren verstrichen nach der Bestimmung Gottes
1700. die festgesetzten Tage, wie ihm der Fürst gebot,
daß er die Wetterburg bewohnen sollte.
Nun begann eiligst er zur Abfahrt sich zu rüsten
erfüllt von Freude, wollte im Flutendurchrauscher
Achaia zum andernmale
1705. selbst wieder suchen, wo er die Seele sollte
durch Mord verlieren: das ward dem Mörder nicht
zum Scherz gewendet, sondern in den Schlund der Hölle
nieder fuhr er und nimmer seitdem
fand der freundlose Frevler Tröstung!
1710. Den geliebten Lehrer geleiteten, so erfuhr ich,
mit Volkes Menge zu des Fahrzeugs Steven
die im Gemüt Betrübten: Manchem war da
heiß in der Brust das Herz in Wallung.
So brachten sie zum Brandungsgestade
1715. den wackeren Helden auf das Wogenfahrzeug,
stunden nah dem Ufer ihm nachzuweinen,
solang sie auf des Oceans Wogen der Edelinge Wonne
über die Seehundsstraße sehen konnten.
Sie verherlichten den Herrn der Glorie,
1720. sangen in Schaaren und sagten also:
„Nur einer ist der ewige Gott aller Creaturen!
„über den Erdkreiß hin wird seine Allgewalt
„laut gepriesen! es leuchtet seine Segensfülle
„in hochheiliger Himmelsglorie
1725. „wonnsam glänzend durch alle weite Zeiten
„ewig bei den Engeln: das ist ein edeler König!“

II.

Juliana.

I.

Traun! wir hörten das die Helden melden,
thatenscharf verkünden, was in den Tagen Maximians
sich ereignet hat, der über die Erde hin
Verfolgung anhub, ein Fürst voll Grausamkeit,

5. welcher die Christen mordete, die Kirchen stürzte,
der Heiden Heerkampfsfürst, und der der Heiligen Blut
vergoß auf die Grasflur, der Gottpreisenden,
der Rechthandelnden. Sein Reich war breit,
weit und herlich über die Weltvölker hin,

10. fast über all diese weiten Erdengründe.
Nach allen Burgen zogen, wie er geboten hatte,
seine Diener die tapferen in ihren Thaten verirrt,
begiengen Grausamkeiten, indem sie Gottes Bund
mit Frevels Kraft befeindeten: Feindschaft erregten sie,

15. erhuben Heidengötzendienst, die Heiligen tödtend,
die Bibelkundigen mordend, verbrennend die Auserwälten,
entleibend Gottes Streiter mit Lohglut und mit Speeren.
Einer war an Eigentum begütert, von edelem Geschlechte,
ein hochmächtiger Graf, herschend über Schildburgen:

20. der hatte am oftesten immer seinen Aufenthalt
in jener Männerburg, die Nicomedia war geheißen,
und hielt dort des Hortes Fülle. Oft zu den Heidenopfern,
zu den Götzenbildern gieng er wider Gottes Gebot
genug und eifrig. Als Name war ihm

25. Helisäus gegeben: er besaß Herschergewalt
hochmächtig und hehr. Sein Herz begann da
eine Jungfrau zu lieben, die Juliana:
Begierde trieb ihn. Im Geiste trug die Maid
heiligliche Treue, beherzigte eifrig,

30. daß ihr Magdtum sie von allem Makel rein

aus Liebe zu Christo lauter hielte.
Mit ihres Vaters Willen ward sofort die Jungfrau
verlobt an den Reichen: wie's um die Liebe stund,
war ihm unbekannt durchaus, wie dieser abgesagt hatte
35. die junge in ihrem Geiste. Ihr galt Gottesfurcht
weit mehr in dem Gemüte, als all die Mammonschätze,
die in des Edelings Eigentume stunden.
Der Begüterte war da nach der Jungfrau Mitgift
der goldreiche Mann begierig im Gemüte,
40. daß man aufs beste ihm als Braut ausstattete
die Maid in seine Wohnung. Doch des Mannes Liebe
widerstrebte standhaft sie, obwohl er unterm Schatzverschluße
kostbare Schätze und der Kleinode Unzal
zu eigen besaß auf Erden: sie verachtete das all
45. und dieses Wort sprach sie da vor des Wehrvolks Menge:
"Sagen kann ich dir, daß du dich selber nicht
"brauchst weiter zu betrüben, wenn du den wahren Gott
"liebst und an ihn glaubest und sein Lob erhebest,
"erkennst der Geister Schirm: ich bin sogleich bereit,
50. "zu willfahren deinem Willen ohne Wankelmut!
"Doch sage ich dir auch, wenn du zum schlechteren Gotte
"Thaten ersinnst im Teufelsdienste,
"gelobest Heidenopfer: nicht haben kannst du mich alsdann
"noch mich durch Drohung zwingen dir zur Gattin!
55. "Du magst so sehr mir nimmer Schmerz bereiten
"durch grausame Qualen grimmer Martern,
"daß du von diesen Worten mich zum Wanken brächtest!"
Gar sehr ward da der Sündenbefleckte
von Wut entbrannt, da er die Worte hörte:
60. durch schnelle Boten ließ er schleunigst rufen
heftig und sinnblind der Heiligen Vater
zur Beratung zu sich. Unterredung erhub sich,
sobald die Speere sie zusammenlehnten,
die Heerkampfstarken: die Heiden waren beide
65. siech von Sünden, der Schwäher und der Eidam.
Da redete des Reiches Hüter
grimmen Mutes zu der Jungfrau Vater,
der Speerhaltende: "Mir hat schmachvolle Kränkung
"bereitet deine Tochter! sie sagt mir rund heraus,

70. »daß meine Verwandtenliebe sie gar wenig kümmere,
»mein Ehebündnis. Die Verachtung bringt
»in meinem Herzen mir den herbsten Kummer,
»daß sie so mit schmerzender Beschimpfung mir
»vor diesem Volke zusprach, hieß einen fremden Gott mich

75. »über die andern, die wir ehe kannten,
»würdigen mit Opfern und mit Worten loben,
»in meinem Sinn ihn ehren oder sie nicht haben!«
Da ward der starkgesinnte Schwäher bestürzt nach den Worten,
der Edelen Vater, schloß auf den Sinnverschluß:

80. »Das schwör ich warlich bei den wahren Göttern,
»sowahr ich je bei ihnen Gnade finde
»oder deine Huld bei dir, o Herr, besitze
»in den Wonneburgen, ist wahr diese Rede,
»der Männer liebster, die du mir jetzt sagtest,

85. »daß ich sie mit nichten schone, sondern zur Vernichtung sie
»erlauchter Herr, dir überliefern will!
»Verdamme sie zum Tode, wenn es dir tauglich dünket,
»oder laß am Leben sie, wie dir es lieber ist!«
Drauf gieng er eiligst mit der Jungfrau zu reden

90. ernst und unwirsch, von Ingrimm erfüllt,
wo er die jugendliche wuste geistesfreudig
weilen in der Wohnung. Mit Worten sprach er:
»Meine theuerste Tochter bist du
»und die süßeste in meinem Sinne mir,

95. »die einzige auf Erden, meiner Augen Licht,
»Juliana! du hast in Großthuerei
»gegen der Weisen Ausspruch durch deinen Widerstand
»ein unersprießliches Verfahren eingeschlagen!
»aus eignem Antrieb widerstrebst du allzusehr

100. »deinem Bräutigam, der beßer ist denn du,
»edeler auf Erden, an Eigenthum begüterter,
»an Fülle der Schätze: er ist zum Freunde gut:
»werth ists drum, daß du des Wehrmanns Minne
»die ewigdauernde Liebe nicht abweisest!«

105. Zur Antwort gab darauf die selige
Juliana (mit Gott hatte sie
ein Freundschaftsbündnis fest geschloßen):
»Ich werde nimmer den Verwandtschaftsbund

4

„des Grafen eingehn, wenn er den Gott der Stärke
110. „nicht eifriger verehrt, als er bisher gethan,
      „und dem zu Liebe opfert, der das Licht erschuf,
      „den Himmel und die Erde und der Hochflut Begang,
      „den Umkreiß der Welt! nicht anders kann er
      „mich bringen zu der Wohnung: die Brautliebe
115. „mag er sich suchen im Besitzthume
      „einer anderen Jungfrau: er hat durchaus keine hier!"
      Zur Antwort gab ihr ingrimmsvoll
      der Vater feindlich, verhieß nicht Freudenschätze:
      „Leisten will ich das, wofern mein Leben dauert,
120. „wenn von dem Unrath du nicht eher läßest,
      „wenn du die fremden Götter ferner noch verehrst
      „und die verläßest, die uns lieber sind,
      „die diesem Heldenvolk zum Heile stehen,
      „daß du schuldig am Leben schleunig alsdann sollst
125. „des Todes sterben durch der Thiere Griffe,
      „wenn du nicht eingehn willst das Ehebündnis,
      „des Wackeren Gemeinschaft! Gewagt ist dein Beginnen
      „und bedrohlich sehr für deines Gleichen,
      „daß unseren Herrn im Herzen du verachtest."
130. Zur Antwort gab darauf die selige
      geistesklug und Gott lieb, Juliana:
      „Sagen will ich dir das sicherlich,
      „nicht lügen will ich: in meinem Leben nimmer
      „fürchte ich so sehr vor deinen Befehlen mich
135. „noch sind so furchtbar mir die Folterqualen,
      „die Marterschrecken, womit du mich bedrohest
      „gottlos handelnd mit Grausamkeit,
      „noch vollbringst du das in deiner Verblendung je,
      „daß du mich zu laßen zwingest von dem Lobe Christi!"
140. Da war in großer Wuth ergrimmt und zornig
      furchtbar und sinngrimm der Vater wider die Tochter,
      hieß sie da geiseln, grausam martern,
      mit Wehqual foltern und dies Wort sprach er:
      „Wende dich im Sinn und nimm das Wort zurück,
145. „das du so unklug vorher ausgesprochen,
      „da unsrer Götter Opfer du im Geist verachtetest!"
      Ohne Furcht gab ihm zur Antwort drauf

Juliana in Geiſtes Sinnigkeit:

„Du treibſt mich nimmer, daß ich den Truggebilden
150. „den tauben und ſtummen Teufelsgötzen
„den Geiſterverderbern Gaben opfere,
„den heilloſeſten Dienern der Höllenſtrafen!
„ich verherliche vielmehr den Herrn der Glorie,
„dieſes Mittelkreißes und der Mächte des Himmels:
155. „all das hoffe ich zu ihm allein,
„daß er mein Schutz und Schirmherr werde,
„mein Helfer und mein Heiland wider die Höllenſchädiger!"
Da gab aus Ingrimm Africanus,
der Vater der Jungfrau, ſie in der Feinde Gewalt
160. dem Heliſäus. Der hieß in der Frühe
ſie geleiten zu ſich nach des Lichtes Aufgang
vor ſeinen Herſcherſtuhl. Die Helden ſtaunten an
die Schönheit der Jungfrau, all die Schaar des Volkes.
Es empfieng ſie da zuerſt mit freundlichen Worten
165. der gebietende Herr, ihr Bräutigam:
„Du mein ſüßeſter Sonnenſchein
„Juliana! du haſt der Jugend Fülle,
„unvergleichliche Gabe, Glanz der Schönheit!
„Wenn du unſeren Göttern nun noch opfern willſt
170. „und bei den ſo ſehr milden dir Schutz willſt ſuchen,
„Huld bei den heiligen, dann ſind die harten Qualen
„von dir abgewendet, die in Unzal deiner warten,
„die furchtbaren Martern, die dir bevorſtehen,
„wenn du nicht Willens biſt zu opfern den wahren Göttern!"
175. Ihm gab zur Antwort drauf die edele Jungfrau:
„Du bedrängſt mich nimmer mit deinen Drohungen ſo ſehr
„noch bereiteſt du ſo viele und ſo furchtbare Martern,
„daß ich deine Gemeinſchaft im Gemüte liebte,
„wenn du den falſchen Glauben nicht zuvor verläßeſt,
180. „die Götzenverehrung, und den Gott der Herlichkeit
„klug erkennſt, den Geiſterſchöpfer,
„des Menſchengeſchlechtes Herrn, in deſſen Macht ſtehen
„immer ohne Ende alle Creaturen!"
Da ſprach mit Scheltworten vor der Schaar der Leute
185. wütend im Gemüte und gewaltig zürnend
der Herr des Volkes: er hieß die Jungfrau

4*

zu grausamen Martern entkleidet hinstrecken
und schlagen mit Geiseln die sündenlose.
Der Heermann lachte da und sprach mit Hohnworten also:

190.   „So hat der erste Schritt in unsrem Streite
„seinen Anfang nun genommen! noch immer gönne ich
„dir ferneres Leben, obwol du viel zuvor
„unvorsichtige Worte ausgesprochen,
„wehrtest dich zu sehr, daß du die wahren Götter

195.   „lieben solltest. Der Lohn soll dir
„der Widerspenstigen in Wehqualschrecken
„nicht fehlen hinterher, wenn du zuvor mit ihnen
„dich nicht versöhnen willst und nach den sündhaften Reden
„ihnen angenehme Opfergaben bringen,

200.   „mit ihnen Friede schließen! Laß doch die Fehde ruhen,
„den leibigen Widerstreit! Wenn du noch länger über dies
„unklugen Willens dem Irrtum folgest,
„dann werde ich unvermeidlich dazu angetrieben,
„an der Grimmesten die Gottschuld zu bestrafen,

205.   „die ärgerlichen Schmachreden, daß wider die allerbesten du
„mit Gotteslästerung begannst zu streiten
„und wider die mildesten von allen, welche Menschen kennen,
„welche lange unter sich dies Leutevolk verehrte.‟
Zu ihm sprach ohne Furcht das edele Gemüt:

210.   „Nicht fürchte ich vor deinen Befehlen mich,
„verfluchter Frevler, noch vor deinen Folterqualen!
„Den Herrn des Himmelreichs hab ich zur Hoffnung mir
„als milden Schirmherrn, den Machtwalter,
„Gott, der mich beschützt vor deinen Gaukelwerken

215.   „aus den Griffen der Feinde, die du für Götter ausgibst:
„die sind untheilhaftig aller Güter,
„eitel und machtlos, unfähig zu helfen;
„Wolthaten findet in der Welt da Niemand,
„wahren Frieden, obwol er bei ihnen

220.   „Freundschaft suche; er findet da nicht
„Heil bei den Teufeln. Auf den Herren mein
„thu mein Gemüt ich gründen, der über der Mächte jede
„herscht durch weite Zeit, der Herr der Glorie,
„der Eigner alles Siegruhms: das ist der einzigwahre König!‟

225.   Schmachvoll däuchte das dem Schaarenführer,

daß er nicht vermochte ihren Mut zu wenden,
das Herz der Jungfrau. Bei den Haaren hieß er
sie erheben und hängen an einen hohen Baum,
allwo die Sonnenschöne Schläge duldete
230. sechs Tagesstunden, sehr grimme Marter;
darnach hieß er sie wieder niedersetzen,
der feindselige Peiniger, und führen hieß er sie
zum Kerker wieder. Ihr war Christi Lob
gegründet fest in ihren Geistverschluß,
235. Brustsinn milde, unbeugsame Kraft.

II.

Mit Ketten und Riegeln ward die Kerkerthür verschloßen,
das Werk der Hämmer: es weilte drinnen die Heilige
fromm und standhaft. Den Fürsten der Glorie
pries sie im Herzen stets, des Himmelreiches Gott,
240. den Notretter der Menschen, in der Notgrube
von Hüllbunkel umfangen: ihr war der heilige Geist
ein immerwährender Gefährte. Da kam unversehens
in den finsteren Kerker der Feind der Menschen
des Uebels kundig; es hatte Engelsgestalt
245. der Fallstrick-erfahrene Verfolger der Geister,
der Häftling der Hölle, und zu der Heiligen sprach er:
„Was treibst du denn, die du die theuerste
„und die wertheste bist dem Walter der Glorie,
„dem Herren unser? Dieser Heidenrichter hat
250. „die allerfurchtbarste Folterqual dir vorbereitet,
„endlose Schmerzen, wenn du nicht opfern willst
„geistklugen Sinnes und seinen Göttern dienen.
„Sei du in Eile, damit er hinaus dich führen
„von hinnen heiße, daß du hurtig Gaben
255. „zum Siegesopfer weihest, eh vor den Schaaren dich
„der Tod dahinrafft! du tugendsame Jungfrau
„wirst entgehn dadurch dem Grimm des Richters.“
Frischweg fragte ihn da, die nicht furchtsam war,
die Christusdienerin, von wannen er gekommen sei.
260. Zur Antwort gab ihr drauf der Elende:
„Ich bin ein Engel Gottes von oben kommend,

"ein ehrenfester Diener und abgesandt zu dir
"heilig aus der Höhe. Dir sind harte Martern
"wunderbar grausamer Wehqual bestimmt

265. "zur Todesstrafe: bedeuten hieß dich Gott,
"der Geborene des Waltenden, daß du dich bergen sollst davor."
Da war die edle Jungfrau vor der Unheilskunde
von Angst bestürzt, die ihr der Unhold da
der Widersacher der Glorie mit Worten sagte.

270. Da begann festiglich die frevellose Maid
ihr Herz zu kräftigen und zum Herrn zu rufen:
"Nun will ich anflehn dich, du Obhut der Helden,
"ewiger allmachtvoller, bei der edelen Schöpfung,
"die du, der Engel Vater, im Anfang hast geschaffen,

275. "daß du mich nicht läßest von dem Lobe wanken
"deiner Segensgaben, wie dieser Sendbote mir entbietet
"die furchtbare Unheilsbotschaft, der hier vor mir stehet!
"drum flehe ich zu dir, dem Vater dem gerechten,
"daß du mir kund geben wollest, du der Könige Glorie,

280. "der Majestät Hirte, was für ein Mann dies sei,
"der luftdurchfliegende, der mich lehrt von dir hinweg
"zum schlimmen Abfall!" Eine Stimme sprach zu ihr
drauf aus den Wolken lieblich und dies Wort ertönte:
"Fasse du den Frechen und fest halt ihn,

285. "bis daß er seine Sendfahrt dir gesagt hat nach der Wahrheit
"all von Anfang, was seine Abkunft sei!"
Da war der jugendlichen Maid ihr Geist erfreut,
der ruhmreichen Jungfrau: sie faßte rasch den Teufel;
In der Handschrift ist hier ein Blatt ausgeschnitten; das Fehlende
lautet in der von Kynewulf benutzten Quelle also: Sie hielt ihn
fest und sprach: "Sage mir, wer du bist und wer dich sandte!
Er antwortete: "Laß mich los und ich werde dir es sagen!"
Juliana sprach: "Erst sage mirs und dann will ich dich loslaßen."
Da sprach er: "Ich bin Belial der Dämon und habe meine
"Freude an den Bosheiten der Menschen, bin ein Freund des
"Mordes, der Ueppigkeit und des Streites, ein Zerstörer des
"Friedens. Ich bin es, der Adam und Eva im Paradies zur
"Sünde verführte; ich bin es, der den Cain zum Brudermord
"verleitete; ...." Nachdem er so eine ganze Reihe von
ihm angestifteter Uebelthaten aus dem alten Testamente aufgezält hat,

fährt er fort: „Ich bin es, der den Herodes zum Kindermorde an=
„trieb; ich bin es, der den Judas verleitete, daß er den Sohn Gottes
„verriet,
„den König aller Könige dem Kreuzestode hingab.
290. „Durch meine Kunst hab ichs veranlaßt, daß der Kriegsmann
begann
„den Waltenden zu verwunden (das Wehrvolk sah zu),
„wo Blut und Waßer beides zusammen
„die Erde suchte. Auch verführte ich
„im Herzen den Herodes, daß den Johannes er
295. „enthaupten hieß, da ihm der heilige Mann
„mit Worten wehrte seine Weibesliebe,
„die unrechtmäßige Ehe. Auch trieb ich den Simon
„an durch Arglistgedanken, daß er aufzutreten begann
„wider die erkorenen Christusdiener
300. „und die heiligen Männer mit Hohn verfolgte
„in grasser Verblendung, sagte daß sie Gaukler wären.
„Ich bemühte mich mit listvollen Ränken, wo ich verleitete den Nero,
„daß er ermorden hieß die Mannen Christi
„Petrus und Paulus. Pilatus erhieng
305. „ans Kreuz zuvor den König der Himmel
„den machtreichen Schöpfer auf meinen Rat.
„Auch hab ich den Egias angetrieben,
„daß er unbesonnen den Andreas hieß
„den heiligen erhängen an einen hohen Baum,
310. „daß der am Galgen seinen Geist entsandte
„in die Herlichkeit des Himmels. So habe ich gar viel
„vollbracht mit meinen Brüdern Bosheitthaten,
„viel schwarzer Sünden, die ich nicht alle sagen kann,
„nicht erzählen weitläufig, noch kann ich auch die Zahl wißen
315. „der harten Haßgedanken!" Da sprach die Heilige zu ihm
durch Geistes Gabe, Juliana:
„Du sollst noch fürder, Feind des Menschengeschlechts,
„sagen deine Sendfahrt, wer dich gesandt hat zu mir!"
Ihr gab der elende Unhold zur Antwort drauf
320. von Furcht befangen ohne Friedenshoffnung:
„Mein Vater hat auf diese Fahrt zu dir
„der Höllenbürger König mich hierher gesendet
„aus der engen Heimat: der ist nach der Uebel jedem

„in der Jammerbehausung weit begieriger denn ich.

325. „Wenn er uns fort entsendet, daß wir den frommen Menschen
„durch misliche Verführung das Gemüt verkehren,
„sie von dem Heile wenden, dann sind wir herzbetrübt
„voll Furcht im Sinn. Uns ist kein freundlicher Herr
„der schreckenvolle König, wenn wir keine Schandthat haben
330. „in der Welt vollbracht: dann wagen wir nicht
„irgendwo zu treten vor sein Angesicht;
„dann sendet über den weiten Grund er in der Welt umher
„seine Diener aus dem Düster, heißt sie uns Drangsal bereiten,
„wenn wir auf dem Erdenwege angetroffen
335. „oder in der Ferne oder Nähe gefunden werden,
„daß sie uns binden und in des Brandes Wallen
„uns foltern und geiseln. Wenn sich der Frommen Gemüt
„nicht durch Verführungskünste zu dem Frevel wendet,
„das Herz der Heiligen, dann sollen wir die härtesten
340. „und die schlimmsten Qualen durch schmerzvolle Schläge
„wehvoll erdulden. Die Wahrheit kannst du
„selbst nunmehr in deinem Sinn erkennen,
„daß ich zu unternehmen dieses Wagnis von der Not gezwungen
„und gedrängt war durch der Dinge Lage, daß ich dich hier
suchte."
345. Da begann abermals die Heilige den Anfeinder der Menschen
den Werkmeister des Uebels mit Worten zu fragen,
den Urheber der alten Sünden: „Du sollst mir noch ansagen
fürder,
„du Feind der Seelen, wie du den frommen Menschen
„durch der Sünden Fall so sehr kannst schaden
350. „mit Falschheit befangen." Ihr gab der Feind zur Antwort
und mit Worten sprach der wahrlose Elende:
„Ich will dir sagen, selige Jungfrau,
„den Ursprung aller Uebel bis zum Ende fort,
„die ich nicht wenigemal durch Wunden der Sünden
355. „habe angestiftet, daß du um so unzweideutiger
„magst gewahren selbst, daß dies ist Wahrheit und nicht Lüge.
„Ich glaubte das und hielts für ganz gewis
„in meinem dreisten Sinne, daß ich dich vermöchte
„ohne Mühe durch mein Eines Künste
360. „von dem Heil zu wenden, daß du den Himmelskönig solltest

„den Siegruhmsfürsten abschwören und zum Schlimmeren
  dich wenden,
„dem Frevelstifter opfern. Dem Frommen pfleg ich so
„auf mannigfache Weise das Gemüt zu verkehren:
„wo ich ihn finde, daß er fest sein Gemüt

365. „gründet auf Gottes Willen, bin ich sogleich bereit,
„daß ich ihm mancherlei Gemütes Ueppigkeit
„viel grimme Gedanken entgegen bringe,
„verborgene Verführungen durch der Verblendungen Unzahl;
„ich versüße ihm die Sündenlüste,

370. „lasterhafte Liebe, daß meinen Lehren er
„dem Bösen ergeben baldigst folget:
„so sehr entflamme ich zu Sünden ihn,
„daß er entbrannt in Lust von dem Gebete weicht
„mit starken Schritten, daß er nicht standhaft mag

375. „vor Liebe zu den Lastern länger weilen
„an des Gebetes Stätte. So bringe ich zu ihm
„leidige Schrecknisse, wem das Leben ich misgönne
„und den lichten Glauben, und meinen Lehren will er
„in seines Geistes Streben gerne hören

380. „und Lasterwerke thun: verlustig soll er
„aller Frömmigkeit dann fürder leben.
„Doch wenn ich einen kraftberühmten Kempen Gottes
„unter den Menschen irgend mutig finde
„wider das Pfeilgefecht, der nicht will fern von dannen

385. „entgehn dem Kampfe, sondern geistessinnig
„mir hält entgegen den heiligen Schild,
„den geistlichen Kampfschmuck, und will von Gott nicht laßen,
„sondern bleibend aushält im Gebete kühn
„fest auf den Füßen, dann muß ich fern von bannen

390. „gebemütigt mich wenden des Trosts verlustig
„und in den Griffen der Gluten Klaglieder singen,
„daß ich nicht vermochte mit Macht und List
„anzugreifen im Kampf. Einen andern muß ich
„einen kraftloseren Kempen bekümmert suchen,

395. „der unter dem Schirm des Helmzeichens schlaffer ist und träger,
„den ich aufstacheln kann mit meinen Anreizungsmitteln,
„entflammen in dem Kampfe: wenn er fromme Werke
„geistlich auch beginnt, bin ich doch gleich bereit,

»all zu durchschauen seine innersten Gedanken,
400. »wie sehr sei befestigt der Sinn im Innern
»und Widerstand bereitet. Des Walles Pforte
»schließ ich durch Bosheit auf: durchbohrt ist der Thurm,
»der Eingang ist geöffnet, wenn ich zuerst ihm habe
»durch Anprall der Pfeile hineingesendet
405. »in seinen Brustsinn bittere Gedanken
»durch mancherlei Gemütes Lüste,
»daß ihm Böses zu vollbringen beßer dünket
»als das Lob Gottes, den Lastern zu fröhnen,
»den Lüsten seines Leibes. Ich lehre ihn dann eifrig,
410. »daß er in meinen Sitten müße leben
»kundbar abgefallen von dem Christenbunde,
»das Gemüt verführt in meine Gewalt
»in der Sünden Pfuhl. Der Seele achte ich
»weit begieriger um des Geistes Verderben
415. »als des Leibes, der im Lagerbette soll
»den Würmern werden in der Welt zur Freude
»begraben in die Erde.« Da sprach die Jungfrau wieder:
»Sage an, du elender unsauberer Geist,
»des Düsters Lenker, wie du dich drängen konntest
420. »in die Gemeinschaft der Reinen! Wider den machtreichen Christ
»hast du doch abtrünnig einst gestritten,
»wider den Heiligen dich verschworen: dir ward der Hölle Pfuhl
»gegraben in der Tiefe, wo du in grimmem Elend
»für deinen Hochmut mustest Heimat suchen.
425. »Ich dächte, du solltest um so bedächtiger werden
»zu solcher Begegnung mit den Seelen der Frommen
»und um so unkühner, da dir so oft misglückte
»durch den Fürsten der Glorie die Vollführung deines Willens.«
Zur Antwort gab ihr drauf der elende Geist,
430. der arme Unhold: »Zuerst sage mir,
»wie du so waghaft wurdest über die Weiber alle
»und durch tiefe Gedanken so dreist zum Kampfe,
»daß du so fest mich mit Feßeln bandest,
»den durchaus unkampffähigen! Auf den ewiglichen Gott,
435. »der in der Herlichkeit thronet, hat dein Herz vertrauet,
»auf der Menschen Schöpfer, wie ich auf meinen Vater
»der Höllenbürger König meine Hoffnung gründe.

„Wenn ich wider die Frommen fort entsandt bin,
„daß ich verführen soll zu Frevelwerken

440.　„die Leute von dem Heile, dann wird mir leider manchmal
„verwehrt durch Widerstand meines Willens Erfüllung
„meiner Hoffnung bei den Heiligen, wie mir hier zu Theil ward
„Sorge auf der Sendfahrt: ich selbst erkenne das
„nur allzuspät! ich soll fortan nun lange

445.　„schuldwürkend Schande tragen.
„Drum beschwöre ich dich bei des Schöpfers Macht,
„bei der Gnade des Himmelskönigs, der am Kreuzesstamm
„so hart hat gelitten, der Herr der Glorie,
„daß du milde seiest mir in meiner Not,

450.　„damit ich nicht unselig gehe all zu Grunde,
„obgleich ich so verwegen und so wagehalsig
„dich suchte auf der Sendfahrt, wo eine solche Lage
„ich warlich vorher nicht erwartet hatte!“
Da sprach die lieblichschöne Leuchte der Glorie

455.　mit Worten also zu dem Wahrheitsfeinde:
„Du sollst ferner noch bekennen der Frevelthaten mehr,
„du elender Höllengeist, eh du von hinnen darfst,
„was du für maaßlose Frevelthaten den Menschenkindern
„zum Aergerniß hast angestiftet

460.　„durch tückische Verführung!“ Da sprach der Teufel zu ihr
„Nun höre ich das hier an deinen Reden,
„daß ich unwiderstehlich dazu angetrieben
„mein Gemüt muß verraten, wie du mir gebietest,
„und Harmnot dulden. Gar hart ist diese Lage,

465.　„Drangsal ohne Maaßen! ich muß der Dinge jedes
„dulden und mich fügen nach deinem Ausspruch,
„muß die Frevelthaten enthüllen, die ich durch viele Zeiten
„schwarz veranlaßt. Das Gesicht entzog ich oft
„und blendete mit Bosheitgedanken

470.　„eine Unzahl Menschen, ihnen das Augenlicht
„durch giftgetränkte Spitze umgebend mit einer Nebelhülle
„durch finstere Pfeilschauer; die Füße Anderer
„zerbrach ich mit boshafter List; in den Brand sandt' ich Andere,
„in der Lohe Verschluß, sodaß der letzte der Wege

475.　„ihnen vor Augen ward gebracht. Auch that ichs Manchen,
„daß ihrer Gebeine Umhüllung Blutströme ausspie,

„daß unverſehens ſie durch ihrer Adern Wallen
„das Leben verloren. Es wurden der Leute andere
„auf der Wellenſtraße von den Waßern in die Wogen verſenkt
480. „in die Meeresfluten durch meine Ränke
„unter die Strömung die wilde. An den Stamm des Kreuzes
„ließ ich erhängen Manche, daß ſie am hohen Galgen
„ihr Leben ließen. Durch meine Lehren bracht' ich
„Andere zum Zanke, daß ſie unverſehens
485. „wieder aufwärmten den alten Groll
„trunken vom Biere: ich kredenzte ihnen
„Streit aus dem Becher, daß ſie ſterbend ihren Geiſt
„im Gaſtſaale durch den Griff des Schwertes
„aus dem Fleiſchkleibe ließen fort enteilen
490. „von Wunden ſiech. Wieder Andere,
„die ich antraf achtlos und ungeſegnet
„mit dem Gotteszeichen, die erſchlug ſogleich ich dann
„durch mancherlei Todesart mit meinen Händen
„mit Argliſtgedanken. Aufſagen kann ich nicht,
495. „und ſäße ich auch hier den ſommerlangen Tag,
„all die Arbeiten, die ich eher oder ſpäter
„ausgeführt zum Unheil, ſeit zum erſten ward
„aufgeſpannt der Himmel und die Umlaufbahn der Sterne,
„die Erde geſchaffen nebſt den erſten Menſchen
500. „Adam und Eva, denen ich abbrang das Leben
„und die ich lehrte, daß ſie die Liebe Gottes
„all aufgaben und die ewigen Segensgaben,
„den hehren Hausbeſitz, ſodaß zum höchſten Elend
„für immer ihnen beiden und ihren Abkömmlingen gereichte
505. „die finſterſte der Frevelthaten. Was ſoll ich ferner aufzählen
„das endloſe Uebel? ich brachte all hervor
„die feindſeligen Frevel bei den Völkern der Erde,
„die da wurden von der Welt Anbeginn
„durch lange Zeiten den Leuten auf Erden,
510. „dem Menſchengeſchlechte. Es war der Männer keiner,
„der mich ſo dreiſtkühn wie du nun hier,
„du Heilige, wagte mit den Händen zu berühren;
„ſo mutig war kein Mann auf Erden
„durch heilige Macht, der Hochväter keiner
515. „noch der Propheten auch, obgleich ihnen der Völker Gott

„der Glorienkönig enthüllte den Geist der Weisheit,
„unermeßliche Gaben: ich durfte Eintritt bei ihnen
„gleichwol haben; keiner war von ihnen,
„der so brustkühn mit Banden mich belegte,
520. „drangsalvoll mich unterdrückte, eh du nun hier
„hast überwunden meine gewaltige Macht
„und hältst sie fest in Schranken, die mir mein Vater gab,
„der Feind der Menschen, als mich fahren hieß
„aus dem Düster mein Herr, damit ich dir sollte
525. „die Sünde hier versüßen: Sorge kam mir da,
„schwerer Handkampf. Nach der schmerzvollen Strafe
„darf ich jubelnd nicht mich dieses Ganges freuen
„in meiner Maagfreunde Mitte, wenn ich meine Schuld
„in der unerfreulichen Heimat abtragen soll
530. „jammernden Mutes!" — Die Juliana
hieß der Graf darauf, der grausam gesinnte Mann,
hinaus geleiten aus der engen Wohnung
zum Verhöre vor den Heiden, die heiliggesinnte,
vor seines Thrones Stufen. Sie zog den Teufel mit sich,
535. die in der Brust ermutigte den in Banden festen,
die Heilige den Heiden. Da begann der hartbetrübte
sein Geschick zu beseufzen, den Schmerz zu beweinen,
zu beweheklagen seine Sendfahrt, und mit Worten sprach er:
„Ich beschwöre, meine Herrin, dich hoch und theuer
540. „um Gottes willen, Juliana,
„daß du nicht schmachvoll fürder Beschimpfung mir bereitest,
„Verhöhnung vor den Leuten, wie du vorher gethan hast,
„da du überwandest den weisesten
„in des Kerkers Dunkel, den König der Höllenbürger,
545. „in der Feinde Wohnung! unser Vater ist das,
„der Frevelfürst der Sünde. Du hast furchtbar mich bedrängt
„mit schmerzvollen Schlägen! nur zu sicher weiß ich,
„daß ich weder eher noch später jemals angetroffen
„ein Weib deines Gleichen in dem Weltreiche
550. „beherzteren Sinnes noch heftiger im Zorne
„unter allen Maiden! An mir ist's offenkundig,
„daß du ohne Scheu durchaus und ohne Scham bist geworden
„und geistesklug." Da ließ die Jungfrau ihn
das Düster suchen nach der Drangsalszeit,

555. entließ der Seelen Anfechter in den schwarzen Abgrund,
in der Wehqual Verderben: es wußte um so beßer
der Melder des Frevels den Mannen der Hölle
seinen Freunden zu sagen, wie's auf der Fahrt ihm gieng.

III.

Hier fehlt wieder ein Blatt der Handschrift. Der über die Schön=
heit der h. Jungfrau erstaunte Heliseus fragt sie, wer sie durch Zau=
berei solche Qualen überwinden gelehrt habe; sie sagt, das komme
von Gott, und fordert ihn zur Buße auf. Darauf wird sie von
Flammen umlodert auf einem eisernen Rade geschwungen: sie aber
preist Gott und bittet ihn um Errettung aus der Hand des Thrannen.
Als das die Henker hörten, wurden sie bekehrt und priesen Gott:

560. sie verherlichten ihn in der Höhe und seine heilige Glorie,
und sagten betheuernd, daß des Siegruhms er
über alle Creaturen einzig walte,
der ewigen Segensgaben. Da kam ein Engel Gottes
in glänzendem Gewande und die Glut zerschob er,

565. befreite und beschützte die frevelreine
die lasterfreie Jungfrau und die Lohglut zerwarf er,
die heißgierige, wo die Heilige stund
heil in der Mitte, das Haupt aller Maide.
Das war dem Schätzereichen schwer zu ertragen:

570. wenn er vor der Welt es wenden möchte,
suchte der Sündenbefleckte, wie er am schmerzlichsten
durch die furchtbarsten Martern finden möchte
ihre Lebensvernichtung. Nicht zu laß war der Feind,
der ihn da antrieb, daß er ein irdenes Gefäß

575. umgeben hieß mit grimmer Schrecknis
mit wunderbarer Kunst, hieß es mit Waldbäumen
mit Holz umlagern. Der Heide drauf
gebot das Lehmgefäß mit Blei zu füllen
und hieß ins Lodern bringen der Leichenfeuer größtes,

580. den Scheiterhaufen entzünden, der geschichtet war
von Bränden rings: das Bad wallete heiß.
Dann hieß er eiligst ergrimmsvoll
die frevelreine Jungfrau in die Flut des Bleies
die Schuldlose stoßen. Schnell theilte sich

585. der Brandschwall von einander und das Blei sprang weithin
heiß und vernichtungsgierig. Die Helden wurden bestürzt
erschreckt vor dem Schwalle: schier verbrannten
durch des Feuers Schnauben fünf und siebenzig
vom Heer der Heiden. Doch die Heilige stund
590. in unversehrter Schönheit: versengt vom Feuer
war ihr nicht Haut noch Haupthaar noch ihr hüllendes Gewand,
nicht Leib noch Glieder; in der Lohglut stund sie
durchaus unverletzt und sagte für Alles Dank
dem Herrn der Herren. Da ward der Heidenrichter
595. voll Wut und Ingrimm, begann sein Gewand zu zerreißen
und zornschnaubend mit den Zähnen zu knirschen,
wütete im Geiste wie ein wildes Thier;
der Grausamgesinnte brüllte seine Götter lästernd,
daß sie nicht vermöchten mit Macht zu widerstehen
600. dem Willen eines Weibes. Die Verwandte der Glorie
war furchtlos und standhaft und festzuhalten bedacht
an Gottes Willen. Der geistbetrübte Richter
hieß drauf erschlagen durch des Schwertes Biß
die Herzensheilige und des Haupts berauben
605. die dem Herrn Erkorne: ihm ward zum Heil der Mord nicht,
seit er die Folgen fürder kannte!
Da war die Hoffnung erneut der heiligen Jungfrau
und des Mägdleins Gemüt war mächtig erfreut,
sobald sie hörte, wie die Helden faßten
610. den boshaften Beschluß, daß ihr sollte geboten werden
die Erlösung aus den Leidenstagen
und das Leben genommen. Da hieß der Lastervolle
führen zur Enthauptung die frevelreine Erkorne,
die schuldlose Jungfrau. Da erschien alsbald
615. der heilberaubte Höllengeist und Harmlieb sang
der elende Unhold, den sie eh zuvor
überwand und feßelte und wehvoll geißelte;
voll Kummerlieder rief er vor der Krieger Schaaren:
„Nun vergeltet ihr mit Kummer, daß sie unsrer Götter Macht
620. „verachtete im Herzen und mich auch so sehr
„beraubte meiner Kräfte, daß ich zum Verräter wurde!
„laßt sie nun schlimmen Lohn durch Schwertes Streich empfangen,
„laßt den alten Haß zum Ausbruch kommen

„siech an Sünden! Der Sorge gedenke ich,
625. „wie ich fest in Banden viele Mühsal
„in einer Nacht hab ausgestanden,
„unermeßliches Uebel!" Auf blickte da die Selige
entgegen dem Feinde, Juliana:
sie hörte Harm singen den Höllenteufel.
630. Da begann der Feind der Menschen auf die Flucht zu eilen
zu der Wehqual der Hölle und das Wort rief er:
„Wehe mir Verfluchtem! zu erwarten steht,
„daß sie mich Armen abermals will demütigen
„durch übele Kränkung, wie sie ehe that!"
635. Drauf wurde sie geleitet zu des Landes Grenze
an jene Stätte, wo die Starkgesinnten
aus Kampfhaß sie zu köpfen dachten.
Sie lehrte da und stärkte zu dem Lobe Gottes
das Volk von den Freveln, verhieß ihnen Freud und Trost,
640. den Weg zur Glorie, und sprach dies Wort zu ihnen:
„Denkt an der Helden Wonne und die Herlichkeit der Glorie,
„an die Hoffnung der Heiligen, an der Himmelsengel Gott!
„er ist des würdig, daß ihn die Weltvölker
„und all der Engel Schaaren oben in den Himmeln
645. „verherlichen und seine hohe Macht: da ist Hilfe bereit
„ewig für alle Zeiten dem der sie eignen soll.
„Ihr lieben Leute! ich will euch lehren drum,
„die ihr das Gesetz befolgt, daß auf das sorgsamste
„eure Wohnung ihr befestigt, damit nicht Windstöße jählings
650. „sie zerstoßen und zerstieben: um so stärker wird die Mauer
„streng widerstehen der Stürme Schauern,
„den Lastergedanken. Gründet mit lichtem Glauben
„auf den Eckstein den lebendigen in Eintracht der Liebe
„festen Sinnes euer Fundament!
655. „haltet unverbrüchliche Treue und Bruderliebe
„im Herzen unter euch und heilige Gemeinschaft
„in Gemütes Minne! Milde gibt euch dann
„der machtreiche Vater, wenn euch am meisten Not ist
„Hilfe zu finden bei dem Herrn der Kräfte
660. „nach sorgenvoller Lage: denn ihr selbst kennt nicht
„den Ausgang von hinnen, das Ende eures Lebens.
„Vorsichtig dünkts mir, daß ihr wider der Feinde Kampfgraus

„wachsam immer Wache haltet,
„damit die Widersacher euch durch Waffenkampf
665. „den Weg nicht verwehren zu der Wohnung der Glorie.
„Erfleht von Gottes Sohn, daß mir der Fürst der Engel
„des Menschengeschlechtes Schöpfer milde werde,
„der Austheiler des Siegruhms! Mit euch sei Friede,
„stets wahre Liebe!" Drauf ward ihre Seele
670. aus dem Leib entführt zur langen Freude
durch den Schlag des Schwertes. — Zu Schiffe suchte der
                                        Frevler
scheuen Mutes mit der Schaar der Helden
der Hochflut Strömung, Helifeus,
segelte über die Seeflut auf der Schwäne Straße
675. der Tage manchen. Der Tod entraffte all
die Schaar der Männer und ihn selber mit,
eh sie gelangt waren zu des Landes Gestade,
durch furchtbaren Graus. Da wurden vier und dreißig
des Kriegergeschlechtes, die Kempen sammt dem Herren, -
680. durch das Wallen der Wogen in den Waßerfluten
ihres Lebens beraubt: verlustig des Trostes
mußten sie hoffnungslos die Hölle suchen.
Nicht durften die Helden in der düsteren Heimat,
die Schaar der Genoßen, in der Schlucht des Abgrunds
685. von dem Herrn und Fürsten herliche Kleinode
sich beschieden wähnen, daß sie den Schmuck der Ringe
in dem Bierfaale auf den Bänken empfiengen,
gebuckeltes Gold! — Gebracht dem ungleich
ward mit Lobgesängen der Leib der Heiligen
690. mit großer Begleitung zu des Grabes Ruhe,
daß ihn hineinleitete ins Innere der Burg
ein großes Leichengefolge. In dem Lauf der Jahre
ward herlich erhoben des Herren Lob
dort von da an bis auf diesen Tag
695. in jener Völkerschaft. Gar viel bedarf ichs,
daß die Heilige mir Hilfe schaffe,
wenn sich mir trennen die theuersten von allen,
wenn ihre Sippe zerreißen die gefellten Gatten,
ihre große Gemütesliebe, und es soll aus meinem Leibe
770. die Seele auf die Reise, ich weiß selbst nicht wohin,

5

zum unbekannten Aufenthalte: ich soll heraus aus biesem
und einen anderen suchen, wie ich ihn eh verdiente,
den früheren Thaten gemäß. Betrübt gehn dann umher
K. Y. und N.; der König ist ergrimmt,
705. des Siegruhms Verleiher, und sündenbefleckt harren
E. W. und U. von Angst erfüllt,
was er nach ihren Thaten ihnen ertheilen wolle
zum Lohne ihres Lebens. **L. und F.** beben
sorgenbetrübt seufzend; ich gedenke des Schmerzes all,
710. der Frevelwunden, die ich früher oder später
würkte in der Welt: wehklagend soll ich
mit Zähren das beklagen. Ich war zur Zeit zu säumig,
daß ich mich eher schämte der Uebelthaten,
solange noch gesellt mitsammen gesund im Wohnsitz
715. giengen Geist und Leib. Gnade bedarf ich dann,
daß die Heilige bei dem höchsten König
Fürsprache für mich einlege: des mahnt mich meine Not
und mächtiger Gemütes Kummer. Ich bitte der Menschen
jeglichen,
der dieses Lied wird lesen, der Leute jeden,
720. daß er meiner angelegentlichst bei meinem Eigennamen
geistesmutig gedenke und Gott bitte,
daß mir der Helm der Himmel Hilfe bringe,
der König der Mächte an dem großen Tage,
der Vater, des Trostes Geist, in jener furchtbaren Zeit,
725. der Thaten Richter und der theure Sohn,
wenn in Herrlichkeit thronend die heilige Dreiheit
in Einheit alsdann all dem Menschenvolke
durch die Schöpfung die glänzende bescheidet nach Verdienst
Vergeltung einem jeden! Gib uns, Gott der Mächte,
730. daß wir dein Angesicht, der Edelinge Wonne,
freundlich finden in der feierlichen Stunde! Amen.

III.

Legende vom h. Guthlak zu Crowland.

I.

Es gibt manche Stände in dem Mittelkreiße
hier unter dem Himmel, die zu der Heiligen Zahl
gerechnet werden: des mögen wir das Rechte hören
an Allen und jedem Einzelnen,
5. wenn wir halten wollen die heiligen Gebote.
Nun mag ein weiser Mann des Wohls sich freuen,
guter Zeiten, und seinem Geiste fort
den Weg erwünschen. Die Welt ist in Aufruhr,
erkühlt ist Christi Liebe; gekommen sind
10. über den Mittelkreiß gar manche der Versuchungen,
wie Gottes Kundboten schon in vergangenen Zeiten
das mit Worten sagten und durch Weißagung
benamten Alles, wie es nun ergeht.
Es altet nun der Abel aller Erdendinge
15. und die Gewächse wenden sich von ihrer wonnsamen Schönheit:
diese spätere Zeit ist in der Saaten jeder
weit unkräftiger geworden. Drum braucht kein einziger Mann
nun von dem Wechsellaufe dieser Welt zu hoffen,
daß er uns herliche Freude herbringen möge
20. statt der Nachstellungen, die wir nun ertragen,
bevor einst enden werden alle die Geschöpfe,
die Er in sechs Tagen geschaffen hat,
die unter dem weiten Himmel nunmehr Wesen zeugen
mächtige und mindere. Es ist der Mittelkreiß
25. getheilt in Theile. Es schaut der theuere Herr,
wo die sind und wohnen, die seine Gesetze halten:
seine Anordnungen sieht er an allen Tagen
schwinden und sich wenden von den Schaaren dieser Welt,

5 *

die er gesetzt hat durch sein selbes Wort;
30. er gewahrt wol viele, doch wenige sind erkoren.

Einige wollen des Ordens Ruf
in ihren Worten tragen und thun die Werke nicht:
ihnen ist der Erdenreichtum über das ewige Leben
die höchste aller Freuden, die den Helden allen
35. den Flurbewohnern fremd soll werden;
darum verhöhnen sie der Heiligen Gemüt,
die auf den Himmel haben ihr Herz gegründet
und wißen, daß das ewige Erbgut wartet
auf all die Menge derer, die im Mittelkreiße
40. dem Herren dienen und nach der Heimat der theueren
durch ihre Werke streben: so sollen diese Weltschätze
gegen die edelen Güter umgetauscht werden,
wenn die das gern erstreben, denen Gottes Furcht
über dem Haupte schwebt und welche durch die höchste Macht
45. sind eingeschüchtert und dieses Erdenleben
brauchen nach den Geboten und das beßere fort
wünschen und erwarten, erkaufen sich die Wonne der Glorie,
indem sie Almosen geben und die Armen tröften,
geben reichlich und mildherzig die rechten Schätze,
50. thuen denen wol mit Gaben, welche weniger haben,
und dienen dem Herrn täglich: ihre Thaten schaut er.
Es wohnen Manche an wüften Orten,
suchen und besitzen nach ihrer selber Willen
Heimath im Verborgenen, des Himmelreiches
55. Wohnsitz erwartend. Oft bringt ihnen wilde Schrecken
der Leidige entgegen, der ihnen das Leben misgönnt,
bald Angstgebilde ihnen zeigend, bald eitele Glorie,
der Mörder voller Ränke: er hat Macht über beides.
Er verfolgt die Einsamwohnenden; doch stehen Engel vor
ihnen
60. gewappnet mit den Waffen der Geister, sind willfährig zu
ihrer Hilfe,
behüten das Leben der Heiligen, wißen ihre Hoffnung bei
dem Herrn.
Das sind die Kempen die erprobten, die dem König dienen
der denen den Lohn nicht weigert, die seine Liebe üben.

II.

Wir können namentlich erzählen, wie uns genugsam ward
65.　allhier verkündet durch den heiligen Stand,
wie Guthlaf hat an Gottes Willen
sein Gemüt gerichtet, mied alle Frevel
und dieser Erden Güter, aufwärts gedenkend
der Heimat in den Himmeln, auf die seine Hoffnung stund,
70.　seit ihn erleuchtet hatte, der des Lebens Weg
den Geistern bereitet, und ihm Gaben schenkte,
welche Engel haben, so daß er einsam an einem Bergsitz
begann zu wohnen und um Gottes Willen
aufgab seinen Reichtum all in Demut,
75.　den er in den Jahren seiner Jugend hatte
in weltlicher Wonne. Ihn hielt ein Wächter in Schutz
ein heiliger vom Himmel, der zu den hehren Geistesgütern
unabläßig stärkte das lautere Gemüt.
Ja! wir hörten oftmals, wie der heilige Mann
80.　in seinem früheren Leben vielfach liebte
frevele Thaten; doch eine Frist war gesetzt
in Gottes Ratschluß, wo er dem Guthlack wollte
zu seiner eigenen Erkenntnis einen Engel senden,
damit ihm schwinden möchten die Sündenlüste.
85.　Die Zeit kam nun, in welcher zwei um ihn
der Wächter wachten, die im Wettstreit kämpften,
ein Engel Gottes und der übele Geist.
Die Eingebungen waren gar ungleich, die sie brachten
in seines Gemütes Sinnen zu manchen Zeiten:
90.　all diese Erde zeigte ihm der Eine von ihnen
unter den Lüften als vergänglich, ihm die langdauernden Güter
in den Himmeln preisend, wo der heiligen Männer
Seelen besitzen in Siegesglorie
des Waltenden Jubel, der ihrer Werke Lohn
95.　gerne denen gibt, die seine Gnade wollen
zu Dank empfangen und sich diese Welt
mehr außen laßen sein als das ewigliche Leben;
es trieb der Andere ihn an, daß er aufsuchte des Nachts
die Gemeinschaft der Räuber und mannhafte Wagnisse
100.　ausführte in der Welt, wie die Elenden thun,
denen nichts gelegen ist am Leben eines Mannes,

ber ihnen Beute bringt zu Handen,
es sei benn, daß sie kommen in Besitz des Raubes.
So suchten sie ihn zu ziehen nach zwei Seiten,
105. bis baß dem Kampfe bann der König aller Völker
zu des Engels Ehre ein Ende machte.
Vertrieben warb der Teufel; des Trostes Geist
verharrte seitdem dort zur Hilfe Guthlaks:
der erwies ihm Liebe unb belehrte ihn je länger um so eifriger,
110. daß er lieb gewann des Landes Freuden,
ven Aufenthalt am Berge. Oft kam ihm allba
ber Altfeinde Angriff arglistkräftig
schreckenvoll unb seltsam: sie selbst zeigten
ihren Anblick ihm; sie hatten ehmals dort
115. viel Wohnsitze bewohnt, von wo sie weithin musten
beraubt der Herlichkeit auf Reisen ausziehn
die Luft durchfliegend. Es war des Landes Stätte
verholen den Menschen, bis im Hain der Schöpfer
den Berg offenbarte, als der Baumann kam,
120. ber sich eine heilige Heimat dort errichtete,
nicht weil er im Geist begierig nach vergänglichen Schätzen
nach Lebensgütern strebte, sondern das Land weihete er
dem Vater dem allmächtigen, sobalb den Feind er überwunden,
der Streiter Christi. Versucht warb er
125. zu noch lebend gedenkender Leute Zeiten,
die auch jetzt noch ob seiner geistlichen
Wunder ihn verherlichen unb seiner Weisheit Ruf
halten im Gedächtnis, was der heilige Dienstmann
ausführte kraftvoll, da er die einsame Stätte
130. im Waldesbunkel bewohnte, wo er des Waltenden Lob
verkündete unb lehrte. Oft gab er kund durch seine Rede,
denen die der Märtyrer Sitten im Gemüte liebten,
Gottes Botschaft, da ihm der Geist enthüllte
des Lebens Weisheit, daß er seinem Leibe all
135. verweigerte die Wonne unb die Weltfreuden,
die sanften Sitze unb die Schmausgelage
unb auch der Augen eitele Freuden,
großprahlerische Kleidung. Ihm galt Gottesfurcht
weit mehr in dem Gemüte, als baß er menschlicher Macht
140. zu Danke irgend bienen wollte.

III.

Gut war Guthlak: in dem Geiste trug er
himmlische Hoffnungsfreude; das Heil erstrebte er
des ewiglichen Lebens. Es war ein Engel nahe
ein holder Friedenshüter, dem der fern von den Menschen
145. das Markland bewohnte, wo er Manchem zum Vorbild
im Brittenreiche ward, seitdem den Berg erstiegen
beherzt zum Kampf der heilige Kempe:
mit geistlichen Waffen gürtete er sich eifrig
und segnete das Gefilde, da er das Siegeszeichen Gottes
145. sich aufrichtete zuerst zum Beistand,
das Kreuz Christi; der Kempe überwand dort
viel grimme Anfechtungen. Der Gottesmärtyrer
wurden tapfer manche, des wir einen theueren Antheil
für den Guthlak bekennen Gott dem Herrn:
155. der bescherte ihm den Sieg sowie des Scharfsinns Kraft
und mächtigen Schutz, sobald die Menge herankam
der Feinde mit fährlichen Schützen Fehde zu erheben.
Sie vermochten nicht abzulaßen von der alten Misgunst,
sondern zu dem Geiste Guthlaks brachten sie
160. Versuchungen gar viele. Schutz war ihm nahe;
ein Engel stärkte ihn mit Kraft, wenn sie ihm ingrimmig
                                                        drohten
mit furchtbarem Feuerschwalle, stunden in Fußvolksschaaren,
sprachen, daß er auf dem Berge brennen sollte
und seinen Leichnam sollte Lohglut verschlingen,
165. sein Elend und seine Mühsal sollte all gereichen
zum Gemütskummer seinen Freunden, wenn er nicht der
                                                Männer Jubel
ablaßend von dem Kampfe wieder aufzusuchen
willig sich erwiese und die Verwandtschaftspflichten
mit mehr Kraft unter dem Menschenvolke
170. freudig übte und die Verfolgung ließe ruhen.
So ingrimmig drohte ihm, der da für Alle sprach
für der Feinde Menge. Doch ward nicht furchtsamer darum
der Geist des Guthlak, sondern Gott verlieh ihm
wider den Angstgraus Kraft, sobaß des Altfeindes
175. schuldvolle Schaaren Schmach erlitten.
Es waren die Frevelschmiede erfüllt von Kummer

und sagten, nächst Gott selber habe Guthlak ihnen
allein bereitet die allergröfte Mühsal
seit in der einsamen Wüste er aus Uebermut
180. die Berge sich eroberte, wo sie gebrauchen durften,
sie die armen Anfechter, ehedem zuvor
bisweilen einen Aufenthalt nach wehvollen Qualen,
wenn sie von weiten Fahrten wegemüde kamen,
rasteten von der Reise und sich der Ruhe freuten,
185. die ihnen vergönnt ward eine kurze Frist durch:
im Andenken Gottes stund die unbekannte Stätte
eitel und menschenleer dem Erbsitzrechte fern
auf eines edeleren Hirten Ankunft harrend.
Daran nahmen Aergernis die Altfeinde,
190. wie sie ja immer Sorge ausstehn müßen:
auf Erden dürfen sie nicht Aufenthalt gebrauchen
noch lullt auch ihren Leib die Luft in Schlummer,
sondern obdachlos sind sie und ohne Heimat
in Trauer klagend und den Tod sich wünschend;
195. sie möchten gern, daß Gott ihnen durch die Qual des Todes
für ihre Arbeit und Mühsal ein Ende brächte.
Sie durften nicht dem Geist des Guthlak schaden
noch durch schmerzvolle Schläge die Seele ihm
von seinem Leibe trennen, sondern mit Lügenränken
200. begannen sie die Kränkungen. Ihnen vergieng das Lachen
und sie stöhnten kummervoll, da ein Stärkerer auf dem Berge
über sie die Oberhand bekam: die Elenden musten
jammernd aufgeben die grünen Berge.
Doch sprachen ihm noch ferner zu die Feinde Gottes
205. mit herben Reden, hart ihm drohend,
daß er des Todes Trennung dulden sollte,
falls er noch ferner wartete auf feindlichere Begegnung,
wenn sie mit größerer Menge gegangen kämen,
denen an seinem Leben wenig gelegen sei.
210. Entgegen sprach ihnen Guthlak, daß sie wider Gottes Macht
                                        nicht dürften
mit ihren Thaten prahlen: „Wenn ihr mir den Tod auch
                                        androht,
„so wird mich eurem Kampfe doch entreißen, der eurer Qualen
                                        waltet!

„Einer ist der allmachtvolle Gott: der mag mich ohne Mühe
             schirmen;
„Er beschützt mein Leben! Sagen will ich euch
215. „des Wahren vieles: diesen Wohnsitz vermag ich
     „allein und ohne Mühe euch abzubringen!
„Nicht bin so völlig ich entblößt, wie ich hier vor euch stehe,
„des Kriegervolkes, da mir ein größerer Theil
„in gottentsprungenen Geistgeheimnissen
220. „wohnt und wächst, der mich vor eurer Wut beschirmt.
„Mir Einsamen zimmere ich hier ohne Mühe
„ein Haus und eine Ruhestätte; in den Himmeln ist
„mir Rat bereit: nicht im geringsten zweifle ich,
„daß mir ein Engel zu all geleite ·
225. „gedeihlichen Erfolg in Thaten und in Worten.
„Flieht nun, ihr Verfluchten, fort von dieser Stätte
„im Herzen elend, an der ihr hier stehet!
„eilt fort an den Fernweg! ich will mir Friede und Schutz
„von Gott erflehen: nicht soll mein Geist folgen   ·
230. „mit euch dem Irrtum, sondern des Ewigen Hand
„wird machtreich mich beschützen. Mir soll hier sein
„meine Erdenheimat, die eurige nicht länger!"

IV.

Da erhub sich brausendes Getöse: den Berg umstunden
in Schaaren die Vertriebenen; Geschrei stieg auf,
235. der Sorgenvollen Lärm; es schrieen manche
Vorsprecher der Feinde mit frevelndem Geprahle:
„Wir übersahen zwischen den Seen oftmals
„das Treiben der Völker, der Tapferen Kämpfe,
„derer die in lauter Glück ihr Leben führten:
240. „nie haben wir eines einzigen Mannes Uebermut
„größer gefunden auf der ganzen Erde!
„Verheißen hast du dich, daß du die Heimat uns
„hier abbringen wolltest: du bist ein Aermling Gottes!
„Wovon willst du denn leben, wenn du auch Land besitzest?
245. „es wird kein Mensch dich hier mit Mundkost nähren;
„dich wird hart anfechten der Hunger und der Durst,
„wenn du dich wendest gleich den wilden Thieren

„einsam von dem Erbsitz: es ist mit diesem Entschluß nichts!
„Geh weg von diesem Wohnsitz! keinen weiseren Rat
250. „kann dir ein Mann je geben als diese Menge all.
„Wir sind dir hold, wenn du uns hören willst,
„oder werden sogleich dich mit noch größerer Menge
„heimsuchen wieder, daß dich mit den Händen zu berühren
„braucht der Leute keiner noch auch dein Leib braucht zu fallen
255. „durch der Waffen Wunden: wir können diese weiten Stätten
„all füllen mit den Füßen und Volk zertritt sie
„mit der Pferde Schaaren und der Fahrt der Männer;
„die sind wut = entbrannt, erwürgen Dich,
„zerreißen und zertreten dich und rächen ihren Kummer,
260. „zerschleppen dich mit blutigen Spuren, wenn du uns bleibend-
    willst erwarten!
„Wir bestürmen dich mit Streitmacht: strebe du nach Rettung!
„fahr dahin, wo du dir Freunde glaubst, willst du noch fürder
    leben!"
Guthlak war bereit, da Gott ihn machte
an kühner Antwort und an Kräften stark;
265. er kehrte nicht um vor diesem Worte, sondern ankündigte er
    ihnen
viel Not und Sorge, wuste genug des Wahren:
„Gar weit ist diese Wüste und hat viel Wohnungen des
    Elends,
„unbebaute Stätten armseliger Geister;
„das sind Wahrheitsfeinde, die diese Wohnungen besitzen:
270. „ruft ihr die auch alle euch zur Hilfe,
„vollbring ich gleichwol wider euch den Gegenstreit!
„zu eures Kummers Rache kämpft ihr hier
„siegelosen Kampf! Kein Schwert gedenke ich
„mit ergrimmter Hand entgegen euch zu tragen,
275. „keine Waffen dieser Welt: nicht soll dem waltenden Gotte
„diese Bergflur mit Blutvergießen bebauet werden,
„sondern meinem Herrn und Christ gedenk ich hier zu dienen
„mit weit lieberer Gabe! Seit ich dies Land erstieg,
„habt ihr mit nichtigen Worten Not und Mühsal
280. „mir geboten viel: doch ist mein Brustsinn nicht
„furchtsam noch feige; mich wird der Vater schirmen
„über das Menschengeschlecht, er der der Mächte aller

„waltet durch seine Werke! Zu erwarten steht
„nichts Liebes mir bei euch noch dürft ihr Leibes irgend
285. „oder Harm mir anthun! Ich bin des Herren Diener,
„der mich durch einen Engel oftmals tröstet:
„darum mich Sehnsucht selten ankommt,
„Sorge wenig, da ein seelenlicher
„Hirte mich behütet, meine Hoffnung steht auf Gott!
290. „Durchaus nicht trachte ich nach Erdenreichtum
„sondern tagtäglich sendet mir der theuere Heer
„durch eines Mannes Hände meine Notdurft.“
So gebahrte sich da mutig, der gegen Manche stund,
295. der Glorie Kempe durch die Kraft der Engel
würdiglich gestützt. Es wandte sich von dannen
all der Feinde Menge: doch war die Frist nicht lang,
die sie dem Guthlak da zu geben dachten.
Er war ausgerüstet mit Kraft und auch mit Demut,
300. blieb auf dem Berge: dieser Boden war ihm lieb;
er hatte aufgegeben die Gelüste nach den eitelen Freuden.
Doch von der Milde gegen Menschen ließ sein Gemüt nicht ab:
er erbat Seligkeit und Heil der Seelen jeder,
so oft er in der Einöde zur Erde nieder
305. sein Antlitz neigte: ihm ward von oben aus den Himmeln
mit mildem Geiste sein Gemüt erregt.
Oft bedachte er (ihm war ein Engel nahe),
wie er am wenigsten der Wonne dieser Welt möchte
und der Lust dieser Erde mit seinem Leib genießen.
310. Ihm war vor dem Angstgraus der elenden Geister
nicht in Zweifel seine Treue noch auch die Zeit versaß er,
in dem was er vor Gott dem Herrn begehen sollte,
daß ihn verkürzt hätten an der Kraft des Aufstehns
der Schlummer des Schlafes oder das schlaffe Gemüt:
315. so soll ein Kempe kämpfen immer
für Gott in seinem Herzen und seinen Geist so lenken
oft dem zum Aerger, der auf alle Seelen
begierig lauert, wo es ihm glücken möge!
Sie fanden den Guthlak Gottes Willen
320. zu erfüllen stets bereit, so oft die Flugwilden
in der Finsternis der Nächte zu erforschen kamen,
die sich aufhielten an unbebauten Stätten,

ob ihm die Annehmlichkeit des Orts beginne abzunehmen:
sie wollten daß ihm Leib vor Liebe zu den Menschen

325. in seinem Herzen erwachte, daß er zur Heimat wieder
seines Weges zöge. Nicht war die Weise so,
wenn ihn der Engel in der Einöde
begrüßte herzlichst und die Gabe ihm verlieh,
daß er Gottes Willen zu begehen im Geist nicht werde

330. läßig durch Gelüste, sondern in des Lehrers Obhut
immerdar beharrte. Er sprach oft mit Worten:
„Gar hoch hat das von Nöten, wem der heilige Geist
„willig den Weg zeigt und seine Werke stärkt,
„lädt ihn ein mit linden Worten, verheißt ihm Lebens Ruhe,

335. „daß er auf des Lehrmeisters Lehren höre
„und laße durch den Altfeind nicht wieder abwendig machen
„das Gemüt von seinem Schöpfer! Wie sollte mir wol werden
„in meinem Geist geholfen, wenn ich Gott nicht brächte
„gehorsamen Sinn, daß ihm die Herzgedanken

                    *   *   *

340. „eher oder später dem ein Ende werde,
„daß ihr mir so wunderbar dürft Weh bereiten!
„nicht entgehen kann dem mein Leib, daß von dieser vergäng-
                                                lichen Schöpfung
„er scheiden soll im Tode, sondern sinken wird er
„wie diese Erde all, der ich hier auf stehe.

345. „Wenn ihr meine Fleischeshülle auch mit Feuers Schwalle
„gramgesinnt vergreift mit gierigheißer Lohe,
„so wendet ihr mich doch von diesen Worten nicht, solang mir
                                                mein Bewußtsein bleibt!
„bestürmt ihr mit Schmerzen gleich den Leib, so dürft ihr doch
                                                die Seele nicht antasten,
„sondern bringt sie nur zum Beßeren! Drum will ich bleibend
                                                harren,

350. „was mir mein Herr bestimmt. Nicht fühl ich Harm um
                                                den Tod:
„wenn gleich mein Blut und die Gebeine beide sollen werden
„der Erde zur Vermehrung, wird doch mein ewiglicher Theil
„in Lust dorthin geleitet, wo er der lieblichen Wohnung
„bleibend soll genießen. Dieses Berges Wohnsitz

355. „ist größer nicht noch kleiner, als einem Kempen taugt,

„der gern tagtäglich Gottes Willen
„im Dulden ausübt. Es soll der Diener des Herrn
„in seinem Geiste nimmer einen größeren Theil
„der Erbengüter lieben, als sein Eines Nothdurft,
360. „daß er eben seines Leibes Unterhalt dran habe.“
Da war abermals wie ehzuvor der Altfeinde Haß
und ihr Wutkampf entbrannt: nicht wenig schallte
abermaliges Geschrei, wenn aufstieg in die Lüfte
der Lärm der Kummergeister. Das Lob Christi
365. war in Guthlakes gutem Gemüte
wachsend und wohnend und der Weltvölker Gott
hielt ihn in Hut, wie er in Heil bewahrt
der Lebenden jeden, wofern ihr lauterer Geist
gedeiht in guten Sitten: deren war Guthlak einer;
370. er bemühte um die Welt sich nicht, sondern setzte die Wonne
seines Geistes
auf die Glorie des Himmels. Wer war größer wol denn er?
dieser eine Kempe thut zu unseren Zeiten
kund und offenbar, daß Christus vor ihm
mehr himlische Wunder enthüllet hat.
375. Er beschirmte ihn vor den Schadenbringern,
vor den argen Angriffen der elenden Geister:
sie waren rasend heranzustürmen
mit gierigen Griffen. Gott wollte nicht,
daß die Seele davon Schmerz erduldete
380. in ihrer Leibeshülle; doch erlaubte er,
daß sie mit ihren Händen durften den Heiligen berühren
und daß ihm Schutz wider sie beschieden wäre.

V.

Sie erhuben ihn drauf in die hohe Luft
und gaben Macht ihm über alles Menschenvolk,
385. daß er vor Augen all erschaute
unter der heiligen Hirten Obhut
in den Mönchsklöstern der Menschen Gebaren,
derer, die ihr Leben in Lust genoßen
mit eitelen Gütern und im Uebermute,
390. mit großprahlerischen Kleidern, wie es der Jugend Brauch ist,

wo noch nicht Schranken setzt der Schrecken des Alters.
Doch nicht zu freuen brauchten sich die Feinde da;
verbraucht hatten sie alsbald den Erfolg,
der ihnen vergönnt war eine kleine Weile,
395. sobaß sie nicht mehr länger seinen Leib durften
mit Wehqual plagen: gar wenig focht ihn an,
was sie zum Aergernis ihm hatten angeordnet.
Sie brachten aus der Luft ihn wieder zum geliebtesten
Aufenthalt auf Erden, daß er ankam auf dem Berge
400. im Haine wieder. Herzbekümmert klagten
die Mörder traurig, daß eines Menschen Kind
gewaltsam sie überwunden habe und zum Wehe ihnen
so armselig und dürftig allein sei gekommen,
wenn sie nicht mit größeren Schmerzen ihm vergelten könnten
405. ihre jammervolle Vertreibung. Guthlak setzte
seine Hoffnung auf die Himmel, auf Heil vertrauend:
er war entgangen mit dem Leben dem Griff der Feinde.
Es war der elenden Geister erste Versuchung
glücklich überstanden: der Kempe wohnte
410. herzfroh auf dem Berge, sein Heil stund bei Gott;
ihm däuchte im Gemüte, daß des Menschenvolkes
der in Allmacht walte, der sein einsames Leben
behütete und schirmte, daß ihm die Hand des Feindes
nicht am alleräußersten Ende schadete,
415. wenn des Herrn Befehl ihn hinweisen würde
zum letzten Abschied von den Leidensstunden.
Doch noch weiter bedacht auf wehvolle Kränkung
drohten die Lästerer Leid ihm an
mit betrübender Schmähung. Treue ward gekündet,
420. daß Guthlak lohnte Gott dem Herrn
mit Ehren die Kraft, daß er da einsam kämpfte.
Der verworfene Geist rief ihm mit Worten zu:
„Wir hätten dich so grausam nicht zu quälen brauchen,
„wenn du bereitwillig nur den Rat der Freunde
425. „hättest anhören wollen, als du elend und erbärmlich
„kamst zuerst zu diesem Kampf hierher!
„du verhießest dich da, daß der heilige Geist
„dich wider Leid und Mühsal leicht behüte
„vor dem Ausgang, daß dich abwendig machte

430. „die Hand eines Mannes von deinem heiligen Ansehn.
  „In diesem Anscheine leben auf Erden Viele
  „dahingegeben_den Sünden; sie leben dem Herrn nicht zu
                                                    Gefallen,
  „sondern aus Liebe bienen ihrem Leibe sie
  „mit gaumenergötzenden Speisen: so vergeltet ihr dem Herrn
435. „in tollem Jubeltreiben die theueren Gaben!
  „Manches verbergt ihr vor den Menschen, was im Gemüt
                                                    ihr sinnet:
  „nicht sind verholen eure Thaten, obgleich ihr im Geheimen
                                                    sie vollbringt!
  „Wir geleiteten dich in die Lüfte, entzogen dir des Landes
                                                    Wonne,
  „wollten, daß du gewahrtest selbst, daß wir die Wahrheit sagten:
440. „all des hast du Weh gewonnen, da du's nicht wenden
                                                    konntest.“
  Da wars ergangen, daß ihm Gott der Herr
  nach seinem Dulden wollte Dank verleihen
  daß er das Märtyrertum in dem Gemüte liebte:
  er gab ihm Scharfsinn in des Sinns Gedanken,
445. machtfesten Mut. Wider Manche stund er
  der Altfeinde da, ausgerüstet mit Kraft,
  und sagte ihnen zur Sorge, daß sie siegelos
  gehen sollten von den grünen Fluren:
  „Verflucht seid ihr! es lastet Frevel auf euch!
450. „vom Herrn könnt ihr nicht Heil erflehen
  „noch könnt ihr auch in Demut Gnade suchen!
  „Gleichwol vergönnte er euch eine kleine Weile,
  „daß ihr über mich durftet Obmacht haben;
  „ihr wolltet nicht mit Mäßigkeit die Macht gebrauchen,
455. „sondern ingrimmsvoll habt ihr mich aufwärts geleitet,
  „daß ich aus den Lüften konnte leicht überblicken
  „der Länder Wohnstätten: das Licht der Aethers
  „war glänzend mir erschloßen, obwol ich Kummer fühlte;
  „ihr setztet mirs zur Schmach, daß ich da schnell herausfand
460. „die laxen Regeln und das leichtsinnige Gemüt
  „der jungen Männer in den Gottestempeln;
  „läftern wolltet ihr damit das Lob der Heiligen,
  „suchtet die Böseren aus und wolltet die Beßeren nimmer

„nach ihren Thaten preisen: die sind dennoch nicht verborgen.

465. „Doch sicher will ich euch nun sagen weiter:
„Gott schuf die Jugend und den Jubel der Männer;
„sie können nach des Alters Weise in ihrer ersten Blüte
„sich nicht gebahren, sondern in der Brust erfreuen sie
„sich an der Wonne dieser Welt, bis daß der Winter Zahl
470. „kommt zur Jugend, daß der Geist liebt
„das Ansehen und das Wesen des älteren Staubes,
„dem Manche dienen in dem Mittelkreiße
„maaßhaltig in ihren Sitten: die Männer zeigen
„Weisheit den Leuten, die Verwegenheit verlaßend,
475. „sobald dem Jugendübermut der Geist entflieht.
„Ihr unterscheidet dieses nicht: der Schuldbeladenen
„Frevel zählt ihr her, der Frommen Gemüt
„und ihre Lebenweise wollt ihr loben nimmer,
„habt an den Lastern eure Lust, hofft die Erleichterung nicht,
480. „daß eures Elendes ihr ein Ende findet!
„Ihr steht oft in Hinterhalten: dem geschieht vom Himmel
Einhalt;
„es sendet mir den Sieg dann, der uns segnen kann
„und der der Länge eines jeden Lebens waltet."
So ließ sich hören da der heilige Kempe:
485. es war der Märtyrer von des Menschengeschlechtes
Sünden gesondert. Schmerzes sollte er
da noch ein Theil ertragen, wiewol der theuere Herr
sich seiner annehmen wollte: daß er durch der elenden Geister
furchtbare Angriffe ihn noch ferner wollte
490. antasten laßen und doch auch das Andere geschah,
fürwahr das däuchte wunderbar den Menschen;
doch das war sicherlich noch größer, daß er selbst hierherkam
vom Himmel auf die Erde und in die Hand der Mörder
sein Blut vergoß: über beides hatte er Gewalt,
495. über Tod und Leben, da er ertrug auf Erden
freudig und in Demut der Verfolger Haßwut!
Drum ist es Fug und Recht, daß wir der Frommen
Thaten
hoch verherlichen und dem Hern lobsingen
für all die Unterweisungen, womit vor uns die Schriften
500. durch seine Wunderwerke Weisheit kund thun!

VI.

An Guthlak wurden Gaben in gottentsprungener
Kraft befunden: ein Großes ist es zu erzählen
alles das von Anfang, was er mit Ausdauer ertrug,
den der Vater der allmächtige als einen Vorgänger
505. wider die Anfechter des Lebens allzumal
selbst hat gesetzt, wo seine Seele ward
geläutert und geprüft. Durch alle Länder ist es
fernhin kund, daß in Befolgung der Gebote Gottes
sein Gemüt stets zunahm: zu melden ist noch
510. und zu sagen viel, was er da selbst erduldete
in der Angriffsgäste engen Banden.
Er achtete der Schmerzen nicht, da er für seine Seele stets
fest vertraute auf des Fürsten Hilfe,
des Schirmherrn, der in Schutz nahm das Gemüt,
515. daß ihm die heilige Treue nicht im Herzen schwankte
und daß die kummervollen Sorgen seinem Geist nicht schadeten,
sondern das Herz hielt heilig aus, das heldenmütige,
bis er die strenge Mühsal überstanden hatte.
Furchtbar war die Pein, die Feinde grimm;
520. sie drohten alle seinem Leben den Untergang:
doch durften sie nicht fällen das Todesurteil,
die Sündenhirten, sondern die Seele harrte
in des Leibes Hülle auf liebere Zeiten.
Sie erkannten wol, daß Gott ihn wollte
525. entnehmen ihren Martern, dagegen Not und Elend
ihnen auferlegen: so mag all die Frommen
der eine allmachtvolle ewigliche König
wider Leid und Mühsal leicht beschirmen!
Doch brachten gleichwol die erbosten Geister
530. die elendgeplagten Feinde das Abendmalskind,
den heiligen Himmelsstreiter, zu dem Höllenthore,
wo in die Tiefe des Abgrunds nach dem Tode suchen
die Geister der Sünder nach der Qual des Sterbens
zuerst den Eingang abwärts unter Klippen
535. in das furchtbare Haus, die frevelvollen.
Sie schreckten ihn und boten schlimmen Kampf
Angstgraus und Aergernis unbarmherzig,
furchtbares Verfahren, wie es der Feinde Brauch ist,

wenn sie der Frommen Seelen mit Freveln wollen
540. und mit Arglistkünsten zum Abfall bringen.
Da begannen die Gramgesinnten den Gottesstreiter
zu ängstigen in seinem Sinn, ihm ernstlich drohend,
daß er in den grimmen Graus gehen sollte,
hinwandern elend zu den Höllenbürgern
545. und in Banden allda Brand erdulden.
Zu ziehn gedachten zur Verzweifelung
die elenden Unholde mit ängstigenden Reden
den Kempen Gottes: doch sie konntens nicht.
Die kummervollen Christusfeinde
550. sprachen zu Guthlak da mit grimmen Worten:
„Du bist kein Biedermann noch ein geprüfter reiner
„Gottes Diener noch auch ein guter Streiter
„mit Worten und mit Werken wol gekündet,
„heilig in dem Herzen! In die Hölle sollst du nun
555. „tauchen, in die tiefe, und nicht Theil haben an dem Licht
„des Herren in den Himmeln, an den Hochgebäuden,
„an den Wohnungen der Glorie: denn gewürkt hast du
„zu viel der Frevelthaten in deiner Fleischeshülle.
„Wir wollen dir Vergeltung nun für jede Schandthat
560. „und Lohn dafür verleihen, wo es am leidesten dir ist
„im grimmsten und herbsten Geisteskampfe."
Drauf gab der fromme Mann sofort zur Antwort
Guthlak im Geist mit Gottes Stärke:
„Thut ganz so, wenn euch Christ der Herr
565. „des Lebens Lichtfürst es erlauben will,
„der Fürst der Völker, daß ihr seinen Gefolgsmann
„in die bittere Brandglut bringen dürfet!
„Das steht in Gottes Macht, des Glorienkönigs,
„der euch gedemütigt hat und unter drückende Fesseln
570. „in die Haft getrieben, der Heiland Christ.
„Ich bin sein Eigenhöriger in aller Demut,
„sein folgsamer Diener: seinen Befehlen will ich
„einzig überall durchaus mich fügen
„und will ihm gern mit meinen Geistgedanken
575. „durchs weite Leben unterworfen sein
„und hold gehorchen meinem Heiland Christ
„in tugendhaften Sitten und ihm danken will ich

„für die Gaben all, die Gott geschaffen hat
„zuerst den Engeln und den Erbenbürgern,
580. „und preisen will ich brustfrohen Gemüts
„den Lichtfürsten des Lebens und Lob ihm singen
„mit geziemendem Preis bei Tag und Nacht,
„verherlichen im Herzen des Himmelreiches Wart.
„Von oben ist das niemals euch verstattet
585. „durch des Lichtes Gnaden, daß ihr Lob dürft sagen
„dem theuren Herrn: im Tod sollt ihr vielmehr
„wallende Wehqual wimmernd besingen,
„sollt Geheul in der Hölle und nicht die Hochpreisung
„die heilige haben des Himmelskönigs.
590. „In den Tagen meines Lebens will ich mit Thaten und mit
Worten
„der Weltvölker Richter würdig preisen,
„ihn lieben in meinem Leben: so wird Belehrung und Gnade
„zu gedeihlicher Sprache denen zugeführt,
„die in ihren Werken seinem Willen folgen.
595. „Den Bund habt ihr gebrochen: in der Verbannung Elend
„habt ihr lange so gelebt mit Lohglut überschüttet,
„schmählich abgefallen, verstoßen aus dem Himmel,
„verlustig der Freuden, mit Lasterschuld befangen,
„dahingegeben dem Tode ohne Hoffnung auf Leben,
600. „daß ihr Beßerung für eure Blindheit fändet.
„In der Vorzeit Tagen habt ihr die freundliche Schöpfung
„den geistlichen Gottesjubel gar verachtet,
„da ihr dem Herrn dem heiligen im Herzen widerstrebtet.
„Ihr durftet nicht wohnen und weilen in Wonnetagen,
605. „sondern wurdet durch eure Schuld mit Schmach verstoßen
„in das ewige Feuer für euren Uebermut,
„allwo ihr Tod und Finsternis erdulden sollt,
„Wehgeheul für weite Zeiten: ein Wechsel dessen kommt euch
nimmer!
„Ich aber habe festen Glauben zu dem Fürsten des Lebens,
610. „zum ewigen Obherrn aller Creaturen,
„daß mich nach seiner Milde und nach seiner Machtfülle
„der Notretter der Menschen niemals wolle
„zum Streiten mit Kraft im Stiche lassen,
„für den ich lange hier in meiner Leibeshülle

615. „und in meinem Geiste kämpfte als Gottes Streiter
    „durch mannigfacher Macht Geheimnis:
    „im Herzen drum vertrau ich auf der heiligen Dreifaltigkeit
    „leuchtendste Machtfülle, die mit lenkendem Walten
    „hält in ihren Händen den Himmel und die Erde,
620. „daß ihr mich nimmer dürfet niederziehen
    „zorngemut mit Haß in dieses Zwingers Qualen
    „als meines Lebens Mörder, ihr lastervollen Schädiger
    „schwarz und siegelos! Ich selbst bin wahrhaft
    „mit der Liebe Gottes und mit lichtem Glauben
625. „lieblich erfüllt in meines Lebens Schrein,
    „in meiner Brust begeistert für die beßere Heimat,
    „mit Lichtglanz erleuchtet zu dem liebsten Wohnsitz,
    „dem ewigen Aufenthalt, allwo ein Erbsitzland
    „freudenreich und lieblich ist in meines Vaters Glorie,
630. „wo nie und nimmer vor dem Notretter euch
    „des Lichtes Leuchtglanz noch des Lebens Freude
    „in dem Gottesreich gegeben wird
    „ob eures Uebermutes, der euch aufstieg im Gemüt
    „durch eiteles Prahlen allzu sehr.
635. „Ihr wähntet und wolltet das als Widersacher,
    „daß ihr gleich werden in der Glorie solltet
    „dem Schöpfer selber: doch schlimm ergiengs euch,
    „da euch Gott der waltende ergrimmt versenkte
    „in die schwarzen Qualen, wo euch seitdem war
640. „mit Gift durchmischt die Glut entzündet
    „und durch strenges Urteil versagt der Himmelsjubel,
    „der Engel Gemeinschaft. So solls nun ewig bleiben
    „durch weite Zeiten, daß ihr Weh und Elend habt,
    „den Schwall der Lohglut und nicht Segnungen.
645. „Der Himmelsglorie verlustig dürft ihr hoffen nimmer,
    „daß ihr mit Arglistkünsten mich hineinstoßen dürftet
    „unter die Schatten der Schande, ihr Schuldbeladenen,
    „noch mich schleudern rücklings in den Schwall der Lohe,
    „in das Haus der Hölle, wo euch die Heimat schwarz ist
650. „in ewiger Nacht geschaffen, endlose Mühsal,
    „grausame Geistesqual, wo ihr den grimmen Tod
    „sollt jammernd leiden, und ich soll des Jubels Wonne
    „dort oben bei den Engeln zu eigen haben

„in dem Reich des Himmels: dort ist der rechte König,
665. „Hilf und Heil dem Heldenvolke,
„Heerschaaren und Gefolgsdienst!" Drauf kam heilig von den
Himmeln
ein Bote Gottes, der entbot durch seine Rede
von oben kommenden Schrecken den armen Geistern,
hieß sie den Schuldlosen schleunigst wieder
660. den Kempen der Glorie gliederheil geleiten
von der leidvollen Reise, daß der liebste der Geister
völlig gerüstet in des Vaters Obhut
führe in Freuden. Da ward der Feinde Schaar
voll Angst vor dem Schrecken: übermächtig sprach
665. der Diener Gottes tageshell erglänzend.
Es hatte des Guthlakes Geist in seiner Gewalt
ein mutiger Beschützer an Machtfülle reich;
die Diener der Finsternis band er mit drangsalvoller Mühsal,
legte ihnen Not auf und befahl genugsam ihnen:
670. „Ihm sei kein Beinbruch noch blutige Wunde,
„keine Verletzung des Leibes noch Leibes etwas,
„das zum Unheil ihr ihm anthun dürftet,
„sondern gesund setzt ihn dahin, wo ihr ihn selbst genommen!
„er soll walten jener Fluren: nicht verwehren könnt ihr ihm
die Stätte.
675. „Ich bin der Richter, den der reiche König
„schleunigst sagen hieß, daß ihr der Schmerzen jeden
„ihm heiltet mit den Händen und gehorsam ihm
„nach seinem Belieben seitdem wäret!
„Ich will meinen Anblick nicht vor eurer Menge
680. „vor euren Schaaren bergen: ich bin des Schöpfers Diener,
„ich bin einer der Zwölfe, die er als die allertreusten
„während seiner Menschheit im Gemüte liebte.
„Er hat mich von den Himmeln hierher gesandt:
„er sah, daß ihr auf Erden aus Eifersucht
685. „auf seinen treuen Diener Trübsal häuftet.
„Das ist mein lieber Bruder: seine Leiden schmerzten mich;
„ich vollführe das hier, wo mein Freund und Bruder
„wohnt in dem Bezirke, ich, der ich will die Freundschaft
„halten wider ihn, weil ich ihm helfen darf,
690. „daß ihr mein Antlitz oftmals schauet,

„da ich nun oft genug zu ihm will kommen;
„seine Worte und seine Werke soll ich dem waltenden Gott
„zur Kunde bringen: er kennt seine Thaten."

VII.

Da war Guthlaks Geist in großer Freude,
695.　als Bartholomäus entboten hatte
den Auftrag Gottes. Es stunden all bereit
gehorsam die Häftlinge, die des Heiligen Befehl
wenig überschritten. Da begann des waltenden Gottes
ruhmreicher Streiter auf die liebe Reise zu ziehen
700.　zum innigst ersehnten Erdentheile.
Mit den Händen huben ihn die Höllengeister
ihn sorgsam tragend und schützend vor dem Falle.
Unter Gottes Schrecken war der Gang ihrer Schritte
sanft und linde. Siegesfreudig kam
705.　zum Berg der Ansiedler: ihn priesen freudig
mit mächtigen Stimmen mancherlei Gestalten;
es that der Waldvögel Geschlecht die Wiederkunft des Seligen
kund durch Zeichen: er gab ihnen oft Speise,
wenn sie ihm hungrig um die Hand flogen,
710.　und es erfreuten sich der Hilfe durch Futter die Gierigen.
So hatte das milde Gemüt sich von des Menschengeschlechtes
Jubel losgesagt und diente Gott dem Herrn,
hatte seine Wonne an den wilden Thieren, seit er diese Welt
verschmähte.
Heiter war das Siegfeld und das Haus das neue,
715.　der Vögel Stimme lieblich und die Flur voll Blumen:
das Jahr bot der Guckguck an. Guthlak durfte
wacker gesinnt und selig die Wohnung gebrauchen:
es stund in Gottes Schutz die grüne Waldflur;
der Hüter hatte, der von den Himmeln kam,
720.　entfernt die Feinde. Wo war Erfüllung der Wünsche
lieblicher wol geworden in dem Leben der Männer,
derer unsere Väter zuvor gedachten
oder die wir seitdem selber kannten?
Warlich! wir sind Zeugen dieser Wunderthaten:
725.　all die haben sich ereignet in unseren Tagen,

in unserer Zeiten Zeitlauf: drum darf des Zweifel hegen
der Männer keiner von dem Menschengeschlechte,
sondern Gott bereitet so der Geister Leben
zur Standhaftigkeit, daß nicht die schwachen Gemüter
730. das wahrhafte Zeugnis wenden dürfen,
wenn sie selbst vor Augen sehn die Wahrheit.
So liebt der Allmachtvolle auf Erden die Geschöpfe
· unter den Lüften all in Leibes Hülle,
der Männer Gemeinden über den Mittelkreiß:
735. es will der Waltende, daß wir stets Weisheit in uns
aufnehmen mit Klugheit, daß vor uns seine Wahrheit
zur Vergeltung seiner Gaben gangbar werde,
die er zu gnadenreicher Hilfe und zu des Geistes Einsicht
uns schenkt und sendet, und den Seelen räumt er
740. linde Lebenswege in Licht gebahnet.
Das ist das Kleinste nicht, was kund thut die Liebe,
wenn in eines Mannes Gemüt sie zimmert
geistliche Gaben, wie er Guthlakes
Werke und Tage durch seine Gewalt erhub.
745. Den Feinden zum Aerger war fest der Edeling
gesetzt wider Sünden, wo er seitdem von Gottes Bunde
wenig abließ, sondern seine Worte zu dem Herrn
in aller Demut aufwärts sandte,
ließ gelangen seine Bitte zu der leuchtenden Schöpfung,
750. sagte dafür Dank dem Herren, daß er durfte hier
in Leiden harren, wann ihm das Leben das beßere
nach Gottes Willen gegeben würde:
drum ward der Geist des Guthlak auch geführt
auf Engelarmen zu dem Obenhimmel
755. vor das Angesicht des ewigen Richters:
sie geleiteten ihn lieblich. Ihm war als Lohn beschert
ein Wohnsitz in dem Himmel, wo er weilen darf
in alle Ewigkeiten erbsitzfest
und darf in Seligkeit da bleiben: ihm ist der Sohn Gottes
760. ein milder Schirmherr, der machtreiche König,
der heilige Hirte, des Himmelreiches Wart.
So ist den Seelen der Gerechten beschert die Gnade,
daß sie zur ewigen Wohnung dürfen aufwärts steigen,
zu dem Himmelreiche, welche hier befolgen

765. mit Worten und mit Werken des Walters der Glorie
langhaltige Lehre in ihres Lebens Zeit
und sich das ewige Leben schon auf Erden hier verdienen,
den Erbsitz in der Höhe: das sind die Abendmalsgenoßen,
die erkorenen Kempen Christo theuer,

770. die da hehren Glauben haben in der Brust,
heilige Hoffnung, Herzens Reinheit,
und den Waltenden preisen, haben weise Gedanken
an den Fortweg beeilt zu ihres Vaters Heimat,
bereiten des Geistes Wohnung, und die mit Klugheit

775. den Feind überwinden und die Frevellüste
in ihrer Brust ersticken und Bruderliebe
gern begehen nach Gottes Willen,
die sich selbst kasteien, ihre Seelen zieren
mit heiligen Herzgedanken und des Himmelskönigs Gebot

780. vollführen hier auf Erden und das Fasten lieben,
sich wider bösen Angriff bergen und zum Gebet sich wenden,
kämpfen rüstig wider die Sünde und halten Recht und Wahrheit.
Das wird nach ihrem Hingang sie im Herzen nicht gereuen,
wenn sie hin wandern zu der heiligen Burg

785. und gehen nach Jerusalem graden Weges,
wo sie immerbar und ewig eifrig dürfen
und mit Freuden schauen auf die friedenreiche Erscheinung
von Gottes Antlitz, wo die glorienfest und herlich
wahrhaft wohnt durch alle weite Zeiten

790. in der Lebenden Landes Wonne!
Den Weltvölkern ist das weithin kund,
den Erdbewohnern allen unverborgen,
daß des Ursprungs Gott, der allmachtvolle König,
aus der reinsten Erde bereitet hat

795. den ersten der Menschen. Da war der Anfang neu
von allen Gebornen, die Anordnung wonnsam
erfreulich und lieblich: als Vater war erzeugt
durch Gottes Gnade in den Garten des Paradieses
Adam zuerst, wo ihm durchaus kein Mangel war

800. an Erfüllung eines Wunsches noch an Freudengütern,
kein Verlust des Lebens noch des Leibes Hinfall,
nicht Abgang des Jubels noch Ankunft des Todes:
er durfte leben in dem Land vielmehr

ledig aller Laster und lange da genießen
805. der neuen Freuden, wo er niemals brauchte
des Lebens noch der Gnade in der lichten Heimat
durch alle Zeiten ein Ende zu erwarten;
es durften nach Verlauf der Frist zur lieblichsten
Himmelreichesfreude hin wandern
810. mit dem Leib die Glieder und des Lebens Geist,
wo sie in ewigem Jubel seitdem immer
zu weitem Leben wohnen durften
vor dem Angesichte Gottes ohne Sterben,
wenn sie des Heiligen Wort nur halten wollten
815. in der Brust, das hehre, und die Gebote leisten,
sie befolgen in dem Erbsitz. Doch zu früh verdroß sie es,
daß sie den Willen des Waltenden befolgten:
auf des Wurmes Rat empfieng das Weib vielmehr
die verbotene Frucht und von dem Baume brach sie
820. den verwehrten Apfel gegen das Wort Gottes,
des Glorienkönigs, und gab dem Manne
ob des Teufels Arglist den todbringenden Bißen,
der zu dem Sterben hinzog die gesellten Gatten.
Dem Adam und der Eva ward der Erbsitz der glänzende
825. drauf all entzogen und unzugänglich,
die Krone der Aufenthaltsstätten, und ihren Kindern ebenso,
den Abkömmlingen darnach, da sie hinaus in die Fremde
schmachbeladen fliehend verstoßen wurden
in die Welt der Mühen: ihr Werk entgalten sie
830. durch des Todes Qualen, ihre tiefen Frevel,
die sie eh vollführten mit Unverstand.
Dort sollten zur Sündenstrafe Kummer seitdem leiden
die Frauen und die Männer für das Frevelwerk
gottschuldig zur Vergeltung durch des Geistes Trennung,
835. für das tiefe Verbrechen: der Tod drang ein
in das Volk der Menschen, der Feind regierte
in dem Mittelkreiße. Es war der Menschen keiner
von dem Siegesgeschlechte seitdem je so eifrig
den Willen Gottes zu erfüllen noch so gar unterrichtet,
840. daß er dem grimmbitteren Tranke hätte entgehen können,
welchen Eva einst kredenzte und dem Adam gab,
die Braut die junge: beiden gereichte das zum Unheil

in der theueren Heimat. Der Tod regierte
über die Völker dieser Erde, obwol doch viele waren
845. geistheilige Männer, wo sie Gottes Willen
an mancherlei Märkten der Menschenkinder
würkten an den Stätten der bewohnten Fluren
manche eher manche später, manche auch in unseren Tagen,
soweit wir in der Reihe der Jahre zurück gedenken,
850. und suchten Siegerlohn. Es sagen uns die Bücher,
wie Guthlak ward nach Gottes Willen
in England selig: er erkor des ewigen Gottes
Macht und Schirm. Gar manchen wurden
die Werke seiner Wunder weit und breit
855. durch all die Burgen kund im Brittenreiche,
wie er durch die Macht Gottes Manche oftmals
herzbetrübte heilte von herben Qualen,
welche von allen Enden unsanft behaftet
mit Siechtum und Schmerzen ihn zu suchen kamen
860. traurigen Gemütes: Trost fanden sie
dort bei dem Streiter Gottes stets bereit,
Hilfe und Heilung. Es ist der Helden keiner,
der das all erzählen könnte oder der die Zahl wüste
von all den Wunderwerken, die er in der Welt vollbrachte
865. durch des Herren Gnade hier den Leuten.

VIII.

Oft kam zu jenem Wohnsitz mit großen Schaaren
die Todesmacht der Teufel truppweise angestürmt,
der Herlichkeit verlustig, wo der heilige Diener
starkgesinnt und mutig die Stätte bewohnte.
870. Dort erhuben sie mit manchen Stimmen auf mannigfache
                                    Weise
in dem wüsten Walde gewaltiges Geschrei,
lauten Heereslärm, verlustig der Schönheit
und beraubt des Jubels. Der rüstige Herzog
der Streiter Gottes widerstund mit Kraft
875. den Truppen der Feinde: nicht dauerte das Zögern
der wehgeplagten Geister noch das Warten lange,
daß die Unheilsschmiede Angstgeschrei erhuben,

schrieen ruhmlos, ihre Stimmen wechselnd.
Bald wütend und tobend als wilde Thiere
880. lärmten sie in Schaaren; bald mit dem lautesten Getöse
nahmen die machtlosen Geister menschliche Gestalt an,
die Frevelschädiger, die verfluchten Treuebrecher;
bald wandelten sich in eines Wurmes Ausfehn
die Elenden, vom Brand gelähmt, Eitergift speiend:
885. sie fanden stets den Guthlak streitgerüstet,
den gedankenklugen; in Geduld verharrte er,
obwohl der Trupp der Feinde ihn mit Todesqual bedrohte. —
Vom Hunger geplagt kam ihm zur Hand bisweilen
der Vögel Schaar geflogen: sie fanden die bestimmte
890. Lebensnahrung dort und priesen lobend ihn
mit mächtigen Stimmen. Bald suchten Menschenboten
in Demut auf den Diener Gottes
und die Fahrtrüstigen fanden auf dem Feld des Sieges
die Hilfe, die sie suchten, bei dem heiligen Dienstmann,
895. Aufheiterung des Sinnes. Durchaus war da keiner,
der wieder von bannen gieng gedrückten Gemütes
hoffnungslos und traurig, sondern der heilige Mann
half all den Leuten durch die edele Macht,
die ihn suchten in Bedrängnis siech und elend
900. im Herzen traurig: er heilte beides
Leib und Seele, solang des Lebens Wart
der ewige allmachtvolle ihm das wollte gönnen,
daß er sich der Fülle hier erfreuen durfte
des Lebens in der Welt. Seinen Leiden war da
905. seinem Elend auf der Erde der End=Termin
zur Notbefreiung nah gekommen,
seit in dem wüsten Walde er die Wohnung sich erkoren,
in der Jahre fünfzehntem. Da ward der Geist des Trostes
dem seligen Gesetzverküuder gesandt von oben
910. heilig aus der Höhe. Das Herz brannte innen
beeilt an den Fortweg; es war unversehens Krankheit
in ihn eingedrungen: doch unverschüchtert
erwartete er in Kraft in seiner Wohnung freudig
die hehren Verheißungen. Der Hülle der Gebeine
915. war Körperschwäche durch Krankheitsanfälle
nach der nächtlichen Dämmerung nah gedrungen,

entkräftet war der Brusthort: der Geist war fröhlich
beeilt zum Fortweg. Nicht wollte der Engel Vater
ferner in dem Leben dieser freudenarmen Welt

920. den Lasterlosen laßen noch längere Frist
weilen und wohnen, der mit seinen Werken hier
ihm diente mit seinen Thaten in seiner Tage Zeit
mit ungeschwächter Kraft. Da ließ der Allmachtvolle
seine Hand dort hinkommen, wo der heilige Dienstmann

925. kühngemut und sinnberühmt, kraftvoll und machtreich
im Verborgenen harrte: in der Brust war die Freude
und die Hoffnung erneut. Die Hülle der Gebeine
war entbrannt in Krankheit gebunden mit Innenbanden,
des Leibes Hort gelöst; gelähmt waren die Glieder

930. geschwächt von Schmerzen. Sicher erkannte er,
daß ihn von oben heimsuchte der Allmachtvolle
der Schöpfer aus Milde: den Sinn seines Gemütes
stärkte er fest wider die gefahrvolle Kette
der Angriffe der Feinde. Nicht fühlte er Angst und Furcht

935. noch war der Krankheit Wüten ihm im Geiste drückend
noch vom Leben der Abschied, sondern das Lob Gottes
brannte ihm in seiner Brust, brandheiße Liebe
siegesfest im Sinne, die ihm der Schmerzen jeden
stets übertäubte. Nicht trug er Sorgenkummer

940. in dieser vergänglichen Zeit, obwol sein Geist und Leib
die beiden gesellten Gatten ihr Zusammenweilen
trennten, die theueren. Es schritten die Tage fort,
die Nebelhelme der Nächte: nah war die Zeit,
daß er erfüllen sollte das in der Vorzeit Bestimmte

945. und durch des Todes Ankunft Theil nehmen an dem Urteil,
an eben demselben, das unsere Eltern vormals
furchtbar empfiengen, wie es ihnen vor thaten
die ersten zwei der Erdbewohner.

IX.

Da war dem Guthlak zwar die Kraft ermattet

950. in den schweren Stunden, doch gar standhaft sein Gemüt
kraftvoll und mutig. Es war die Krankheit grimm
heiß und heftig: das Herz wallte innen,

die Knochenhülle brannte; begonnen war der Trank,
den Eva dem Adam im Anbeginn der Welt

955. zuvor gebraut hat: der Feind kredenzte
zuerst der Eva und dem Adam schenkte sie
dem trauten Gatten den Trank drauf ein,
den bitteren Zwangbecher, wofür ihre Gebornen seitdem
Zoll gar grimm bezahlen mußten

960. nach der alten Bestimmung, sobaß kein einziger war
von all dem Menschengeschlecht seit Anbeginn der Welt,
kein Mensch auf Erden, der da vermocht hätte
sich zu bergen und zu schützen vor dem bleichen Tranke
des tiefen Todweges, sondern die Thüre thut von selber

965. in der furchtbaren Zeit sofort sich auf
und offen steht der Eingang: dem kann kein Einziger hiei
mit Fleisch umfangen entfliehen mit dem Leben,
er sei arm oder reich, sondern ihn ereilt er
mit gierigen Griffen. So war bei Guthlak auch

970. der enge Einsiedler angekommen
nach dem nächtlichen Dunkel ihm nah gedrängt,
der Krieger der leichengierige. Bei Guthlak weilte
ein einziger Diener, der ihn aufzusuchen kam
an der Tage jedem: da begann der tiefgesinnte

975. der geisteskluge zu gehen zu dem Gottestempel,
wo er den Heimatapostel in dem Hause wußte
den geliebtesten, den Lehrer den erkorenen;
zur Beredung mit dem Seligen trat er rasch hinein,
da er drin horchen wollte auf des Heiligen Lehren,

980. auf des Milden Reden. Seinen Mannherrn fand er
elend von Krankheit: ein fiel ihm das
gar schwer ins Herz und Sinneskummer trug er,
heftige Gemütes Trauer. Er begann da seinen Herrn zu fragen:
»Wie ward dein Herz, mein Herr und Vater,

985. »du Schirm der Freunde, dir so sehr bedrängt,
»so hart ergriffen? ich traf bisher noch nie,
»mein liebster Herr, so leidend dich
»noch so ermattet an! Vermagst du noch im Reden

---

964) Todesbechers? —
970a) der Tod. —

„zu walten deiner Worte? Im Wahne dünkt mir,

990. „daß dich durch Krankheitsanfälle Körperſiechtum
„in dieſer nächſtvergangenen Nacht geplagt hat
„und geſchwächt durch Schmerzen: der Sorgen iſt mir das
„die heißeſte im Buſen, eh du mir Herz und Sinn
„erfreuſt mit Troſte. Weiſt du, mein Freund und Herr,

995. „mit welchem Ausgang dieſe Krankheit wird ein Ende nehmen?"
Antwort gab er ſpät; er konnte nicht aufwärts ziehen
alsbald den Athem: bitter war in ihn
die Krankheit eingedrungen; kühn redete er
an Geiſteskräften reich und gab zur Antwort:

1000. „Ich will dir ſagen, daß mich Schmerz und Krankheit
„in dieſer finſteren Nacht befallen haben
„und des Leibes Hort mir löſten: gelähmt ſind mir die Glieder
„geſchwächt von Schmerzen. Dieſe Seelenwohnung
„die todgeweihte Fleiſcheshülle ſoll bedeckt vom Erbhaus

1005. „in der Leichenruhſtatt wohnen auf dem Lagerbette feſt,
„die Glieder auf Lehm gebettet. Der Krieger naht heran
„nicht laß zum Kampfe: es iſt kein längerer Aufſchub
„für der Seele Abſchied als ſieben Nächte
„der Friſtbeſtimmung, daß fort von hinnen

1010. „in der achten mein Leben dann ſein Ende findet,
„wenn der Tag herankommt. Dann ſind meine Tageszeiten
„auf dem Erdenwege abgelaufen
„und mein Kummer iſt geſtillt; vor den Knieen des Schöpfers
„darf ich erlangen den Lohn alsdann,

1015. „die jungen Gaben, und dem Gotteslamme
„darf ich fort und fort dann folgen immer
„in unvergänglichem Jubel: nun iſt mein Geiſt dorthin beeilt
„des Wegs begierig. Du weiſt nun völlig
„den Lebensabſchied meines Leibes: lang iſt dieſer Verzug

1020. „des Weltlebens!" Da war Weinen und Klagen,
des Jünglings Sinn betrübt und jammernd ſein Herz,
ſeit er da hörte, daß der heilige Mann
zum Scheiden war beeilt. Ob dieſer Schreckenskunde
trug er um ſeinen Mannherrn Gemütes Kummer

1025. ſchwer im Herzen; ſein Sinn ward umdüſtert,

1006 a) wörtlich: als des Lehmes Decken.

. fein Herz hart betrübt, weil seinen Herrn er sah
anderswohin beeilt. Er vermochte des durchaus nicht
sich zu enthalten, sondern heiß ließ er
in Trauer und Betrübnis seine Thränen fließen,
1030. die Tropfenfluten wallen. In dem Todgeweihten
konnte länger das Schicksal nicht das Leben erhalten,
den Schatz den theueren, als ihm beschieden war.

X.

Der Geistheilige erkannte des Jammermütigen
Sinnverzagtheit; der Schirm der Leute
1035. Gottes Liebling begann da seinen Jünger zu trösten
und zu der Freunde liebstem sprach er freundlich also:
"Sei du nicht kleinmüthig! Wenn diese Krankheit gleich
"mich schmerzt im Innern, fällt mirs doch schwer mit nichten
"willig mich zu fügen in den Willen Gottes,
1040. "meines theueren Herrn, noch habe ich des Todes wegen
"Sorge im Gemüt in dieser Siechtumszeit
"noch trag ich vor der Höllenknechte Heeresmenge
"Furcht in meinem Geiste: keine Frevelschuld
"vermag der Erstgeborne der Sünde mir anzuheften,
1045. "keine Leibessünden, sondern in der Lohglut sollen sie
"gesotten im kummerreichen Schwalle vor Schmerzen weinen,
"ihr Wehgeschick bejammern aller Wonne ledig
"in des Todes Behausung, theillos aller Güter,
"der Liebe und der Gnade. Du mein geliebtes Kind,
1050. "sei nicht zu harmerfüllt in deinem Herzen! ich bin zum Hingang beeilt
"dort oben Wohnung zu nehmen nach Wiedervergeltung mich
sehnend
"in den Freuden der Ewigkeit für meine früheren Werke,
"zu sehn den Herrn des Siegruhms, du mein herzgeliebtes
Kind!
"Das ist mir ja kein Harm und keine Strafe, daß ich zum
Himmelskönig gehe,
1055. "zu dem Gott der Glorie! da ist Jubel der Gerechten,
"Friede und Freude, und der Fürst zugegen,
"dem ich gerne hier in Geistgeheimnissen

»in dieser traurigen Zeit mit meinen Thaten diente,
»mit meinem Geist und meinen Kräften: Vergeltung weiß ich
1060. »untadlich mir beschieden, unvergänglichen Lohn
»heilig in der Höhe. Dorthin zu kommen,
»das ist die Sehnsucht meines Herzens; meine Seele strebt
hinweg
»aus diesem Leibgefäße zu der langen Freude
»in der Seligkeit des Himmels. Dies Siechthum bringt mir
1065. »weder Schmerz noch Kummer: mir selbst weiß ich beschieden
»nach des Leibes Hinfall Lohn ohne Ende.«
Da hörte der Held der Glorie der geheimniskundige
der berühmte zu reden auf: er sehnte nach Ruhe sich
umdunkelten Gemütes. Drehend wälzte sich
1070. der Himmel über den Heldenkindern; dahin schritt der Nächte
Zahl
düster über den Völkern: da kam der Tag heran,
an dem der lebende Gott in seinem Leib vollbrachte
der ewige allmachtvolle die Auferstehung
der Herr mit Jubel, da sich erhub vom Tode
1075. der Allgewaltige auf Erden in der Osterzeit,
die Glorie aller Glorien, und die gröste der Schaaren
erhub zu den Himmeln, da er aus der Hölle aufstieg.
Obgleich zu der erhabenen Zeit der heilige Mann
in hoher Freude an dem hehren Tage
1080. milde und maaßhaltig nur mit Mühe konnte
seiner Kräfte walten, erhub sich doch die Krone der Helden,
der starkgemute sinnesweise, so schnell er konnte,
matt von den mächtigen Beschwerden, und sein Gemüt stärkte er
mit hellem Glauben, brachte das heilige Meßopfer
1085. voll tiefer Gedanken zu Dank dem Herrn
mit Geistgeheimnissen in Gottes Tempel
und begann durch des Geistes Gabe die Gottesbotschaft zu
verkünden
seinem holden Diener, wie es dem Herrn geziemte,
mit Siegeszeichen sie zu sagen und seinen Sinn zu stärken
1090. mit Wundern auf die Glorie in der wonnsamen Schöpfung,
auf die Seligkeit des Himmels, sodaß er weder seitdem noch
früher
irgend je in seinem Leben eine andere Lehre

alſo verkünden hörte in dieſer vergänglichen Zeit
noch ſo gründlich tief das Gottgeheimnis

1095. durch eines Menſchenkindes Mund berichten
in weitumfaßendem Sinne: es däuchte wahrhafter ihm,
das ſeien eines Engels Worte, eines von oben gekommenen
aus dem Wonnejubel des Himmels, bei weitem eher,
eines machtvollen Mannen Gottes, als eines Menſchen Lehre,

1100. der in der Welt hier lebt. Der Wunder gröſtes
ſchien ihm das zu ſein, daß ſolche Scharfſinns Kraft
hier der Menſchen einem im Gemüte wohnte,
der Kinder der Leute. All war ſo gründlich tief
Wort und Weisheit, die Unterweiſung des Mannes,

1105. Sinn und Kraft, die ihm der Schöpfer der Engel
der Geiſter Heiland gegeben hatte.

XI.

Da waren ihrer viere fort geſchritten
von den Tagen der Zahl nach, ſeit der Diener Gottes
von Krankheit geplagt in Kraft verharrte,

1110. von Schmerz gemartert: keine Schwermut des Sinnes
noch Kummer trug er wegen des Geiſtes Abſchied
noch Traurigkeit des Herzens. Der Tod nahete heran,
trotzig und ſtark mit Diebesſchritten,
ſuchte das Seelenhaus. Da kam der ſiebente Tag

1115. her zu den Heldenkindern, ſeit heiß dem Herzen nahe
mit Kampfesſchauern in ſeinen Körper eindrang
der ſchwirrende Pfeilſturm und den Schatz des Lebens
erſchloß mit kunſtvollen Schlüßeln. Da begann der ſinnes-
weiſe Mann
der aufwartende Diener den Edelen zu beſuchen

1120. in der heiligen Behauſung und fand da hingelehnt
hoffnungslos ſeinen Herrn zum Hingang beeilt
den geiſtheiligen in Gottes Tempel,
von Schmerzen gefoltert. Da war die ſechste Stunde
in der Mitte des Tages: ſeinem Mannherrn war

1125. das Ende ſeiner Tage herangekommen.
Ergriffen von harten Krankheitsanfällen,
getroffen mit Todespfeilen war er nicht im Stand den Athem

rasch genug heraufzuziehen und Wortreden zu erheben
mit starker Stimme.   Da begann den Sterbenden zu grüßen

1130.   schaudernd und traurig der Sinnbetrübte,
den matten gemütsfröhlichen, ihn bei der Mächte Schöpfer
bittend,
wenn er Gewalt könnte seiner Worte haben
Unterredung zu führen, daß er ihm durch Reden verkünde
und enthüllte im Gang der Worte, was er halte von seinem
Befinden,

1135.   von dem Dulden in der düsteren Krankheit, eh ihn der Tod
entraffte.
Ihm gab der Edeling der heilige zur Antwort drauf,
der liebe Mann dem lieben, obwol er nur langsam Athem
zu schöpfen vermochte, der sinnkühne Held:
„Mein vielgeliebtes Kind! nun ists nicht ferne mehr

1140.   „bis zu der alleräußersten Endstunde
„meines Lebensabschieds, daß du zum letzten Male
„meine Worte wirst vernehmen in dem Weltleben,
„nie des Lohns verlustig, und meine Lehren wirst du
„nicht mehr lange hören.   Leiste all wol

1145.   „unseren Bund und unsere Freundschaft, die Worte die wir
beide sprachen,
„liebster der Männer, [wenn du sprachst]: „„Ich will die Liebe
der Freundschaft
„„in Bedrängnis nimmer gegen dich, o Herr,
„„erschlaffen laßen!““   Sei du schnell auf den Weg,
„sobald mir Leib und Glieder und des Lebens Geist

1150.   „sondern und trennen ihr Beisammenweilen
„durch den Abschied des Lebens!   Sei du in Eile dann,
„auf daß du meldest meiner Schwester,
„der geliebtesten, an den langen Weg
„meinen Hingang von hier zu der herlichen Freude

1155.   „in die ewige Wohnung, und auch verkünde ihr
„mit meinen eigenen Worten, daß ihren Anblick ich
„mir immer versagte all die Zeit her
„in dem Weltleben, weil den Wunsch ich hegte,
„daß wir dereinst uns in der ewigen Freude

1160.   „sehen dürften in der Seligkeit des Himmels
„vor dem Angesicht des ewiglichen Richters

„von Laftern rein! unfere Liebe wird dort
„unverbrüchlich dauern, wo wir in der Burg der glänzenden
„der Freuden immer uns erfreuen dürfen,
1165. „der Seligkeit mit den Engeln. Dann fage du ihr auch,
„daß fie dies Beingefäß im Berg begrabe
„und mit Lehm überdecke den Leib den entfeelten
„in der düfteren Grube: dort foll er lange
„in der Sandbehaufung feitdem bleiben.“
1170. Da ward Sinn und Gemüt gar fehr bekümmert
gar hart beklommen durch des Herren Worte
dem aufwartenden Diener, da er einfah bald,
daß es nicht lang mehr fei bis zu der Lebenstrennung
zu der Endftunde feines Herrn. Eiligft begann er
1175. zu feinem Freund und Herrn fofort zu reden:
„Ich befchwöre dich, du vom Gefchlecht der Menfchen
„von den Leuten mir der liebfte, bei dem Lenker der Geifter,
„daß du meines Herzens Kummer, du der Helden Wonne,
„mir erleichtern wolleft! nicht ift dein Lebensende fern, ‑
1180. „wie ich aus deinen Worten gewiß erkannte.
„Oft brachte mich in Trauer mein betrübtes Gemüt,
„heiß in dem Herzen harmerfüllt mein Sinn
„in nächtlicher Beklemmung und ich wagte niemals dich,
„mein Vater und mein Troft, zu fragen drum!
1185. „Ich hörte ftets, fobald des Himmels Gemme
„die Wonneleuchte der Menfchen fich nach Weften fenkte
„zum Untergehn bereit, die ätherftrahlende Sonne,
„einen Andern mit dir in den Abendftunden
„Unterhaltung pflegen: ich hörte die Worte
1190. „des unbekannten Boten, der dich oft befuchte,
„zwifchen des Tages Raufchen und der düfteren Nacht,
„des Mannes Reden, und auch am Morgen fo
„vernahm ich geiftbekümmert des Gaftes Sprache
„des weifen in der Wohnung. Doch ich weiß noch nicht,
1195. „eh du es weiter mir durch deine Worte kund gibft,
„mein Herr und Freund, von wannen feine Herkunft ift!“
Ihm gab der Edeling der heilige zur Antwort drauf
dem Lieben nach langer Weile, da er nur langfam Athem
zu fchöpfen vermochte, der Sinnesmutige:
1200. „Fürwahr, mein Freund, du richteft Worte an mich

„und fragst mich Sterbenden um das, wovon zuvor ich noch
„durchaus im Leben keinem einzigen wollte
„der Menschen auf Erden Meldung thuen,
.   „keinem Helden in dem Volke außer hier nun dir,

1205. „daß sich nicht wunderten die Weiber und die Männer,
„die Leutekinder, und bei meines Lebens Dauer
„es rühmend aussprengten und in Reden es besprächen,
„weil ich nicht wollte in meinem Weltleben
„mir verkümmern durch großthuende Reden

1210. „meines Geistes Trost und Gottes meines Vaters
„Zorn dadurch mir zuziehn jemals.
„Es sandte mir mein Siegherr immer,
„der Lebensgeber der Völker, seit ich an meinen letzten Wohnort
„in diese Einsiedelei zum ersten Male

1215. „hierher mich wandte, einen heiligen Geist,
„einen von oben kommenden Engel, der an der Abende jedem
„und auch am Morgen wieder, des Schöpfers mächtiger Diener,
„mich siegruhmfest besuchte und meinen Sinneskummer
„und alle Schmerzen heilte: es verschloß mir in den Busen

1220. „der Glorie Freudenbote Gaben der Weisheit
„bei weitem mannigfaltiger, als ein Mann es wüßte
„in dem Leben hier, die den Leuten zu verkünden
„ich nicht Erlaubnis habe, der Lebenden einem
„von all dem Menschengeschlechte auf dem Erdenwege,

1225. „daß mir nicht möchte der Menschen einer
„das verschleiern wieder, was er im Sinne dachte
„geheimnisvoll mit seines Herzens Gedanken,
„seitdem er sichtbar mir erschien vor Augen.
„In meinem Gemüt verbarg ich vor der Menschen jedem

.1230. „sein herrliches Hierherkommen bis auf den heutigen Tag,
„liebster der Männer! Doch aus Liebe zu dir
„und um der Gefährtenschaft willen, die wir vormals lange
„mit einander hielten, will ich dich unfroh nicht
„gequält von wallendem Kummer werden laßen

1235. „betrübt und traurigen Gemüts nach meinem Tode irgend,
„nach meines Lebens Ende: meine Liebe gegen dich
„will ich halten immer! Aus meinem Herzverschluße
„strebt nun hinweg die Seele zu der wahren Freude:
„es zögert nicht die Zeit, verzagt ist dieses Beingefäß,

1240. »es trauert des Grießes Hort: der Geist eilt hinweg
       »sich nach der Ausfahrt sehnend in die ewige Wohnung,
       »zu der beßeren Freude. Ich bin nun sehr
       »ermattet von Schmerz.« An die Mauer sank er
       das Haupt neigend: doch seines Herzens Kraft
1245. hielt er noch aufrecht im Innern, zog den Athem noch
                                                        bisweilen
       machtreichen Gemütes; aus dem Munde kam ihm
       der süßeste der Düfte, wie in des Sommers Zeit
       an ihren Stätten duften staubenfest
       die blühenden Würzkräuter wonnsam über die Fluren,
1250. die honigtriefenden: so warb des Heiligen Athem
       all den langen Tag bis zu dem Abend fort
       aufwärts gezogen. Als nun der edele Glanz
       zum Niedergang sich neigte, der Nordhimmel sich verfinsterte
       unter den Wolken dunkel und die Welt mit Nebel überzog,
1255. mit Düster sie bedeckte und das Dunkel der Nacht
       überlagerte des Landes Zierden, da kam der Lichter gröstes
       heilig von den Himmeln heiter glänzend
       hell leuchtend über die Häuser. Es harrte, der da sollte,
       getroffen von Todespfeilen seiner Todesstunde
1260. begabt mit Geisteskraft. Der Glorie Lichtglanz
       leuchtete edel um den Edelen all die lange Nacht
       im Strahlenscheine: die Schatten zergiengen
       zerlöst unter den Lüften. Es war der lichte Glanz
       um das Haus das heilige, die himmlische Leuchte,
1265. von der Abenddämmerung bis daß von Osten kam
       über die tiefen Fluten des Tages Anrauschen,
       das warme Wetterzeichen. Da erhub sich der werthe Gottesmann
       eingedenk der Kraft und zu dem Aufwärter sprach er,
       zu dem treuen Gefährten: »Zeit ists, daß du fahrest
1270. »und die aufgetragene Botschaft all besorgest
       »und sie eiligst hinbringst, wie ich dir eh gebot,
       »zu der geliebten Schwester! Aus dem Leib ist nun
       »mein Geist sehr beeilt, sich nach den Gottfreuden sehnend.« ,
       Da hub er auf seine Hände, mit dem Abendmahl gespeist
1275. in Demut mit der edelen Speise, und seine Augen that er auf

---

1240a) der für die Aufbewahrung im Sandgrab bestimmte Leib.

des Hauptes heilige Gemmen, sah zum Himmelreich empor,
geistesfreudig zu dem Gnadenlohne, und seinen Geist entsandte er
den durch Werke lieblichen in den Wonnejubel der Glorie.

XII.

Da ward der Geist des Guthlaf geleitet
1280. an den Aufweg empor und Engel trugen ihn
zur langen Freude: der Leib erkühlte
leblos unter den Lüften. Da strahlte leuchtend dort
der Lichtsäulen glänzendste: all das leuchtende Zeichen
der himmlische Lichtglanz war um das heilige Gebäude
1285. von der Erde grade aufgerichtet
gleich einem Thurm vom Feuer bis zu dem Dach des Himmels
gesehen unter dem Aether, die Sonne überstrahlend,
der Edelgestirne Glanz. Der Engel Schaaren
sangen Siegeslieder; schall ward in den Lüften
1290. gehört unter den Himmeln, der Heiligen Jubel.
So war mit Freuden da erfüllt die Wohnung,
mit herrlichsüßen Düften und mit den Himmelswundern
des englischen Gesanges, der Erbstuhl des Seligen,
all innenwärts: einziger wars dort
1295. und wonnsamer, als in in der Welt es könnte
eine Stimme erzählen, wie stark es da duftete
und wie der himmlische Klang und der heilige Gesang
gehört ward unter den Himmeln, die Hochherrlichkeit Gottes,
Schall über Schall: erschüttert ward das Eiland,
1300. die Feldflur erbebte. Da war in Furcht der Bote
geschwächt an Kraft und schleunigst eilte
der sinnberaubte Held, daß er das Seeboot bestieg
und trieb den Wogenhengst an: der Wasserdurchrauscher fuhr
schnell unter dem Traurigen. Es schien die Sonne heiß
1305. blinkend über die Burgsäle. Es flog das Brandungsholz dahin
leicht und laufbeeilt: das beladene Seeroß
eilte zu dem Hafen, daß das Oceansfahrzeug
nach dem Seespiele das Sandland betrat
und wieder den Grieß anlief. Geisteskummer trug
1310. heiß in dem Herzen und herben Jammer,

Gemütsbetrübnis, der seinen Mannherrn wußte
den geliebten Freund des Lebens beraubt
dahinten weilen: herb mahnte ihn dessen
traurige Wehklage; Thränenfluten wallten,
1315. heiße Wangentropfen, und in dem Herzen trug er
große Geistbetrübnis. Der Jungfrau sollte er
kummervolle Botschaft zur Kunde bringen.
Der Jammermütige kam dorthin, wo die Jungfrau war,
die liebliche Gottesmagd. Er verhehlte das Leidgeschick nicht,
1320. den Fortgang des Todten. Der Freund = entbehrende
stimmte Trauerlied an, sprach diese Worte:
„Dem ist Kraft von Nöten, wer da Kummer oft
„um seinen Herrn soll tragen und im Herzen tief bedenken
„das Sterben des Gebieters, wenn die Stunde ankommt
1325. „gewebt vom Schicksal! das weiß, der da soll
„schmerzerfüllt sich härmen, weiß seinen Schatzgeber
„begraben, den holden: er soll jammernd wandern
„freudenarm von dannen; dem ist fern die Wonne,
„wer häufig trägt das herbe Leid
1330. „in schmerzerfülltem Sinne. Zu sehr brauch' ich nicht
„die Hinfahrt zu belachen: der Herre mein,
„der Gebieter der Helden und der Bruder dein,
„inmitten der Seen der Männer bester,
„die wir in England hörten irgend jemals
1335. „geboren werden in Bübleins Gestalt,
„vom Geschlecht der Menschen, der Schirm der Fluren,
„die Wonne der Verwandten, der Wehleidenden Stütze
„ist von den Freuden der Welt fort gegangen
„in die Herrlichkeit der Glorie, die Heimat zu suchen
1340. „den Aufenthalt dort oben. Nun ist der Erben Antheil
„das Gebeinhaus gebrochen in den Burgen innen,
„liegt am Todtenbette, und das Theil der Glorie
„hat aus dem Leibgefäße in dem Lichte Gottes
„gesucht den Siegeslohn, und sagen hieß er dir,
1345. „daß in der ewigen Freude ihr immer dürstet
„Gesammtwohnung nehmen mit den Schaaren des Friedens
„als der Werke Glorienlohn und dort in Wonne genießen
„des Segens und der Freuden. Auch hieß der Siegherr mein
„mit Worten dir gebieten, als er des Wegs beeilt war,

1350. „daß seinen Leichnam du, geliebteste der Jungfrauen,
„mit Erbe sollst bedecken. All weist du nunmehr
„meine Trauerbotschaft. Ich soll betrübten Sinnes
„von bannen wandern traurigen Gemütes.

*   *   *

IV.

Elene oder die Legende von der Kreuzfindung.

I.

Als vergangen waren in der Jahre Umlauf
gezählt der Zahl nach zweihundert
und drei nach der Fristbestimmung sowie dreißig auch
der Winter vor der Welt, seitdem der waltende Gott
5. der Könige Glorie als Kind ward geboren
in Menschengestalt an diesen Mittelkreiß,
die Sonne der Gerechten, da war das sechste Jahr
von des Constantinus Kaiserherrschaft,
seit in dem Reiche der Römerleute
10. erhoben ward der Kampfesfürst zum Heeresführer.
Der lindenschildkühne Leuteschirmer
war den Männern milde: die Macht des Edelings
wuchs unter den Wolken. Er war ein wahrer König,
ein Kampfwart der Krieger: ihn krönte Gott
15. mit Macht und Ruhmglanz, daß er Manchem ward
der Männer zum Troste über den Mittelkreiß,
zum Wehe den Völkern, sobald die Waffen er
erhub wider die Haßenden. Ihm ward Heerkampf entboten,
des Krieges Schrecken. Ein Kriegsheer sammelten
20. der Hunen Leute und die Hredgoten:
es fuhren die fahrtkühnen Franken und Hunen:
das waren kühne Männer in ihren Kampfesbrünnen

zum Gefecht gerüftet; es funkelten die Speere
und die geknüpften Kampfringe: mit Kriegsgeschrei und Schilden
25. erhuben sie die Heerzeichen. Die Helden waren
sichtlich da verfammelt und beifammen all das Heer:
es fuhr der Völker Schaar. Das Fahrtlied fang
der Wolf in dem Walde, verbarg das Walftattgeheimnis nicht;
anftimmte den Gefang der Adler der federbethaute
30. auf der Fahrtfpur der Feinde. Es fuhr eiligft
der Kriegsfchaaren gröfte über der Burgunder Land
mit Heeresmacht zum Kampf, foviel der Hunen König
von den Umwohnenden irgend konnte
von den Burgenkriegern entbannen zu dem Kampfe
35. Es fuhr der Fahrtheere gröftes, das Fußvolk eilte
in Fahrtcolonnen, bis in dem fremden Laude
an dem Geftade der Donau die Starkgefinnten
fich lagerten, die Lanzenkämpfer,
um des Wagers Wallen mit des Wehrvolks Toben:
40. fie wollten das Reich erobern der Römerleute
und es mit Heeresmacht verheeren. Da ward der Hunen
Ankunft
kund den Burgbewohnern, als der Kaifer hieß
in gröfter Eile die Kampfes=Tummler
den Feinden entgegen zum Gefechte bannen
45. durch den Umlauf des Heerpfeils, daß auszögen die Krieger
rüftig unter dem Himmel. Die Rombürger waren
die fiegberühmten Helden fchnell gerüftet
mit Waffen zum Gefechte, obwol fie weniger des Volkes
zu dem Heerkampf hatten denn der Hunen König.
50. Sie ritten um dem Ruhmvollen: der Randfchild ertönte,
das Kampfholz klang; der König zog mit Schaaren
mit Heeresmacht zur Schlacht: hell auf fang der Rabe,
der fchwarze Leichenvertilger. Die Schaar war im Zuge,
die Hornträger bliefen, die Herolde riefen,
55. die Roffe ftampften die Erde, rüftig fammelte
das Kriegsvolk fich zum Kampfe. Der König war in Furcht,
von Angft beftürzt, als fie die Außenvölker
das Heer der Hunen und der Hredgoten fchauten,
das an des Reiches Grenzen der Römerleute
60. an des Wagers Ufern fich in weiten Schaaren

in Unzahl sammelte: Innensorge trug
der Rombürger König, für sein Reich nicht hoffend
ob des Mangels an Kriegsvolk: der Mannen hatte er zu wenig
der Achselgenoßen wider solche Uebermacht,
65. der Hurtigen, zum Kampfe. Das Heervolk lagerte
um seinen Fürsten sich dem Flutenstrome nahe
in der Nachbarschaft die nachtlange Frist,
seit sie der Ausländer Heer zuerst erschauten.
Im Schlaf ward da dem Siegberühmten
70. dem Kaiser, wo er schlief in seiner Krieger Mitte,
ein Gesicht des Traums ihm selbst gezeigt:
ihm däuchte stattlich vom Ansehen in Gestalt eines Mannes
hellweiß und glänzend herrlicher erschienen
ein Unbekannter, als er eher oder später
75. einen sah unter der Sonne. Er fuhr vom Schlafe auf
vom Eberzeichen überdeckt; der Engel sprach
der glänzendschöne Glorienbote ihm entgegen hurtig
und nannte ihn bei Namen (der Nachthelm zerglitt):
„Constantinus! der König der Engel
80. „der Geschicke Walter hieß dir Schutz entbieten,
„der Fürst der Heerschaaren. Fürchte du dich nicht,
„obgleich die Ausländer dir mit Angstgraus drohen
„mit hartem Heerkampf! Sieh du zum Himmel auf
„zum Herrn der Herrlichkeit, wo du zur Hilfe findest
85. „des Siegruhms Zeichen!" Da war er schnell bereit
auf das Geheiß des Heiligen, erschloß den Herzverschluß
und aufwärts blickte er, wie ihn der Engel hieß,
der traute Friedeweber. Er sah funkelnd im Schmuck
den wonnigen Glorienbaum über der Wolken Dach
90. mit Gold verziert und Gemmen strahlten;
mit Buchstaben war beschrieben der Baum der glänzende
zierreich leuchtend: „Mit diesem Zeichen wirst du
„in der furchtbaren Gefahr den Feind besiegen,
„hemmen der Haßer Menge!" Hinschwand der Lichtglanz,
95. aufwärts stieg er und der Engel mit ihm
in den Kreiß der Reinen. Da war der Kaiser froher
und sorgloser dadurch in seines Sinnes Gedanken,
der Leute Obherr durch die liebliche Erscheinung.
Aehnlich hieß darauf der Edelinge Schirm

100. dem Kreuze Christi, Constantinus
der Helden Ringgeber, der Hörigen Kampffürst,
wie er das Zeichen sah, das ihm gezeigt zuvor
am Himmel ward, ein Heerzeichen würken
in rascher Eile, der ruhmreiche König.
105. Drauf in aller Frühe mit dem Anbruch des Tages
hieß er das Wehrvolk wecken und den Waffenschmuck,
die Heereszeichen und den heiligen Baum
vor ihm tragen in der Feinde Getümmel,
das leuchtende Gotteszeichen. Laut sangen die Posaunen
110. vor den Kriegerschaaren: es freute sich des Kampfwerks der Rabe
und mit den Augen verfolgte der Adler der federbethaute
die Schlacht der Mordgrimmen; Gesang erhub der Wolf,
des Holzes Gefährte. Der Heerkampf wütete:
da war Krachen der Schilde und Kampfsturm der Helden,
115. hartes Handgeschwinge und der Heere Sinken,
sobald sie zuerst begegneten dem Anprall der Geschoße.
Es sandten Schauer von Geschoßen über den Schild den gelben
unter die todgeweihten Schaaren in das Getümmel der Feinde
voll Haß die Schwertgrimmen, die Heerkampfnattern
120. durch der Finger Gewalt fort entsendend.
Die Starkgesinnten stürmten, hieben Schlag auf Schlag,
zerstörten den Schildschmuck, tauchten die Schwerter ein,
gefechtkühn vorwärts bringend. Da ward die Fahne erhoben
das Schlachtzeichen vor den Schaaren und Siegeslied gesungen:
125. es glänzten die Speere und die gülbenen Helme.
Die Heiden sanken auf dem Heeresfelde,
fielen friedlos; es flohen jählings
der Hunen Leute, sobald den heiligen Baum
erheben hieß der Herr der Römer
130. im heißen Kampfe. Die Helden wurden
weithin zertrieben: manche raffte weg der Kampf,
manche entkamen lebend mit knapper Mühe
auf dem Heerespfade; es flohen halbtodt manche
zu des Landes Festen, ihr Leben zu retten
135. hinter der Steine Klippen, an den Stätten weilend
um den Donaustrom; das Ertrinken entraffte
andere in dem Strome am Ende ihres Lebens.
Es war der Mutreichen Menge da in Lust:

die Ausländer verfolgten sie bis zu dem Abend fort
140. vom Anbruch des Tages; die Eschenspeere flogen,
die Heerkampfnattern. Der Haufe war gelichtet,
das Lindenschildvolk der Feinde: lebend kamen wenige
von dem Heer der Hunen wieder heim von bannen.
Da war es sichtlich, daß den Sieg verlieh
145. dem Constantinus der König der allmächtige
durch den Stamm seines Kreuzes bei dem Tagewerke
und Ruhmverherlichung reich unter dem Himmel.
Drauf gieng der Hehre wieder heim von bannen
der Kriegsbeute froh: der Krieg war entschieden.
150. Durch Kampf verherlicht fuhr der Kempen Schirm
mit seiner Heldenschaar, den Heerschild zu schmücken,
der kriegsberühmte Herscher zu der Königsburg.
Da hieß die Weisesten alsbald der Wart der Krieger
zur Versammlung kommen, die des Scharfsinns Kraft
155. empfangen hatten durch der Vorzeit Schriften
und die das Heil der Menschen hielten in ihren Gedanken.
Da begann zu fragen des Volkes Obherr
der siegberühmte König über die Schaar des Volkes:
„Wäre einer hier wol von den Aelteren oder Jüngeren,
160. „der da mit Sicherheit es sagen könnte
„und es verkünden durch Weißagung, was für ein Gott dies war,
„was für ein Hausbeherrscher, dem gehört dies Zeichen,
„das so leuchtend mir erschien und meine Leute rettete,
„das glänzendste der Zeichen, und der mir Glück und Ruhm
165. „bescherte wider die Feinde durch den schönen Baum?"
Doch Antwort konnten sie durchaus ihm nicht
entgegen geben, wusten ganz und gar nichts
Sicheres zu sagen von dem Siegeszeichen.
Mit Worten sprachen da die Weisesten
170. vor der Heeresmenge, daß es des Himmelskönigs
Zeichen wäre, daß des kein Zweifel sei.
Da hörten das, die durch die heilige Taufe
waren gelehrt worden, licht ward ihnen der Sinn
und wonneerfüllt das Herz, obgleichs nur wenige waren,
175. daß sie vor dem Kaiser kund geben durften
die Gabe der Gotteskunde, wie der Geister Helm,
in der Glorie der Dreieinigkeit glanzvoll verherlicht,

als Kind ward geboren, der König der Glorie,
und wie am Galgen wurde Gottes eigenes Kind
180. erhängt vor dem Heer mit harten Qualen
und von den Banden des Teufels entband die Menschen,
die jammernden Geister, und ihnen Gnade schenkte
durch eben diese Creatur, die da vor Augen wurde
ihm selbst geoffenbart zum Siegeszeichen
185. wider das Drängen der Völker, und wie am dritten Tage
die Glorie der Helden aus des Grabes Ruhe
sich erhub vom Tode, der Herr des ganzen
Heldengeschlechtes, und zum Himmel aufstieg.
So sagten sie begabten Sinnes durch Geistgeheimnis
190. dem Siegberühmten, wie von Silvester sie
gelehret waren, von dem auch der Leutefürst empfieng
die heilige Taufe und dem Herrn zu Willen
hielt ers von da an fürder durch seiner Tage Zeit.

II.

Da war des Hortes Spender in hoher Wonne,
195. der Fürst der Kampfkühne: neue Freude war ihm
in seinen Geist gepflanzt; ihm war der größte Trost
sowie die höchste Hoffnung der Himmelskönig.
Durch des Geistes Gabe begann er eifrig
täglich zu verkünden bei Tag und Nacht
200. das Gesetz des Herren und sich selber fügte
der Goldfreund der Männer in Gottes Dienst,
der eschenberühmte unfeige. Da fand der Edeling
der Leute Schirmer durch gelehrte Männer
der geerkühne Kampfheld in Gottes Büchern,
205. wo unter Heeres Toben erhängt wurde
der König der Himmel an des Kreuzes Stamm
aus Feindschaft durch Frevel, wie der Feind der alte
die Leute verführte mit Lügenkünsten,
der Juden Menge, daß sie Gott selber
210. erhängten den Herrn der Völker: in der Hölle sollen sie dafür
nun Wehe tragen auf weite Zeiten!
Da war der Kaiser auf Christi Lob
stets bedacht in seinem Sinn fortan

wegen des hehren Baumes: er hieß seine Mutter
215. fahren über ferne Wege mit des Volkes Schaaren,
mit der Helden Menge, um in der Heimat der Juden
begierig zu forschen, wo der Glorienbaum
heilig unter der Erde behütet wäre,
das Kreuz des Edelkönigs. Elene wollte
220. der Sendfahrt da nicht säumig werden
noch des Freudengebers Befehl misachten,
ihres eigenen Sohnes: eiligst war bereit
die Frau zu dem Freudenwege, wie ihr der Völker Helm
der Brünnekämpfer Schirm geboten hatte.
225. Da begann hurtig zu den Fluten hinzueilen
des Wehrvolks Menge: die Wogenhengste stunden
bereit zur Reise an dem Rand des Oceans,
die geseilten Seerosse auf der Schaumflut ruhend.
Da war offenkundig die Abreise der Frau,
230. sobald sie mit dem Wehrvolk gieng zum Wogenhelme:
es stunden stattlich Manche am Gestade dort,
am Wendelsee. Wogend drängte
sich Menge über Menge auf den Markpfaden
und sie beluden da mit Lindenschilden,
235. mit Panzerhemden und mit Speeren, mit Brünnekämpfern,
mit Frauen und mit Männern die Flutenhengste.
Sie ließen schaumig schreiten über die Salzflut drauf
die Brandungsrauscher: der Bord empfieng
über das Gewül der Wogen der Wellen Schläge,
240. die Fluten klangen. Nicht hört' ich früher oder später
eine Frau je führen auf dem Flutenstrome
eine stattlichere Menge auf die Straße des Oceans!
Wer diese Seefahrt beobachtete, konnte sehen da,
wie über den Badweg brachen die Brandungshölzer
245. schnell unter Segeln: die Seerosse tanzten;
die Flutenschiffe fuhren. Froh waren die Krieger
die festgesinnten und es freute sich
der Reise die Frau, als die geringten Steven
über die Flutenveste zum Hafen gefahren waren
250. an der Griechen Küste: die Kiele ließen sie
die alten Flutenhäuser fest an Ankern
von den Wellen gepeitscht, im Wogengetriebe

harren an der Brandung und auf die Helden warten,
wann mit den Schaaren der Krieger die Schlachtenfrau
255. sie wieder auffuchte über Oftwege. Da konnten die Leute an den Helden leicht erschauen
der Brünnen Geflechte, erprobte Schwerter,
herliche Kampfrüftung, der Helmlarven manche,
koftbare Eberzeichen. Die Krieger waren
260. die Eschenkämpfer um die Siegfrau beeilt zur Reise,
die tapferen Fahrthelden: es fuhren in Luft
in der Griechen Land hinein des Kaisers Boten,
die Kampfeshelden mit Kriegsschmuck bewehrt.
Da war offen sichtbar manche eingefaßte Gemme
265. an des Heeres Schaar, des Herren Gabe. Es gedachte Elene die demutgesinnte
kühn in Gedanken an des Kaisers Willen,
im Geist begierig, daß sie des Judenvolkes
Land auffuchte mit der Lindenschildkämpfer
270. Haufen dem erprobten über die Heeresfelder
mit der Schaar der Helden. So geschahs darnach
in kurzer Frift, daß die kampfberühmten
die Helden hinkamen, die Heeresmenge,
mit der Schaaren größter in die Stadt Jerusalem,
275. die eschenberühmten Männer mit der edelen Frau.

III.

Da hieß sie gebieten den Burgbewohnern
den weisesten weit und breit,
durch das Land der Juden der Leute jedem,
daß Versammlung hegend die zusammen kämen,
280. welche Gottes Geheimnisse am gründlichsten
nach dem rechten Gesetz berichten könnten.
Da kam der Weisen von weither zusammen
eine unkleine Menge, welche auslegen konnten
das Gesetz des Mofes: versammelt waren
285. dreitausend dort von diesen Leuten
erlesen zur Belehrung. Da begann die liebliche Frau
die Ebräermänner also anzureden:
„Das habe ich erfahren völlig sicher

„durch der Weißagen Wortgeheimnisse
290. „in Gottes Büchern, daß ihr in vergangenen Tagen
„waret Gott werth, dem Glorienkönig,
„theuer dem Herrn und thateneifrig!
„Fürwahr! ihr habt der Weisheit Wahrheit unklug
„feindselig widerstrebt, da ihr verfluchtet den,
295. „der vor dem Fluche euch und der Gefangenschaft
„von der Lohglut Qualen zu erlösen dachte
„durch die Allmacht seiner Glorie! Mit Unflat spucktet ihr
„dem in das Antlitz, der der Augen Licht
„euch zur Befreiung von der Blindheit zuvor von Neuem
300. „aufthat wieder durch den edelen Speichel
„und der euch oft befreite von den unsauberen
„Teufelsgeistern. Zum Tod begannt ihr
„zu verdammen den, der von dem Tode selbst
„von euerem Volke in das frühere Leben
305. „Manche erweckte vor der Menge der Leute.
„So begannt ihr zu vermengen im Gemüte blind
„Lüge mit Wahrheit, Licht mit Finsternis,
„Eifersucht mit Gnade, anzettelnd Frevel
„mit Falschheitgedanken: der Fluch bedrängt dafür
310. „euch Lastervolle! Die leuchtende Macht
„begannt ihr zu verurteilen und im Irrtum lebtet ihr
„mit düsteren Gedanken bis auf diesen Tag
„Geht eiligst nun! sucht aus mit Scharfsinn
„weisfeste Männer des Wortes kundig,
315. „welche adelkräftig euer Gesetz
„am ersten in ihrem Geiste inne haben,
„die da mit Sicherheit mir sagen können
„und vor euch allen Antwort künden
„über all die Zeichen, um die ich sie angehn werde!"
320. Da giengen hin zur Beratung im Herzen traurig
die gesetzkundigen Männer in Sorgen jammernd
eingeschüchtert von Schrecken: eifrig suchten
die Weisesten nach Wortgeheimnissen,
daß sie der edelen Frau Antwort möchten geben
325. so in Gefährlichem wie in Gutem, wie sie fragen würde.
Da fanden sie in der Menge der Männer tausend
sinneskluge, die am sichersten kannten

der Vorzeit Erinnerung unter dem Volk der Juden.
Die drangen in Menge dahin, wo in Majestät harrte
330. auf dem Königsthron des Kaisers Mutter,
die schöngekleidete Kampffrau geschmückt mit Golde.
Elene redete und vor Allen sprach sie:
„Höret nun, ihr Hochweisen, heiliges Geheimnis,
„Wort und Weisheit! Ihr habt durch der Weißagen
335. „Lehren ja erfahren, wie der Lebensfürst
„in eines Bübleins Gestalt geboren ward,
„der Mächte Walter, von dem Moses sang
„und diese Worte sprach der Wart Israels:
„„Geboren ist ein Knabe im Verborgenen euch
340. „„an Macht erlaucht, obgleich durch Mannes Liebe nicht
„„die Frucht seine Mutter empfangen hat!““
„Von ihm sang der König David ein köstlich Lied,
„der erfahrene Vorzeitweise, der Vater Salomos,
„und dieses Wort sprach der Waffenkämpfer Fürst:
345. „„Ich habe vorausgeschaut des Ursprungs Gott,
„„des Siegruhms Herrn; sichtbar war
„„der Mächte Walter mir zur Rechten,
„„der Wart der Majestät: ich wandte von da
„„mein Angesicht niemals ab im Leben.““
350. „Es hat Esaias auch von euch hinwieder
„der Weißage vor den Leuten mit Worten also
„verkündet tiefsinnig durch den Geist des Herrn:
„„Einen jungen Abkömmling hab’ ich auferhoben
„„und einen Sohn erzeugt’ ich, dem ich Segen gab
355. „„und heiligen Herzenstrost; sie aber höhnten dich,
„„mit Feindschaft dich verfolgend, hatten Vorsicht nicht
„„noch Einsehn der Weisheit, und die armen Thiere,
„„die man doch an der Tage jedem treibt und schlägt,
„„erkennen gleichwol ihren Wolthäter, keineswegs mit Rache
360. „„ihren Freund verfolgend, der ihnen Futter gibt!
„„und mich wollte durchaus der Israeliten
„„Volk nicht erkennen, obgleich ich viel vor ihnen
„„der Wunder verrichtete in den Weltstunden!““
„Das hörtet ihr ja durch die heiligen Bücher
365. „daß hochherrlichen Ruhm der Herr euch gab
„und Machtfülle: dem Mose sagte er,

8

„wie ihr dem Himmelskönig gehorchen solltet
„und seinen Geboten folgen; doch bald verdroß euch das:
„störrigen Sinnes widerstrebtet ihr dem Rechte
370. „und den hehren Schöpfer Aller verschmähtet ihr,
„den Herrn der Herren, dahinlebend im Irrtum
„gegen das Recht Gottes. Geht rasch nun hin
„und findet die noch, die der Vorzeit Schriften
„und euer Bundesrecht am besten kennen
375. „durch der Weisheit Kraft, daß sie mir weiten Sinnes
„Antwort wißen anzusagen!"
Mit Menge giengen da im Gemüte traurig
die Kühngesinnten, wie ihnen die Königin gebot;
fünfhundert fanden sie der hochweisen Männer
380. erlesen aus den Leuten, die da Gelehrsamkeit
besaßen am meisten durch das Sinnen des Gemütes
und Scharfsinn im Geiste. Zu dem Saale wurden sie
nach nicht gar langer Frist geladen wieder,
die Wächter der Burg. Mit Worten begann die Frau
385. sie anzureden (über Alle schaute sie):
„Ihr habt thörigte Thaten oft vollbracht,
„verfluchte Elendmänner, und eurer Väter Lehren
„die Schriften habt ihr geschändet, doch nie schlimmer denn
                                                            damals,
„da ihr im Herzen verachtetet die Heilung von der Blindheit
390. „und mit Widerspruch die Wahrheit leugnetet,
„daß in Bethlehem geboren wäre
„des Allwaltenden Sohn, der eingeborne König,
„die Spitze der Edelinge! Obgleich ihr die Schriften kanntet,
„der Weißagen Worte, wolltet ihr die Wahrheit doch
395. „sündenwürkend selbst nicht erkennen."
Einmütig gaben sie zur Antwort drauf:
„Warhaftig! wir haben gelernt das Hebräische Gesetz,
„das in der Vorzeit Tagen unsere Väter kannten
„an der Gotteslade: doch wir wißen ganz und gar nicht,
400. „warum so hart du, o Herrin, uns
„erbittert wurdest, und wißen das Verbrechen nicht,
„das wir vollführt hätten in dieser Volkschaft,
„daß wir Uebelthaten gegen dich je hätten ausgeführt!"
Elene redete und unverholen

405. sprach mit Worten also vor den weiten Schaaren
die Frau vor dem Volke: „Geht flugs nun hin
„und suchet die besonders, die des Sinnes Klugheit
„und Geisteskraft unter euch am gröſten haben,
„daß sie der Dinge jedes mir dreiſtlich künden
410. „unweigerlich, darum ich sie angehn werde!"

IV.

Da giengen sie fort aus der Ratsverſammlung, wie die
Frau die mächtige
in den Burgen kühn geboten hatte;
begierig forschten sie im Geiſte traurig,
suchten mit Sinnesklugheit, was die Sünde wäre,
415. die sie in dem Volke sollten vollführt haben
wider den Kaiſer, deren die Königin sie zieh.
Vor den Edelingen sprach da Einer dort
gar weiſe im Reden, des Wortes kundig,
dem war Judas der Name: „Das weiß ich ganz gewis,
420. „daß nach dem Siegesbaum sie suchen will,
„an welchem qualvoll duldete Gottes eigner Sohn,
„der Völker Walter alles Frevels ledig!
„Obgleich er aller Sünden unschuldig war,
„erhängten ihn aus Haß doch an den hohen Baum
425. „unſere Väter in der Vorzeit Tagen:
„das war ein bedrohlicher Beschluß! Nun iſt es dringend Not,
„daß wir feſt unfern Sinn befeſtigen,
„daß wir die Frevelthat nicht frei geſtehen,
„wo der heilige Baum ward hin verborgen
430. „nach der Wut des Kampfes, damit nicht zerworfen werden
„die alten Vorzeitschriften und wir die väterlichen
„Lehren nicht verlaßen! Nicht lange währts darnach,
„daß dann der Israeliten Adel darf
„noch länger herschen über die Länder dieser Erde,
435. „der Edelinge Geſetzeskraft, wenn dieses offenbar wird,
„wie einſt eben das mein Aeltervater
„der siegberühmte sagte, dem Sachäus war der Name,
„der alte Vorzeitweise dem Vater mein,
„der es selbſt dann wieder seinem Sohn verkündete,

8*

440. „da er von der Welt sich wandte und sprach dies Wort zu mir:
„„Geschieht im Laufe das von deinen Lebenstagen,
„„daß du hörest nach dem heiligen Stamme
„„sorgsam fragen und nach dem Siegesbaume
„„eifrig forschen, an welchem aufgehängt ward
445. „„der wahre König, der Wart des Himmelreiches,
„„alles Friedens Kind, dann thu sofort dies kund,
„„mein trauter Sohn, eh dich der Tod hinwegrafft:
„„nicht kann das Volk der Ebräer alsdann ferner irgend
„„Rath bedenkend das Reich behalten
450. „„und herschen über Heldenschaaren, sondern die Hochmacht
derer lebt
„„und ihre Herschaft ist verherlicht immer
„„erfüllt mit Freuden bis in die fernsten Zeiten,
„„die den erhängten Christ verherlichen und preisen.““
„Sofort gab ich frischweg meinem Vater da
455. „dem alten Schriftgelehrten zur Antwort drauf:
„„Wie wollte das doch werden in dem Weltreiche,
„„daß an den Heiligen Hand anlegten
„„zum Ende seines Lebens unsere Väter
„„feindlichen Sinnes, wenn sie vorher wußten,
460. „„daß er Christ war, der König in den Himmeln,
„„der wahre Sohn des Schöpfers, der Seelen Heiland?““
„Da gab mein alter Vater mir zur Antwort drauf
„weise im Geist das Wort erhebend:
„„Erkenne Gottes Hochmacht, junger Mann,
465. „„des Heilandes Namen, der allen Helden ist
„„unaussprechlich, den auszuforschen
„„auf dem Erdenweg kein Einziger vermag!
„„Ich wollte dieses Volks Beschlüßen, die es zu faßen begann,
„„mich anschließen nimmer, sondern immer hielt ich
470. „„von der Schuld mich fern, da ich nicht Schmach meinem Geist
„„bereiten wollte. Ich riet vielmehr
„„oft und eifrig von dem Unrecht ab,
„„wenn in Versammlung saßen die Schriftgelehrten
„„und suchten in ihrem Sinne, wie sie den Sohn des Schöpfers
475. „„erhängen möchten, den Helm der Männer, den Herrn
von allen
„„Engeln und Menschen, den edelsten der Helden.

„„Doch konnten so tollen Sinnes ihm den Tod nicht anheften
„„die unseligen Männer, wie sie ehe dachten,
„„noch ihn mit Schmerzen ihm bereiten, obschon das Siegkind
Gottes

480. „„an dem Galgen seinen Geist entsandte
„„einige Zeit lang: darauf ward dann
„„gehoben von dem Kreuz der Himmelswalter,
„„aller Glorien Glorie; in dem Grabe war er
„„darnach verharrend der Nächte dreie

485. „„unter dem Düsterverschluße und am dritten Tage
„„erstund alles Lichtes Licht dann lebend wieder,
„„der Herr der Engel, und seinen holden Mannen
„„zeigte selbst sich drauf des Siegruhms wahrer Fürst
„„leuchtend in Lebensfülle. Nicht lang darnach

490. „„empfieng dein Bruder dann das Bad der Taufe
„„und den lichten Glauben, und als für seine Liebe zum Herrn
„„Stephanus drauf ward mit Steinen geworfen,
„„da vergalt er Uebel nicht mit Uebel: für seine Allfeinde that
„„Fürsprache der duldungsmutige und bat den Fürsten der
Majestät,

495. „„daß er ihnen nicht wenden möchte die Wehthat zur Strafe,
„„daß sie aus Eifersucht den unschuldigen
„„den sündelosen auf des Saulus Anstiften
„„seines Lebens beraubten. Obgleich nun Letzterer
„„zu qualvollem Tode des Christenvolkes manche

500. „„verdammte aus Feindschaft, hat dennoch ihm der Herr
„„Milde drauf erwiesen, das er Manchem ward
„„der Völker zum Troste, seitdem der Vater der Schöpfung
„„der Notretter Menschen ihm den Namen geändert,
„„sodaß er seitdem wurde Sanctus Paulus

505. „„genannt bei Namen: seitdem war nie ein Anderer
„„von den Gesetzverkündern unter dem Schirmdach des Himmels
„„beßer denn er, von denen die geboren wurden
„„von Mann und Weib an diesen Mittelkreiß,
„„obgleich er mit Steinen hieß den Stephanus

510. „„am Berg zerschmettern, den Bruder dein.
„„Hören magst du nun, mein holder Jüngling,
„„wie allbarmherzig ist, der über Alles waltet,
„„obgleich wir ihn mit Uebelthaten oft erzürnen,

„„mit der Sünden Wunden, wenn wir ohne Säumen wieder
515. „„für unsere bösen Thaten Buße thuen
„„und uns abwenden von dem Unrecht wieder.
„„Ich selber glaubte seitdem drum
„„und auch mein lieber Vater an den Lebensfürsten,
„„daß der Gott aller Majestät am Kreuze duldete,
520. „„des Lebens Führer, leidvolle Qualen
„„für die maaßlose Not der Menschenkinder.
„„Drum geb ich dir die Lehre durch Liebgeheimnis,
„„holder Jüngling, daß du nie Hohnreden läßest
„„Schmähung und Gotteslästerung dir zu Schulden kommen
525. „„grimme Gegenreden wider Gottes Sohn:
„„dann erlangst du das, daß dir das Leben das ewige
„„als der herlichste Siegeslohn im Himmel wird gegeben!„„
„Mein Vater lehrte in der Vorzeit Tagen
„also mit Worten mich unerwachsenen,
530. „der sinnesweise Mann, dem Simon war der Name,
„und unterwies mich mit Wahrheitreden. Nun wißt ihr völlig,
„was in eurem Brustsinn euch am besten dünke
„zu verkünden, wenn diese Königinn
„uns ausfragt um den Baum, da meine Ansicht ihr
535. „und meine Sinngedanken selbst nun wißet!"
Zur Antwort gaben ihm die Einsichtsvollsten
mit solchen Worten vor der Schaar der Männer:
„Wir hörten nimmer der Helden einen
„außer dich nun da in diesem Volke
540. „einen anderen Menschen also reden
„von so geheimnisvollen Dingen! Handle wie dirs gut dünkt
„erfahren in der Vorzeit Gesängen, wenn du gefragt wirst
„vor des Wehrvolkes Menge! Der hat Weisheit von Nöten,
„vorsichtige Worte und eines Weisen Scharfsinn,
545. „der vor der edelen Frau soll Antwort geben
„vor einer solchen Schaar in der Versammlung Mitte!"

V.

Da wuchsen im Reden Worte: es ratschlagten die Männer
allenthalben hin, die hierhin, die dorthin,
überlegten und dachten. Da kam eine Leuteschaar

550. zur Heerversammlung und Herolde riefen,
des Kaisers Boten: „Diese Königin ladt euch
„zum Saal ihr Männer, daß ihr die Sitzungsbeschlüße
„recht berichtet! Rat ist euch von Nöten
„an der Versammlungstätte und Sinnes Klugheit!"

555. Da waren sie sogleich bereit, die jammermütigen
Leutebehüter, wie sie geladen waren
durch den harten Bann: zu Hofe giengen sie
und kündeten Kraft und Macht. Die Königin begann
drauf also anzureden die Ebräermänner

560. und zu fragen die Sinnbetrübten um die Vorzeitschriften,
wie in der Welt zuvor die Weißagen sangen
die geistheiligen Männer von Gottes Sohne,
wo der König des Himmels Qualen duldete
des Schöpfers wahrer Sohn den Seelen Liebe.

565. Sie waren hartnäckigen Sinnes härter denn Stein,
wollten nicht recht um das Geheimniß Rede stehen
noch ihr darüber einige Antwort geben,
wornach durch Fragen sie zu forschen begann,
begegneten mit Widerspruch vielmehr der Worte jedem

570. fest in ihrem Sinn, was sie auch fragen mochte,
sprachen, in all ihrem Leben hätten sie etwas der Art
weder eher noch später irgend je gehört.
Elene redete und sprach ingrimmsvoll:
„Ich will euch sagen sicherlich

575. „und in dem Leben wirds zur Lüge nimmer,
„wenn ihr noch länger folget diesem Lügengerede
„mit falschem Truge, die ihr vor mir steht,
„daß euch der Brand dann soll am Berg verzehren,
„der Lohgluten heißeste, und euren Leib zerstört

580. „der wallende Glutschwall, daß euch gewendet wird
„zur Trennung von der Welt dies Truggerede!
„Ihr könnt die Worte nicht bewahrheiten, die ihr eine Weile
                                                        nun bedecktet
„in Unrecht unter des Frevels Schooß! ihr könnt das Ereignis
                                                        nicht verhehlen,
„die tiefe Macht verbergen!" Da erwarteten sie den Tod und
                                                        den Scheiterhaufen,

585. das Ende ihres Lebens, und Einen bezeichneten sie da

als einen wolweifen im Reden, dem vor feinen Verwandten
　　　　　　　　war gegeben
Judas als Name; den übergaben fie der Königin,
fagten, er fei befonders weife: „Er kann dir ficher künden,
„entfchleiern die Geheimniffe und das Gefetzesrecht
590.　„von vorn an bis zu Ende, wie du ihn fragft mit Worten.
　　„Er ift auf Erden von edelem Gefchlechte,
　　„weife in des Wortes Kunde und eines Weißagen Sohn
　　„unerfchrocken in Verfammlung: ihm ift es angeboren,
　　„daß er Gegenreden klug befitzt
595.　„und Kraft in feiner Bruft. Kund gibt er dir
　　„der Weisheit Gabe vor des Wehrvolks Menge
　　„durch die große Macht, fo wie dein Geift es liebt.“
　　Fortgehen hieß fie drauf in Frieden Alle
　　zur eignen Wohnung und nur den Einen nahm fie
600.　den Judas zur Geifel und begehrte dringend,
　　daß er kund geben möchte von dem Kreuz die Wahrheit,
　　das lang zuvor im Lager war verborgen,
　　und ihn felbft rief fie befonders bei Seite da.
　　Elene fprach drauf zu dem Einfamen,
606.　die ruhmreiche Frau: „Bereit ift dir beides
　　„fo das Leben wie der Tod, wie es dir lieber ift
　　„zu erkiefen! Nun künde hurtig,
　　„welches du erwählen willft von beiden!“
　　Entgegen fprach da Judas (er konnte nicht entgehen dem
　　　　　　　　　　　　Jammer,
610.　nicht abwenden des Kummers Bedrängnis, er war in der
　　　　　　　　　　　　Königin Gewalt):
　　„Wie mags dem werden, der im wüften Lande
　　„müde und nahrungslos das Moorland tritt
　　„gebunden von dem Hunger, wenn Brod und Stein
　　„gebracht ihm werden beide zu Gefichte,
615.　„Feftes und Weiches, daß er nach dem Fedftein griffe
　　„zur Abwehr des Hungers und nicht achtete des Brodes,
　　„die Mundkoft verfchähte und fich zum Mangel wendete,
　　„das Beßere verwürfe, wenn er beides bedarf?“
　　Unverholen gab ihm zur Antwort drauf
620.　die felige Elene vor der Schaar der Männer:
　　„Wenn du im Himmelreiche haben willft

„Aufenthalt bei den Engeln und auch auf Erden das Leben,
„Siegeslohn im Himmel, dann sage du mir hurtig,
„wo das heilige Kreuz des Himmelskönigs
625. „ruhe unter der Erde, das ihr geraume Zeit
„verbargt den Menschen durch der Bosheit Frevel!"
     Judas redete (ihm war jammernd der Sinn
heiß im Herzen und herb war ihm beides,
sei es daß er an der Hoffnung auf das Himmelreich im
                              Herzen so fest hielte
630. und aufgäbe dieses irdische Reich
oder daß er der Königin das Kreuz nicht zeigte):
„Wie vermag ich das zu finden, was so fern schon liegt
„im Gang der Winter? vergangen sind bereits
„gezählt der Zahl nach zweihundert oder mehr!
653. „die Zeit kann ich nicht angeben, da ich die Zahl nicht kenne:
„es sind schon Viele seitdem fortgegangen,
„erfahrene und gute, die vor uns lebten,
„geisteskluge Männer, und in der Jugend ward ich
„seitdem erst in späteren Tagen
640. „kindjung geboren. Ich kann, was ich nicht weiß,
„nicht finden in meinem Sinne, was so früh geschah!"
     Elene redete ihm zur Antwort drauf:
„Wie ist denn das geworden in diesem Volke,
„daß ihr so allerlei euch zu erinnern wißt,
645. „der Thaten aller, welche Troja's Bürger
„im Kampf vollbrachten? das war ein großer Kriegszug
„ein offener Kampf, weit älter denn dies edele Ereigniß
„in dem Fluß der Jahre! vollständig wißt ihr
„sofort das zu erzählen, wie viel in Allem
650. „in jenem Mordgemetzel nach der Männerzahl
„als Leichen sind gefallen von den Lanzenkämpfern
„unter des Kampfschilds Decke: die Grabeshügel
„unter den Steingehängen und die Stätten auch
„sowie die Anzahl der Winter habt ihr aufgeschrieben!"
655. Judas redete (Kummersorge trug er):
„Wir haben, meine Herrin, das Heereswerk
„aus Nothdurft immer nah vor Augen

629—631) vergl. v. 432 ff. und v. 448 ff. —

»und in Schriften setzten wir das Schlachtgetümmel,
»das Treiben der Völker und dieses hörten wir

660. »durch irgend eines Menschen Mund noch nie
»den Helben kund thun außer hier nun jetzt!«
Da gab die edele Frau zur Antwort drauf:
»Mit deinen Worten verläugnest du die Wahrheit allzusehr
»in Betreff des Lebensbaumes, und nicht lange vorher

665. »sagtest du doch von dem Siegesbaume
»die Wahrheit deinen Leuten und nun wendest du's zur Lüge!«
Entgegen sprach ihr Iudas, das habe er in Kummer gesprochen
und gar sehr mit Zweifel, erwartete schlimme Martern.
Da sprach entgegnend rasch des Kaisers Mutter:

670. »Fürwahr! wir hörten das den Helden verkünden
»durch die heiligen Bücher, daß erhängt sei worden
»der Geistsohn Gottes am Calvarienberge,
»des Königs Edelkind. Du sollst nun kund thun Weisheit
»in Betreff des Ortes unverholen,

675. »wie die Schriften sagen, wo die Stätte sei
»Calvaria genannt, eh dich die Qual des Todes
»für deine Sünden hinnimmt, daß ich sie seitdem möge
»verherlichen und zieren dem Herrn zu Willen,
»zur Hilfe den Menschen, daß mir der heilige Gott

680. »der Gloriengeber der Völker meines Geistes Sinnen
»und meinen Wunsch erfülle, der waltende Fürst,
»der Geister Heiland.« Ihr entgegnete Iudas
starren Sinnes: »Ich kenne die Stätte nicht
»noch weiß ich etwas von dem Orte, von der Art und Weise!«

685. Elene sprach drauf ingrimmsvoll:
»Das schwöre ich bei des Schöpfers Sohn,
»bei dem erhängten Gott: durch Hunger sollst du werden
»vor deinen Maagfreunden gemartert zu Tode,
»wenn du verläßest nicht den Lug und Trug

690. »und mir kund thust die Wahrheit klar und deutlich!«
Da hieß sie ihre Leute ihn lebend wegführen
und den Schuldvollen stoßen (es säumten nicht die Diener)
in einen trockenen Brunnen, wo er des Trostes lebig
in Sorgen schmachtete sieben Nächte

695. unter dem Harmverschluß vom Hunger bedrängt,
mit Ketten umschloßen. Zu klagen begann er

von Schmerz gefoltert drauf am siebenten Tage
matt, der Mundkost beraubt (gemindert war seine Kraft):
„Ich beschwöre euch hoch und theuer bei des Himmels Gott,
700. „daß ihr aus dieser Angst und Not hinauf mich laßt
„gebeugt von Hungers Drangsal! ich will den heiligen Baum
„mit Lust nun künden, da ich länger nicht vermag
„ihn zu verhehlen vor Hunger: diese Haft ist so streng,
„die Drangsal so grimm und dieses Dulden so hart
705. „durch der Tage Zahl! Ertragen kann ichs nicht
„noch länger hehlen um des Lebens Baum,
„obgleich mit Thorheit ich zuvor durchtrieben war
„und nun zu spät die Wahrheit selbst erkenne!"
Als das nun hörte, die die Helden da bedrängte,
710. das Gebaren des Mannes, da gebot sie hurtig,
daß man aus der Bedrängniß und der Drangsalsgrube
ihn herauf laße, aus der engen Behausung.
Das vollbrachten sie alsbald aufs schnellste
und mit Ehren führten sie herauf ihn
715. aus der Kummerbehausung, wie ihnen die Königin gebot.

VI.

Zu jener Stätte eilten drauf die Starkgesinnten
den Hügel hinauf, an der der Herr zuvor
des Himmelreiches Wart erhänget ward
das Gottkind an dem Galgen: nnd doch wuste ganz und gar nicht
720. der vom Hnnger gebeugte, wo das heilige Kreuz
mit Arglistkunst vor alten Zeiten
eingesenkt ward und mit Erde beschloßen
und so lange in dem Langer fest den Leuten verborgen
in Grabesruhe weilte. Er erhub sogleich das Wort
725. eingedenk der Kraft und auf Ebräisch sprach er:
„O Herr und Heiland! du hast der Herlichkeit Gewalt
„und durch die Macht deiner Majestät hast du gemacht vor
Zeiten
„den Himmel und die Erde und der Holmflut Brandung,
„des Oceans weiten Busen sammt allen Creaturen,
730. „und mit deinen eigenen Händen hast du ausgemeßen

„all den Umkreiß und den Obenhimmel,
„und du sitzest selbst, des Siegruhms Walter,
„über dem edelsten Engelvolke,
„das durch die Luft hinfährt mit Licht bewunden
735. „mit großer Machtglorie! Nicht kann menschliche Natur
„aufwärts dorthin fahren von den Erdenwegen
„in ihrem Leibe mit den lichten Schaaren,
„mit den Sendboten der Glorie: geschaffen hast du die
„und sie zum Dienste dir gesetzet
740. „heilig und himmlisch: in ewigem Hochjubel
„sind deren im Chore sechs benannt,
„die selbst wieder sind umschaart mit sechsen auch,
„geschmückt mit Fittigen, schön erglänzend.
„Deren sind es viere, die im Fluge immer
745. „den Mannendienst mit Majestät versehen
„vor dem Angesicht des ewiglichen Richters
„und unaufhörlich singen in des Himmels Glorie
„mit hellen Stimmen des Himmelskönigs Lob,
„den wonnigsten Gesang, und diese Worte sprechen
750. „mit mit klaren Stimmen (ihnen ist Cherubim der Name):
„„Heilig ist der heilige Gott der Hochengel,
„„aller Völker Walter! voll seiner Glorie
„„sind der Himmel und die Erbe und all die Hochschaaren
„„gezeichnet mit Ruhmglanz!"" Dann sind zwei von ihnen,
755. „ein Siegruhmsgeschlecht im Himmel, das man Seraphim
„heißt mit Namen, welches das heilige Paradies
„sowie des Lebens Baum mit lohenem Schwerte
„soll behüten und bewachen: das hartschneidige zittert
„das geschwungene Schwert und wechselt den Schein der Farben
760. „grauenfest zum Angriff. Des waltest du, Gott und Herr,
„durch alle Zeiten und die unsinnigen hast du
„die schuldwürkenden Schädiger geworfen
„fort aus den Himmeln: die verfluchte Schaar
„sollte da hinstürzen in die Behausung der Finsternis,
765. „in der Wehqual Verderben, wo sie in wallender Lohe
„nun Todesqual erdulden in des Drachen Busen
„umdunkelt von dem Düster. Er wagte gegen deine Herrschaft

---

766) die Hölle selbst ward als Drache gedacht.

„ſich aufzulehnen: dafür ſoll in Elend nun
„voll aller Fäulnis der Befleckte dulden,
770. „Dienſtnot leiden, wo er dein Wort nie
„vermag zu fällen; es iſt in Martern feſt
„mit Schmerzqual gebunden aller Sünden Urheber.
„Wenn es dein Wille iſt, o Walter der Engel,
„daß er herſchen ſoll, der hieng am Kreuze
775. „und durch die Jungfrau Maria in Knabengeſtalt
„in dieſem Mittelkreiß als Menſch ward geboren,
„König der Engel (wenn er dein Kind nicht wäre
„frei von allen Sünden, dann hätte ſoviel er nicht
„der wahren Wunder in dem Weltreich vollbracht
780. „in der Tage Zahl, und du hätteſt von dem Tode nicht
„ſo herlich ihn erwecket, o Herr der Völker,
„vor den Schaaren der Leute, wenn er dein Sohn nicht
„in Herlichkeit wäre durch die hehre Jungfrau),
„ſo thue nun hervor dein Zeichen, Vater der Engel,
785. „wie du erhörteſt einſt den heiligen Mann
„Moſes vor den Leuten, als du der Mächte Gott
„ihm offen zeigteſt in der edelen Zeit
„die Gebeine Joſephs unter des Berges Abhang!
„So will ich, Walter der Völker, wenn es dein Wille iſt,
790. „dich anflehen bei der eblen Creatur,
„daß du den Goldhort mir, o Geiſterſchöpfer,
„offenbaren wolleſt, der verborgen war
„lange vor den Leuten. O Lebensfürſt!
„laß du nun auffſteigen an des Ortes Stätte
795. „einen wonnſamen Rauch wirbelnd in die Lüfte
„unter der Bahn des Himmels! Um ſo beßer glaube ich
„und ich befeſtige um ſo feſter meinen Sinn
„und meine Hoffnung ohne Zweifeln an den erhängten Chriſt,
„daß er der Seelen Heiland ſei in Wahrheit
800. „und Iſraels allmachtvoller ewiger König,
„daß er der Herlichkeit der Glorie in den Himmeln walte
„immer ohne Ende der ewigen Wohnungen.“
Da ſtieg alsbald ein Dunſt empor von der Stätte
unter den Himmeln wie Rauch: erhoben ward
805. der Bruſtſinn des Mannes und mit beiden Händen
jubelte ſelig auf die Geſetzeskunbige.

Dies Wort sprach Judas weise in Gedanken:
„Mit Sicherheit habe ich nun selbst erkannt
„in unwankenden Sinne, daß du des Erdkreißes
810. „Heiland bist! Dir, Herr der Mächte
„thronend in Majestät, sei Dank ohne Ende,
„daß du mir so Sinnbetrübtem und so Sündevollem
„durch deine Herlichkeit enthülltest die Geheimnisse der Dinge!
„Dich will ich bitten nun, Geborner Gottes,
815. „Wonnegeber der Völker, da ich nun weiß, daß du bist
„verkündet und geboren aller Könige Majestät,
„daß du meiner Laster nicht mehr länger seist,
„die ich gewürkt habe und nicht wenige mal,
„gedenkend, o Schöpfer! Laß mich in deines Reiches
820. „Männerzahl, o du der Mächte Gott,
„lebend wohnen mit dem Looß der Heiligen
„in der Burg des Glanzes, wo mein Bruder Stephanus
„verherlicht ist in Glorie dafür daß er hielt gegen dich
„wol die Treue, obwol er geworfen ward
825. „mit Steinwürfen! er hat des Streites Lohn,
„Glück ohne Aufhören: es sind verkündet in den Büchern
„seine Wunderthaten, die er würkte hier.“
Drauf begann er freudig nach dem Glorienbaume
aufzugraben die Erde, eingedenk der Kraft,
830. unter der Decke des Rasens, bis in der Tiefe er
von zwanzig Fußmaaßen fand vergraben
unter des Berges Klippen verborgen unten
in der Düstergrube drei der Kreuzesstämme
beisammen liegen in der schaurigen Behausung
835. mit Grieß bedeckt, wie in vergangenen Tagen
die Schaar der Ehrlosen sie verschüttete mit Erde,
die Judenleute, die wider den Gottessohn
Kampf erhuben, wie sie keineswegs sollten,
wenn sie nicht auf des Lasterfürsten Lehren hörten.
840. Da war Sinn und Gemüt gar sehr erfreut,
das Herz gestärkt durch den heiligen Baum,
der Brustsinn ermuntert, als erblickt ward das Zeichen
heilig unter der Erde. Mit den Händen empfing er
den Wonnebaum der Glorie und mit dem Wehrvolke hub er
845. ihn aus dem Grab herauf. Die Gäste zu Fuß

die Edelinge eilten hinein in die Burg
und setzten da zu Gesichte die drei Siegesbäume
vor die Kniee der Elene, die kräftig gesinnten
kühngemuten Helden.   Die Königin war des Werkes
850. froh in ihrem Sinne und zu fragen begann sie,
an welchem dieser Bäume des Waltenden Sohn
der Hoffnungsgeber der Menschen erhängt sei worden:
„Fürwahr! wir hörten das die heiligen Bücher
„mit Zeichen verkünden, daß Zwei mit ihm
855. „Qualen dulbeten und am Kreuzesstamm
„war er dritte selbst: es verdüsterte sich der Himmel
„all in der grimmen Zeit.   Wenn du es kannst, so sage,
„an welchem von diesen dreien geduldet hat
„der Herr der Engel, der Hirte der Majestät!“
860. Nicht konnte Judas ihr (er wuste es ganz und gar nicht)
sicher künden von dem Siegesbaume,
an welchem der Heiland erhöht worden
das Siegkind Gottes, eh er setzen hieß
mit Sang und Klang die Stämme in die Mitte
865. der hehren Burg und harren dort,
bis ihnen kund gäbe über den Glorienbaum
ein Wunder vor den Leuten der Walter der allmächtige.
Die Siegberühmten saßen Sang erhebend
und wegen der drei Kreuze denkend auf Rat
870. bis zu der neunten Stunde.   Sie hatten neue Freude
angetroffen herlich, als eine unkleine Menge
dort kam gegangen, die einen todten Mann
führte auf einer Bahre mit Volksbegleitung
in der Nähe vorbei (es war die neunte Stunde),
875. einen jungen geistlosen.   Da war Judas dort
mächtig erfreut in seines Gemütes Sinn;
er hieß da setzen den seelenlosen
des Lebens beraubten Leib zur Erde
des Unlebenden, und in den Armen hub er
880. anordnend das Rechte auf zwei Kreuze
über das todte Haus gedankenklug
und tief sinnend: es blieb todt wie vorher,
der Körper auf dem Lager, und kalt blieben die Glieder
bedeckt von Drangsalsnöten.   Das dritte ward da

885. erhoben heilig: harrend war der Leichnam,
bis über ihm des Edelinges Kreuz
erhoben ward, des Himmelskönigs Baum,
das wahre Siegeszeichen; ohne Säumen stund er auf
ausgerüstet mit Geist, vereinigt beides
890. Leib und Seele. Da ward Lob erhoben
unter dem Volke lieblich; den Vater priesen sie
und auch den wahren Sohn des Waltenden
rühmten sie mit Worten: ihm sei Ruhm und Dank
immer ohne Ende von allen Creaturen!

VII.

895. Da waren den Leuten lebhaft im Gedächtnis
in ihren Sinngedanken, wie es stets sollte,
das Wunder, das da würkte der Weltvölker Herr
zur Lebensrettung dem Leutegeschlechte,
der Führer des Lebens. Da stieg der Feind dort auf
900. der lügensündige in den Lüften fliegend
und hören ließ sich also der Hölle Teufel
der furchtbare Unhold auf Frevel sinnend:
„Was ist dies für ein Mann doch, der mir nun wieder
„zerstört meinen Dienst im Streit von Alters her,
905. „erneut den alten Kampf und raubt mein Eigentum?
„dies ist ein steter Streit: die Seelen dürfen nicht
„in Lastern lebend länger bleiben
„in meiner Eigengewalt, da nun ein Ausländer kam,
„den ich vorher fest in Freveln glaubte;
910. „geraubt hat er mir meiner Rechte jedes
„und all mein Eigentum: das ist kein angenehmes Treiben!
„Mir hat der Heiland vielen Harm bereitet,
„viel bittere Kämpfe, der geboren war in Nazareth,
„seitdem zuerst er war herangewachsen
915. „aus seiner Kindheit: stets kehrte er sich zu
„mein Eigentum. Mir wills durchaus nicht glücken
„in meiner Rechte einem: sein Reich ist breit
„über den Mittelkreiß und gemindert ist
„meine Herschaft unter dem Himmel, da ich das heilige Kreuz
                                                   nicht

920. „mit Hohn darf schmähen. Es hat der Heiland mich
„abermals verschloßen in der engen Behausung
„den Jammernden zur Sorge! Durch einen Judas kam
„zuerst mir Hoffnung und nun bin ich abermals gedemütigt
„durch einen Judas wieder, aller Güter verlustig
925. „verfehmt und freundlos. Doch zu finden weiß ich noch
„aus den Wohnungen des Fluches Wiederkehr demnächst
„zur Unheilsstiftung! einen andern König
„erwecke ich wider dich, der dich mit Wut verfolgt
„und der verläßet deine Lehren wieder
930. „und meinen Frevelsitten folgsam ist:
„der sendet dich dann in die schwärzesten
„und furchtbarsten Schrecken der Folterqualen,
„daß du vor Leid und Schmerz verläugnest völlig
„den erhängten König, dem du hörtest vorher!"
935. Ihm gab der klugsinnige kampfmutige Judas
der Held drauf Antwort (ihm war der heilige Geist
befohlen fest und feuerheiße Liebe,
wallendes Gemüt durch eines Weisen Scharfsinn)
und dies Wort sprach der Weisheitvolle:
940. „So sehr brauchst du der Sünden gedenkend
„den Schmerz nicht zu erneuern und Streit zu erregen,
„des Frevels Lasterfürst, daß dich der Fürst der mächtige
„hinabstoße in den Abgrund der Tiefe,
„dich Lasterwirkenden verlustig der Gewalt
945. „in die Tiefe der Hölle, er der der Todten viele
„erweckte durch sein Wort! Wiße du um so beßer,
„daß du aus Unverstand hast aufgegeben
„das leuchtendste der Lichter und die Liebe Gottes,
„die Freude die liebliche, und im Feuerbade
950. „von Schmerzqual umdrungen seitdem wohntest.
„angebrannt vom Feuer, und dort immerdar
„feindlich gesinnt den Fluch sollst tragen,
„Elend ohne Ende!" Elene hörte,
wie der Feind und der Freund Fehde da erhuben
955. der Böse und der Ruhmreiche auf beiden Seiten,

_____

927) den Kaiser Julianus Apostata, unter dem Judas-Cyriacus zum
Märtyrer ward.

der Sündige und der Selige. Ihr Sinn war um so froher,
als sie da hörte, wie der Höllenschädiger
überwunden ward, der Walter der Sünde,
und sie wunderte sich der Weisheit des Mannes,
960. wie er in so kurzer Frist so glaubensvoll
und so einsichtsvoll und mutig irgend wurde
durchgoßen mit Klugheit. Gott dankte sie
dem Fürsten der Glorie, daß ihr die Freude zu Theil ward
durch den Gebornen Gottes in beiden Stücken,
965. daß sie da sah vor Augen den Siegesbaum
und auch den Glauben, den sie erkannte so fest
so hell und herlich in des Helden Brust.
Da erfuhren es Viele in der Völkerschaft
und weithin ward verbreitet über das Wehrmannsvolk
970. die hehre Morgenkunde Manchen zum Aerger
von denen die gedachten zu unterbrücken den Bund Gottes,
und entboten ward durch die Burgen soweit die Brandung faßt,
verkündet in allen Städten, daß das Kreuz Christi,
vor Alters in die Erde vergraben, sei aufgefunden,
975. aller Siegeszeichen bestes, welche seitdem oder früher
heilig unter den Himmeln erhoben wurden,
und der größte Kummer wars dem Judenvolke,
den unseligen Männern der Ereignisse leidestes,
daß vor der Welt sie es nicht wenden konnten,
980. die Freude des Christenvolkes. Die Frau gebot darauf
über die Schaar der Männer, daß Sendboten eilten
rasch auf die Reise: sie sollten zu der Rombürger Kaiser
hinfahren zu dem Herrn über die hohe Seeflut
und die größte der Freudenkunden dem Kampfhelden
985. selber sagen, daß sie das Siegeszeichen
durch des Ewigen Gnade hätten angetroffen
gefunden in der Erde, welches viele Jahre
verholen war zuvor den Heiligen zum Kummer,
dem Christenvolke. Dem König ward
990. das Herz hocherfreut durch die hehre Kunde,
das Gemüt frohlockend. Da war kein Mangel an solchen,
welche die fernher Gekommenen fragten in den Burgen
unter Goldgewändern: ihnen war der größte Trost
in dieser Welt geworden durch die Wonnekunde

995. und das Herz frohlockend, die dem Heeresführer
über Oſtwege her die Abgeſandten brachten,
wie über des Schwanes Straße geſund die Reiſe
zur See vollbrachte die Siegesfrau mit den Helden
zu der Griechen Land. Der Kaiſer hieß ſie
1000. in aller Eile abermals ſich rüſten
ſelbſt zur Reiſe. Nicht ſäumten die Männer
das auszuführen, als ſie die Antwort hörten
ihres Herrn und Kaiſers: er hieß Heil entbieten
der ſchlachtberühmten Frau, wenn ſie geſund die Reiſe
1005. und die Brandungsverſuchung vollbringen könnten
zu der heiligen Burg, die Helden die kühngemuten;
gebieten hieß ihr durch die Boten auch
Conſtantinus, daß ſie eine Kirche dort
zu ihrer Beider Heil am Bergesabhang
1010. zimmern ließe, einen Tempel Gottes,
auf Calvaria Chriſto zu Willen
und zur Hilfe den Menſchen, wo das heilige Kreuz
aufgefunden war, der edelſte der Bäume
von denen die Erdbewohner irgend je erfuhren
1015. auf dem Erdenwege. Alſo that ſie,
als von Weſten brachten über die Wogenfeſte
manche Freudenbotſchaft die befreundeten Männer.
Da hieß die Königin aus den Kunſtgeübten
ausſuchen beſonders die allerbeſten,
1020. die da am wunderſamſten würken konnten
mit Steingefügen, an der Stätte zu erbauen
einen Gottestempel, wie ihr der Geiſter Wart
der Herr vom Himmel riet. Das heilige Kreuz
hieß ſie mit Gold einfaßen und mit Gemmen ſchmücken,
1025. mit den allerkoſtbarſten der Edelſteine
beſetzen kunſtreich und in ein ſilbernes Gefäß
in eine Lade es verſchließen, wo des Lebens Baum
der Siegeszeichen beſtes ſeitdem weilte,
das edele Holz: da iſt immer bereit
1030. den Ungeſunden Hilfe von allen Qualen,
von Gram und Anfechtung: ſogleich finden ſie
durch die heilige Creatur Hilfe dort
und göttliche Gnade. Judas empfieng

9*

auch bald darauf das Bad der Taufe:

1035. er ward geläutert, dem Lebensfürsten treu
und Christo lieb; es ward der Glaube fest
gegründet in seinem Sinne und der Geist des Trostes
hielt seitdem bleibend Wohnung in der Brust des Mannes
der Verwegenheit zum Ersatz: er erwählte das Beßere,

1040. die Seligkeit des Himmels und widersagte dem Schlimmeren,
dem Götzendienst des Teufels und fällte den gottlosen Irrtum,
die falsche Religion. Ihm ward der Fürst der ewige
ein milder Gott, der Mächte Walter.

VIII.

Empfangen hatte da die Taufe, der zuvor verachtete

1045. das Licht das bereite durch langen Zeitraum,
und sein Brustsinn war gerichtet auf das beßere Leben,
auf die Seligkeit des Himmels; das Schicksal bestimmte das,
daß er so glaubensvoll und Gott so lieb
im Weltreiche werden sollte,

1050. Christo angenehm: das ward kund gethan!
Elene hieß darauf den Eusebius
den Bischof von Rom zum Beistand rufen,
um Rat zu pflegen, und hieß mit reichem Pompe
holen den Hochweisen zu der heiligen Burg,

1055. daß er bestellte in den Stand der Priester
zu Jerusalem den Judas dem Volke
ihn in der Burg zum Bischof weihend
durch des Geistes Gabe für den Gottestempel,
den hochbegabten Mann und hieß ihn Kyriacus

1060. in Gedankenweisheit drauf mit Namen
ihn neu benennend: der Name des Mannes
war in der Burg fortan zum Beßeren geändert,
für des Heilandes Bund. Da lag das hehre Begebniß
dem Gemüt der Elene noch mächtig in Gedanken

1065. genugsam wegen der Nägel, die des Notretters Füße
hart durchdrangen und seine Füße auch,
mit denen der Himmelswalter an dem heiligen Kreuz
befestigt ward, der Fürst der mächtige. Zu fragen begann
                                              darnach
die Königin der Christen, den Kyriacus bittend

1070. daß er um das Wunderbegebnis noch ihren Wunsch erfüllen
       und es durch glorreiche Gaben und durch Geistes Macht
       ihr offenbaren möchte; zu dem Bischof sprach sie
       also mit Worten ohne Zagen:
       „Du Obhut der Männer haft mir den edelen Baum
1075. „das Kreuz des Himmelskönigs kundbar gezeigt,
       „an das von heidnischen Händen erhänget ward
       „der Geister Heiland, Gottes eigenes Kind,
       „der Notretter der Menschen! Auch um die Nägel treibt mich
       „nun weiter noch in meinem Sinne Wißbegierde:
1080. „ich wollte daß du auffändest, die in der Erde noch
       „brunten sind verborgen tief vergraben,
       „versteckt im Dunkel! stets trauert
       „darnach mein Sinn und nimmer ruht er,
       „ch mir erfülle der Vater der allmächtige
1085. „der Weltvölker Walter den Willen mein,
       „der Notretter der Menschen, durch der Nägel Kommen
       „heilig von der Höhe. Hurtig sende
       „du edelster der Boten in aller Demut
       „dein Gebet nun aufwärts zu der blinkenden Schöpfung
1090. „zu dem Herrn der Herlichkeit und bitte der Helden Stärke,
       „daß dir verkünde der König der allmächtige
       „den Hort unter der Erde, der da behütet noch
       „den Helden verborgen harrt im Dunkel!“
       Da begann der Heilige sein Herz zu fassen
1095. der Bischof des Volkes in der Brust ermuntert
       und gieng sinnesfreudig mit der Schaar der Männer,
       die den Herrn priesen, und sein Haupt neigte
       Kyriacus mit Inbrunst auf Calvaria,
       verhehlte seines Herzens Geheimnis nicht
1100. und rief zu Gott dem Herrn mit Geistes Macht
       in aller Demut, bat daß ihm der Engel Wart
       das unkunde Geschick eröffnen möchte
       in der neuen Bedrängnis, wo er die Nägel am ersten
       auf der Flurstatt dürfte zu finden hoffen.
1105. Ein Zeichen ließ da, wo sie zusahen,
       durch einen Feuerschein der Vater, des Trostes Geist,
       aufsteigen aus der Erde, wo die edelsten
       die heiligen Nägel durch der Helden Anstiften

aus Arglift waren in der Erde verborgen:

1110. plötzlich kam da blendender denn die Sonne
lodernde Lohe; die Leute sahen,
wie ihr Wonnegeber ein Wunder kund that,
als aus dem Verstecke da gleich Sternen des Himmels
oder gleich Gottesgemmen auf dem Grunde liegend

1115. aus der Enge die Nägel von unten leuchtend
licht erglänzten. Die Leute freuten sich,
die wonnerfüllte Menge, sagten dem Waltenden Preis
und einmütig sprachen Alle, daß sie im Irrtum vorher
durch die List des Teufels lange waren

1120. abgewandt von Christo; also sprachen sie:
"Nun sehen wir hier selbst des Siegruhms Zeichen,
"ein wahres Wunder Gottes, obgleich wir Widerspruch hielten
"zuvor mit Lug und Trug! nun ist Licht gekommen
"enthüllt der Geschichte Gang: des habe hohen Preis

1125. "der Herr des Himmelreiches in der Höhe droben!"
Da war hoch erfreut, der sich zur Buße gewandt
durch den Gebornen Gottes, der Bischof der Leute,
von Neuem wieder; die Nägel nahm er
von Angst bestürzt und brachte zu der Ehrwürdigen

1130. zur Königin sie hin: Kyriacus hatte
all nun erfüllt, wie ihm die Edele gebot,
den Wunsch der Frau. Weinen erhub sich da;
des Hauptes heiße Flut ward hingegoßen über die Wangen,
doch nicht aus Trauer: Thränen fielen

1135. über der Ketten Gespann. Der glorreich erfüllte Wunsch
der Königin trieb sie auf ihre Kniee nieder
und frohlockend betete sie in lichtem Glauben .
brustfroh das Geschenk an, das ihr gebracht war worden
zur Hilfe gegen das Herzeleid; dem Herrn dankte sie

1140. dem Herrn des Siegruhms, daß sie erkannt hatte
vor Augen sicher, was oft war verkündet
lange ehzuvor von Anbeginn der Welt
den Völkern zum Troste. Erfüllt war sie
mit der Weisheit Gabe und Wohnung hielt

1145. der heilige himmlische Geist in ihrem Herzen fürder,
in dem edelen Innern, sowie der Allmachtvolle
seitdem sie beschützte, das Siegkind Gottes.

IX.

Da begann sie eifrig mit Geistgeheimnissen
zu der Herrlichkeit des Himmels in ihrem Herzen zu suchen
1150. den Weg der Wahrheit: der Weltvölker Gott
war ihr hilfreich, in den Himmeln der Vater,
der König der Allmächtige, daß die Königin erreichte
ihren Willen in der Welt. Es war die Weißagung
durch der Vorzeit Propheten zuvor gesungen
1155. all von Anbeginn, wie es in allen Dingen
ergieng darnach. Da begann die Volksfrau
durch des Geistes Gabe begierig zu forschen
genug und sorgsam, wozu die Nägel am besten
und am herrlichsten den Helden zum Trost
1160. wären zu verwenden, was des der Wille Gottes sei.
Da hieß sie holen den Hochweisen
rasch zur Beratung, der da Rat wuste
wol zu erdenken durch der Weisheit Macht,
den im Geist erfahrenen und begann ihn zu fragen,
1165. was in seinem Brustsinn des am besten ihm
zu leisten dünke und ob seiner Gelehrsamkeit
erbat sie seinen Rat. Er sprach alsbald zu ihr:
"Wol geziemt sich das, daß du das Wort des Herrn
"das heilige Geheimnis hältst im Herzen,
1170. "beste der Frauen, und das Gebot des Königs
"begehest eifrig, da Gott dir schenkte
"der Seele Siegesfülle und des Scharfsinns Kraft,
"der Notretter der Menschen. Diese Nägel heiß du
"dem edelsten der Erbenkönige
1175. "der Burgbesitzer zum Gebiße machen
"an seines Rosses Zaum! rühmlich wird das
"Manchem kund werden über den Mittelkreiß,
"wenn er damit im Waffenkampfe überwinden kann
"der Feinde jeden, wenn die Fahrtmutigen
1180. "von zwei Seiten ziehn zum Kampfe,
"die Schwertstreiter, wo um den Sieg sie kämpfen
"Feind wider Feind. Er hat Erfolg im Kampfe,
"Triumph im Streite, überall Frieden
"und im Gefechte Schutz, wer vor sich den Zaum
1185. "am Rosse führt, wenn die berühmten Krieger

„die erprobten zum Speerkampfe tragen
„Schild und Spitze. Wider die Schrecken des Krieges
„ist das allen Helden eine unüberwundene
„Waffe in dem Kampf, von der der Weißage sang

1190. „scharfsinnig mit klugen Gedanken (der Sinn drang tief ein
„in der Weisheit Bewustsein) und dies Wort sprach er:
„„Kund wird das werden, daß des Königs Roß
„„unter dem Schlachtmutigen wird geschmückt mit dem Gebiße,
„„mit des Zaumes Ringen; das Zeichen wird

1195. „„Gott heilig genannt und der im Kampf geehrt,
„„der auf dem Rosse reitet, reich an Tapferkeit.„„
All das vollbrachte eiligst drauf
Elene vor den Männern und des Edelinges Zaum,
des Ringgebers der Helden, hieß sie schmücken:

1200. sie sandte ihrem Sohne zum Geschenk alsdann
über des Oceans Strom die untabliche Gabe.
Drauf gebot sie denen, die sie als die Besten der Männer
kannte unter den Juden, des Kempengeschlechtes,
daß sie dorthin zusammen zu der heiligen Burg

1205. kämen in die Stadt. Die Königin begann da
zu lehren der Geliebten Schaar, daß sie die Liebe Gottes
und unter sich selbst desgleichen Sippenliebe
und den Freundesbund fest sollten halten,
von Lastern frei in ihres Lebens Zeit

1210. und daß sie den Lehren ihres Lehrers folgten,
den Christensitten, die ihnen Kyriacus
der bücherkundige böte; da war der Bischofsstand
befestigt herlich. Oft kamen von fern zu ihm
Lahme und Gliederfieche, Leibesschwache und Krüppel,

1215. an Blutwunden Sieche, Blinde und Aussätzige
und Herzbetrübte: Heilung fanden sie
und Beßerung immer bei dem Bischof dort
immer für alle Zeiten. Elene gab ihm noch
reiche Schatzverehrung, als sie zurück zur Heimat

1220. beeilt war des Weges, und Allen gebot sie,
den Gottverehrenden im ganzen Lande,
den Männer und den Weibern, daß im Gemüt sie eifrig

1196a) der den Zauber trägt.

heilig sollten halten den hehren Tag
in ihres Herzens Gedanken, an dem das heilige Kreuz
1225. ward aufgefunden, der angesehenste der Bäume
die auf Erden jemals aufschoßen
unter Laub erwachsen: es war der Lenz da vergangen
außer sechs Nächten vor des Sommers Ankunft
in dem Monat Mai. Es sei der Menschen jedem
1230. der Hölle Thor verschloßen und das des Himmels geöffnet,
ewig aufgeschloßen der Engel Reich,
Jubel ohne Aufhören, und bei der Jungfrau Maria
sei ihnen ihr Theil beschieden, die das theuerste der Kreuze
hier unter dem Himmel hoch zu ehren
1235. im Gemüt bedacht sind, das der Mächtigste
mit dem Arm bedeckte, er der über Alles waltet! Amen.

X.

So habe ich, alt und beeilt zum Tode durch das arge
Gebäude,
Wortkunst gewoben und wunderbar gesammelt.
Ich sann und sann und sichtete die Gedanken
1240. ängstlich in der Nacht: durchaus nicht wuste ich
vom Kreuz das Rechte, eh mir klarere Gedanken
durch die hehre Macht in meines Herzens Sinnen
die Weisheit offenbarte. Ich war von Werken befleckt,
von Sünden gefeßelt, von Sorgen gequält
1245. von bitteren gebunden, geplagt von Mühsal,
eh Belehrung mir verlieh durch den lichten Stand
dem Alten zum Troste und die untabliche Gabe
mir zumaß der Machtkönig und ins Gemüt mir eingoß,
hell entzäunte, mit der Zeit erweiterte,
1250. das Beingefäß entband, den Brustverschluß loswand,
Liebeskunst erschloß, die ich mit Lust dann übte
gern in dieser Welt. Auf den Glorienbaum

1227 ff.) d. i. am 3. Mai; als Sommersanfang galt nach dem Agf.
poetischen Menologium der 9. Mai.
1237b) den Leib.
1246b) d. h. durch den geistlichen Stand?

richtete ich oft, nicht bloß einmal, all meine Gedanken,
eh ich enthüllt hatte das geheimnisvolle Wunder
1255. um den Baum den hehren, wie ich in Büchern fand
nach der Geschichte Lauf in Schriften verkündet
von dem Siegeszeichen. Stets war Streit bis dahin:
K. der betrübte von Kummer geplagte,
obwol er Kleinode empfieng und gekugeltes Gold
1260. immer in der Methhalle, Y. trauerte.
Es trug N. der Genoße nagende Sorge,
beengendes Geheimnis, wo das Roß (E.) vor ihm
die Meilenpfade maß und mutig rannte
auf den Ringschmuck stolz. Zerronnen ist der Wahn (W.)
1265. die Freude mit den Jahren, entflohn die Jugend,
der alte Uebermut. Einst (U.) war vor Jahren
des Jugendstandes Glanz: nun sind der Vergangenheit Tage
nach der Fristbestimmung fort gegangen
und die Wonne des Lebens, wie das Wasser (L.) zergleitet,
1270. die beschleunigten Fluten. Es sind die Schätze (F.) jedem
unter der Luft vergänglich; des Landes Zierden
schwinden unter den Wolken dahin dem Winde gleich,
wenn er vor den Leuten laut aufsteigt
und in den Wolken jagt, wütend einherfährt,
1275. und dann der Sturm auf einmal wieder stille wird
eng in sein Gefängnis eingeschloßen,
gewaltsam unterdrückt. All diese Welt vergeht so
und ebenso auch die, die in ihr wurden
hervorgebracht, ergreift die Flamme der Züchtigung,
1280. wenn zum Hochgerichte kommt der Herr selbst
mit seiner Engel Schaaren. Jeder einzelne soll
der Redetragenden sein Recht dann hören
für der Thaten jede durch den Mund des Richters
und ebenso für die Worte ein Unterpfand geben,
1285. für all die in Unklugheit eh gesprochenen,
für die dreistfrevelen Gedanken. Dann theilen in drei Theile
sich in des Feuers Umfaßung die Völker alle,
die da wurden in der Welt durch weite Zeiten
über all den weiten Erdengrund. Zu oberst in dem Brande
1290. sind die frommen Menschen, das Volk der Seligen
die ehrliebenden Schaaren, wie sie es aushalten mögen

und ohne Leid und Mühsal leicht erdulden,
der Mutigen Menge: ihnen ist gemäßigt all
die Leuchtglut des Aufenthaltes, wie's ihnen am leichtesten ist,
1295. ihnen selbst aufs sanftese. Die Sündevollen aber
gemengt mit Freveln sind in die Mitte gebannt
im Herzen jammernd in den heißen Schwall
bedeckt von Qualm. Der dritte Theil
die verfluchten Frevelschädiger sind in des Flammenschwalles
Grund
1300. die lügnerischen Leutehaßer mit Lohglut befestigt
für ihre ehemaligen Werke, der Ehrlosen Menge,
in die Griffe der Gluten: Gott kommen sie
aus der Notbehausung nie wieder ins Gedächtnis,
dem Herrn der Herrlichkeit, sondern in der Hölle Abgrund
1305. werden sie geworfen aus den wallenden Gluten,
die Uebelthäter. Ungleich ist es
den beiden andern Theilen: sie dürfen der Engel Fürsten
sehn, des Siegruhms Gott; gesotten werden sie
gesondert von Sünden gleich dem schiren Golde,
1310. das in des Feuers Schwalle von der Flecken jedem
durch des Ofens Glut wird all gesäubert,
geläutert und geschmolzen: so wird dieser Leute jeder
gesondert und geschieden von der Schulden jeder
von den Freveln den tiefen durch das Feuer des Gerichts
1315. und dürfen fürder sich erfreuen der Friedens drauf,
des ewigen Reichtums; der Engel Wart
ist ihnen freundlich und milde, weil sie die Frevel verachteten,
der Sünden Werke, und den Sohn des Schöpfers
anriefen mit Worten: drum glänzen sie von Ansehn nun
1320. den Engeln gleich, das Erbe genießend
des Ehrenköniges auf ewige Zeiten! Amen.

V.

Traumgesicht vom heiligen Kreuz.

Traun! ich will der Träume trefflichsten erzählen,
was mir hat geträumt um Mitternacht,
als in Ruhe weilten alle Rebetragenden.
Mir däuchte, daß ich sähe einen seltsamen Stamm
5. mit Licht bewunden in den Lüften schweben,
der Bäume glänzendsten: das blinkende Zeichen
war mit Gold all übergoßen, Gemmen stunden
vier an dem Fuße, wie da auch fünfe waren
oben an dem Achselgespanne. Das beschauten alle Engel
Gottes
10. herlich für alle Zukunft: das war gewis nicht eines Uebel-
thäters Galgen,
sondern heilige Geister schauten hin auf ihn,
die Helden hier auf Erden und all diese hehre Schöpfung.
Seltsam war der Siegesbaum und ich von Sündenschuld befleckt,
von Schandwerk verwundet. Ich sah den Stamm der Glorie
15. wonnig leuchten mit Gewand geschmückt,
mit Gold bekleidet; Gemmen hatten
würdiglich bedeckt des Waldes Baum:
doch gleichwol konnt' ich durch das Gold erkennen
der Elenden früheren Kampf, daß es zuerst begann von Blut
20. zu triefen an seiner rechten Seite. All war ich getrübt von
Sorgen,
erschrocken vor dem schönen Gesichte; ich sah das schnelle
Zeichen
wechseln in Gewand und Farbe: bald war es überwallt von
Naß,
beschmutzt durch Blutes Lauf, bald wars mit Schmuck bekleidet.
Doch lange schaut' ich liegend dort
25. hartbekümmert auf des Heilandes Baum,
bis ich auf einmal hörte, wie er anhub zu reden;

diese Worte begann zu sprechen der Waldbäume bester:

„Das war einst vor Zeiten, des ich noch immerfort gedenke,

„daß ich gehauen ward an eines Gehölzes Ende,

30. „von meinem Stamm entfernt. Es nahmen mich dort starke
                                Feinde.

„bereiteten mich zum Schauspiel sich und hießen ihre Sclaven
                    mich heben:

„es trugen mich auf den Schultern Männer, bis sie mich
                  setzten auf einen Berg,

„und mich befestigten dort der Feinde genug. Ich sah den
                  den Fürsten der Menschheit

„eilen mit großer Kraft, daß er an mich wollte steigen.

35. „Ich wagte da nicht gegen das Wort des Herrn

„mich zu beugen noch zu bersten, da ich erbeben sah

„der Erde Schooß. Alle hätte ich

„die Feinde können fällen: doch fest stund ich dort.

„Da rüstete sich ein junger Held, das war Gott der allmachtvolle

40. „der Starke und Festgesinnte erstieg den hohen Galgen

„mutig vor Mancher Augen, da er die Menschheit wollte
                erlösen.

„Ich bebte als der Held mich umfaßte: doch nicht zu beugen
                wagt' ich mich,

„zu fallen auf der Erde Schooß, sondern fest sollte ich dort
                stehen.

„Errichtet war ich da als Kreuz und trug den reichen König,

45. „den Oberrn der Himmel, und wagte mich nicht umzuneigen.

„Sie durchstießen mich mit düstern Nägeln: noch sind sichtbar
                die Wunden,

„offen die Bosheitschläge; nicht wagt' ich ihret einem zu
                schaden.

„Sie höhnten uns beide zusammen. All war ich mit Blut
                beronnen,

„begossen aus des Mannes Seite, seit er seinen Geist entsandte.

50. „Erfahren habe ich dort viel auf dem Berge

„grimmer Begebnisse! Dem Gott der Völker

„sah ich dienen eifrig: es hatte Dunkelheit

„des waltenden Leichnam mit Wolken verhüllt;

„es hatte der Schatten unterdrückt den Schein der Sonne

55. „unter den Wolken dunkel, es weinte all die Schöpfung

„klagend über des Königs Tod: Christ war am Stamme;
„doch Fahrtbeeilte kamen von fern dorthin
„zum Edelinge: das all erblickte ich.
„Betrübt war ich in herbem Kummer: doch neigte ich mich
                          zur Hand den Männern

60. „mit aller Kraft in Demut. Sie nahmen den allmachtvollen
                          Gott
„und huben ihn von der harten Marter; mich ließen die
                          Helden stehen
„mit Feuchtigkeit begoßen; all war ich von Pfeilen verwundet.
„Sie legten den Gliedmüden, stunden zu seines Leibes Häupten,
„bewachten den Wart des Himmels, und er ruhte eine Weile dort

65. „müde von der großen Mühsal. Vor der Mörder Augen
„begannen die Männer ein Grab zu bereiten, hieben es in
                          glänzenden Stein aus.
„Da setzten sie hinein den Siegruhmswalter und es sangen
                          Trauerlieder
„die Armen zu der Abendzeit, als sie wieder umkehren wollten
„bekümmert von dem hehren König: er ruhte dort in kleiner
                          Gesellschaft.

70. „Gleichwol blieben wir dort weinend eine gute Weile
„stehen an der Stätte; ein Sturm erhub sich drauf
„von Kampfeshelden (erkühlt war der Leichnam,
„das liebliche Lebenshaus); die Leute begannen da
„uns alle zur Erde zu fällen: das war ein Ereignis voll
                          Schrecken!

75. „Man begrub uns in tiefer Grube: doch erfuhren Gottes
                          Diener dort
„meinen Aufenthalt, die Freunde und huben aus der Erde mich,
„und schmückten mich darauf mit Silber und mit Gold.
„Leicht kannst du nun hören, mein lieber Mann,
„daß ich dort schlimmer Wehen Schmerz hab' erfahren,

80. „kummervoller Sorgen. Doch gekommen ist die Zeit nun,
„daß auf Erden mir Verehrung zollen
„die Helden weit und breit und all diese hehre Schöpfung,
„daß sie beten zu diesem Zeichen. An mir hat der Geborne
                          Gottes
„gedulbet eine Weile: darum rag' ich ruhmvoll

85. „hoch unter den Himmeln und zu heilen vermag ich

„der Völker jeglichen, der Furcht vor mir hat.
„Geworden war ich einst der Wehestrafen härteste,
„die leidigste den Leuten, eh ich des Lebens Weg
„den rechten räumte für die Redetragenden.
90. „Ja! mich hat hoch da geehrt der Herr der Glorie
„über der Gehölze Bäume, des Himmelreiches Wart,
„sowie auch Gott seine Mutter, die Jungfrau Maria,
„der Allmachtvolle vor allen Menschen
„über all der Weiber Geschlecht gewürdigt hat.
95. „Nun heiße ich dich, Held mein lieber,
„daß dies Gesicht du sagst den Menschen:
„offenbare mit Worten, daß es der Baum der Glorie ist,
„an dem der allmachtvolle Gott hat einst geduldet
„für des Menschenvolkes mannigfache Sünden
100. „und für des Adam alte Verschuldung!
„Er kostete den Tod dort: doch der König erstund wieder
„mit seiner Macht der großen den Menschen zur Hilfe.
„Er stieg dann auf zum Himmel und will abermals hierher
„in diesen Mittelkreiß kommen die Menschen heimzusuchen
105. „am Tag des Hochgerichts, der Herr selbst,
„der allmachtvolle Gott und seine Engel mit ihm,
„daß er dann richten will, der des Gerichtes Macht hat,
„alle und jede, wie sie ehe hier
„in diesem flüchtigen Leben früher es verdienten:
110. „da mag dann unfurchtsam kein einziger
„vor dem Worte bleiben, das der Waltende wird sprechen.
„Er fragt dann vor der Menge, wo der Mensch sei,
„der in des Königs Namen kosten wollte
„den bitteren Tod, wie er am Kreuz einst that:
115. „aber furchtsam sind sie dann und finden wenig,
„was sie zum reichen Christe reden sollen.
„Doch in Angst braucht dann kein einziger zu sein,
„der in der Brust vorher trägt das beste der Zeichen,
„sondern das Himmelreich sollen durch das heilige Kreuz
120. „von dem Erdenwege suchen alle Seelen,
„die bei dem Waltenden zu wohnen denken!"
Ich betete frohen Mutes zu dem Baume da
mit aller Kraft, dort wo ich einsam war
in kleiner Begleitung: meines Geistes Sinn

125. war zu dem Fortweg beeilt. Viel Sehnsuchtsstunden
hab' ich erlebt in Allem: nun ist mir des Lebens Freude,
daß ich suchen darf den Siegesbaum
ich allein öfter denn alle Menschen
und ihn wol verehren: den Willen dazu
130. hab' ich gar sehr im Herzen und mein Schutz ist
errichtet bei dem Kreuze. Nicht habe ich der reichen viele
der Freunde hier auf Erden, sondern sie giengen fort von
hinnen
von dem weltlichen Jubel zu dem Wart der Glorie
und leben bei dem Hochvater in den Himmeln nun,
135. wohnen in der Herlichkeit, und ich erwarte mir
nun hier an jedem Tage, wenn mich des Herren Kreuz,
das ich auf Erden ehe schaute,
von diesem flüchtigen Leben fort rufe
und mich dann dahin bringe, wo Hochjubel ist
140. und Freude in den Himmeln, wo das Volk des Herrn
zum Abendmahl ist gesetzt, wo immerwährend Freude ist,
und daß er mich setze dahin, wo ich dann seitdem dürfe
wohnen in der Herlichkeit und mich wol mit den Heiligen
erfreuen des Jubels. Freund sei mir der Herr,
145. der einst geduldet hat auf Erden hier
am Stamm des Kreuzes für die Schuld der Menschen,
wo er uns erlöste und uns das Leben gab,
die himmlische Heimat. Die Herzensfreude war erneut
mit Glück und Freuden, denen die eh Glut erduldeten:
150. der Sohn war siegruhmsfest auf seiner Fahrt,
der machtvolle und gewaltige, da er mit der Menge kam
mit der Geister Schaar zu Gottes Reiche,
der allmachtvolle starke, den Engeln zur Freude
und den Heiligen allen, die in den Himmeln vorher
155. wohnten in der Herlichkeit, als da ihr Waltender dahin kam,
wo sein Erbsitz war, der allmachtreiche Gott.

VI.

Reden der Seelen an den Leichnam.

_____

I.

Gewis hat das der Helden jeder hoch von Nöten,
daß er selbst bedenke seiner Seele Schicksal,
wie tief das ergehet, wenn der Tod erscheint
und die Gesippten trennt, die erst beisammen waren,
5. den Leib und die Seele! Lang ist es darnach,
daß der Geist empfängt von Gott selber
die Wehqual oder die Glorie, wie in der Welt zuvor
ihm eben das Erbgefäß eh verdiente.
Kommen soll der Geist in Kummer jammernd
10. die Seele immer nach sieben Nächten
und den Leichnam besuchen, den sie einst lange trug,
durch dreihundert Winter dieses Lebens,
wenn nicht eher würkt der ewige König
der allmachtreiche Gott das Ende dieser Welt.
15. Dann ruft so kummervoll mit kalter Stimme
und grimmlich spricht der Geist zu dem Staube:
„Du kümmerlicher Staub! wie quältest du mich,
„du allverweste Erbenfäulnis,
„du Ebenbild des Lehmes! beachtet hast du wenig,
20. „wie deiner Seele Lage seitdem würde,
„wenn aus des Leibes Hülle sie geleitet wäre.
„Was hattest du mir vorzuwerfen, du Fraß der Würmer?
„du überlegtest wenig, als du willig folgtest
„allen Lockungen der Lüste: im Lehme bist du nun
25. „den Würmern zur Speise. In der Welt hast du zuvor
„beherzigt wenig, wie lang dies hierher ist!
„Dir sandte doch die Seele durch sein selbes Hand
„durch der Engel einen von oben aus den Himmeln
„der allmächtige Schöpfer von seiner Machtglorie
30. „und der Herr erkaufte dich mit seinem heiligen Blute,

„und du haſt mit dem harten Hunger mich gebunden
„und mich in Haft gefeßelt mit der Hölle Qualen!
„Ich hatte Aufenthalt in dir und aus dir konnt ich nicht,
„vom Fleiſch befangen, und die Frevellüſte
35. „die deinen drängten mich, ſobaß mir däuchte gar oft,
„daß es ſeien dreißig tauſend Winter
„bis zu deinem Todestage. Unſrer Trennung harrte ich
„immer in Trübſal: nun iſt das Ende nicht zu gut!
„Du warſt von Speiſe üppig und geſättigt mit Wein,
40. „tobteſt gewaltig, und mich dürſtete heftig
„nach Gottes Leib und nach des Geiſtes Trank:
„denn du beherzigteſt das nicht hier im Leben,
„ſolange in der Welt ich dich bewohnen ſollte,
„daß du durchs Fleiſch und durch die Frevellüſte
45. „mächtig warſt bewegt und durch mich geſtandfeſtet
„und daß ich der Geiſt in dich von Gott geſandt war.
„Du haſt ſo harter Höllenqualen
„durch die Luſt deiner Begierden mich erledigt nimmer:
„für meine Schändung ſollſt du Scham empfinden
50. „an dem großen Tage, wenn das ganze Menſchenvolk
„der Eingeborne all verſammelt.
„Lieber biſt du nun der Lebenden keinem
„keinem Menſchen zum Genoßen, dem Vater noch der Mutter
„noch der Sippen einem, denn der ſchwarze Rabe,
55. „ſeitdem ich einſam von dir ausgewandert
„durch deſſelben Hand, der mich entſandte vorher.
„Nicht können dich entrücken von hier die roten Zierden,
„weder Gold noch Silber noch deiner Güter eines,
„nicht deiner Gattinn Ring noch auch dein Grundbeſitz
60. „noch eins von all den Gütern, die du einſt befaßeſt,
„ſondern die Gebeine ſollen hier entblößt verharren,
„der Sehnen beraubt und deine Seele ſoll dich
„gegen meinen eigenen Willen oft beſuchen,
„dich mit Worten ſchmähen, wie du würkteſt gegen mich.
65. „Du biſt ſtumm und taub: zerſtoben ſind deine Freuden;
„doch notgedrungen ſoll ich Nachts dich beſuchen
„verſehrt durch Sünden und ohne Säumen wieder
„von dir beim Hahnenkrate eilen, wenn die heiligen Männer
„dem lebenden Gotte Lobgeſang erheben,

70. „soll aufsuchen dann die Heimat, die du mir eh bereitet,
„und die erbarmungsleere Bleibensstätte:
„und dich sollen der Erdwürmer manche hier all zerkauen,
„schmerzlich zernagen, die schwarzen Wesen,
„die unersättlichen und gierigen. Deine Ueppigkeit ist hin,
75. „die du den Helden zeigtest hier auf Erden.
„Drum wäre dir bei weitem beßer
„als dir alle wären dieser Erden Güter
„(es sei denn daß du hingäbst sie dem Herrn selber),
„wenn du ein Vogel bei der Schöpfung wurdest oder ein
Fisch im See
80. „oder von der Erde als ein Nutzthier Aeßung dir erzieltest
„als selbgehendes Vieh vernunftlos
„oder in der Wüste von den wilden Thieren
„das grimmste wärest, wenn das Gott so wollte,
„und wärest du gleich das schlimmste des Wurmgeschlechtes,
85. „als daß du ein Mensch je wurdest im Mittelkreiße
„oder daß die Taufe dir ertheilt sollte werden,
„wenn du sollst Antwort stehen einst für uns beide
„an dem großen Tage, wenn dem ganzen Menschenvolk
„die Wunden sind enthüllt, die in der Welt vor Zeiten
90. „die frevelvollen Menschen vorher würkten.
„Hören will alsdann des Himmels Schöpfer
„Gott die Werke eines Jeglichen
„von aller Menschen jedem durch des Mundes Rede,
„als der Wunden Wiedervergeltung: aber wie willst du dort
95. „an dem Gerichtstag ihm Rede stehen?
„Dann ist so klein kein Gelenk an einem Glied gewachsen,
„daß du nicht für sie alle solltest für jedes einzelne besonders
„dein Recht empfangen, wenn im Gericht der Herr
„der Waltende ergrimmt ist? Was thuen wir uns dann,
100. „wenn er zum andern Male uns hat erneuert?
„wir selber dann zusammen seitdem haben
„all solches Elend, wie du es uns hier eh bereitet!"
So schilt sie den Fleischhort da und soll dann fahren wieder
der Hölle Grund zu suchen und nicht den Himmelsjubel
105. durch Sündenschuld getrübt: der Staub liegt wo er war
und kann ihm keine einzige Antwort geben
noch vermag dem Geiste er dem jammernden

verheißen eine Zuflucht, Hilfe oder Trost.

Es ist das Haupt zertrennt, die Hände sind zergliedert,

110. die Kiefern sind zerklafft, zerkaut ist der Nacken,

die Sehnen sind gelöst, zerschlitzt der Gaumen,

die Finger sind zerfallen, die Füße zerspalten;

es entkleiden die Rippen grimme Würmer

und trinken wimmelnd an der Leiche nach Verwesungsjauche

bürstend;

115. die Zunge ist zerzogen in zehn Stücke

den Hungrigen zum Trost: drum kann er nicht in höhnischen

Worten

mit dem Geist dem verfluchteen Gegenreden wechseln.

Gifer ist geheißen der grimme Wurm,

dem die Freßzangen schärfer denn Pfriemen sind:

120. der bringt zuerst von allen in dem Erdgrab herzu,

zerzieht die Zunge, schmiegt durch die Zähne sich,

durchißt die Augen von oben in das Haupt

und räumt den Würmern den andern den Weg zur Speise,

zur Aeßungsfülle, sobald der elende ist

125. der Leib erkühlt: was dieser lange vorher

mit Gewändern schmückte, ist nun der Würmer Fraß

und ihre Aetzung in der Erde. Das mag den Einsichtsvollen

unter den Menschen zur Mahnung dienen!

II.

Dann ist das höhere, wann die heilige Seele

130. fährt zu dem Fleisch mit Freudetrost bewunden;

ihre Sendungsbotschaft wird dann seliglicher

in dem Sinn befunden: sie besucht mit Freuden

mit Lust das Lehmgefäß, das sie einst lange trug.

Dann reden die Geister gute Worte

135. siegfest und weise und sagen wahrhaft

den Leichnam also mit Lust begrüßend:

„Liebster Freund! obgleich die leidigen Würmer

„dich noch gierig angehn, ist doch dein Geist gekommen

„im Freudeschmuck in meines Vaters Reich

118a) b. i. gieriger Schlemmer.

140. „mit Ehren bewunden. O, du mein Herr!
„wenn ich dich doch möchte mit mir nehmen,
„daß wir beide die Engel alle sähen,
„solche Herrlichkeit des Himmels, wie du mir hier verdientest!
„Du fastetest auf Erden und erfülltest mich
145. „mit Gottes Leib und mit des Geistes Trank;
„du warst in der Welt in Armut, gabst mir Wunschgenüge.
„Drum brauchst du dich des nicht zu schämen, wenn geschieden
werden
„die frevelvollen und die frommen Menschen
„an dem hehren Tage, was du mir hier gabst;
150. „dich braucht nicht herb zu reuen, was du mir hier im Leben
„so großes all gegeben hast,
„dereinst an der Versammlungsstätte der Engel und der
Menschen:
„Du beugtest dich vor den Erdenmenschen und erhubst mich
zu dem ewigen Jubel.
„Mir wirds drum lange immer, liebster der Menschen,
155. „gar sehr in meinem Sinn, daß ich in dieser Schmach dich weiß
„den Würmern zur Speise: doch das wollte Gott,
„daß du ein so leidvolles Lagerbett erforst.
„Ich wollte dir dann sagen, daß du nicht sorgen sollst:
„denn wir werden vereinigt beide dereinst bei Gottes Gericht;
160. „wir dürfen zusammen seitdem dann genießen
„all solcher Ehren, wie du uns hier eh verdient hast,
„und dürfen hochwürdig in dem Himmel sein.
„Wir brauchen bei der Ankunft des Herren nicht in Angst zu
sein
„noch wegen der Antwort übele Sorge
165. „in unserem Sinn zu haben, sondern wir selber mögen
„an dem Tage des Gerichts uns unserer Thaten rühmen,
„welches unsere Verdienste ehe waren.
„Ich weiß daß du warest in dem Weltreiche
„würdig gesittet . . . .

*   *   *

VII.

Das jüngste Gericht.

Das wird sich ereignen, daß der Ocean fließt
die Flut über die Erde: dann kommts den Völkern allen
zum Ende ihres Lebens. Oft mag, der da will,
wol in seinem Herzen diese Wahrheit bedenken!

5. Es hat hierher zu kommen unser Herr beschloßen
der höchste aller Machtkönige an dem erhabensten der Tage
und mit Feuers Lohe will der Fürst der Menschheit
die Erde dann verbrennen: eine unkleine Versammlung
ist das zu halten! Hitze ist entzündet,

10. wenn da erfaßt das Feuer die Fluren dieser Erde
und lobernd frißt die Lohe die leuchtende Schöpfung;
all dieser große Grund ist dann mit Gluten angefüllt,
mit wildem Brand, wie jetzt gewaltig herrschen
die übelgesinnten Menschen und Uebermut häufen

15. und wider ihren Herren Hochverrath begehen,
bis sie verführt werden durch die Frevelwärter,
daß mit dem Haufen sie die Hölle suchen,
fliegen mit den Feinden: ihnen kommt Feuersglut entgegen,
traurige Strafe, wo der Tag nie leuchtet

20. hell aus den Lüften, sondern verhüllt stets bleibt,
sobald des Geistes Grausen da gegeben wird.
Oben ist es enge und es ist innen heiß;
das ist keine heimliche Wohnung: da ist der höchste der Schrecken;
es ist keine freudenreiche Heimat: da ist der Pfuhl der Hölle,

25. schmerzliches Geschick dem der zerstört zu oft
den Frieden mit seinem Munde. Er kennt nicht die finster=
                                    grause Schöpfung,
wie sie dem ohne Ende ewig stehet,
der versenkt dorthin für seine Sünden wird
und dann für alle Zeiten immer Unheil duldet.

30. Wer ist dann so geisterklug oder so gar viel wißend,

daß er irgend je der Himmel Höhe möchte erzählen
und des Gutes Antheil, wie der entgegen steht
bereit für die reinen Herzen, die diese Rede wollen
die so tiefe fürchten? Es wird der Tag kommen,
35. daß wir zum Vorschein bringen der Frevel jeden,
Sitten und Gedanken: die Versammlung ist furchtbar,
die Heeresmacht stark! Die Hitze ist erkühlt:
in dieser Welt ist nichts dann außer Waßers Tosen
und furchtbar grimmt des Fisches Heimat.
40. Nicht ist Gebein noch Blut hier, sondern der Gebornen jeder
soll mit Leib und Seele Lohn empfangen
für Alles, was wir hier auf Erden ehe thaten
Gutes oder Uebeles. Es mag kein größeres Grausen
werden durch die Welt hin und das ist weithin kund!
45. Nicht glitzern hier die Sterne: vergangen ist der Ruhmglanz,
der Erden Freuden. Drum will ich immerfort
die Leute Lehren, daß sie das Lob Gottes
erheben in der Höhe, mit Hoffnung auf die Glorie
im Glauben leben und Gottes Liebe würken
50. hier stets auf Erden, eh der stolze Tag
entbiete durch Posaunen die brandheiße Lohe,
das überstarke Grausen. Dann ist keines Edelinges Ruhmglanz
länger in diesem Leben, sobald des Lichtes Wart
über all den Busen der Erde Brandglut sendet.
55. Es leuchtet dann der Luft Macht; die Lohe eilt einher
die hell brennende. Blutvergießen wird
Manchem dann gemeldet. Durch des Machtkönigs Dräuen
erbebt all die leuchtende Schöpfung: Lohbrände spielen
an dem tiefen Tage, es erdröhnt der Himmel.
60. Dann sollen Weib und Mann die Welt verlaßen,
das Elend dieser Erde, und sehen auf die ewige Bestimmung.
Dann wird offenkundig, wer in Unsauberkeit
sein Leben lebte: ihm ist der Lohn bereit.
In den Himmeln war stets Freude, seit unser Heiland ward
65. der Gründer des Mittelkreißes durch die größte Schöpfung,
an den voll blinkenden Baum gebunden fest
mit kummervollem Band. Christ weiß alle
frommen Thaten: des darf nicht fröhlich jubeln
die sündenvolle Seele, daß die Seligkeit ihr werde,

70. wenn er die heilige Lehre gar häufig schändet
und zum Schimpf sie wendet. Er kennt den Schrecken wenig
noch hat er des Uebels Verständniß, eh es ihn anfällt.
Er empfindet's dann, wenn der Gefahrgraus.kommt
über den Mittelkreiß und Manchem kündet,
75. daß er schlimmer wird geschieden in die Schaar zur Linken,
als wenn er zu der rechten Hand gereinigt von Lastern
wandern dürfte. Es bedenkt gar wenig das,
wer Weines fröhlich Wonne hier genießt,
sitzt vom Gelage üppig und um sein Looß sich nicht bekümmert,
80. wie es nach dieser Welt ihm werden solle.
Es will vergelten dann der Geister König
der Fürst der Glorie mit Freuden nach dem Tode
dem der seiner Sünden jetzt in Schmerz gedenkt
und großen Kummer in seinem Geiste trägt:
85. ihm lohnt das dann des Lebens Walter
des Himmelreiches Hirte nach seinem Hinscheiden
mit Gutthaten, daß er jammernd warb
so schmerzerfüllt ob seiner Sünden. Nicht soll zu säumig sein
zu läßig dieser Lehren, wer leben will bei Gott
90. und der Heimat brauchen, die der hehre Vater
der Geister Herr entgegen uns bereitet.
Das ist der Siegeskönig, der den Saal verziert
und bereitet glanzvoll: da sollen die Reinen hin
die Sündelosen, wie das gesagt hat der Waltende,
95. der Herr aller Herren. Drum gehorcht der Lebenden
der tiefsinnigen jeder dem theueren Herrn,
wer zu den Höhen will des Himmelreiches steigen.
Das soll gleichwol so ergehen, wenn auch mit Grieß bedeckt ist
mit Lehm der Leichnam, daß er Leben soll
100. empfahn auf Erden. Das Volk wird gebannt
Adams Kinder alle zur Versammlung:
dann sind beide vereinigt, das Beinhaus und der Geist,
zusammen zu der Fahrt. Sicher wird das kund werden,
wenn wir uns begegnen an dem größten Tage
105. wir Menschen bei dem Kreuz und sagen manches Recht,
all was unter den Himmeln ward Heißes oder Kaltes,
Gutes oder Uebeles: Gott hört dann genau
der Himmelskönige höchster der Helden Werke.

Nie läßt je ein Held so laut ein Horn erschallen

110. noch Heerposaunen tönen, daß nicht die hehre Stimme
über all den Mittelkreiß den Menschen wäre lauter,
des Fürsten Wort: die Fluren beben
die Erde vor der Botschaft, die er an uns alle weiß.
Nun erkenne diese Rede! kund wir das werden,

115. daß ich nicht erschüttern kann das Schicksal unter dem Himmel,
sondern ergehen wird es also jedem der Leute
über all die leuchtenden Wohnsitze, Lohglut brennend.
Und nach der Lohe wird das Leben dann begründet:
dann hat Güter in der Glorie, wer jetzt gut hier denkt.

VIII.

Das Gemüt der Menschen.

Traun! einstmals sagte mir ein alter Weiser
ein sinneskluger Prediger der Sonderwunder viele;
den Wortschatz enthüllte zu Weißagungslehren
der bücherkundige Mann, der Boten Vorverkündigung,

5. sodaß ich seitdem sicher konnte
Gottes eigenes Kind erkennen nach der Rede
als willkommen Gast in der Wohnung und wußte auch
zu unterscheiden den Schwächeren von Schuld befreiten.
Das mag der Leute jeder leicht gedenken,

10. der sich verführen läßt in dieser flüchtigen Zeit
in seinem Gemüte des Mutes Üppigkeit
und in seiner Tage Zahl' die Trunkenheit zu mächtig,
wenn in reicher Anzahl redeführende
stattliche Gefechtsschmiede in den Freundburgen

15. beim Trinkgelage sitzen, in Sentenzen reden,
Worte wechseln und zu wißen streben,

welche Eisenlanzenfestigkeit innen in dem Hause
wohne unter den Männern, wenn der Wein anfeuert
des Helden Brustsinn: es erhebt sich Toben
20. und Geschrei in der Schaar; sie lassen schrille Stimmen
mancherlei ertönen. Die Gemüter sind so
vielfach getheilt; die Volksmänner sind
ungleich beschaffen. In Uebermut erhebt
mit Macht sich Mancher; im Innern schwellt ihm
25. der Zwietracht Wahnsinn: zu zahlreich sind die!
Das ist Eifersucht, all erfüllet
mit des Feindes Flugränken, mit Falschheitlisten:
er schreit und lärmt und von sich selbst bei weitem
prahlt er mehr als wie der beßere Mann;
30. er denkt daß seine Weise dünke jedem
all unverhaßt: des ist der Ausgang anders,
wenn er des Frevels Folgen schauet!
Er übt Ränke und Betrug; reichlich erdenkt er
Hinterlisten, läßt des Herzens Speer entfliegen
35. und schießt mit Pfeilschauern: er kennt die Schuld nicht,
die vollführte Feindschaft, befeindet aus Misgunst
den beßeren Mann und läßt den Bosheitspfeil
den Burgwall brechen, den ihm bebot der Schöpfer,
daß er die Schutzwehr beschirmen sollte;
40. er sitzt vom Gelage üppig und listvoll läßt er
vom Wein erregt Worte ausfahren,
läßt Unfriede einbringen aufbrausend in Kraft
in Eifersucht entbrannt, des Uebermutes voll,
mit kräftigen Arglistränken. Erkennen magst du nun,
45. wenn du antriffst einen dieser Art
weilend in den Wohnungen: dann wiße du
nach dieser kurzen Schilderung, daß das ein Kind des Teufels ist
mit Fleisch umgeben, hat freches Leben,
zum Grund beeilten Geist von Gott verlaßen,
50. vom Wart der Glorie! Das sang ein Weißage einst,
ein wortbereiter Mann, und hub den Wahrspruch an:
»Wer sich selbst allhier in dieser schlimmen Zeit
»durch Uebermutgedanken auflehnet,
»erhebt sich hochmütig, der soll nach seinem Hinscheiden
55. »erniedrigt werden, nieder gebeugt

„wohnen in Wehqualen fest von Würmern bedrängt.

„Einst in vergangnen Zeiten wars im Gottesreiche,

„daß unter den Engeln sich Uebermut erhub,

„weitkunder Kampf: Wutstreit erhuben sie,

60. „eine harte Heeresfahrt, den Himmel schändend,

„versahn ihr eignes Beste, da sie auf Abfall sannen

„und dachten seines Herscherstuls der Herlichkeit König

„den reichen zu berauben, wie es nicht recht war,

„und dann einzunehmen in ihre eigene Gewalt

65. „das Wonneland der Glorie. Doch es wehrte ihnen im Kampf

„der Vater der Schöpfung: es ward das Gefecht zu grimm!

„Dem Anderen ist es ungleich dann,

„wer hier in Demut lebt auf dieser Erde

„und fort und fort wider der Freunde jeben

70. „Freundliebe hält im Volk und seinen Feind liebt,

„wenn der ihm Aergernis auch oft erregte,

„gern in dieser Welt. Er darf zu der Glorie Jubel

„zu der heiligen Freude von hinnen steigen

„zum Aufenthalt der Engel. Nicht ists dem andern so,

75. „der mit argen Thaten in Uebermut

„lebt in Lastern: nicht ist der Lohn gleich

„beim Wart der Glorie! Wiße du an diesem,

sobald du antriffst einen Edeling

demütig in dem Volke: dem ist immer

80. als Gast gesellet Gottes eigenes Kind

wonnsam in der Welt, wenn mir nicht der Weißage log.

Drum sollen wir beherzigend des Heiles Rat

zu allen Zeiten immerdar gedenken

in unsrem Sinne an den besten Siegruhmswalter! Amen.

IX.

Schicksale der Menschen.

Das ergeht gar oft durch Gottes Allmacht,
daß Weib und Mann zur Welt ein Kind
durch Geburt erzeugen und es bunt dann schmücken,
es pflegen und hätscheln, bis sich erfüllt die Zeit,
5. ergeht nach der Jahre Zählung, daß die jungen Glieder
die körperfesten kräftig sind erwachsen.
So führen und nähren es der Vater und die Mutter,
begaben und bekleiden es: Gott nur weiß,
was dem Erwachsenden die Winter bringen.
10. Das ergehet Manchem in dem Jugendleben,
daß dem Unglückseligen das Ende wird
wehevoll beschieden: ihn soll der Wolf freßen,
der haargraue Heidegänger; den Hingang beweint
die Mutter dann: nicht ist solches des Mannes Gewalt.
15. Manchen soll umbringen der Hunger, manchen das Unwetter
verschlagen,
manchen der Kampfspeer tödten, manchen der Krieg vernichten.
mancher soll verlustig des Augenlichts sein Leben führen;
fechten mit den Händen. Mancher soll an den Füßen krank
siech an Sehnenwunden Schmerz beweinen,
20. trauern über sein Geschick betrübt im Gemüte.
Im Gehölz soll mancher von hohem Baume
federlos fallen: er ist im Fluge dennoch
in der Luft tanzend, bis nicht länger ausreicht
der Wuchs des Baumes; an den Wurzelstock
25. sinkt er dann betäubt der Seele beraubt
und fällt zur Erde: ihm entflieht das Leben.
Auf Fernwege soll zu Fuße mancher
in Not wandern und seine Nahrung holen,

15b) auf dem Meere.

mit bethauter Spur treten der Ausländer

30. schlimmen Boden: der Beschützer hat er
unter den Lebenden wenig; allen Leuten ist verhaßt
ob seiner Freudlosigkeit der freundlose Mann.
Wieder ein anderer soll am weiten Galgen
in Sterbequalen hängen, bis der Seelenhort

35. das Beingefäß gebrochen wird,
wo ihm aushackt der Rabe die Augen seines Hauptes
und es zerschleißt der fahlbekleidete den Seelenlosen:
er kann dies Unheil nicht abwehren mit den Händen
gegen den leidigen Lufträuber; sein Leben ist entflohen

40. und ohne Hoffnung des Lebens harrt er fühllos
bleich an dem Baume bleibend des Geschickes
befallen von Todesnebel: „Vogelfrei" ist sein Name.
Einen andern soll im Brande aufzehren das Feuer:
es soll den todgeweihten Mann, wo ihm die Trennung vom
Leben

45. erscheint alsbald, verschlingen die Lohe,
die wilde Rothglut; es weint die Frau,
die ihren Gebornen den Brand sieht decken.
Auf der Methbank soll manchem die Schwertschneide
entreißen das Leben, dem rasenden Aleführer,

50. dem weinsatten Manne: er ist mit seinem Wort vorher zu
rasch.
Mancher soll beim Biere werden durch des Bierschenken Hand
ein methlustiger Mann: kein Maaß kann er
durch sein Gemüt alsdann dem Mund bezeichnen;
aber leidvoll und kläglich soll er sein Leben missen,

55. erdulden das große Uebel, vom Jubel geschieden,
und mit dem Munde redend von des Methlustigen Trinken
sagen die Helden, daß er ein Selbstmörder sei.
Mit Gottes Macht soll mancher in seinen Jugendjahren
sein Unglück und sein Elend all durchmachen

60. und dann im Greisenalter glücklich werden,
in Wonnetagen leben und Wolstand erlangen,
Methbecher und Kleinode inmitten der Verwandtschaft,
soviel der Leute einer je erlangen kann.
So mannichfach vertheilt der machtreiche König

65. über der Erde Schooß an Alle seine Gaben,

bescheidet und beschert sie und die Geschicke hält er.
Manchem gibt er Reichtum, manchem der Mühsale Theil
manchem der Jugend Fröhlichkeit, manchem Glück im Kriege,
Gewalt im Kampfspiel, manchem Wurf oder Schuß,

70. glanzvollen Ruhm, manchem die Kunst des Brettspiels,
des Buntbrettes Schwingen. Als Buchgelehrte
werden weise manche. Wunderbegabung
wird zur Goldschmiedkunst gegeben einem andern:
gar oft schmückt und härtet ein Geschmeide er

75. des Brittenkönigs Mann, und breites Land
gibt ihm zum Lohne der: mit Lust empfängt ers.
Mancher soll im Haufen den Helden dienen,
die Banksitzenden beim Bier erfreuen.
da wo Hochjubel der Trinker in der Halle ist.

80. Mit der Harfe soll zu seines Herren Füßen
sitzen mancher und Schätze empfahn,
soll schnell die Schnur in Schwingung bringen
und fröhlichen Schall erheben, wer geschickt das Stäbchen
musizierend rührt: er zeigt sich eifrig.

85. Mancher soll den wilden Vogel wol in der Hand
den stolzen Falken zähmen, bis gefügig wird
die blutgierige Schwalbe; er thut Bande an
und füttert so in Feßeln den Federstolzen,
entkräftet den Luftschnellen durch kleine Bißen,

90. bis daß der Wälsche durch Gewand und Thaten
seinem Atzungsgeber wird unterthan
und zu des Heldenjünglings Hand gelehret.
So hat wunderbar der Weltkraft Gott
durch diesen Mittelkreiß der Menschen Gaben

95. geschaffen und beschieden und das Geschick bestimmt
von all dem großen Geschlechte jeglichem auf Erden.
Drum sage ihm nun jeder einzelne für all das Dank,
was er in seiner Milde den Menschen zutheilt! ·

90b) Gewand hier die Lederkappe des Falken.

X.

Alfreds Metra des Boethius.

———

So hat uns Alfred ausgelegt die alte Kunde,
der Fürst der Westsachsen; er zeigte Fertigkeit,
der Liederdichter Kunst: ihm war es Lust gar sehr,
daß er diesen Leuten in Liedern spräche,
5. den Männern zur Ergötzung, mannichfache Reden.
Damit nicht auflodernde Begierden außer sich bringen
den selbstgefälligen Mann, wenn er auf solches achtet
wenig vor seinem Uebermut, will ich noch weiter sprechen,
will in Verse faßen volkskunden Rat
10. und ihn den Leuten sagen: lausche wer da will!

I.

Es war einst vor Zeiten, daß von Osten her
aus Scythialand die Gothen ihre Schilde führten,
der Volkslande manches erfochten mit dem Heere
und im Süden gründeten der Siegesvölker zwei:
5. es wuchs der Gothen Reich im Gang der Jahre.
Sie hatten über sich zwei angestammte Könige
Raedgot und Alarich dem Reich zum Frommen.
Da war über die Mauer der Alpen mancher Gothe
voll Kühnheit gezogen nach Krieg gelüstend,
10. nach Völkerkampf: es flatterte die Fahne
schimmernd an dem Schafte. Die Schützen dachten
all da zu erobern Italialand,
die Lindenschildkempen: sie leisteten das so
eben von den Alpen bis zu dem Uferstrande,
15. wo in den Seeströmen der Sicilier Heimat
das große Elend gar berühmt ist.
Da war der Römerleute Reich gewonnen,
erstürmt die stattlichste der Burgen: den Streithelden

war Rom geräumt. Raedgot und Alarich
20. fuhren in die Veste: es floh der Kaiser
mit seinen Edelingen hinaus zu den Griechen.
Es konnten da die Wehereste nicht mit Waffenkampf
beschützen vor den Gothen die Schätze der Väter:
es schwuren unfreiwillig die Erbsitzwarte
25. heilige Eide. Herb war beides:
doch stund der Mannhelden Gemüt bei den Griechen,
ob sie dem Fürsten der Leute zu folgen wagten.
Eine Weile bliebs an dem: es war der Winter Menge
das Volk unterjocht, bis daß es fügte das Schicksal,
30. daß dem Theoderich die Degen und die Helden
gehorchen sollten. Der Heeresführer
hieng Christo an: der König selber
empfieng die Tauffitten. Es freuten sich alle
der Rombürger Kinder und rasch bei ihm
35. erflehten sie sich Schutz: fest verhieß er ihnen,
daß sie geehrt in jedem ihrer alten Rechte
weiter sollten bleiben in der wolhabenden Burg,
solange Gott wollte, daß er über die Gothen sollte
die Oberherrschaft führen. Das alles brach er.
40. Dem Edelinge war des Arrianus
Irrlehre lieber als des Ewigen Bund;
den Johannes hieß er des Haupts behauen,
den biederen Papst: das war keine preiswürdige That!
auch außerdem wars noch eine Unzahl anderer Frevel,
45. die da begieng der Gothe wider der Guten jeden.
Da war der Reichen einer in der Römer Burg
erhoben zum Heerführer, dem Herren lieb,
solange des Königstuhls die Griechen walteten:
das war ein rechtweiser Held; bei den Rombürgern war
50. kein Schatzgeber beßer seitdem lange!
Er war weise vor der Welt, auf Würde bedacht,
ein buchkundiger Mann: Boethius war geheißen
der reiche Römer, der diesen Ruf erwarb.
In seinem Innern wars ihm zu allen Zeiten
55. Uebel und Schmach, daß Ausländer ihm
als Könige geboten: er war den Griechen hold,
gedachte all der Ehren und der alten Rechte,

die bei ihnen viele Jahre seine Voreltern hatten
der Gnade und der Liebe. Er begann da reiflich
60. zu bedenken mit Klugheit, wie er dahin könnte
die Griechen bewegen, daß der Kaiser über sie
die Herschaft wieder haben möchte:
an die alten Gebieter sandte er eine Botschaftschrift
im Geheimen ab und bat um des Herren willen
65. mit der alten Treue, daß sie abermals zu ihnen
kämen in die Burg und ließen der Griechen Räte
über die Rombürger herschen und in ihrem Recht geehrt
die Römerleute bleiben. Diesen Rat erfuhr
der Amuling Theoderich; er nahm den Edeling gefangen
70. und fest hieß er die Volksgesellen
halten den Heermann: sein Herz war wild
und ihm war Angst vor dem Manne; innen hieß er ihn
in des Gefängnisses Verschluß gefangen setzen.
Der Sinn war da gar sehr betrübt;
75. gelebt hatte Boethius lange unter den Wolken
ein stattliches Leben: um so schwerer konnte er
erdulden die Lage, da sie so drückend kam.
Da war der Held in Verzweiflung: er hoffte keine Gnade
noch war er in der Tiefe des Kerkers sich zu trösten bedacht,
80. sondern ausgestreckt lag er, auf die Erde nieder
gefallen auf die Flur, sprach viele Worte
gar betrübt in seinen Gedanken: er hoffte von dannen nimmer
zu kommen aus den Ketten. Mit kummervoller Stimme
rief er auf zum Herrn und also sang er:

II.

Wie habe ich mit Lust einst der Lieder viele
gesungen in meinem Glück! seufzend soll ich nun
von Klagen bewegt in Kummer und in Elend
Schmerzlieder singen. Dieses Schluchzen hat mich
5. dieses Seufzen gehindert, daß ich die Gesänge nicht
so lieblich kann fügen, wie ich der Lieder viele
kunstvoll setzte, als ich im Glücke war.
Oft verkehre ich nun die bekannte Sprache
und fand doch unbekannte ehedem zu Zeiten!

11

10. Es hat das Glück der Welt mich gänzlich Blinden
mich Thörigten gebracht in diese düstere Höhle
und mich beraubt zugleich des Rates und des Trostes
ob der Untreue derer, denen ich immer doch
am besten sollte trauen: sie haben bitter nun
15. mir zugewandt ihren Rücken, entzogen ihre Freundschaft.
Warum wolltet ihr, ihr meine Weltfreunde,
sagen oder singen, daß ein glückseliger Mann
ich wäre in der Welt? nicht wahr sind die Worte,
nun da nicht ständig kann bestehen das Glück!

III.

Da erschien ihm die Weisheit in Gestalt einer hehren Jungfrau
und sprach also *):
Ach! in wie grimmem und wie grundlosem Abgrund
betrübt sich doch das umdüsterte Gemüt,
wenn es die starken Stürme schlagen
der Weltmühsale, wenn es im Wehekampf
5. ab sich wendet von seinem eigenen Lichte
und stets nun auch mit vergißt die ewige Freude,
bringt in das Düster dieser Welt
bedrängt von Sorgen! Auch diesem Gemüt
ists nun geworden so, da es nichts weiter kennt
10. vor Gott des Guten als den Jammer nur
der fremden Welt: es bedarf Erfreuung durch Trost!

IV.

O du Schöpfer der schimmerhellen Sterne,
des Himmels und der Erde, der du am Hochsitz droben
dem ewigen regierst und der du all umwälzest
den Himmel hurtig und durch deine heilige Macht
5. zwingest die Gestirne, daß sie dir zuhören!
So muß die Sonne auch der schwarzen Nächte
Düster ersticken durch deine Macht;
mit seinem bleichen Lichte muß die blinkenden Sterne

---

*) Alle folgenden Metra sind nun der Weisheit in den Mund gelegt.

mäßigen der Mond durch deiner Macht Fülle

10. und er entziehet selbst zu Zeiten auch der Sonne
ihr glanzvolles Licht, wenn es ergehen mag,
daß sie notgebrungen so benachbart werden.
Und nicht minder auch den Morgenstern,
den wir mit anderem Namen den Abendstern

15. benennen hören, den nötigst du,
daß er der Fahrt der Sonne folgen muß:
in der Jahre jedem soll er gehen immer
und vorher fahren. Ja! du Vater würkest
die sehr heißen sommerlangen Tage

20. sowie den Wintertagen die wunderkurzen
Stunden du bestimmest! Du gibst den Stämmen wieder
von Süden und von Westen, denen der schwarze Sturm
von Norden und von Osten genommen hatte
alles Laub vorher durch den leidigeren Wind.

25. O warlich! alle die Geschöpfe die auf Erden sind,
gehorchen deinem Geheiß und auch im Himmel thun sie es
mit Mut und Macht, außer dem Menschen nur allein,
der wider deinen Willen würket häufigst!
Ach! du ewiger und du allmachtvoller

30. aller Geschöpfe Schöpfer und Regierer!
nimm dich doch an der armen Erdenkinder,
des Menschenvolkes durch deiner Macht Fülle!
Warum, ewiger Gott, wolltest du irgend jemals,
daß sich so sehr sollte das Schicksal wenden

35. den übelen Menschen durchaus zu Willen?
gar oft schadet es den Unschuldigen
und die übelen Menschen sitzen in den Erdreichen
auf den Hochsitzen, die Heiligen drückend
unter ihre Füße nieder: das ist den Völkern unkund,

40. warum sich sollte so verkehrt das Schicksal wenden!
So sind verborgen durch der Burgen viele
hehre Kräfte hier in dieser Welt:
es haben zu allen Zeiten die Unrechtweisen
die Menschen zum Hohn, die doch weit mehr benn sie

45. des Rechts sind kundig und des Reiches würdig.
Der lose Trug ist lange Zeit durch
verhüllt durch Ränke, da hier in dieser Welt

die Meineide nicht den Menschen schaden.
Wenn du nun, Waltender, nicht willst wehren dem Geschicke,
50. sondern nach seinem Eigenwillen es auftreten läßest,
dann weiß ich, daß die Weltmenschen wollen zweifeln
auf dieser Erde Busen außer einigen nur.
O du mein Obherr, der du all überstehest
die Geschöpfe dieser Welt! schaue auf die Menschen
55. nun mit milden Augen, da sie in mannigfachen
Wogen dieser Welt sich wehvoll mühen,
die armen Erdenbürger! nimm dich ihrer an in Gnade!

V.

Sicher kannst du bei der Sonne denken
und auch bei allen den anderen Gestirnen,
die da am blinkendsten über den Burgen scheinen:
wenn eine finstere Wolke vor ihnen hängt,
5. dann können sie so lichten Leuchtglanz nicht entsenden,
eh der dicke Nebel dünner werde.
So stört die sanftruhende See der südliche Wind
die graue glaslautere grimm oft auf,
wenn sie mengen mächtige Stürme,
10. die das Walfischmeer erregen: wild tobt alsdann,
die vorher von Ansehn freundlich war.
So entwallet oftmals eine Waßerquelle
der grauen Klippe kühl und lauter
und in die Nichte fließt sie rinnend rasch und munter
15. zu ihrem Aufenthaltsorte hin, bis in sie fällt
ein mächtiger Bergstein und liegt mitten in ihr
entrollt von dem Felsen: darauf wird sie entzwei
zertheilt in Theile und getrübt ist nun
der Born der klare; der Bach ist gewendet
20. von seinem geraden Lauf zerronnen in Bächlein.
So will das Düster deines Herzens
nun meiner lichten Lehre widerstehen
und deines Gemütes Sinn mächtig trüben.
Aber wenn du nun wünschest, daß du wol mögest
25. das wahre Licht gewis erkennen
mit lichtem Glauben, verlaßen sollst du dann

das eitele übermäßige Glück, die unnütze Freude,
und auch sollst du verlaßen die üble Furcht
vor den Weltmühsalen: nicht zu werden brauchst du
30. vor ihnen durchaus zu mutlos! auch laß dich niemals
Verwegenheit erreichen, daß du nicht werdest vor ihr
durch Uebermut darauf geschändet
und zu sehr erhoben vor Sorglosigkeit
durch Weltglückseligkeiten! zu weichen Sinnes
35. verzweifle auch nicht an allem Guten,
wenn vor der Welt dich die widerwärtigsten
Dinge quälen und du dich selbst
allzusehr entsetzest! Denn immer ist
der Sinn des Gemütes sehr gebunden
40. mit Trübung seiner Klarheit, wenn ihn drängen darf
eins dieser beiden Uebel und ihn innen quälen:
denn diese zwei Plagen ziehn mitsammen
das Irrsal des Nebels vor die Augen des Geistes,
daß ihn die ewige Sonne nicht innen kann durchscheinen
45. vor den schwarzen Nebeln, eh sie verscheucht werden.

VI.

Drauf schloß die Weisheit wieder den Wortschatz auf,
sang Wahrsprüche und selbst sprach sie also:
Wenn aufs sichtlichste die Sonne scheint
aufs heiterste vom Himmel, dann sind hurtig verdunkelt
5. über die Erde alle die anderen Gestirne;
denn durchaus nicht ist ihrer aller Glanz
zu setzen in Vergleich zum Sonnenlichte.
Wenn sanft weht von Süden und von Westen
der Wind unter den Wolken, dann wachsen rasch
10. des Feldes Blumen, erfreut daß sie dürfen:
aber wenn der starke Sturm streng herankommt
von Norden und von Osten, dann nimmt er schnell
der Rose ihre Schönheit und auch die geräumige See
zwingt nötigend der nördliche Sturm,
15. daß sie stark erregt an die Gestade anschlägt.
Ach! daß doch auf Erden durchaus kein festes
Werk in dieser Welt weilet irgend!

VII.

Da begann die Weisheit ihrer Gewohnheit zu folgen,
hub mit aufheiternden Worten an zu reden,
sang weiter noch der Wahrsprüche manchen,
sprach, sie hörte nimmer, daß auf hohem Berg
5. der Menschen einer möchte setzen
eine dachfeste Halle: auch darf Niemand
des Werkes hoffen, daß er Weisheit könne
mit Uebermutgedanken irgend mengen.
Hörtest du auf Erden je, daß irgend ein Mann
10. auf Sandberge setzen möchte
eine standfeste Halle? auch kann der Sterblichen keiner
da Weisheit gründen, wo die Welthabsucht
den Berg überbreitet. Es will der bloße Sand
den Regen verschlingen: so thut der reichen Männer
15. grundloses Geizen nach Gut und Ruhm,
schlingt bis zum Trockenen den sinkenden Reichthum
und doch wird des Bedürfenden Durst nicht gekühlt.
Es vermag der Helden keinem das Haus auf dem Berge
auszuhalten lange, wenn an es bald
20. schlägt der schnelle Wind; der Sand kann ebensowenig
wider den mächtigen Regen der Männer einem
ein Hüter sein des Hauses, sondern dahin will er gleiten,
der Sand nach dem Regen: so werden auch
der Menschen aller Gemüter mächtig bewegt,
25. gestört von ihrer Stätte, wenn sie stark bedrängt
unter den Wolken der Wind der Weltmühsale
oder wenn sie hinwieder aufregt der wilde Regen
einer ängstlichen Sorge, unmäßige Sehnsucht.
Aber wer die ewige Freude will zu eigen haben,
30. die wahre Seligkeit, der soll gar sehr fliehen
die Anmut dieser Welt und an dem Orte bauen
das Wohnhaus seines Gemütes, wo er den gewaltig festen
Felsen der Demut finden möge,
die Grundmauer die treffliche, die nicht zergleiten darf,
35. wenn sie der Wind gleich bewegt der Weltmühsale
oder der ängstlichen Sorgen unmäßiger Regen:
denn in dem Thale der Demut wohnet
der Herr selber heimatfest,

allwo die Weisheit immer wohnt in den Gedanken.

40. Drum führt ein ungetrübtes Leben alle Wege
ein weiser Weltmann ohne Wandelbarkeit,
wenn er verachtet all die irdischen Güter
und auch vor den Uebeln bleibt ohne Sorge,
hofft auf die ewigen Güter, die dereinst ihm kommen.

45. Ihn bewahrt von allen Seiten der allmachtvolle Gott
ununterbrochen immerfort,
ihn der da inwohnt seiner eigenen
Geisteswohnung durch die Gnade des Schöpfers,
wenn gleich der Wind der Weltmühsale

50. ihn gar sehr bedrängt und auch die Sehnsucht stets
in seinem Geist ihn hemmt, wenn grimm und heftig
der Wind der Weltglückseligkeit ihn wütend anbläst,
ob ihm gleich alle Wege die ängstliche Sorge
um diese Weltglückseligkeit wütend plage.

VIII.

Sobald die Weisheit diese Worte deutlich
hatte kundgegeben, begann sie Wahrsprüche
zu singen drauf und selbst sprach sie also:
Fürwahr! das erste Zeitalter war den Erdbewohnern

5. allen trefflich über der Erde Schooß,
als Allen und jedem an der Erde Gewächsen
Genüge däuchte: es ist nun nicht so!
Da waren in der Welt noch nicht wohlhabende Gehöfte
noch auch allerlei Speisen und Arten von Getränken

10. noch bekümmerten sich da um Kleider die Menschen
welche heutzutage die Leute am höchsten schätzen:
denn es gab deren noch keine damals
noch sahen dergleichen die Seeanwohner
noch hörten sie außen umher irgendwo davon.

15. Fürwahr! sie waren noch nicht frech in Frevellüsten,
sondern nur bedacht darauf, wie sie ihre Naturbestimmung
möchten
begehn am besten, die ihnen Christus schuf.
Sie aßen stets nur einmal des Tages
zur Abendzeit das, was die Erde darbot,

20. der Wald und die Kräuter; sie tranken den Wein noch nicht
den klaren aus dem Faße.   Da war keiner der Diener,
der da Mundkost oder Getränke mischen konnte,
Honig mit Waßer, noch herlich mit Seide
ihre Gewänder nähen, noch webten sie mit Kunst
25. köstliche Gewebe; es wurden nicht kunstvolle Palläste
aufgeführt von ihnen, sondern außen schliefen sie
immerdar zu allen Zeiten
unter der Bäume Schatten, tranken Brunnenwaßer,
die kühle Quellflut.   Kein Kaufmann sah da
30. eine fremde Küste über der Fluten Gewühl
noch hörten von Schiffsheeren die Helden sprechen
noch auch von Männergefecht der Menschen einer.
Es war die Erde da noch nicht irgendwo befleckt
von eines Erschlagenen Blute, den das Schwert gerötet,
35. noch sahen die Weltbewohner einen wunden Mann
irgendwo unter der Sonne.   Kein einziger ward fortan
wert geachtet in der Welt, wenn man seinen Willen erkannte
als übel unter den Menschen: er war Allen verhaßt.
Ach! daß es doch würde oder daß es wollte Gott,
40. daß auf Erden jetzt auch unsere Zeiten
in dieser weiten Welt wären durchaus
so unter der Sonne!   Doch es ist schlechter nun,
daß diese Habsucht hat der Helden jedem
den Geist verwirrt, daß er nichts größeres achtet,
45. sondern es in seinem Bewußtsein wallend brennt,
eben das Geizen, das keinen Grund kennt:
es freißet scheußlich gleich in manchem
jenem hohen Berge, den nun der Helden Kinder
Ätna heißen, der auf dem Eilande
50. Sicilia mit Schwefel brennt,
was man der Hölle Feuer heißet weithin,
da es unaufhörlich immer lodert
und außen umher die andern Stätten
bleich verbrennt mit bitterer Lohe.
55. Ach! was war doch in der Welt der erste

_____ _ _ _

31) das völlig unverständliche sætilcas wird wol verlesen sein für sccalcas,
zumal da die Alliteration so fordert. —

Schätzegierige, der diese Stätten der Gefilde
grub nach dem Golde und nach Gemmenarten!
was hat er furchtbare Schätze gefunden Manchem
in der Welt verhüllt von Waßer oder Erde!

IX.

Fürwahr! wir alle wißen, welche Unbarmherzigkeit
nah und ferne Nero würkte,
der Rombürger König, da seine Reichsgewalt
am höchsten war unter dem Himmel, zum Hinfall Manchem!
5. Es war gar weithin kund das Wüten des Todgrausamen,
das ehebrecherische Treiben, viel arge Grausamkeit,
Mord und Frevel, der Missethaten Unzahl,
des Unrechtweisen Arglistgedanken!
Sich zur Freude hieß er völlig verbrennen
10. der Römer Burg, die von all seinem Reiche war
der Erbsitzstuhl: aus Unverstand
wollte er erproben, ob der Brand vermöchte
so licht zu leuchten und so lange Zeit auch
rot zu wüten, wie er die Römerleute
15. erzählen hörte, daß überzogen hätte
der Brand einmal die Burg der Trojer,
der Lohgluten leuchtendste, und daß sie am längsten brannte
von allen Hochsitzen unter den Himmeln: das war keine herliche That,
daß solcher Belustigung zu frohlocken ihn gelüstete,
20. da er durchaus damit nicht anderes bezweckte,
nur daß er wollte über die Weltvölker
die Allgewalt von ihm, dem Einen, kund geben!
Auch ereignete sichs ein andermal,
daß eben derselbe hieß umbringen
25. von den Räten der Römer die reichsten alle
und die edelsten vom Adelstande,
die er in dem Volke erfahren hatte,
und hieß obendrein noch seinen eigenen Bruder
und seine Mutter auch ermorden mit dem Schwerte,
30. mit der Schneide der Waffen; er erschlug seine Gattin
selbst mit dem Schwerte und stets war er

um so wolgemuter in seiner Brustgrube,
wenn solches Mordwerks er am meisten vollbrachte:
er sorgte nicht, ob seitdem einmal

35. dem verkehrt Handelnden Gott der mächtige
die Strafe nach den Thaten bestimmen wollte,
sondern froh in seinem Sinne des Frevels und der Ränke
blieb er grausam immer. Gleichwol herschte
über all diesen hehren Erdkreiß hin,

40. soweit wie Luft und See das Land umfaßen
und das Meer umgürtet der Menschen Reiche,
die Siedelungen der Männer in Süd, Ost und West
bis an die Vorgebirge des fernsten Nordens:
das sollte dem Nero all genötigt oder willig

45. hören und gehorchen, der Heerkampfmänner jeder.
Er suchte sein Vergnügen dran, wenn er in Großthun sich
verstieg,
wie er die Erdenkönige möchte elenden oder töbten.
Wähnst du etwa, daß die Gewalt nicht leicht
des allmachtvollen Gottes den übermütigen Schädiger

50. von dem Reiche scheiden und ihn berauben konnte
seines Obherrntumes durch die ewige Macht
oder seiner Uebelthaten anderswie ihm steuern?
O! wenn er gewollt hätte, wie wol konnte er
das Unrecht leicht ihm all verbieten!

55. Ach! daß der König das Joch das schwere
aufstreifte dem Nacken seiner Unterthanen,
all der Leute, die in dieser unbeständigen Welt
zu seinen Zeiten sollten leben!
An dem unschuldigen Blut der Edelinge

60. besudelte er sein Schwert gar sehr häufig:
sehr ward es da sichtlich, was wir sagten oft,
daß die Obmacht thut durchaus nichts Gutes,
wenn der nicht wol will, der ihrer Gewalt hat.

X.

Gelüstet nun nach Ruf der Leute einer
und will er unnützen Ruhm zu eigen haben,
dann wollte ich ihn mit Worten bitten,

daß er allerseits außen um sich denke

5. und schaue sich aufmerksam um in Ost, Süd und West,
wie weitfaßend sind die Wölbungen des Himmels,
außen um die Wolken: es mag der Einsichtsvolle
leicht annehmen dann, daß diese Erde sei
all gegen das Andere unmaaßen klein,

10. wenn sie dem unweisen auch weit ausgebreitet dünke
und unerschütterlich an ihrer Stätte, dem unterrichtslosen
Manne.

Doch mag der Weise in seines Bewußtseins Verschluß
des Geizens nach Ruf sich gar schämen,
wenn es nach Hochruhm ihn am härtesten gelüstet

15. und er d o ch nicht vermag d e n auszubreiten
unter keiner Bedingung über diese kleinen engen
Erdenbezirke: das ist unnütze Ruhmsucht!
Ach ihr Uebermütigen! warum gelüstets euch doch immer
nach eignem Willen mit euerem Nacken

20. unter das schwere Joch euch stets zu beugen?
warum quält ihr euch alle Wege um das Unnütze,
daß ihr den Ruf zu erreichen strebet
über die Männervölker mehr denn euch Not ist?
Obgleich euch nun beschieden werde, daß im Süden oder
Norden

25. die alleräußersten Erdbewohner
euch in mancherlei Sprachen mächtig preisen
und wenn durch adlige Geburt auch jemand edel sei
geehrt durch Reichthum und im Ansehn steigt
theuer dem Gefolge, so achtet doch der Tod das nicht,

30. wenn der Berater der Himmel ihm Raum gibt,
sondern den Begüterten macht er gleich dem Armen
ebenhehr in allen Dingen.
Wo sind nun des weisen Wieland Gebeine,
des Goldschmiedes, der vor Jahren so berühmt war?

35. Ich sagte darum des weisen Wieland Gebeine,
weil keinem einzigen der Erdbewohner
kann die Begabung schwinden, die ihm Christ verleiht:
man kann ebensowenig einem einzigen Flüchtling
wegnehmen die Begabung, als zu wenden vermag

40. die Sonne in ihrem Laufe oder den schnellumrollenden

Himmel von seiner Richtbahn der Helden einer.
Wer weiß nun des weisen Wieland Gebeine,
in welchem Erdhügel sie die Erde decke?
Wo ist der reiche Ratsherr der Römer nun

45. der hochgeehrte, von dem wir noch heute sprechen,
ihr Heeresführer, der geheißen war
Brutus mit Namen bei den Burgbewohnern?
Wo ist auch nun der weise und der ehrliebende
und der festbeherzte Volkeshirte,

50. der eingeweihet war in alles Wißen
kühn und begabt, dem Cato war der Name?
Sie sind vorlängst schon fortgegangen:
es weiß Niemand der Menschen, wo sie nunmehr sind!
Was blieb von all ihrer Menge außer allein der Ruf?

55. und auch der ist sehr zu klein für solche Lehrer,
da einen weit größeren in der Welt diese Männer
besitzen sollten: aber noch schlimmer ist es nun,
daß überall auf diesem Erdengrunde
wenig umgeht die Rede von ihres Gleichen

60. und einige gradezu sind all vergeßen,
daß die so hehren Männer nicht her zu bringen
im Stande ist der Ruf, daß ihre Gestalt bekannt sei!
Wenn ihr nun auch wähnet und den Wunsch heget,
daß ihr leben dürfet lange Zeit,

65. was ist es oder dünkt es euch dadurch beßer,
da der Tod keinen übergehet nach der Tage Zahl,
wenn er Erlaubniß hat von Gott, obgleich es lange dünkt?
Was hat alsdann der Helden einer
der Volksmänner an dem Ruhm, wenn ihn erfaßen darf

70. der Tod der ewige nach dieser Welt?

XI.

Es ist nur ein Schöpfer ohne allen Zweifel,
der auch der Walter ist der Weltgeschöpfe,
des Himmels und der Erde und der Hochsee
und aller derer, die darin wohnen,

5. der Unsichtbaren und derer auch desgleichen,
die wir mit den Augen anschauen,

aller Creaturen: ter ist allmachtvoll!
Ihm dienen willig alle Creaturen,
die des Amtsdienstes Einsicht haben,
10. und ebenso auch die, die das durchaus nicht wißen,
daß sie die hörigen Diener des Herrn sind,
der uns gesetzt hatte Sitte und Verfahren,
so wie allen Creaturen unwandelbarer
immerdar währender Eintracht Zustand,
15. da als er wollte, das was er wollte,
solange wie er wollte daß es währen sollte,
und so wird's auch bleiben, solang die Welt besteht.
Drum können irgend niemals die unstillen
Weltgeschöpfe werden gestillet,
20. von der Bahn gelenkt, die ihnen der Gebieter der Himmel
ein für allemal allen setzte:
der Allwaltende hat alle Creaturen
gebändigt durch seine Zügel, hat beides gethan,
alle ermahnt und auch gezogen,
25. daß sie gegen des Schöpfers Willen nicht stille dürfen
irgend jemals werden noch auch durchaus hinwieder
sich stärker tummeln, als ihnen will schießen laßen
sein Gewaltleder der Wart des Siegruhms.
Umzäumt hat er mit den Zügeln beiden
30. den Himmel und die Erde und all der Holmfluten Begang.
So hat der Herr des Himmelreichs gebändigt
mit seiner Allgewalt alle Creaturen,
daß jedes einzelne von ihnen gegen das andere kämpft
und streitend gleichwol sich unterstützen müßen
35. und eins das andere von außen hält umfaßt,
damit sie nicht auseinander schweifen: denn immer sollen sie
eben dieselbe Bahn abermals durchlaufen,
die ihnen der Vater im Anbeginn zuvor bestimmte,
und also solls von Neuem abermals werden,
40. obgleich nun in Fehde steht des Fürsten altes Werk,
daß gleichwol die streitende widersäßige Schöpfung
fort und fort hält feste Eintracht,
wie nun das Feuer und das Waßer, die Flut und die Erde,
manche andere Creatur ebenso stark wie sie,
45. durch all diese weite Welt gegen einander kämpfen

und ihre Dienstpflichten dennoch können
und ihre Gefährtenschaft fest halten.
Das ist keineswegs das einzige, daß kann so leicht
die widersäßige Schöpfung weilen beisammen
50. und Gesellschaft halten, sondern noch seltsamer ist es,
daß kein einziges von ihnen ohne die andern sein kann,
sondern der Wesen jedem muß ein Widerpart
sein unter den Himmeln, der seinen Sinn ihm
zu mäßigen wage, eh es zu mächtig werde.
55. Es hat der Allmachtvolle allen Creaturen
den Wechsel gesetzt, der nun soll währen immer:
er läßt die Kräuter wachsen, läßt grünen das Laub,
das dann im Herbste wieder hinfällt und bleicht;
es bringt der Winter Wetter unmaaßen kalt
60. und schnellsausende Winde; der Sommer kommt darnach
und laue Witterung. Ja! es erleuchtet der Mond
die dunkele Nacht, bis daß den Tag die Sonne
wiederbringt den Menschen durch diese weite Schöpfung.
Auch hat eben derselbe Gott der Erde und dem Waßer
65. ihre Marken gesetzt: es wagt der Meeresstrom
nicht über der Erde Schooß auszubreiten die Wohnung
dem Fischgeschlechte ohne des Fürsten Erlaubnis
noch kann er irgend jemals der Erde Schwelle
aufwärts überschreiten und ebensowenig dürfen
70. die Ebbefluten überfahren der Erde Grenzen.
Des Lebens Lichtfürst läßt solange er will,
der Herr des Siegruhms, durch diese hehre Schöpfung
die Gründungen alle ihre Grenzen halten.
Aber wenn der Ewige und der Allmachtvolle
75. das lenkende Leder loslaßen will
eben jener Zügel, womit er gezäumt hat
all sein eigenes Werk im Anbeginn
(für der Wesen jedes ist das der Widerpart
was wir mit den Zügeln bezeichnen wollen):
80. wenn die Gott der Herr zergleiten läßt,
dann verlaßen sie alsbald die Liebe und die Eintracht,
das Freundesbündnis der Gefährtenschaft,
und jedes einzelne sucht dann seinen eignen Willen;
dann streiten mit einander die Geschöpfe dieser Welt,

85. bis diese Erde gehet all zu Grunde,
und ebenso auch die anderen Geschöpfe
werden seitdem dann selbst zunichte.
Aber eben der Gott, der dieses all so lenket,
der faßt auch viele Völker zusammen
90. mit Freundschaft sie fest verbindend,
schließt Bündnisse der Ehe, verbindet der Verwandschaft
fleckenlose Liebe. So fügt auch der Kräftige
Gefährtenschaften fest zusammen,
daß ihre Freundschaft sie fort und fort
95. und unwandelbare Treue immer halten,
der Gesellschaft Eintracht. O du des Siegruhms Gott!
wie wäre doch so sehr glückselig dies Geschlecht der Menschen,
wenn vermöchte ihr Gemüt zu werden
standfest geregelt durch die starke Macht
100. und so zur Ordnung gebracht, wie es die andern sind,
die Weltgeschöpfe! dann wäre Freude
auf Erden bei den Menschen, wenn es also könnte sein!

XII.

Wer einen fruchtbaren Acker will vor sich bringen,
der ziehe zuerst aus dem Acker vor allen Dingen
das Buschwerk und das Farnkraut und die Brombeerstauden,
all das Unkraut, das überall will schaden
5. dem reinen Weizen, daß er beraubt der Keime
liege an dem Lande! — Es ist der Leute jedem
auch dieses andere Gleichnis ebenso dienlich
das ist, daß dünken allen Leuten
die Honigwaben halbmal süßer,
10. wenn sie kurz zuvor gekostet haben
etwas Bitteres vor dem Honig. In seiner Brust ist auch
weit mehr erfreut der Menschen jeder
über klares Wetter, wenn kurz zuvor
die Stürme tobten und der starke Wind
15. von Norden oder Osten. Niemandem däuchte
der Tag so angenehm, wenn nicht die düstere Nacht
zuvor über den Menschen Furchtgraus brächte.
So dünkt Allen und Jedem der Erdbewohner

die wahre Seligkeit stets um so wonnesamer
20. und um so beßer, je mehr sie bittere Qualen
und harte Kränkungen hier ertragen.
Auch magst du um so leichter in deines Gemütes Sinn
die wahre Seligkeit weit sicherer erkennen
und dereinst dann auch eingehn in ihre Heimat,
25. wenn du zuerst vor Allem herausziehest
und entwurzelst völlig aus deines Bewußtseins Verschluß
die lügenhafte Seligkeit, gleichwie der Landmann auch
manch übeles Unkraut aus seinem Acker zieht:
ich sage dir, daß du dann sicher kannst
30. ohne Weiteres erkennen die wahre Seligkeit
und daß durchaus dann nichts dir angelegener denn sie
in deinem Geiste ist, wenn du sie ganz erkennst;

XIII.

Ich will mit Wortgesängen nun noch weiter künden,
wie der Allmachtvolle alle Creaturen
bändigt durch seine Zügel, biegt sie wohin er will
mit seiner Allgewalt und ihre Ordnung all
5. wunderbar und wol stets regelt.
So hat gebändigt des Himmels Walter
und von außen befangen alle Creaturen,
umstrickt mit seiner Kette, daß sie im Stand nicht sind
irgend jemals daraus zu schlüpfen,
10. und gleichwol strebt eifrig der Wesen jedes
in der ganzen Schöpfung mit großer Neigung
hin zu der Natur, die ihm der Herr der Engel
der Vater im Anbeginn fest bestimmte.
Dahin strebt nun so der Dinge jedes,
15. alle Creaturen, außer einigen Engeln
und dem Volk der Menschen, deren viel zu viele
ankämpfen wider die Natur, die Erdbewohner.
Wenn gleich im Lande eine Löwin in Sanftmut
ein wonnsames Wesen wol gezähmt
20. ihren Meister und Herren mächtig liebe
und auch ihn fürchte zu allen Stunden:
wenn es einmal sich ereignet, daß sie etwas Blut

bekommt zu koften, dann braucht keiner der Männer
zu erwarten das Ereignis, daß fie wol darnach
25. ihre Zahmheit halte, fondern ich zweifle∙ nicht,
daß fie mit Nichten gedenke der neuen Zähmung,
fondern der wilden Gewohnheit will gedenken,
die ihre Eltern hatten, und mit Ernft beginnt fie
ihre Feßeln zu zerreißen und furchtbar zu brüllen,
30. und zuerft beißt fie ihres eigenen Käfigs
ihres Haufes Hüter und hurtig dann
jeden der Leute, den fie erjagen kann:
fie will nicht laßen am Leben etwas,
nicht Vieh noch Menfchen, erfaßt was fie findet.
35. So thun die Waldvögel auch, obgleich fie wol feien
und herlich gezähmt: fobald fie in des Holzes Mitte
auf die Bäume kommen, dann find alsbald verachtet
ihre Lehrer und Pfleger, die fie lange vorher
erzogen und zähmten; auf den Zweigen weilen fie
40. in ihrer alten Art immerfort wild
mit Willen feitdem. Ob ihnen wollte gleich
ihrer Lehrer einer liftig bieten
eben diefelbe Speife, mit der er eh zuvor
fie zahm gemacht hat, dann dünken die Zweige ihnen
45. fo luftig doch, daß ihnen nichts liegt am Futter.
Es dünkt ihnen fo wonnfam, daß ihnen der Wald antwortet;
wenn fie fingen hören mit fchallender Stimme
die anderen Vögel, dann laßen die eigne Stimme
fie im Gefang ertönen und es erfchallt all zufammen
50. gar wonnfamer Gefang: der Wald gibt allen Antwort.
So ift es allen Bäumen, deren Art es ift,
daß in dem Holze fie gar hoch wachfen:
wenn du auch irgend einen Zweig zur Erde biegft,
fteht er fofort wieder aufrecht, fobald du fahren läßeft
55. das Aeftlein an feinen Willen; es kehrt zur alten Art.
So thut die Sonne auch, wenn fie zu finken anfängt
nach der Mitte des Tages: die Meeresleuchte
eilt zu dem Abgrund, einen unbekannten Weg
des Nachts unternehmend, und von Nordoften dann
60. erfcheint fie abermals den Menfchen, bringt den Erdbewohnern
den meerglänzenden Morgen und über das Menfchengefchlecht

steigt sie aufwärts immer, bis sie abermals dahin kommt,
wo ihr zu oberst ist der Aufenthalt bestimmt.
So wie jede einzelne Creatur mit aller Kraft
65. in dieser weiten Welt wächst und sich erhöhet,
so neigt sie sich abermals wieder mit aller Kraft
rasch zur alten Art, erreicht sie wenn sie kann.
Auf Erden ist nun keine einzige Creatur,
die den Wunsch hegte, daß sie wollte kommen
70. zu dem Orte wieder, von dem sie ausgegangen:
das ist die Ungetrübtheit und die ewige Ruhe,
das ist offenbar der allmachtvolle Gott.
Auf Erden ist nun keine einzige Creatur,
die sich nicht bewegte gleich dem Wagenrade
75. um sich selbst herum; denn so bewegt sie sich,
daß sie abermals dahin kommt, wo sie ehe war:
wenn zuerst sie nach außen ist gekehrt,
dann wird sie außen völlig wieder umgewendet:
sie soll abermals thun, das was sie ehe that,
80. und auch wieder sein, das was sie eher war.

XIV.

Was ist es dem wohlhabenden Weltgeizigen
im Gemüt dadurch gebeßert, wenn er in Menge auch besitzt
Gold und Gemmen und der Güter jedes,
des Eigentumes Unzahl, und man ihm ackern soll
5. an jedem einzelnen Tag der Aecker tausend,
wenn dieser Mittelkreiß auch und dieses Menschengeschlecht
unter der Sonne ist in Süd, Ost und West
seiner Obgewalt all unterworfen?
Er darf der herlichen Kleinode von hinnen führen
10. hinaus aus dieser Welt durchaus nicht mehr,
der Hortschätze, als er hierher gebracht hat.

XV.

Obgleich sich nun der übele unrechtweise
Nero der König neu bekleidete
mit wonnigen Gewändern gar wunderfam,

mit Gold sich schmückte und mit Gemmenarten,
5. so war er doch auf Erden all den Ratsherrn
in seinen Lebenstagen leid und unwert,
der frevelvolle. Der Feind zwar erhöhte
seine Günstlinge durch Gnadenbezeigung:
doch kann ich nicht denken, wie ihnen deshalb durfte
10. woler sein in ihrem Sinne! wenn sie eine Weile gleich
erkor ohne Anlagen der Könige thörigster,
waren sie doch durchaus nicht werter einem der Ratsherrn.
Wenn auch ein Unweiser sich aufwirft zum König,
wie mag das aussprechen der Einsichtsvolle,
15. daß er ihm dadurch beßer dünke oder sei?

XVI.

Wer Obgewalt will haben, soll zuerst erstreben,
daß er über sich selber in seinem Sinne habe
Obgewalt im Innern, damit er nicht irgend je
seinen Unsitten werde all unterworfen:
5. aus seinem Gemüte thue er die mancherlei vielen
ängstlichen Sorgen, die ihm unnütz sind,
laße eine Weile der Wehklage Seufzen
und das Elend schwächer (?) sein. Wenn ihm auch all wäre
dieser Mittelkreiß, soweit die Meeresströme
10. außen um ihn liegen, zum Eigentum gegeben
eben so weithin, wie im äußersten Westen
ein einsames Eiland liegt im Ocean draußen,
wo es niemals ist Nacht im Sommer
und ebenso wenig auch im Winter Tag
15. vertheilt nach den Zeiten, das Thule ist geheißen:
wenn gleich ein einziger des alles waltete,
dieses Eilandes und auch von da an
bis im äußersten Osten zu der Indier Lande,
wenn er das all auch dürfte zu eigen haben,
20. wie ist seine Obgewalt irgend dadurch größer,
wenn er nicht seitdem über sich selbst Gewalt hat,
über seine innersten Gedanken und ernstlich sich
nicht wol bewahrt in Worten und in Thaten
vor den Unsitten, von den wir eben reden?

XVII.

Damit die Erbenbürger alle hätten
die Grundbewohner gleichen Ursprung,
drum kamen sie alle einzig von nur zweien
von einem Mann und einem Weib in diesen Mittelkreiß
5. und kommen auch noch jetzt alle gleich
hierher in diese Welt, die Hohen wie die Niederen.
Das ist kein Wunder, denn wir wißen alle,
daß nur ein Gott ist aller Creaturen,
der Fürst des Menschengeschlechts, der Vater und Schöpfer,
10. welcher der Sonne ihr Licht beschert vom Himmel,
dem Mond und diesen hehren Sternen, der die Menschen
schuf auf Erden
und gesellte da die Seele zu dem Leibe,
der zuerst im Anbeginn schuf alle Menschen
von völlig gleichem Adel, die Völker unter den Wolken.
15. Warum wollt ihr euch nun irgend über andere Menschen
übermütig zeigen ohne allen Grund,
da keinen einzigen Unabligen ihr findet?
warum wollt ihr wegen des Adels euch nun auf erheben?
In dem Gemüte liegt der Menschen jedem
20. der rechte Adel, von dem ich rede hier,
und nicht im Fleische der Flurbewohner!
Aber jeder Mensch nun, welcher ganz und gar
seinen Unsitten ist all unterworfen,
der verläßt zuerst des Lebens Urzustand
25. und seinen eigenen Adel auch desgleichen
und auch den Vater, der ihn im Anfang schuf:
drum macht ihn unedel der allmachtvolle Gott,
sodaß er unedel wird für alle Zeiten
fortan in dieser Welt und auch nicht eingeht in die Glorie!

XVIII.

Ach! daß die feindselige frevelhafte
üble Lust der Unkeuschheit das thut,
daß fast ohne Ausnahme sie anreizet
das Gemüt eines jeden des Menschengeschlechts!
5. Fürwahr! die wilde Biene, obwohl sie der Weisel sei,

soll unvermeidlich all zu Grund gehn,
wenn sie ingrimmig irgend etwas sticht:
so soll seitdem auch verlieren die Seele jeder,
wenn sich verliegt die Leibeshülle

10. im Ehebruche, wenn ihm nicht eher kommt
im Herzen Reue, eh er von hinnen geht!

XIX.

Ach! drückend ist die Thorheit (das bedenkt wer da will)
und furchtbar jedem der Volkskinder,
welche allzumal irrt die armen Menschen
und sie vom rechten Wege rasch verleitet!

5. Wollet ihr denn etwa in dem Walde suchen
das Gold das rote an den grünen Bäumen?
Ich weiß ja doch, daß es der Weisen keiner
dort will suchen, weil es da nicht wächst,
noch auch in Weingärten wonnigliche Gemmen.

10. Warum breitet ihr nun nicht auf eines Berges Höhe
eure Fischernetze aus, wenn euch zu fangen lüstet
Karpfen oder Lachse? Mir dünkt es gar wahrscheinlich,
daß das alle wißen die Erdbewohner
die gedankensinnigen, daß sie da nicht sind.

15. Wollet ihr nun etwa Waidwerk mit den Hunden
auf der Salzsee treiben, wenn euch zu suchen lüstet
Hirsche oder Hinde? Du magst beherzigen,
daß ihr die wollet in dem Walde suchen
bei weitem öfter denn dort außen auf der See.

20. Das ist wunderlich: wir wißen Alle,
daß man suchen soll am Seegestade
und bei des Oceans Ufer edele Gemmen,
weiße und rote und jedwelcher Farbe.
Ja! sie wißen auch, wo sie die Waßerfische

25. suchen dürfen und solcherlei viel
der Weltgüter: wol thuen das
in der Jahre jedem die begehrenden Menschen.
Aber das ist das armseligste von allen Dingen,
daß in Thorheit sind die Thörigten

30. so gar blind geworden, daß sie in ihrer Brust nicht leicht

das einsehen mögen, wo die ewigen Güter
die wahren Seligkeiten sind verborgen:
drum lüstet sie auch niemals nachzuspüren
und die Seligkeit zu suchen. Es wähnen die Sinnbethörten,
35. daß sie in diesem flüchtigen Leben finden mögen
die wahre Seligkeit: das ist der waltende Gott selbst.
Ich vermag durchaus in meinem Sinne
auf keine Weise ganz so stark
zu tadeln ihre Thorheit, wie mich zu thun gelüstet,
40. noch vermag ichs all so deutlich auszusprechen:
denn sie sind ärmer, auch weit thörichter,
viel unglückseliger, als ich birs angeben kann!
Es ist ihr Wunsch nur, daß sie Wolstand und Güter
und Würden in der Welt gewinnen möchten:
45. wenn sie dann haben, was ihr Herz erstrebt,
dann wähnen sie, die so gar weisheitlosen,
daß sie die wahre Seligkeit gewonnen haben!

XX.

O du mein Obherr! du bist allmachtvoll,
mutiglich und groß, durch Majestät berühmt
und wunderbar der Weisen jedem!
Ja, du ewiger Gott aller Creaturen!
5. wunderbarlich hast du wol geschaffen
die unsichtbaren und auch regierst du
sanft desgleichen die sichtbaren
allglänzenden Geschöpfe mit einsichtsvoller
Macht und Weisheit. Diesen Mittelkreiß
10. hast du von Anbeginn zuerst bis an das Ende fort
vertheilt nach den Zeiten, wie am dienlichsten es war,
all der Ordnung nach, daß sie eins wie das andere thun,
daß sie hinweg fahren und auch wieder kommen:
die unstillen eigenen Geschöpfe
15. lenkest weislich du nach deinem Willen stets
und selber bleibst du sehr stille
immerfort und ewig unwandelbar!

11a) d. h. nach den 4 Jahreszeiten.

Es ist Keiner kraftvoller und auch Keiner hehrer
noch dir ebengleich durch all die Schöpfung.

20. Noch niemals war dir je ein Notbedürfnis
aller der Geschöpfe, die du geschaffen hast:
aus eignem Willen hast du es all geschaffen
und mit deiner eigenen Allmacht hast du
diese Welt geschaffen und der Wesen jedes,

25. obwohl dir niemals war ein Notbedürfnis
all der hehren Werke: das ist die hohe Natur
deines Gutes (das bedenkt wer da will);
denn durchaus ist es alles eins und dasselbe,
du und dein Gut: es ist dein eigen,

30. da es durchaus nicht von außen zu dir kam,
sondern ich weiß ganz gewis, daß deine Güte ist,
allmachtvoller Gott, all bei dir selber!
Ungleich ist es unserer Natur:
uns ist von außen kommen alles was wir haben

35. an Gütern auf den Gründen von Gott selber.
An keinem einzigen hast du Anstoß genommen;
denn der Dinge keins ist deines Gleichen
noch ist auch eins derselben allkräftiger.
Denn du hast alle Güter mit Eines Gedanken

40. mit dem deinigen gedacht und hast sie da bereitet.
Eher denn du selber war kein einziges Geschöpf
das etwas oder nichts irgendwo würkte,
sondern ohne Vorbild hast du, Fürst der Menschen,
du einer allmachtvoller Gott, all geschaffen

45. die Dinge durchaus gut, und du bist dir selber
das höchste aller Güter. Ja, du heiliger Vater!
nach deinem Willen hast du diese Welt geschaffen,
diesen Mittelkreiß durch deiner Macht Fülle,
o Weltvölkerherr, so wie du wolltest selber,

50. und du waltest über Alles mit deinem Willen stets!
Denn du, der wahre Gott, vertheilest selber
aller Güter jegliches; denn in vergangenen Zeiten
hast du zuerst geschaffen alle Creaturen
gar sehr gleich, doch gleichwol auch

55. ungleich in etwas: doch Alles nanntest du
mit einem Namen allzusammen

Welt unter den Wolken. Ja, du Wart der Glorie
du Vater theiltest dann in vier Namen
diesen einen Namen: deren ist Erbe der eine
60. und Waßer der andere von einem Welttheile.
Feuer ist der dritte und der vierte Luft,
und wieder ist das alles die Welt zusammen.
Es haben diese viere ihren Hauptsitz doch,
jedes einzelne von ihnen seine eigene Stätte,
65. obwohl jedes einzelne mit den andern ist
gemengt gar sehr und durch die Macht auch
des Vaters des allmächtigen fest gebunden
friedsam an einander in voller Eintracht
mit deinem Befehle, Vater voll Milde,
70. daß kein einziges von ihnen des andern Grenze
aus Furcht vor dem Schöpfer zu überschreiten wagte,
sondern zusammen sind die Diener gesellt in Eintracht,
des Königs Kempen, die Kühle mit der Hitze,
das Trockene mit dem Feuchten, und dennoch kämpfen sie.
75. Es bringen Gewächse hervor das Waßer und die Erde:
die sind ihrer Art nach kalt alle beide,
das Waßer feucht und kalt: die Fluren liegen ringsum,
die Erde allgrün, auch gleichwohl kalt.
Gemischt ist die Luft, weil sie inmitten liegt:
80. kein Wunder ists, daß sie ist warm und kalt,
die feuchte Wolkenmaße mit dem Wind gemengt;
denn in der Mitte ist sie meines Erfahrens
des Feuers und der Erde. Das wißen viele Menschen,
daß zu oberst ist von allen Creaturen
85. das Feuer über der Erde, die Flur zu unterst.
Das ist wunderbar, o Weltvölkerherr,
was du machtest nach deinem Plane,
daß du so unterschieblich den Geschöpfen hast
ihre Marken gesetzt und sie doch mengtest auch!
90. Ja! dem flutenden Waßer, dem feuchten kalten,
hast du zum Flur die Erde fest gesetzet,
da es unstille überall hin wollte
weit zerschreiten weich und flüßig:
nicht von selber könnte es (sicher weiß ich das)
95. irgend stehen, sondern die Erde hält es

und saugt es in sich auch zu einigem Theile,
so daß sie seitdem mag ob dieses Saugens werden
durch die Luft befeuchtet, davon das Laub und Gras
breit durch Brittenland blühn und grünen
100. zu Gunsten der Menschen. Die kalte Erde
bringt wunderbarer Gewächse viele,
da sie von dem Waßer wird befeuchtet:
wenn das nicht wäre, dann wäre sie
zu Staub vertrocknet und zerstreut alsdann
105. weithin von dem Winde, wie nun wird gar oft
die Asche über die Erde all zerblasen.
Nicht könnte irgend etwas auf der Erde leben
und ebenso wenig auch des Waßers genießen,
ihnen anwohnen mit irgend welcher Kraft
110. vor der alleinherrschenden Kälte, wenn du, der Engel König,
nicht mit dem Feuer etwas den Flutstrom und die Erde
mengtest zusammen und mäßigtest
die Kälte und die Hitze durch deiner Kräfte Macht,
daß nicht das Feuer mag den Flutstrom und die Erde
115. bleich verbrennen, obgleich zu beiden es
fest ist gefügt, des Vaters altes Werk.
Ein Wunder dünkt mir das nicht weniger,
daß diese Erde und des Oceans Strom,
die so kalte Creatur, durch keine Kraft
120. kann all verlöschen, was in ihr steckt
an Feuer gefügt durch des Fürsten Kraft:
das ist die eigne Kraft des Oceansstromes,
des Waßers und der Erde und in den Wolken auch
und eben desgleichen oben über dem Himmel.
125. Oben ist nach Recht der Ursitz des Feuers
sein Aufenthalt über allen anderen Geschöpfen,
die wir vor Augen sehen über all diesen weiten Grund.
Obgleich es ist in Alles eingemenget,
in die Weltgeschöpfe, hat es Gewalt doch nicht,
130. daß er könnte irgend welche durchaus verderben
ohne die Erlaubnis deßen, der uns dies Leben schuf:
das ist der Ewige und der Allmachtvolle.
Es ist die Erde schwerer denn die übrigen Geschöpfe,
dichter gedrungen: darum stund sie

135.   zu unterſt lange von allen Creaturen
außer dem Gewölbe des Himmels, das dieſe weite Schöpfung
außen umkreiſt an jedem einzelnen Tage
und doch der Erde gleichwol irgend nie entrinnt
und ihn nie an einer Stätte näher als an der andern
140.   darf ſeinen Gang vollführen: es umkreißt ſie außen
ſowol von oben als von unten ihr eben = nahe.
Der Geſchöpfe jedes, wovon wir ſprechen hier,
hat ſeinen eigenen Anfenthalt beſonders
und iſt doch mit den andern auch gemengt:
145.   kein einziges von ihnen kann ohne die andern ſein.
Obwol ſie unſichtlich bei einander wohnen,
wie nun Waßer und Erde wohnt im Feuer
unleicht zu zeigen der Unweiſen jedem,
ſo ſind ſie gleichwol ſichtlich dem Weiſen.
150.   Feſt iſt desgleichen Feuer in dem Waßer
und in den Steinen auch ſtill verborgen
unleicht zu ſchauen: doch iſt es brinnen.
Das Feuer hat gebunden der Vater der Engel
eben ſo gar feſt, daß es nicht eilen kann
155.   zu der alten Heimat, in der das andere Feuer
hoch über all dieſem heimfeſt wohnet:
dieſe vergängliche Schöpfung läßts von Kälte überwältigt
hinter ſich alsbald, wenn es zur Heimat wandert,
und es wünſcht ſich doch dahin der Weſen jedes,
160.   wo von ſeiner Maagſchaft iſt am meiſten beiſammen.
Gegründet haſt du, Glorienkönig der Völker,
wunderbar durch die gewaltige Macht
die Erde ſo feſt, daß ſie nach irgend einer Seite
nicht hin ſich neigt: weder hierhin noch dorthin
165.   kann ſie ſich ſtärker ſenken als ſie ſtets gethan.
Ja! obgleich durchaus nichts Irdiſches ſie hält,
ſo iſt es doch der Erde durchaus nicht leichter
aufwärts zu ſteigen oder hinab zu fallen,
als dies der Dotter kann, der brinnen ſtets iſt
170.   in des Eies Mitte, wenn außen um ihn
das Ei gleich ſinkt: ſo ſteht all dieſe Welt
ſtille an ihrer Stätte, und die Ströme draußen,
der Seefluten Getriebe, die Geſtirne und die Lüfte

und die Schaale die glänzende schreiten außen
175. an der Tage jedem: sie thaten lange so.
Ja! du der-Völker Gott hast dreifach in uns
gesetzt die Seele, die du seitdem auch
steuerst und regierest durch die starke Macht,
sobaß von ihr ganz und gar nicht ist im kleinen Finger
180. in dem einen mehr, als innewohnt von ihr
dem ganzen Körper. Ich sagte kurz zuvor
darum deutlich, daß ein dreifältiges
Geschöpf wäre die Seele eines Jeden,
weil alle Weltweisen einstimmig sagen,
185. daß die eine Natur von jeder einzelnen Seele
Jähzorn wäre und Begierde die andere;
es ist die dritte beßer denn diese beide,
die Bescheidenheit: das ist keine schandbare Kraft,
da außer dem Menschen sie kein einzig Thier hat;
190. die andern beiden hat eine Unzahl Wesen:
denn die Begierde hat ein jedes Vieh
und ebenso desgleichen auch den Jähzorn.
Drum haben die Menschen über den Mittelkreiß
die anderen Erdgeschöpfe alle übertroffen,
195. eben weil sie haben, was den andern fehlt,
die eine Kraft, die wir oben nannten.
Die Bescheidenheit soll in Jedem
beherrschen immer die heftige Begierde
und eben so desgleichen auch den Jähzorn:
200. mit Ueberlegung soll sie der Leute Gemüter
und mit Einsicht auch durchaus beherrschen;
sie ist die mächtigste Kraft der Menschenseele
und die allerbeste der Einzelkräfte.
Ja! die Seele hast du, Siegruhmswalter,
205. Adelkönig der Völker, also geschaffen,
daß sie sich umdrehte um sich selber
außen herum, gleichwie der umlaufschnelle
Himmel thut, der durch des Herren Allmacht
diesen Erdkreiß all an jedem einzelnen Tage
210. rasch umschreitet. So thut auch dem Rabe gleich

174a) der Himmel.

die Seele des Menschen: um sich selber dreht sie sich
nachdenkend oft bei Nacht und Tag
über diese irdischen Geschöpfe des ewigen Königs,
über sich selbst bisweilen denkt sie suchend nach
215. und auch denkt sie bisweilen über den ewigen Gott
ihren Schöpfer nach: schreitend fährt sie
sich ebengleich dem Rade umdrehend um sich selber.
Wenn über ihren Urheber sie mit Einsicht nachdenkt;
dann wird sie auferhoben über sich selber:
220. aber durchaus bleibt sie in sich selber,
wenn sie suchend über sich selber nachdenkt;
unter sich selbst ist sie gesunken sehr tief,
wenn sie anstaunt und liebt die unbeständigen
irdischen Dinge mehr als das ewige Heil.
225. Ja! du ewiger Gott hast Aufenthalt gegeben
den Seelen in den Himmeln und bescherest reichlich
glanzvolle Gaben, Gott voll Allmacht,
jeder einzelnen nach ihrem Verdienste!
Sie leuchten alle durch die lichte Nacht
230. heiter in den Himmeln, doch an Helle keineswegs
alle ebengleich, wie wir das oftmals sehen
in heiteren Nächten, daß die Himmelssterne
nie in ebengleicher Helle alle leuchten.
Ja, du ewiger Gott hast auch verbunden
235. hier auf Erden die himmelentstammte
Seele mit dem Leibe: seitdem wohnt
dies Irdische zusammen mit dem Ewigen,
die Seele mit dem Fleische. Ja, sie streben stets
von hinnen zu dir, da sie hierher von dir
240. ehbem kamen und sollen abermals zu dir:
liegen bleiben soll die Leibeshülle
dann in der Erde, da sie einst von ihr
erwuchs in der Welt; sie wohnten beisammen
eben so lange, wie sie Erlaubnis hatten
245. von dem Allmachtvollen, der sie ehedem zusammen
in der Welt gesellte. Das ist der wahre Gott,
der diese Erde schuf und sie da anfüllte
meines Erfahrens mit gar mannigfachen
Arten von Thieren, unser Heiland:

250. er säete dann auch mit der Samen manchem
Waldbäume und Kräuter in der Welt Gefilden.
Verleih nun, ewiger Gott, unseren Gemütern,
daß wir steigen dürfen, Schöpfer aller Wesen,
durch diese Angst und Mühe hinauf zu dir,
255. daß wir aus diesen Drangsalen zu dir gelangen,
Vater voll Milde, der Völker Walter,
und dann mit den offenen Augen dürfen
unseres Gemütes durch deiner Macht Fülle
den Urquell sehen aller Güter!
260. das bist du selbst, o Siegherr Gott!
Und unseres Gemütes Augen heile,
daß wir sie seitdem auf dich selber dürfen
fest heften, Vater der Engel!
Zertreib den Nebel, der so dick bisher
265. immer vor den Augen unseres Gemütes
schwebte lange schwer und düster!
Erleuchte nun die Augen unseres Gemütes
mit deinem Lichte, Lebenswalter!
Denn du, Vater voll Milde, bist der funkelnde Glanz
270. des sicherwahren Lichtes und du selbst bist auch
die feste Ruhstatt, Vater voll Allmacht,
den Frommen allen. Ja, du fügst das leicht,
daß sie dich selber sehen dürfen!
Du bist der Anfang und das Ende aller Dinge,
275. der Völker Walter! Ja, du Vater der Engel
trägst ohne Mühe alle Dinge
mit Leichtigkeit! Der Lebenden jedem
bist du der Weg selber und der Wegweiser auch
und bist die wonnigliche Stätte, zu der der Weg hinführt,
280. zu welcher alle Menschen immer streben
hinnen von der Erde zu der hehren Schöpfung!

XXI.

Wolan! es strebe aufwärts jeder
der Menschenkinder in dem Mittelkreiße
zu dem ewigen Gut, von dem wir eben reden,
und zu der Seligkeit, von der wir sagen hier!
5. Wer denn nun fest gefeßelt ist

mit dieses majeſtätiſchen Mittelkreißes
unnüter Liebe, der ſuche eiligſt wieder
die volle Freiheit, daß er vorwärts komme
zu der Seligkeit des Seelenheiles!

10. Denn das iſt die einzige Ruhſtatt von allen Mühen,
der hoffnungsvolle Hafen für die hohen Kiele
unſeres Gemütes, der meerſtille Wohnort:
das iſt der einzige Hafen, der da irgend jemals
nach den hochgehenden Wogen unſerer harten Kämpfe

15. durchaus iſt ruhig von allen Stürmen;
das iſt der einzige Troſt und auch die Friedſtatt
von allem dieſem Elend und Jammer
nach dieſen Weltmühſalen: das iſt eine wonnſame Stätte
nach dieſem Elende zu eigen zu beſiten!

20. Aber ſicher weiß ich, daß ein ſilberner Schatzſtein,
ein goldenes Kleinod oder eine kunſtvolle Gemme
und all der Erdenreichtum die Augen des Gemütes
nie erleuchtet und nimmer ihre Schärfe
irgendwie verbeßert zum Anſchauen

25. der wahren Seligkeit, ſondern weit mehr blenden ſie
der Menſchen jedem des Gemütes Augen
des Herzens in der Bruſt, als ſie die heller machen.
Denn die Dinge, die uns in dieſem Leben
der Gegenwart gefallen, ſind vergänglich alle

30. und die irdiſchen Dinge ſind immer fliehend:
aber das iſt wunderbarer Glanz und wonnſame Schönheit,
was das Ausſehn verklärt von allen Weſen
und auch darnach über ſie alle waltet.
Das will der Allwaltende nicht, daß untergehen

35. unſere Seelen ſollen, ſondern er ſelbſt will ſie
mit Lichtglanz erleuchten, des Lebens Walter.
Wenn dann der Helden einer mit den hellen Augen
ſeines Gemüts dereinſt vermag zu ſchauen
den hellen Glanz des Himmelslichtes,

40. dann wird er ſagen, daß der Sonne Licht
der funkelnde Glanz finſter ſei zu nennen
jeglichem der Menſchen gegen das große Licht
Gottes des allmächtigen, das der Geiſter jedem
ewig iſt ohne Ende, den auserwälten Seelen.

XXII.

Wer nun der Wahrheit will mit Sorgfalt
in seinen innersten Gedanken eifrig nachspüren
so tief und gründlich, daß sie zertreiben könne
der Menschen keiner und sie nicht möge trüben

5. irgend ein irdisches Ding, zuerst soll der
suchen in sich selber, was er suchte eine Weile
außen um sich eh zuvor:
er suche seitdem das in seinem Sinne innen
und aufgebe er, so oft er kann,

10. all die ängstlichen Sorgen, die ihm unnütz sind,
und sammele, so sehr er kann,
all auf das eine seine innersten Gedanken
und seinem Gemüte sage er, daß es vermag zu finden
all das in seinem Innern, was es nun oftmals sucht

15. außen um sich alle Wege,
der Güter jedes! Er erkennt darnach
als übel und als unnütz Alles, was er
in seinem Innern hatte ehdem lange,
ebenso deutlich, wie er anschauen kann

20. mit leiblichen Augen das Licht der Sonne,
und auch erkennt er seine innersten Gedanken
lichter und klarer als der Leuchtglanz ist
der Sonne in dem Sommer, wenn scheint am hellsten
das heitere Gestirn, des Himmels Gemme.

25. Denn die Laster und die Schwere der Leibeshülle
und ihre Unsitten können durchaus nicht
aus dem Gemüte ziehen der Menschen einem
die Einsicht der Wahrheit. Obgleich nun allen Menschen
die Laster und die Schwere der Leibeshülle

30. und ihre Unsitten oftmals plagen
des Herzens Sinn aufs heftigste und stärkste
mit der übelen Vergeßlichkeit und den unfrohen Sinn
mit dem Nebel der Verblendung umnachten außen
vor das Gemüt sich lagernd der Menschen jedem,

35. daß es so lichtvoll nicht kann leuchten und glänzen,
wie es wollte wol, wenn es Gewalt hätte,
so bleibt doch in der Seele ein Saamenkorn
der Wahrheitserkenntnis stets verwahrt zurück,

so lange gegattet wohnt der Geist in dem Leibe:
40. das Saamenkorn wird durch der Sehnsucht Trieb
stets angeregt und auch darnach
durchs Wort Gottes, wenn es wachsen soll.
Wie vermag irgend ein Mann Antwort zu finden
auf irgend etwas mit Einsicht wol,
45. obgleich ihn fragt darnach vom Volke jemand
einsichtsvoll, wenn er durchaus nicht hat
in seines Geistes Sinne einen großen oder kleinen Theil
von Erkenntnis der Wahrheit noch von Klugheit auch?
Doch ist keiner der Menschen, dem so ganz und gar
50. versagt wäre des Sinnes Klugheit,
daß er durchaus keine Antwort könnte
finden in seinem Sinne, wenn er gefragt wird!
Drum ists ein wahrer Ausspruch, den der Weltweise that
der alte vor Zeiten, unter Plato,
55. sprach daß der Erdbewohner jeder, der uneingedenk
der Wahrheitserkenntnis sei, sich wieder hurtig
zu seinem Inneren um sollte wenden,
zu seines Geistes Gedächtnis: er kann alsdann
in seinem Gewahrsam der Geheimnisse die Wahrheitserkenntnis
60. finden in seinem Sinne fest verhüllt
zu allen Stunden durch die Unruhe
seines Gemütes am meisten und stärksten
und auch durch die Schwere seines eigenen Leibes
und durch die Mühsale die den Menschen aufregen
65. innen in der Brust zu allen Zeiten.

XXIII.

Auf Erden wäre das in allen Dingen
ein glückseliger Mann, wenn er sehen könnte
den hellsten und lautersten himmelsklaren Strom,
den edelen Urquell alles Guten,
5. und von sich selber auch den schwarzen Nebel
der Finsternis des Gemüts entfernen könnte!
Wir wollen gleichwohl noch mit Gottes Beistand

deine Innengedanken durch alte und frevelhafte
Beispiele beßern, daß du um so beßer mögest
10. erreichen zu dem Himmel die rechten Steige
zu dem ewigen Aufenthalte unsrer Seelen.

XXIV.

Flügel hab ich flüchtiger denn sie ein Vogel hat,
mit denen ich kann fliegen fern von der Erde
über dieses Himmels hohe Wölbung.
Wenn ich vermöchte das Gemüt dir nun
5. zu beflügeln deinen Sinnverschluß mit meinen Fittichen,
bis daß du möchtest diesen Mittelkreiß
und alles Irdische durchaus verachten
und aufwärts über den Aether ungehindert
fernhin möchtest fliegen mit den Fittichen,
10. dich über die Wolken schwingen und dann weithin schauen
von oben über Alles und möchtest auch alsdann
fahren über das Feuer, das da viele Jahre
zwischen Luft und Aether lange schwebte,
wie es der Vater ihm von Anfang vorgezeichnet,
15. dann könntest seitdem mit der Sonne du
dort oben fahren zwischen den anderen Gestirnen,
könntest hurtig und behend am Himmel oben
seitdem dann sein und da gesellt begleiten
auch den einen allkalten Stern,
20. der da zu oberst ist von allen den Gestirnen,
welchen Saturnus die Seeanwohner
unter dem Aether heißen: er ist das kalte
all=eisige Gestirn, das da zu oberst wandert
oben über allen anderen Gestirnen.
25. Nachdem du alsdann den hast oben
fort überfahren, dann kannst du fürder eilen:
dann bist du über dem Himmel alsbald hoch oben,
über dem umlaufschnellen. Wenn du dann gradaus fliegst

XXIII, 8ff) dies bezieht sich nicht auf Metrum XXIV, sondern auf den Rest von
Metrum XXIII, der entweder vom angelsächsischen Dichter übergangen oder
in der Handschrift ausgefallen ist.

und dir den höchsten Himmel dann dahinten läßest,

30. dann wirst du seitdem von dem wahren Lichte
dort deinen Antheil können haben, von wo der eine König
herschet weithin über den Himmeln oben
und unter ihnen ebenso aller Creaturen,
die in der Welt sind, waltet: er ist der weise König;

35. er ists der da waltet durch die Weltvölker hin
all der anderen Erdenkönige,
der mit seinen Zügeln umzäumt rings hält
den Umkreiß all der Erde und des Himmels,
der sein Gewaltleber wol regieret,

40. der da steuert immer durch die starke Macht
dem hurtigen Wagen des Himmels und der Erde:
der eine Richter ist unerschütterlich,
unwandelbar, wonniglich und hehr.
Wenn du graden Weges kommst geflogen

45. aufwärts zu der Heimat (das ist eine edele Stätte,
obgleich du bisher sie hast vergeßen),
wenn du irgend jemals wieder da hinein gelangst,
dann wirst du sagen und ohne Säumen sprechen:
„Dies ist durchaus ja meine eigene Heimat,

50. „mein Vaterland, mein Erbsitz! ich war vormals von hier
„gekommen und geboren durch dieses Kräftigen Macht!
„Nicht will ich irgend je von hier hinaus wieder schauen,
„sondern ich will stets allhier still und ruhig
„mit des Vaters Willen fest verharren.“

55. Wenn dirs dann irgend abermals geschieht,
daß du willst oder darfst das weltliche Dunkel
versuchen von Neuem, dann kannst du sehen leicht
die unrechtweisen Erdenkönige
und die übermütigen andern Reichen,

60. die dieses arme Volk aufs ärgste plagen,
daß sie immer sind gar arm und dürftig
und unmächtig aller Dinge,
eben dieselben, die dieses arme Volk
manche Stunde jetzt am meisten fürchtet.

XXV.

Nun höre e i n e Rede von den übermütigen
unrechtweisen Erdenkönigen,
die hier in manchen und in mannigfaltigen
wonnigblinkenden Gewändern wunderbar glänzen.

5. Auf den Hochsitzen dem Hallenbache nahe
mit Gold geschmückt und auch mit Gemmenarten,
außen umstanden von ungezählter Menge
der Diener und der Helden, und die sind geschmückt
mit kampfstrahlender Kriegsrüstung,

10. mit Schwertern und mit Schildveßeln sehr geziert,
und die Kempen dienen mit großer Mannheit
einer dem andern und sie all zusammen
bedrängen dann von da aus mit der Mannheit
überall die umwohnenden anderen Völker,

15. und der Herr, der über das Heer gebietet,
verschont nicht Freund noch Feind, nicht Gut noch Leben,
sondern im Geiste wütig stürmt er Jeden an
dem wutkranken Hunde unter den Wesen am gleichsten:
er ist zu übermütig innen in seinem Gemüte

20. vor der Allgewalt, daß ihm alle und jede
seine Kampfruhmfreunde kräftig beistehn.
Wenn man ihm dann irgend ausziehn wollte
der Kleider jedes von dem Königsornate
und ihm dann auch entziehen alle die Bedienung

25. und die fürstliche Gewalt, die er zuvor besaß,
dann könntest du sehen, daß er sehr gleich ist
manchem der Männer, die jetzt in mächtigem Eifer
mit Dienstleistungen sich drängen um ihn außen:
ich schätze ihn nicht beßer, ist er nicht schlechter gar!

30. Wenn ihm dann irgend jemals unversehens
zufällig das geschähe, daß ihm entzogen würde
die Majestät und die Gewänder und der Mannendienst
und all die Obgewalt, von der wir eben reden,
wenn ihm von all diesen Dingen auch nur eins kommt abhanden,

35. dann weiß ich daß ihm dünkt, daß er geworfen sei
in eine Kerkergrube oder daß mit Ketten er
schmählich sei gefeßelt. Sagen kann ich,
daß von dem Uebermaaße all dieser Dinge,

13*

der Gewänder und der Speisen und des Weintrinkens,

40. und von den Leckereien am allermeisten
erwächst der Begierden der Sinnlichkeit großer Wahnsinn,
der gar sehr erregt des Sinnes Innengedanken
der Menschen jedem; am meisten kommen von da
die übelen Excesse und unnützen Zwiste.

45. Wenn sie erbost werden, dann wird in der Brust ihnen innen
bestürmt der Sinn im Busen von dem starken Schwall
der Hitzigkeit des Herzens und hurtig dann
mit Unfröhlichkeit auch umstrickt
und hart behaftet. Eine Hoffnung beginnt

50. dann auch noch ihn arg zu täuschen:
nach des Streites Rache strebt der Zorn
des Einen und des Andern; das alles heißt ihn
seine Rücksichtslosigkeit, die keines Rechtes achtet.
Ich sagte dir vorher in diesem selben Buche,

55. daß nach etwas Guten sich von allen Creaturen
ohne Unterschied jede immer sehnte
gemäß ihrer alten eigenen Natur:
aber die unrechtweisen Erdenkönige
können durchaus nimmer auch nur etwas Gutes

60. vor dem Uebel thun, von dem ich oben sagte.
Das ist kein Wunder: denn sie wollen ja
den Unsitten, die ich oben nannte,
allen ohne Unterschied sich immer unterwerfen.
Er soll sich dann notgezwungen niederbeugen

65. unter dieser Herscher Haftgewalt,
denen er sich vorher hatte völlig unterworfen.
Das ist noch schlimmer, daß er nicht streiten will
auch nur eine Stunde wider diese Obgewalt:
wofern zu kämpfen er beginnen wollte

70. und in dem Streite dann auch stets verharren,
dann wäre durchaus keine Schuld ihm anzurechnen,
auch wenn er überwunden werden sollte.

---

65) d. h. der Unsitten.

XXVI.

Auch kann ich leicht bir eine Lehre geben
durch der Vorzeit fabelhafte Märchen
eben dieser selben gleich, von der wir sagen hier.
Einstmals vor Zeiten ereignete sichs,
5. daß unter dem Kaiser über zwei Königreiche
Ulysses hatte die Leuteherrschaft:
er war der Fürst und Herr vom Volk der Tracier
und auch des Reiches von Retia Hirte;
seines fürstlichen Obherrn völkerkunder Name
10. war Agamemnon, welcher all beherschte
das Griechenreich. Kund war es weithin,
daß in damaliger Zeit der Trojerkrieg
vorfiel unter den Wolken: es fuhr der Griechen
kampfkühner Herr die Kampfstatt zu suchen;
15. auch führte dabei einhundert Schiffe
Ulysses über den Meerstrom. Er saß lange dort,
zehn volle Winter. Die Zeit kam da
daß sie erreicht hatten des Reiches Gewalt:
der König der Griechen erkaufte theuer
20. die Burg der Trojer mit braven Gefährten!
Als Ulysses drauf Erlaubnis hatte,
der Thracier König, daß er von bannen durfte,
da ließ er hinter sich der gehörnten Kiele
neun und neunzig; er nahm keinen
25. der Meereshengste mit mehr von bannen
auf den Brandungsstrom als einen vorbumrauschten
dreirudrigen Kiel: das war das größte
der Griechenschiffe. Da ward es kaltes Wetter,
starkes Sturmgetreibe: es stieß brandend
30. die braune Oceanswoge wider die andere, fern hinaus ver-
schlagend
in den Wendelsee der Waffenkämpfer Schaar
hinauf an das Eiland, dem inne wohnte
die Tochter des Apollo der Tagzahl Menge.
Dies war der Apollo aus edelem Geschlechte,

---

8) für Neritia d. h. Ithaka.
33) der Agf. Dichter nennt ihn Apollinus, Jobes (des Hiob) Sohn.

35. des Jupiter Sohn: der war vor Jahren König;
den Großen und den Kleinen gab er vor,
jedem der Männer, daß er Gott wäre,
der höchste und der heiligste. Der Herr führte so
das abergläubische Volk zur Irrlehre hin,

40. bis daß zuletzt ihm glaubte der Leute Unzahl:
denn er war mit Recht des Reiches Hirte
aus ihrem Königsgeschlecht und kund ist es weithin,
daß in der Vorzeit damals der Völker jedes
hielt seinen Herren für den höchsten Gott

45. und sie verehrten ihn, als sei er der Obherr der Glorie,
wenn er zu des Reiches Herschaft war zu Recht erhoben.
Auch war des Jupiter Vater Gott wie er:
Saturnus hießen den die Seeanwohner,
der Helden Kinder. Es hielten die Völker

50. einen nach dem andern für den ewigen Gott:
auch sollte sein des Apollo
edelgeborne Tochter des abergläubischen Volkes
der Männer Göttin. Sie konnte manchen Zauber
ausführen durch Frevel: dem Aberglauben folgte sie

55. am meisten unter den Menschen mancher Völker,
des Königs Tochter, die Kirke war
geheißen vor den Herren. Sie herschte dort
auf jenem Eiland, zu dem mit einem Kiele
über die See Ulysses gesegelt kam,

60. der König der Thracier: da ward kund alsbald
all der Menge, die mit ihr wohnte,
des Edelinges Ankunft. Mit ungemeßener
Zuneigung liebte sie der Schiffsmänner Herrn
und auch er liebte mit aller Kraft

65. sie in seinem Sinne sehr hinwieder,
daß er nach seiner Heimat durchaus im Herzen kannte
keine Gemütes Sehnsucht über die Maid die junge,
sondern er weilte seitdem bei dem Weibe dort,
bis daß dort mochte von den Männern keiner

70. von seinen Mannen mit ihm bleiben,
sondern sie gelüstete vor dem Leib nach der Heimat
und zu verlaßen dachten sie den lieben Herrn.
Da begannen ein Märchen zu dichten die Männervölker,

daß sie die Helden sollte durch ihre Hexenkünste
75. verwandelt haben und_in Wildes Leiber
gebannt hätte mit bösen Kräften   ⸱
des Fürsten Mannen und sie in Fesseln gelegt
und auch mit Ketten gebunden der Kempen manchen.
Es wurden zu Wölfen einige und konnten kein Wort hervor=
bringen,
80. sondern zu heulen begannen sie hin und wieder;
zu Ebern wurden andere, immer grunsend,
wenn etwas Schmerzliches sie beseufzen sollten;
die da Löwen waren, begannen leiberfüllt
ingrimmig zu brüllen, wenn sie irgend sollten
85. vor der Menge rufen. Die Mannen wurden
die alten und die jungen all verwandelt
in irgend ein Gethier, dem eh zuvor
in ihren Lebenstagen sie am gleichsten waren,
außer dem Fürsten, den bie die Frau liebte.
90. Kosten wollte keiner der andern
menschliche Speise, sondern mehr liebten sie
der Thiere Lebensart, wie ihnen nicht ziemend war.
Sie hatten nicht mehr den Menschen Gleiches,
den Erdbewohnern, als die Innengedanken:
95. sie alle hatten noch ihr eigenes Gemüt,
das doch mit Sorgen war gar sehr gebunden
vor dem Elende, das da auf ihm lastete.
Fürwahr! die thörichten Menschen, die diesen Zauberkünsten
lange glaubten, den lügenhaften Märchen,
100. wusten gleichwol, daß das Bewustsein nicht
das Gemüt kann verändern der Menschen einer
mit Zauberkünsten, obgleich sie bezwecken konnte,
daß die Leibeshüllen lange Zeit
verwandelt waren. Das ist die wunderbare
105. mächtige Kraft, die der Gemüter jedes
über den Körper hat, den vergänglichen und trägen!
An Solchem und an Solchem kannst du sicher merken,
daß die Kräfte und die Gaben des Körpers einzig
von dem Gemüte kommen der Menschen jedem
110. allen ohne Unterschied: du kannst auch leicht merken,
daß weit mehr schadet der Menschen jedem

die Unsitte des Gemütes als die Unfestigkeit
des Leibes des vergänglichen. Es braucht der Leute keiner
das zu denken, daß das träge Fleisch
115. der Menschen einem des Gemütes Sinn
ganz und gar zu sich könnte wenden,
sondern die Unsitten jedes einzelnen Gemütes
und die Innengedanken jedes einzelnen Menschen
sind es, die die Leibeshülle lenken wohin sie wollen.

XXVII.

Warum wollt ihr denn irgend mit unrechtem Haße
eure Gemüter trüben, wie die Meereswogen
in Aufruhr bringen die eiskalte See
und sie bewegen vor dem Winde? Warum wollt ihr das
5. verweißen eurem Schicksal, dessen es nicht Gewalt besitzt?
Warum könnt ihr nicht erwarten die wehvolle Bestimmung,
den grimmen Tod, den Gott euch schuf,
da er euch entgegen eilt an jedem Tage?
Könnt ihr nicht sehen, daß er stets nachspürt
10. allen und jedem der Erdgebornen,
den Thieren und Vögeln? auch ist der Tod desgleichen
hinter dem Menschenvolke her in diesem Mittelkreiße
auf der Jagd beständig als ein Jäger voller Schrecken:
er will keine einzige Spur irgend je verlaßen,
15. eh er das nimmt zu Handen, dem er nachspürte
begierig lange. Das ist ein kläglich Ding,
daß die Bewohner der Burgen ihn nicht erwarten können!
Ihn wollen eher schon die unseligen Menschen
im Voraus herbeiführen, wie der Vögel Geschlecht
20. oder die wilden Thiere, die wütend sich bekämpfen
und eines möchte das andere tödten.
Aber das ist unrecht allen Menschen,
daß ihre Brüder sie mit Bosheitgedanken
in Feindschaft haßen wie die Vögel oder Thiere;
25. aber das wäre am meisten recht, daß der Menschen jeder
gäbe den andern Vergeltung nach Recht
würdig ihrer Verdienste den Weltbewohnern
für der Dinge jedes: das ist, daß er liebe

all die Guten, so innig er vermag,
30. und sei den Uebelen milde, wie wir oben sagten!
Den Menschen soll er im Gemüte lieben
und seine Unsitten alle haßen,
und er suche die zu tilgen, so sehr er kann!

XXVIII.

Wer ist auf Erden von den Ungelehrten,
der nicht bewunderte der Wolken Flug,
die Schnelligkeit des Himmels, der Sterne Umlauf,
wie sie außen umkreißen an jedem einzelnen Tage
5. all diesen Mittelkreiß? Wer ist vom Menschenvolke,
der nicht bewundern sollte die wonnigen Gestirne,
wie einige von ihnen einen Umlauf haben
bei weitem kürzer und es wandern einige
außen um all dies länger? Eines der Gestirne
10. heißen des Wagens Deichsel die Weltmenschen:
das hat eine bei weitem kürzere Wanderbahn
und einen Umlauf kleiner als die anderen Gestirne,
da es um die Achse außen sich bewegt
und ihrem Nordende nahe sie umkreißt.
15. An eben derselben Achse dreht auch all sich um
rasch umschreitend der geräumige Himmel
schweift südwärts geneigt schnell und rastlos.
Wer ist in der Welt, der sich nicht wunderte,
außer allein die, die es eher wißen,
20. daß einigen der Sterne eigen ist am Himmel
ein größerer Umlauf, während eine kleinere Weile
andere wandern, die um das Achsenende kreißen,
oder daß die andern länger wandern, die um der Achse Mitte
sich emsig drehen? die Erdbewohner nennen
25. Saturnus von diesen einen: der hat in dreißigen
der Winterzählung diese Welt umlaufen.
Blinkend scheint Bootes auch,
ein anderes Gestirn, das auch wieder
wie jener ankommt nach der Jahre dreißig
30. an eben der Stätte, wo er ehmals war.
Wer ist von den Weltmenschen, der sich nicht wunderte,

wie einige der Sterne bis zum Ocean wandern
unter die Meeresströme, wie den Menschen dünkt?
So wähnen manche, daß auch die Sonne thue:

35. aber ebensowenig ist diese Annahme wahr;
sie ist am Abend weder noch in der ersten Frühe
dem Meeresstrome näher als zur Mitte des Tages,
und doch dünkt es den Menschen, daß ins Meer sie gehe
und schweife unter die See, wenn sie zu Sitze gleitet.

40. Wer ist in der Welt, der sich nicht wunderte
über den vollen Mond, wenn er vor den Völkern plötzlich
seines Lichtes unter Wolken verlustig wird
mit Finsterniß bedeckt? Wer von den Völkern möchte
nicht auch erstaunen über der Sterne jeden,

45. warum sie nicht leuchten bei lichtem Wetter
Angesichts der Sonne, wie sie doch immer thun
in Mitternächten vor des Mondes Lichte
bei heiterem Himmel? Fürwahr! es sind der Helden viele,
die über Solches und Solches sehr sich wundern

50. und sich nicht wundern, daß der Wesen jedes,
die Menschen wie die Thiere, mächtigen Streit
und unnützen Hader gegen einander haben
sehr beständig! Das ist ein seltsam Ding,
daß sie sich wundern nicht, wie's in den Wolken oft

55. gewaltig donnert und dann wiederum zu Zeiten
abläßt davon, und auch desgleichen,
wie alle Wege kämpft die Woge wider das Land,
der Wind wider die Woge: wer wundert sich dessen
oder eines andern wider, wie das Eis vermöge

60. zu werden von dem Waßer? wonnigglänzend scheint
die Sonne sommerheiß und ohne Säumen kehrt sich
das einzigschöne Eismeer zu seiner eigenen Natur,
wird zu Waßer. Ein großes Wunder dünkt das
der Menschen keinem, was er vermag zu sehen

65. an der Tage jedem: aber das thörichte Volk
bewundert sehr viel stärker, was er seltener erblickt,
obgleich es ein bei weitem kleineres Wunder dünke
jedem der Weisen in seines Geistes Sinne.
Es wähnen alle Wege die Wankelsinnigen,

70. daß das nicht irgend wäre eine alte Schöpfung,

was sie selten sehen; aber noch sehr viel mehr
wähnen die Weltmenschen, es werde durch Zufall
und sei ein neues Ereignis, wenn es nie erschien
ihrer einem eh zuvor: das ist ein ärmlich Ding!

75. Aber wenn ihrer einer irgend wird
so wißbegierig, daß er der Wißenschaften
beginnt zu lernen viel und ihm des Lebens Wart
aus seinem Geist entfernt die große Thorheit,
mit der derselbe lange umschleiert war,

80. dann weiß ich sicher, daß er sich wundert nicht
über manches Ding, das doch den Menschen jetzt
außerordentlich und wunderbar überall dünkt.

XXIX.

Wenn du wünschest des Weltenkönigs
hohe Gewalt mit hell = lauterem Gemüt
einzusehen völlig, dann betrachte mit aller Macht
des Himmels Gestirne, wie sie halten unter sich

5. immerwährende Eintracht: sie thaten also lange,
wie sie gewöhnte der Wart der Glorie
vormals bei der Schöpfung, daß die feurige Sonne
nicht suchen darf des Schneekalten Weg,
die Länder der Menschen. Fürwahr! der leuchtenden Gestirne

10. berührt kein einziges des andern Bahn irgend jemals,
bevor das andere davon ist abgegangen.
Es will der Stern auch steigen niemals
zu dem Westtheil der Wolken, welchen weise Männer
Ursa nennen: alle Sterne

15. sinken nach der Sonne zusammt dem Himmel
unter der Erde Grund und er allein bleibt stehen.
Das ist kein Wunder: er ist wunderbar fest
dem Obenende nahe der Achse des Himmels.
Dann ist auch ein Stern über die andern glänzend

20. und steigt von Osten aufwärts eher denn die Sonne,
den die Menschenkinder den Morgenstern
heißen unter den Himmeln, da er den Helden den Tag

14a) Polarstern.

über die Burgen melbet: es bringt barnach
die ätherſtrahlende Sonne Allen zugleich ben Tag.

25. Es iſt der Vorläufer funkelnb und lieblich;
er kommt von Oſten aufwärts eher denn die Sonne
und zu Sitze gleitet er nach ber Sonne wieder
weſtwärts unter die Welt: die Weltvölker ändern
ſeinen Namen alsbann, wenn die Nacht herankommt,
30. und Alle heißen ihn ben Abendſtern.

Der iſt ſchneller benn die Sonne: wenn ſie zu Sitze gleiten,
dann eilt er davon (das iſt ein ebeler Stern),
bis daß er bann im Oſten abermals erſcheint
vor Augen den Menſchen eher denn die Sonne.
35. Es haben durch des Ewigen Macht die ebelen Geſtirne
Tag und Nacht getheilt in Gleichheit,
die Sonne und ber Mond gar ſehr in Eintracht,
wie ihnen ber Vater beſtimmte zuvor im Anfang.

Du barfſt nicht glauben, baß es die glänzenden Geſtirne
40. ihres Dienſtes jemals verbrießen werbe
vor dem Tage bes Gerichts: es thut bann bamit
des Menſchengeſchlechtes Herr, wie ihm gemäß bünkt.
An die Hälfte dieſes Himmels läßt ſie
barum zu einer Zeit nicht ber allmachtvolle Gott,
45. baß ſie die andern nicht verderben, die ebelen Geſchöpfe,
ſondern all regiert ber ewigliche Gott
die ausgebehnte Schöpfung, ſie in Eintracht haltenb.

Es vertreibt bisweilen Trockenheit die Näße:
bisweilen menget ſich auch durch die Macht des Schöpfers
50. die Kälte mit ber Hitze; bisweilen kehret wieder
zum Obenhimmel zurück das allglänzenbe Feuer
und von ber Luft befeuchtet bleibt liegen hinter ihm
der Erbe ſchweres Theil, obgleich doch eh zuvor
in ihrem Innern es die Erbe die kalte
55. hielt und hütete durch des Heiligen Macht.

Es kommt alljährlich auf des Königes Gebot
ber Lenz ber liebliche den Leutekindern
und die Erbe bringt bann all die Sprößlinge. -
Es zeitiget und trocknet die Saaten und die Früchte
60. in der Jahre jebem über ben Grund ben weiten
ber heiße Sommer ben Helbenkinbern.

Der Herbst bringt zur Hand den Hierwohnenden
bie gereifte Ernbte. Regen befeuchtet
sowie ber Schnee unb Hagel seitbem bie Erbe

65. zur Winterzeit, Wetter unlieblich:
bie Erbe empfängt baburch alle Saaten
unb macht baß alljährlich sie grünen unb wachsen
unb in ber Lenzeszeit bas Laub hervorsproßt.
Aber ber milbe Schöpfer ist es, ber ben Menschenkinbern

70. auf Erben nähret alles was ba wächst,
bie Gewächse in ber Welt: wol bringt ers hervor,
wann er will, ber Walter ber Himmel,
unb zeigts vor Augen wieber ben Erbbewohnern
unb nimmt es hin wann er will, ber Heilanb ber Menschen

75. unb bas höchste Gut. Auf seinem Hochsitze
thront selbst ber König unb biese Schöpfung bie weite
bient ihm als Diener: von ba aus lenkt er
mit seinen Gewaltlebern bie Weltgeschöpfe.
Das ist kein Wunber: er ist ber Weltvölker Gott,

80. Obherr unb König von allem Lebenben,
ber Urquell unb ber Anfang aller Creaturen,
ber Würker unb ber Schöpfer bieser Weltbehausung,
Weisheit unb Gesetz ber Weltbewohner.
Von hinnen senbet ber Himmelskönig

85. aus in seinem Auftrag alle Creaturen
unb ruft sie wieber, baß zurück sie kommen.
Hätte er so stanbfest unb so stätig nicht gegrünbet
alle Creaturen, sie würben alle bann
übel werben aus einanber gesprengt:

90. jebes einzelne von ihnen würbe all zu Nichte
übel zerfahren alsbann werben,
obgleich boch eine Liebe alle Creaturen
bes Himmels unb ber Erbe haben gemeinsam,
baß sie freubig bienen einem solchen Völkerherrn

95. unb sich bes freuen, baß ihrer ber Vater waltet.
Das ist kein Wunber: benn ber Wesen keines
könnte irgenb jemals anberswie bestehen,
wenn ihrem Urheber sie aus allen Kräften
holb nicht bienten, bem hehren König.

XXX.

Homerus war im Osten bei den Griechen
in dem Leutevolke sehr der Lieder kundig,
des Virgilius Freund und Lehrer,
dem gepriesenen Dichter der beste Meister.

5. Warlich! dieser Homerus hat häufig und oft
die Schönheit der Sonne sehr gepriesen,
ihres Adels Kräfte oft und häufig
in Liedern und in Reden den Leuten verkündet!
Sie kann gleichwol nicht bescheinen, obgleich sie glänzend ist
und hell,

10. überall genugsam alle Creaturen,
ja die Geschöpfe nicht einmal, die sie bescheinen kann,
vermag sie durchaus alle zu durchleuchten
innen und außen. Aber der Allmachtvolle
der Walter und der Würker der Weltgeschöpfe

15. durchschaut all und all sein eigen Werk
und sieht durchaus durch alle Creaturen:
das ist selbst die wahre Sonne zu Recht,
von dem wir sagen können Solches ohne Trug!

XXXI.

Ja! einsehn kannst du, wenn dichs zu beachten lüstet,
daß manche Wesen von mannigfacher Art
auf Erden wandeln, die gar ungleich sind:
an Farbe sind sie vielfach verschieden

5. und haben allerlei Arten von Gestalten
bekannt und unbekannt. Manche kriechen und schleichen,
während all ihr Leib die Erde berührt:
sie haben an Flügeln keine Hülfe noch können sie mit Füßen
gehen;
sie schleichen auf der Erde, wie ihnen beschieden war.

10. Einige betreten die Erde mit zwei Füßen,
mit vier Füßen andere, während fliegend manche
sich über die Wolken schwingen. Und doch ist der Wesen jedes
zur Erde geneigt, sich abwärts bückend
und nach der Welt schauend: es erwünschen sich von der Erde

15. Manche ihre Nothdurft, Manche Befriedigung der Gelüste.

Von allen Geschöpfen geht allein der Mensch
mit seinem Angesichte aufwärts in die Richte:
damit ist bezeichnet, daß er seine Treue soll
und seine Gemütsgedanken mehr auf als nieder
20. haben zu den Himmeln, damit nicht sein Herz dem Viehe gleich
niederwärts sich wende. Nicht ist das geziemend,
daß irgend eines Menschen Gemütes Sinn
abwärts sei gerichtet und aufwärts sein Gesicht!

XI.

Rätsel.

I.

Es ist meinen Leuten, als brächte ein Mann ihnen Gaben:
sie wollen ihn aufnehmen, wenn er zur Schaar kommt.
Ungleich ist es uns:
der Wolf ist auf einer Insel, ich auf einer andern:
5. fest ist das Eiland von einem Pfuhl umzogen,
Es sind todgrimme Männer dort auf der Insel:
sie wollen ihn aufnehmen, wenn er zur Schaar kommt.
Ungleich ist es uns:
durch meines Wolfes weitschweifende Erwartungen litt ich;
10. wenn trüb war das Wetter und ich traurig saß,
dann umschloß mich mit den Armen der Schlachtenmuntere:
es war mir Lust daran, doch auch leid war es mir.
Wolf mein Wolf! deine Erwartung hat
siech mich gemacht, dein seltenes Kommen,
15. und brachte mein Gemüt in Kummer, nicht durch Mangel an
Nahrung!
Hörst du den Eadwaker, unseren munteren Welf?
er trägt den Wolf zum Waldholz,

daß man zerſcheidet leicht, was nie beiſammen war,
vereinigt unſer Laut.

II.

Wer iſt von den Helden ſo klug, ſo hochweiſen Sinnes,
daß er berichten möge, wer mich zur Reiſe antreibt,
wenn ich mich ſtark erhebe und ſtürmiſch manchmal
toſe machtvoll, treibe lange
5. fahrend über die Fluren, brenne Volkes Säle
und entraffe die Häuſer? Rauch ſteigt grau
über den Dächern auf; Getöſe iſt auf Erden
und der Männer Sterben, wenn ich mächtig ſchüttele
die blütenreichen Haine, die Bäume fälle
10. mit Waßer überwölbt, durch gewaltige Mächte
auf Wanderers Pfade weithin geſendet,
und mir habe auf dem Rücken, was verhüllte einſt
der Flurbewohner Fleiſch und Geiſter
zuſammen an dem Sande. Sage, wer mich decke
15. oder wie mich die Leute heißen, der dieſe Laſt ich trage!

III.

Ich wandere oftmals, wie es wähnet Niemand,
unter den Aufruhr der Wogen zur Erde nieder,
zu des Oceans Grund: es iſt aufgeregt das Meer,
die Seeflut entfeßelt, Schaum in Wallung;
5. es toſet das Walfiſchmeer gewaltig grimmend;
Ströme peitſchen das Geſtade ſtündlich werfend
an die ſteilen Klippen mit Steinen und mit Sand,
mit Seetang und mit Wogen, wenn ich den Schooß der Erde,
bedeckt mit Waßers Maſſe wühle kämpfend,
10. den weiten Seegrund: ich kann des Wogenhelmes
mich nicht löſen, eh mich läßet, der mein Lenker iſt
an der Wege jeden. Sage, weiſer Mann,
wer aus der Brandung Buſen bringt mich aufwärts,
wenn die Ströme wieder ſtille werden
15. und fromm die Wogen, die mich vorher deckten!

Bisweilen feßelt fest mich mein Gebieter,
sendet alsbann nieder unter die Segensfluren
meinen breiten Busen, mich zum Bleiben zwingend,
stößt mich in die Finsternis, der starken einen,
5. bannt mich in die Enge, wo mir der Boden sitzt
die Erde auf dem Rücken. Keinen Ausweg hab ich
aus dem herben Schicksal, aber heftig rüttele
ich der Helden Heimsitz: die Hornsäle wanken,
der Männer Wohnstätte; die Mauern beben
10. die steilen über des Stalles Wächtern. Stille dünkt
die Luft über dem Lande und lautlos die See,
bis daß ich aus der Enge aufwärts bringe,
ganz wie mich führet, der mir Feßeln an
im Anbeginn der Schöpfung einstmals legte,
15. Bande und Klammern, daß ich mich nicht biegen kann
aus der Gewalt des Meisters, der mir die Wege zeichnet.
Bisweilen soll ich oben die Wogen rütteln,
die Ströme aufstören und ans Gestabe werfen
die feuersteingraue Flut: es ficht dann schäumend
20. die Woge wider den Wall; über die Waßertiefe
steigt dunkel eine Düne auf und düster folgt ihr
mit dem Ocean gemengt drauf eine andere nach,
daß sie begegnen dem Grenzlande nah
den hochragenden Höhen. Hall wird im Schiffe,
25. der Stromgäste Lärm; stille harren
die steilen Steingehänge des Stromgefechts,
des Holmflutkampfes, wenn der hohe Schwall
klopft an die Klippen: dem Kiele droht da
schlimmer Kampf, wenn ihn die Schaumflut trägt
30. den gästevollen in der grimmen Zeit,
daß er der Nichte beraubt solle werden,
der Lebenden verlustig und laufen schaumig
auf der Wogen Rücken. Es erweist sich da den Menschen
der Angstschrecken mancher, die ich soll bringen
35. streng am Sturmweg: wer stillet das?
Balb durchrase ich, was mir am Rücken fährt,
dunkele Waßergefäße, und zertreibe weithin
der Waßerströme Becher. Bisweilen laße ich

ſchliefen ſie zuſammen: das iſt der Schalle gröſter,

40. die über Burgen tönen, der Brausgetöne lauteſtes,
wenn ſcharf kommt ein Schauer (?) wider der andern,
Schneide wider Schneide, und die Geſchöpfe die dunkelen
fahrtbeeilt über den Völkern Feuer ſchwitzen,
blinkende Lohe, und Brausgetöne führen

45. düſter über den Schaaren mit der Gedonner gröſtem;
ſie fahren fechtend, laßen fallen nieder
ſchwarz rauſchenden Saft aus dem Buſen,
Waßer aus dem Bauche. Wallend kämpft
grauſige Heerſchaar; es ſteigt Grauenſchrecken

50. mächtige Gemütsbedrängung dem Menſchenvolke auf,
Bangen in den Burgen, wenn blinkend ſchießen
ſchreitende Scheine mit ſcharfen Waffen.
Es fürchtet der Thor ſich nicht vor den Todesſpeeren
und verſcheidet gleichwol, wenn der Schöpfer der wahre

55. gerade läßet durch den Regen nieder
aus dem Schalle oben die Geſchoße fliegen,
die fahrenden Pfeile: dem entfliehen wenige
derer die erreichen des Rinnengaſtes Waffen.
Ich ſtelle den Anfang an des Unheilkampfes,

60. wenn ich weithin walle mit Wolkenzuſammenſtoß
zu bringen donnernd mit der Gedröhne gröſtem
über der Borne Buſen: es berſtet krachend
die hohe Schicht die geſchaarte. Dann ſchreite ich wieder
unter der Lüfte Helm dem Lande näher

65. und hebe auf den Rücken, was ich haben ſoll,
durch die Macht gemahnet meines Gebieters.
So kämpfe ich bald als ein kraftvoller Diener
unten unter der Erde, bald ſoll ich des Oceans Wogen
die hohen unterneigen, bald über die Helmflut hin

70. ſtöre ich die Ströme auf, bald ſteige ich aufwärts
bewegend der Wolken Zug und weithin fahre ich
behend mit Hochkraft. Wie ich heiße, das ſage mir,
oder wer mich erreget, wenn ich nicht ruhen darf,
oder wer ſtätig mich ſtellt, wenn ich ſtille bin!

V.

Unverbroßenen Laufs muß ich dem Diener mein
gefeßelt mit Ringen folgsam gehorchen,
brechen mein Bett und brausend künden,
daß mir ein Halsband hat mein Herr gegeben.
5. Oft schickte sich an, mich Schlafmüden zu rufen,
ein Mann oder eine Maid: ich gebe den Mutgrausamen
winterkalt Antwort; ein warmes Glied
mag brechen manchmal den gebundenen Ring,
der dennoch meinem Diener zu Danke ist,
10. dem mäßigweisen Manne, mir desgleichen,
wofern er wiße etwas und durch die Worte mein
erbauende Botschaft entbieten möge.

VI.

Ich bin ein Einsiedel durch Eisen wund,
durchs Kampfschwert versehrt, der Kriegswerke satt,
der Schwerter müde. Schlacht seh ich oftmals,
hartes Gefecht, und hoffe den Trost nicht,
5. daß mir von der Arbeit des Kampfes Abhilfe komme,
bevor ich willig zu Grunde unter dem Volke gehe,
sondern es hauet mich der Hämmer Nachlaß
der hartschneidige herbscharfe, das Handgewerk der Schmiede,
mich beißend in den Burgen: böserer Begegnung
10. soll ich immer harren. Der Aerzte keinen
konnt ich finden jemals in des Volkes Wohnstatt,
der mit Kräutern mir die Wunden könnte heilen,
sondern beschieden werden mir der Schneiden Wunden
bei Tag und Nacht durch Todesschläge.

VII.

Es setzte mich der wahre Siegruhmswalter
Christ zum Kampfe: Creaturen, die da leben,
brenn ich oft in Unzahl, an die Erde gefestete,
bringe sie in Not durch meinen Angriff, obwol ich sie nie
berührte,
5. wenn mein Fürst und Herr mich fechten heißt.

Doch das Gemüt erfreu ich Manchem auch zu Zeiten
und tröste wol die bisweilen, gegen die ich wütete erst
von fern gar sehr: sie fühlen dies gleichwol
sowie das andere auch, wenn übers Oceansgewoge das tiefe
10. ich wiederum ihr Wolsein förbere.

VIII.

Mein Gewand ist schweigend, wenn ich weile in den Höfen
oder die Fluren trete oder die Flut bewege.
Doch es erheben mich bisweilen über der Helden Wohnsitz
meines Leibes Schmuck und diese Luft die hohe,
5. und weithin trägt mich dann der Wolken Stärke
dahin über die Völker. Mein hüllender Schmuck
tönt laut alsbann und lieblich klingt er,
singt hell und klar, wenn ich nicht heimisch bin
auf Flut und Flur als fahrender Gast.

IX.

Durch den Mund spreche ich mit mancherlei Stimmen,
singe kunstvoll, sattsam wechselnd
meine Hauptgesänge, töne hell und laut
und halte meine Weisen, nicht hehlend den Klang,
5. ein alter Abendsänger, bringe den Edelingen
Brustfreude in den Burgen, wenn ich mit biegsamer
Stimme also stürme: stille in den Häusern
sitzen sie und schweigen. Sage wie ich heiße,
der so scherzhaft ich der Schauenden Weisen
10. laut nachahme und den Leuten künde
Manches willkommene mit meinem Gesange!

X.

In diesen Tagen haben als Tobten mich verlaßen
die Mutter und der Vater: noch war mir da nicht
Leben in dem Innern. Da begann liebend eine Frau
mit ihren Gewändern mich wol zu becken,
5. behütete und schirmte mich, mit hüllenbem Schmuck

mich einhüllend mitleidsvoll gleichwie ihr eigenes Kind,
bis unter ihrem Schooße ich, wie mein Geſchick es war,
unter dem mir unverwandten ward ausgerüſtet mit Geiſt.
Mich fütterte drauf die Pflegemutter,
10. bis ich erwachſen war und weiter vermochte
zu wandern meine Wege. Sie hatte um ſo weniger darum
der trauten Söhne und Töchter, da ſie ſo gethan.

XI.

Mein Antlitz war in der Enge und ich unten von Waßer
von Flut unterfloßen, in die furchtbaren Ströme
gar ſehr verſnnken, und in der See erwuchs ich
von Wogen oben bedeckt, einem wandernden Holze
5. anhangend mit meinem eigenen Leibe,
hatte Friſche des Lebens, da ich aus der Umfaßung kam
der Schaumflut und des Baumes im ſchwarzen Kleide:
meines Gewandes Schmuck war weiß zum Theil,
ſobald mich lebend in die Luft erhub
10. der Wind mit der Woge und mich weithin führte
über die Seehundsbäder. Sage wie ich heiße!

XII.

Mir iſt graufarb mein Gewand und glänzend die Verzierung
an meiner Robe rot und funkelnd.
Ich bethöre die Thoren und toll errege ich
Unrathwege; Andere führe ich
5. zu nützlicherem Laufe. Nichts des weiß ich,
daß ſie ſo toll gemacht, des Thuns verirrt
und am Gemüt beſtohlen allen Menſchen preiſen
meine Weiſe die verkehrte: wehe ihnen des Treibens,
wenn ihnen der Hohe bringt der Horte theuerſten,
10. wofern ſie von dem Unrat nicht eher laßen!

XIII.

Ich fahre mit den Füßen, reiße Fluren auf,
grüne Felder, ſolange ich Geiſt trage.

Doch entflieht mein Leben, feft dann binde ich
schwarze Welsche, oft auch werthere Männer.

5. Ich gebe zu trinken theueren Helden
balo aus meinem Bufen, balo tritt eine Frau
mich vielftolz mit den Füßen, balo eine fernher gebrachte
schwarzlockige Welsche schüttelt und drückt mich
in dunkelen Nächten, eine tolle Dienftmagd,

10. durchweicht mich im Waßer, wärmt mich bisweilen
bei der Brandglut lieblich; in dem Bufen steckt mir
die Hand der Recken, fährt hin und her genugfam,
schweift durch mich schwarzen. Sage wie ich heiße,
der ich als Lebender das Land beraube

15. und nach dem Hinscheiden dann den Helden biene!

XIV.

Ich sah eine Grasflur treten: im Ganzen warens zehn,
sechs Gebrüder und ihre Schwestern mit;
sie hatten Fülle des Lebens: die Felle hiengen
sichtlich und ersehbar an Saales Mauer

5. von ihnen allzumal. Uebler war's drum keinem
noch verfehrter ihre Seite, obwol sie sollten also
ihrer Hülle beraubt, durch des Himmelsfürsten
Macht erwecket, mit dem Munde schleißen
fahle Blüten: das Fell ift erneuert

10. denen die den Schmuck zuvor den verschwundenen hinter sich
liegen ließen und giengen das Land zu treten.

XV.

Ich war ein streitbarer Kämpfer: nun deckt ein stolzer Held,
ein Jüngling mich mit Gold und Silber,
mit gekrümmtem Kreißdraht. Balo küssen mich die Männer
balo rufe ich zum Heerkampf mit hallender Stimme

5. die willigen Genoßen; bisweilen trägt ein Roß
mich über die Marken oder ein Meereshengst
führt mich über Fluten funkelnd von Schmuck.
Eine Jungfrau füllt, mit Gold geschmückt,
den Bufen mir bisweilen; balo soll des Bortenschmuckes beraubt

10. ich hart und hauptlos dahinliegen,
bald hänge ich wieder in herlichem Schmucke
wonnsam an der Wand, wo Wehrmänner trinken.
Als stattlichen Fahrtschmuck tragen Volkskämpfer
bisweilen mich zu Rosse: Wind soll ich dann schlingen

15. aus dem Busen eines Mannes buntverzieret;
bald lade ich stolze Recken mit meiner Stimme wieder
zum Weingelage. Bisweilen soll ich Gegnern
mit meiner Stimme Gestohlenes entreißen,
verjagen feindliche Räuber. Forsche, wie ich heiße!

XVI.

Mein Hals ist weiß, mein Haupt ist fahl
wie meine Seiten auch, und schnell bin ich zu Fuße.
Streitwaffen trage ich: mir stehen Haare
auf dem Rücken wie einer Sau; es ragen an den Wangen

5. zwei Ohren über den Augen. Ich trete auf mit Spitzen
in das grüne Gras. Es ist mir Gram beschert,
wenn mich unversehrten einer findet,
ein Kämpfer tobgrimmm, wo mit den Kindern ich
ein Haus bewohne und harre dorten

10. mit dem Jugendgeschlechte, wannehr der Gast komme
zu meiner Thür gegangen: ihnen ist der Tod bestimmt.
Meine Abkömmlinge soll ich aus dem Erbsitz drum
furchtgemut entführen und durch Flucht erretten,
sobald er hinter mir her kommt hart auf dem Fuße:

15. ihn trägt die Brust heran. Nicht mag ich bleibend in dem
 Raume
des Wütigen zu harren: das will nicht guter Rat;
sondern graben muß ich mit den Ganghänden
mir eine Straße rüstig durch den steilen Berg.
Leicht kann ich das Leben meiner Lieben retten,

20. wenn meine Maagschaft ich vermag zu führen
auf geheimen Wegen durch des Hügels Oeffnung,
die traute Sippschaft: vor des Todwelfes
Wutkampf brauch ich mich dann weiter nicht zu fürchten,
wenn der Angriffsräuber die engen Wege

25. auf meiner Gangspur aufsucht; es entgeht ihm nicht

die Kampfbegegnung auf dem Gegenpfade,
wenn ich entkomme durch der Kuppe Wölbung
und ich dann kräftig treffe mit Kampfeswaffen
den leidigen Verfolger, den ich lange floh.

XVII.

Oft soll ich wider die Woge kämpfen und gegen den Wind
　　　fechten,
zusammt wider das See=Ried, wenn ich zu suchen gehe
die flutbedeckte Erde: fremd ist mir die Heimat.
Ich bin stark zu diesem Streite, wenn ich stille werde;
5. misglückt mir dies, dann sind sie kräftiger denn ich
und schlagen mich sofort zerschellend in die Flucht,
wollen mir entführen, was ich befrieden soll.
Des widersteh ich ihnen, wenn mein Sterz mir aushält
und wider mich Starken die Steine mögen
10. fest aushalten. Forsche, wie ich heiße!

XVIII.

Meiner Heerde bin ich Hort und Schirmer,
fest durch umfaßende Reife, gefüllt im Innern
mit theueren Schätzen. In Tagesstunden speie ich
oft Geeresschrecken: um so größer ist
5. der Erfolg meiner Fülle. Der Fürst beachtet,
wie aus dem Schooße mir Geschoße fliegen.
Zu schlingen beginne ich schwarze manchmal
braune Kampfwaffen, bittere Spitzen,
grausige Giftspeere. Gut ist mein Eingeweid,
10. herlich der Hort meines Bauches, den hochgemuten theuer:
die Männer gedenken, was durch den Mund mir ausfährt.

XIX.

Ich bin ein wunderlich Wesen, kann nicht Worte sprechen,
melden vor den Männern, obwol einen Mund ich habe,
einen weiten Bauch . . . .
Ich war im Schiff und meines Geschlechts noch mehr
　　　*　　　　*　　　　*

XX.

Ich sah zusammen S. und O.
nebst dem sinnstolzen N., dem schönhäuptigen,
über Freudefluren flüchtig rennen.
Das hatte auf dem Rücken Heerkampfstärke,
5.   N. A. M., genagelten R. E. P. S.
Er eilte gewaltig O. L. E. H., weitwegig führend
rennstark im Ritte berühmten K.
L. A. F. Der Lauf war um so herlicher,
die Reise solcher. Rate, was ich meine!

XXI.

Ich bin ein wunderlich Wesen gewürkt zum Kampfe,
meinem Herren lieb, herlich gerüstet:
buntfarb ist meine Brünne und ein Band liegt rings
glänzend um die tödtliche Gemme, die mir gab der Walter,
5.   der mich weitstrebenden bisweilen lenkt
sich selbst zum Siege. Schatz trage ich
dann durch den hellen Tag, das Handgewerk der Schmiede,
Gold über die Höfe. Geisttragende tödt' ich oft
mit Kampfeswaffen. Ein König ziert mich
10.   mit Schatz und Silber und ehrt im Saale mich,
verweigert nicht Wort des Lobes: die Weise rühmt er
die meine vor der Menge, wo den Meth sie trinken,
hält in Gewahrsam mich und läßt dann wiederum
mich Wegemüden weithin schreiten,
15.   den Schlachtkühnen. Oft schadete ich einem Andern
furchtbar an seinem Freunde: feind bin ich weithin,
verwünscht den Waffen. Nicht wähnen darf ich,
daß ein Sohn mich räche an des Schlägers Leben,
wenn mich der Feinde einer fällt im Kampfe:
20.   vermehret wird die Maagschaft nicht
durch meine Abkömmlinge, welcher ich entstammte,
wenn ich nicht herrenlos dem Haltenden
mich entreißen darf, der mir die Ringe gab:
mir ist es fort und fort beschieden, wenn ich folge meinem Herrn

---

17) durch Waffen?

25. und schaffe Kampfwerk, wie ich schon zu Danke
    meinem Gebieter that, daß ich entbehren soll
    der Kindererwerbung; ich kann Gemeinschaft
    eines Weibs nicht pflegen, sondern es verwehrt mir noch
    das Freudespiel, der völlig an mich
30. Bande legte: brauchen soll ich
    als Hagestolz darum der Helden Schätze.
    Verwegen durch Bande erzürn ein Weib ich oftmals
    ihre Luft vermindernd; sie spricht mir Lästerworte,
    schlägt mich mit ihren Händen, schilt mich mit Worten
35. und ungut schreit sie: nicht achte ich des Kampfes.

*   *   *

XXII.

Es steht mein Angesicht nach unten, kopfunter fahre ich
und grabe an dem Grunde, gehe wie mich lenkt
des Holzes grauer Feind und der Herre mein
wandert gekrümmt als Wächter an dem Sterze,
5. strebt vorwärts auf dem Felde, bewegt mich fort und drängt
                                                         mich,
säet auf meine Spur. Ich selbst eile fürder
gebracht aus dem Haine, gebunden kunstvoll,
gewiegt auf einem Wagen, habe der Wunder viele:
auf meinem Gange ist mir's grün zur Seite
10. und schwarz auf der andern ist sichtbar meine Spur.
Durch den Hochrück getrieben hängt mir unter
ein kunstvoller Speer, während am Kopf ein anderer
fest nach vorn gehend fällt zur Seite,
sodaß ich zerre mit den Zähnen, wenn geziemend mir
15. von hinten dienet, der mein Herre ist.

XXIII.

Zusammen kamen sechzig Männer
auf Rossen reitend zu dem Rand der Wogen;
es ritten elfe von dem Reitergeschwader
auf schönen (?) Hengsten, auf Schimmeln viere.
5. Nicht vermochten diese Männer über das Meer zu kommen,

wie fie da trachteten: zu tief war die Flut,
furchtbar der Aufruhr der Wogen und die Ufer hoch,
streng die Ströme. Zu steigen begannen
die Recken auf einem Wagen, ihre Rosse zugleich
10. unter die Runge ladend. Die Rosse entführte
sammt den Edelingen den eschenstolzen
über des Waßers Wohnung der Wagen zu dem Lande,
obgleich kein Ochs ihn zog noch auch der Esel Kraft
noch auch ein feißter Hengst; nicht auf den Fluten schwamm er
15. noch gieng er unter den Gästen auf dem Grunde drunten,
trübte die Fluten nicht noch flog er in den Lüften
noch gieng er rückwärts, und gleichwol brachte er
die Recken über den Born und ihre Rosse mit
vom steilen Gestade, daß ersteigen das andere
20. die Kempen konnten, die kraftberühmten,
die Helden und die Rosse heil von der Woge.

XXIV.

N. E. G. O. B. ist mein Name, nur gewendet:
ich bin ein kunstvoll Wesen zum Kampf geschaffen.
Wenn ich mich biege und mir aus dem Busen fährt
eine giftige Schlange, dann bin ich gar eifrig
5. zu treiben von mir fern das todbringende Uebel.
Wenn mir der Waltende, der mir die Wehqual schuf,
losläßt die Glieder, dann bin ich länger denn zuvor
bis daß ich ausspeie mit Unheil gemischt
das allverderbliche Gift, das ich einnahm vorher.
10. Nicht vergehet das der Gaumänner einem
irgend leicht, worüber ich da spreche,
sobald ihn das berührt, was aus dem Bauch mir fliegt,
sobaß der Kempe den Todestrank mit seiner Kraft bezahlt
den Füllbecher fest mit seinem Leben.
15. Nicht will ich ungebunden einem je gehorchen,
nur sorgsam gefeilt. Sage wie ich heiße!

XXIV, 11) was ich da aussprühe?

XXV.

Ich bin ein wunderlich Wesen, wechsle meine Stimme:
bald belle ich wie ein Hund, bald blärre ich wie eine Geiß,
bald schnattere ich wie Gänse, bald gelle ich wie ein Habicht'
bald ahme ich nach den Adler den grauen,
5. des Kampfvogels Stimme, bald den Klang des Weihen
meldend mit dem Munde, bald der Möve Sang,
wo ich munter sitze. Mich nennen die Männer **G.**
wie auch **A.** und **R., O.** gibt Beistand
nebst **H.** und **J.** Nun geheißen bin ich,
10. wie diese sechs Buchstaben sichtlich es bezeichnen.

XXVI.

Ich bin ein wunderliches Wesen, den Weibern zur Freude,
den Nachbarn zu Nutz: Niemandem schade ich
der Burgbewohner, dem Blutmörder nur.
Steil ist meine Stütze, hoch stehe ich im Bett
5. unten rauh, ich weiß nicht wo. Es waget manchmal
eine gar gar liebliche Landmannstochter,
ein mutstolzes Mädchen, daß an mich sie greift,
erhebt mich zur Rüttelung (?), das Haupt mir raufend,
fügt mich in eine Veste. Es fühlt alsbald
10. meine Begegnung, die mich einmengt,
die Frau geflochtenen Haares: feucht ist das Auge.

XXVII.

Das Leben raubte mir der Leidigen einer,
nahm mir des Daseins Kraft, netzte mich alsdann,
tauchte mich in Wasser, that mich darauf von bannen,
setzte mich an die Sonne, wo ich gar sehr verlor
5. die Haare, die ich hatte. Hart schnitt mich dann
die Schärfe des Messers geschliffen mit Kieseln
Es falteten mich Finger nud des Vogels Wonne

XXV, 10) higora Spaßmacher, Hanswurst? vgl. gl. Epinal. 159: „higræ
berna" (b. i. verna, da diese Glossen öfters b für v setzen); vgl. Schidf. b.
M. b. 77—79.

übersprengte mich mit Tropfen, spurte reichlich
über braunschwarzen Rand, schlang Baumfarbe ein,
10. ein wenig des Stromes, gieng wieder auf mich
schritt schwarzspurig einher. Mich schirmte drauf
mit Hüllbrettern ein Held, mit Haut mich umspannend,
mit Gold mich zierend: drum ergötzte mich
kunstvolles Schmiedwerk mit Kreißdraht umfangen.
15. Nun sind die Geheimnisse und die hellrothe Farbe
und die Wohnungen der Glorie weithin bekannt,
der Volksschaaren Helm, und keine Frevelstrafen,
wenn mich die Gebornen der Männer brauchen wollen:
dann sind sie weit gesunder und weit siegesfester,
20. weit festeren Herzens und freudigeren Sinnes,
erfahrener im Geiste, haben der Freunde um so mehr,
• verwandte und traute, wahre und gute,
treffliche und treue, die ihr Theil und ihren Ruhm
wolwollend mehren und mit Worten voll Ehre
25. sie liebevoll belegen und mit Liebesarmen
fest sie umfangen. Forsche, wie ich heiße
zu Nutz den Menschen! meine Name ist berühmt,
heilsam den Helden und heilig selbst.

XXVIII.

Ich bin wert den Männern, weit gefunden,
gebracht von Hainen und von Burggehängen
von Thälern und von Bergen. Bei Tage trugen
mich Federn in den Lüften und führten mich sanft
5. dahin unter des Himmels Wölbung. Helden drauf
badeten mich in einer Bütte. Ein Binder bin ich nun,
ein Schläger auch und schnell ein Werfer.
Oft strecke ich zur Erde einen alten Mann;
es empfindet das sofort, wer mich empfängt entgegen
10. und wider mein Rauschen das mächtige ankämpft,
daß er mit dem Rücken soll den Rasen suchen,
wenn von dem Unrat er nicht eher abläßt,
bestohlen der Stärke, stark an Worten,

XXVIII, 9) wer mir faßt entgegen? — 10) schimpft?

der Macht benommen, ist seines Mutes nicht Herr,
15. der Füße noch der Hände. Forsche, wie ich heiße,
der ich an die Erde also Unfreie binde
Thörigte nach Schlägen bei des Tages Lichte!

XXIX.

Trefflich ist geschmückt ein Theil der Erde
mit dem härtesten und mit dem schärfsten
und mit dem grimmsten Gute der Menschen,
gekerbt, gerieben, gekehrt, gedörrt,
5. gebunden, gewunden, gebleicht, geweicht,
geschmückt, geziert, geschleppt aus der Ferne
zu den Pforten der Menschen: Freude ist drinnen
lebender Wesen. Es verlängert den Jubel
derer die lebend vorher lange Zeit
10. der Wunschgüter genießen, und nicht dawider sprichts;
und es beginnt darauf zu künden nach dem Tode
zu melden mancherlei. Mühsam ists zu raten
einem weisen Manne, was dies Wesen sei.

XXX.

Ein Wesen sah ich wunderbar
Heeresbeute zwischen den Hörnern führen,
ein lichtes Luftgefäß lieblich bereitet
von der Heeresfahrt heim als Beute;
5. in der Burg wollte es sich einen Bau errichten,
kunstvoll ihn zimmern, wenn es könnte also.
Da kam ein wunderbares Wesen über des Walles Gipfel,
das ist allen kund den Erdbewohnern,
entriß die Heerbeute ihm und heimwärts triebs
10. den Wandrer wider Willen, und westwärts kehrte es
mit Fehde seine Fahrt und fürder eilte es:
Staub stieg zum Himmel, Thau fiel zur Erde,
die Nacht kam heran und Niemand der Männer
kannte weiter dann des Wesens Reise.

XXXI.

Ich bin mit meinem Leib geschäftig, mit dem Luftstrom
spiele ich
bewunden mit Ruhm, durchs Wetter gesammelt
fahrtbeeilt zum Fortweg, vom Feuer beunruhigt,
blühender Hain und brennende Glut.
5. Sehr oft senden mich Gesellen durch die Hände,
daß mich Wehrmänner küssen und Weiber stattlich.
Wenn ich mich enthebe, neigen sich hin zu mir
Manche mit Milde, daß ich den Menschen soll
reichlich mehren des Reichtums Aufkunft.

XXXII.

Dieser Mittelkreiß ist auf mannigfache
Weisen verherlicht, mit Wunderzier geschmückt.
In dem Saale sah ich singen ein seltsam Ding:
nie ward gesehen ein Wesen in Gesellschaft der Männer,
5. das ein wunderlicheres Wachstum hatte!
Abwärts war sein Antlitz gerichtet,
Füße und Hände dem Vogel gleich:
doch nicht zu fliegen vermags noch viel zu gehen
und gleichwol beginnt es gangeifrig zu schaffen
10. in Kunst auserkoren, kehrt genugsam
oft und häufig ein in der Versammlung,
sitzt beim Zechgelage die Zeit erwartend,
wannehr es seine Kunstbegabung kund thun möge
den Helden in dem Hause. Es erhält nichts dessen,
15. was sich zur Wonne Wehrmänner haben,
beliebt und lobbegierig. Es steht lautlos da:
doch liegt ihm in dem Fuße liebliche Stimme,
wonnigliche Sangesgabe. Wunderbar dünkts mir,
wie das Wesen kann mit Worten spielen
20. durch den Fuß von unten sein verzieret!
am Halse hats, wenn es den Hort bewahrt,
barleibig im Ringen stolz die Brüder sein

XXXI, 7) erhebe?
XXXII, 22) den Bruder sein?

als Maagfreund mit Kraft. Mühsam ist's zu raten
weisen Sängern, was dieses Wesen sei!   ·

XXXIII.

Dieser Mittelkreiß ist auf mannigfache
Weisen verschönert, mit Wunderzier geschmückt.
Seltsam im Beginnen sah ich schweifen ein Kunstwerk,
knirschen wider den Kies und klingend fahren:
5. nicht besaß das seltsame Ding Gesicht noch Hände,
nicht Achseln noch Arme; es soll auf einem Fuße
das Kunstwerk schweifen, kräftig wandern,
fahren über Felder, hatte viele Rippen:
ein Mund war in der Mitte. Dem Mannvolk
10. bringt es der Volkschaft Fülle der Nahrung,
trägt Speise in sich und spendet den Männern
die Gaben alljährlich, welche Gaumänner brauchen
reiche und niedere. Rate, wenn du kannst,
weise der Worte kundig, was dies Wesen sei!

XXXIV.

Es kam ein wundersames Wesen über Wogen gefahren,
lieblich von dem Kiel zum Lande rufend,
laut erklingend: Lachen war grauenvoll
schrecklich an dem Orte, scharf waren die Schneiden.
5. Grimm war sein Haß zum Kampf geneigt (?)
in Schlachtwerken bitter; Schildmauern grub es
hart und verheerend, band Haßgeheimnis,
sagte kunstfertig von seiner selbststeigenen Natur:
„Es ist meine Mutter aus der Maidgeschlechter
10. ″aller theuersten, daß meine Tochter ist
″stark aufgewachsen, wie das den Sterblichen kund ist,
″den Edelingen in dem Volk, daß sie auf Erden soll
″in aller Lande jedem in Liebe stehen.″

XXXIV, 7) Haß=Runen? — 10) das ist meine Tochter?

XXXV.

Ein Wesen sah ich in der Wehrmänner Burgen:
das füttert das Vieh, hat viele Zähne;
nach unten steht sein Antlitz ihm zu Nutze.
Holdlich plündert es und heimwärts ziehts,
5. treibt Waidwerk auf den Wällen und Gewächse sucht es:
stets findets die, die nicht befestigt sind,
läßt nur die wonniglichen wurzelfesten
stille stehen auf der Stätte des Gefildes
und läßt sie blinkend glänzen, blühen und grünen.

XXXVI.

Mich hat die Wiese die feuchte wunderbar frostig
aus ihrem Innern zuerst geboren.
Nicht weiß ich mich gewürkt aus Wollenfliese
aus Haaren durch Hochkunst in meines Herzens Sinnen.
5. Ich habe nicht gewundenen Einschlag noch Weberzettel
noch erschallen mir die Fäden durch der Schläge (?) Wüten
noch durchschreitet schnurrend das Schifflein mich
noch soll mich irgend der Schaft bedrängen.
Mich webten Schlangen nicht durch Schicksalskräfte,
10. die das Gottgewebe herlich das gelbe schmücken.
Man will mich gleichwol weithin über die Erde
heißen vor den Leuten ein hocherfreuliches Gewand.
Sage sinnigklug mit sicherer Rede
weise mit Worten, was dies Gewand wol sei!

XXXVII.

Ich sah ein Wesen des Weges ziehen,
das war gar seltsam und wunderbar gethan:
es hatte der Füße vier unter dem Bauche
und . . . .
5. . . . . Rosse
. . . . oben auf dem Rücken;
es hatte zwei Flügel und zwölf Augen
und sechs Häupter. Sage, was es wäre!
Es fuhr Flutwege: nicht wars ein Vogel allein,

15

10. sondern da war Aehnlichkeit mit allen zumal,
mit Pferd und Mann, mit Vogel und Hund,
und auch des Weibes Ausfehn. Du weißt, wenn du kannst,
zu sagen uns, daß wir es sicher wißen,
wie dieses Wesens Weise gehe.

XXXVIII.

Ich erblickte ein Wesen: es war der Bauch ihm hinten
dick aufgeschwollen, ein Diener folgte,
ein kraftberühmter Mann, und war eine große Strecke
gefahren, wo feine Füllung (?) flog durch sein Auge.
5. Nicht stirbt es jemals, wenn es geben soll
sein Eingeweide den Andern, sondern abermals kommt ihm
Erfatz im Busen, Segen wird erhöht:
einen Sohn erzeugt es, ist ihm selbst der Vater.

XXXIX.

Ein Wesen sah ich bewaffneten Geschlechts
nach (in?) Jugendfreude gierig; ihm zur Gabe ließ
der Befrieder der Geister vier der Quellen
schießen glänzend und nach Geschick tofen.
5. Ein Mann sprach also, der mir's erzählte:
wenn es entschlüpft, zerschmettert's Berge;
wenn es zerberstet, bindet's Lebende.

XL.

Es weisen uns die Schriften, daß ein Wesen fei
beim Menschengeschlecht zu manchen Zeiten (?)
sichtlich und erfehbar; es hat besondere Kräfte
weit mächtiger als die Menschen wißen.
5. Besuchen will es besonders jeden
der Lebentragenden und entläuft dann wieder;
nimmer ist es da der Nächte zweite,
sondern auf Wanderfahrten soll es durch weite Zeiten
irren ohne Heimat: doch ist's nicht elender darum.
10. Es hat nicht Fuß noch Hand, berührte die Fluren nimmer,

noch hat es auch der Augen eins, der beiden;
keinen Mund besitzt es noch sprachs mit Menschen je,
noch hat's Bewußtsein auch: es weisen uns die Schriften,
daß es das ärmste sei von allen Wesen,
15. die ihren Geschlechtern nach geschaffen wurden.
Es hat nicht Seele noch Leben, und soll doch Wege
durch diese Wunderwelt weithin ziehen.
Nicht Gebein hat es noch Blut: doch der Gebornen ward es
gar Manchem hier zum Trost in diesem Mittelkreiße.
20. Es berührte den Himmel nie noch auch zur Hölle darf es,
sondern es soll leben durch lange Zeiten
auf das Wort des Glorienkönigs. Weitläufig ist's zu sagen,
wie seines Lebens Gang verläuft darnach,
die verschlungenen Geschicke: ein seltsam Ding
25. ist das zu erzählen; doch ist zuverläßig alles,
was mit Worten auf dies Wesen deutet:
es hat kein Glied, und gleichwol lebt es.
Wenn du ein Rätsel rasch erraten kannst
mit sicheren Worten, sage wie es heiße!

XLI.

Ewig ist der Schöpfer, der diese Erde jetzt
und diese Welt erhält mit Widerhaltstützen;
reich ist der Berater und zu Recht König,
Eigenherr über Alles, über Erde und Himmel:
5. er regiert und waltet, wie er dies umgibt von außen!
Er hat mich wunderbar gewürkt im Anfang,
da diesen Umkreiß er zuerst gegründet;
er hieß mich wachend weilen lange,
daß ich nicht schliefe seitdem jemals,
10. und es überschleicht mich Schlaf doch plötzlich
und eiligst sind die Augen mir geschloßen.
Der mächtige Herr lenkt diesen Mittelkreiß
all überall mit seiner Obgewalt:
so umschließe ich mit des Waltenden Worte auch
15. diesen Umkreiß all von außen rings.
Ich bin so blöd und furchtsam, daß gar bald mich
ein schnellgehendes Gespenst erschrecken mag,

und bin überall doch kühner denn ein Eber sei,
wenn wutentbrannt er Widerstand hält:

20. es kann mich nicht besiegen der Schlachtzeichenträger
einer hier auf Erden, nur der ewige Gott,
der diesen hohen Himmel hält und lenket.
An Geruch bin ich weit stärker als das Räucherwerk
oder diese Rose. die rotblühende,

25. die hier so einzig auf der Erde Boden
wonnsam wächst: ich bin gewaltiger denn sie;
ist gleich die Lilie lieb den Menschen
in Blüten glänzend, ich bin beßer noch denn sie;
so überbiete ich auch notwendig der Narde Duft

30. nach allen Seiten hin mit meiner Süßigkeit,
und fauler bin ich doch als dieser Pfuhl der schwarze,
der hier von übelem Unflat duftet.
Ich beherrsche Alles unter des Himmels Umkreiß,
wie mich der liebe Vater lehrte in dem Anfang,

35. daß ich es mit Recht beraten möchte,
Dichtes und Dünnes: von der Dinge jeglichem
halt ich überall das Ebenbildnis.
Ich bin höher denn der Himmel; es heißt der Hochkönig
mich durchblicken seine theueren verborgenen Geheimnisse;

40. auch erschaue ich all unter der Erde Tiefen
die wehvollen Hölen der verworfenen Geister.
Weit älter bin ich als dieser Umkreiß ist
oder dieser Mittelkreiß je möchte werden,
und gestern ward ich jung geboren

45. zu den Menschen hehr durch meiner Mutter Leib.
Schöner bin ich denn ein Schmuck von Gold,
ob man mit Reifen auch es rings umziehe,
und ich bin häßlicher als dieses Holz das faule
oder diese Algen, die hier ausgeworfen liegen

50. übel auf der Erde. Ich bin überall breiter
und ausgedehnter als diese Erde die grüne:
mich kann die flache Hand befangen und drei Finger können
von außen leicht mich all umspannen.
Härter bin ich und kälter denn der harte Frost,

55. der arg=grimme Reif, wenn er zur Erde kommt,
und bin doch heißer als Vulcans hochfliegende

leuchtende Lichtglut, als die lodernde Flamme.
Dem Gaumen bin ich gar viel süßer
als wenn du Bienenhonig mit Birnsaft mischest,
60. und bin bei weitem bitterer denn der Wermut sei,
der bleichgrau hier im Blattschmuck stehet.
Mächtiger vermag ich Mahlzeit zu halten
und zu essen ebengleich dem alten Riesen,
und kann doch allfroh immer leben,
65. wenn ich auch Nahrung niemals sehe.
Fliegen kann ich weit flinker denn ein Rebhuhn
oder als der Adler oder Habicht irgend möchte;
auch ist's der Zephyr nicht, der zugschnelle Wind,
der so flink überall hin fahren könnte:
70. und doch ist die Schnecke schneller denn ich, geschwinder der
                                      Regenwurm
und die Kröte des Moorsumpfes ist kräftiger im Lauf;
des Mistes Sohn ist munterer im Gange,
den wir den Roßkäfer in der Rede nennen.
Viel bin ich schwerer als der Fels der graue
75. oder ein nicht kleiner Klumpen Bleies,
und bin doch bei weitem leichter denn dies Gewürm das kleine
das auf der Flut hier geht am Fuße trocken.
Ich bin härter denn der Feuerstein, der diesen Funken treibt
aus diesem starken Stahl dem harten,
80. und bin um Vieles weicher denn die Feder des Kissens,
die hier im Winde wehet in der Luft.
Ich bin überall breiter als diese Erde sei
und weit umfassender als diese Flur die grüne;
um Alles winde ich von außen mich
85. wonniglich gewoben mit Wunderkräften.
Nicht ist unter mir irgend ein anderes Wesen
gewaltiger im Weltleben;
über stehe ich allen den Geschöpfen,
die da gewürket hat der Walter unser:
90. Er allein vermag durch seine ewige Macht
kraftvoll mich zu bändigen, daß ich nicht zu kräftig werde.
Ich bin größer und stärker als der große Walfisch,
der des grausigen Oceans Grund beschaut
mit schwarzem Auge: ich bin stärker denn er;

95. doch bin ich in meiner Macht auch kleiner
als der Handwurm, den der Helden Kinder
mutweise Männer mit Messern graben.
Nicht wachsen mir am Haupte weiße Locken
kräftig gewunden: kahl bin ich weithin;
100. nicht gebrauchen darf ich Brauen noch Wimpern:
mir versagte das all der Schöpfer unser;
doch wachsen mir auch wunderbar am Haupte,
daß sie auf den Schultern mir schimmern dürfen,
gar wundersam lieblich gewundene Locken.
105. Ich bin mastiger und fetter, als ein gemästet Schwein
ein bellender Eber im Buchenhaine
schwarz und wühlend in Wonne lebte,
daß er . . . .

*   *   *

XLII.

. . . . erneuert;
die Mutter ist das mancher Geschlechter,
des trefflichsten, des theuersten,
des schwärzesten, das auf dem Schooß der Erde
5. der Völker Kinder sich zur Freude haben:
wir können durchaus nicht hier auf Erden leben,
wenn wir nicht gebrauchen, was die Gebornen thun.
Das ist zu beherzigen der Heldem jedem,
den weisen Männern, was dieses Wesen sei.

XLIII.

Zwei wunderliche Wesen sah ich
unverborgen außen spielen
heimliches Spiel: es empfing die hellgelockte
unter dem Gewand, die stolze, wenn des Werkes glückte,
5. die Frau da Fülle. Im Flursaal mag ich
durch Runenstäbe den Recken sagen,
welche Bücher kennen, von beiden Wesen
die Namen mit einander: da soll N. sein,

von zwei je eins, und auch das zierliche Ä.
10. zu einemmale, zwei A. zugleich,
zwei H. desgleichen, dem der des Hort=Thores
Verschluß erschloß durch des Schlüßels Kraft,
der dieses Rätsel vor den rathenden Männern
hütete sinnfest dem Herzen bewunden
15. mit kunstvollen Banden. Nun ist kund und unverborgen
den Wehrmännern bei dem Weine, wie die Wesen beide
bei uns geheißen sind, die hochgemuten.

XLIV.

Ich weiß einen edelen abeltheueren
Gast in einem Hause, dem nicht der grimme mag
der Hunger schaden noch der heiße Durst,
nicht Alter noch Krankheit noch der enge Tod,
5. wenn ihm nur der Diener ehrlich dienet,
der seine Jüngerschaft begehen soll
auf seiner Wanderfahrt: sie finden Wonne und Nahrung
sich beschieden gesund in der Heimat
und ihres Geschlechtes Unzahl. Sie finden Schmerz und
Kummer
10. wenn seinem Herrn der Diener gehorchet übel,
seinem Gebieter auf der Reise, und der Bruder dem andern
nicht will unterthänig sein: zum Unheil wird das beiden,
wenn sie beide sollen von dem Busen wandern
der einen Verwandten beeilt zum Scheiden,
15. die Mutter ist und Schwester. Der Mann, der da will,
verkünde mit edelen Worten, wie der Ankömmling
oder der Diener heiße, von dem ich rede!

XLV.

Wunderlich hängt es bei des Wehrmanns Hüfte
unter des Fürsten Schooße, vorn durchbohrt;
es ist stark und hart, hat eine Stätte gut,

XLIII, 9—11) würden für die deutschen Namen also lauten:
Zu zwei und eins, dazu zwei E.
und auch ein A. zu einemmale,
drei H. desgleichen u. s. w.

wenn der Unterthan fein eigen Gewand
5. über das Knie aufhebt und will die kunde Hölung
mit feines Hängebinges Haupte grüßen,
die längliche (?), die er zuvor oft füllte.

XLVI.

In einem Winkel erfuhr ich ein Gewächs (ich weiß nicht
was)
dick anschwellen und bröhnen, die Decke heben;
an das knochenlose griff mit ihren Händen
eine sinnstolze Maid: das schwellende Ding
5. bedeckte mit dem Kleide die Königstochter.

XLVII.

Beim Weine saß ein Mann mit feinen Weibern beiden
und feine zwei Söhne und zwei Töchter,
die trauten Schwestern und deren Söhne beide,
die edelen Erstgebornen: dort innen war der Vater
5. auch von jedem der beiden Edelinge,
Ohm und Neffe. In allem waren es fünfe
der Edelinge und Frauen, der insitzenden.

XLVIII.

Eine Motte fraß Worte; mir däuchte das
ein wunderlich Ereignis, als ich das Wunder erfuhr,
daß der Wurm verschlang die Worte eines Mannes
als Dieb im Finstern, die durchlauchtige Rede
5. und auch die Stätte der starken. Der Stehlgast ward
nicht weiser drum, da er die Worte schlang.

XLIX.

Ich erfuhr, wie ein Ring vor dem Volke predigte
und wie der glänzende ohne Zunge gut redete,

XLVI, 3) an das eine knochenlose Maid griff?

obwol er nicht mit lauter Stimme lärmte, mit ſtarken Worten;
es ſprach der Schatz vor den Männern ſchweigend alſo:
5. „Heile du mich, Helfer der Geiſter!"
Es mögen des roten Goldes Rede die Männer
und ſeine Worte merken, weiſe bedenken
ihre Rettung bei Gott, wie der Ring ſprach!

L.

Stehen weiß ich einen Stättefeſten
taub und ſprachlos, der bei Tag oft ſchlingt
aus der Hand eines Dieners heilſame Gaben.
Bisweilen ſendet in der Wohnung ihm
5. der ſchwarze Diener mit ſchmutzfarbigem Antlitz
unter den Gaumen andere koſtbarer denn Gold,
welche Edelinge oft ſich wünſchen,
Frauen und Könige. Fürder will ich nun das Ding
nicht nennen mit ſeinem Namen, das ihnen zu Nutze alſo
10. und zum Frommen handelt, das zuvor verſchlingt
der unwißende braune ohne Sprache.

LI.

Es iſt ein Waffenkempe wunderbar auf Erden
den Schaaren zu Nutze von zwei Sprachloſen
ſchimmernd erzeugt, den zum Schaden trägt
ein Feind ſeinem Feinde. Den Vorkräftigen bindet
5. ein Weib nicht ſelten: wol gehorcht er dem
und dient mit Sanftmut ihm, wofern ihn ſelbſt nur recht
Jungfrauen und Männer gut bedienen
und ihn freundlich füttern: er bringt Vortheil ihnen
in Luſt ihrem Leben; er lohnt dem grimm,
10. der ihn verwegen werden läßet.

LII.

Ich ſah wunderbar der Weſen viere
zuſammen wandern: ſchwarz waren ihre Spuren,
gar finſter ihre Fährte. Auf der Fahrt war behende

fdneller benn die Bögel ein Schwimmer in den Lüften:
5. es taudte unter Waßer und betrug sich unstille
der fechtende Kempe, der die Fahrt bezeichnete
allen vieren zugleich über feißtes Gold.

LIII.

Gefeßelt sah ich fort in eine Wohnung
unter des Haufes Dach zwei Harte führen:
die gleichnamigen waren mit knappen Banden
gefeßelt beide fest zusammen;
5. dem einen von ihnen war Eine nahe,
eine lockenschwarze Welfche, welche lenkte die Fahrt
den beiden Wefen, den in Banden festen.

LIV.

Einen hohen Baum sah ich im Haine ragen
strahlend mit Zweigen: der Stamm war in Wonne,
der wachfende Waldbaum; Waßer und Erde
nährten treulich ihn, bis er an Tagen alt
5. in einem anderen Unglüdsstande
stark ward verwundet, stumm in Banden,
geschnürt über die Wunden, mit schwarzem Zierrat
vorn geschmüdt. Einem falschen Andern
einem Kampfgast räumt er durch die Kraft feines Hauptes
10. nunmehr den Weg. Gar munter plünderten sie
Schat oft zusammen; schnell war und unlaß,
der da folgte hinterher, wenn in Gefahr kam der erftere:
keiner durfte sich in eine Klemme wagen.

LV.

Geschritten kam ein Jüngling, wo er sie stehen
wuste in einem Winkel: der wadere Hofmann
lief eilig hinzu, hub sein eigenes Gewand
in die Höhe mit den Händen und hurtig stieß er
5. der Stehenden etwas Starkes unter den Gürtel,
würfte feinen Willen; sie wankten beide:

thätig war der Mann; der treffliche Diener
war eine Weile nütze, doch wurde matt
der Starke eh denn sie in der Stunden jeder,
10. des Werkes müde. Zu wachsen begann
ihr unter dem Gürtel, was oft gute Männer
im Geiste lieben und mit Gold erkaufen.

LVI.

In die Halle sah ich bringen, wo die Helden tranken,
in die Flur des Hauses vier der Dinge:
einen wundersamen Waldbaum und gewunden Gold,
Schatz kunstvoll gebunden, und Silbers ein Theil
5. sowie das Kreuzeszeichen dessen, der eine Klimmstaffel uns
erhöhte zu den Himmeln, bevor er der Höllenbürger
Burg zerbrach. Des Baumes kann ich
vor den Edelingen leicht den Ursprung sagen:
da war die Eiche und der Ahorn und die Eibe die harte
10. und der hellfahle Holler; dem Herrn sind sie nütze
alle mit einander, haben einen Namen,
Wolfshaupt=Baum, der die Waffe oftmals
seinem Herrn bezwingt (?), in der Halle das Kleinod,
das goldhilzige Schwert. Nun gebe mir
15. Antwort auf diese Rede, wen es anmutet
mit Worten zu berichten, wie das Waldholz heiße!

LVII.

Ich war dort innen, wo ich etwas sah,
ein kämpfendes Wesen, das ein Klotz verwundete,
ein tummelndes Holz: es empfieng tiefe Wunden
als Spuren des Kampfes; Speere waren
5. schlimm (?) dem Wesen und sorgsam war das Holz
fest gebunden. Von den Füßen des Dinges

LVI, 12) Wolfshaupt (wolfeshead, wolfhead) heißt in der englischen
Rechtssprache der Kopf eines vogelfreien Verbrechers oder der Geächtete selbst;
vergl. Grimm, R. A. 734.
LVII, 2) das einen Klotz verwundete?

war wartefest der eine, werkthätig der andre
in den Lüften fliegend, bisweilen dem Lande nahe.
Ein Baum war dem nahe, der mit blinkendem Laube
10. dort behangen stund. Meinem Herren sah ich,
was entronnen war dem Rasen der Geschoße,
in die Halle tragen, wo Helden tranken.

LVIII.

Es trägt winzige Wesen diese Luft
über Dünengehänge: die sind gar dunkelfarbig
schwarz schmutzfarbbekleidet. In Schaaren ziehen
die sangberühmten, singen lärmend,
5. betreten baumreiche Klippen, bisweilen die Burgsäle
der Menschenkinder. Nun meldet ihren Namen!

LIX.

Ich weiß einfüßig auf der Erde Kraftwerk
ein Wesen üben: nicht weithin zieht es
noch viel auch reitet es; nicht fliegen kann es
durch den hellen Tag, noch trägts dahin ein Schiff,
5. ein Nachen mit genageltem Bord: nütze ist es
seinem Mannherrn gleichwol zu manchen Zeiten.
Einen gewichtigen Sterz, ein winzig Haupt,
eine lange Zunge hat es, doch der Zähne keinen,
von Eisen ein Theil: ein Erdgrab betritt es.
10. Keine Flüßigkeit schluckt es noch frißt es etwas,
ist nicht nach Futter gierig, und doch führts oft in die Lüfte
eine Flut von Waßer. Es erfreut sich nicht des Lebens
noch seines Herren Gaben, und gehorchen thut es
dennoch seinem Dienstherrn. Drei sind im Namen
15. rechte Runenstäbe: deren ist R. der erste (?).

LX.

In einer Halle sah ich Helden schauen
nach einem gülbenen Ring: die waren Geistes klug,

VIII, 6b) oder: sie nennen sich selber.

erfahrenen Sinnes. Es bat um Friedensfülle
für seinen Geist zu Gott dem Heiland,
5. der den gewundenen wendete, und sprach Worte drauf,
vor den Helden den Ring einen Heiland nennend
der gut handelnden. Klar brachte ihnen der Stumme
seines Herren Namen in des Herzens Sinn
und vor der Augen Gesicht, wenn nur des edelen Ringes
10. des Goldes Zeichen zu erkennen wuste
die Schaar . . . . ,
wie des gewundenen Ringes Wunden sprachen.
Wenn das Flehen [zu den Wunden des funkelnden Ringes]
bleibt unerfüllt, so kann keines einzigen Mannes
15. Geist gelangen zu Gottes Fürstenburg,
zur Wohnung der Himmel. Wer da will, der rate,
wie des wunderfamen Ringes Wunden sprachen
zu der Helden Menge, als er in der Halle ward
gewälzt und gewendet durch des Wackeren Hände!

LXI.

Bei dem Sand war ich dem Seegeftabe nahe
an des Oceans Wellenfchlag: an meiner Ursprungftätte
weilte ich da fest; nur wenige waren
von dem Menfchenvolke, die auf meine Wohnung
5. in der Einöde dort ihr Auge wandten,
sondern mich umfchloß die Meereswoge die dunkele an der
Morgen jedem
mit Wafers Umarmung. Wenig dachte ich,
daß ich noch eher oder später irgend follte
über den Methbänken mundlos sprechen
10. und Worte wechseln. Das ist der Wunder eins
und seltsam in dem Sinne, dem der solches nicht weiß,
wie des Messers Spitze und des Mannes Rechte,
der Sinngedanke des Helden sammt der Spitze
mich zu den Dingen zwangen, daß ich zu dir follte
15. für uns beide allein Botfchaftsfprache
kühnlich entbieten, wie nicht der Kempen mehr
unsere Wortreben weiter ausfprachen.

LXII.

Oft schloß mich fest eine edele Jungfrau
ein in eine Kiste, zog mich auf bisweilen
mit ihren Händen wieder und gab dem Herren mich,
dem holden Gebieter, wie sie geheißen ward.
5. Im Innern steckte mir darauf das Haupt
und von unten fügte er nach oben in eine Enge mich.
Wenn des Empfängers Vollkraft taugte,
der mich schmückte, dann sollte mich füllen
etwas Rauhes, ich weiß nicht was. Rate, was ich meine!

LXIII.

Ich bin hart und scharf, zum Hingang stark,
hurtig zum Fortweg, dem Herrn unverhaßt,
wandre unter den Bauch, den Weg mir selber
den rechten räumend. Der Recke ist in Eile,
5. der Held, der von hinten mit dem Hüllkleide
mich andrängt, bald auszieht
heiß aus einer Hölung, bald wieder hin führt
in Bedrängnis, ich weiß nicht wohin: es drangsalt der Mann
den süblichen (?) gar sehr. Sage, wie ich heiße!

LXIV.

Dem Saaljubel der Männer soll ich oftmals
erfreulich dienen, wenn ich funkelnd von Gold
dahin werde getragen, wo Helden trinken.
In der Kammer bisweilen küßt mich mit dem Münde
5. ein biederer Kempe, wo wir beide sind,
umfaßt mich mit den Armen, drückt mit den Fingern mich,
würkt seinen Willen . . . . . .

*   *   *

LXVI.

Ich war lebend und sprach nichts, und raube Leben gleichwol;
ehe ich war, abermals kam ich; Alle raufen mich,
haben mich in Haft, beschneiden das Haupt mir,

beißen mich auf den bloßen Leib, brechen meine Weise.
5. Keinen Menschen beiß ich, wenn er mich nicht beißt:
es sind deren Manche, die mich beißen.

LXVII.

Größer bin ich denn die ganze Erde,
kleiner denn der Handwurm, glänzender denn der Mond,
schneller denn die Sonne. Alle Seen halte ich
alle Brandungsfluten umfaßt sowie den Busen dieser Erde,
5. die grünen Fluren. An die Gründe rühre ich,
die Hölle unterneige ich, die Himmel übersteige ich,
den Wohnsitz der Glorie. Weithin reiche ich
über den Erbsitz der Engel; die Erde fülle ich,
den Mittelkreiß den alten sowie die Meeresströme die weiten
10. mit mir selber an. Sage, wie ich heiße!

LXVIII.

Ich sah ein Wesen des Weges fahren,
das war gar wundersam mit Wundern geziert.
Ein Wunder ward am Wege: das Waßer ward zu Beine!

LXIX.

Ein Wesen ist dem wunderlich, der seine Weise nicht kennt:
es singet durch die Seiten. Ihm ist sinnreich gekrümmt
angefertigt der Nacken; zwei Achseln hat es
scharf an den Schultern. Sein Geschick vollführt es,
5. das so wunderbar am Wege stehet
hoch und antlitzglänzend den Helden zu Nutze.

LXX.

Ich bin eines Reichen Besitz, rot bekleidet,
ein starkes steiles Feld: eine Stätte war ich einst
farbenschöner Kräuter; nun bin ich der Feinde Nachlaß,

LXIX, 5) an der Mauer?

des Feuers und der Feile, fest geenget,
5. und geziert mit Draht. Zu Zeiten weint
vor meinem Griffe der, der Gold trägt,
wenn ich veröden (?) soll . . . .

LXXI.

Ich war . . . , ...
. . . . . gab, wir uns beide (beiden?) gemeinsam
. . . . die Schwester mein
fütterte mich freundlich; viere zog ich
5. traute Gebrüder, deren in des Tages Stunden
jeder besonders mir gab zu trinken
tüchtig durch eine Oeffnung. Ich gedieh in Luft,
bis daß ich älter war und dieses all überließ
dem schwarzen Hüter, schritt in die Weite,
10. betrat die Markpfade der Welschen, durch Moore wandernd
gebunden unter einem Baume, hatte einen Ring am Halse,
in des Wehes Gefolge Werkmühe duldend,
der Arbeit manche. Oft drängte ein Eisen mich
schmerzlich in der Seite: ich schwieg gleichwol
15. und meldete es niemals der Männer einem,
wenn mir beschwerlich waren des Stachels Tritte.

LXXII.

Ich erwuchs am Felde, weilte wo mich nährten
die Erde und der Himmel, bis mich ablenkten,
als ich an Jahren alt war, die mir gram wurden,
von meiner Art, die ich lebend ehedem hielt,
5. und wandten meine Weise, entfernten von der Wohnstatt mich
und schufen mir, daß ich wider mein Geschick mich sollte
in eines Mörders Willen manchmal beugen.
Nun bin ich der Hand meines Herrn . . . .
. . . . . . , wenn seine Kraft ihm taugt

LXXI, 4) zog fie?
11a) unter bem Bufen?
LXXII, 8) durch die Hand?

10. ober wenn er will mit seinen Thaten würdevoll
Ruhmwerk vollbringen, ...
vollführen im Volke braußen Fehdewerke
. . . .
bie Achseln gegürtet . . . .
15. und schmal der Nacken, die Seiten fahl.
. . . ., wenn die Sonnenglut
leuchtenb mich bescheint unb mich . . . . . .
erfreulich schmückt unb auf die Fahrt mich trägt
mit Kraft in Haft. Kunb ist weithin,
20. daß ich der Dreisten einer mit Diebeskünsten
unter . . . .
bisweilen offenkundig eine Erbsitzveste
stracks zerbreche, die vorher Schutz hatte.
Eiligst wendet sich beeilt von bannen
25. hinweg von den Wohnungen der Waffenkempe,
der meine Sitte kennt. Sage wie ich heiße!

LXXIII.

Ich war eine junge Frau, ein grauhaarig Weib
unb ein einzig schöner Mann zu einer Zeit,
flog mit den Vögeln, in den Fluten schwamm ich,
tauchte unter Wogen tobt mit den Fischen,
5. unb auf bem Lanbe gieng ich, hatte Lebensfülle.

LXXIV.

Behenb sah ich rennen bahin auf der Spur
D. N. U. H.

LXXVI.

Die See ernährte unb der Sunbhelm deckte mich;
mich hüllten bes Oceans Wogen, der ich an der Erde fest war
unb bes Fußgangs entbehrte; der Flut entgegen
that ich den Mund oft auf: es will der Männer einer
5. mein Fleisch nun eßen, des Fells nicht achtenb,
sobald er mit der Schärfe des Messers von der Seite hat

16

die Haut gezogen . . . .
Er ißet mich darauf ungesotten.

LXXVIII.

Ich bin eines Edelinges Achselgenoße,
eines Helden Gefährte, meinem Herren lieb,
Geselle eines Königs; nicht selten legt auch
eine hellgelockte Frau ihre Hand an mich,
5. eines Edelinges Tochter, wenn sie gleich ablig ist.
Mein Busen trägt, was in dem Baumhain wuchs.
Ich reite auf einem Streitroße auf einem stattlichen bisweilen
an des Heeres Spitze: hart ist meine Zunge.
Einem Sänger gebe ich nach dem Gesange oft
10. für seine Worte Lohn. Meine Weise ist gut,
ich selbst bin schmutzfarbig. Sage wie ich heiße!

LXXIX.

Ich bin aufgeblasener Brust und angeschwollenen Nackens,
habe ein Haupt und einen hohen Sterz,
Augen und Ohren und einen Fuß,
habe einen Rücken, einen harten Schnabel und hochragenden
Nacken,
5. der Seiten zwei und eine Senkung in der Mitte,
Aufenthalt über Menschen. Elend erdulde ich,
wo mich beweget, der das Waldholz antreibt (?),
und wo mich stehenden stoßen der Ströme Fluten:
es deckt mich der harte Hagel und der Reif
10. und es fällt auf mich in Flocken der Schnee,
auf mich bauchburchlöcherten, und ich . . . . .
. . . . mein Misgeschick.

LXXX.

Es war meine Maagschaft alt und hatte manchen Winter
in den Burgen erlebt, seitdem des Brandes Wüten
. . . .
. . . . . der Männer mit Leben bewunden,

5. vom Feuer geläutert. Nun bewacht feindlich mich
der Erde Bruder, der zuerst von den Menschen
mir zum Kummer ward: nicht vollkommen entsinn ich mich
wer meine Nachkommenschaft vernichtete im Anfang
all von ihrem Aufenthalt: nicht kann ich übel ihm begegnen;
10. doch ich errege gleichwol zu Zeiten grimme Haftnot
weithin über die Fluren. Ich habe der Wunder viele
dieses Erdkreißes, unkleine Macht:
aber verhehlen soll ich der Helden jedem
der hochtheueren Kraft geheimnisvolle Macht
15. und mein Beginnen. Nun melde wie ich heiße!

LXXXI.

Es gibt ein Wesen wunderbar erzeugt
wild und stürmisch, hat gewaltigen Lauf:
es toset grimmlich und beim Grunde fährt es.
Die Mutter ists von manchem hehren Wesen;
5. fahrend lieblich strebt es vorwärts immer:
tief abwärts geht der Griff (?). Es kann dem Andern Keiner
die Weise und das Ansehn mit Worten kund thun,
wie mannigfaltig ist die Menge der Geschlechter,
die uralte Schöpfung: sie alle überwacht der Vater,
10. der Anfang ist und Ende, so wie der einige Sohn,
des Herren hehres Kind, durch seiner Hochmacht Fülle
und die höchste Kraft des heiligen Geistes
. . . . war zuvor
wonnsam und lieblich . . . .
15. Die Mutter ist an Macht gar reich,
befestigt wunderbar, trägt Fülle der Nahrung,
mit Hortschätzen geschmückt, den Helden theuer.
Gemehrt ist die Stärke, die Macht offenbart,
das Ansehn ist verherlicht durch edele Dienste,
20. eine wonnsame Gloriengemme den Wackern nahe,
ist Reinheit-liebend und sittsam, reich an Kräften,
den Begüterten lieb und gütig den Armen,
wundersam, adlig, am gewaltigsten und stärksten

LXXXI, 20b) den Wolken nahe?

das Grundbett betretend, am gierigsten und gefräßigsten
25. von allem was unter dem Aether jemals aufgewachsen
ober was mit Augen sahen die Abkömmlinge der Menschen,
der Weltkinder Menge, wie das webt die Glorie (?),
wenn erkannt auch habe klugen Sinnes
ein Mann voll Scharfsinn eine Menge Wunder.
30. Es ist härter denn die Erde, hochbetagter denn die Menschen,
übertrifft die Gaben an Bereitschaft, die Gemmen an Preis;
die Welt verschönerts und Gewächse zeugt es,
tilgt Frevel aus, ...
bewirkt es oft von außen mit einer Decke
35. durch alle Weltvölker hin wunderbar verschönert,
daß die Helden staunen hier auf Erden
. . . .
ist bestreut (?) mit Steinen, von Stürmen gepeitscht,

*   *   *

LXXXII.

Nicht schweigsam ist meine Behausung und ich selbst nicht
laut
um . . . . . : uns beiden zusammen
schuf der Herr den Weg. Ich bin hurtiger denn sie,
in der Eilfahrt stärker, sie hat Ausdauer mehr:
5. bisweilen ruhe ich mich und sie muß rennen fürder.
Ich wohne in ihr immer all mein Lebtag:
wenn wir uns trennen, ist mir der Tod beschert.

LXXXIII.

Ein Wesen kam gegangen, wo Wehrmänner saßen
in Versammlung manche scharfsinnigen Geistes.
Es hatte ein Auge und der Ohren zwei
und zwei der Füße, zwölfhundert Häupter,
5. Hochrücken und Bauch, der Hände zwei,
Arme und Achseln, einen Nacken
sowie der Seiten zwei. Sage wie es heiße!

LXXXIV.

Ich sah ein wunderlich Wesen, das hatte gewaltigen Bauch,
einen mächtig aufgetriebenen; ein Mann folgte
machtstreng und handberühmt. Das däuchte mir ein Großes:
der gute Mannheld griff alsbald an
5. mit einem Himmelszahne (?) ......
bliese (?) ins Auge: es bellte das Wesen
und dankte willig. Dennoch wollte es
                *   *   *

LXXXV.

Ich wuchs wo ich ....
. . . .
und Sommer ....
und aufrecht stund ich, wo ich...
5. und der Bruder mein: wir beide waren hart.
Der Ort war um so werther, dem wir auf stunden,
um so hehrer durch Schmuck. Oft deckte Gehölz uns beide,
der Schirm der Waldbäume in schwarzen Nächten
uns beschildend gegen Schauer: der Schöpfer schuf uns beide.
10. Hinterher nun sollten uns hehren beiden
unsere Söhne kommen und uns den Sitz entreißen,
jüngere Brüder. Ich bin des Menschengeschlechtes
einzig auf Erden; es ist mein Rücken
dunkel und wunderlich. Auf einer Diele stehe ich
15. an eines Brettes Ende: nicht ist mein Bruder hier,
sondern an des Brettes Ende soll ich bruderlos
die Stätte halten, stehen festiglich;
es ist mir unbekannt, wo auf der Erde Schooß
weilen soll mein Bruder in der Wehrmänner Besitz,
20. der vorher mir weilte hoch zur Seite.
Wir waren Streit zu vollführen stets in Eintracht
und kund gab seine Kraft je keiner von uns beiden,
ohne daß wir zusammen waren siegreich in dem Kampfe.
Es zerreißt mich Ungeschick im Innern nun
25. mich verwüstend bei dem Bauche: nicht bewahren kann ich mich;
es findet bei der Wunde Erfolg, wer da sucht.

LXXXV, 12b—13a) der Menschen Liebling?

LXXXVI.

Wunderbar scheint es mir: ein Wolf wird vom Lamme
gehalten;
laufend kommt das Lamm und nimmt des Wolfes Gebärme.
Während ich stund mich wundernd, erblickt ich ein großes
Ruhmwerk.
zween Wölfe stehend und einen dritten bedrängend
5. hatten vier nur der Füße und sahen mit sieben Augen.

LXXXVII.

Mein Haupt ist mit dem Hammer geschlagen,
durch kunstvolle Geschoße versehrt (?), geschabt mit der Feile.
Oft gähne ich an, was mir entgegen steckt,
wenn ich stoßen soll umstrickt mit Ringen
5. hart wider Harte, hinten durchbohrt,
und hinweg soll schieben, was meines waltenden Herrn
Gemütshoffnung schützt in Mitternächten,
Ich schwinge bisweilen den Schnabel rückwärts,
ein Hüter des Hortes, wenn mein Herr will empfangen
10. die Hinterlaßenschaft derer, die er vom Leben hieß
treiben nach seinem Willen tödtliche Kraft.

LXXXVIII.

Mein Herr . . . .
an Tagzahl alt [in düsteren Nächten];
ich sollte steigen bisweilen auf steile Höhen
auf zu dem Erbsitz, bald wieder abwärts gieng ich
5. in der Schluchten Tiefe Stärkung zu suchen
stark im Gange: Steinfelder grub ich,
die im Frost erstarrten; bisweilen flog mir von dem Haare
der Reif der graue. Ich ritt von dem Beeilten (?),
bis daß den Jubelsitz mein jüngerer Bruder
10. nahm sich zu eigen und mich vom Sitz vertrieb.
Innenwärts verwundete ein Eisen mich
darauf, ein dunkeles: aus meinem Innern quoll

LXXXVI) ein lateinisches Räthsel.

kein Herzblut hervor, obgleich doch hart mich biß
der starkschneidige Stahl. Ich bejammerte die Stunde nicht,

15. beweinte nicht die Wunde noch war ich auch im Stande
mein Misgeschick zu rächen an des Mörders Leben,
sondern all erdulde ich die Elendgeschicke,
welche Bretter bißen (?). Blinkend schlinge ich
Waldholz nun und Waßer; weit umfaße ich,

20. was auf mich fällt von oben wo ich stehe,
. . . . und habe einen Fuß.
Meinen Hort bewacht nun ein verheerender Feind,
der vorher weithin trug des Wolfes Genoßen,

. . . .

25. betritt das starke Brett . . . .
. . . . . . des Tages Leuchte, die Sonne . . . .
mit Augen schaut . . . . . .

LXXXIX.

Ich bin von hohem Adel, den Helden bekannt,
und raste oftmals, den Reichen und den Niederen
den Völkern kund: es fähret weithin
und früher als die Freunde stehet fremd mir (?)

5. der Verheerenden Freude, wenn ich haben soll
Heil in den Burgen oder hehres Gut.
Gar sehr lieben nunmehr sinneskluge Männer
meine Gesellschaft: Manchem soll ich
Weisheit verkünden; sie sprachen der Worte da

10. kein einziges auf Erden. Obgleich der Erdbewohner
der Menschen Kinder meine Spuren
gar emsig suchen, verberge oftmals ich
der Männer jedem meine Wegspur doch.

VII.

Der Seefahrer.

Wol kann ich von mir selbst mit Wahrheit singen,
erzählen meine Fahrten, wie ich in Zeiten der Mühsal
arbeitvolle Stunden oft erlebte
von bitterer Sorge in der Brust beklommen,
5. wie ich im Kiel durchfuhr der Kummersitze viele,
der Wogen furchtbares Gewälze, allwo mir oftmals
ängstliches Nachtwachen zu Theil ward an des Nachen Steven,
wenn er an Klippen anstieß, von Kälte bedrängt:
meine Füße waren von dem Frost gebunden
10. mit kalten Banden; Kummer seufzte da
heiß um das Herz; es schnitt der Hunger innen
das Gemüt des Meermüden. Das weiß der Mann nicht,
der immerdar in Freuden hier auf Erden lebt,
wie ich elend und kummervoll auf der eiskalten See
15. den Winter über weilte auf Wanderzügen
der Wonne verlustig und von Verwandten fern,
behängt mit Eiszapfen: Hagel flog in Schauern.
Ich hörte nichts da als die Hochflut tosen,
die See die eiskalte, bisweilen des Schwanes Gesang:
20. meine Wonne suchte ich an des Waßerhuhnes Stimme
und am Geschrei des Seehunds statt an dem Scherzen der
Männer,
an der Möve der singenden statt an des Methes Trinken.
Es schlugen die Stürme an Steinklippen, wo ihnen die See=
schwalbe gab
Antwort, die eisigbefiederte: gar oft besang der Adler das,
25. bethaut an den Federn; trösten konnte
den freudenarmen Sinn der Freunde keiner.
Wenig glaubt das, wer nur Wonne des Lebens
in den Wohnungen erfährt und wenig Mühe
weinüppig und stolz, wie ich oft wegemüde

30. auf der Brandungstraße bleiben sollte!
Der Nachtschatten dunkelte, von Norden schneite es
und Frost band die Erde, auf die Fluren fiel der Hagel,
die kältesten der Körner. Drum bestürmen mich kräftig nun
des Herzens Gedanken, daß ich die hohen Ströme

35. der Salzwogen Getriebe selbst erprobe;
an treibt mich des Gemütes Lust zu allen Stunden
auf die Fahrt mich zu begeben, daß ich fern von hinnen
der Ausländischen Erbland suche.
Denn so mutstolz ist kein Mann auf Erden,

40. so gut in seinen Gaben noch in Jugend so mutig
noch so tapfer in seinen Thaten, noch ihm sein Herr so hold,
daß er nicht wegen der Seefahrt immer Sorge trüge,
was Gott der Herr mit ihm beginnen wolle.
Er hat keinen Sinn für die Harfe noch für die Spende der
        Ringe

45. setzt nicht an ein Weib seine Wonne noch an die Welt seine
        Freude
noch an irgend etwas anderes als an des Oceans Gewühl:
es fühlt Sehnsucht immer, wer zur See hinstrebt.
Die Bäume bekommen Blüten, es werden die Burgen lieblich
und wonnsam die Fluren, die Welt ist munter:

50. es mahnt dieses alles den im Gemüt beeilten
hinaus zu ziehen, der also gedenkt
fernhin zu wandern auf die Flutenwege;
es mahnt der Guckguck auch mit seiner Jammerstimme,
es singt des Sommers Wächter, Sorge entbietend

55. bitter in den Brusthort. Daß weiß der Mann nicht,
der gemächlich im Glück lebt, was die für Mühsal tragen,
die gar weithin ziehen auf Wanderfahrten!
Drum wandert mein Sinn nunmehr aus dem Verschluß der
        Brust
meines Gemütes Trachten über die Meeresfluten

60. über des Walfisches Heimat, weithin schweifend
über der Erde Fluren, kehrt wieder um zu mir
gierig und verlangend: es gellt der Einsamfliegende
und treibt unwiderstehlich mich auf den Todesweg
über der Holmflut Masse; denn meinem Herzen gilt weit mehr

65. die Lust des Herrn als dieses Leben das tobte

das vergängliche im Lande: ich glaube nimmer,
daß der Erbenreichtum ewig wird bestehen.
Immer wird eins von dreien auf alle Fälle,
eh sein Zeitschrecken zweifelhaft wird,

70. Siechtum oder Alter oder Schwerteshaß
abbringen das Leben dem zum Abschied bestimmten Sterblichen
Drum ist der Edelinge jedem der Ueberlebenden
der Nachredenden Lob, der Nachreden beste,
daß er würke, eh er hinweg solle,

75. kühn auf Erden wider den Kampf der Feinde
mit tapferen Thaten dem Teufel entgegen,
daß ihn die Kinder der Menschen künftig preisen
und daß sein Lob alsdann lebe bei den Engeln
immer ohne Ende, das Glück des ewigen Lebens,

80. bei den Heerschaaren Jubel! Dahin sind die Tage,
und all der Uebermut des Erdenreiches;
nun sind nicht Könige noch Kaiser mehr
noch Austheiler des Goldes, wie sie ehedem waren,
als sie am reichsten unter sich Ruhmthaten würkten

85. und in dem edelsten Ansehen lebten:
gesunken ist diese Schaar all, geschwunden der Jubel;
nur die Schwächeren sind noch da und im Besitz der Welt,
genießen sie in Mühsal. Darnieder liegt das Glück,
der Abel der Erde altet und verdorret,

90. wie jetzt der Menschen jeder in dem Mittelkreiße:
das Alter fährt ihn an, das Antlitz bleichet,
der greishaarige jammert, da er übergeben weiß
der Erde die alten Freunde, der Edelinge Kinder.
Es kann der Leib alsdann, wenn ihm das Leben flieht,

95. nichts Süßes schmecken noch die Schmerzen fühlen,
kann nicht die Hand bewegen noch im Herzen denken.
Wenn das Grab auch will mit Gold bestreuen
den Getragenen ein Bruder und bei den Todten sie bestatten
mit mancherlei Kleinoden, so will das doch mit ihnen nicht:

100. nichts kann der Seele, die voll Sünden ist,
das Gold je helfen vor Gottes Schrecken,
dem der es hütet vorher, solang er hier noch lebt.

69a) seine Todesart.

Gewaltig ist des Schöpfers Schrecken, vor dem sich wendet
die Erde,
der den Grund den festen gegründet hat,
105. dieser Erde Schooß so wie den Obenhimmel.
Toll ist, wer den Herrn nicht fürchtet: es kommt der Tod
ihm unversehens;
glücklich ist, wer in Demut lebt: ihm kommt die Gnade von
den Himmeln
und Gott stärkt ihm den Geist, dieweil er glaubt an seine
Macht!
Steuern soll man dem starken Sinn und ihn in Schranken
halten
110. und gewis den Männern in seiner Weise lauter
sollte der Menschen jeder sein Gemüt in Maaßen halten
wider Feind und wider Freund . . . .
. . . .
. . . .
115. . . . . . Es ist das Schicksal stärker
und mächtiger der Schöpfer denn eines Mannes Gedanken.
Drum laßt uns beherzigen, wo wir Heimat sollen haben,
und laßt uns dann auch erstreben, daß wir bereinstmals
120. eingehen dürfen in die ewige Seligkeit,
wo in der Liebe Gottes Leben ist bereit,
hohe Freude in den Himmeln! Des sei dem Heiligen Dank,
daß er uns gewürdigt hat, der Walter der Glorie,
der ewige König, zu allen Zeiten! Amen.

XIII.

Der Wanderer.

Ein Einsamer findet oft die Gnade,
des Schöpfers Milde, obwol er sollte lange

über die Meeresstraße im Gemüte traurig
rühren mit den Händen die reifkalte See,
5. Flüchtlingswege ziehen: erfüllt ist das Schickfal!
So sprach der Wanderer an die Wehgeschicke denkend,
an seiner Freundverwandten Fall, das feindliche Gemetzel:
„Oft sollte ich einsam mit jedem anbrechenden Tage
„klagen meinen Kummer! Es ist nun keiner der Lebenden,
10. „gegen den ich offen wagte auszusprechen
„meine Sinngedanken. Sicher weiß ich,
„daß das an einem Helden ist hochedele Sitte,
„daß er bindet fest seinen Brustverschluß,
„sicher verwahrt sein Schatzbehältnis, und denkt im Sinne
                                        wie er will.
15. „Nicht kann Trotz bieten dem Schickfal ein trauriges Gemüt
„noch kann Hilfe schaffen ein Herz voll Kummer:
„in ihrer Brustgrube binden drum oft fest
„ehrliebende Männer ihren unfrohen Sinn.
„So sollte ich oft meines Gemütes Sinn
20. „in herbem Jammer von der Heimat geschieden
„fern von den Freundverwandten mit Feßeln binden,
„nachdem meine Goldfreunde vor Jahren längst
„einhüllte der Erde Decke, und ich zog elend von dannen
„wintertraurig über der Waßer Maße,
25. „suchte eines Schätzespenders Saal im Kummer,
„wo ich fern oder nahe einen finden möchte,
„der in der Methhalle Minne müste
„oder mich Freundlosen wollte erfreun mit Troste,
„gewöhnen mit Wonne. Das weiß, wer es erprobt,
30 „wie schrecklich ist die Sorge zum Gefährten
„für den der im Leben wenig hat der lieben Beschützer,
„dem Wanderfahrt zu Theil wird und nicht gewunden Gold,
„schauernder Sinnverschluß und nicht der Segen des Landes;
„er gedenkt des Saales und der Männer und der Schatz-
                                        empfahung,
35. „wie in seiner Jugend sein Goldfreund ihn
„gewöhnte zum Unterhalt: es sank die Wonne all!
„Denn das weiß der, der seines trauten Herrn
„des Geliebten Rat lange soll entbehren,
„wenn Schlaf und Sorge gesellt zusammen

40. „den armen Einsamen oftmals binden:
    „im Gemüte dünkt es ihm, daß seinen Mannherrn er
    „küsse und umarme und auf das Knie ihm lege
    „die Hände und das Haupt, wie er vorhin zu Zeiten
    „in vergangenen Tagen des Gabenstuhls genoß;
45. „der freundlose Mann erwacht sofort dann wieder
    „und vor sich sieht er die fahlen Wogen,
    „sieht baden die Brandungsvögel und breiten ihre Federn,
    „sieht sinken Schnee und Reif gesellt dem Hagel:
    „dann sind ihm um so herber des Herzens Wunden
50. „im Schmerz um den Trauten und Sorge ist erneut.
    „Dann durchwandert sein Gemüt der Verwandten Andenken,
    „redet sie an mit Jubel, eifrig sie überschauend;
    „doch die Gesellschaften der Männer schwimmen wieder fort:
    „nicht viel bringt da der Flutenden Sinn
55. „bekannter Reden; Kummer ist erneut
    „dem der senden soll sehr häufig
    „über die Tiefe der Fluten den trauernden Sinn.
    „Nicht denken kann ich drum in dieser Welt,
    „warum sich mir nicht sollte mein Gemüt umdüstern,
60. „wenn ich der Edelinge Leben all überdenke,
    „wie sie unversehens aufgaben die Wohnung,
    „die mutvollen Männer. Dieser Mittelkreiß
    „sinkt und fällt so von Stunde zu Stunde:
    „drum kann nicht werden jemand weise, ehe er habe
65. „der Winter Theil im Weltreiche. Ein Weiser soll geduldig
                                                    sein
    „und nicht zu hitzigen Herzens noch zu hurtig in Worten,
    „nicht als Krieger zu feige noch zu kleinmütig,
    „nicht zu hochfreudig noch zu furchtsam noch zu habgierig
    „und auch nie zu geneigt zum Prahlen, ehe er zur Genüge
                                                    wiße:
70. „ein Mann soll warten, wenn er mutig sich verheißt,
    „bis daß der Sinnesmutige sicher wiße,
    „wohin sich wenden will des Herzens Gesinnung.
    „Erkennen soll ein kluger Mann, wie gastlich (?) es ist,
    „wenn all dieser Welt Reichtum müste steht,

Nach v. 69 scheint eine Zeile zu fehlen ähnlichen Inhalts wie v. 72.

75. „wie über diesen Mittelkreiß nun mannichfach
    „umweht von dem Winde Wälle stehen
    „mit Reif befallen. Zerrüttet sind die Freundsäle,
    „die Gebäude wanken und die Gebieter liegen
    „des Freudenjubels beraubt: all diese Gefolgsschaar sank
80. „die stattliche beim Walle. Manche nahm der Streit weg
    „sie entführend auf dem Fortweg; ein Vogel trug Manchen
    „über die hohe Holmflut; der haargraue Wolf
    „übergab dem Tode Manchen; es barg traurigen Antlitzes
    „einen andern in einer Erdhöhle ein Edeling.
85. „So veröbete diese Wohnung der Urheber der Menschen,
    „bis die alten Bauten der Riesen enblößt vom Jubeltreiben
    „der Leute in den Burgen leer stunden.
    „Wer nun diese Wallstätte weisen Gedankens
    „und dieses düstere Leben tief überdenkt
90. „erfahren im Geiste, der gedenkt fernhin oft
    „einer Unzahl Gemetzel und bricht aus in diese Worte:
    „„Wohin kam das Roß? wohin der Mann? wohin der
                                     Kleinodspender?
    „„wohin kamen die Sitze der Gelage? wo sind die Saaljubel?
    „„Ach blinkender Becher! ach Brünnekämpfer!
95. „„ach Hoheit des Herschers! wie schwand dahin die Zeit
    „„unter den Nachthelm dunkelnd, als sei sie nie gewesen!
    „„Hinterlaßen steht nun von der lieben Gefolgschaar
    „„der wunderhohe Wall von Wurmleibern bunt:
    „„die Edelinge entraffte der Eschenlanzen Sturm,
100. „„die schlachtgierigen Waffen, das Schicksal das hehre,
    „„und Stürme peitschen diese Steingehänge;
    „„die Fluren bindet das fallende Gestöber,
    „„der Schrecken des Winters, wenn schwarz herankommt
    „„der Nachtschatten dunkelnd und von Norden sendet
105. „„heftige Hagelschauer den Helden zur Betrübnis.
    „„All ist voll Mühsal dies Erdenreich;
    „„es wendet die Schicksalsbestimmung die Welt unter den
                                     Himmeln;
    „„hier ist vergänglich das Gut, hier ist vergänglich der Freund,

_____

81) der Vogel Greif?

„„hier ist vergänglich der Mann, hier ist vergänglich der
Verwandte:
110. „„all dieser Erde Stätte wird ausgeleert!„„
So sprach der sinneskluge Mann, saß gesondert zur Beratung.
Brav ist, wer seine Treue hält. Nie soll aus seiner Brust
ein Mann
kund geben seinen Kummer zu rasch, bevor er kann die
Beßerung
mit Kraft bewürken! Wol dem, der sich Gnade sucht
115. Trost beim Vater in den Himmeln, wo uns all die Festigung
steht!

XIV.

Klage der Frau.

Von mir gar Sinnbetrübten singe ich diese Worte,
erzähle mein eigenes Schicksal; ansagen kann ich,
was ich für Elend erfuhr, seitdem ich auferwuchs,
neues oder altes, nie mehr denn nun:
5. immer erfuhr ich Qualen meiner Elendgeschicke!
Mein Herr gieng zuerst von hinnen von den Leuten
über der Meereswogen Getriebe: ich hatte Morgenkummer,
wo wol des des Landes sei mein Leutefürst.
Ich begab mich freundlos und flüchtig auf die Fahrt darauf
10. ihm nachzufolgen vor meiner Notbedrängnis:
das begannen auszusinnen die Anverwandten des Mannes
tückischen Gedankens, daß sie uns trennten beide,
daß wir gar weithin in dem Weltreiche
leibigst lebten, und Verlangen trug ich.
15. Es hieß mich mein Herr Hainwohnung nehmen;
ich hatte der Lieben wenig in dieser Landesstätte,

der holden Freunde. Drum ist mein Herz gar traurig,
da ich mir einen so engverbundenen Edeling fand,
einen unglückseligen innen traurigen,

20. der sein Gemüt verhehlte und auf Mordwerk sann
von Antlitz freundlich. Gar oft gelobten wir,
daß außer dem Tod allein uns beide trennen sollte
durchaus nichts anders: das ist nun umgewendet!
es ist nunmehr so, als sei es nie gewesen,

25. die Freundschaft von uns beiden. Ich soll nun fern und nahe
meines Vielgeliebten Feindschaft tragen!
Man hieß mich wohnen in des Waldes Haine
unter dem Eichenbaum in einer Erdhöhle:
alt ist dieses Erdhaus und ich durchaus voll Sehnsucht;

30. finster sind diese Schluchten, die Felsen hochragend,
eine bittere Burgumzäunung bewachsen mit Brombeersträuchern,
eine Wohnung ohne Wonne! Es brachte mir hier Weh
                          gar oft
der Fortgang meines Fürsten. Die Freunde sind auf Erden
die lieben lebend und auf dem Lager ruhn sie,

35. wenn ich in erster Frühe einsam gehe
unter den Eichbaum durch diese Erdschluchten,
wo ich sitzen soll den sommerlangen Tag,
wo ich beweinen mag mein Wehgeschick,
des Elends viel, da ich durchaus niemals

40. kann von meines Geistes Kummer ruhen
noch von all der Sehnsucht, die mich ankam in diesem Leben.
Stets soll der junge Mann jammermütig sein,
hart des Herzens Sinn, sowie er haben soll
Geberden fröhlich, dazu auch Brustkummer,

45. Andrang immerwährender Sorge: es stehe allein bei mir
                                   selber
all seine Weltwonne! er sei weithin feind
in fernem Volkslande, daß mein Freund sitzt
unter einem Steingehänge von dem Sturm bereift,
der Freund voll Kummer, beflutet von dem Wasser

50. in trauriger Behausung! Es trägt mein Freund
große Trauer des Gemütes: er gedenkt zu oft

42ff) ein Fluch über ihren Verläumber?

der wonnevolleren Wohnung. Weh iſt dem der ſoll
mit verlangender Sehnſucht des Geliebten harren!

XV.

Botſchaft des Gemahls.

Sagen will ich dir beſonders nun
von der Art dieſes Baumes. Auf bin ich gewachſen
.... in einem andern Lande
und Seefahrt vollbrachte ich über Salzſtröme.
5. Ich beſuchte in des Bootes Buſen gar oft,
wohin mein Mannherr mich entſandte,
hohe Behauſungen: ich bin nun hierher gekommen
in der Kielbiele und will kennen lernen,
wie um die Gemütesliebe meines Gebieters
10. du im Herzen denkſt. Zu verheißen wage ich,
daß du dort trefflichfeſte Treue findeſt.
Ja! bitten hieß er dich, der dieſen Baum geſchnitzt hat,
daß du geſchmückt mit Kleinoden ſelbſt gedächteſt
in deines Bewußtſeins Verſchluß der Wortgelübde,
15. die ihr in einſtigen Tagen oftmals ſprachet,
ſolang ihr mochtet beide in den Methburgen
Aufenthalt haben, ein Land bewohnen
und Freundſchaft halten. Feindſchaft vertrieb ihn
aus dem Siegesvolke: ſelbſt nun hieß er
20. dir bringend raten, daß du trübteſt die Seeflut,
ſobald du hörteſt an des Gehänges Rande
jammernd ſingen den Guckguck in dem Haine.
Laß dich dann weiter nicht des Weges irren

---

2) des mit Runen beritzten Botſchaftſtabes.

und abhalten von der Reise durch einen der Lebenden!

25. beginn das Meer zu suchen, der Möve Heimat!
sitze in den Seenachen, damit du südwärts von hinnen
über die Meeresstraße den Mann findest,
wo deiner harret der Herr mit Sehnsucht!
In der Welt kann ihm nicht werden eine Freude

30. im Gemüte größer, wie er mir sagte,
als wenn der allwaltende Gott euch beiden gönnt,
daß ihr zusammen seitdem dürftet
den Kempen und Gefährten Kleinode spenden,
genagelte Ringe: genug hat er

35. der Schatzkleinode schweren Goldes
und ein Erbgut hat er inne bei dem Außenvolke,
ein schönes Land; der stolzen Helden
dienen viele ihm, obgleich hier mein Freund und Herr
von Not getrieben den Nachen hinausstieß

40. und auf des Oceans Wogen einsam sollte
fahren auf den Floßweg, des Fortwegs begierig
die Meeresströme mengen. Der Mann hat nun
das Wehe überwunden. Er hat keines Wunsches Begierde
nach Pferden noch nach Kleinoden noch nach den Freuden des
Methes,

45. nach keinem einzigen der Männerschätze auf Erden hier,
Tochter des Königs, wenn er dich entbehrt
gegen das alte Gelübde euer beider.
Vereinigt wende ich S. R. zusammen,
GA. W. und D., mit einem Eide zu betheuern,

50. daß er den Freundschaftsbund sowie die Freundestreue
leisten will so lang er Leben hat,
die ihr in einstigen Tagen oft gelobtet!